Müssig · Wirtschaftsprivatrecht

R. v. Decker's FACHBÜCHEREI
Recht und Wirtschaft

Wirtschaftsprivatrecht

Eine Darstellung von Bürgerlichem Recht,
Handels-, Gesellschafts-, Wettbewerbs- und
Wertpapierrecht, von gewerblichem Rechtsschutz,
Prozessualem und Insolvenz
für Studium und Praxis

von

Prof. Dr. iur. utr. Peter Müssig

2., völlig neubearbeitete und erweiterte Auflage

R. v. Decker's Verlag
Heidelberg

Die Deutsche Bibliothek – CIP Einheitsaufnahme

Müssig, Peter:
Wirtschaftsprivatrecht / von Peter Müssig. –
2. neubearb. u. erw. Aufl. – Heidelberg : v. Decker, 1999.
  (R. v. Decker's Fachbücherei : Recht und Wirtschaft)
  ISBN 3-7685-0699-1

Gedruckt auf säurefreiem, alterungsbeständigem Papier aus 100 % chlorfrei gebleichtem Zellstoff (DIN-ISO 9706). Aus Gründen des Umweltschutzes Umschlag ohne Kunststoffbeschichtung.

© 1999 R. v. Decker's Verlag, Hüthig GmbH, Heidelberg
Satz: Gottemeyer, Leonberg
Druck: Druckhaus Diesbach, Weinheim
ISBN 3-7685-0699-1

Für
Dagmar
Heinz und Magda
Moritz

Vorwort

Wer aktiv am Wirtschaftsleben teilnimmt, der kommt am Wirtschaftsprivatrecht und seinen wesentlichen Prinzipien nicht vorbei:

Der „homo oeconomicus" nimmt Rechtsbeziehungen zu anderen auf, er schließt Verträge, tauscht Leistungen und Güter aus, wird als Kaufmann tätig, gründet Gesellschaften, muß sich dem Wettbewerb stellen, tritt selbst als Konsument auf, hat im Zahlungsverkehr mit Überweisungen, Schecks oder Wechseln zu tun, nimmt oder vergibt Kredite, muß sie sichern, u. v. m.

Mit den juristischen Voraussetzungen und Wirkungen wirtschaftlicher Aktivitäten befaßt sich das vorliegende Buch; es erläutert die entsprechenden Rechtsgrundlagen und Rechtsregeln.

Sie finden sich, ungeachtet des die Basis bildenden BGB, in einer Vielzahl einzelner Gesetze – diese Vielfalt macht ihre Handhabung für den Studenten und Praktiker nicht einfach. Daher werden die für das Wirtschaftsleben wesentlichen Rechtsvorschriften hier im Zusammenhang dargelegt:

Wer sich die Grundlagen des privaten Wirtschaftsrechts erschließen möchte, kann sich anhand dieses Studienbuches ein vertieftes Basiswissen über die wesentlichen wirtschaftsrelevanten Rechtsgebiete (insbesondere Grundlagen des BGB, Handels-, Gesellschafts-, Wettbewerbs-, Wertpapierrecht, gewerblicher Rechtsschutz, Prozessuales, Insolvenz), ihre Prinzipien und Verknüpfungen, aneignen.

Das Buch wendet sich insbesondere an Studierende der Wirtschaftswissenschaften und anderer Studiengänge, die die wirtschaftsprivatrechtlichen Rahmenbedingungen und Strukturen ökonomischen Handelns kennenlernen wollen bzw. kennen müssen; ebenso an Jura-Studenten in den ersten Semestern, die sich in die Grundprinzipien einarbeiten möchten. Auch der Unternehmenspraxis mag diese Grundlagendarstellung nützlich sein.

Die Erstauflage hat erfreuliche Aufnahme gefunden. In der vorliegenden neubearbeiteten und erweiterten Auflage ist die Grundkonzeption, ergänzt um weitere Beispiele, kleinere Fälle und Schaubilder, beibehalten. Die Fülle der jüngsten gesetzgeberischen Aktivitäten ist eingearbeitet, insbesondere im Bereich des Handels-, Gesellschafts-, Transport-, Insolvenzrechts bzw. im Zusammenhang mit der Einführung des Euro.

Miltenberg, im Dezember 1998 *Peter Müssig*

Inhaltsübersicht

Vorwort VII
Inhaltsverzeichnis XI
Verzeichnis der Leitübersichten und Leitfragen XXXI
Verzeichnis der Schaubilder XXXIII
Abkürzungen XXXVII

1	Einführung	1
2	Rechtliche Grundbegriffe	3
3	Rechtssubjekte – Personen des Rechtsverkehrs	13
4	Rechtsobjekte – Objekte des Rechtsverkehrs	47
5	Abstraktionsprinzip	61
6	Rechtsgeschäftliche Grundlagen	65
7	Stellvertretung	107
8	Schuldverhältnisse	129
9	Leistungsstörungen	174
10	Wirtschaftsrechtlich relevante Vertragstypen	198
11	Ungerechtfertigte Bereicherung	295
12	Unerlaubte Handlungen; Deliktsrecht	300
13	Geschäftsführung ohne Auftrag	319
14	Gefährdungshaftung	324
15	Grundzüge des Sachenrechts	330
16	Gesellschaftsrecht	353
17	Wettbewerbsrecht	464
18	Gewerblicher Rechtsschutz	476
19	Wertpapierrecht	481
20	Prozessuales	503
21	Insolvenz	507

Literaturhinweise zur Vertiefung 515

Stichwortverzeichnis 517

Inhaltsverzeichnis

Vorwort		VII
Inhaltsübersicht		IX
Verzeichnis der Leitübersichten und Leitfragen		XXXI
Verzeichnis der Schaubilder		XXXIII
Abkürzungen		XXXVII
1	**Einführung**	1
2	**Rechtliche Grundbegriffe**	3
2.1	*Systematik*	3
2.2	*Privates/öffentliches Recht*	4
2.3	*Privatrechtsgebiete*	6
2.4	*Wirtschaftsprivatrecht*	7
2.5	*Privatautonomie*	8
2.6	*Rechtsanwendung; Arbeitstechnik*	9
2.6.1	Subsumtion	9
2.6.2	Anspruch	10
2.6.3	Rechtssprache	11
2.6.4	Rechtsprechung	12
3	**Rechtssubjekte – Personen des Rechtsverkehrs**	13
3.1	*Natürliche Personen*	14
3.1.1	Natürliche Personen als Rechtsträger – Rechtsfähigkeit	14
3.1.2	Natürliche Personen als Handelnde – Handlungsfähigkeit	15
3.1.2.1	Geschäftsfähigkeit	15
3.1.2.2	Deliktsfähigkeit	19
3.1.2.3	Verschuldensfähigkeit	20
3.1.3	Natürliche Personen als zu Schützende	21
3.1.4	Wohnsitz	22
3.2	*Juristische Personen*	22
3.3	*Nichtrechtsfähige Personenverbände*	23
3.4	*Kaufleute*	24
3.4.1	Begriff des Kaufmanns	24
3.4.1.1	Gewerbe	25

3.4.1.2	Betreiben	25
3.4.1.3	Handelsgewerbe	26
3.4.2	Arten der Kaufleute	27
3.4.2.1	Kaufmann kraft Gewerbebetriebs	27
3.4.2.2	Eingetragener Kleingewerbetreibender	29
3.4.2.3	Eingetragener Land- oder Forstwirt	32
3.4.2.4	Kaufmann kraft Eintragung	34
3.4.2.5	Kaufmann kraft Rechtsscheines	35
3.4.2.6	Handelsgesellschaften; Kaufmann kraft Rechtsform	35
3.4.3	Beginn und Ende der Kaufmannseigenschaft	35
3.4.4	Auswirkungen der Kaufmannseigenschaft	36
3.4.5	Firma – Geschäftsname des Kaufmanns	36
3.4.5.1	Prinzipien	37
3.4.5.2	Arten	38
3.4.5.3	Firmenbildung	38
3.4.5.4	Firmengrundsätze	40
3.4.5.5	Firmenschutz	42
3.4.5.6	Firmenfortführung	42
3.4.6	Handelsregister – Verzeichnis für den Kaufmann	43
3.4.7	Handelsbücher – Rechnungslegung des Kaufmanns	46
3.5	*Handelsgesellschaften*	46
4	**Rechtsobjekte – Objekte des Rechtsverkehrs**	47
4.1	*Sachen*	47
4.1.1	Einteilung der Sachen	48
4.1.1.1	Bewegliche Sachen	48
4.1.1.2	Unbewegliche Sachen	49
4.1.1.3	Teilbare und unteilbare Sachen	49
4.1.2	Bestandteile einer Sache	50
4.1.3	Zubehör	51
4.1.4	Nutzungen/Früchte	51
4.1.5	Sachgesamtheiten	52
4.2	*Rechte*	52
4.2.1	Absolute und relative Rechte	53
4.2.2	Persönlichkeitsrechte	53
4.2.3	Gestaltungsrechte	54
4.2.4	Herrschaftsrechte	54
4.2.5	Gegenrechte	54
4.2.5.1	Einreden	54
4.2.5.2	Einwendungen	55
4.2.5.3	Prozessuale Einreden	55

4.3	*Rechtsdurchsetzung*	55
4.3.1	Private Rechtsdurchsetzung	56
4.3.2	Rechtsmißbrauch	56
4.3.3	Zeitliche Grenzen	56
4.3.4	Termine; Fristen	57
4.4	*Rechtsgesamtheiten*	59
4.4.1	Vermögen	59
4.4.2	Unternehmen	60
5	**Abstraktionsprinzip**	61
6	**Rechtsgeschäftliche Grundlagen**	65
6.1	*Rechtsgeschäft*	65
6.2	*Arten der Rechtsgeschäfte*	66
6.2.1	Regelungsgegenstand	66
6.2.2	Anzahl	67
6.2.3	Unter Lebenden/von Todes wegen	68
6.2.4	Verpflichtungs- und Verfügungsgeschäfte	68
6.2.5	Kausale und abstrakte Geschäfte	69
6.2.6	Handelsgeschäfte	70
6.3	*Willenserklärung*	71
6.3.1	Willensäußerung	71
6.3.1.1	Erklärung	72
6.3.1.2	Schweigen des Kaufmanns	73
6.3.2	Wille	73
6.3.2.1	Handlungswille	74
6.3.2.2	Erklärungsbewußtsein	74
6.3.2.3	Geschäftswille	75
6.3.2.4	Motiv	75
6.3.3	Abgrenzung	75
6.3.3.1	Rechtsgeschäftsähnliche Handlung	75
6.3.3.2	Realakt	75
6.3.3.3	Unerlaubte Handlung	76
6.3.3.4	Gefälligkeitsverhältnis	76
6.3.4	Arten der Willenserklärung	76
6.3.4.1	Ausdrückliche Willenserklärung	76
6.3.4.2	Stillschweigende Willenserklärung	76
6.3.4.3	Empfangsbedürftige Willenserklärung	77
6.3.4.4	Nicht empfangsbedürftige Willenserklärung	77
6.3.4.5	Willenserklärung unter Anwesenden	77
6.3.4.6	Willenserklärung unter Abwesenden	77

6.3.5	Wirksamkeit der Willenserklärung	78
6.3.6	Auslegung der Willenserklärung	80
6.4	*Form der Rechtsgeschäfte*	81
6.5	*Bedingungen; Befristungen*	82
6.6	*Vertrag*	82
6.6.1	Angebot	83
6.6.2	Annahme	83
6.6.3	Dissens	85
6.6.4	Rücktritt; Widerruf	85
6.6.5	Arten von Verträgen	86
6.6.6	Vertragsfreiheit	87
6.6.7	Vertragliches Vorfeld	88
6.7	*Allgemeine Geschäftsbedingungen*	88
6.7.1	AGB-Gesetz	89
6.7.1.1	Begriff	89
6.7.1.2	Einbeziehung	90
6.7.1.3	Überraschungsklauseln	91
6.7.1.4	Unklarheitenregel	91
6.7.1.5	Rechtsfolgen bei Nichteinbeziehung und Unwirksamkeit	92
6.7.2	Inhaltskontrolle	92
6.7.3	Anwendungsbereich	94
6.8	*Mängel des Rechtsgeschäfts*	97
6.8.1	Inhaltliche Schranken	97
6.8.1.1	Nichtigkeit	97
6.8.1.2	Unwirksamkeit	99
6.8.1.3	Schwebende Unwirksamkeit	99
6.8.2	Willensmängel	99
6.8.2.1	Bestandteile der Willenserklärung	100
6.8.2.2	Fallgruppen	100
6.8.2.3	Bewußte Willensmängel	101
6.8.2.4	Unbewußte Willensmängel	102
6.8.2.5	Unzulässige Beeinträchtigung der Willensbildung	105
7	**Stellvertretung**	107
7.1	*Begriff*	107
7.2	*Arten*	108
7.2.1	Gesetzliche Vertretung	108
7.2.2	Organschaftliche Vertretung	109
7.2.3	Rechtsgeschäftliche Vertretung	109
7.2.3.1	Erklärung	110

7.2.3.2	Arten der Vollmacht	110
7.2.3.3	Erlöschen der Vollmacht	111
7.3	*Abgrenzungen*	111
7.3.1	Mittelbare Stellvertretung	111
7.3.2	Bote	112
7.3.3	Erfüllungsgehilfe	112
7.3.4	Verrichtungsgehilfe	112
7.3.5	Besitzdiener	113
7.4	*Voraussetzungen der wirksamen Stellvertretung*	114
7.4.1	Zulässigkeit der Vertretung	114
7.4.2	Vertretungsmacht	114
7.4.3	Offenkundigkeit	114
7.4.4	Willenserklärung des Vertreters	115
7.5	*Wirkung der Stellvertretung*	115
7.6	*Vertretung ohne Vertretungsmacht*	116
7.7	*Grenzen der Vertretungsmacht*	117
7.7.1	Gesetzliche Vertretungsmacht	117
7.7.2	Insichgeschäft	118
7.8	*Sonderformen kaufmännischer Stellvertretung*	118
7.8.1	Hilfspersonen des Kaufmanns	118
7.8.1.1	Selbständige Hilfspersonen	118
7.8.1.2	Unselbständige Hilfspersonen	119
7.8.2	Prokura	120
7.8.2.1	Erteilung	121
7.8.2.2	Umfang	122
7.8.2.3	Beschränkungen durch Vereinbarungen	123
7.8.2.4	Erlöschen	124
7.8.3	Handlungsvollmacht	124
7.8.3.1	Erteilung	125
7.8.3.2	Arten	125
7.8.3.3	Umfang	126
7.8.3.4	Beschränkungen durch Vereinbarungen	127
7.8.3.5	Außendienst	127
7.8.3.6	Erlöschen	127
7.8.4	Ladenvollmacht	128
8	**Schuldverhältnisse**	129
8.1	*Begriffe*	129
8.2	*Entstehung*	130
8.2.1	Gesetzliche Schuldverhältnisse	130

8.2.2	Rechtsgeschäftliche Schuldverhältnisse	131
8.2.3	Anbahnung rechtsgeschäftlicher Schuldverhältnisse	133
8.3	*Leistungspflichten*	133
8.3.1	Leistungsinhalt	133
8.3.1.1	Leistungsbestimmung	133
8.3.1.2	Treu und Glauben	134
8.3.2	Haupt- und Nebenpflichten	135
8.3.3	Einzel-/Dauerleistungspflichten	136
8.3.4	Stück-/Gattungsschulden	137
8.3.5	Geldschulden	138
8.3.6	Zinsschulden	141
8.3.7	Wahlschuld	141
8.4	*Leistungszeit*	142
8.5	*Leistungsort*	143
8.6	*Beteiligung Dritter*	145
8.6.1	Leistung durch Dritte	145
8.6.2	Leistung an Dritte	146
8.6.3	Vertrag zugunsten Dritter	146
8.6.4	Vertrag mit Schutzwirkung zugunsten Dritter	148
8.7	*Gläubiger- und Schuldnermehrheit*	149
8.8	*Abtretung von Forderungen*	150
8.8.1	Voraussetzungen	150
8.8.2	Abstraktheit	151
8.8.3	Wirkung	152
8.8.4	Formen	152
8.8.5	Anderweitige Forderungsübergänge	154
8.9	*Schuldübernahme, Schuldbeitritt*	154
8.10	*Leistungszurückbehaltung*	155
8.11	*Vertragsstrafe*	156
8.12	*Schadensersatz*	157
8.12.1	Anspruchsgrundlagen	157
8.12.2	Begriff	158
8.12.3	Art	159
8.12.4	Umfang	161
8.12.5	Kausalität	162
8.12.6	Anspruchsberechtigter	163
8.13	*Anspruchsverpflichteter*	165
8.13.1	Schuldner	165

8.13.2	Vertragsrechtliche Zurechnung	165
8.13.3	Deliktsrechtliche Zurechnung	166
8.14	*Beendigung*	167
8.14.1	Erfüllung	167
8.14.2	Erfüllungssurrogate	169
8.14.2.1	Hinterlegung	169
8.14.2.2	Aufrechnung	170
8.14.2.3	Erlaßvertrag	171
8.14.2.4	Negatives Schuldanerkenntnis	171
8.14.2.5	Novation	171
8.14.2.6	Aufhebungsvertrag	172
8.14.2.7	Vergleich	172
8.14.2.8	Konfusion, Konsolidation	172
8.14.2.9	Rücktritt	172
8.14.2.10	Kündigung	173
9	**Leistungsstörungen**	**174**
9.1	*Systematik*	174
9.2	*Verschulden*	175
9.3	*Unmöglichkeit*	177
9.3.1	Begriff, Arten	177
9.3.2	Rechtsfolgen	178
9.3.2.1	Objektive anfängliche Unmöglichkeit	179
9.3.2.2	Subjektive anfängliche Unmöglichkeit (Unvermögen)	179
9.3.2.3	Nachträgliche Unmöglichkeit	180
9.4	*Schuldnerverzug*	183
9.4.1	Begriff	183
9.4.2	Voraussetzungen	183
9.4.3	Rechtsfolgen	185
9.4.4	Gegenseitige Verträge	186
9.5	*Gläubigerverzug*	186
9.5.1	Begriff	187
9.5.2	Voraussetzungen	187
9.5.3	Rechtsfolgen	188
9.6	*Mängelhaftung, Gewährleistung*	189
9.7	*Positive Vertragsverletzung*	190
9.7.1	Begriff	190
9.7.2	Voraussetzungen	191
9.7.3	Rechtsfolgen	192

9.8	*Verschulden bei Vertragsanbahnung (culpa in contrahendo)* ...	192
9.8.1	Begriff	192
9.8.2	Voraussetzungen	193
9.8.3	Rechtsfolgen	193
9.9	*Wegfall der Geschäftsgrundlage*	194
9.9.1	Begriff	194
9.9.2	Voraussetzungen	195
9.9.3	Rechtsfolgen	195
9.10	*Verletzung nachvertraglicher Pflichten*	196
9.10.1	Begriff	196
9.10.2	Voraussetzungen	196
9.10.3	Rechtsfolgen	197
10	**Wirtschaftsrechtlich relevante Vertragstypen**	198
10.1	*Überblick*	198
10.2	*Kaufvertrag*	201
10.2.1	Vertragsgegenstand	202
10.2.2	Pflichten des Verkäufers	203
10.2.3	Pflichten des Käufers	205
10.2.4	Folgen von Pflichtverletzungen	206
10.2.5	Gefahrenübergang	206
10.2.6	Rechtsmängelgewährleistung	207
10.2.7	Sachmängelgewährleistung	207
10.2.7.1	Sachmangel	208
10.2.7.2	Rechte des Käufers	210
10.2.7.3	Kaufmännische Untersuchungs- und Rügepflicht	213
10.2.8	Eigentumsvorbehalt	217
10.2.9	Sonderformen des Kaufes	221
10.2.10	Gutgläubiger Erwerb des Eigentums	221
10.3	*Werkvertrag*	222
10.3.1	Vertragsgegenstand	222
10.3.2	Pflichten des Unternehmers	223
10.3.3	Pflichten des Bestellers	224
10.3.4	Nebenpflichten	225
10.3.5	Leistungsstörungen	225
10.3.5.1	Gefahrenübergang	225
10.3.5.2	Mängelhaftung des Unternehmers	226
10.3.5.3	Verspätete Herstellung	228
10.3.6	Kündigung	229
10.3.7	Sicherungsrechte des Unternehmers	229

10.3.8	Werklieferungsvertrag	229
10.3.9	Reisevertrag	230
10.3.10	VOB/VOL	231
10.4	*Dienstvertrag/Arbeitsvertrag*	232
10.4.1	Vertragsgegenstand; Abgrenzung	232
10.4.2	Selbständige/unselbständige Dienstverhältnisse	233
10.4.3	Pflichten des Dienstverpflichteten	235
10.4.4	Pflichten des Dienstberechtigten	235
10.4.5	Nebenpflichten	235
10.4.6	Vertragsstörungen	236
10.4.7	Ende des Dienstverhältnisses	236
10.4.8	Arbeitsvertrag	237
10.4.8.1	Arbeitsrecht	237
10.4.8.2	Grundlagen	238
10.4.8.3	Zustandekommen	239
10.4.8.4	Faktisches Arbeitsverhältnis	240
10.4.8.5	Direktionsrecht	241
10.4.8.6	Leistungsstörungen	241
10.4.8.7	Arbeitnehmerhaftung	242
10.4.8.8	Beendigung	244
10.4.8.9	Kaufmännische Sonderregeln	245
10.4.9	Geschäftsbesorgungsvertrag	245
10.5	*Mietvertrag*	248
10.5.1	Vertragsgegenstand	248
10.5.2	Pflichten des Vermieters	249
10.5.3	Pflichten des Mieters	250
10.5.4	Nebenpflichten	250
10.5.5	Vermieterpfandrecht	251
10.5.6	Haftung für Mängel	251
10.5.7	Ende des Mietverhältnisses	253
10.5.8	Wechsel der Mietparteien	253
10.5.9	Leasing	254
10.5.10	Pachtvertrag	255
10.5.11	Franchising	256
10.6	*Darlehensvertrag*	257
10.6.1	Vertragsgegenstand	257
10.6.2	Pflichten des Darlehensgebers	258
10.6.3	Pflichten des Darlehensnehmers	258
10.6.4	Kündigung	259
10.6.5	Bankeinlagen	259
10.6.6	Verbraucherkreditrecht	260

10.7	*Bürgschaftsvertrag*	261
10.7.1	Übersicht über Kreditsicherungsmittel	261
10.7.2	Vertragsgegenstand	263
10.7.3	Rechtsstellung des Bürgen	264
10.7.4	Sonderformen	264
10.8	*Widerruf von Haustürgeschäften*	265
10.8.1	Haustürgeschäfte	265
10.8.2	Ausschluß des Widerrufsrechts	266
10.8.3	Ausübung des Widerrufs; Belehrung	267
10.8.4	Rechtsfolgen des Widerrufs	268
10.9	*Verträge mit selbständigen kaufmännischen Hilfspersonen*	268
10.9.1	Handelsvertretervertrag	269
10.9.1.1	Charakteristika	269
10.9.1.2	Pflichten der Parteien	269
10.9.1.3	Vertragsverhältnisse	270
10.9.1.4	Beendigung	271
10.9.2	Handelsmaklervertrag	271
10.9.2.1	Grundsätzliches	272
10.9.2.2	Pflichten der Parteien	273
10.9.2.3	Rechtsverhältnisse	274
10.9.2.4	Beendigung	274
10.9.3	Kommissionsvertrag	275
10.9.3.1	Prinzipielles	275
10.9.3.2	Pflichten der Parteien	276
10.9.3.3	Besondere Rechte des Kommissionärs	277
10.9.3.4	Vertragsverhältnisse	278
10.9.3.5	Beendigung	279
10.9.3.6	Kommissionsagent	280
10.9.4	Vertragshändlervertrag	281
10.9.4.1	Grundsatz	281
10.9.4.2	Pflichten der Parteien	281
10.9.4.3	Vertragsbeziehungen	282
10.9.4.4	Beendigung	283
10.10	*Kaufmännische Transport- und Lagerverträge*	283
10.10.1	Frachtvertrag	283
10.10.1.1	Prinzipielles	284
10.10.1.2	Pflichten der Parteien	284
10.10.1.3	Vertragsbeziehungen	285
10.10.1.4	Haftung	286
10.10.2	Speditionsvertrag	288
10.10.2.1	Grundsätzliches	288

10.10.2.2	Pflichten der Parteien	288
10.10.2.3	Vertragsbeziehungen	289
10.10.2.4	Haftung	290
10.10.3	Lagervertrag	292
10.10.3.1	Grundsatz	292
10.10.3.2	Pflichten der Parteien	292
10.10.3.3	Vertragsbeziehungen	293
11	**Ungerechtfertigte Bereicherung**	295
11.1	*Grundtatbestände*	295
11.2	*Rechtsfolgen*	296
11.3	*Leistungskondiktion*	297
11.4	*Bereicherung „in sonstiger Weise"*	298
12	**Unerlaubte Handlungen; Deliktsrecht**	300
12.1	*Haftungsprinzipien*	301
12.2	*Grundtatbestand, § 823 I BGB*	302
12.2.1	Tatbestand	302
12.2.1.1	Rechtsgutsverletzung	302
12.2.1.2	Verletzungshandlung	303
12.2.1.3	Haftungsbegründende Kausalität	304
12.2.2	Rechtswidrigkeit	304
12.2.3	Verschulden	304
12.2.4	Rechtsfolge: Schadensersatz	304
12.3	*Verstoß gegen Schutzgesetze, § 823 II BGB*	304
12.4	*Vorsätzliche sittenwidrige Schädigung*	305
12.5	*Einstandspflicht für den Verrichtungsgehilfen, § 831 BGB*	306
12.5.1	Verrichtungsgehilfe	306
12.5.2	Widerrechtliche Schadenszufügung	307
12.5.3	Handeln in Ausführung der Verrichtung	307
12.5.4	Exculpation	307
12.5.5	Rechtsfolge	308
12.5.6	Gesamtschuldnerische Haftung	309
12.6	*Produkthaftung*	309
12.6.1	Gewährleistungspflichten	309
12.6.1.1	Gewährleistungsansprüche	310
12.6.1.2	Garantien	310
12.6.2	Deliktsrechtliche Haftung	311
12.6.2.1	Herstellerhaftung	312

12.6.2.2	Herstellerpflichten	312
12.6.2.3	Beweislast	313
12.6.3	Haftung nach dem ProdHaftG	314
12.6.3.1	Prinzipien	314
12.6.3.2	Haftungsausschlüsse, -beschränkungen	316
12.6.4	Produktsicherung nach dem ProdSG	317
13	**Geschäftsführung ohne Auftrag**	319
13.1	*Begriff*	319
13.2	*Rechtsfolgen*	321
13.2.1	Berechtigte GoA	321
13.2.2	Unberechtigte GoA	322
13.2.3	Irrtümliche Geschäftsführung	322
13.2.4	Angemaßte Geschäftsführung	322
13.3	*Bedeutung*	323
14	**Gefährdungshaftung**	324
14.1	*Grundsatz*	324
14.2	*Prinzipien*	325
14.3	*Fälle*	325
14.3.1	Kfz-Halterhaftung	326
14.3.2	Produkthaftung	327
14.3.3	Haftung nach dem HaftPflG	327
14.3.4	Luftverkehrshaftung	327
14.3.5	Haftung für Gewässerschäden	328
14.3.6	Haftung für Atomanlagen	328
14.3.7	Haftung für Umweltschäden	328
14.3.8	Tierhalterhaftung	328
15	**Grundzüge des Sachenrechts**	330
15.1	*Übersicht*	331
15.2	*Prinzipien*	332
15.3	*Eigentum*	333
15.3.1	Formen	333
15.3.2	Rechtsgeschäftlicher Eigentumserwerb an beweglichen Sachen	334
15.3.2.1	Einigung	334
15.3.2.2	Übergabe	335
15.3.2.3	Berechtigung	338

15.3.3	Gesetzlicher Eigentumserwerb an beweglichen Sachen	339
15.3.4	Eigentumserwerb an Grundstücken	340
15.3.4.1	Auflassung	340
15.3.4.2	Eintragung	341
15.3.4.3	Berechtigung	342
15.3.5	Schutz	342
15.4	*Besitz*	343
15.4.1	Funktion	343
15.4.2	Arten	344
15.4.3	Erwerb, Verlust	344
15.4.4	Besitzschutz	345
15.5	*Grundpfandrechte*	346
15.5.1	Hypothek	346
15.5.2	Grundschuld	349
15.5.3	Rentenschuld; Reallast	350
15.6	*Pfandrecht*	351
16	**Gesellschaftsrecht**	353
16.1	*Grundbegriffe; Überblick*	353
16.1.1	Gegenstand	353
16.1.2	Wahl des Gesellschaftstypus	354
16.1.3	Einteilung der Gesellschaften	354
16.1.3.1	Grundsatz	354
16.1.3.2	Sonderformen	355
16.1.3.3	Personen- und Kapitalgesellschaften	357
16.1.3.4	Handelsgesellschaften	358
16.1.4	Geschäftsführung und Vertretung	359
16.1.5	Gründung	359
16.1.5.1	Personengesellschaften	359
16.1.5.2	Kapitalgesellschaften	360
16.2	*Die Gesellschaft des bürgerlichen Rechts*	360
16.2.1	Begriff der GbR	361
16.2.1.1	Grundsätzliches	361
16.2.1.2	Erscheinungsformen	362
16.2.2	Gesellschaftsvertrag	363
16.2.3	Gesellschaftszweck	364
16.2.4	Gesellschafterpflichten	364
16.2.5	Gesellschafterrechte	364
16.2.5.1	Mitwirkungsrechte	366
16.2.5.2	Vermögensrechte	367
16.2.6	Geschäftsführung und Vertretung	367

16.2.7	Ende der GbR	368
16.2.8	Gesellschafterwechsel	369
16.2.9	Prozessualia	369
16.2.10	Steuerrechtliche Aspekte	370
16.3.	*Die offene Handelsgesellschaft*	370
16.3.1	Begriff der oHG	370
16.3.1.1	Grundsätzliches	370
16.3.1.2	Charakteristika	371
16.3.2	Gesellschaftsvertrag	373
16.3.2.1	Vertragsabschluß	373
16.3.2.2	Vertragspartner	373
16.3.2.3	Gesellschaftszweck	374
16.3.2.4	Gemeinschaftliche Firma	375
16.3.2.5	Keine Haftungsbeschränkung	375
16.3.2.6	Handelsregistereintragung und Wirksamkeit	375
16.3.3	Rechtsverhältnisse der Gesellschafter untereinander (Innenverhältnis)	376
16.3.3.1	Selbstgestaltung	376
16.3.3.2	Spezifika	376
16.3.3.3	Geschäftführung	377
16.3.4	Rechtsverhältnisse der Gesellschaft und der Gesellschafter zu Dritten (Außenverhältnis)	378
16.3.4.1	oHG als Außengesellschaft	378
16.3.4.2	Vertretung	378
16.3.4.3	Haftung	379
16.3.5	Ende der oHG	380
16.3.6	Gesellschafterwechsel	381
16.3.7	Prozessualia	381
16.3.8	Steuerrechtliches	382
16.4	*Die Kommanditgesellschaft*	382
16.4.1	Begriff der KG	382
16.4.1.1	Grundsätzliches	382
16.4.1.2	Charakteristika	383
16.4.2	Gesellschaftsvertrag	385
16.4.2.1	Vertragsschluß	385
16.4.2.2	Vertragspartner	385
16.4.2.3	Gesellschaftszweck	385
16.4.2.4	Firma	386
16.4.3	Haftungsverhältnisse gegenüber Gesellschaftsgläubigern	386
16.4.3.1	KG	386

16.4.3.2	Komplementäre	387
16.4.3.3	Kommanditisten	387
16.4.4	Eintragung	389
16.4.5	Rechtsstellung der Gesellschafter untereinander (Innenverhältnis)	389
16.4.5.1	Komplementäre	389
16.4.5.2	Kommanditisten	390
16.4.6	Rechtsverhältnisse der Gesellschafter und der Gesellschaft zu Dritten (Außenverhältnis)	390
16.4.6.1	Außengesellschaft	390
16.4.6.2	Vertretung	391
16.4.6.3	Haftung	391
16.4.7	Ende der KG	392
16.4.8	Steuerrechtliche Aspekte	392
16.4.9	Sonderformen	392
16.4.9.1	GmbH & Co. KG	393
16.4.9.2	Publikumsgesellschaften	393
16.4.9.3	KGaA	394
16.5	*Die stille Gesellschaft*	394
16.5.1	Begriff der stillen Gesellschaft	394
16.5.1.1	Grundsätzliches	394
16.5.1.2	Typische stille Gesellschaft	395
16.5.1.3	Atypische stille Gesellschaft	396
16.5.1.4	Abgrenzung zum partiarischen Darlehen	397
16.5.1.5	Abgrenzung zum Dienstvertrag	397
16.5.1.6	Abgrenzung zum Kommanditisten	398
16.5.1.7	Abgrenzung zur Unterbeteiligung	398
16.5.1.8	Charakteristika	399
16.5.2	Gesellschaftsvertrag	399
16.5.2.1	Vertragsschluß	399
16.5.2.2	Gesellschafter	400
16.5.2.3	Gesellschaftszweck	401
16.5.3	Rechtsbeziehungen der Gesellschafter	401
16.5.3.1	Gesellschaftsvertrag	401
16.5.3.2	Rechte und Pflichten des Geschäftsinhabers	401
16.5.3.3	Rechte und Pflichten des stillen Gesellschafters	402
16.5.4	Rechtsverhältnis zu Dritten	403
16.5.5	Gesellschafterwechsel	404
16.5.6	Auflösung der stillen Gesellschaft	404
16.5.7	Prozessualia	405
16.5.8	Steuerrechtliches	406

16.6	*Die Partnerschaftsgesellschaft*	406
16.6.1	Grundsätzliches	406
16.6.1.1	Begriff	407
16.6.1.2	Rechtsnatur	407
16.6.1.3	Bedeutung	407
16.6.2	Entstehung	408
16.6.2.1	Partnerschaftsvertrag	408
16.6.2.2	Eintragung	409
16.6.3	Name	410
16.6.4	Innenverhältnis	411
16.6.5	Personelle Veränderungen	411
16.6.6	Außenverhältnis	412
16.6.7	Steuerliches	414
16.7	*Die Gesellschaft mit beschränkter Haftung*	414
16.7.1	Begriff der GmbH	414
16.7.1.1	Grundsätzliches	414
16.7.1.2	Bedeutung	415
16.7.1.3	Abgrenzung zur AG	416
16.7.2	Gründung der GmbH	416
16.7.2.1	Gesellschafter	417
16.7.2.2	Errichtung	417
16.7.3	Firma	419
16.7.4	Gesellschaftsvermögen	419
16.7.5	Rechtsstellung der Gesellschafter	420
16.7.6	Stellung der Geschäftsführer	421
16.7.6.1	Grundsätzliches	421
16.7.6.2	Geschäftsführung	422
16.7.6.3	Vertretung	422
16.7.6.4	Haftung	423
16.7.7	Aufsichtsrat	423
16.7.8	Satzungsänderungen	424
16.7.9	Auflösung und Liquidation	424
16.7.10	Steuern	425
16.7.11	GmbH & Co. KG	425
16.8	*Die Aktiengesellschaft*	426
16.8.1	Begriff der AG	426
16.8.1.1	Rechtsperson	426
16.8.1.2	Bedeutung	427
16.8.1.3	Erscheinungsformen	428
16.8.1.4	Abgrenzung zur GmbH	428
16.8.1.5	Aktionär, Aktie, Grundkapital	429

16.8.1.6	Börsennotierte/nicht börsennotierte AG	430
16.8.2	Gründung der AG	430
16.8.2.1	Einfache Gründung	431
16.8.2.2	Qualifizierte Gründung	432
16.8.2.3	Nachgründung	433
16.8.2.4	Haftung	433
16.8.2.5	Gesetzliche Gründung	433
16.8.3	Firma	434
16.8.4	Aktien	434
16.8.5	Gesellschaftsvermögen; Haftung	436
16.8.6	Rechtsstellung des Aktionärs	436
16.8.6.1	Erwerb/Verlust	436
16.8.6.2	Rechte	437
16.8.6.3	Pflichten	438
16.8.7	Organe der AG	439
16.8.7.1	Vorstand	439
16.8.7.2	Aufsichtsrat	442
16.8.7.3	Hauptversammlung	443
16.8.8	Rechnungslegung und Gewinnverwendung	445
16.8.9	Kapitalveränderungen	445
16.8.9.1	Kapitalerhöhungen	445
16.8.9.2	Kapitalherabsetzungen	446
16.8.10	Auflösung und Liquidation	446
16.8.11	Steuern	447
16.8.12	Kommanditgesellschaft auf Aktien – KGaA	447
16.8.13	Verbundene Unternehmen	448
16.9	*Die eingetragene Genossenschaft*	449
16.9.1	Grundsätzliches	449
16.9.1.1	Begriff	449
16.9.1.2	Rechtsperson	449
16.9.1.3	Erscheinungsformen	450
16.9.1.4	Betätigung	450
16.9.2	Gründung der eG	451
16.9.3	Firma	452
16.9.4	Haftungsverhältnisse	452
16.9.5	Rechtsstellung des Genossen	453
16.9.5.1	Erwerb/Verlust	453
16.9.5.2	Rechte	453
16.9.5.3	Pflichten	454
16.9.6	Organe der Genossenschaft	455
16.9.6.1	Vorstand	455

16.9.6.2	Aufsichtsrat	456
16.9.6.3	Generalversammlung	457
16.9.6.4	Vertreterversammlung	457
16.9.7	Genossenschaftsregister	457
16.9.8	Pflichtprüfung	458
16.9.9	Steuern	458
16.10	*Die Europäische Wirtschaftliche Interessenvereinigung*	458
16.10.1	Begriff der EWIV	458
16.10.2	Gesellschaftsvertrag	459
16.10.2.1	Vertragsabschluß	459
16.10.2.2	Vertragspartner	459
16.10.2.3	Gesellschaftszweck	460
16.10.2.4	Firma	461
16.10.2.5	Keine Haftungsbeschränkung	461
16.10.3	Rechtsverhältnisse der Gesellschafter untereinander (Innenverhältnis)	461
16.10.4	Rechtsverhältnisse gegenüber Dritten (Außenverhältnis)	462
16.10.4.1	Außengesellschaft	462
16.10.4.2	Vertretung	462
16.10.4.3	Haftung	463
16.10.5	Ende der EWIV	463
16.10.6	Steuern	463
17	**Wettbewerbsrecht**	**464**
17.1	*Übersicht*	464
17.2	*Gesetz gegen Wettbewerbsbeschränkungen (GWB)*	465
17.2.1	Kartellverbote	465
17.2.2	Horizontalvereinbarungen	466
17.2.3	Vertikalvereinbarungen	466
17.2.4	Marktbeherrschung	467
17.2.5	Fusionskontrolle	467
17.2.6	Europäisches Kartellrecht	468
17.3	*Gesetz gegen den unlauteren Wettbewerb (UWG)*	468
17.3.1	Wettbewerbsrechtliche Generalklausel	468
17.3.1.1	Voraussetzungen	469
17.3.1.2	Sittenwidriges Handeln	470
17.3.2	Irreführende bzw. strafbare Werbung	471
17.3.3	Insolvenzverkäufe	472
17.3.4	Letztverbrauchergeschäfte	472

17.3.5	Schneeballsystem	472
17.3.6	Sonderveranstaltungen; Sonderangebote	473
17.3.7	Weitere Tatbestände	473
17.3.8	Rechtsdurchsetzung	473
17.4	*Wettbewerbsrechtliche Sondergesetze*	474
17.4.1	Zugabeverordnung (ZugabeVO)	474
17.4.2	Rabattgesetz	474
18	**Gewerblicher Rechtsschutz**	476
18.1	*Übersicht*	476
18.2	*Patente*	477
18.3	*Gebrauchsmuster*	477
18.4	*Geschmacksmuster*	478
18.5	*Markenrecht*	478
18.6	*Urheberrecht*	480
18.7	*Arbeitnehmererfindungen*	480
19	**Wertpapierrecht**	481
19.1	*Grundsätzliches*	481
19.2	*Begriff*	483
19.3	*Arten*	483
19.3.1	Verbriefte Rechte	483
19.3.2	Bestimmung des Berechtigten	484
19.3.2.1	Inhaberpapiere	484
19.3.2.2	Rektapapiere	485
19.3.2.3	Orderpapiere	487
19.4	*Wechsel*	491
19.4.1	Prinzipien	491
19.4.2	Formerfordernisse	492
19.4.3	Wechselverpflichtungen	493
19.4.4	Übertragung	494
19.4.5	Zahlungspflichten	495
19.5	*Scheck*	496
19.5.1	Rechtsnatur	497
19.5.2	Scheckverpflichtungen	497
19.5.3	Übertragung	498
19.5.4	Zahlungspflichten	498
19.5.5	Scheckkarte	500

20	**Prozessuales**	503
20.1	Zivilgerichte	503
20.2	Mahnverfahren	505
20.3	Zwangsvollstreckung	506
21	**Insolvenz**	507
21.1	Rechtliche Grundlagen	507
21.2	Insolvenzprinzipien	508
21.3	Insolvenzplan	511
21.4	Eigenverwaltung	512
21.5	Restschuldbefreiung	512
21.6	Verbraucherinsolvenz	513

Literaturhinweise zur Vertiefung 515

Stichwortverzeichnis 517

Verzeichnis der Leitübersichten und Leitfragen

Leitübersicht und Leitfragen zu 1 1
Leitübersicht und Leitfragen zu 2 3
Leitübersicht und Leitfragen zu 3 13
Leitübersicht und Leitfragen zu 4 47
Leitübersicht und Leitfragen zu 5 61
Leitübersicht und Leitfragen zu 6 65
Leitübersicht und Leitfragen zu 7 107
Leitübersicht und Leitfragen zu 8 129
Leitübersicht und Leitfragen zu 9 174
Leitübersicht und Leitfragen zu 10 198
Leitübersicht und Leitfragen zu 11 295
Leitübersicht und Leitfragen zu 12 300
Leitübersicht und Leitfragen zu 13 319
Leitübersicht und Leitfragen zu 14 324
Leitübersicht und Leitfragen zu 15 330
Leitübersicht und Leitfragen zu 16 353
Leitübersicht und Leitfragen zu 17 464
Leitübersicht und Leitfragen zu 18 476
Leitübersicht und Leitfragen zu 19 481
Leitübersicht und Leitfragen zu 20 503
Leitübersicht und Leitfragen zu 21 507

Verzeichnis der Schaubilder

1:	Einteilung des Rechts	5
2:	Öffentliches/privates Recht	6
3:	Einteilung des BGB	7
4:	Privatautonomie	8
5:	Anspruchsgrundlagen	11
6:	Natürliche Personen	14
7:	Schutz Minderjähriger bzw. (beschränkt) Geschäfts(un)fähiger	19
8:	Kaufleute	26
9:	Kaufmannseigenschaft	28
10:	Art oder Umfang kfm. Einrichtungen	28
11:	Eingetragene Kleingewerbetreibende	30
12:	„Ausstieg" aus der Kaufmannseigenschaft	32
13:	Land- und Forstwirte	33
14:	Kaufmann kraft Eintragung	34
15:	Auswirkungen der Kaufmannseigenschaft	36
16:	Firmenbildung	39
17:	Firmengrundsätze	41
18:	Handelsregister	44
19:	Publizitätswirkung des Handelsregisters	45
20:	Abstraktionsprinzip	62
21:	Handelsgeschäfte	71
22:	Willenserklärung	71
23:	Einteilung der Willenserklärungen	77
24:	Auslegung von Willenserklärungen	80
25:	Angebot und Annahme	84
26:	Gläubiger und Schuldner	87
27:	Unwirksamkeit von AGBen	92
28:	Wirksamkeit von AGBen (gegenüber Privatpersonen)	92
29:	Wirksamkeit von AGBen (gegenüber Kaufleuten)	96
30:	Willensmängel	101
31:	Anfechtung	107
32:	Prinzipien der Stellvertretung	108
33:	Vertretungsmacht	108
34:	Rechtsgeschäftliche Vertretung	109
35:	Einstandspflichten für Gehilfen	113
36:	Stellvertretung – Voraussetzungen	114
37:	Hilfspersonen des Kaufmanns	119
38:	Unselbständige Hilfspersonen des Kaufmanns	120
39:	Prokura	120
40:	Handlungsvollmacht	124
41:	Ladenvollmacht	128
42:	Entstehung gesetzlicher Schuldverhältnisse	131
43:	Entstehung rechtsgeschäftlicher Schuldverhältnisse	132
44:	Leistungspflichten	134
45:	Leistungsgegenstand	138
46:	Leistungszeit	142

47:	Holschuld	144
48:	Bringschuld	145
49:	Schickschuld	145
50:	Beteiligung Dritter am Schuldverhältnis	145
51:	Vertrag zugunsten Dritter	147
52:	Vertrag mit Schutzwirkung zugunsten Dritter	148
53:	Forderungsabtretung	151
54:	Schadensersatz	159
55:	Kausalität	162
56:	Zurechnung von Hilfspersonen	166
57:	Beendigung von Schuldverhältnissen	167
58:	Aufrechnung	170
59:	Verschulden	177
60:	Unmöglichkeit	183
61:	Schuldnerverzug	185
62:	Gläubigerverzug	189
63:	Positive Vertragsverletzung	192
64:	Culpa in contrahendo	194
65:	Wegfall der Geschäftsgrundlage	195
66:	Culpa post contractum finitum	197
67:	Arten der Schuldverhältnisse	198
68:	Auf Sachüberlassung gerichtete Schuldverhältnisse	199
69:	Auf Dienstleistung gerichtete Schuldverhältnisse	199
70:	Sonstige Schuldverhältnisse	200
71:	Handelsrechtlich relevante Schuldverhältnisse	201
72:	Kaufvertrag	201
73:	Mehrfacher Verkauf einer beweglichen Sache	203
74:	Sachkauf	203
75:	Rechtskauf/Forderungskauf	204
76:	Gewährleistung beim Stückkauf	211
77:	Gewährleistung beim Gattungskauf	211
78:	Kfm. Untersuchungs- und Rügepflicht	213
79:	Offene/versteckte Mängel	215
80:	Folgen der Verletzung kfm. Untersuchungs- und Rügepflichten	216
81:	Eigentumsvorbehalt	217
82:	Verlängerter Eigentumsvorbehalt	219
83:	Verlängerter Eigentumsvorbehalt und Globalzession	221
84:	Gutgläubiger Eigentumserwerb an beweglichen Sachen	222
85:	Werkvertrag	223
86:	Sachmängelhaftung beim Werkvertrag	227
87:	Werklieferungsvertrag	230
88:	Dienstvertrag	232
89:	Prinzipien des Dienstvertragsrechts	233
90:	Dienstverhältnisse	233
91:	Arbeitsrecht	237
92:	Arbeitnehmer	238
93:	Arbeitnehmerhaftung	243
94:	Überweisung	246
95:	Rechtsverhältnisse bei Kreditkarten	248
96:	Prinzipien des Mietvertragsrechts	249
97:	Gewährleistungsansprüche des Mieters	252

98:	Finanzierungsleasing	254
99:	Kreditsicherungsmittel	262
100:	Bürgschaft	263
101:	Widerruf von Haustürgeschäften	265
102:	Umsatz-/Absatzmittler	268
103:	Handelsvertreter/Rechtsverhältnisse	271
104:	Handelsmakler/Rechtsverhältnisse	274
105:	Kommission/Rechtsverhältnisse	278
106:	Vertragshändler	282
107:	Absatzorganisation	283
108:	Rechtsbeziehungen beim Frachtvertrag	286
109:	Rechtsbeziehungen beim Speditionsgeschäft	290
110:	Rechtsbeziehungen beim Lagergeschäft	294
111:	Leistungskondiktion	297
112:	Nichtleistungskondiktion	298
113:	Deliktsrechtliche Grundvorschriften	300
114:	Besondere deliktsrechtliche Vorschriften	301
115:	Unerlaubte Handlung; Basisnorm	302
116:	Schutzgesetzprüfung	305
117:	Deliktische Einstandspflicht für Gehilfen	308
118:	Einstandspflichten für Produkte	311
119:	Herstellerpflichten	313
120:	Produkthaftung nach ProdHaftG	314
121:	Produkthaftung beim Kauf	317
122:	GoA	320
123:	Fälle der Gefährdungshaftung	325
124:	Sachenrecht – Übersicht	331
125:	Prinzipien des Sachenrechts	332
126:	Eigentumserwerb – Grundtatbestände	334
127:	Veräußerung beweglicher Sachen (§ 929 S. 1 BGB)	335
128:	Veräußerung beweglicher Sachen (§ 929 S. 2 BGB)	336
129:	Veräußerung beweglicher Sachen (§ 930 BGB)	337
130:	Veräußerung beweglicher Sachen (§ 931 BGB)	337
131:	Rechtsgeschäftlicher Eigentumserwerb (bewegliche Sachen)	338
132:	Schutz des Eigentums	343
133:	Besitz	343
134:	Darlehen und Hypothek (Schuldner Grundstückseigentümer)	346
135:	Darlehen und Hypothek (Schuldner nicht Grundstückseigentümer)	347
136:	Grundschuld	349
137:	Einteilung der Gesellschaften	355
138:	Gesellschaften	357
139:	Personen-/Kapitalgesellschaften	358
140:	Handelsgesellschaften	359
141:	Merkmale der GbR	362
142:	GbR-Gesellschaftsvertrag	364
143:	GbR-Gesellschafterpflichten	366
144:	GbR-Gesellschafterrechte	366
145:	Kennzeichen der oHG	371
146:	oHG-Prinzipien	373
147:	oHG-Haftungsverhältnisse	380
148:	Kennzeichen der KG	383

149:	KG-Prinzipien	384
150:	KG-Haftungsverhältnisse	392
151:	Sonderformen der KG	392
152:	Typische stille Gesellschaft	396
153:	Atypische stille Gesellschaft	397
154:	Stille Gesellschaft – Prinzipien	399
155:	Partnerschaftsgesellschaft – Prinzipien	408
156:	GmbH als Holding	415
157:	GmbH – wesentliche Aspekte	416
158:	GmbH-Vermögensverhältnisse	419
159:	Organe der GmbH	421
160:	GmbH-Geschäftsführer	423
161:	Aktie (Begriff)	429
162:	AG – wesentliche Aspekte	430
163:	„Einfache" AG-Gründung	432
164:	Aktien (Arten)	435
165:	Rechte des Aktionärs	438
166:	Pflichten des Aktionärs	439
167:	Organe der AG	439
168:	eG – wesentliche Aspekte	451
169:	Rechte des Genossen	454
170:	Pflichten des Genossen	455
171:	Organe der Genossenschaft	455
172:	EWIV – Prinzipien	459
173:	Wettbewerbsrechtliche Generalklausel	469
174:	Verbriefte/unverbriefte Forderungen	482
175:	Wertpapiere – verbriefte Rechte	483
176:	Wertpapiere – Bestimmung des Berechtigten	484
177:	Orderpapiere	488
178:	Anweisung – Rechtsverhältnisse	491
179:	Wechsel – Rechtsverhältnisse	492
180:	Scheck – Rechtsverhältnisse	497
181:	Zahlung mit Scheckkarte	501
182:	Zivilgerichte; Zuständigkeiten	505
183:	Insolvenz	507

Abkürzungsverzeichnis

§	Paragraph
§§	Paragraphen
Abs.	Absatz
a.E.	am Ende
a.F.	alte Fassung
ADSp	Allgemeine Deutsche Spediteurbedingungen
AFG	Arbeitsförderungsgesetz
AG(en)	Aktiengesellschaft(en)
AGB(en)	Allgemeine Geschäftsbedingung(en)
AGBG	Gesetz zur Regelung der Allgemeinen Geschäftsbedingungen
AktG	Aktiengesetz
Alt.	Alternative
AnfG	Anfechtungsgesetz
AO	Abgabenordnung
ArbGG	Arbeitsgerichtsgesetz
ArbnErfG	Gesetz über Arbeitnehmererfindungen
arg.	argumentum (Argument aus ...)
Art.	Artikel
AWG	Außenwirtschaftsgesetz
BBankG	Bundesbankgesetz
BGH	Bundesgerichtshof
BBauG	Bundesbaugesetz
BBG	Bundesbeamtengesetz
BeschFG	Beschäftigungsförderungsgesetz
BetrVG	Betriebsverfassungsgesetz
BGB	Bürgerliches Gesetzbuch
BGBl.	Bundesgesetzblatt
BPersVG	Bundespersonalvertretungsgesetz
BRAO	Bundesrechtsanwaltsordnung
BRAGO	Bundesrechtsanwaltsgebührenordnung
Bsp.	Beispiel
bspw.	beispielsweise
bzgl.	bezüglich
bzw.	beziehungsweise
ca.	circa
cic	culpa in contrahendo
CISG	Convention on Contracts for the International Sale of Goods
CMR	Übereinkommen über den Beförderungsvertrag im internationalen Straßengüterverkehr
d.h.	das heißt
DIN	Deutsche Industrienorm
DM	Deutsche Mark
DRiG	Deutsches Richtergesetz
DÜG	Diskont-Überleitungs-Gesetz
DVRabattG	Durchführungsverordnung zum Rabattgesetz
EGAktG	Einführungsgesetz zum AktG

EGBGB	Einführungsgesetz zum BGB
EGHGB	Einführungsgesetz zum HGB
EGInsO	Einführungsgesetz zur Insolvenzordnung
EGScheckG	Einführungsgesetz zum Scheckgesetz
EFZG	Entgeltfortzahlungsgesetz
EG	Europäische Gemeinschaft
eG(en)	eingetragene Genossenschaft(en)
EGV	EG-Vertrag
einschl.	einschließlich
EnWG	Energiewirtschaftsgesetz
ErbbauVO	Erbbaurechtsverordnung
EStG	Einkommensteuergesetz
etc.	et cetera
EU	Europäische Union
EuroEG	Euro-Einführungsgesetz
e.V.	eingetragener Verein
evtl.	eventuell
EWIV	Europäische wirtschaftliche Interessenvereinigung
EWIVG	Gesetz zur Ausführung der EWG-VO über die EWIV
EWG	Europäische Wirtschaftsgemeinschaft
EWWU	Europäische Wirtschafts- und Währungsunion
f.	folgende (Seite, Paragraph)
FernUSG	Fernunterrichtsschutzgesetz
ff.	fortfolgende (Seiten, Paragraphen)
FGG	Gesetz über die Angelegenheiten der freiwilligen Gerichtsbarkeit
G	Gesetz
GBO	Grundbuchordnung
GbR	Gesellschaft(en) bürgerlichen Rechts
GebO	Gebührenordnung
gem.	gemäß
GenG	Genossenschaftsgesetz
GesO	Gesamtvollstreckungsordnung
GewO	Gewerbeordnung
GewStG	Gewerbesteuergesetz
GG	Grundgesetz
ggf.	gegebenenfalls
GmbH	Gesellschaft(en) mit beschränkter Haftung
GmbHG	GmbH-Gesetz
GoA	Geschäftsführung ohne Auftrag
grds.	grundsätzlich
griech.	griechisch
GüKG	Güterkraftverkehrsgesetz
GUG	Gesetz über die Unterbrechung von Gesamtvollstreckungsverfahren
GuV	Gewinn und Verlust
GVG	Gerichtsverfassungsgesetz
GWB	Gesetz gegen Wettbewerbsbeschränkungen
h.M.	herrschende Meinung
HS	Halbsatz
HausTWG	Haustürwiderrufsgesetz

HGB	Handelsgesetzbuch
HOAI	Honorarordnung für Architekten und Ingenieure
HR	Handelsregister
HRefG	Handelsrechtsreformgesetz
HRV	Handelsregisterverfügung
insb.	insbesondere
InsO	Insolvenzordnung
i.d.F.v.	in der Fassung vom
i.d.R.	in der Regel
i.S.d.	im Sinne des/der
ital.	italienisch
i.ü.	im übrigen
i.V.m.	in Verbindung mit
JugArbSchG	Jugendarbeitsschutzgesetz
KAGG	Kapitalanlagegesellschaftengesetz
kfm.	kaufmännisch
Kfz	Kraftfahrzeug
KfzPflVV	Kraftfahrzeug-Pflichtversicherungsverordnung
kg	Kilogramm
KG(en)	Kommanditgesellschaft(en)
KGaA	Kommanditgesellschaft(en) auf Aktien
KO	Konkursordnung
KonTraG	Gesetz zur Kontrolle und Transparenz im Unternehmensbereich
KSchG	Kündigungsschutzgesetz
KStG	Körperschaftssteuergesetz
KVO	Kraftverkehrsordnung
KWG	Kreditwesengesetz
LadenschlG	Ladenschlußgesetz
lat.	lateinisch
LebensmittelG	Lebensmittelgesetz
LG	Landgericht
LuftVG	Luftverkehrsgesetz
MarkenG	Markengesetz
MHbeG	Minderjährigenhaftungsbeschränkungsgesetz
MHG	Gesetz zur Regelung der Miethöhe
mind.	mindestens
Mio.	Million(en)
MitbestG	Mitbestimmungsgesetz
MuSchG	Mutterschutzgesetz
MWSt	Mehrwertsteuer
n.F.	neue Fassung
Nr.	Nummer
oHG(en)	offene Handelsgesellschaft(en)
OLSchVO	Orderlagerscheinverordnung
OLG	Oberlandesgericht
OWiG	Ordnungswidrigkeitengesetz
PAngVO	Preisangabenverordnung
PartGG	Partnerschaftsgesellschaftsgesetz
PBefG	Personenbeförderungsgesetz
PflVersG	Pflichtversicherungsgesetz
phG	persönlich haftender Gesellschafter

Pkw	Personenkraftwagen
PostG	Postgesetz
PersBefG	Personenbeförderungsgesetz
PreisAngG	Preisangaben- und Preisklauselgesetz
ProdHaftG	Produkthaftungsgesetz
ProdSG	Produktsicherheitsgesetz
pVV	positive Vertragsverletzung
RGBl.	Reichsgesetzblatt
Rspr.	Rechtsprechung
s.	siehe
S.	Seite/Satz
s.a.	siehe auch/auf
s.o.	siehe oben
s.u.	siehe unten
ScheckG	Scheckgesetz
SchwbG	Schwerbehindertengesetz
SGB	Sozialgesetzbuch
sog.	sogenannt
StBerG	Steuerberatergesetz
stG	stille Gesellschaft
StGB	Strafgesetzbuch
StPO	Strafprozeßordnung
str.	strittig
StückAG	Stückaktiengesetz
StVG	Straßenverkehrsgesetz
SZR	Sonderziehungsrecht des Internationalen Währungsfonds
TRG	Transportrechtsreformgesetz
TVG	Tarifvertragsgesetz
TzWrG	Teilzeit-Wohnrechtegesetz
u.	und/unten
UmweltHG	Umwelthaftungsgesetz
UmwG	Umwandlungsgesetz
UmwStG	Umwandlungssteuergesetz
UN	Vereinte Nationen
UStG	Umsatzsteuergesetz
usw.	und so weiter
u.U.	unter Umständen
u.v.m.	und viele(s) mehr
v.	von/vom
v.a.	vor allem
VerglO	Vergleichsordnung
vgl.	vergleiche
UWG	Gesetz gegen den unlauteren Wettbewerb
VAG	Versicherungsaufsichtsgesetz
VerbrKrG	Verbraucherkreditgesetz
VG	Verwertungsgesellschaft
VO	Verordnung
VVG	Versicherungsvertragsgesetz
VVaG	Versicherungsverein auf Gegenseitigkeit
VwGO	Verwaltungsgerichtsordnung
VwVfG	Verwaltungsverfahrensgesetz

WährungsG	Währungsgesetz
WE	Willenserklärung(en)
WechselG	Wechselgesetz
WEG	Wohnungseigentumsgesetz
WHG	Wasserhaushaltsgesetz
WoVermG	Wohnungsvermittlungsgesetz
WPO	Wirtschaftsprüferordnung
z.B.	zum Beispiel
ZPO	Zivilprozeßordnung
ZVG	Zwangsversteigerungsgesetz
z.Zt.	zur Zeit

1 Einführung

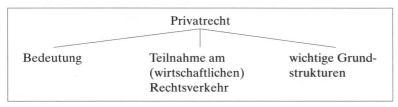

Leitübersicht 1: Einführung

Leitfragen zu 1:
a) Warum ist die Kenntnis des Privatrechts für die Teilnahme am Wirtschaftsleben wichtig?
b) Welche Ziele verfolgt die vorliegende Darstellung?

Das Privatrecht stellt einen der wesentlichsten Bereiche des gesamten Rechtssystems dar. Für jeden – als Privatperson, Verbraucher, Unternehmer, Mitarbeiter, Selbständiger oder Unselbständiger, Anbieter oder Nachfrager etc. –, ist es von maßgeblicher Bedeutung. Das Privatrecht zu kennen, insbesondere mit seinen wesentlichen Rechtsprinzipien vertraut zu sein, ist gerade für den „homo oeconomicus" unerläßlich:

Wie nimmt er am Rechtsverkehr teil? Worauf ist zu achten, um Willensentschlüsse rechtswirksam umzusetzen? Welche Pflichten ergeben sich innerhalb bestehender Rechtsbeziehungen? Welche Regeln sind bei der aktiven Gestaltung und Teilnahme am Wirtschaftsleben zu beachten?

Die Kenntnis der für die Wirtschaft relevanten Bereiche des Privatrechts ist besonders für Juristen wichtig – aber Betriebswirte und Ingenieure sowie wirtschaftsberatende Freiberufler kommen ebenfalls nicht umhin, sich damit zu beschäftigen; denn auch betriebswirtschaftliches, wirtschaftsberatendes bzw. ingenieurpraktisches Handeln findet nicht im regelungsfreien Raum statt. Es wird vielmehr durch die (Privat-) Rechtsordnung in vielfältigster Weise bestimmt. Welche wirtschaftlichen bzw. unternehmerischen Ziele erreichbar sind, wie sie verfolgt und durchgesetzt werden können, lenkt der Gesetzgeber durch eine Fülle von Vorschriften.

Was nutzen (vermeintlich) gute Geschäfte, wenn sie rechtlich unstimmig sind und zu Streitigkeiten, Forderungsausfällen, Haftungsfällen, (Anwalts-, Prozeß-)Kosten und Ärger führen?

Wirtschaftsprivatrechtliche Kenntnisse sind daher gerade nicht nur Sache des Juristen, sondern eines jeden, der am Wirtschaftsleben teilnimmt und es maßgeblich gestaltet – also insbesondere auch Betriebswirte, Ingenieure, sowie sonstige wirtschaftsnahe Berufe. Unternehmerischer Erfolg ist nämlich immer mehr davon abhängig, daß das Management jedenfalls rechtliche Fehler vermeidet und rechtlich gesicherte Wege geht.

Das vorliegende Studienbuch stellt dementsprechend die wesentlichen Grundlagen des privaten Wirtschaftsrechtes dar. Diese Grundstrukturen zu kennen ist insbesondere notwendig, um im Wirtschaftsleben richtige, rechtlich überzeugende Entscheidungen treffen und umsetzen zu können, um juristische Probleme beim wirtschaftspraktischen Handeln schon im Vorfeld zu erkennen, um sie rechtswirksam „anzupacken" und dabei rechtliche Fehler zu vermeiden, aber auch um Streitfälle zu lösen. Dabei verfolgt das Buch die Konzeption, die wesentlichen, wirtschaftsrelevanten Rechtsbereiche integrierend darzustellen, um dem Leser so eine Einsicht in die Zusammenhänge zu ermöglichen.

Zur *Arbeitstechnik* noch folgender Hinweis:

Zum Studium des Rechts und der rechtlichen Grundlagen ist es unumgänglich, die zitierten Gesetzesvorschriften sogleich aufzuschlagen und nachzulesen. Das ist zwar zunächst mühevoll, zur Gewinnung rechtlichen Grundverständnisses (und zur Gewöhnung an die Rechtssprache) aber unabdingbar.

2 Rechtliche Grundbegriffe

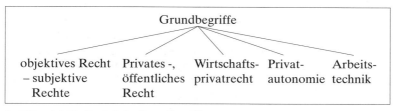

Leitübersicht 2: Rechtliche Grundbegriffe

Leitfragen zu 2:
a) Was ist unter dem Begriff „objektives Recht" zu verstehen?
b) Welche Rechtsbereiche gehören zum Privatrecht?
c) Wie „funktioniert" juristische Subsumtionstechnik?

Der Umgang mit Recht und Gesetz erfordert die Kenntnis einiger wesentlicher Grundbegriffe.

2.1 Systematik

Die Rechtsordnung hat die Funktion, das Zusammenleben der Bürger verbindlich zu regeln, Konflikte zu entscheiden und einen Ausgleich zwischen privatem und öffentlichem Interesse herbeizuführen. — Rechtsordnung

Recht im objektiven Sinne nennt man dabei sämtliche Rechtsgrundsätze, die sich entweder aus dem Gewohnheitsrecht oder dem gesetzten Recht ergeben. Durch langdauernde Übung und Anwendung entwickeltes Gewohnheitsrecht (z. B. Holzrechte; Kehrpflichten) findet sich immer seltener; die weitaus meisten Bereiche hat mittlerweile der Gesetzgeber geregelt. — Objektives Recht

Das von ihm gesetzte (kodifizierte) Recht steht dabei in einer Normenhierarchie, bei der die niederrangige Norm immer im Einklang mit der höherrangigen stehen muß: — Normenhierarchie

– Grundgesetz als ranghöchste Rechtsquelle;
– von Bund und Ländern erlassene Rechtsnormen, sog. Gesetze im formellen Sinn;
– von der Exekutive erlassene Rechtsverordnungen;

autonome Satzungen nichtstaatlicher Verbände, etwa der Gemeinden (Bebauungsplan, Flächennutzungsplan) oder von Tarifvertragsparteien (normativer Teil von Tarifverträgen). Dazu gehören aber nicht die Satzungen von Vereinen, vgl. § 25 BGB.

Die Verkehrssitte, der Handelsbrauch und technische Normen (z. B. DIN-Normen) sind – weil nicht von einem rechtssetzungsbefugten Organ erlassen – ebensowenig Rechtsnormen wie die ständige Rspr. der Gerichte; allerdings erwächst der Gerichtsgebrauch, wenn er allgemein anerkannt wird, in Ausnahmefällen zur ständigen Übung bzw. zum Gewohnheitsrecht (vgl. etwa die culpa in contrahendo – cic –, s. u. 9.8).

<small>Subjektives Recht</small>
Aus dem objektiven Recht können Befugnisse des Einzelnen erwachsen, sog. subjektive Rechte. Man kennt sie (s. a. unten 4.2) in Form der
- Herrschaftsrechte,
  Beispiel: Eigentum, §§ 903 ff. BGB;
- Forderungsrechte,
  Beispiel: Kaufpreiszahlungsanspruch, § 433 II BGB;
- Gestaltungsrechte,
  Beispiel: Anfechtungsrecht i.S.d. § 123 BGB.

<small>Europarecht</small>
Auf das nationale Recht wirkt auch internationales Recht ein. Von besonderer Bedeutung ist dabei das Europarecht. Dieses bestimmt das gesetzgeberische Handeln, aber auch die Rspr. in zunehmendem Maße. Eine Vielzahl von gesetzlichen Bestimmungen gehen auf die Umsetzung europarechtlicher Vorgaben zurück.

Beispiele: die Einfügung des § 611 a BGB; verbraucherrechtliche Schutzvorschriften, etwa im ProdHaftG, Reisevertragsrecht, HausTWG, AGBG, TzWrG; die Einführung des Euro.

<small>UN-Kaufrecht</small>
Im Internationalen Warenverkehr gilt – für Deutschland seit dem 1. 1. 1991 – das UN-Kaufrecht (CISG). Dieses kann aber von den multinationalen Kaufvertragsparteien vertraglich ausgeschlossen werden.

2.2 Privates/öffentliches Recht

Systematisch von größter Bedeutung ist desweiteren die Unterscheidung der Rechtsnormen in die Bereiche des öffentlichen sowie des privaten Rechts.

<small>Öffentliches Recht</small>
Das öffentliche Recht regelt die Organisation des Staates und anderer hoheitlich handelnder Verbände, bestimmt die Beziehung zwischen Bürger und Staat bzw. anderen Trägern öffentlicher Gewalt, und ordnet das Verhältnis der Verwaltungsträger untereinander. Aus Sicht des Bürgers ist ein Rechtsverhältnis vornehmlich dann ein öffentlich-rechtliches,

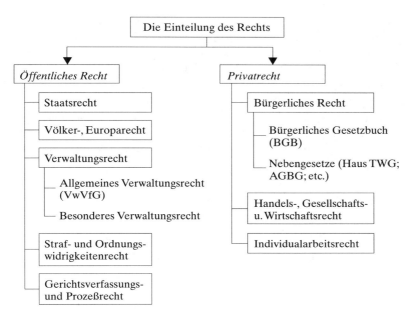

Schaubild 1: Einteilung des Rechts

wenn ihm ein Hoheitsträger im Über- und Unterordnungsverhältnis oder jedenfalls gerade in seiner Eigenschaft als Träger von hoheitlicher Gewalt entgegentritt.

Beispiele: Erteilung einer Baugenehmigung; Erlaß eines Steuerbescheids; Versetzung eines Beamten.

Hier ergehen im Interesse der Allgemeinheit regelmäßig Verwaltungsakte (vgl. § 35 VwVfG) bzw. Bescheide.

Zum öffentlichen Recht gehören das Staatsrecht (GG, Länderverfassungen, Staatsverträge), das Völker- u. Europarecht (UN-Vertrag, EWG-Vertrag, EU-Richtlinien), das Verwaltungsrecht (Allgemeines Verwaltungsrecht: VwVfG; Besonderes Verwaltungsrecht: z. B. BBauG, BBG, WasserhaushaltsG, LadenschlußG, GewO, LebensmittelG, sowie das gerade unternehmerische Entscheidungen wesentlich mitbestimmende Steuerrecht – EStG, GewStG, KStG, UmwStG, AO etc. –), das Strafrecht (StGB, OWiG) sowie das Gerichtsverfassungs- und Prozeßrecht (GVG, ZPO, StPO). Streitigkeiten im Bereich des öffentlichen Rechts entscheiden grundsätzlich die Verwaltungsgerichte (vgl. § 40 VwGO).

Demgegenüber ist das Privatrecht derjenige Teil der Rechtsordnung, der die Rechtsbeziehungen der Einzelnen zueinander auf der Basis

Privates Recht

von Gleichordnung und Selbstbestimmung regelt. Hauptgestaltungsmittel hierbei ist der Vertrag. Auch Träger öffentlicher Gewalt (Staat, Gemeinde) können daran beteiligt sein, wenn sie nicht hoheitlich, sondern fiskalisch wie „normale Bürger" handeln.

Beispiel: Eine Verwaltungsbehörde kauft Schreibmaterialien, mietet Räume, stellt Arbeitnehmer ein.

Privatrechtliche Rechtsstreitigkeiten gehören als „bürgerliche Rechtsstreitigkeiten" i.S.d. § 13 GVG grundsätzlich vor die ordentlichen Gerichte (s. u. 20.). Weithin wird das Privatrecht auch Zivilrecht genannt (lateinisch civis – Staatsbürger).

Schaubild 2: Öffentliches/privates Recht

2.3 Privatrechtsgebiete

Im Bereich des Privatrechts unterscheidet man drei große Rechtsgebiete:

- Bürgerliches Recht,
- Handels-, Gesellschafts- und Wirtschaftsrecht,
- Arbeitsrecht.

Bürgerliches Recht — Kerngebiet des Privatrechts ist das Bürgerliche Recht (es wird im Sprachgebrauch oftmals mit dem Zivilrecht an sich gleichgesetzt). Seine Hauptkodifikation ist das BGB (mit dessen fünf Büchern: Allgemeiner Teil, Schuldrecht, Sachenrecht, Familienrecht, Erbrecht). Dazu gehören auch die das BGB ergänzenden Nebengesetze (AGBG, VerbrKrG, HausTWG, ProdHaftG). Die im BGB geregelten allgemeinen Grundsätze, insbesondere diejenigen in seinen ersten drei Büchern – Allgemeiner Teil, Schuldrecht, Sachenrecht – gelten ebenso in den sonstigen privatrechtlichen Sondermaterien, soweit sich dort nicht vorrangigere Spezialregelungen finden (sog. leges speciales).

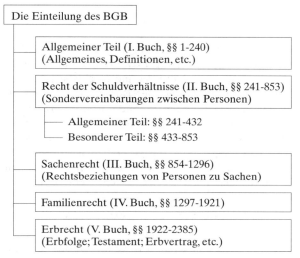

Schaubild 3: Einteilung des BGB

Neben dem Bürgerlichen Recht als dem allgemeinen Privatrecht stehen die bestimmte Sachgebiete regelnden bzw. für bestimmte Berufsgruppen geltenden Sonderprivatrechte: so das Handels-, Gesellschafts- und private Wirtschaftsrecht (insbesondere HGB, GmbHG, AktG, GenG, UWG, GWB, ScheckG, WechselG) – dieses kaufmännische Sonderrecht wird durch die spezifische Interessenlage der Kaufleute und Handelsgesellschaften bestimmt –, und ebenso das Arbeitsrecht, das sich grundsätzlich auf die für die abhängigen, unselbständigen Arbeitsverhältnisse geltenden Rechtsvorschriften bezieht.

Sonderprivatrecht

2.4 Wirtschaftsprivatrecht

Der Begriff des Wirtschaftsprivatrechts hat sich in den letzten Jahren eingebürgert und verfestigt. Zwar ist er nicht gesetzlich definiert, aber man versteht darunter in einer ganzheitlichen Betrachtung den wirtschaftlich relevanten Teil des Privatrechts: also ökonomisch bedeutsame Rechtsregeln aus dem Bürgerlichen Recht (vornehmlich die ersten drei Bücher des BGB), dem Handels- und Gesellschaftsrecht, dem Wertpapier-, Wettbewerbsrecht und gewerblichen Rechtsschutz sowie der

Betriebswirtschaftliche Relevanz

Rechtsdurchsetzung in Zivilprozeß, Zwangsvollstreckung und Insolvenz, und dazu (jedenfalls im weiteren Sinne) auch das (wenngleich mit öffentlich-rechtlichen Vorschriften vermengte) Arbeitsrecht.

2.5 Privatautonomie

Das Bürgerliche Recht wird geprägt vom Grundsatz der freien Selbstbestimmung des mündigen Bürgers, der sog. Privatautonomie. Der Einzelne kann bzw. soll seine Lebensverhältnisse und Rechtsbeziehungen eigenverantwortlich regeln und gestalten. Der Bürger vermag demzufolge Rechte und Pflichten zu begründen, zu ändern oder aufzuheben und – im Rahmen der durch die Gesetze und die Rechtsprechung abgesteckten Grenzen – eigenverantwortlich und eigenständig rechtsverbindlich zu handeln. Daher sind sogar die gesetzlichen Vorschriften selbst in weiten Bereichen dispositiv (= abdingbar), d. h., sie können durch abweichende Gestaltungen und Vereinbarungen ersetzt werden (so v. a. im sog. Schuldrecht).

Individuelle Gestaltbarkeit

Abdingbarkeit

Beispiel: In Abweichung von § 551 BGB vereinbaren Mieter und Vermieter die Mietzinszahlung zum Monatsersten (vgl. § 305 BGB).

Die Privatautonomie ist vornehmlich durch folgende Gesichtspunkte gekennzeichnet:

Aspekte der Privatautonomie

– formelle Gleichbehandlung aller Bürger;
– Vertragsfreiheit (Freiheit, Verträge einzugehen und auszugestalten);
– Vereinigungsfreiheit (Freiheit, sich etwa in Vereinen oder Gesellschaften zusammenzuschließen);
– Testierfreiheit (Freiheit, über seinen Nachlaß frei zu verfügen);
– Privateigentum;
– Eigentumsfreiheit (Freiheit zu tatsächlichen und rechtlichen Herrschaftshandlungen an beweglichen oder unbeweglichen Sachen);
– Eingriffsbefugnisse des Staates in die Privatsphäre sind grundgesetzlich beschränkt.

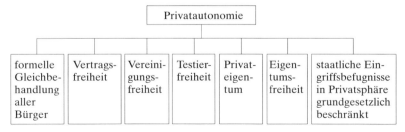

Schaubild 4: Privatautonomie

Um im Rahmen der Privatautonomie Rechtsbeziehungen zu begründen, zu ändern oder aufzuheben, ist gesetzlich das Rechtsgeschäft als geeignetes Mittel vorgesehen (s. u. 6).

Beispiele: Kündigung eines Arbeitsvertrages (= einseitig); Abschluß eines Werkvertrages (= zweiseitig); Abschluß eines Gesellschaftsvertrages durch mehrere Kaufleute (= mehrseitig).

2.6 Rechtsanwendung; Arbeitstechnik

Nicht nur kaufmännisches Geschick, vielmehr gerade auch Rechtskenntnisse und zutreffende Rechtsanwendung bestimmen wesentlich unternehmerische Erfolge. Lebenssachverhalte sind rechtlich zu werten und die Rechtsfolgen festzustellen – nicht nur bereits geschehene Vorgänge, sondern auch künftige (insbesondere im Rahmen von Vertragsgestaltungen). Man muß daher den „technischen" Umgang mit Gesetzen und ihre Auslegung lernen und beherrschen. Dies setzt die Kenntnis der Rechtsnormen, ihres Aufbaues und ihrer Prüfung voraus: Rechtliche Wertung

2.6.1 Subsumtion

Der Gesetzgeber regelt in seinen Rechtsnormen eine Fülle unterschiedlicher Lebensvorgänge. Diese „Paragraphen" sind daher regelmäßig abstrakt und generell gefaßt. Zunächst wird mit den abstrakten Begriffen der Tatbestandsmerkmale der zu regelnde Sachverhalt beschrieben (sog. Tatbestand), danach wird daraus die Rechtsfolge gezogen.

Bei der Rechtsanwendung, also der rechtlichen Würdigung eines konkreten Lebenssachverhaltes, ist zu prüfen, ob ein bestimmter Sachverhalt den Erfordernissen bzw. Voraussetzungen einer Rechtsnorm entspricht – ist dem so, dann greift die im Gesetz genannte Rechtsfolge ein. Diesen Vorgang nennt man subsumieren bzw. Subsumtion. Rechtsanwendung

Beispiel: Kunde Meier kauft im Telekomladen („T-Punkt") ein Telefaxgerät (Lebenssachverhalt).
Dazu § 433 I 1 BGB:
„Durch den Kaufvertrag wird der Verkäufer einer Sache ..." (Obersatz).
Meier und die Deutsche Telekom AG (für sie handelnd ein Mitarbeiter) haben einen Kaufvertrag geschlossen, die Deutsche Telekom AG ist Verkäuferin, das Faxgerät eine (bewegliche) Sache (Untersatz; Subsumtion).
... die Deutsche Telekom AG ist verpflichtet, dem Käufer Meier das Gerät zu übergeben und ihm das Eigentum daran zu verschaffen (Schlußfolge; Rechtsfolge).

Tatbestand und Rechtsfolge in einem Paragraphen zusammen (vgl. als weiteres Beispiel § 823 I BGB) finden sich nicht regelmäßig; das Gesetz enthält oftmals auch unvollständige Rechtssätze, Begriffsbestimmungen, Verweisungen.

Beispiel: Der Anspruch auf Wandelung (also Rückgängigmachung des Kaufes) und Herausgabe des bereits gezahlten Kaufpreises (Zug-um-Zug gegen Herausgabe der bereits erhaltenen Ware) ergibt sich aus der Abfolge der §§ 346 S. 1, 348 S. 1, 467, 465, 462, 459 I, 433 II BGB.

2.6.2 Anspruch

<small>Wer will was von wem woraus?</small>

Das Privatrecht ist prinzipiell von Interessen und ihrer Durchsetzung gekennzeichnet. In aller Regel geht es darum festzustellen, wie die Rechtslage ist bzw. gestaltet werden kann. Der wesentliche Begriff in diesem Zusammenhang ist demzufolge derjenige des Anspruchs: Anspruch ist das Recht, von einem anderen ein Tun, Dulden oder Unterlassen begehren zu können (vgl. § 194 I BGB). Ob ein solcher Anspruch besteht, bestimmt sich danach, ob eine entsprechende Anspruchsgrundlage vertraglicher bzw. gesetzlicher Art vorhanden ist.

<small>Anspruchsgrundlagen</small>

Die entscheidende Frage in der praktischen Rechtsanwendung ist daher: „Wer will was von wem woraus?" Man muß also den Anspruchsteller, den Anspruchsgegner, den Streitgegenstand und die Anspruchsgrundlage feststellen bzw. prüfen.

Bei der Suche nach für die jeweilige Fallösung geeigneten Anspruchsgrundlagen lassen sich folgende Anspruchsbereiche unterscheiden (s. a. unten 8.12.1):

– Ansprüche aus Vertrag (z.B. Kaufvertrag, §§ 433 ff. BGB); sie sind primär auf Erfüllung der eingegangenen Verpflichtungen gerichtet (sog. Erfüllungs- bzw. Primäransprüche), können sich aber ggf. auch aus den Leistungsstörungen ergeben (sog. Sekundäransprüche);

– vertragsähnliche Ansprüche (z. B. Geschäftsführung ohne Auftrag, §§ 677 ff. BGB; culpa in contrahendo; Schadensersatzpflicht des Anfechtenden, § 122 BGB, s. a. die §§ 179, 307 BGB, sog. Erklärungshaftung);

– dingliche Ansprüche (z. B. die §§ 985 ff.; 1004; 861, 869; 862 BGB);

– Ansprüche aus unerlaubter Handlung (z. B. die §§ 823, 824, 839, 826, 830 BGB – Verschuldenshaftung; §§ 831, 832, 833 S. 2, 834, 836 BGB, 18 StVG – Haftung aus vermutetem Verschulden);

– Ansprüche aus ungerechtfertigter Bereicherung (§§ 812 ff. BGB);

– Ansprüche aus (verschuldensunabhängiger) Gefährdungshaftung (z. B. die §§ 833 S. 1 BGB; 7 ff. StVG; 1 ProdHaftG).

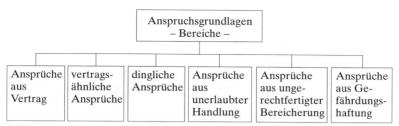

Schaubild 5: Anspruchsgrundlagen

Dabei ist es durchaus möglich, daß ein und derselbe Lebenssachverhalt mehrere Anspruchsgrundlagen erfüllt; man spricht in diesen Fällen von Anspruchskonkurrenz. Allerdings kann dann der Anspruchsteller nicht etwa auch mehrfach („addiert") die geforderte Leistung verlangen. Ggf. kann er unter mehreren erfüllten, unterschiedliche Rechtsfolgen vorsehenden Anspruchsgrundlagen je nach deren Rechtsfolge und seinen Zielen wählen (etwa zwischen Herausgabe, Schadensersatz, Wertersatz).

Wahlmöglichkeiten

Beispiel: Ein Dieb stiehlt ein Buch im Wert von DM/(oder)Euro 100,- und veräußert es an einen Unbekannten für DM/Euro 120,-. Für den Bestohlenen ergäben sich beispielsweise Ansprüche aus § 823 I BGB, §§ 823 II BGB i.V.m. 242 StGB, § 826 BGB gerichtet auf Schadensersatz (= DM/Euro 100,-), aber auch aus den §§ 687 II 1, 681 S. 2, 667 BGB bzw. den §§ 816 I 1 i.V.m. 185 II 1 1. Alt. BGB, gerichtet auf den Verkaufserlös (= DM/Euro 120,-). Der Herausgabeanspruch aus § 985 BGB ist demgegenüber hier faktisch bedeutungslos.

2.6.3 Rechtssprache

Dem Nichtjuristen fällt es erfahrungsgemäß nicht leicht, die Sprache der Gesetze bzw. der Juristen zu verstehen. Gerade das BGB wird oftmals insbesondere als zu abstrakt formuliert empfunden. Allerdings ist im Hinblick auf die generelle Anwendbarkeit und Bedeutung der Gesetze sowie die Rechtsfindung ein präziser Sprachgebrauch unerläßlich. Geschriebene Gesetze bringen regelmäßig Rechtssicherheit mit sich; daher ist die Jurisprudenz sehr auf klare, präzise Formulierungen sowie Definitionen fixiert – Worte sind zu wägen, Behauptungen nicht ungeprüft zu übernehmen bzw. zu hinterfragen. Die Sprache der Juristen verwendet vorzugsweise Subjekt, Prädikat, Objekt, dagegen Adjektive erst nach Prüfung bzw. Wertung.

abstrakt

präzise

Beispiele: Unerlaubte Handlung (§§ 823 ff. BGB) – zu fragen ist (u.a.) nach der Handlung, danach nach dem erlaubt oder nicht erlaubt sein; berechtigter Besitzer (§§ 986 ff. BGB) – ist die Person Besitzer?, ist ihr Besitz berechtigt oder nicht?. Aber auch: umgangssprachlich „Leihgebühr", etwa im Zusammenhang mit gegen Zahlung eines Entgeltes „ausgeliehenen" Sachen – dies ist rechtlich doppelt zu hinterfragen: der Begriff „Gebühr" ist im öffentlichen Recht beheimatet, Leihe wird begrifflich als unentgeltlich verstanden (vgl. § 598 BGB); die „Übersetzung" (Auslegung, § 133 BGB) in die Juristensprache ergibt insoweit zumeist „Mietzins" (vgl. § 535 BGB). Oder: das Wort „grundsätzlich" – allgemein als besondere Verstärkung bzw. Bekräftigung gebraucht, juristisch dagegen wird es relativierend nur als Regel verstanden, bei der sogleich an die Ausnahme zu denken ist.

Nicht vorschnell gilt es zu behaupten, vielmehr erst den Sachverhalt richtig zu ermitteln, Gesetz und Rspr. dann darauf Schritt für Schritt im Wege der Subsumtion anzuwenden.

2.6.4 Rechtsprechung

Auslegung

Bei der rechtlichen Beurteilung von Sachverhalten bilden die Gesetze grundsätzlich die oberste Richtschnur. Allerdings bedarf es ihrer Auslegung und ggf. streitentscheidenden Anwendung – dies ist Sache der Gerichte. Wie sie im jeweiligen Einzelfall die Gesetze anwenden, hängt oftmals von zu treffenden Wertungen ab – denn die Gesetze sind regelmäßig nicht einzelfallbezogen, sondern generelle, auslegungsfähige und -bedürftige, abstrakte Regeln, bei denen es häufig zu bewerten und zu gewichten gilt.

Beispiele: Treu und Glauben, § 242 BGB – was heißt das im Einzelfall?; berechtigtes Interesse, §§ 549 II 1 oder 546 b BGB – was genau fällt hierunter?; Fehler i.S.d. § 459 I BGB – wann liegt er vor?; gute Sitten, §§ 138 I, 826 BGB – was ist darunter zu verstehen?; wichtiger Grund, § 626 BGB – worin ist er zu sehen?

Lückenschluß

Oftmals stellt sich auch anhand praktischer Fälle heraus, daß das Gesetz etwa Lücken aufweist – diese zu schließen ist ebenfalls Sache der Gerichte.

Beispiele: pVV (s.u. 9.7) oder cic (s.u. 9.8).

Verkehrssitten

Des öfteren wird es im übrigen erforderlich, konkretes Verhalten ganz bestimmter Personenkreise – wie bspw. von Kaufleuten – rechtlich einzuordnen und ggf. deren Verkehrssitten und -gebräuche juristisch zu werten.

Beispiele: Das kaufmännische Bestätigungsschreiben und seine rechtliche Beurteilung (s.u. 6.3.1.2); Frachtklauseln, Incoterms (s.u. 6.3.6; 6.7.1.1; 10.2.2) im Hinblick auf spezielle Handelsbräuche (§ 346 HGB). Vornehmlich richterrechtlich dominiert ist auch das Arbeitsrecht.

Kommentare

Wegen der großen Bedeutung der Rspr. genügt zur Beurteilung einer Rechtsfrage häufig das Gesetzes- (Paragraphen-)Studium nicht alleine; vielmehr sind einschlägige Gerichtsurteile – die sich vornehmlich mit Hilfe der Gesetzeskommentare finden lassen – heranzuziehen.

Der einhundertjährige Bestand des BGB rührt nicht zuletzt auch wesentlich daher, daß die abstrakten Gesetzesregeln durch die Gerichte jeweils zeit- und umständeangepaßt flexibel gehandhabt wurden.

3 Rechtssubjekte – Personen des Rechtsverkehrs

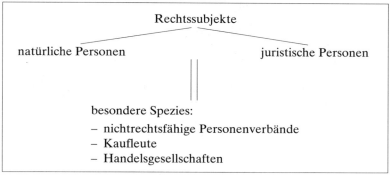

Leitübersicht 3: Rechtssubjekte

Leitfragen zu 3:
a) Was ist rechtlich bezüglich der natürlichen Personen als Rechtssubjekte zu beachten?
b) Wodurch werden juristische Personen gekennzeichnet?
c) Wie werden nichtrechtsfähige Personenverbände rechtlich eingeordnet?
d) Was gilt für Kaufleute?

Die von der Rechtsordnung aufgestellten Verhaltensnormen wenden sich an Adressaten; diese treffen Verhaltenspflichten, ihnen sind Gegenstände zugeordnet, sie sind Gläubiger oder Schuldner im Rahmen von Rechtsbeziehungen. Die Adressaten bzw. personalen Bezugspunkte von Rechtsnormen nennt man Rechtssubjekte; sie sind Träger von Rechten und Pflichten. Im Privatrecht unterscheidet man dabei zwischen natürlichen Personen und juristischen Personen. Sie sind rechtsfähig, nämlich fähig, Träger von Rechten und Pflichten zu sein. Im Hinblick auf ihre besondere wirtschaftsprivatrechtliche Bedeutung sind dabei als besondere Spezies von Rechtssubjekten die nichtrechtsfähigen Personenverbände, dann vor allem die Kaufleute, sowie die Handelsgesellschaften eigens zu nennen.

Rechtssubjekte

3.1 Natürliche Personen

Menschen Jeder Mensch ist Rechtssubjekt, Bezugspunkt für Rechte und Pflichten. Das Recht nennt die Menschen natürliche Personen, vgl. die §§ 1 ff. BGB. Das BGB sieht den Menschen in mehrerer Hinsicht:
- als Rechtsträger, dem Rechte und Pflichten zugeordnet sind;
- als Handelnden, der seine Lebensverhältnisse selbst gestaltet durch Vornahme von Rechtsgeschäften oder auch durch Zufügung von Schäden;
- als zu Schützenden, dessen körperliche Unversehrtheit und Persönlichkeit zu wahren sind.

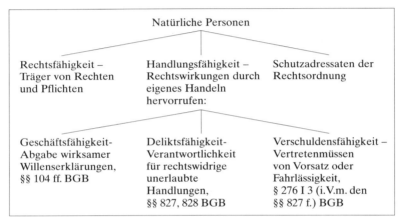

Schaubild 6: Natürliche Personen

3.1.1 Natürliche Personen als Rechtsträger – Rechtsfähigkeit

Beginn Mit der Vollendung der Geburt ist der Mensch rechtsfähig. Rechtsfähigkeit heißt, Träger von Rechten und Pflichten zu sein, § 1 BGB. Der Rechtsfähige kann demzufolge etwa Eigentümer von Gegenständen, Inhaber von Forderungen, Schuldner von Leistungen, Erbe eines Nachlasses (§ 1922 BGB) oder Partei in einem Prozeß (vgl. § 50 I ZPO) sein. In einigen Fällen ist die Rechtsfähigkeit sogar vorverlagert: dann wird schon das erzeugte, aber noch nicht geborene Kind als Rechtsträger anerkannt, vgl. die §§ 328, 331 II, 844 II 2, 1912, 1923 II BGB, 10 II 2 StVG.

Beispiele: Schädigung des Embryos bei einem Verkehrsunfall; Erbrecht und Schadensersatzanspruch des noch Ungeborenen, wenn während der Schwangerschaft der Vater stirbt; zugunsten der Leibesfrucht abgeschlossener Lebensversicherungsvertrag.

Die Rechtsfähigkeit endet mit dem Tode des Menschen, d. h. nach heutigen medizinischen Erkenntnissen mit dem sog. Gehirntod. Mit dem Tode eines Menschen tritt der Erbfall ein, § 1922 I BGB, und sein Vermögen, die Erbschaft, geht als Ganzes auf den/die Erben über. Nur der Mensch kann sterben und beerbt werden, nur er, nicht aber eine juristische Person (dazu 3.2), ist passiv erbfähig. Höchstpersönliche Rechte bzw. Pflichten erlöschen mit dem Tod (z. B. Vereinsmitgliedschaften, § 38 BGB, oder Dienstleistungspflichten, § 613 BGB).

Ende

3.1.2 Natürliche Personen als Handelnde – Handlungsfähigkeit

Die Rechtsfähigkeit alleine genügt noch nicht zur Herbeiführung von Rechtsfolgen – man muß auch rechtswirksam handeln können. Auf der Rechtsfähigkeit baut daher der Begriff der Handlungsfähigkeit auf: darunter wird die Fähigkeit verstanden, durch eigenes Handeln Rechtswirkungen hervorrufen zu können. Es handelt sich dabei um einen Oberbegriff, der die Geschäftsfähigkeit (§§ 104 ff. BGB), die Deliktsfähigkeit (§§ 827 f. BGB) und die Zurechnungsfähigkeit bzw. Verantwortlichkeit für die Verletzung von Verbindlichkeiten (§ 276 I 3 BGB) umfaßt. Natürliche Personen sind selbst handlungsfähig; sie benötigen nicht (etwa wie ein Verein) Organe, wie sie bei juristischen Personen erforderlich sind.

Rechtswirkungen

3.1.2.1 Geschäftsfähigkeit

Zwar ist jeder Mensch rechtsfähig; damit ist aber noch nichts darüber gesagt, inwieweit er auch rechtlich selbständig agieren kann. Das ist vielmehr eine Frage der Geschäftsfähigkeit. Darunter versteht man die Fähigkeit, rechtlich wirksam zu handeln, also Rechtsgeschäfte selbständig vollwirksam vornehmen zu können durch Abgabe eigener Willenserklärungen. Dazu knüpft der Gesetzgeber grundsätzlich an das Lebensalter an. Wann ein Mensch geschäftsfähig ist, ergibt sich aus den §§ 2, 104 ff. BGB. Dabei werden die volle Geschäftsfähigkeit, die beschränkte Geschäftsfähigkeit und die Geschäftsunfähigkeit unterschieden:

Abgabe wirksamer Willenserklärungen

- voll geschäftsfähig ist grundsätzlich jeder Mensch, der das 18. Lebensjahr vollendet hat, also volljährig ist (§ 2 BGB);
- geschäftsunfähig ist gemäß § 104 Nr. 1 und 2 BGB,
  - wer noch nicht das siebente Lebensjahr vollendet hat;
  - wer sich in einem die freie Willensbestimmung ausschließenden Zustand krankhafter Störung der Geistestätigkeit befindet, sofern nicht dieser Zustand seiner Natur nach ein vorübergehender ist,

Abstufungen

(*Beispiele:* Gemüts- bzw. Nervenkrankheiten; Querulantenwahn – nicht aber in sog. lichten Augenblicken, „lucida intervalla");

- beschränkt geschäftsfähig ist gemäß den §§ 2, 106 BGB,
  • wer das siebente Lebensjahr, noch nicht aber das achtzehnte Lebensjahr vollendet hat. Soweit für die nach dem Betreuungsgesetz Betreuten ein Einwilligungsvorbehalt angeordnet worden ist, stehen sie beschränkt geschäftsfähigen Minderjährigen gleich, § 1903 I 2, III BGB.

Die Tatsache, ob ein handelnder Mensch geschäftsfähig, beschränkt geschäftsfähig oder geschäftsunfähig ist, ist rechtsgeschäftlich von größter Bedeutung:

Konsequenzen | Nur die auf einen rechtlichen Erfolg gerichteten Erklärungen (Willenserklärungen) Geschäftsfähiger sind grundsätzlich wirksam. Dagegen sind von Geschäftsunfähigen abgegebene Willenserklärungen nichtig, § 105 I BGB. Das gilt übrigens gemäß § 105 II BGB auch für Willenserklärungen, die im Zustand der Bewußtlosigkeit oder vorübergehenden Störung der Geistestätigkeit abgegeben werden

Beispiele: Drogenrausch, Volltrunkenheit, Epilepsie; § 105 II BGB erfaßt also Personen, die vorübergehend geistesgetrübt sind, während bei Dauerzuständen § 104 Nr. 2 BGB gilt.

Beschränkt Geschäftsfähige behandelt der Gesetzgeber differenziert: er schützt sie vor dem Abschluß nachteiliger Geschäfte. Für Willenserklärungen, durch die der Minderjährige nicht lediglich einen rechtlichen Vorteil erlangt, bedarf er der Einwilligung (also der vorherigen Zustimmung, vgl. § 183 S. 1 BGB) seines gesetzlichen Vertreters (§ 107 BGB). Das sind grundsätzlich die Eltern gemeinsam, §§ 1626 I, 1629 I BGB. Ob ein „lediglich rechtlicher Vorteil" vorliegt oder ob ein rechtlicher Nachteil droht, ist nicht nach wirtschaftlichen, sondern ausschließlich nach rechtlichen Gesichtspunkten zu beurteilen.

Rechtspflichten? | Die dafür entscheidende Frage lautet: Bringt das Geschäft dem beschränkt Geschäftsfähigen rechtliche Pflichten? Wenn ja, dann ist selbst das wirtschaftlich lukrativste Geschäft zustimmungspflichtig.

Beispiele: Der Kauf eines Buches (§ 433 BGB) ist rechtlich nachteilig, da der Minderjährige gemäß § 433 II BGB zahlungspflichtig wird; der Abschluß eines Dienstvertrages (§ 611 BGB) ist rechtlich nachteilig, weil der Minderjährige gemäß § 611 I BGB Dienste erbringen muß.

Rechtlich dagegen lediglich für ihn Vorteile zeitigende Geschäfte kann der beschränkt Geschäftsfähige eigenständig tätigen.

Beispiele: Die Annahme eines Schenkungsversprechens durch Abschluß eines lediglich den Schenker verpflichtenden Schenkungsvertrages, § 516 BGB; der Erwerb des Eigentums an einer beweglichen Sache durch Annahme der Eigentumsübertragung, § 929 S. 1 BGB (s. u. 5); die Annahme der Abtretung einer Forderung an den Minderjährigen, § 398 BGB.

Dabei sind nur mittelbar durch das Geschäft ausgelöste Nachteile unerheblich, ändern also nichts am Vorliegen des „lediglich rechtlichen Vorteils."

Beispiel: Der auf einen Hund gerichtete Schenkungsvertrag ist auch dann lediglich rechtlich vorteilhaft, wenn mit ihm Steuerpflichten und Tierhalterhaftpflichten (vgl. § 833 BGB) sowie Fütterungskosten verbunden sind.

Schließt ein beschränkt Geschäftsfähiger rechtlich nachteilige Geschäfte ohne die Einwilligung oder ohne die nachträgliche Zustimmung (= Genehmigung, §§ 108 I, 184 I BGB) seines gesetzlichen Vertreters, dann sind sie unwirksam. Bis zur Erteilung der Genehmigung ist das Geschäft, etwa ein Kaufvertrag, schwebend unwirksam, §§ 108, 109 BGB. Zur Klarstellung der Rechtslage kann der Vertragspartner des Minderjährigen dessen gesetzlichen Vertreter zur Erteilung der Genehmigung auffordern. Dieser hat dann zwei Wochen Zeit, sich zu entschließen. Wird die Genehmigung nicht erteilt, dann gilt sie als verweigert. Wird der Minderjährige zwischenzeitlich volljährig, so wird ein zuvor von ihm geschlossener Vertrag nicht automatisch rechtswirksam, vielmehr kann er jetzt selbst entscheiden, ob er genehmigen will, § 108 II, III BGB. Gemäß § 109 BGB ist im übrigen der Vertragspartner des Minderjährigen bis zur Genehmigungserteilung zum Widerruf berechtigt, wenn ihm die Minderjährigkeit bzw. die fehlende Einwilligung nicht bekannt war.

Folgen nachteiliger Geschäfte

Allerdings gibt es auch generelle Einwilligungstatbestände, bei deren Vorliegen der beschränkt Geschäftsfähige ausnahmsweise alleine selbst nachteilige Rechtsgeschäfte eingehen kann:

Einwilligungstatbestände

– gemäß § 110 BGB dann, wenn er die von ihm geschuldete Leistung vollständig mit Mitteln bewirkt, die ihm zu diesem Zweck oder zur freien Verfügung vom gesetzlichen Vertreter oder mit dessen Zustimmung von einem Dritten überlassen worden sind

Taschengeld

Beispiele: Taschengeld, Arbeitslohn.

Wichtig dabei ist, daß die Leistung vollständig bewirkt sein muß – Kredit- und Ratengeschäfte sind ausgeschlossen.

Beispiel: Ein 16-jähriger kauft ein Telephongerät zum Preis von 300,– DM/Euro. 100,– DM/Euro bezahlt er mit Erspartem, den Rest will er in vier Raten à DM/Euro 50,– aus künftigem Taschengeld begleichen. Dieser Kaufvertrag fällt nicht unter § 110 BGB, die Zustimmung des gesetzlichen Vertreters bleibt erforderlich. Hat der Minderjährige aber die letzte Rate bezahlt, dann ist die von ihm geschuldete Leistung bewirkt und der Vertrag wirksam;

Handels-/Arbeitsmündigkeit

– gemäß den §§ 112 und 113 BGB dann, wenn Teilgeschäftsfähigkeit für den Betrieb eines Erwerbsgeschäftes (Handelsmündigkeit) oder für ein Arbeitsverhältnis (Arbeitsmündigkeit) vorliegt; hiernach kann der gesetzliche Vertreter, ggf. mit Zustimmung des Vormundschaftsgerichts, den Minderjährigen zum Betrieb eines Erwerbsgeschäfts oder zur Eingehung eines Dienst- oder Arbeitsverhältnisses ermächtigen. Der Minderjährige ist dann insoweit partiell geschäfts- und prozeßfähig (§ 52 ZPO); GmbH-Geschäftsführer kann er allerdings gleichwohl nicht werden (vgl. § 6 II 1 GmbHG);

– wenn der sog. Generalkonsens besteht, d. h., wenn der gesetzliche Vertreter generell darin einwilligt, daß der Minderjährige auf einem bestimmten Sektor Rechtsgeschäfte vornimmt.

Beispiel: Die Eltern des 14-jährigen Internatsschülers willigen von vornherein ein, daß dieser sich dort üblich verhalten und Geld ausgeben darf: dann darf er Rechtsgeschäfte des täglichen Lebens tätigen, also etwa Schreibwaren oder Schulbücher kaufen; die Einwilligung zum Vereinsbeitritt umfaßt auch die Zustimmung zur Stimmabgabe in der Mitgliederversammlung (vgl. die §§ 38, 32 BGB).

Einseitige Rechtsgeschäfte

Einseitige Rechtsgeschäfte,

Beispiele: Kündigung, Auslobung, Eigentumsaufgabe, Bevollmächtigung, Anfechtung,

ohne die notwendige Einwilligung des gesetzlichen Vertreters sind nichtig. Eine nachträgliche Zustimmung (Genehmigung, § 184 I BGB) heilt dies nicht, vielmehr ist die Neuvornahme erforderlich, vgl. § 111 BGB.

Das Schicksal von Rechtsgeschäften hängt also, wie gezeigt, entscheidend von der Geschäftsfähigkeit ab. Oftmals beschweren sich Vertragspartner von Minderjährigen oder Geschäftsunfähigen darüber und beklagen, sie hätten davon nichts gewußt oder nichts wissen können.

Beispiele: Der Minderjährige sieht erheblich älter aus; der Geisteskranke benimmt sich unauffällig.

Kein Gutglaubensschutz

Das ändert aber nichts daran: der Gesetzgeber privilegiert diesen Personenkreis, gerade auch zu Lasten Unwissender. Ein guter Glaube an die Geschäftsfähigkeit wird nicht geschützt.

MHbeG

Mit dem MHbeG vom 25. 8. 1998 hat der Gesetzgeber durch Einfügung des § 1629 a BGB die Haftung volljährig Gewordener für während der Minderjährigkeit begründete Verbindlichkeiten beschränkt: der volljährig Gewordene kann sich darauf berufen, daß die Haftung für derartige Verbindlichkeiten sich auf den Bestand des bei Eintritt der Volljährigkeit vorhandenen Vermögens beschränkt, § 1629 a BGB.

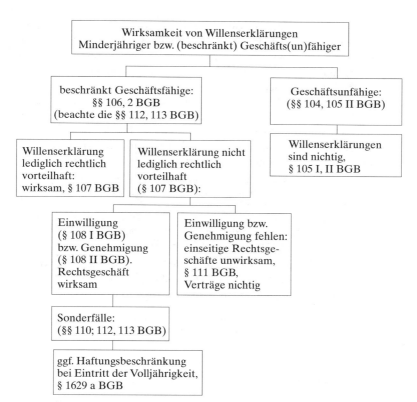

Schaubild 7: *Schutz Minderjähriger bzw. (beschränkt) Geschäfts(un)fähiger*

3.1.2.2 Deliktsfähigkeit

Zur Handlungsfähigkeit gehört desweiteren die Deliktsfähigkeit. Darunter wird die Fähigkeit verstanden, für begangene rechtswidrige unerlaubte Handlungen (lateinisch delictum = Vergehen, Verbrechen; s. u. 12), vgl. die §§ 823 ff. BGB, verantwortlich zu sein. Es geht also um die Fähigkeit, für schadensstiftende Ereignisse zur (zivilrechtlichen, nicht strafrechtlichen) Verantwortung gezogen werden zu können.

Verantwortlichkeit

Auch hierbei differenziert der Gesetzgeber nach dem Alter bzw. der psychischen Konstitution des Schädigers: grundsätzlich ist nach dem BGB jedermann deliktsfähig, es sei denn, es liegen gesetzlich begründete Ausnahmefälle, §§ 827, 828 BGB, vor.

– Danach sind Bewußtlose bzw. in einem die freie Willensbildung ausschließenden Zustande krankhafter Störung der Geistestätigkeit sich Befindliche sowie Kinder, die noch nicht das siebente Lebensjahr vollendet haben, deliktunfähig (also für anderen zugefügte Schäden gar nicht verantwortlich);

Abstufungen
– Jugendliche zwischen dem siebenten und dem vollendeten achtzehnten Lebensjahr sind beschränkt deliktsfähig und für anderen zugefügte Schäden dann nicht verantwortlich, wenn sie bei der Begehung der schädigenden Handlung nicht die zur Erkenntnis der Verantwortlichkeit erforderliche Einsicht haben (gleiches gilt bei Taubstummen).

Beispiele: Der 6jährige schießt beim Spielen einem Kameraden mit dem Flitzbogen ein Auge aus – er kann hierfür nicht i.S.d. § 823 BGB schadensersatzpflichtig gemacht werden, § 828 I BGB.

Ein 12-jähriger wirft mit einem Stein ein Fenster ein – er dürfte die zur Erkenntnis seiner Verantwortlichkeit erforderliche Einsicht altersgemäß haben, § 828 II 1 BGB, und muß Schadensersatz leisten (§ 823 I BGB).

Von der Frage der eigenen Einstandspflicht des aufsichtsbedürftigen Deliktsunfähigen bzw. beschränkt Deliktsfähigen zu trennen ist die mögliche Verantwortung eines Aufsichtspflichtigen, § 832 BGB.

Billigkeitshaftung
Gegebenenfalls kommt auch eine Einstandspflicht des (beschränkt) Delikts(un)fähigen aus Billigkeitsgründen, § 829 BGB, in Betracht.

3.1.2.3 Verschuldensfähigkeit

Verschulden
Den Begriff des Verschuldens definiert das BGB nicht. Es läßt den Schuldner Vorsatz und Fahrlässigkeit vertreten, § 276 I 1 BGB (s. u. 9.2). Vorsatz bedeutet dabei das Wissen und Wollen des rechtswidrigen Erfolges bzw. dessen billigendes Inkaufnehmen. Fahrlässigkeit ist definiert als Außerachtlassen der im Rechtsverkehr erforderlichen Sorgfalt (§ 276 I 2 BGB). Verschulden ist somit das objektiv rechts- bzw. pflichtwidrige und subjektiv vorwerfbare Verhalten eines Zurechnungsfähigen. Ob die hierfür erforderliche Verschuldensfähigkeit (Zurechnungsfähigkeit) vorliegt, richtet sich gemäß der ausdrücklichen Verweisung in § 276 I 3 BGB nach den §§ 827, 828 BGB, also nach den Regeln über die Deliktsfähigkeit. Somit lassen sich hierbei ebenfalls Fälle von Verschuldensunfähigkeit bzw. beschränkter Verschuldensfähigkeit feststellen.

Beispiel: Nach dem Abschluß eines wirksamen Kaufvertrages wird der Käufer geisteskrank. Auf eine reaktionslos gebliebene Mahnung des Verkäufers, den Kaufpreis zu zahlen, macht dieser – vergeblich – seinen Verzugsschaden geltend, §§ 286 I, 284 I BGB: denn die für eine Einstandspflicht des Käufers erforderliche Verschuldensfähigkeit fehlt, §§ 285, 276 I 3, 827 BGB.

3.1.3 Natürliche Personen als zu Schützende

Menschen werden durch die Rechtsordnung geschützt. Ihre Rechte werden in vielfältiger Weise gewahrt (vgl. die Werteordnung des GG). Dies findet auch seinen zivilrechtlichen Niederschlag:

- die körperliche Unversehrtheit wird geschützt, vgl. § 823 BGB; *Schutzbereiche*
  Beispiel: Wer die Gesundheit oder den Körper eines anderen schuldhaft verletzt, schuldet ggf. Schadensersatz, § 823 I BGB;
- der Name als Merkmal der Person wird respektiert, § 12 BGB, wovon nicht nur der bürgerliche Namen erfaßt wird, sondern auch Künstlernamen, Namen juristischer Personen, politischer Parteien, Partnerschaften (§ 2 PartGG), ebenso die Firma – vgl. die §§ 17 ff. HGB – als Unternehmensname (s. u. 3.4.5) bzw. sonstige Geschäftsbezeichnungen mit Namenscharakter. Im Falle der Verletzung von Namensrechten kann Beseitigung der Störung bzw. Unterlassung, ggf. auch Schadensersatz (§ 823 I BGB), verlangt werden, beachte in diesem Zusammenhang auch die Schutzvorschriften der §§ 1, 3 UWG, 37 HGB, 2 II PartGG, 14 ff. MarkenG (s.u. 18.5);
- das elterliche Erziehungsrecht wahrt § 1626 BGB;
- die eheliche Lebensgemeinschaft schützt § 1353 BGB;
- das allgemeine, aus Art. 1 und 2 GG abgeleitete, Persönlichkeitsrecht findet als „sonstiges Recht" i.S.d. § 823 I BGB Anerkennung, seine Verletzung führt nach der Rspr. (entgegen § 253 BGB) zu Schmerzensgeld, § 847 BGB.
  Beispiele: Ehrverletzungen durch ehrenrührige falsche Behauptungen in der Presse, unbefugtes Verwerten von Bild oder Name zu Werbezwecken, Verfälschen des Unternehmensbildes in öffentlichen Darstellungen, unbefugtes Eindringen in die Privatsphäre durch Telefonwerbung; datenschutzrechtlich nicht gestattete Weitergabe persönlicher Daten; s. u. 8.12.3.
- auf wirtschaftlich potentiell Unterlegene, die einen Vertrag weder zu gewerblichen Zwecken noch im Rahmen einer selbständigen beruflichen Tätigkeit abschließen – der Gesetzgeber nennt diese Privatpersonen Verbraucher (vgl. die §§ 1 I VerbrKrG, 24 a AGBG, 414 IV HGB, Art. 29 EGBGB) –, wird gesetzlich (immer mehr) Rücksicht genommen.
  Beispiele: Für Verbraucher greift der Schutz des AGBG verstärkt (§§ 24, 24 a AGBG), gelten das HausTWG (§ 6 Nr. 1 HausTWG) sowie das VerbrKrG (§1 I VerbrKrG) bzw. das TzWrG (§ 1 I TzWrG), ist die Haftung dem Frachtführer gegenüber erschwert (§ 414 III, IV HGB; s.a. die §§ 451 a ff. HGB), darf durch Rechtswahl bei Verträgen der gesetzliche Schutz des Aufenthaltsstaates nicht entzogen werden (Art. 29 EGBGB), gelten die strengen Vorschriften des Handelsrechts nicht, u.v.m.

3.1.4 Wohnsitz

Bedeutung — Wohnsitz der natürlichen Person ist der räumliche Schwerpunkt ihrer gesamten Lebensverhältnisse. Der Mensch kann gar keinen oder aber auch mehrere Wohnsitze haben, vgl. § 7 BGB. Vom Wohnsitz als der ständigen Niederlassung ist der bloße gewöhnliche, auch ständige, Aufenthalt (etwa im Krankenhaus) zu unterscheiden. Der Wohnsitz hat vielfache rechtliche Bedeutung: er ist Anknüpfungspunkt für öffentlich-rechtliche Verhältnisse (Finanzamt, Wahlteilnahme, Meldepflicht), für die Rechtsdurchsetzung (allgemeiner Gerichtsstand des Beklagten, § 13 ZPO) und für den Erfüllungsort von Verträgen (§ 269 I BGB).

Bei juristischen Personen tritt an die Stelle des Wohnsitzes der Sitz, § 24 BGB.

3.2 Juristische Personen

Kunstgebilde — Juristische Personen sind Kunstschöpfungen der Rechtsordnung. Es handelt sich dabei um rechtlich anerkannte und geregelte soziale Organisationen, die selbst Träger von Rechten und Pflichten sein können und demzufolge rechtsfähig (s. o.) sind. Wie Menschen also können juristische Personen Rechte erwerben, Verbindlichkeiten eingehen, klagen und verklagt werden. Juristische Personen kennt das öffentliche Recht ebenso wie das private:

Juristische Personen des öffentlichen Rechts sind Stiftungen, Anstalten und Körperschaften,

Beispiele: Stiftung Preußischer Kulturbesitz; Bundesversicherungsanstalt für Angestellte; Industrie- und Handelskammer; Gebietskörperschaften wie Stadt, Kreis, Land.

Juristische Personen des privaten Rechts — Juristische Personen des privaten Rechts sind in vielfacher Weise zu finden: Prototyp ist der im BGB geregelte eingetragene Verein, §§ 21 ff. Er ist die Grundform aller Körperschaften. Im Rechtsverkehr handelt er durch seine notwendigen Organe: die Mitgliederversammlung und den Vorstand. Der Vorstand vertritt den Verein nach außen und ist sein gesetzlicher Vertreter, §§ 26 II, 28 BGB (s. u. 7.2.2). Für von ihm angerichtete Schäden haftet der Verein unmittelbar so, als hätte er selbst gehandelt, § 31 BGB. Zur Gründung des Vereins müssen sich sieben Gründungsmitglieder zusammenfinden, die Satzung festlegen, den Verein zum Vereinsregister anmelden und ihn eintragen lassen. Name, Ziele, Mitgliedschaftsrechte, Rechte und Pflichten der Organe bzw. innere Verfassung ergeben sich aus der Satzung.

Gläubigern gegenüber haftet der Verein mit seinem ganzen Vermögen, die einzelnen Mitglieder selbst haften grundsätzlich nicht. Hier, mit diesen kurzen Charakteristika des BGB-Vereins, sind letztlich die Grundzüge dessen beschrieben, was die Wesensmerkmale der übrigen juristischen Personen des Privatrechts ausmacht, die sich vornehmlich im sog. Gesellschaftsrecht finden (wobei deren in der Praxis wichtigste die GmbH und die AG sind; s. u. 16.7, 16.8). *Verein*

Daneben wird im BGB noch die rechtsfähige Stiftung des Privatrechts geregelt, §§ 80 ff. BGB, die als Vermögensmasse rechtsfähig ist, keine Mitglieder hat, aufgrund des Stifterwillens zweckgebunden wird und durch das Stiftungsgeschäft mit staatlicher Genehmigung entsteht. *Stiftung*

Abschließend hierzu sei noch der nichtrechtsfähige Verein erwähnt, § 54 BGB, der nicht im Vereinsregister eingetragen ist. Nichtrechtsfähige Vereine sind etwa (historisch begründet) Gewerkschaften oder politische Parteien (s. u. 16.1.3.2). *Nichtrechtsfähiger Verein*

3.3 Nichtrechtsfähige Personenverbände

Neben natürlichen und juristischen Personen finden sich noch einige nichtrechtsfähige Formen von Personenzusammenschlüssen:

Diese haben grundsätzlich keine eigene Rechtspersönlichkeit. Ihre Grundform ist die Gesellschaft des bürgerlichen Rechts, bei der sich mindestens zwei Gesellschafter zur Erreichung eines gemeinsamen Zweckes vertraglich verbinden (§§ 705 ff. BGB). Richtet sich der zu fördernde Zweck auf den gemeinsamen Betrieb eines kaufmännischen Handelsgewerbes, so liegt, wenn bei keinem der Gesellschafter die Haftung den Gesellschaftsgläubigern gegenüber beschränkt ist, eine offene Handelsgesellschaft (§§ 105 ff. HGB; s. u. 16.3), wenn bei mindestens einem der Gesellschafter aber im Außenverhältnis eine Haftungsbeschränkung auf eine Vermögenseinlage besteht, eine Kommanditgesellschaft (§§ 161 ff. HGB; s. u. 16.4) vor. Zwar sind solche nichtrechtsfähigen Personenzusammenschlüsse grundsätzlich nicht rechtsfähig; interessant aber ist, daß in einigen bedeutsamen Fällen der Gesetzgeber sie gleichsam als Körperschaften behandelt: so kann etwa die oHG in eigenem Namen handeln, klagen und verklagt werden, § 124 HGB, gleiches gilt gemäß § 161 II HGB für die KG, sowie nach § 7 PartGG für die Partnerschaft (s. a. § 11 II Nr. 1 InsO). Man spricht in derartigen Fällen, in denen der Gesetzgeber eigentlich nichtrechtsfähige Personenzusammenschlüsse wie rechtsfähige behandelt, von sog. Quasi-Körperschaften. Europarechtlich relevant ist insoweit auch die Europäische Wirtschaftliche Interessenvereinigung (EWIV) als neue personengesell- *Quasi-Körperschaften*

EWIV

schaftliche Möglichkeit grenzüberschreitender Unternehmenskooperationen. Ihr Zweck ist nicht die eigene Gewinnerzielung, vielmehr die Erleichterung und Entwicklung der wirtschaftlichen Betätigung ihrer Mitglieder; ohne eigene Rechtspersönlichkeit zu besitzen, kann sie doch Träger eigener Rechte und Pflichten sein (vgl. § 1 EWIVG; s. u. 16.10).

3.4 Kaufleute

Handelsrecht Eine wirtschaftsprivatrechtlich ganz besonders bedeutsame Spezies von Rechtssubjekten sind die Kaufleute. Auf sie finden nicht nur die generellen Regeln des BGB Anwendung; vielmehr knüpft gerade das Handelsrecht an den Handelsstand (§§ 1-104 HGB) an. Das Handelsrecht, vornehmlich kodifiziert im HGB, als das „Sonderprivatrecht der Kaufleute" (s. o. 2.3), befaßt sich insbesondere mit ihren Handelsgeschäften und enthält spezielle Regelungen, die den allgemeinen des BGB vorgehen bzw. sie ergänzen oder abändern (vgl. Art. 2 EGHGB).

Beispiele: Spezielle Vorschriften des Handelskaufes, §§ 373 ff. HGB; Formerleichterungen bei Bürgschaft, Schuldanerkenntnis, Schuldversprechen, § 350 HGB; verschärfte Rüge- bzw. Untersuchungspflichten, §§ 377 f. HGB.

HRefG Zum 1. 7. 1998 hat der Gesetzgeber das seit langem als reformbedürftig erkannte Handelsrecht im Handelsrechtsreformgesetz (HRefG) reformiert. Insbesondere die bisherige Unterscheidung in sog. Muß-, Soll-, Voll- bzw. Minderkaufleute wurde aufgegeben (vgl. die §§ 1-4 HGB a. F.), ebenso auch das Firmenrecht (§§ 17 ff. HGB) modernisiert.

Wer nach der bisherigen Rechtslage (dazu die Vorauflage, S. 20 ff.) noch nicht kraft Gesetzes (sog. Soll-)Kaufmann (§ 2 HGB a. F.) und zur Eintragung im Handelsregister verpflichtet war, diese (konstitutive) Anmeldung aber unterlassen hatte, wird mit dem 1. 7. 1998 und dem Inkrafttreten des HRefG automatisch zum Kaufmann.

3.4.1 Begriff des Kaufmanns

Voraussetzungen Kaufmann ist, wer ein Handelsgewerbe betreibt, § 1 I HGB. Ein Rechtssubjekt ist also dann Kaufmann, wenn es
– ein Gewerbe
– betreibt,
das ein Handelsgewerbe darstellt.

3.4.1.1 Gewerbe

Unter Gewerbe versteht man im Handelsrecht jede selbständige, auf Gewinnerzielung gerichtete, betriebswirtschaftlichen Grundsätzen folgende, nach außen erkennbare berufliche Tätigkeit, die planmäßig für eine gewisse Zeitdauer ausgeübt wird. Historisch bedingt, teilweise auch gesetzlich so geregelt (vgl. bspw. § 2 II BRAO, s. a. die §§ 18 EStG, § 1 I 2 PartGG; unten 16.6), fallen die sog. „freien Berufe" (dazu vgl. § 1 II 1, 2 PartGG) nicht unter den handelsrechtlichen Gewerbebegriff, ebensowenig wissenschaftliche und künstlerische Tätigkeiten (hierbei dominiert die höchstpersönliche Leistung).   Ausnahmen

Beispiele: Ärzte, Steuerberater, Rechtsanwälte, Notare, Wirtschaftsprüfer, Architekten; Bildhauer, Graphiker, Kunstmaler, Sänger, Dichter, Komponisten, Artisten, „freie" Lehrer – hier liegt kein (Handels-)Gewerbe vor.

Vorsicht aber: Der Arzt, der ein großes Sanatorium mit vielen Mitarbeitern unterhält, der Apotheker, der eine große Apotheke mit approbierten Hilfskräften innehat, der Architekt oder Ingenieur, der ein großes Architektur- oder Ingenieurbüro mit Angestellten führt, sie betreiben ein Gewerbe, denn hier ist die eigene persönliche Leistung nicht mehr allein bestimmend. Ebenso liegt ein Gewerbe vor bei einer Privatschule, einem Zirkus, einer Wanderbühne, einem privaten Theater.

Grundsätzlich kommt es nicht darauf an, ob die ausgeübte Tätigkeit erlaubt ist bzw. gegen die §§ 134 oder 138 BGB verstößt – auch ein gesetz- oder sittenwidriger Betrieb ist ein Gewerbe (dies ist strittig).   (un)erlaubt?

Beispiele: Wucher; Hehlerei; Schmuggel; Waffenhandel; Bordell.

3.4.1.2 Betreiben

Das Gewerbe muß von einem Kaufmann betrieben werden. D. h., es müssen Rechtsgeschäfte vorgenommen werden, die demjenigen zugerechnet werden, der daraus persönlich berechtigt oder verpflichtet wird. Dies kann für eigene, aber auch für fremde Rechnung geschehen.

Beispiel: Kommissionär (vgl. die §§ 383 ff. HGB, s. u. 10.9.3).

Erforderlich ist aber die rechtliche Eigenständigkeit – wer als Angestellter für seinen Geschäftsherrn („Prinzipal") Geschäfte abschließt, „betreibt" nicht selbst und ist daher kein Kaufmann   eigenständig

Beispiele: Der angestellte (studierte) Diplom-Kaufmann oder Bankkaufmann;

ebensowenig derjenige, der als rechtsgeschäftlicher (§§ 164 ff. BGB, s. u. 7) oder gesetzlicher (z. B. Eltern, Vormund) Vertreter oder nur in fremdem Namen bzw. als Verwalter fremden Vermögens (wie etwa GmbH-Geschäftsführer, § 35 GmbHG; Insolvenzverwalter, §§ 56, 80 I InsO) handelt. Ob eine für die jeweilige Tätigkeit etwa erforderliche öffentlich-rechtliche Erlaubnis vorliegt oder nicht, ist für das Betreiben eines (Handels-) Gewerbes unbeachtlich, vgl. § 7 HGB.

Beispiel: Wer mit Lebensmitteln handelt, betreibt ein (Handels-)Gewerbe i.S.d. HGB, auch wenn er dies nach Gewerbe- bzw. Lebensmittelrecht nicht dürfte.

3.4.1.3 Handelsgewerbe

Welche Gewerbetreibenden rechtlich Kaufleute sind, bestimmt sich danach, welche Gewerbe als Handelsgewerbe i.S.d. § 1 I HGB anzusehen sind.

Das Handelsrecht kennt insoweit:

Kaufleute
– den Kaufmann kraft Gewerbebetriebes („Istkaufmann"), § 1 II HGB;
– den eingetragenen Kleingewerbebetreibenden („Kannkaufmann"), § 2 HGB;
– den eingetragenen land- oder forstwirtschaftlichen Unternehmer („Kannkaufmann"), § 3 HGB;
– den Kaufmann kraft Eintragung, § 5 HGB;
– den Kaufmann kraft Rechtsscheines, § 242 BGB;
– die Kaufleute kraft Rechtsform, § 6 HGB („Formkaufmann").

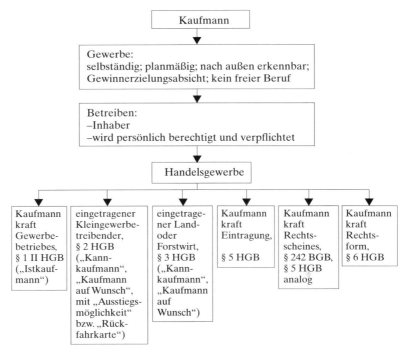

Schaubild 8: Kaufleute

Diese verschiedenen Arten von Gewerbebetrieben bzw. Handelsgewerben lassen demnach auch die jeweiligen Kaufmannsarten näher beschreiben:

3.4.2 Arten der Kaufleute

Das Handelsrecht unterscheidet mehrere Arten von Kaufleuten, je nachdem, wie sie tätig sind bzw. welche Form von Handelsgewerbe sie betreiben.

3.4.2.1 Kaufmann kraft Gewerbebetriebs

Nach § 1 II HGB ist grundsätzlich jeder Gewerbebetrieb ein Handelsgewerbe und dessen Betreiber somit Kaufmann, ob er will oder nicht. Die Eintragung im Handelsregister, § 29 HGB, wirkt dabei nicht konstitutiv (rechtsbegründend), sondern nur deklaratorisch (rechtsbekundend). Dieser Personenkreis läßt sich auch als Istkaufmann/Istkaufleute beschreiben. Es handelt sich dabei um einen einheitlichen Kaufmannsbegriff, denn § 1 II HGB (n. F.) stellt gerade nicht einzelne Kategorien von Geschäftstätigkeiten katalogartig zusammen (so war es allerdings nach der bis zum 30.6.1998 geltenden Fassung des § 1 II HGB). „Istkaufleute"

Welche Arten von Geschäften ein Gewerbebetrieb zum Gegenstand hat, ist regelmäßig unerheblich, sowohl die traditionellen Grundhandelsgewerbe (des § 1 II Nr. 1-9 HGB a. F.) als auch handwerkliche und sonstige gewerbliche Unternehmen (vgl. § 2 HGB a. F.), insbesondere Dienstleistungsunternehmen, fallen nunmehr unter § 1 II HGB. Geschäftsgegenstand unerheblich

Beispiele: An- und Verkauf von beweglichen Sachen (= Waren) durch Warenhändler (Groß-, Einzelhändler) oder Warenhandwerker (etwa Bäcker, Metzger); Wäschereien, Färbereien, Autoreparaturwerkstätten, Gebäudereiniger; Waren-, Personenbeförderung; Geschäfte der Handelsvertreter (§§ 84 ff. HGB) und Handelsmakler (§§ 93 ff. HGB); Verlags-, Buch-, Kunsthandelsgeschäfte (Buch-, Zeitungsverlage; Buch-, Kunst-, Antiquitätenhandel); Buchdruckereien, „Copy-Shops"; Fischzuchten; Sand-, Kiesabbau-, Steinbruchunternehmen; Bauunternehmen; Häusermakler; Reisebüros; Gebäudereiniger; Bauhandwerker; u.v.m.

Allerdings hat § 1 II HGB (2. HS) noch eine gravierende Voraussetzung:

Ein Gewerbebetrieb ist nur dann ein Handelsgewerbe, wenn das Unternehmen nach Art oder Umfang einen in kaufmännischer Weise eingerichteten Geschäftsbetrieb erfordert. Ist dies nicht der Fall, so liegt grundsätzlich ein nichtkaufmännisches Kleingewerbe vor. in kfm. Weise eingerichteter Geschäftsbetrieb

Der „nach Art oder Umfang in kaufmännischer Weise eingerichtete Geschäftsbetrieb" ist also die Trennungslinie zwischen Kaufleuten und Nichtkaufleuten für alle Arten von Gewerben.

Schaubild 9: Kaufmannseigenschaft

Ermittlung im Einzelfall — Ob das Unternehmen nach Art oder Umfang einen in kaufmännischer Weise eingerichteten Geschäftsbetrieb erfordert oder nicht i.S.d. § 1 II HGB, ist im jeweiligen Einzelfall zu ermitteln – der Gesetzgeber hat bewußt auf gesetzliche Mindestgrößenanforderungen verzichtet. Dabei sind wichtige Indizien insbesondere Umsatzerlöse, Bilanzsumme, Betriebsvermögen, Gewinn, Arbeitnehmerzahl, Vielfalt von Geschäftsvorfällen, Teilnahme am Wechsel- oder Scheckverkehr, etc.

Im übrigen kommt es nicht darauf an, ob eine kaufmännische Einrichtung tatsächlich vorhanden ist, vielmehr ist entscheidend, ob sie nach den Umständen erforderlich ist.

Insgesamt ist im Hinblick auf das Erfordernis eines in kaufmännischer Weise eingerichteten Geschäftsbetriebes auf das jeweilige Gesamtbild des Unternehmens abzustellen.

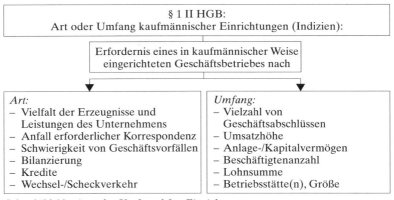

Schaubild 10: Art oder Umfang kfm. Einrichtungen

Beispiele: Der Betreiber eines kleinen Kiosks, der seine Rechnungen und Belege in der sprichwörtlichen Zigarrenkiste zum Steuerberater gibt und trotz u.U. recht hohen Umsatzes keiner weiterer kfm. Einrichtungen bedarf; oder: Werks-, Bundeswehrkantiniers; Juwelier; Viehhändler; ländlicher Zimmererbetrieb – sie erfordern, selbst wenn der Umsatz mehrere hunderttausend Mark/Euro betragen sollte, regelmäßig nach Art oder Umfang keinen in kfm. Weise eingerichteten Geschäftsbetrieb (dieses Kriterium entspricht dem bis zum 30.6.1998 nach dem damaligen § 4 HGB a.F. sog. Minderkaufmann). Anders aber bspw. Fabriken, Industriebetriebe, Großhandelsbetriebe, Lebensmitteleinzelhandels-, Damen-, Herrenoberbekleidungsgeschäfte mit großem Sortiment; Optiker, Apotheker mit der Notwendigkeit komplizierter Abrechnungen – sie erfordern regelmäßig kfm. Einrichtungen. Immer sind entscheidend die Umstände des jeweiligen Einzelfalles.

§ 1 II HGB ist insoweit als widerlegliche Vermutung bzw. Beweislastregel ausgestaltet: liegt ein Gewerbebetrieb vor, so gilt dieser als Handelsgewerbe, so daß der Betreiber Kaufmann i.S.d. § 1 I HGB ist.

Beweislastregel

Der Gewerbetreibende, der dieser Folge zu entgehen sucht, weil er den Rechtsverschärfungen des Handelsrechts nicht ausgesetzt sein möchte,

Beispiele: er scheut die Untersuchungs- und Rügepflichten der §§ 377 f. HGB, die Konsequenzen mündlicher Bürgschaftsversprechen, § 350 HGB, oder kaufmännischer AGBen, vgl. § 24 AGBG,

muß diese Vermutung des § 1 II HGB begründet widerlegen und trägt hierfür die Darlegungs- und Beweislast.

3.4.2.2 Eingetragener Kleingewerbetreibender

Wessen Unternehmen nach Art oder Umfang einen in kaufmännischer Weise eingerichteten Geschäftsbetrieb nicht erfordert, ist, wie soeben dargelegt, nicht automatisch Kaufmann i.S.d. § 1 I, II HGB.

Allerdings besteht für derartige Kleingewerbetreibende,

Beispiele: kleine Ladengeschäfte, Kioskbetreiber, Einmann-Servicebetriebe, Computerspezialisten, Dienstleister, vgl. die obigen Beispiele,

nach § 2 S. 1 und 2 HGB die Möglichkeit, freiwillig Kaufmannseigenschaft zu erlangen:

Kaufmannseigenschaft freiwillig

Wenn nämlich der Gewerbebetrieb eines gewerblichen Unternehmens

– nicht schon nach § 1 II HGB ein Handelsgewerbe
– und die Firma des Unternehmens (also sein Handelsname, s. u. 3.4.5) in das Handelsregister eingetragen ist,
– wozu der Unternehmer berechtigt, aber nicht verpflichtet ist,
  Beispiele: er muß zur Eröffnung eines Bankkontos eine Handelsregistereintragung nachweisen oder möchte mit Gesellschaftern die gesicherte Rechtsform der eingetragenen Personengesellschaften (oHG oder KG; vgl. die §§ 105 II, 161 II HGB) erlangen und hat daher ein Interesse, Kaufmannseigenschaft zu erhalten,

dann gilt das Unternehmen als Handelsgewerbe i.S.d. HGB, § 2 S. 1, 2 HGB; der Kleingewerbetreibende ist nunmehr Kaufmann (vgl. § 1 I HGB).

„Kann-
kaufleute"

§ 2 HGB räumt diesem Personenkreis also eine Eintragungsoption ein; der Kaufmann i.S.d. § 2 HGB läßt sich somit auch als „Kaufmann auf Wunsch" bzw. als „Kannkaufmann" beschreiben. Die Handelsregistereintragung wirkt dabei nicht deklaratorisch, sondern konstitutiv. Ist sie erfolgt, so unterliegt der eingetragene Kleingewerbetreibende, der Kannkaufmann nach neuem Recht (vgl. § 3 HGB a. F.), uneingeschränkt dem HGB. Ihm steht auch die Bildung einer oHG oder KG offen, §§ 105 II, 161 II HGB.

Demgegenüber bleibt aber zur Abgrenzung festzuhalten:

nicht
eingetragen –
kein Kaufmann

Ein nichteingetragener Kleingewerbetreibender ist Nichtkaufmann und fällt nicht unter das Handelsrecht (ungeachtet ausdrücklicher anderer gesetzlicher Regelungen, vgl. dazu die §§ 84 IV, 93 III, 383 II HGB n. F.).

Das heißt zum

Beispiel: Der nichteingetragene Kleingewerbetreibende kann keine Prokura oder Handlungsvollmacht erteilen (§§ 48 ff. HGB), kann sich keiner Firma bedienen (§§ 17 ff. HGB), unterliegt nicht den strengen Regeln der §§ 349 f., 377 f. HGB, kann (nur) eine GbR, nicht aber eine oHG oder KG bilden, u.v.m.

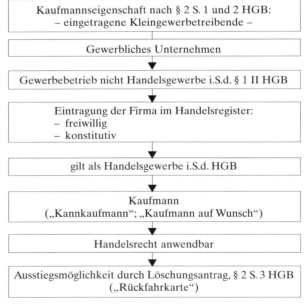

Schaubild 11: Eingetragene Kleingewerbetreibende

Die Entscheidung, freiwillig durch Eintragung der Firma im Handelsregister Kaufmannseigenschaft gemäß § 2 S. 1 und 2 HGB zu erlangen, ist jedoch nicht unwiderruflich:

Nach § 2 S. 3 HGB kann der Unternehmer beim Registergericht die Löschung seiner Firma im Handelsregister beantragen und dadurch aus dem Kaufmannsstatus nach seinem Belieben wieder „aussteigen". Der Kleingewerbetreibende läßt sich somit auch als „Kannkaufmann mit Rückfahrkarte" beschreiben: solange er aufgrund freiwilliger Entscheidung durch Eintragung der Firma im Handelsregister Kaufmann ist, unterliegt er dem Handelsrecht (§ 2 S. 1 und 2 HGB), sobald die Firma auf seinen Antrag hin im Handelsregister gelöscht ist, verläßt er es wieder (§ 2 S. 3 HGB). Die Löschung wirkt insoweit konstitutiv.

„Ausstiegsmöglichkeit"

Beispiel: Der einen kleinen Kiosk betreibende X hatte sich freiwillig ins Handelsregister eintragen lassen. Als er von seinem Großhändler Y verdorbene Konservendosen geliefert erhielt und Sachmängelgewährleistungsrechte i.S.d. §§ 459 ff. BGB geltend machen wollte, verwies ihn der Y – begründet – auf die Versäumung der Untersuchungs- und Rügepflichten des § 377 I, II HGB: dies ist dem X eine Lehre, und er beantragt daher sogleich die Löschung seiner Firma im Handelsregister, um nicht länger dem strengen Kaufmannsrecht zu unterfallen.

Diese Möglichkeit besteht aber nach § 2 S. 3 (2. HS) HGB nicht schrankenlos:

Hat sich das bisherige eingetragene Kleingewerbe „ausgewachsen" und das Unternehmen bedarf nunmehr nach Art oder Umfang doch eines in kaufmännischer Weise eingerichteten Geschäftsbetriebes, dann ist die Schwelle des § 1 II HGB überschritten und der Gewerbebetrieb automatisch Handelsgewerbe, der Unternehmer also Kaufmann i.S.d. § 1 I, II HGB. Er erfüllt dann also nicht mehr die Voraussetzungen des § 2 S. 1 und 2 HGB und kann daher auch seine ursprünglich einmal freiwillig gewesene Eintragung im Handelsregister nicht durch einen Löschungsantrag wieder rückgängig machen (vgl. § 2 S. 3 – 2. HS – HGB).

Schranke: kfm. Geschäftsbetrieb

Im obigen

Beispiel heißt das: Hatte sich das Kioskunternehmen des X zu einer florierenden Kioskkette „gemausert" mit Kiosken im ganzen Stadtgebiet und diese führenden Angestellten, die der X leitet, und ist nunmehr nach Art oder Umfang ein in kfm. Weise eingerichteter Geschäftsbetrieb vonnöten, so ist dem X, obwohl er freiwillig Kaufmann wurde (§ 2 S. 1, 2 HGB), der Rückzug aus dem Kaufmannsrecht verwehrt.

Der Verlust der Kaufmannseigenschaft nach § 2 S. 3 HGB tritt erst mit der Löschung ein und wirkt erst ab dann. Bisherige Rechts- bzw. Geschäftsvorfälle sind dagegen – da noch im Kaufmannsstatus getätigt – noch nach Kaufmanns-(Handels-)recht zu beurteilen bzw. abzuwickeln.

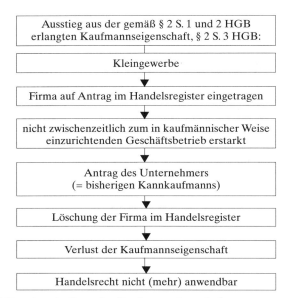

Schaubild 12: „Ausstieg" aus der Kaufmannseigenschaft

3.4.2.3 Eingetragener Land- oder Forstwirt

Die Land- und Forstwirtschaft, die aus traditionellen Gründen vielfach nicht zum handelsrechtlichen Gewerbebegriff gerechnet wird und nicht unter § 1 HGB fällt, vgl. § 3 I HGB, hat (wie die Kleingewerbetreibenden des § 2 HGB auch) die Möglichkeit, sich freiwillig ins Handelsregister eintragen zu lassen und dadurch Kaufmannseigenschaft zu erlangen.

nicht per se Kaufmann

Wenn nämlich ein land- oder forstwirtschaftliches Unternehmen

– nach Art und Umfang einen in kaufmännischer Weise eingerichteten Geschäftsbetrieb erfordert (vgl. dazu 3.4.2.1),
  Beispiele: Bäuerliche Großbetriebe; großer Privatwaldbetrieb,
– und seine Firma in das Handelsregister eingetragen ist,
– wozu der land- oder forstwirtschaftliche Unternehmer berechtigt, aber nicht verpflichtet ist,

dann gilt es als Handelsgewerbe i. S. d. HGB, §§ 3 II, 2 S. 1 und 2, 1 I HGB, und der eingetragene Land- oder Forstwirt ist somit Kaufmann i. S. d. HGB.

Für land- oder forstwirtschaftliche Nebengewerbe gilt dies entsprechend, § 3 III HGB.

Beispiele: Sägewerk des Waldbesitzers; Gastwirtschaft des Bauern; Mühle des Landwirts.

Auch dieser Personenkreis hat also eine Eintragungsoption (wie die Kleingewerbetreibenden des § 2 HGB) – man kann eingetragene Land- bzw. Forstwirte daher ebenfalls als „Kaufleute auf Wunsch" oder „Kannkaufleute" bezeichnen.

„Kannkaufleute"

Die Eintragung ins Handelsregister wirkt (wie bei § 2 S. 1 und 2 HGB) konstitutiv.

Notwendig ist aber – im Gegensatz zu § 2 HGB – das Erfordernis eines in kaufmännischer Weise eingerichteten Geschäftsbetriebes (dazu s. o. 3.4.2.1). Die Löschung der Firma – und damit der Verlust der Kaufmannseigenschaft – findet nach der Eintragung im Handelsregister nicht auf freien Antrag des eingetragenen Land- oder Forstwirts statt – dieses Wahlrecht und Privileg des Kleingewerbetreibenden (vgl. § 2 S. 3 HGB) gilt hier nicht –, vielmehr nur nach den allgemeinen Vorschriften für die Löschung kaufmännischer Firmen (vgl. § 31 II HGB; etwa bei Geschäftsaufgabe).

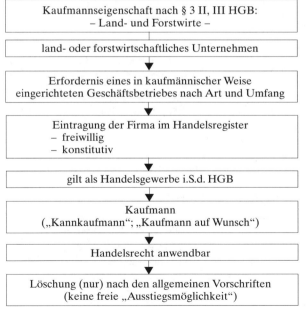

Schaubild 13: Land- und Forstwirte

3.4.2.4 Kaufmann kraft Eintragung

Verkehrsschutz

Der kaufmännische Geschäftsverkehr muß sich auf die Eintragungen im Handelsregister verlassen können. Deshalb bestimmt § 5 HGB, daß derjenige, dessen Firma (§§ 17 ff. HGB) im Handelsregister eingetragen ist, sich nicht darauf berufen darf, daß das unter der Firma betriebene Gewerbe kein Handelsgewerbe sei – er muß sich aus Gründen der Rechtssicherheit als Kaufmann behandeln lassen. Die Eintragung im Handelsregister entfaltet somit eine Sperrwirkung: sie versperrt die Einwendung, das betriebene Gewerbe sei gar kein Handelsgewerbe, der Betreiber damit gar kein Kaufmann.

Beispiele: Das Registergericht trägt (versehentlich) einen Freiberufler im Handelsregister ein; oder: der bisherige Kaufmann „sattelt um" und wird nurmehr freiberuflich tätig. Solange die HR-Eintragung besteht, gilt der Unternehmer wegen § 5 HGB als Kaufmann.

Allerdings ist zu beachten:
- Sinkt ein bisheriges Handelsgewerbe i. S. d. § 1 II HGB unter die Schwelle des Erfordernisses eines nach Art oder Umfang in kaufmännischer Weise eingerichteten Geschäftsbetriebes herab, so gilt es, solange die Firma des Unternehmens in das Handelsregister eingetragen ist, gemäß § 2 S. 1 HGB gleichwohl als Handelsgewerbe, der Inhaber ist also (immer noch) Kaufmann – § 5 HGB ist demnach nicht unmittelbar einschlägig.
- Und: Hat ein Kaufmann sein Gewerbe völlig aufgegeben, so greift § 5 HGB nicht („das unter der Firma *betriebene* Gewerbe"); ein gutgläubiger Geschäftspartner wird dann von § 15 I HGB geschützt.

§ 5 HGB hat also letztlich vornehmlich klarstellende Funktion – wer im Handelsregister eingetragen ist, gilt grundsätzlich als Kaufmann (deshalb prüft der rechtliche Praktiker bei eingetragenen Unternehmen die §§ 1 ff. HGB grundsätzlich nicht näher).

Schaubild 14: Kaufmann kraft Eintragung

3.4.2.5 Kaufmann kraft Rechtsscheines

Tritt jemand wahrheitswidrig als Kaufmann auf, ohne es zu sein („nichteingetragener Scheinkaufmann"), dann haftet er gutgläubigen Dritten gegenüber, die sich auf die Kaufmannseigenschaft verlassen haben, nach den Grundsätzen von Treu und Glauben, § 242 BGB (s. u. 8.3.1.2), bzw. entsprechend § 5 HGB (Rechtsscheinshaftung).

Täuschung

Beispiel: Erschleichen von Rabatten durch Bestellungen auf „Geschäftspapier".

3.4.2.6 Handelsgesellschaften; Kaufmann kraft Rechtsform

Kaufleute kraft ihrer Rechtsform sind die Handelsgesellschaften, § 6 I HGB (Formkaufleute). Dazu gehören die Personen- sowie die Kapitalhandelsgesellschaften. Erstere sind die oHG, §§ 105 ff. HGB, und die KG, §§ 161 ff. HGB; zu letzteren rechnen insbesondere die AG, §§ 1, 3 ff. AktG, die KGaA, §§ 278 ff. AktG, sowie die GmbH, §§ 1 ff., 13 III GmbH (s. u. 16.).

Handelsgesellschaften

Für die oHG und KG als Personenhandelsgesellschaften (vgl. die §§ 105, 161 II, 124 HGB) ist das Betreiben eines Handelsgewerbes i. S. d. §§ 1-3 HGB oder die Verwaltung eigenen Vermögens (vgl. § 105 II HGB) erforderlich, Kapitalhandelsgesellschaften sind Kaufleute schon wegen ihrer Rechtsform, vgl. § 6 II HGB (auch wenn sie kein Handelsgewerbe oder nur ein Kleingewerbe betreiben,

Beispiele: Steuerberater – GmbH; Kiosk-GmbH).

Eingetragene Genossenschaften gelten ebenfalls als Kaufleute i. S. d. HGB, §§ 17 II GenG, 6 II HGB.

Kaufleute sind ebenfalls die Gesellschafter der oHG sowie die persönlich haftenden Gesellschafter (Komplementäre) der KG, nicht aber Aktionäre oder Vorstandsmitglieder der AG, auch nicht die Gesellschafter oder Geschäftsführer der GmbH.

3.4.3 Beginn und Ende der Kaufmannseigenschaft

Die Kaufmannseigenschaft beginnt in den Fällen des § 1 II HGB mit der Aufnahme des Handelsgewerbes, in den Fällen der §§ 2 und 3 HGB mit der Eintragung ins Handelsregister, im Falle der oHG oder KG mit dem jeweiligen Zusammenschluß, bei AG bzw. GmbH mit Eintragung im Handelsregister. Sie endet mit der Einstellung des Handelsgewerbes (bei § 1 II HGB), im Falle der §§ 2 und 3 HGB mit der sachlich zutreffenden Löschung im Handelsregister bzw. mit Vollzug der Auflösung der Handelsgesellschaft.

Dauer

3.4.4 Auswirkungen der Kaufmannseigenschaft

Kaufmann zu sein bedeutet rechtlich, daß neben den grundsätzlichen privatrechtlichen Regelungen, vornehmlich denjenigen des BGB, insbesondere folgende Aspekte zu beachten sind:

erweiterter Rechtsbereich

Der Kaufmann
- darf eine Firma führen, §§ 17 ff. HGB,
- ist zur kaufmännischen Buchführung verpflichtet, §§ 238 ff. HGB,
- kann sich besonderer Hilfspersonen bedienen (Prokurist, Handlungsbevollmächtigter), §§ 48 ff. HGB,
- hat bei Handelsgeschäften die §§ 343 ff. HGB zu beachten,
- wird im Rechtsverkehr strenger behandelt, vgl. etwa die §§ 343 ff., 349 f., 377 f. HGB, 24 AGBG, 6 Nr. 1 HausTWG,
- fällt nicht unter das VerbrKrG (vgl. dort § 1),
- kann Gerichtsstandsvereinbarungen treffen, § 38 ZPO,
- kann zivilprozessual wirksame Vereinbarungen über den Erfüllungsort schließen, § 29 II ZPO,
- kann vor einer besonderen landgerichtlichen Zivilkammer, der Kammer für Handelssachen, klagen und verklagt werden, §§ 71 f., 93 ff. GVG.

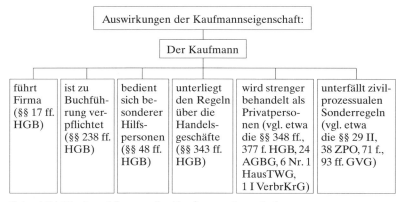

Schaubild 15: Auswirkungen der Kaufmannseigenschaft

3.4.5 Firma – Geschäftsname des Kaufmanns

Zwei Namen

Die Firma ist der Geschäfts-(Handels-)name des Kaufmanns, unter dem er seine Geschäfte betreibt, die Unterschrift abgibt und auch klagen und verklagt werden kann, § 17 HGB. Das Rechtssubjekt Kaufmann hat also zwei Namen: seinen bürgerlichen (§ 12 BGB) und seinen geschäftlichen.

Die Firma ist die Visitenkarte des Unternehmens und ein wichtiger Werbeträger; auf ihr gründet erworbenes Vertrauen bzw. der sog. „good will". Das bisher rigide Firmenrecht wurde mit dem HRefG zum 1. 7. 1998 erheblich reformiert und deutlich liberalisiert.

3.4.5.1 Prinzipien

Die Firma als (Geschäfts- bzw. Handels-)Name selbst ist kein Rechtssubjekt: dies wird umgangssprachlich allerdings häufig fälschlicherweise angenommen („ich gehe in die Firma", „die Firma zahlt mehr/weniger Lohn", „ich benutze einen Firmenwagen") und die Firma (jedenfalls im juristischen Sinne) zu Unrecht mit dem Betrieb/Unternehmen gleichgesetzt. *Sprachgebrauch*

Ohne das Unternehmen, für welches sie geführt wird, kann die Firma nicht veräußert werden, § 23 HGB, auch nicht verpachtet oder vererbt.

Ein nicht eingetragener Kleingewerbetreibender, der als Nichtkaufmann dem HGB nicht unterfällt, vgl. § 2 HGB, kann keine Firma führen. Er kann sich allerdings einer – mit der Firma nicht gleichzusetzenden – Geschäftsbezeichnung (Etablissementname) bedienen. Diese verweist nicht, wie die Firma, auf den Inhaber, sondern auf das Unternehmen selbst. *Geschäftsbezeichnung*

Beispiele: Blumenapotheke; Gasthof zur Rose; Kiosk „Zum letzten Gericht"; Kino „Capitollichtspiele"; „Boutique 2000".

Die Geschäftsbezeichnung darf allerdings nicht firmenähnlich sein, sonst kann sie vom Registergericht untersagt werden, § 37 I HGB. Die geschäftliche Bezeichnung, vgl. auch § 5 MarkenG (s. u. 18.5), wird gemäß den §§ 15 MarkenG, 12, 823 I BGB geschützt (s. o. 3.1.3).

Auch eine GbR (als Personengesellschaft ohne Handelsregistereintragung) hat keine Firma (s. u. 16.2.1.1 a. E.).

Die Firma ist von der Marke zu trennen: *Firma/Marke*

Unter der Firma tritt der Kaufmann geschäftlich auf und schließt Verträge ab, vgl. § 17 HGB; die Firma charakterisiert und individualisiert ihn. Die Marke bezweckt demgegenüber, Waren oder Dienstleistungen von Wettbewerbern untereinander zu unterscheiden (vgl. § 3 MarkenG; s. u. 18.5); die Marke hat Unterscheidungs- und Wettbewerbsfunktion bezogen auf Produkte eines bestimmten Unternehmens.

Beispiele: „Boss"; „4711"; „BMW"; „VW"; „Uhu".

Grundsätzlich können (Phantasie-)Firma und Marke auch zusammenfallen.

Beispiele: Volkswagen AG/VW; Uhu GmbH.

3.4.5.2 Arten

Man kann mehrere Arten von Firmen unterscheiden:

Personen-/ — Personenfirma: sie gibt den bürgerlichen Namen des Kaufmanns wieder;
Beispiele: Fa. Wilhelm Breunig e.K.; Gebr. Müssig oHG; Franz Hoch GmbH; Walter Scharf GmbH.

Sach-/ — Sachfirma: sie bezieht sich auf den Unternehmensgegenstand;
Beispiele: Deutsche Bank AG; Nürnberger Lebensversicherung AG; Rheinischer Merkur GmbH; Winzergenossenschaft Randersacker eG.

Phantasie-/ — Phantasiefirma: sie entspringt der Phantasie des Kaufmannes;
Beispiele: bruno banani underwear GmbH; Gänseblümchen KG; Futuros AG.

Mischfirma — Mischfirma: sie enthält verschiedene Personen-, Sach- bzw. Phantasieelemente, etwa den bürgerlichen Namen des Kaufmanns und einen Hinweis auf den Geschäftsgegenstand oder eine Phantasiebezeichnung;
Beispiele: Schreinerei Erich Schneider e.K.; Baugeschäft Ivo Trützler e.K.; Gärtner Bauer e. Kfr.; Meier's Dessous-Träumerei-Boutique e.K.

3.4.5.3 Firmenbildung

Liberalisierung Das Firmenbildungsrecht wurde zum 1. 7. 1998 im § 18 HGB n. F. erheblich erleichtert und liberalisiert. Es wird charakterisiert durch folgende Aspekte:

Bei Unternehmen sind Personen-, Sach-, Phantasie- oder Mischfirmen zulässig, wenn

Prinzipien
— die Firma zur Kennzeichnung des Unternehmensträgers (Kaufmann) geeignet ist und Unterscheidungskraft besitzt, § 18 I HGB,
— die Firma keine Angaben enthält, die geeignet sind, über geschäftliche Verhältnisse, die für die angesprochenen Verkehrskreise wesentlich sind, irrezuführen, § 18 II 1 HGB (was im Registerverfahren nur berücksichtigt wird, wenn die Eignung zur Irreführung ersichtlich ist, § 18 II 2 HGB),
— die Firma sich von allen am selben Ort oder in derselben Gemeinde bereits bestehenden eingetragenen Firmen deutlich unterscheidet, § 30 HGB,
— die Firma durch Rechtsformzusatz etwaige Gesellschaftsverhältnisse ersichtlich macht und die Haftungsverhältnisse offenlegt, § 19 HGB.

Diese Grundsätze gelten nicht nur für Einzelkaufleute, sondern gemäß § 6 I HGB auch für die Firmen der oHG, KG, AG, KGaA und GmbH sowie nach § 17 II GenG für die eG.

Kaufmännische Firmenbildung			
Kennzeichnungs- und Unterscheidungskraft (Namenswirkung)	keine Irreführung (Täuschungsverbot)	Unterscheidbarkeit von anderen Firmen am Ort (Ausschließlichkeit)	Rechtsformzusatz; Aufdeckung von Gesellschaftsverhältnissen, Offenlegung der Haftungsverhältnisse (Transparenz, Information)

Schaubild 16: Firmenbildung

Unter Beachtung dieser Grundsätze ergibt sich für Personen-, Sach-, Phantasie- oder Mischfirmen

- beim Einzelkaufmann: Einzelkaufmann
Als Rechtsformzusatz ist gemäß § 19 I Nr. 1 HGB die Bezeichnung „eingetragener Kaufmann", „eingetragene Kauffrau" oder eine allgemein verständliche Abkürzung dieser Bezeichnung, insbesondere „e.K.", „e. Kfm." oder „e. Kfr." erforderlich.
Beispiele: Müller eingetragener Kaufmann; Müller eingetragene Kauffrau; Müller e.K.; Müller e. Kfm.; Müller e. Kfr.; Futuros e. K.; Futuros e. Kfr.; Fritz Hübner, Fahrradgeschäft, e.K.; Wilhelm Breunig e. K.; u.v.m.

Auf Geschäftsbriefen und Bestellscheinen sind die Angaben des § 37 a I, II HGB zu machen (bisherige Vordrucke dürfen bis zum 31. 12. 1999 aufgebraucht werden, Art. 39 EGHGB);

- bei einer oHG: oHG
§ 19 I Nr. 2 HGB erfordert in der Firma die Bezeichnung „offene Handelsgesellschaft" oder eine allgemein verständliche Abkürzung dieser Bezeichnung.
Beispiele: Schulze offene Handelsgesellschaft; Schulze oHG; Gebr. Müssig oHG; Alt und Jung oHG; ABC Teppichhandel oHG; Futuros oHG.

Auf Geschäftsbriefen und Bestellscheinen müssen die gemäß § 125 a HGB erforderlichen Angaben erfolgen (jedenfalls ab dem 1. 1. 2000, vgl. Art. 39 EGHGB);

- bei einer KG: KG
Notwendig ist, daß die Firma die Bezeichnung „Kommanditgesellschaft" oder eine allgemein verständliche Abkürzung dieser Bezeichnung enthält, § 19 I Nr. 3 HGB. Nicht nur der Komplementär, auch ein Kommanditist kann daher bei einer Personenfirma Namensgeber sein.
Beispiele: Arber und Brauer Kommanditgesellschaft; Hopfen + Malz KG; Meier KG; Futuros KG; ABC Teppichhandel KG.

Im Hinblick auf die §§ 177 a, 125 a HGB bedarf es bei Geschäftsbriefen und Bestellscheinen der dort bezeichneten Angaben (beachte Art. 39 EGHGB);

Haftung keiner natürlichen Person

– bei einer oHG oder KG, bei der keine natürliche Person persönlich haftet,

Beispiele: GmbH & Co. oHG; GmbH & Co. KG:
hier bedarf es eines die Haftungsbeschränkung kennzeichnenden Zusatzes in der Firma, § 19 II HGB.

Beispiele: Müller beschränkt haftende oHG; Futuros beschränkt haftende KG.

„Altfirmen"

„Altfirmen" von Einzelkaufleuten, oHGen oder KGen, die die nunmehr seit dem 1. 7. 1998 von § 19 HGB n. F. vorgesehenen Rechtsformzusätze noch nicht aufweisen, können bis zum 31. 3. 2003 unverändert weitergeführt und müssen erst danach angepaßt werden, Art. 38 EGHGB (zum bis zum 30.6.1998 geltenden Firmenrecht vgl. die Vorauflage, S. 26 ff.)

Für die Firmen der GmbH, AG, KGaA, eG gelten im übrigen die §§ 18 HGB i.V.m. 4 GmbHG, 4, 279 AktG, 3 GenG.

3.4.5.4 Firmengrundsätze

Rechtssicherheit

Aus Gründen der Rechtssicherheit und -klarheit sind, wie bereits soeben im Hinblick auf die Firmenbildung angesprochen, insbesondere folgende Grundsätze des Firmenrechts zu beachten:

Namensfunktion

– Namensfunktion: die Firma muß Kennzeichnungs- und Unterscheidungskraft aufweisen; das Unternehmen soll mit dem Namen identifizierbar sein, § 18 I HGB.

Beispiele: Wilhelm Breunig e.K.; Gebr. Müssig oHG; ABC Teppichhandel GmbH; Rhein-Chemie AG; Computerland GmbH; zweifelhaft ist es dagegen wohl etwa bei blaß und farblos gehaltenen Firmen wie z. B. „fifty-one GmbH", „fifty-two GmbH", „Gaststätten-GmbH", „Sicherheit + Technik KG", „Managementseminare" o. ä. – hier wäre wohl eine zusätzliche Individualisierungsangabe nötig.

Firmenwahrheit/ -klarheit

– Firmenwahrheit bzw. -klarheit: die Firma muß wahr und klar sein, sie darf nicht über Art oder Umfang des Geschäftes oder die Rechtsverhältnisse täuschen bzw. irreführen, § 18 II HGB.

Beispiele: Bei der Erstanmeldung der Firma eines Einzelkaufmanns wird als Personenfirma ein anderer Name als der des Geschäftsinhabers gewählt (Max Meier meldet an „Moritz Müller e.K."); oder: Firma Leder-Schulze ist unzulässig, wenn nicht wirklich auf Leder spezialisiert, ebenso unzulässig Fa. Schulze's Möbelhandels GmbH, die nicht Möbel, sondern Werkzeuge vertreibt. Auch Rechtsformzusätze (vgl. § 19 I HGB) müssen zutreffen.

Firmeneinheit

– Firmeneinheit: für ein Unternehmen darf nur eine Firma bestehen.

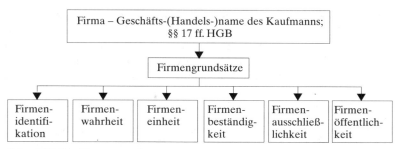

Schaubild 17: Firmengrundsätze

- **Firmenbeständigkeit:** ungeachtet des Grundsatzes der Firmenwahrheit darf die Firma, auch wenn sie den Namen des Inhabers enthält, beibehalten werden, selbst wenn sich der Name des Inhabers ändert (§ 21 HGB), der Inhaber wechselt (§ 22 HGB) oder Gesellschafter hinzukommen bzw. wegfallen (§ 24 HGB).

  Firmenbeständigkeit

  Beispiele: Die Tochter Magda Müssig führt das Geschäft ihres verstorbenen Vaters Wilhelm Breunig unter der Firma Wilhelm Breunig e. Kfr. weiter (vgl. § 22 I HGB); dabei sind auch die Grundsätze der Haftung des Firmenfortführers gemäß § 25 HGB zu beachten (s. u. 3.4.5.6; 8.9); oder: die Einzelkauffrau Amanda Auer heiratet und führt nun den Ehenamen Ochs – sie kann weiterhin unter „Amanda Auer e. Kfr." firmieren und Geschäftspost, Schecks etc. mit „Auer" unterschreiben, § 21 HGB; oder: der Einzelkaufmann Hans Hopfen, der mit „Hans Hopfen e. Kfm." firmiert, nimmt den Max Malz als unbeschränkt haftenden Gesellschafter unter Bildung einer oHG in das Geschäft auf (§ 105 HGB) – die Firma kann gleichwohl unverändert weitergeführt werden, § 24 I HGB (anders aber wohl, wenn bei einer aus zwei Gesellschaftern bestehenden oHG ein Gesellschafter ausscheidet – dann dürfte, um den Rechtsverkehr nicht über Haftungsverhältnisse zu täuschen, aus Gründen der Firmenwahrheit die Firma den oHG-Zusatz wohl nicht länger enthalten).

- **Firmenausschließlichkeit:** eine neue Firma am Ort muß sich von bereits bestehenden Firmen deutlich unterscheiden, um Täuschungen zu vermeiden, § 30 HGB,

  Firmenausschließlichkeit

  Beispiel: Zwei Kaufleute namens Hans Schulze – der zweite muß ein Unterscheidungskriterium angeben (etwa: Hans Schulze e. K., Schreibwaren).

- **Firmenöffentlichkeit:** die Firma ist zur Eintragung ins Handelsregister anzumelden, § 29 HGB (das gilt wegen der Aufhebung des bisherigen § 36 HGB auch für gewerbliche Unternehmen der öffentlichen Hand wie etwa Eigenbetriebe oder Sparkassen und Landesbanken, die gemäß Art. 38 III EGHGB bis zum 31. 3. 2000 zum Handelsregister anzumelden sind). Änderungen der Firma sind ebenfalls einzutragen, § 31 HGB. Das Registergericht kann den Anmeldepflichtigen mittels Zwangsgeldes dazu anhalten, § 14 HGB. Bei offenen Ladengeschäf-

  Firmenöffentlichkeit

ten bzw. Gastwirtschaften sind Name und Firma anzubringen, § 15 a GewO. Von oHGen, KGen, GmbH, AGen und KGaA, bei denen kein Gesellschafter eine natürliche Person ist, sind die gemäß den §§ 125 a, 177 a HGB, 35 a GmbHG, 80 AktG erforderlichen Angaben zu machen; für Genossenschaften gilt insoweit § 25 a GenG.

3.4.5.5 Firmenschutz

geschützte Rechtsposition

Die Firma ist gemäß § 37 I HGB öffentlich-rechtlich bzw. aufgrund der §§ 37 II HGB, 12, 823 I, 823 II BGB i.V.m. 37 II HGB, 826, 1004 BGB, 1, 3 UWG, 14 ff. MarkenG (insb. § 15 i.V.m. § 5 MarkenG; s. u. 18.5) privatrechtlich geschützt. Möglich sind daher bei Verletzungen des Firmenrechts Unterlassungs- bzw. Schadensersatzklagen (s. o. 3.1.3).

3.4.5.6 Firmenfortführung

Kontinuität

Wie bereits im Hinblick auf den Aspekt der Firmenbeständigkeit erläutert (s. o. 3.4.5.4), kann ein Handelsgeschäft unter der bisherigen Firma fortgeführt werden, auch wenn sie den Namen des bisherigen Geschäftsinhabers enthält (vgl. § 22 I bzw. § 24 I HGB). In diesem Zusammenhang ist auf die Haftung bei Firmenfortführung bzw. bei Personengesellschaftsbildung zu achten, §§ 25, 28 HGB.

Erwerber-/ Eintrittshaftung

Der Erwerber (§ 25 I HGB) eines einzelkaufmännischen Handelsgeschäfts, bzw. bei Eintritt in das Geschäft eines Einzelkaufmanns die entstehende Gesellschaft (oHG oder KG, § 28 I HGB), muß für die bisherigen Geschäftsverbindlichkeiten des früheren Geschäftsinhabers einstehen, vgl. die §§ 25 I 1, 28 I 1 HGB (es sei denn, dies sei förmlich ausgeschlossen i.S.d. §§ 25 II, 28 II HGB).

Im Falle des § 25 I HGB haftet der Veräußerer neben dem Erwerber als Gesamtschuldner weiter; allerdings im Hinblick auf § 26 HGB nur auf längstens fünf Jahre begrenzt.

Bei § 28 I 1 HGB haftet neben der entstehenden Personenhandelsgesellschaft (oHG oder KG) der neu Eintretende persönlich, § 128 S. 1 HGB – bei Eintritt als persönlich haftender Gesellschafter –, bzw. nach § 171 HGB bei Eintritt als Komplementär. Der frühere Alleininhaber haftet dabei unbegrenzt (als Schuldner) weiter (beachte aber § 28 III HGB).

Beispiele: V hat gegen den bisherigen Alleinunternehmer K einen Kaufpreisanspruch i.S.d. § 433 II BGB. Tritt etwa D als persönlich haftender Gesellschafter in das Geschäft des K ein, so kann der V jetzt die neu entstandene oHG (vgl. die §§ 105, 124 HGB) gemäß § 28 I 1 HGB sowie den K als eigentlichen Schuldner nach § 433 II BGB und den D wegen § 128 S. 1 HGB (hierunter fiele der K i.ü. auch) gesamtschuldnerisch in Anspruch nehmen. Hätte der D aber das Geschäft vom ausscheidenden K übernommen, so müßte er gemäß § 25 I HGB für den

Kaufpreis einstehen, und der K haftete (i.S.d. § 433 II BGB) ebenfalls weiter (wegen § 26 HGB noch grundsätzlich für fünf Jahre) (s. a. 16.3.4.3).

Im Betrieb begründete Forderungen gelten demgegenüber Schuldnern gegenüber unter den Voraussetzungen der §§ 25 I 2 bzw. 28 I 2 HGB als auf den Erwerber bzw. die Gesellschaft übergegangen. — Forderungsübergang

Beispiel: Führt der D das von K erworbene Handelsgeschäft (unter den Voraussetzungen des § 25 I 1 HGB) fort, so können Schuldner des K wegen in dessen Geschäftsbetrieb entstandener Forderungen mit schuldbefreiender Wirkung an den D zahlen. K hätte dann keinen Anspruch gegen den Schuldner mehr und könnte sich allenfalls unter den Voraussetzungen des § 816 II BGB an den D halten, falls diesem im Innenverhältnis zu K der gezahlte bzw. eingezogene Betrag nicht zustünde (s. u. 11.4 a.E.). Ähnlich ist es dann auch bei § 28 I 2 HGB. (Vgl. dazu auch unten 8.8.5 bzw. 8.9.)

Wegen dieser gesetzlichen Bestimmungen empfiehlt es sich in solchen Eintrittsfällen durchaus, zwischen Erwerber bzw. Eintretendem und bisherigem Inhaber ausdrückliche vertragliche Regelungen – unter Beachtung der §§ 25 II bzw. 28 II HGB – zu treffen. (Hinweis: Beim Eintritt in eine bestehende oHG ist im übrigen auf § 130 HGB zu achten, s. u. 8.8.9 a. E.). Im übrigen sind ggf. auch die Vorschriften des Erbrechts (etwa bezüglich der Haftung für Nachlaßverbindlichkeiten nach Annahme der Erbschaft, §§ 1942 ff., 1967 BGB) zu beachten.

3.4.6 Handelsregister – Verzeichnis für den Kaufmann

Für die Kaufleute besteht das Handelsregister als öffentliches Verzeichnis (vergleichbar: Grundbuch, Vereinsregister, Partnerschaftsregister, Genossenschaftsregister, Patentrolle, Güterstandsregister, Melderegister), in das wesentliche Verhältnisse bzw. Tatsachen, die den kaufmännischen Rechtsverkehr betreffen, eingetragen werden. Es wird bei den Amtsgerichten geführt, vgl. die §§ 8 ff. HGB, 125 ff. FGG, und zwar in zwei Abteilungen: — öffentliches Verzeichnis
- Abteilung A (HRA) betrifft Einzelkaufleute, oHGen und KGen,
- Abteilung B (HRB) betrifft die Kapitalhandelsgesellschaften (GmbH, AG, KGaA), vgl. § 3 HRV.

Eintragungen sind bekanntzumachen, §§ 10 f. HGB. Jedermann hat Einsichts- und Abschriftsrechte, § 9 HGB. — Eintragungen

Eingetragen wird nur, was gesetzlich vorgesehen ist. Dabei finden sich eintragungspflichtige Tatsachen,
- *z.B.:* in den §§ 29, 31, 32, 53, 106-108, 162 HGB, 39 AktG, 10 GmbHG, die eingetragen werden müssen,
sowie eintragungsfähige Tatsachen,
- *z.B.:* in den §§ 2, 3, 25 II, 28 II HGB, die eingetragen werden können (aber nicht müssen).

Funktionen Das Handelsregister hat vornehmlich Publikations-, Beweis-, Kontroll- und Schutzfunktionen.

Eintragungen im Handelsregister wirken teilweise konstitutiv,
- z.B.: die §§ 2, 3, 25 II, 28 II HGB, 11 I GmbHG, 41 I 1 AktG;
teilweise deklaratorisch,
- z.B.: die §§ 1, 31, 53 I, III, 143 II HGB.

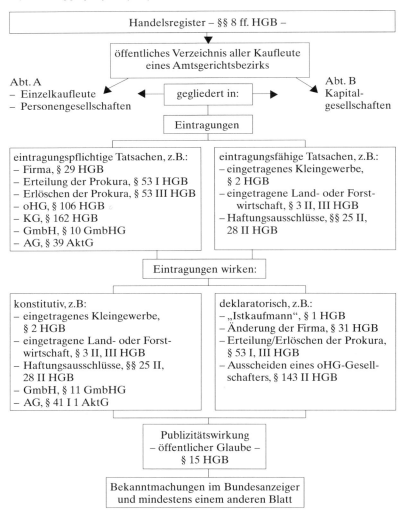

Schaubild 18: Handelsregister

Auf das Handelsregister darf man sich verlassen, es genießt öffentlichen Glauben, § 15 HGB (Publizitätswirkung): *Publizitätswirkung*

Solange eine einzutragende Tatsache nicht eingetragen und bekannt gemacht worden ist, § 15 I HGB (negative Publizität), *negative/*

- *Beispiel:* Widerruf der Prokura, § 53 III HGB (s. u. 7.8.2.4),

und/oder wenn eine eintragungsfähige Tatsache eingetragen und bekanntgemacht ist, § 15 II HGB (positive Publizität), *positive/*

- *Beispiel:* Erlöschen der Prokura,

bzw. wenn eine einzutragende Tatsache unrichtig bekannt gemacht worden ist, § 15 III HGB (positive Publizität), *Publizität*

- *Beispiel*: ordnungsgemäße Anmeldung des Widerrufs der Prokura, aber fehlerhafte Bekanntmachung,

kann sich der Gutgläubige darauf berufen (vgl. die Parallele zu den §§ 29, 86 GenG, s. u. 16.9.7).

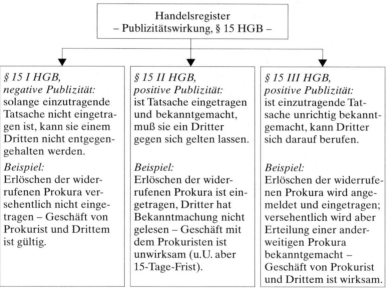

Schaubild 19: Publizitätswirkung des Handelsregisters

3.4.7 Handelsbücher – Rechnungslegung des Kaufmanns

Gemäß den §§ 238 ff. HGB ist der Kaufmann verpflichtet, Handelsbücher zu führen.

Bücher/Aufzeichnungen

Demnach obliegen ihm die

- Pflicht zur Erstellung der Eröffnungsbilanz, § 242 I HGB,
- Buchführungspflicht, §§ 238 f. HGB,
- Inventurpflicht (Bestandsaufnahmepflicht) und
- Inventarisierungspflicht (Nachweispflicht von Aktiva und Passiva in einem Bestandsverzeichnis), §§ 240 f. HGB,
- Pflicht zur Aufstellung des Jahresabschlusses, §§ 242 ff. HGB, d. h. der Bilanz und der Gewinn- und Verlustrechnung (GuV), § 242 III HGB,
- Aufbewahrungspflicht bezüglich Buchführungsunterlagen (10 Jahre) und Korrespondenz bzw. Belegen (6 Jahre), § 257 HGB,
- Vorlegungspflicht, §§ 809 f. BGB, 420, 422 f. ZPO, 258 ff. HGB,
- Offenlegungspflicht, §§ 325 ff. HGB, bei Kapitalgesellschaften.

3.5 Handelsgesellschaften

Kaufleute

Eine spezielle Kategorie von Rechtssubjekten, die wirtschaftsprivatrechtlich von besonderer Bedeutung sind, stellen die Handelsgesellschaften – Personen- u. Kapitalhandelsgesellschaften – dar. Sie sind handelsrechtlich als Kaufleute zu erachten, vgl. § 6 HGB (s. o. 3.4.2.7), die handelsrechtlichen Vorschriften finden somit auf sie grundsätzlich gleichfalls Anwendung. Gesellschaftsrechtlich sind sie als juristische Personen (s. o. 3.2) bzw. Quasi-Körperschaften (s. o. 3.3) zu qualifizieren (näheres dazu s. u. 16).

4 Rechtsobjekte – Objekte des Rechtsverkehrs

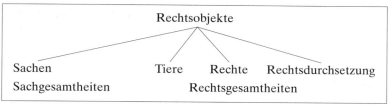

Leitübersicht 4: Rechtsobjekte

Leitfragen zu 4:
a) Welche Rechtsregeln gelten bezüglich der Sachen?
b) Wie sind „Rechte" einzuordnen?
c) Was gilt für die Rechtsdurchsetzung?

Rechtssubjekten werden grundsätzlich Gegenstände des Rechtsverkehrs zugeordnet (und umgekehrt) – diese sog. Rechtsobjekte dienen ihnen regelmäßig. Rechtsobjekte werden also von den Rechtssubjekten beherrscht. Zu den Objekten des Rechtsverkehrs rechnet man die körperlichen Sachen, die Tiere sowie die unkörperlichen Rechte und Immaterialgüter (d. h. geistige Werke, an denen deren Schöpfer Nutzungs- bzw. Verwertungsrechte hat). Der Gesetzgeber verwendet als Oberbegriff für alles, was Objekt von Rechten sein kann, die Bezeichnung Gegenstand (vgl. § 90 BGB, s. a. § 260 BGB), ohne diese allerdings genauer zu definieren.

Gegenstand

4.1 Sachen

Sachen im Sinne des Gesetzes sind gemäß § 90 BGB nur körperliche Gegenstände. Wichtig ist also die Körperlichkeit, durch die sie sich von den Rechten unterscheiden. Daher sind freie Luft, frei fließendes Wasser, Elektrizität, Wärme, Energie, Computerprogramme keine Sachen. Auch Tiere als Mitgeschöpfe sind keine Sachen, § 90 a BGB (s. a. die §§ 251 II 2, 903 S. 2 BGB, 765 a I 2, 811 c I ZPO), stehen ihnen aber letztlich gleich, da die für die Sachen geltenden Vorschriften auf sie grundsätzlich entsprechend anzuwenden sind. Zu den Sachen gehören auch nicht der Körper des lebenden Menschen sowie dessen ungetrennte Teile, wohl aber grundsätzlich die Leiche. Wichtig ist, daß nur an Sachen

Körperliche Gegenstände

Eigentum, ein sonstiges dingliches Recht oder Besitz bestehen kann. Dabei beschreibt das BGB in den §§ 90 ff. den Begriff und die verschiedenen Erscheinungsformen der Sachen; wie im Rechtsverkehr mit ihnen verfahren werden kann, welches rechtliche Schicksal sie erfahren können, regelt das BGB in seinem Dritten Buch, dem Sachenrecht. Dort wird fixiert, wie Sachen übereignet, belastet und genutzt werden können (dazu s. u. 15).

4.1.1 Einteilung der Sachen

Sachen als körperliche Gegenstände lassen sich in mehrfacher Hinsicht unterscheiden:

4.1.1.1 Bewegliche Sachen

Waren Bewegliche Sachen, auch Fahrnis oder Mobilien (lat. mobilis = beweglich) genannt, sind alle diejenigen Sachen, die weder Grundstücke noch Grundstücksbestandteile sind. Im Handelsrecht sind sie gerade als Waren (vgl. die §§ 373 ff. HGB; s. a. § 1 II Nr. 1 HGB a. F.) von besonderem Interesse.

Vertretbare Sachen Bei den beweglichen Sachen lassen sich vertretbare von den nicht vertretbaren abgrenzen: vertretbare Sachen sind bewegliche Sachen, die im Rechtsverkehr nach Zahl, Maß oder Gewicht bestimmt zu werden pflegen, § 91 BGB. Bei ihnen kommt es also nicht primär auf die Individualität an, vielmehr sind sie ohne weiteres austauschbar.

Beispiele: Geld; Serienware; Wertpapiere; Lebensmittel.

Nicht vertretbare Sachen Nicht vertretbare Sachen sind dagegen solche, die individuell bestimmt bzw. hergestellt worden sind.

Beispiele: Einbauküchen; Sonderanfertigungen; Gebrauchtwagen; Werbezündhölzchen.

Diese Unterscheidung wird wichtig für bestimmte Schuldverhältnisse, vgl. beim Werklieferungsvertrag (§ 651 I 1 BGB), beim Darlehen (§ 607 BGB), bei der unregelmäßigen Verwahrung (§ 700 BGB) sowie den Gesellschafterbeiträgen (§ 706 BGB), aber auch im Zivilprozeß (vgl. die §§ 592, 794 I Nr. 5, 884 ZPO). Bei Verlust oder Zerstörung von vertretbaren Sachen ist die Wiederherstellung des gleichen wirtschaftlichen Zustandes wie vor dem schädigenden Ereignis (man nennt dies Naturalrestitution) möglich, vgl. § 249 S. 1 BGB, durch Lieferung einer anderen (gleichartigen) Sache; bei einer unvertretbaren Sache ist dies aber nicht so. Häufig sind daher die vertretbaren Sachen Gegenstand von sog. Gattungsschulden, § 243 BGB (s. u. 8.3.4).

Bei den beweglichen Sachen lassen sich desweiteren die verbrauchbaren von den nicht verbrauchbaren trennen:

Verbrauchbare Sachen sind solche, deren bestimmungsgemäßer Gebrauch im Verbrauch oder in der Veräußerung besteht, § 92 BGB.

Beispiele: Brennstoffe; Lebensmittel.

Sachen, die durch ihren Gebrauch abgenutzt werden (Kleidung, Teppiche), fallen aber nicht darunter.

Auch bewegliche Sachen, die zu einem Warenlager oder zu einem sonstigen Sachinbegriff gehören, dessen bestimmungsgemäßer Gebrauch ebenfalls in der Veräußerung der einzelnen Sachen besteht, zählen zu den verbrauchbaren, § 92 II BGB.

Beispiel: Schlachtvieh des Metzgers.

Die übrigen beweglichen Sachen sind nicht verbrauchbar. Verbrauchbare Sachen werden relevant bei Nutzungsverhältnissen, wobei der Nutzungsberechtigte grundsätzlich zum Verbrauch der Sache berechtigt ist, später aber Wertersatz leisten muß (vgl. §§ die 1067, 1075, 1085 BGB, ähnlich auch § 706 BGB).

margin: Verbrauchbare Sachen

4.1.1.2 Unbewegliche Sachen

Unbewegliche Sachen (Liegenschaften, Immobilien) sind die Grundstücke, d. h. abgegrenzte Teile der Erdoberfläche, die im Bestandsverzeichnis eines Grundbuchblatts unter einer eigenen Nummer eingetragen bzw. gebucht sind (vgl. § 3 GBO), sowie deren Bestandteile. Grundstücken werden das Erbbaurecht nach der ErbbauVO sowie das Wohnungseigentum nach dem WEG gleichgestellt. Unbewegliche Sachen werden dinglich anders behandelt als die beweglichen; ihre sachenrechtliche Übertragung und Belastung folgt anderen Regeln (vgl. etwa die §§ 873, 925 BGB; s. a. die Formvorschrift des § 313 BGB; dazu s. u. 15.3.2.2).

margin: Grundstücke

4.1.1.3 Teilbare und unteilbare Sachen

Teilbar ist eine Sache, die sich ohne Wertminderung in gleichartige Teile zerlegen läßt, vgl. § 752 S. 1 BGB. Wichtig ist das insbesondere bei der Auseinandersetzung von Gemeinschaften.

Beispiele:
für teilbare Sachen: Geld; Grundstücke.
für unteilbare Sachen: Aktien (vgl. § 8 V AktG); bebaute Grundstücke.

4.1.2 Bestandteile einer Sache

Wesentliche Bestandteile

Die meisten Gegenstände bestehen aus einzelnen Teilen, Bestandteilen, die zusammengefügt worden sind. Dabei unterscheidet das BGB zwischen wesentlichen und unwesentlichen Bestandteilen. Leitgedanke dabei ist, daß eine Sache und ihre wesentlichen Bestandteile ein einheitliches rechtliches Schicksal haben sollen, damit nicht nutzlos wirtschaftliche Werte zerstört werden. Wesentliche Bestandteile sind diejenigen Bestandteile einer Sache, die nicht voneinander getrennt werden können, ohne daß der eine oder andere zerstört oder in seinem Wesen verändert wird; sie können nicht Gegenstand besonderer Rechte sein, § 93 BGB. Es kommt also nicht darauf an, ob ein Bestandteil für eine Sache besonders wichtig ist, vielmehr ist entscheidend, ob durch eine Trennung der abgetrennte oder der zurückbleibende Bestandteil zerstört oder in seinem Wesen verändert wird. Dies ist nach wirtschaftlichen Kriterien zu beurteilen. Für Grundstücke bringt dabei § 94 BGB noch eine Erweiterung: bei ihnen gehören auch die mit dem Grund und Boden fest verbundenen Sachen, solange sie mit dem Grund und Boden zusammenhängen, zu den wesentlichen Bestandteilen (s. u. 15.3.4.1).

Beispiele: Wesentliche Bestandteile sind also Hausfenster, die Fahrzeugkarosserie, die Bremstrommel des LKW, die Zentralheizung des Hauses bzw. Heizkörper, Wasch- und Badeanlagen, einzelne Blätter von Handelsbüchern (§§ 238 ff. HGB, s. o. 3.4.7), Grundstücksgebäude, Grundstückspflanzen, Dachgebälk, die auf den Briefumschlag aufgeklebte Briefmarke.

Keine wesentlichen Bestandteile sind dagegen der Kfz-Motor, die Reifen, Grenzsteine, Hotelkühlschränke, Sandkasten, Schaukel, Gartenstatue, Matratze und Lattenrost des Bettes.

Folgen

Wesentliche Bestandteile sind sonderrechtsunfähig. Wenn eine Sache wesentlicher Bestandteil einer anderen wird, erlöschen die an ihr bestehenden Rechte (§§ 946 ff. BGB; s. u. 15.3.3), selbst wenn die Beteiligten dies nicht wollen. Dingliche Rechtsgeschäfte (Übereignungen, Belastungen) über wesentliche Bestandteile sind nichtig. Es besteht immer nur ein einheitliches Eigentum an der Gesamtsache, nur diese kann insgesamt übereignet oder belastet werden.

Beispiele: Mit Einbau der Dachlatten verliert der Lieferant trotz erklärten Eigentumsvorbehaltes (§§ 929, 455, 158 I BGB) sein Eigentum daran (s. u. 6.3.2.2);

der Lieferant von Kfz-Motoren kann dagegen bei vereinbartem Eigentumsvorbehalt im Falle der Nichtzahlung die gelieferten und eingebauten Motoren herausverlangen (§§ 985, 929, 158 I BGB) und im Insolvenzfall aussondern, § 47 InsO (s. a. unten 10.2.8; 21.2).

Scheinbestandteile

Nur zu einem vorübergehenden Zwecke mit dem Grund und Boden verbundene bzw. in ein Gebäude eingefügte Sachen gehören aber als sog. Scheinbestandteile, § 95 BGB, nicht zu den Bestandteilen des Grundstückes bzw. Gebäudes.

Beispiele: Vom Grundstückspächter errichtetes Gebäude; Baubaracken; Messecontainer; Teppichboden, Schrankwand des Mieters.

4.1.3 Zubehör

Zubehör sind gemäß § 97 BGB diejenigen beweglichen Sachen, die, ohne Bestandteile der Hauptsache zu sein, deren wirtschaftlichem Zweck zu dienen bestimmt sind und zu ihr in einem dieser Bestimmung entsprechenden räumlichen Verhältnis stehen. Zubehör ist sonderrechtsfähig, kann also durchaus ohne die Hauptsache übereignet oder belastet werden. Da es aber mit der Hauptsache in einem wirtschaftlichen Verhältnis steht, soll es regelmäßig deren rechtliches Schicksal teilen. Daher erstrecken sich Kaufverträge grundsätzlich auch auf das Zubehör, § 314 BGB, Grundpfandrechte (Hypothek, Grundschuld, Rentenschuld, s. u. 15.5) erfassen ebenfalls das Grundstückszubehör, § 1120 BGB, das so auch der Zwangsvollstreckung in das Grundstück unterliegt, § 865 II 1 ZPO. Das Eigentum am Grundstückszubehör folgt gemäß § 926 BGB regelmäßig dem Eigentum am dazugehörigen Grundstück (wobei das Grundstückszubehör auch gemäß den §§ 929 ff. BGB übereignet werden kann).
Hauptsache

Beispiele: Gewerbliches und landwirtschaftliches Inventar (§ 98 BGB); Alarmanlage; Bierausschankanlage; Fabrikfahrzeuge, Hotelbus; Schrankschlüssel; Kfz-Warndreieck u. -Feuerlöscher; Heizvorräte; Fabrikvorräte.

Nicht Zubehör sind aber etwa: zum Verkauf bestimmte Ware; Gartenstatuen; Speditionsfahrzeuge; Möbel; vom Mieter angeschaffte Beleuchtungsgeräte.

4.1.4 Nutzungen/Früchte

Nutzungen sind die Früchte einer Sache oder eines Rechtes sowie die Vorteile, die der Gebrauch der Sache oder des Rechts gewährt, § 100 BGB. Nutzungen umfassen also außer den Früchten auch die Gebrauchsvorteile. Früchte sind nach § 99 BGB Erzeugnisse bzw. Ausbeuten von Sachen sowie die Erträge eines Rechts (s. u. 10.5.10).
Früchte und Gebrauchsvorteile

Beispiele: Obst, Gemüse, Kälber, Pflanzen, Bäume, Eier, Milch, Sand, Kies (Sachfrüchte); Jagdbeute, Dividende, Zinsen, Stimmrecht (Rechtsfrüchte); Mietzins, Überbaurente – vgl. § 912 BGB – (mittelbare Sachfrüchte); Lizenzgebühren (mittelbare Rechtsfrüchte).

Früchte und Nutzungen sind rechtlich insbesondere bedeutsam im Zusammenhang mit dem Eigentumserwerb (§§ 953 ff. BGB), dem Nutzungsrecht des Pächters und Nießbrauchers (§§ 581, 1030 BGB) sowie der Herausgabe (§§ 987 ff. BGB).

4.1.5 Sachgesamtheiten

Sachgesamtheiten bestehen aus mehreren selbständigen Sachen, die aus rein praktischen Gründen unter einer einheitlichen Bezeichnung zusammengefaßt werden.

Beispiele: Briefmarkensammlung; Kaffeeservice; Warenlager; Inventar; Sammelbestand von Wertpapieren; Bibliothek; Urkundenbestand eines Archivs; Unternehmen (dazu s. u. 4.4.2).

Sachgesamtheiten sind relevant bei Nutzungsverhältnissen (etwa der Pacht, § 581 BGB) oder Nießbrauch (§§ 1030 ff. BGB). Wichtig in diesem Zusammenhang ist vor allem auch folgendes:

Übereignungs-
probleme

Man kann sich schuldrechtlich verpflichten, Sachgesamtheiten etwa zu verkaufen (d. h. sie zu übergeben und Eigentum daran zu verschaffen, vgl. § 433 I 1 BGB) – es gibt aber kein Eigentum an einer Sachgesamtheit als solcher, sondern nur Eigentum an den jeweiligen Einzelsachen (man spricht insoweit vom Grundsatz der Spezialität, s. a. unten 4.4 bzw. 15.2). Wenn man also landläufig davon spricht, man sei Eigentümer eines Warenlagers, einer Briefmarkensammlung, einer Bibliothek, dann heißt das rechtlich, daß man Eigentum an den einzelnen Büchern, Briefmarken, Waren hat. Man kann also auch nicht sachenrechtlich über die Sachgesamtheit als solche verfügen, sie als solche etwa übereignen, vielmehr muß Eigentum an jedem einzelnen Gegenstand (vgl. § 929 BGB)

Unter-
nehmenskauf

übertragen werden. Bei einem Unternehmenskauf bedeutet das beispielsweise, daß die einzelnen Liegenschaften, Mobilien, Rechte nach den jeweils für sie geltenden Bestimmungen (§§ 873, 925; 929; 398 BGB) auf den Erwerber übertragen werden müssen. Hieran sieht man im übrigen auch, daß zwischen dem Eingehen einer Verpflichtung und ihrer Erfüllung strikt zu trennen ist.

4.2 Rechte

Befugnisse und
Rechtsmacht

Im Gegensatz zu Sachen sind Rechte unkörperlich. Während man unter dem oben 2.1 beschriebenen objektiven Recht die Summe aller Rechtsnormen versteht, aus denen Berechtigungen und Verpflichtungen erwachsen, geht es im folgenden um daraus herzuleitende Befugnisse und Rechtsmacht, also um subjektive Rechte. Während das BGB (objektives Recht) etwa Vertragstypen regelt (z. B. Kauf-, Werk-, Dienst-, Mietvertrag, s. u. 10) und so das Rechtsverhältnis hieran beteiligter Partner bestimmt, bezeichnen die individuell daraus erwachsenden Ansprüche auf vertragsmäßige Leistung die jeweiligen subjektiven Rechte. Subjektives Recht und Anspruch sind allerdings nicht deckungsgleich: aus dem subjektiven Recht als dem allgemeinen Herrschaftsverhältnis können sich verschiedene Ansprüche ergeben.

Beispiel: Aus dem Eigentumsrecht an einer Sache (dem subjektiven Recht) können dem Eigentümer Herausgabeansprüche (§ 985 BGB), Abwehransprüche (§ 1004 BGB), Schadensersatzansprüche (§ 823 I BGB) erwachsen.

4.2.1 Absolute und relative Rechte

Absolute Rechte richten sich gegen jedermann (lateinisch absolutus = losgelöst), sie sind losgelöst von lediglich durch Vertragsverhältnisse zustandekommenden Verpflichtungen bzw. Rechten zu sehen.

Der Inhaber eines absoluten Rechtes ist also gegen jedwede rechtswidrige und schuldhafte Verletzung geschützt. Die absoluten Rechte und ihr Schutz stehen nicht nur natürlichen Personen, sondern auch juristischen Personen zu. Zu den absoluten Rechten gehören insbesondere (die in § 823 I BGB genannten) Leben, Körper, Gesundheit, Freiheit, Eigentum, das allgemeine Persönlichkeitsrecht, die Ehre, Besitz, Hypotheken-, Patent-, Urheberrechte, der Name bzw. die Firma (s. u. 12.2.1.1).   Schutz

Demgegenüber sind relative Rechte diejenigen, die nur zwischen bestimmten Personen innerhalb eines Rechtsverhältnisses wirken (Relation = Beziehung, Verhältnis). Sie können daher auch nur von den am Schuldverhältnis Beteiligten verletzt werden. Diese Beteiligten nennt man Gläubiger und Schuldner. Sie sind sich durch das zwischen ihnen bestehende Rechtsverhältnis regelmäßig so verbunden, daß hieraus ein oder mehrere jeweilige Ansprüche erwachsen, zumeist sind dies Ansprüche aus Schuldverhältnissen, d. h. sog. Forderungen (vgl. § 241 „fordern"). „Verhältnis"

Forderungen

Beispiele für relative Rechte sind etwa die Kaufpreisforderung des Verkäufers, die Forderung auf Übergabe und Eigentumsverschaffung des Käufers (§ 433 I und II BGB), der Anspruch des Dienstverpflichteten auf Vergütung (§ 611 BGB), der Werklohnanspruch des Unternehmers (§§ 631 I, 632 BGB), usw.

Zwischen absoluten und relativen Rechten gibt es durchaus auch einen Zusammenhang: aus der Verletzung eines absoluten Rechtes erwachsen dem Geschädigten u.U. relative Rechte.

Beispiel: Der Körperverletzer beeinträchtigt das absolute Rechtsgut Körper des Geschädigten. Daraus entsteht diesem ein Anspruch auf Schadensersatz gegen den Täter aus § 823 I BGB, also ein relatives Recht.

4.2.2 Persönlichkeitsrechte

Zu den Persönlichkeitsrechten gehören vornehmlich Leib, Leben, Gesundheit, Freiheit, Name, das eigene Bild, elterliches Erziehungsrecht, sowie das allgemeine Persönlichkeitsrecht (Art. 1 und 2 GG) (vgl. oben 3.1.3).

4.2.3 Gestaltungsrechte

Gestaltungsrechte geben ihrem Inhaber die Befugnis, ein Rechtsverhältnis einseitig zu gestalten, d. h. es aufzuheben oder inhaltlich zu verändern.

Beispiele: Ausübung des Vorkaufsrechts (§§ 505, 1094 BGB); Kündigung (§ 564 II BGB); Anfechtung (§ 142 BGB); Rücktritt (§ 346 BGB).

4.2.4 Herrschaftsrechte

Rechtsmacht

Herrschaftsrechte gewähren Herrschaftsmacht über bestimmte Gegenstände (nicht über Personen). Wenn sie sich auf Sachen (Dinge) beziehen, spricht man von dinglichen Rechten. Umfassendes dingliches Recht ist das Eigentum. Dieses schützt der Gesetzgeber vielfach, vgl. Art. 14 GG, §§ 903, 985, 1004, 823 I BGB. Beschränkt sich die Sachherrschaft auf Teilbereiche des Eigentums, so handelt es sich um sog. beschränkte dingliche Rechte wie Sicherungsrechte bzw. Verwertungsrechte (Pfand-, Hypothekenrechte) oder Nutzungsrechte (Nießbrauch, Dienstbarkeit) (s. u. 15).

Herrschaftsrechte können auch an Rechten bestehen, etwa Pfandrechte (§ 1273 BGB) bzw. Nießbrauch (§ 1030 BGB).

Und selbst für immaterielle Güter gibt es Herrschaftsrechte, die sog. Immaterialgüterrechte. Dazu gehören das Urheber-, Patent-, Geschmacksmuster- und Markenrecht (s. u. 18).

4.2.5 Gegenrechte

Verhinderung subjektiver Rechte

Gegenrechte verhindern die Durchsetzung subjektiver Rechte. Materiellrechtlich lassen sich hierbei Einreden und Einwendungen unterscheiden.

4.2.5.1 Einreden

Einreden gewähren das Recht, die Erfüllung eines Anspruches zu verweigern. Der Berechtigte hat also ein Leistungsverweigerungsrecht. Dieses (negative) Recht vernichtet aber das subjektive Recht des Anspruchstellers nicht, es hindert vielmehr (nur) dessen Durchsetzbarkeit.

Auf die Einrede muß sich der Schuldner also berufen; vor Gericht, in einem Prozeß etwa, wird sie nicht von Amts wegen beachtet.

Beispiel: Ansprüche unterliegen der Verjährung, vgl. die §§ 194 ff. BGB (s.u. 4.3.3). Auf die Einrede der Verjährung muß man sich ausdrücklich oder zumindest durch schlüssiges Verhalten (= konkludent; „eine so lange zurückliegende Schuld begleiche ich nicht mehr") berufen – man ist berechtigt, die Leistung zu verweigern, § 222 I BGB, aber nicht verpflichtet, dies zu tun, der Anspruch bleibt weiterhin erfüllbar.

Verjährung

Man unterscheidet die aufschiebende Einrede (des Zurückhaltungsrechtes, s. u. 8.10, des nicht erfüllten Vertrags, der Stundung) von der dauernden Einrede (Verjährung).

4.2.5.2 Einwendungen

Im Gegensatz zur Einrede beseitigt eine Einwendung das geltend gemachte Recht als solches und nicht nur dessen Durchsetzbarkeit. Einwendungen werden in einem Rechtsstreit von Amts wegen beachtet. Zu den Einwendungen gehören einerseits die rechtshindernden: etwa die Nichtigkeit eines Vertrages wegen mangelnder Geschäftsfähigkeit (§ 105 BGB) oder Sittenwidrigkeit (§ 138 BGB); bei ihnen ist das geltend gemachte Recht erst gar nicht entstanden (s. u. 6.8.1.1). Zum anderen gibt es die rechtsvernichtenden Einwendungen, bei denen ein zunächst wirksam entstandener Anspruch wieder erlischt (Erfüllung, § 362 BGB, Rücktritt, § 346 BGB) (s. a. 4.3.4).

Rechtsbeseitigung

4.2.5.3 Prozessuale Einreden

Wenn man im Zivilprozeß von Einreden spricht, so meint man damit mehrerlei: einmal die prozessualen Einreden bzw. prozeßhindernden Einreden, die auf Prozessualem beruhen (etwa die Rüge der Unzuständigkeit des angerufenen Gerichts), und desweiteren die auf dem materiellen Recht beruhenden Einreden; dabei werden begrifflich als prozessuale materielle Einreden sowohl die Einreden als auch die Einwendungen (s. o.) erfaßt.

Prozeßrecht erfaßt beides

4.3 Rechtsdurchsetzung

Zur Durchsetzung privater Rechte sind die staatlichen Gerichte berufen (Abkehr vom Faustrecht); der Staat gewährleistet lückenlosen Rechtsschutz, vgl. Art. 19 IV GG. Auf dem Gebiet des Bürgerlichen Rechts sind vornehmlich die Zivilgerichte entscheidungsbefugt, §§ 12, 13 GVG (vgl. dazu unten 20).

Rechtsschutz

4.3.1 Private Rechtsdurchsetzung

Eigene Rechtsverfolgung

Die eigenmächtige Rechtsdurchsetzung ist nur ausnahmsweise erlaubt, wenn rechtzeitige gerichtliche Hilfe nicht erlangt werden kann:

Wesentliche Fälle sind
- die Selbsthilfe, § 229 BGB,
- die Notwehr, § 227 BGB,
- der Verteidigungsnotstand, § 228 BGB und
- der Angriffsnotstand, § 904 BGB.

4.3.2 Rechtsmißbrauch

Grenzen

Private Rechte dürfen nicht mißbräuchlich benutzt werden. Grenzen ziehen insbesondere:
- das Schikaneverbot, § 226 BGB,
- die guten Sitten (vgl. §§ 138, 826 BGB),
- Treu und Glauben, § 242 BGB, mit dem Verbot des Rechtsmißbrauchs und der Verwirkung von Rechten (s. u. 8.3.1.2).

4.3.3 Zeitliche Grenzen

Die Durchsetzbarkeit von Ansprüchen unterliegt auch zeitlichen Beschränkungen:
- der Anspruch muß fällig,
- eine Ausschlußfrist darf nicht abgelaufen (s. u. 4.3.4),
- Verjährung darf nicht eingetreten sein (s. o. 4.2.5.1).

Verjährungsfristen

Hemmung

Unterbrechung

Die wichtigsten Verjährungsfristen ergeben sich aus § 195 BGB (generell 30 Jahre) bzw. aus den §§ 196 ff. BGB (zwei bzw. vier Jahre, besonders wichtig für das Handelsrecht) sowie aus Spezialtatbeständen (etwa den §§ 477, 558, 638, 852, 1302, 2332 BGB, 26, 61 II, 88, 113 III, 130 a III 6, 159 f., 439, 452 b II, 463, 475 a HGB). Dabei kann die Verjährung gehemmt (ein bestimmter Zeitraum zählt nicht mit, §§ 202 ff. BGB) oder gar unterbrochen (die Verjährungsfrist beginnt erneut zu laufen, § 217 BGB) werden. Die Fristberechnung ergibt sich aus den §§ 186 ff. BGB (s. u. 4.3.4).

Für die Praxis wichtig ist dabei noch, daß die Verjährung grundsätzlich nur durch gerichtliche Geltendmachung (§ 209 BGB) oder durch Anerkenntnis unterbrochen werden kann, § 208 BGB. Eine bloße Mahnung des Gläubigers reicht nicht aus.

Beispiel: Zum 31.12. droht die Verjährung einer Kaufpreisforderung. Der Verkäufer mahnt den Käufer am 10.12. – der Käufer muß nicht reagieren, kann den Ablauf des 31.12. abwarten und sich alsdann auf Verjährung berufen. Einem Verkäufer, der aus Rücksichtnahme nicht klagen möchte (§ 209 BGB), hilft indes möglicherweise folgender „Trick": Er schickt dem Schuldner eine Mahnung, in der er einen (deutlich) höheren Betrag fordert als ihm zusteht. Teilt ihm der Käufer jetzt (u.U. mehr oder minder empört) mit, er schulde doch nur „soundsoviel", so liegt darin ein die Verjährung unterbrechendes Anerkenntnis i.S.d. § 208 BGB, d.h., ab jetzt beginnt die Verjährungsfrist erneut.

4.3.4 Termine; Fristen

Rechte geltend zu machen hängt häufig von Terminen oder Fristen ab.

- Unter einem Termin versteht man einen bestimmten Zeitpunkt, der für ein Ereignis maßgebend ist bzw. an dem rechtlich Erhebliches erfolgen soll. — Termin

  Beispiele: Die Lieferung der Kaufsache soll am 2.9. vorgenommen werden; oder: die Zahlung des Kaufpreises hat am 17.9. zu erfolgen.

- Mit dem Begriff Frist bezeichnet man demgegenüber einen gewissen Zeitraum, der von bestimmten Zeitpunkten oder Ereignissen begrenzt wird. — Frist

  Beispiele: Die Anfechtungsfristen i.S.d. § 124 I, III BGB; die Kündigungsfrist bezüglich des Arbeitsverhältnisses gemäß § 622 BGB; die Monatsfrist zur Berufungseinlegung nach § 516 ZPO bzw. für die Revision gemäß § 552 ZPO; die Gewährleistungsverjährungsfrist des § 477 BGB.

Bei den Fristen werden unterschieden:

- Ausschlußfristen, bei denen das betreffende Recht nur binnen der gesetzten Frist geltend gemacht werden kann, wohingegen es nach diesem Zeitraum entfällt, — Ausschluß-/

  Beispiele: Der Ausgleichsanspruch i.S.d. § 89 b IV HGB; das Anfechtungsrecht des § 124 BGB; der Produkthaftungsanspruch gemäß § 13 ProdHaftG (= gesetzliche Ausschlußfristen); von den Parteien vereinbarte Fristen zur Geltendmachung von Sachmängelgewährleistungsansprüchen (= vertragliche Ausschlußfristen).

Ausschlußfristen sind also rechtsvernichtende Einwendungen (s. o. 4.2.5.2).

- Verjährungsfristen, die nach Ablauf dem Schuldner ein Leistungsverweigerungsrecht geben (s. o. 4.2.5.1; 4.3.3), auf das er sich berufen muß (Einreden). — Verjährungsfristen

  Beispiel: Für Kaufleute besonders wichtig ist die die Verjährung ihrer Ansprüche wegen Warenlieferungen regelnde Bestimmung des § 196 I Nr. 1, II BGB. Danach verjähren bspw. ihre Ansprüche wegen Warenlieferungen gegenüber Privatleuten binnen vier Jahren, wobei vom Jahresschluß aus gerechnet wird, § 201 BGB.

Die Fristberechnung ist in den §§ 186-193 BGB geregelt. Fristen finden sich demnach regelmäßig als Tages-, Wochen- bzw. Monatsfristen. — Berechnung

Gemäß § 189 BGB sind ein halbes Jahr sechs Monate, ein viertel Jahr drei Monate, ein halber Monat 15 Tage.

Fällt der Beginn der Frist, also ein Ereignis oder ein Zeitpunkt, in den Lauf eines Tages, so wird er nicht mitgerechnet, § 187 I BGB.

Beispiele: Die Lieferung der mangelhaften Kaufsache während der Geschäftsstunden im Hinblick auf § 477 BGB; der Zugang des Mahnschreibens, mit dem dem Schuldner eine Zahlungsfrist gesetzt wird.

Fällt der Fristbeginn dagegen auf den Beginn eines Tages, oder wird das Lebensalter berechnet, so zählt der Anfangstag zur Fristberechnung dazu, § 187 II BGB.

Beispiel: Die Miete eines Gewerberaumes ab dem 1.10.

Die nach Tagen bestimmte Frist endet mit Ablauf des letzten Tages, d. h. um 24.00 Uhr, § 188 I BGB.

Beispiel: Der Gläubiger setzt dem Schuldner mit einem diesem am 16.1. zugehenden Schreiben eine letzte Frist von drei Tagen – diese läuft am 19.1. um 24 Uhr ab.

Wochen-/ Die nach Wochen bestimmte Frist endigt gemäß § 188 II BGB.

Beispiele: Der Gläubiger setzt dem Schuldner am 2.2., 9 Uhr, eine Frist zur Leistungsbewirkung von drei Wochen – diese Frist endet am 23.2., 24 Uhr; eine am Donnerstag gesetzte Wochenfrist liefe am folgenden Donnerstag, 24 Uhr, ab. Wichtig ist die Fristberechnung ebenso im Arbeitsrecht, bspw. bei einer Kündigung durch den Arbeitnehmer gemäß § 622 I BGB. Auch hier berechnet sich die 4-Wochen-Frist nach den §§ 187 I, 188 II BGB, wobei für das Ende der Frist noch auf den gesetzlich bestimmten Zeitpunkt – zum Fünfzehnten oder zum Ende eines Kalendermonats – geachtet werden muß. Will ein Arbeitnehmer etwa zum 31.3. kündigen, so muß man zunächst durch Blick in den Kalender feststellen, auf welchen Wochentag der 31.3. fällt; alsdann ist auf den vierten gleichnamigen Wochentag zurückzurechnen – an diesem Tag muß dem Arbeitgeber die Kündigung spätestens zugehen (z.B. der 31.3. ist ein Donnerstag – der vierte Donnerstag zuvor wäre dann der 3.3.); § 193 BGB gilt hier nicht.

Monatsfrist Das Ende von Monatsfristen (auch Jahresfristen) regelt ebenso § 188 II BGB (in Abhängigkeit von der Frage des unterschiedlichen Fristbeginns bei § 187 I bzw. § 187 II BGB).

Beispiel sei die 6-Monats-Frist des § 477 BGB:
Angenommen, die Ablieferung einer gekauften mangelhaften beweglichen Sache sei am 5.3. geschehen – wann läuft diese Verjährungsfrist ab?
Da es sich um eine nach (sechs) Monaten bestimmte Frist handelt, ist § 188 II BGB Ausgangspunkt der Prüfung. Diese Bestimmung geht allerdings von zwei Alternativen aus, nämlich der Frage, ob für den etwaigen Fristbeginn § 187 I oder § 187 II BGB anzuwenden wäre. Ein Blick in § 187 BGB ergibt, daß für den etwaigen Fristbeginn nicht der Beginn des Tages (dort II), sondern ein Ereignis (die Ablieferung der Sache) maßgebend ist (dies ergibt sich aus § 477 I BGB), also grundsätzlich ein Fall des § 187 I BGB vorläge. Das Fristende bestimmt sich

somit gemäß der ersten Alternative des § 188 II BGB – demnach endigt die hier nach sechs Monaten bestimmte Frist mit dem Ablaufe desjenigen Tages des letzten (= sechsten) Monats, der durch seine Zahl dem Tage entspricht, in den das Ereignis (= Ablieferung der beweglichen Sache; dies geschah am 5.3.) fällt – die Frist endigt also am 5.9., 24 Uhr. Monatsfristen bestehen auch bei Kündigungsfristen von Arbeitsverhältnissen, vgl. § 622 II BGB.

Fällt der letzte (nicht: erste !) Tag einer Frist auf einen Samstag, Sonntag, oder staatlich anerkannten Feiertag, so endigt die Frist erst mit Ablauf des nächsten Werktages, § 193 BGB.

Beispiele bei der obigen sechsmonatigen Verjährungsfrist des § 477 BGB:
Wäre der 5.9. ein Sonntag, dann wäre Fristende der 6.9., 24 Uhr; wäre der 5.9. ein Samstag, dann ergäbe sich als Fristende der (Montag) 7.9., 24 Uhr.
Wäre Fristende der 25.12., und wäre dieser Tag ein Donnerstag, dann liefe die Frist erst am (Montag) 29.12., 24 Uhr, ab.

Fehlt bei Monatsfristen der letzte Tag, so endigt die Frist mit Ablauf des vorigen Tages, § 188 III BGB.

Beispiele: wiederum bei der obigen 6-Monats-Frist des § 477 BGB: Bei einer Ablieferung der mangelhaften Sache am 31.5. liefe die Frist am 30.11. ab. (Bei Fristablauf zum Ende Februar: grundsätzlich der 28.2., in Schaltjahren der 29.2.).

4.4 Rechtsgesamtheiten

Rechtsgesamtheiten sind hauptsächlich das Vermögen sowie das Unternehmen.

4.4.1 Vermögen

Das Vermögen (vgl. die §§ 419, 1365 BGB) wird verstanden als die Summe aller geldwerten Rechte eines Rechtssubjektes, also als die Gesamtheit der Aktiva einer natürlichen oder juristischen Person. Dazu gehören alle Rechte, Forderungen und Rechtsverhältnisse, die einen in Geld ausdrückbaren Wert haben, | Vermögensbegriff

Beispiele: Eigentum, Forderungen, Patente, Unternehmenswert, „good will", etc.

Das Vermögen ist selbst aber kein Rechtsobjekt, da es nur die Zusammenfassung der einer Person zuzurechnenden Vermögensrechte darstellt.

Demzufolge wird auch nicht das Vermögen als solches übertragen, sondern nur die einzelnen es ausmachenden Gegenstände (Grundsatz der Spezialität, s. o. 4.1.5 bzw. unten 15.2). Sachen werden also übereignet (§§ 873, 925; 929 BGB), Rechte werden übertragen (§§ 413, 398 BGB), Forderungen abgetreten (§ 398 BGB). Soweit der Schuldner allerdings | „Spezialität"

Verbindlichkeiten zu begleichen hat, haftet er mit seinem ganzen Vermögen, das Gegenstand der Zwangsvollstreckung ist (§§ 803 I, 864 I ZPO, 1, 11, 35 InsO).

4.4.2 Unternehmen

Unternehmensbegriff

Was unter dem Begriff Unternehmen genau zu verstehen ist, wird gesetzlich nicht definiert (der Gesetzgeber geht vielmehr davon aus, vgl. die §§ 1 II, 2, 3 HGB, bzw. die §§ 15 AktG, 1 GWB, 1 MitbestG, 47 I BetrVG).

Das Unternehmen ist eine Gesamtheit von Sachen, Rechten und sonstigen wirtschaftlich relevanten Werten („good will", „know how"). Es wird verstanden als organisatorische Einheit von personellen und sachlichen Mitteln zur Erreichung eines wirtschaftlichen Zwecks.

„Spezialität"

Das Unternehmen ist nicht selbständiges Rechtsobjekt, sondern die Zusammenfassung der es bildenden Einzelgegenstände. Auch beim Unternehmenskauf also gilt der Grundsatz der Spezialität (s. o. 4.1.5). Bedeutung hat der Begriff des Unternehmens vornehmlich im Konzernrecht, §§ 291 ff. AktG (s. u. 16.8.13), im Mitbestimmungs- und im Wettbewerbsrecht. Das BGB läßt das Unternehmen durchaus Gegenstand von Kauf- oder Pachtverträgen sein (das Verpflichtungsgeschäft kann sich sehr wohl auf das Unternehmen beziehen). Die einzelnen zum Unternehmen gehörenden Sachen, Forderungen und Rechte müssen nach den jeweils für sie geltenden Rechtsregeln übertragen werden (Erfüllungsgeschäfte – Spezialitätsprinzip, s. o. 4.4.1). Das Recht am eingerichteten und ausgeübten Gewerbebetrieb wird als sonstiges Recht i.S.d. § 823 I BGB anerkannt, das Unternehmen insoweit also vor unmittelbaren betriebsbezogenen, unerlaubten Eingriffen in seinen Bestand, seine Ausstrahlung bzw. Betätigung geschützt (vgl. unten 12.2.1.1).

5 Abstraktionsprinzip

Leitübersicht 5: Abstraktionsprinzip

Leitfragen zu 5:
a) Was sind Verpflichtungs-, was Verfügungsgeschäfte?
b) Was versteht man unter dem Abstraktionsprinzip?
c) Können Verpflichtungs- und Verfügungsgeschäfte rechtlich ein unterschiedliches Schicksal haben?

Die wesentlichen rechtsgeschäftlichen Grundlagen, Schuldverhältnisse bzw. sachenrechtliche Grundsätze, die im Rahmen des (Wirtschafts-) Privatrechts bedeutsam sind, lassen sich insbesondere dann erst richtig verstehen, wenn man vor ihrer Betrachtung die folgenden, das Zivilrecht prägenden Prinzipien beleuchtet:

Zwischen dem Eingehen einer Verpflichtung und der Erfüllung der eingegangenen Verpflichtung ist zu trennen (vgl. bereits oben 4.1.5). Für das Schuldrecht und das Sachenrecht (auch Vermögensrecht genannt; Zweites und Drittes Buch des BGB) heißt das, daß eine scharfe Trennung vorzunehmen ist bei der rechtlichen Beurteilung des die Grundlage bildenden Verpflichtungsgeschäftes (= Grundgeschäft, Kausalgeschäft) und des dieses erfüllenden Verfügungsgeschäftes (Erfüllungsgeschäft, Vollzugsgeschäft). Daß die beiden Rechtsgeschäfte in der Praxis meist zusammenfallen bzw. als zusammengehörig erachtet werden, ändert an ihrer Eigenständigkeit nichts.

<small>Trennung von Verpflichtungs- und Erfüllungsgeschäft</small>

Diesen Grundsatz der Trennung von Verpflichtungs- und Verfügungsgeschäften nennt man Trennungs- bzw. Abstraktionsprinzip. Dabei versteht man unter einem Verpflichtungsgeschäft ein Rechtsgeschäft, durch das die Verpflichtung zu einer Leistung begründet wird, d.h., eine Person verpflichtet sich einer anderen gegenüber, eine Leistung zu erbringen. Durch diese Verpflichtung alleine ändert sich die Rechtslage an dem

<small>Verpflichtungsgeschäft</small>

Verfügungs-
geschäft
Rechtsgut, um das es geht, noch gar nicht. Demgegenüber ist das Verfügungsgeschäft ein Rechtsgeschäft, durch das ein Recht bzw. die Rechtslage an einem Gegenstand unmittelbar übertragen, belastet, geändert oder aufgehoben wird. Der Rechtszustand eines Gegenstandes wird also unmittelbar verändert.

Beispiel
Kaufvertrag
Beispiel: Bei einem Kaufvertrag verpflichtet sich der Verkäufer dem Käufer gegenüber, diesem die Sache zu übergeben und das Eigentum daran zu verschaffen (§ 433 I 1 BGB). Der Käufer verpflichtet sich demgegenüber, dem Verkäufer den vereinbarten Kaufpreis zu zahlen und die gekaufte Sache abzunehmen (§ 433 II BGB). Hier liegen also lediglich Verpflichtungen der Parteien vor; ob, wie, wann diese Verpflichtungen erfüllt werden, ist mit dem Kaufvertrag noch nicht gesagt. Wenn die Parteien aber ihre Pflichten erfüllen, dann wegen des Kaufvertrages, der also den Rechtsgrund für die Erfüllungsgeschäfte darstellt, weshalb er auch causa (lat. Grund, Ursache) bzw. Kausalgeschäft genannt wird.

Da der Verkäufer sich mit dem Kaufvertrag primär zur Eigentumsverschaffung verpflichtet hat, muß er dem Käufer das Eigentum an der Kaufsache verschaffen: dies geschieht durch einen Übereignungsvertrag i.S.d. § 929 S. 1 BGB, wobei die Parteien sich darüber einigen, daß das Eigentum am Kaufgegenstand übergeht (und sie die Sache übergeben). Und da sich der Käufer verpflichtet hat, dem Verkäufer den Kaufpreis zu zahlen, muß er ihm beim Barkauf (s. u. 8.14.1) das Eigentum am Geld verschaffen: dies geschieht ebenfalls durch einen Übereignungsvertrag i.S.d. § 929 S. 1 BGB, wonach die beiden sich darüber einigen, daß das Eigentum am Geldstück (oder Geldschein) übergeht (zuzüglich Übergabe der Sache) (s. u. 15.3.2).

```
         Verpflichtung und Erfüllung beim Kaufvertrag
                    (Abstraktionsprinzip)
```

                Kaufvertrag
         V ◄── § 433 BGB ──► K   Verpflichtungs-
           § 433 I 1 BGB   § 433 II BGB   geschäft
          ↙   ↘

1. Sache übergeben, d.h. Besitz verschaffen, § 854 BGB
2. Eigentum verschaffen, § 929 S. 1 BGB:
   – Einigung zwischen Veräußerer und Erwerber (= dinglicher Vertrag)
   – Übergabe (Besitzverschaffung, § 854 BGB)
   – Berechtigung des Veräußerers zur Übereignung (vgl. die §§ 932 I, II, 935 I, II BGB)

1. Sache abnehmen = körperliche Entgegennahme
2. Kaufpreis entrichten; bei Barkauf: Eigentum an Geldstück/-schein verschaffen, § 929 S. 1 BGB:
   – Einigung zwischen Veräußerer und Erwerber (= dinglicher Vertrag)
   – Übergabe (Besitzverschaffung, § 854 BGB)
   – Berechtigung des Zahlenden zur Übereignung (vgl. § 935 II BGB)

Erfüllungsgeschäfte

Schaubild 20: Abstraktionsprinzip

An diesem Beispiel ist zu sehen, daß eigentlich bei einem Barkauf des täglichen Lebens tatsächlich drei Verträge vorliegen: ein Verpflichtungs- und zwei Erfüllungsgeschäfte. Der Kaufvertrag ist die Basis, die Verfügung (Einigung und Übergabe, § 929 S. 1 BGB) die jeweilige Erfüllung.

Barkauf: drei Verträge

Diese Differenzierung ist die Grundlage des Schuldrechts und des Sachenrechts: das Verpflichtungsgeschäft ist grundsätzlich im Schuldrecht des BGB geregelt, das Verfügungsgeschäft grundsätzlich im Sachenrecht (Vorsicht: eine Ausnahme gilt aber für die Abtretung, § 398 BGB – diese ist im Schuldrecht eingeordnet, stellt aber inhaltlich ebenfalls eine Verfügung dar, nämlich die unmittelbare Rechtsänderung an einer Forderung; s. u. 8.8).

Die Unterscheidung zwischen Verpflichtungs- und Erfüllungsgeschäft läßt sich auch sprachlich ausdrücken: So meint etwa die Wendung „X verkauft ..." gerade das Verpflichtungsgeschäft (Kaufvertrag, § 433 BGB), die Bezeichnung „X übereignet ..." erfaßt (nur) das Verfügungsgeschäft (Eigentumsübertragung, etwa i.S.d. § 929 S. 1 BGB), und mit der Verwendung des Ausdrucks „X veräußert ..." läßt sich präzise darlegen, daß sowohl das Verpflichtungsgeschäft (Kaufvertrag) als auch das Erfüllungsgeschäft (Übereignung) erfaßt ist.

sprachliche Differenzierung

Beispiel: In § 49 II HGB spricht der Gesetzgeber ausdrücklich von „Veräußerung" und meint damit Verpflichtungs- und Erfüllungsgeschäft (s. u. 7.8.2.2).

Der Abschluß eines schuldrechtlichen Verpflichtungsvertrages verbindet zwei Personen, Gläubiger und Schuldner, § 241 BGB (Käufer und Verkäufer; Mieter und Vermieter; Darlehensnehmer und Darlehensgeber; Besteller und Werkunternehmer, u.s.w.) – er wirkt also relativ.

relativ

Der Abschluß eines sachenrechtlichen (= dinglichen) Vertrages dagegen verbindet eine Person und eine Sache (Eigentum an der Kaufsache, am Geld) - dies wirkt absolut, jedermann hat dies zu beachten (vgl. auch die Darlegungen oben 4.2.1; s. a. 6.2.4).

absolut

Die voneinander zu trennenden Verpflichtungs- und Verfügungsgeschäfte können ein eigenständiges rechtliches Schicksal haben; insbesondere berührt eine etwaige Unwirksamkeit des Verpflichtungsgeschäftes die Wirksamkeit des/der Verfügungsgeschäfte(s) grundsätzlich in keiner Weise. Das läßt sich gut zeigen an folgendem

Verpflichtungs- bzw. Verfügungsgeschäft getrennt werten

Beispiel: Wenn ein 12-jähriger gegen den Willen seiner Eltern (also ohne deren Zustimmung) ein Fahrrad zum Preis von 500,- DM/Euro erwerben will, dann ist der Kaufvertrag, § 433 BGB, unwirksam, §§ 2, 107 BGB; s. o. 3.1.2.1. Der Verfügungsvertrag über den 500,- DM/Euro-Schein ist ebenfalls unwirksam, §§ 929 S. 1, 2, 107 BGB, da der Minderjährige wegen des Eigentumsverlustes einen rechtlichen Nachteil erleidet. Dagegen ist aber der Verfügungsvertrag über das Fahrrad wirksam, da die zum Einigsein i.S.d. § 929 S. 1 BGB erforderliche Willenserklärung des Minderjährigen („ich nehme das Eigentum an dem Fahrrad an") ihm einen lediglich rechtlichen Vorteil i.S.d. § 107 BGB bringt und somit rechtswirksam ist.

<small>ungerechtfertigte Bereicherung</small>

Allerdings bedeutet die Trennung von Verpflichtungs- und Verfügungs- (bzw. Erfüllungs-)geschäften nicht, daß auch ungerechtfertigte Vermögensverschiebungen hingenommen werden müßten. Wenn das kausale Verpflichtungsgeschäft unwirksam ist, dann darf derjenige, der durch das davon unabhängig wirksame Verfügungsgeschäft neuer Rechtsinhaber geworden ist, trotzdem nicht davon profitieren: denn wegen des unwirksamen Verpflichtungsgeschäftes besteht kein Rechtsgrund dafür, die Leistung, also die erlangte Rechtsposition, behalten zu dürfen. Da sie der neue Rechtsinhaber ohne rechtlichen Grund erlangt hat, muß er sie gemäß § 812 I 1. Alt. BGB wieder herausgeben (s. u. 11).

Beispiel: Der Minderjährige im obigen Beispielsfall muß demnach Eigentum und Besitz am Fahrrad auf den Fahrradhändler zurückübertragen und dieser ihm 500,– DM/Euro zurückzahlen.

<small>Wertpapiere</small>

Die abstrakte Betrachtungsweise findet sich im übrigen gerade auch im Wertpapierrecht – zwischen dem Wechsel oder Scheck und den daraus folgenden wertpapierrechtlichen Verpflichtungen sowie den zugrundeliegenden Rechtsbeziehungen (etwa zwischen Aussteller, Bezogenem, Nehmer) wird durchaus getrennt (s. u. 19).

<small>Abtretung</small>

Und auch im Bereich der Abtretung zeigt sich der Grundsatz der Abstraktion bzw. Trennung von Verpflichtungs- und Erfüllungsgeschäft: § 398 BGB regelt zwar die Abtretung – warum der bisherige Gläubiger aber die Forderung an den neuen Gläubiger überträgt, spielt ausweislich des Wortlauts des § 398 BGB keine Rolle für die Abtretung als solche (s. u. 8.8.2).

6 Rechtsgeschäftliche Grundlagen

Leitübersicht 6: Rechtsgeschäftliche Grundlagen

Leitfragen zu 6:
a) Was versteht man unter einem Rechtsgeschäft?
b) Wie lassen sich Rechtsgeschäfte systematisieren?
c) Welche Rechtsregeln gelten für die Willenserklärung?
d) Wodurch wird ein Vertrag bestimmt?
e) Welche Prinzipien gelten für Allgemeine Geschäftsbedingungen?
f) Worauf ist hinsichtlich etwaiger Mängel von Rechtsgeschäften zu achten?

Ob und wie ein Rechtssubjekt rechtlich handelt, bestimmt es im Rahmen der Privatautonomie selbst (s. o. 2.5). Ob jemand ein Geschäft eröffnet, Mitarbeiter einstellt, in die Dienste eines anderen tritt, ein Testament macht, eine Wohnung kündigt, einen Kaufvertrag abschließt, Eigentum an einem Gegenstand überträgt, ist grundsätzlich seine eigene Entscheidung. Wenn er sich aber dazu entschlossen hat, dann bedarf es hierfür rechtlicher Gestaltungsmittel.

Gestaltungsmittel

6.1 Rechtsgeschäft

Das wesentliche Gestaltungsmittel zur Verwirklichung privatautonomer Entschlüsse ist das Rechtsgeschäft. Darunter versteht man eine oder mehrere Willenserklärungen, die entweder für sich alleine oder aber zusammen mit zusätzlichen Wirksamkeitserfordernissen den rechtlich bezweckten Erfolg herbeiführen. Der Begriff des Rechtsgeschäftes beinhaltet also als Kernbegriff die Notwendigkeit des Vorliegens minde-

Rechtsgeschäftsbegriff

Vertrag stens einer Willenserklärung; ggf. decken sich zwei (oder mehr) Willenserklärungen, dann spricht man vom Vertrag; dazu kommt u. U. noch ein sonstiger Umstand, etwa die Einhaltung einer bestimmten Form, die Erteilung einer behördlichen Genehmigung, etc. Rechtsgeschäft ist also der Oberbegriff, unter den die Begriffe Willenserklärung und Vertrag zu rechnen sind. Mit diesen rechtlichen Schlüsselbegriffen lassen sich die rechtlichen Willensakte zur Realisierung privater Interessen erfassen; Rechtsgeschäfte sind die Mittel zur Gestaltung privatrechtlicher Rechtsverhältnisse. (Hiervon geht das BGB aus; es definiert die Begriffe Wille/Erklärung/Willenserklärung/Rechtsgeschäft nicht näher, legt sie vielmehr zugrunde).

6.2 Arten der Rechtsgeschäfte

Rechtsgeschäfte lassen sich in vielfacher Hinsicht einteilen bzw. unterscheiden.

6.2.1 Regelungsgegenstand

Rechtsgeschäfte ergeben sich aus ihrem jeweiligen Regelungsgegenstand. So regelt das BGB seinem Aufbau entsprechend:

Rechtsmaterie
- schuldrechtliche Rechtsgeschäfte,
  Beispiele: Kauf, Miete, Werkvertrag;
- sachenrechtliche Rechtsgeschäfte,
  Beispiele: Übereignung beweglicher oder unbeweglicher Sachen, Bestellung von Sicherungs- oder Nutzungsrechten;
- familienrechtliche Rechtsgeschäfte,
  Beispiele: Verlobung, Eheschließung, Wahl des ehelichen Güterstandes;
- erbrechtliche Rechtsgeschäfte,
  Beispiele: Testament, Erbvertrag.

eigenständige Vertragstypen Man kann im Hinblick auf die jeweilige Materie auch nach der inhaltlichen Regelung zusätzlich differenzieren in an das BGB angelehnte, letztlich eigenständige Vertragstypen wie etwa

- Gesellschaftsverträge,
- Bankverträge,
- Versicherungsverträge,
- Leasingverträge,
- Inkassoverträge,
- Factoringverträge,
- Franchiseverträge,
- Barteringverträge (Ringtauschgeschäfte),

- Telekommunikationsverträge,
- Arbeitsverträge, usw.

Diese entspringen der im Rahmen der Privatautonomie (s. o. 2.5) zulässigen Wirtschaftspraxis. Man nennt sie auch „Verträge eigener Art" („sui generis"; s. u. 6.6.6). Sie sind regelmäßig insbesondere dadurch gekennzeichnet, daß die wesentlichen Gesichtspunkte der den Parteien dabei erwachsenden Rechte und Pflichten im (zumeist schriftlich fixierten) Vertrag(stext) beschrieben sind (i.d.R. als AGBen, s. u. 6.7), und dabei oftmals von dispositiven Gesetzesregeln abgewichen wird.

Wirtschaftspraxis

6.2.2 Anzahl

Abstellend auf die Anzahl der das Rechtsgeschäft begründenden Willenserklärungen gibt es einseitige und mehrseitige Rechtsgeschäfte:

Einseitige Rechtsgeschäfte liegen dann vor, wenn alleine die Willenserklärung einer Person Rechtsfolgen nach sich zieht.

Einseitige Rechtsgeschäfte

Beispiele: Testamentserrichtung (§§ 2064 ff. BGB), Anfechtungserklärung (§§ 142 f. BGB), Kündigung (§ 649 BGB), Auslobung (§ 657 BGB), Vollmachtserteilung (§ 164 BGB).

Hierbei kommt es nicht darauf an, ob die Willenserklärung empfangsbedürftig (Kündigung) oder nicht empfangsbedürftig (Testamentserrichtung) ist.

Mehrseitige Rechtsgeschäfte bestehen aus den Willenserklärungen mehrerer (mindestens zweier) Personen. Hauptfall ist der Vertrag, bei dem zwei Parteien wechselseitig sich deckende Willenserklärungen austauschen. Dabei ist es im übrigen durchaus möglich, daß auf einer oder sogar auf beiden Seiten mehrere Personen stehen.

Mehrseitige Rechtsgeschäfte

Beispiele: Ein Ehepaar als Käufer eines Hausgrundstückes; drei zusammen Lotto spielende Mitglieder einer Tippgemeinschaft.

Denn ungeachtet etwaiger Personenmehrheiten auf Gläubiger- oder Schuldnerseite begründet der Vertrag als mehrseitiges Rechtsgeschäft Rechte und Pflichten zwischen zwei Parteien, er läßt sich also grundsätzlich als Zwei-Parteien-System begreifen (s. u. 6.6; 8.6).

Ausnahmen bilden insoweit allerdings die Gesellschaftsverträge bzw. gesellschafts- oder mitgliedschaftsrechtliche Beschlüsse: hier sind unter Umständen eine Fülle von Willenserklärungen auf ein gemeinschaftliches Ziel ausgerichtet, weswegen man vom sog. Gesamtakt spricht.

Gesamtakt

Beispiele: Beschlüsse der Vereinsmitglieder in der Mitgliederversammlung, § 32 BGB, der Wohnungseigentümer in der Eigentümerversammlung, § 23 WEG.

6.2.3 Unter Lebenden/von Todes wegen

Grundsätzlich werden Rechtsgeschäfte unter Lebenden getätigt. Rechtsgeschäfte von Todes wegen werden dagegen erst wirksam beim Tod einer Person, dem Erbfall (§ 1922 I BGB).

Beispiele: Letztwillige Verfügungen im Erbvertrag; Erbeinsetzungen im Testament; Schenkungen von Todes wegen.

6.2.4 Verpflichtungs- und Verfügungsgeschäfte

Verpflichtung

Wie schon bei der Darstellung des für das Verständnis des Zivilrechts wesentlichen Abstraktionsprinzipes gezeigt (s. o. 5), sind bei den Rechtsgeschäften die Verpflichtungs- von den Verfügungsgeschäften scharf auseinanderzuhalten. Verpflichtungsgeschäfte als Rechtsgeschäfte, die die Verpflichtung zu einer Leistung begründen, sind vornehmlich im Schuldrecht des BGB geregelt.

Beispiele: Kauf-, Tausch-, Schenkungs-, Miet-, Pacht-, Werk-, Darlehens-, Dienstvertrag.

Verfügung

Verfügungsgeschäfte wirken unmittelbar auf Rechte ein. Sie sind Rechtsgeschäfte, die ein Recht unmittelbar übertragen, belasten, ändern oder aufheben; da sie zumeist im Sachenrecht des BGB (Drittes Buch) geregelt sind, nennt man sie auch dingliche Rechtsgeschäfte.

Beispiele: Übereignung einer beweglichen Sache (§ 929 BGB) oder eines Grundstücks (§§ 925, 873 BGB); Belastung eines Grundstücks mit einer Hypothek oder Grundschuld (§§ 873, 1113, 1191 BGB); aber auch: Abtretung einer Forderung (§ 398 BGB).

Berechtigung bei Verpflichtung grundsätzlich nicht erforderlich

Verpflichtungsgeschäfte sind auf Erfüllung der eingegangenen Verpflichtung ausgerichtet. Ob der Schuldner diese aber tatsächlich leisten kann, ist für die Wirksamkeit des Verpflichtungsgeschäftes grundsätzlich unbeachtlich. So kann man etwa Kaufverträge über Gegenstände schließen, die einem gar nicht gehören, Wohnungen vermieten, ohne dazu berechtigt zu sein, etc.: denn in solchen Fällen geht der Verkäufer oder Vermieter ja nur eine Verpflichtung ein, dem Käufer den Gegenstand zu übergeben und ihm das Eigentum daran zu verschaffen (§ 433 I BGB) bzw. dem Mieter den Gebrauch der vermieteten Sache während der Mietzeit zu gewähren (§ 535 BGB). Ob er das aber kann oder nicht, ist für den Bestand der wirksam eingegangenen Verpflichtung grundsätzlich irrelevant. Stellt sich heraus, daß dem Schuldner (in vorliegenden Beispielsfällen etwa der Verkäufer oder Vermieter) die Erbringung der Leistung, zu der er sich verpflichtet hat, unmöglich ist, so schuldet er ggf. Schadensersatz (vgl. die §§ 440 I, 535, 536, 325 BGB; s. a. 10.2.1 a.E.).

Weiteres Beispiel: Der mehrfache Verkauf eines Fahrrades – hier kann der Verkäufer ebenfalls, ungeachtet der grundsätzlichen Wirksamkeit der eingegangenen Kaufverträge, nur einmal erfüllen (durch Übereignung gemäß § 929 BGB); den übrigen Käufern schuldet er ggf. Schadensersatz, §§ 433 I, 440 I, 325 I 1 BGB (s. u. Schaubild 73).

Bei den Verfügungsgeschäften ist demgegenüber grundsätzlich die Berechtigung bzw. Verfügungsmacht vorauszusetzen: Eigentum übertragen oder belasten darf nur der Eigentümer; Verfügungsgeschäfte des Nichtberechtigten dagegen bedürfen regelmäßig der Zustimmung des Berechtigten, § 185 BGB. Ausnahmsweise läßt das Gesetz aber auch den Eigentumserwerb vom Nichtberechtigten zu, wenn der Erwerber in gutem Glauben ist (vgl. die §§ 932 ff. BGB; § 366 HGB, s. u. 15.3.2.3). Hat der frühere Eigentümer eine Sache einmal übereignet, etwa i.S.d. § 929 S. 1 BGB, dann kann er sie (und das ist der große Unterschied zu den Verpflichtungsgeschäften, bei denen man sich mehrmals hintereinander verpflichten kann) nicht nochmals übereignen; dies nennt man den Grundsatz der Priorität (s. u. 8.8.3., 15.2). Eine weitere, spätere Verfügung des Ex-Eigentümers ist demzufolge, weil vom Nichtberechtigten getätigt, grundsätzlich unwirksam (und allenfalls über die Regeln des gutgläubigen Erwerbs, §§ 932 ff. BGB, „zu retten", was aber für den Ersterwerber den Nachteil hat, daß er das Eigentum wieder verliert).

Verfügungsmacht erforderlich

Priorität

Beispiel: Der Eigentümer eines Bildes veräußert es an den Erwerber, dem er gemäß § 929 S. 1 BGB auch korrekt das Eigentum daran verschafft. Allerdings verwahrt er das Bild auf Bitten des Erwerbers (= nunmehrigen Eigentümers) für diesen. Als jetzt ein Dritter bei ihm erscheint und ihm ein gutes Angebot für das verwahrte Bild macht, veräußert er es (der Ex-Eigentümer) an jenen: weiß der Dritte nichts von der vorhergegangenen Veräußerung, so erwirbt er gutgläubig Eigentum, § 932 BGB (s. u. 10.2.10; 15.3.2.3).

6.2.5 Kausale und abstrakte Geschäfte

Die Unterscheidung in kausale und abstrakte Rechtsgeschäfte wurde schon im Zusammenhang mit dem Abstraktionsprinzip (s.o. 5) erläutert: Rechtsgeschäfte, die einen inneren Grund enthalten bzw. den Rechtsgrund für die Vornahme einer Leistung bilden, sind kausale Rechtsgeschäfte,

„innerer Grund"

Beispiel: Der Kaufvertrag, § 433 BGB.

Demgegenüber sind abstrakte Rechtsgeschäfte losgelöst von einem Rechtsgrund und grundsätzlich unabhängig vom Bestand eines Kausalgeschäftes; dazu gehören regelmäßig die Verfügungen.

„losgelöst"

Beispiel: Die Übereignung einer beweglichen Sache nach § 929 S. 1 BGB; dabei geht es nur um die Frage der Eigentumsübertragung. Warum diese vorgenommen wird, etwa in Erfüllung eines Kaufvertrages oder eines Schenkungsvertrages, ist grundsätzlich unwichtig. Ebenso ist es bei der Abtretung (s. u. 8.8.2). Auch die Wechsel- oder Scheckbegebung ist dergestalt abstrakt (s. u. 19).

6.2.6 Handelsgeschäfte

Für Kaufleute wichtig sind insbesondere auch die rechtsgeschäftlichen Regeln über die Handelsgeschäfte, §§ 343 – 372 HGB. Sie treten neben die Vorschriften des BGB und sind ggf. als leges speciales (= Spezialgesetze) vorrangig zu beachten.

Begriff Gemäß § 343 HGB sind Handelsgeschäfte alle diejenigen Geschäfte eines Kaufmannes (i.S.d. §§ 1 ff. HGB), die zum Betrieb seines Handelsgewerbes gehören. Erforderlich sind also

– ein Geschäft; dazu zählen insbesondere die Rechtsgeschäfte (Willenserklärungen, Verträge), aber auch sonstige Rechtshandlungen (s. u. 6.3.3.1 f.; etwa: Mahnung, Verarbeitung von Ware),

– an dem auf mindestens einer Seite ein Kaufmann (s. o. 3.4) beteiligt ist, und

– das in einem zweckgerichteten betrieblichen Zusammenhang steht bzw. zur betrieblichen Sphäre zu rechnen ist; dies wird gemäß § 344 HGB vermutet.

Beispiele: Der Kaufmann erwirbt ein Kfz; wenn der Kaufmann dabei etwa Kfz-Händler ist, so zählt dieser Kfz-Erwerb unmittelbar zum geschäftlichen Bereich – handelt der Kaufmann dagegen bspw. mit Baustoffen und der Kfz-Erwerb dient Transportzwecken, so liegt ein im mittelbaren Zusammenhang mit dem Handelsgewerbe stehendes (Hilfs-)Geschäft vor: in beiden Fällen ist ein Handelsgeschäft gegeben. Nicht aber: offensichtliche Privatgeschäfte (etwa: ein Lebensmittelgroßhändler kauft einen Brillantring).

Einseitig Ist das Handelsgeschäft nur für einen am Rechtsgeschäft Beteiligten ein Handelsgeschäft, so spricht man vom einseitigen Handelsgeschäft, § 345 HGB,

Beispiel: Ein Beamter kauft beim Fahrzeughändler einen Pkw,

Zweiseitig sind beide Vertragsparteien Kaufleute und ist das Rechtsgeschäft für beide ein Handelsgeschäft, so liegt ein zweiseitiges bzw. beiderseitiges Handelsgeschäft vor (beachte: die §§ 352 f., 369 ff., 377 f. HGB).

Beispiel: Ein Fabrikant erwirbt beim Lkw-Händler einen Geschäfts-Lkw.

Gemäß § 354 I HGB gilt im übrigen grundsätzlich das Prinzip der Entgeltlichkeit; s. a. 354 II HGB.

Handelsgeschäfte

Rechtsgeschäfte und Rechtshandlungen des Kaufmanns (§§ 343 ff. HGB)

Voraussetzungen: – Rechtsgeschäft bzw. Rechtshandlung
– eines Kaufmanns (§§ 1 ff. HGB)
– zum Betrieb des Handelsgewerbes gehörend (zweckgerichteter betrieblicher Zusammenhang, vgl. die §§ 343, 344 HGB);

einseitig: wenn für einen (Vertrags-)Teil das Rechtsgeschäft ein Handelsgeschäft ist;

zwei(beider)seitig: wenn für beide Teile das Rechtsgeschäft ein Handelsgeschäft ist.

Schaubild 21: Handelsgeschäfte

6.3 Willenserklärung

Wesentlicher Kern eines jeden Rechtsgeschäftes ist die Willenserklärung (vgl. oben 6.1). Man versteht darunter die Äußerung eines rechtlich erheblichen Willens, die auf einen rechtlichen Erfolg abzielt. Wie der Name Willenserklärung schon beinhaltet, besteht sie aus zwei Komponenten; zum einen muß ein Wille vorliegen, der zum anderen erklärt werden muß. Objektiv, nach außen hin, bedarf es einer Willensäußerung; subjektiv, „intern", muß man diese Willensäußerung auch erkennen bzw. wollen. Die Willenserklärung enthält demnach als objektiven Tatbestand eine Willensäußerung und als subjektiven Tatbestand einen entsprechenden Willen.

auf Rechtserfolg ausgerichtet

Die Willenserklärung			
Äußerer (objektiver) Tatbestand (Willensäußerung)	Innerer (subjektiver) Tatbestand (Wille)		
Erklärung	Handlungswille	Erklärungsbewußtsein	Geschäftswille

Schaubild 22: Willenserklärung

6.3.1 Willensäußerung

Willensäußerung ist die nach außen kundgetane Erklärung, eine bestimmte Rechtsfolge zu wollen.

Erklärung nach außen

71

6.3.1.1 Erklärung

Diese Erklärung kann mündlich, schriftlich, ausdrücklich, konkludent, durch Gestik oder Mimik erfolgen: also durch Sprechen, Schreiben, tatsächliches Verhalten (Einsteigen in eine Straßenbahn, Einwerfen von Münzen in ein Münzgerät), Abwinken, Kopfnicken, etc. Ein bestimmter Formzwang ist nur in Ausnahmefällen gegeben (z. B. die §§ 126 ff. BGB).

Schweigen regelmäßig neutral

Schweigen für sich genommen bedeutet noch keine Willensäußerung; wer schweigt, der erklärt eben nichts. Schweigen wird daher rechtlich grundsätzlich nicht als Willenserklärung, vielmehr völlig neutral gewertet. Schweigen gilt somit regelmäßig nicht als Annahme eines Vertragsangebotes.

Beispiel: Eine Versandfirma schickt jemandem unaufgefordert eine Ware; oftmals findet sich im Beischreiben noch der Hinweis, wenn man binnen eines bestimmten Zeitraumes nichts höre, so gehe man davon aus, daß der Gegenstand gewollt und die Zahlung fällig werde. „Muckst" sich der Empfänger nicht, so gilt sein Schweigen nicht als Annahme; die Erklärung des Versenders, Schweigen als Zustimmung zu werten, ändert daran nichts. (Der Empfänger muß sich also nicht melden, er muß nicht zahlen, er muß die Ware lediglich für eine angemessene Zeitspanne aufbewahren).

Nur in Ausnahmefällen wertet das Gesetz Schweigen doch als Willenserklärung; vgl. die §§ 108 II 2, 177 II 2, 415 II 2, 416 I 2, 458 I 2, 496 S.2, 516 II 2, 568 S.1 BGB, § 362 HGB (wichtig im Handelsrecht: der Kaufmann muß grundsätzlich auf ein Angebot eines Geschäftspartners unverzüglich reagieren, sonst gilt sein Schweigen als Annahme; dies gilt nach der Rspr. auch bei Schweigen auf ein sog. kaufmännisches Bestätigungsschreiben, s. u. 6.3.1.2).

Stillschweigendes Verhalten

Das bloße Schweigen muß man aber von stillschweigendem Verhalten trennen: dieses kann sehr wohl als Willenserklärung bzw. Zustimmung gewertet werden („beredtes Schweigen").

Beispiel: Nimmt der Empfänger unbestellt zugeschickter Ware diese in Gebrauch, so liegt darin die stillschweigende, durch schlüssiges Verhalten (konkludent) erklärte Willenserklärung der Annahme des Angebotes auf Abschluß eines Kaufvertrages (s. u. 6.3.4.2; vgl. § 151 S. 1 BGB).

Empfängerhorizont

Bei der Wertung eines Verhaltens als Willensäußerung kommt es grundsätzlich nicht darauf an, ob tatsächlich auch ein Erklärungswille vorliegt; wichtig ist vielmehr der Empfängerhorizont, also die Frage, wie andere eine bestimmte Äußerung bzw. ein bestimmtes Verhalten werten.

Beispiel: Bei einer Weinversteigerung hebt jemand die Hand, um seinen Freund zu begrüßen. Aus Sicht des Auktionators läßt dies auf eine Willensäußerung, gerichtet auf die Abgabe eines Gebotes, schließen.

6.3.1.2 Schweigen des Kaufmanns

Ein Kaufmann, dessen Gewerbebetrieb die Besorgung von Geschäften für andere mit sich bringt (vgl. dazu auch § 675 BGB),

Beispiele: Handelsvertreter, Handelsmakler, Spediteure, Banken,

muß, wenn er ein Angebot zum Abschluß eines derartigen Geschäftsbesorgungsvertrages von einem Kunden erhält, mit dem er in einer Geschäftsverbindung steht, unverzüglich (§ 121 I 1 BGB) antworten bzw. ggf. unverzüglich die Ablehnung erklären – unterläßt er dies, so gilt sein Schweigen als Annahme des Antrages, § 362 I 1 HGB. Es kommt also ein entsprechender Geschäftsbesorgungsvertrag (s. u. 10.4.9) mit dem Inhalt des Antrages zustande, selbst wenn der Kaufmann dies gar nicht will. So ist es auch, wenn sich der Kaufmann vorher erboten hat, § 362 I 2 HGB. Mitgesandte Waren sind jedenfalls vor Schaden zu bewahren, § 362 II HGB.

unverzüglich reagieren

Diese Grundsätze gelten nach der Rspr. entsprechend bei einem unwidersprochen gebliebenen sog. kaufmännischen Bestätigungsschreiben:

kaufmännische Bestätigungsschreiben

Oftmals werden unter Kaufleuten mündliche Vertragsverhandlungen nochmals schriftlich bestätigt (Handelsbrauch, § 346 HGB; s. u. 6.3.6). Geht einem Kaufmann unmittelbar nach vorausgegangenen (fern-)mündlichen oder (fern-)schriftlichen Verhandlungen ein Schreiben des redlich handelnden Geschäftspartners zu, das den wesentlichen Teil der getroffenen Vereinbarung – unzutreffend – wiedergibt, so muß er unverzüglich widersprechen, wenn er damit nicht einverstanden ist – ansonsten gilt sein Schweigen als Zustimmung.

D. h.: Selbst wenn ein mündlicher Vertrag noch gar nicht abgeschlossen gewesen sein sollte, so gilt er jetzt als getroffen; ein mündlich bereits zustandegekommener Vertrag gilt nunmehr mit dem Inhalt des Bestätigungsschreibens.

Beispiele: Mündlich waren 100 Einheiten zur Lieferung vereinbart, unwidersprochen werden 110 bestätigt; oder: telephonisch war der Preis mit 500,- DM/Euro vereinbart, bestätigt wird ohne Widerspruch DM/Euro 520,-. Nach h.M. gilt dies auch für durch das Bestätigungsschreiben in den Vertrag eingeführte AGBen (dazu s.u. 6.7.3).

6.3.2 Wille

Für die Frage der Wirksamkeit einer Willenserklärung kommt es nicht nur auf eine objektiv zu wertende Willensäußerung an, vielmehr ist subjektiv ein entsprechender Wille erforderlich. Hierbei sind drei Elemen-

Subjektive Komponenten

te wichtig: der Handlungswille, das Erklärungsbewußtsein und der Geschäftswille.

6.3.2.1 Handlungswille

Der Erklärende muß die Handlung, die er vornimmt, auch vornehmen wollen. Er muß also das Bewußtsein haben, überhaupt handeln zu wollen (Handlungswille). Wer handelt, ohne dies zu wollen, gibt keine Willenserklärung ab.

Beispiele: Reflexbewegungen; Handlungen in Hypnose, Narkose, Schlaf; gewaltsames Führen der Hand zur Unterschrift.

6.3.2.2 Erklärungsbewußtsein

Erklärungsbewußtsein ist das Bewußtsein, daß das Handeln rechtserheblich ist. Der Erklärende muß sich also darüber im Klaren sein, daß seine Handlung Rechtsfolgen nach sich zieht.

Dies ist nicht der Fall in folgenden

Beispielen: Handaufheben bei einer Versteigerung, um einem Bekannten zuzuwinken (s. o.); Hissen einer Lotsenflagge ohne Kenntnis ihrer Bedeutung; Unterzeichnung einer Sammelbestellung in der Annahme, es handele sich um ein Glückwunschschreiben.

Eigentlich liegt hier keine Willenserklärung vor, denn der Erklärende weiß nämlich nicht, daß er Rechtserhebliches erklärt. Allerdings hätte er die mögliche Deutung seines Verhaltens als Willenserklärung bei Anwendung pflichtgemäßer Sorgfalt erkennen können, wofür er die Verantwortung zu tragen hat – ein Verhalten, das sich für den Erklärungsempfänger als Ausdruck eines bestimmten Rechtsfolgewillens darstellt, ist dem Erklärenden daher auch dann als Willenserklärung zuzurechnen, wenn er kein Erklärungsbewußtsein hat; er und nicht der Erklärungsempfänger trägt das „Erklärungsrisiko". Allerdings kann der Erklärende seine Willenserklärung entsprechend § 119 I 2 Alt. BGB anfechten. Im

Beispiel: mit der Weinversteigerung (s.o.) muß man wissen, daß das Heben der Hand die Abgabe eines Gebotes bedeutet. Das Handzeichen ist also als Willenserklärung zu werten mit (potentiellem) Erklärungsbewußtsein; mit erteiltem Zuschlag liegt somit ein Kaufvertrag vor. Allerdings kann der ungewollte Weinersteigerer seine Willenserklärung anfechten (und schuldet ggf. Schadensersatz, § 122 BGB).

6.3.2.3 Geschäftswille

Unter dem Geschäftswillen versteht man die auf einen bestimmten rechtsgeschäftlichen Erfolg gerichtete Absicht. Diese fehlt, wenn andere als die gewollten Rechtsfolgen erklärt werden.

Absicht

Beispiel: Jemand hebt in einer Auktion die Hand, um eine Vase zu erwerben, muß dann aber feststellen, ein altes Buch ersteigert zu haben. Zwar hatte hier der Käufer Erklärungsbewußtsein, denn er wußte, daß er rechtlich Erhebliches erklärte; aber sein konkreter rechtlicher Wille (Kauf einer Vase) wich von seiner Erklärung (Kaufangebot für das Buch) ab – Erklärung und Geschäftswille fallen auseinander. Insoweit liegt ein Inhaltsirrtum vor, § 119 I 1. Alt. BGB (s. u. 6.8.2.4).

6.3.2.4 Motiv

Das Motiv für ein Geschäft, also der Beweggrund dafür, eine Willenserklärung überhaupt abgeben zu wollen, ist aus Gründen der Rechtssicherheit und des Verkehrsschutzes grundsätzlich unbeachtlich.

Beweggrund unbeachtlich

Beispiele: Wer seiner Verlobten ein Schmuckstück zur geplanten Hochzeit gekauft hat, kann sich dem Juwelier gegenüber nicht darauf berufen, daß die Verlobung in die Brüche gegangen ist (s. u. 6.8.2.4); oder, gekaufte Aktien steigen nicht wie erhofft.

6.3.3 Abgrenzung

Rechtsgeschäfte und Willenserklärungen müssen von anderen menschlichen Handlungen unterschieden werden.

6.3.3.1 Rechtsgeschäftsähnliche Handlung

Eine (rechts)geschäftsähnliche Handlung liegt vor, wenn der Rechtserfolg zwar auf einer Erklärung basiert, aber kraft Gesetzes eintritt.

Erfolg kraft Gesetzes

Beispiele: Mahnung (§ 284 I BGB; ihre Konsequenz, nämlich der Verzug, tritt kraft Gesetzes ein; s. u. 9.4.2; vgl. auch 9.5.2 zu § 295 BGB); Fristsetzung (vgl. § 326 I BGB); Aufforderung (z. B. die §§ 108 II, 177 II BGB).

Die Vorschriften über die Willenserklärungen sind hierauf grundsätzlich entsprechend anwendbar.

6.3.3.2 Realakt

Der Realakt ist eine Tathandlung des Rechtssubjektes. Die Rechtsfolgen treten von Gesetzes wegen ein, ungeachtet des Vorliegens oder Nichtvorliegens eines rechtsgeschäftlichen Willens.

Tathandlung

Beispiele: Eigentumserwerb durch Vermischung, Verbindung, Verarbeitung, §§ 946 ff. BGB (s. o. 4.1.2); Unterhaltsverpflichtung aufgrund Zeugung; Besitzerwerb; Wohnsitzbegründung.

Die für die Rechtsgeschäfte geltenden Vorschriften sind auf Realakte grundsätzlich nicht anwendbar.

6.3.3.3 Unerlaubte Handlung

Erfolg entscheidet

Die zivilrechtliche Einstandspflicht für Verletzungen fremder Rechtsgüter ist von einem entsprechenden (entgegenstehenden) Willen unabhängig, vgl. die §§ 823 ff. BGB (s. u. 12).

6.3.3.4 Gefälligkeitsverhältnis

Mangelnder Bindungswille

Beim Gefälligkeitsverhältnis fehlt die Absicht der Parteien, sich rechtlich binden zu wollen. Es handelt sich um Freundschafts- oder Höflichkeitshandlungen im außerrechtlichen Bereich. Sie rufen somit auch keine vertragsrechtlichen Verpflichtungen hervor.

Beispiele: Einladung zum Essen; Einladung zur Jagd; Mitnahme im PKW (außer bei Fahrgemeinschaften).

Unberührt von den fehlenden rechtsgeschäftlichen Pflichten kann es aber auch hier durchaus zu Verpflichtungen aus den §§ 823 ff. BGB im Rahmen unerlaubter Handlungen kommen.

Beispiel: Der gefälligkeitshalber mitgenommene Bekannte wird durch einen vom fahrenden Kfz-Halter verursachten Unfall verletzt (dazu s. a. die §§ 7, 18 StVG).

6.3.4 Arten der Willenserklärung

Willenserklärungen lassen sich in mehrfacher Hinsicht unterscheiden:

6.3.4.1 Ausdrückliche Willenserklärung

Hierbei erklärt das Rechtssubjekt ausdrücklich seinen Willen.

Beispiele: „Ich bestelle Sie zum Prokuristen" (§ 48 I HGB); „Ich kaufe dieses Auto".

6.3.4.2 Stillschweigende Willenserklärung

Dabei läßt das Verhalten des Erklärenden nach den Regeln der Lebenserfahrung auf einen entsprechenden Willen schließen.

Beispiele: Der Verlobte schickt seiner Braut kommentarlos den Verlobungsring zurück; der Zeitungskäufer legt wortlos den Geldbetrag auf den Kioskresen und nimmt die Zeitung weg (sog. konkludentes bzw. schlüssiges Handeln).

6.3.4.3 Empfangsbedürftige Willenserklärung

Empfangsbedürftig ist eine Willenserklärung, wenn sie an den Erklärungsempfänger gerichtet ist. Sie muß ihm dann zugehen.

Zugang

Beispiele: Vertragsangebot (§ 145 BGB); Vertragsannahme (§ 151 BGB); Kündigungserklärung (§§ 564 II, 564 a BGB); Anfechtungserklärung (§ 143 I BGB); Aufrechnungserklärung (§ 388 BGB); Rücktrittserklärung (§ 349 BGB).

6.3.4.4 Nicht empfangsbedürftige Willenserklärung

Nicht empfangsbedürftig ist die Willenserklärung, die nicht gegenüber einer anderen Person abzugeben ist.

Beispiel: Testament.

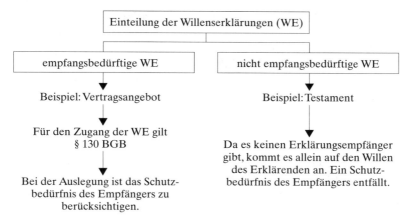

Schaubild 23: Einteilung der Willenserklärungen

6.3.4.5 Willenserklärung unter Anwesenden

Eine Willenserklärung unter Anwesenden liegt vor, wenn der Empfänger bei Abgabe der Erklärung zugegen ist. Die telephonische Mitteilung (vgl. § 147 I 2 BGB) und die Aushändigung eines Schriftstücks an den Anwesenden sind ebenfalls eine solche Willenserklärung unter Anwesenden.

Empfänger anwesend

6.3.4.6 Willenserklärung unter Abwesenden

Sie liegt vor, wenn der Erklärungsempfänger nicht präsent ist, die Willenserklärung ihm also noch übermittelt werden muß.

Empfänger abwesend

6.3.5 Wirksamkeit der Willenserklärung

Die nicht empfangsbedürftige Willenserklärung wird mit ihrer rechtskonformen Abgabe wirksam (zum eigenhändigen Testament vgl. bspw. § 2247 BGB).

Die empfangsbedürftige Willenserklärung dagegen muß dem Erklärungspartner zugehen.

Zugang Sie ist zwar schon dann abgegeben, wenn der Erklärende sie geäußert hat, wird aber erst mit ihrem Zugang wirksam (vgl. § 130 BGB).

Zugang unter Anwesenden Dabei ist zwischen dem Zugang unter Anwesenden und dem Zugang unter Abwesenden zu trennen: Willenserklärungen unter Anwesenden, die mündlich abgegeben werden, werden dann wirksam, wenn sie der Empfänger akustisch richtig verstanden hat; das gilt auch für Telephonate (vgl. § 147 I 2 BGB). Taubheit und Sprachunkenntnis gehen zu Lasten des Erklärenden.

Beispiel: Einem der deutschen Sprache nicht mächtigen Gastarbeiter geht eine mündliche Kündigungserklärung nicht zu.

Schriftliche empfangsbedürftige Willenserklärungen gehen dann zu, wenn sie in den tatsächlichen Herrschaftsbereich des Empfängers gelangt sind (entsprechend § 130 BGB).

Beispiel: Der Arbeitgeber überreicht dem Arbeitnehmer das Kündigungsschreiben.

Zugang unter Abwesenden Willenserklärungen unter Abwesenden werden mit ihrem Zugang wirksam, § 130 I BGB. Zugegangen ist die Willenserklärung, wenn sie so in den Machtbereich des Empfängers gelangt ist, daß dieser unter normalen Umständen die Möglichkeit hat, vom Inhalt Kenntnis zu nehmen.

Beispiele: Einwurf in den Briefkasten, Einlegen ins Postfach (wenn und soweit mit Leerung zu rechnen ist, nicht nachts oder sonntags, aber während Urlaubsabwesenheit); Telegramm mit telephonischer Durchsage; Telefax mit Ausdruck (nicht aber nachts oder nach Geschäftsschluß, dann erst nächster Tag); Btx-Telex mit Möglichkeit des Abrufs; Einschreibebrief nicht schon, wenn der Zusteller bei Abwesenheit einen Benachrichtigungszettel hinterläßt, sondern erst, wenn der Empfänger Einsicht nehmen kann (denn der Benachrichtigungsschein gibt keinen Hinweis auf den Absender und läßt den Empfänger im Ungewissen darüber, welche Angelegenheit der Inhalt der Einschreibsendung zum Gegenstand hat).

Empfangsbote Der Zugang an einen Empfangsboten (s. u. 7.3.2) des Empfängers, also eine Person, die von ihm zur Entgegennahme von Erklärungen bestellt worden oder nach der Lebensanschauung als bestellt anzusehen ist,

Beispiele: Zimmervermieter, Ehegatte, Putzfrau, Maurerpolier, kfm. Angestellter,

reicht noch nicht; die Erklärung geht erst in dem Moment zu, in dem nach dem regelmäßigen Verlauf der Dinge die Weiterleitung an den

Adressaten zu erwarten war. Geht dem Empfänger vorher oder gleichzeitig mit der Erklärung ein Widerruf zu, dann wird sie nicht wirksam, § 130 I 2 BGB. Die Zustellung durch einen Gerichtsvollzieher nach den §§ 132 BGB, 166 ff. ZPO ist ein sicherer Weg des Ersatzes des Zugehens einer Erklärung.

Wenn der Empfänger die Annahme einer (schriftlich verkörperten) Willenserlärung zu Recht verweigert, — Zugangsverhinderung

Beispiele: die Briefsendung ist nicht oder nicht ausreichend frankiert,

so geht das zu Lasten des Erklärenden. Anders aber ist es bei einer unberechtigten Annahmeverweigerung – die Willenserklärung gilt dann als im Zeitpunkt des Angebots zur Aushändigung zugegangen.

Wer, etwa als Geschäftsmann, mit dem Eingang rechtsgeschäftlicher Erklärungen rechnen muß, hat durch geeignete Vorkehrungen sicherzustellen, daß ihn diese auch erreichen.

Beispiele: Bestellung eines Empfangsbevollmächtigten; Anbringen eines Briefkastens; Stellen eines Nachsendeantrages; bei Telefaxanschlüssen muß sichergestellt werden, daß genügend Papier im Papierspeicher vorhanden bzw. das Gerät einsatzbereit ist.

Hinweis: Zwischen dem Zugang einer Willenserklärung und der Beweisbarkeit dieser Tatsache, insbesondere in Rechtsstreitigkeiten, ist genau zu unterscheiden:

oftmals streiten Erklärungsgegner, möglicherweise sogar zu Unrecht und wider besseres Wissen, den Erhalt von Willenserklärungen, insbesondere Schriftstücken, rundweg ab. Kann der Erklärende dann den Zugang der Erklärung nicht beweisen, muß er in Prozessen – da er ihm günstige Tatsachen, wie etwa den Zugang einer rechtzeitig erklärten Kündigung, zu beweisen hat – mit dem Unterliegen rechnen. Daher empfiehlt es sich, darauf zu achten, Zeugen bei mündlichen Erklärungen oder der Aushändigung von Schriftstücken hinzuzuziehen. — Beweisbarkeit

Beispiel: Der Arbeitgeber will einen wichtigen Mitarbeiter, mit dem er im Streit liegt, entlassen. Um den Zugang der fristgerechten Kündigungserklärung notfalls beweisen zu können, sollte bei mündlichen Erklärungen zumindest ein Zeuge hinzugezogen werden. Ist der Mitarbeiter abwesend (er ist bspw. schon freigestellt), dann sollte von einer „einfachen" postalischen Übermittlung abgesehen werden; das Kündigungsschreiben sollte entweder persönlich im Beisein von Zeugen übergeben bzw. in den Hausbriefkasten geworfen oder aber eine postalische Übersendung „per Einschreiben mit Rückschein, eigenhändig," gewählt werden, wobei sicherheitshalber noch Zeugen dafür zur Verfügung stehen sollten, daß das Kündigungsschreiben in den Briefumschlag gegeben wurde, der dann zur (postalischen) Übermittlung gelangte.

6.3.6 Auslegung der Willenserklärung

Wirklicher Wille

Rechtsgeschäfte sind häufig nicht eindeutig, vielfach müssen Willenserklärungen ausgelegt werden. Dabei ist der wirkliche Wille des Erklärenden zu erforschen, wobei man nicht kleinlich sein darf, vgl. § 133 BGB. Es kommt darauf an festzustellen, was wirklich gemeint ist (s. o. 2.6.3).

Beispiele: Einkäufer Meyer erklärt einem Warenanbieter: „Ich erteile für die XY-AG den Auftrag." Rechtlich gemeint ist nicht der Abschluß eines (unentgeltlichen) Auftragsvertrages, §§ 662 ff. BGB, sondern die Annahme eines Angebotes auf Abschluß eines Kaufvertrages. Oder: in einer Liebesbeziehung gleicht ein Partner das überzogene Bankkonto des anderen aus – hier ist häufig, wenn die Beziehung „in die Brüche geht", die Frage der Rückzahlungspflicht zu klären: sollte das Geld als Darlehen gegeben werden oder war es „in Liebe" geschenkt worden? – die Rspr. geht bei der notwendigen Auslegung in solchen Fällen davon aus, daß grds. finanzielle Hilfen als Darlehen zu bewerten sind (anders, wenn der begünstigte Ex-Partner beweisen kann, daß ihm das Geld geschenkt wurde).

Willenserklärungen sind, wie Verträge, § 157 BGB, nach Treu und Glauben mit Rücksicht auf die Verkehrssitte (damit ist die beim jeweils beteiligten Personenkreis herrschende tatsächliche Praxis gemeint) auszulegen. Auch Falschbezeichnungen schaden dabei nicht. Bei empfangsbedürftigen Willenserklärungen kommt es insbesondere auf den sog. Empfängerhorizont an, also darauf, wie ein verständiger Empfänger die Erklärung verstehen durfte (s. o. 6.3.1 a.E.).

Unter Kaufleuten sind ebenso – als „spezielle Verkehrssitten" i.S.d. § 157 BGB – die Handelsbräuche zu beachten, § 346 HGB.

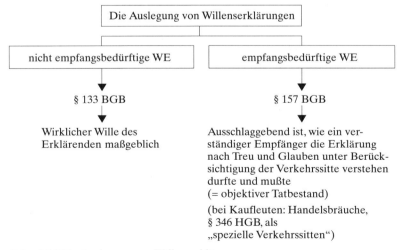

Schaubild 24: Auslegung von Willenserklärungen

Beispiele: Das kaufmännische Bestätigungsschreiben, s. o. 6.3.1.2; im Holzhandel die sog. „Tegernseer Gebräuche"; Frachtklauseln (s. u. 10.2.2); Handelsklauseln wie etwa: „netto" = ohne Skonto; „ab Werk" = Transport-, Versicherungs- oder Zollkosten trägt Käufer; „frei" = Transportkosten trägt Verkäufer; „Preis freibleibend" = der Kauf ist bindend, der Preis bestimmt sich zum Marktpreis der Lieferung. Die Handelsbräuche sind auch bei der Wirksamkeitskontrolle von AGBen zu beachten, § 24 S. 2 AGBG a.E. (s. u. 6.7.3).

Ggf. kommt auch eine Umdeutung in Betracht, § 140 BGB (s. u. 6.8.1.1 a.E.).

6.4 Form der Rechtsgeschäfte

Rechtsgeschäfte sind grundsätzlich formfrei, es sei denn, daß gesetzliche oder vertragliche Formerfordernisse bestehen (insbesondere aus Warnungs-, Aufklärungs- oder Beweisgründen). Die Nichtbeachtung solcher Formvorschriften bewirkt grundsätzlich die Nichtigkeit des Rechtsgeschäftes, § 125 BGB (s. u. 6.8.1.1).

- Die Schriftform schreibt das Gesetz etwa in den §§ 566, 766, 781 BGB, 3 I 1 TzWrG, 3 I PartGG vor. Dann sind die Namensunterschrift oder ein notariell beglaubigtes Handzeichen erforderlich, §§ 126 f. BGB (beachte aber bspw. § 350 HGB); Schriftform
Beispiele: solche empfangsbedürftigen Willenserklärungen, die dem Schriftformerfordernis unterliegen, wie etwa die Bürgschaftserklärung (§ 766 S. 1 BGB), werden nur dann wirksam, wenn die formgerecht errichtete Erklärung dem Erklärungsempfänger zugeht – d.h.: ein Telegramm genügt dann also trotz eigenhändiger Unterzeichnung des Aufgabeformulars nicht, auch nicht die Übermittlung per Telefax;
- notarielle Beurkundung nach dem Beurkundungsgesetz, § 128 BGB, Sonderformen
ist gemäß den §§ 313, 518 I, 1410, 2276 BGB erforderlich;
- die öffentliche (notarielle) Beglaubigung, § 129 BGB, sehen etwa die §§ 77, 1154 BGB, 12 HGB, 29 GBO vor;
- die Auflassung beim Grundstückserwerb erfordert gleichzeitige Anwesenheit der Parteien und ihre Erklärung vor dem Notar , §§ 925, 873 BGB (s. u. 15.3.4.1);
- bei der Übertragung einer Verkehrshypothek vgl. § 1154 (s. a. § 1192 BGB für die Grundschuld, s. u. 15.5);
- Eheschließungen setzen persönliche und gleichzeitige Anwesenheit der Eheschließenden vor dem Standesbeamten voraus, § 1311 BGB;
- Schriftform ist für Tarifverträge vorgeschrieben, § 1 II TVG.

Arbeitgeber und Arbeitnehmer, Vermieter und Mieter vereinbaren häufig vertraglich, daß Erklärungen schriftlich abzugeben sind. Dabei ist aber zu beachten, daß eine solche vertraglich gewillkürte Schriftform ausdrücklich oder konkludent auch wieder aufgehoben werden kann.

6.5 Bedingungen; Befristungen

Rechtsgeschäfte können bedingt oder befristet abgeschlossen werden:

Soll die Wirksamkeit des Rechtsgeschäftes vom Eintritt eines künftigen, ungewissen Ereignisses abhängen, so liegt eine Bedingung vor, §§ 158 ff. BGB.

aufschiebend   Bei einer aufschiebenden Bedingung tritt die von der Bedingung abhängig gemachte Wirkung mit dem Eintritt der Bedingung ein, § 158 I BGB. Bis zum Eintritt der Bedingung herrscht ein Schwebezustand: tritt sie ein, wird das Rechtsgeschäft wirksam, tritt sie nicht ein, ist es überhaupt nicht entstanden.

Beispiel: Der Kauf unter Eigentumsvorbehalt, § 455 BGB. Der Kaufvertrag, § 433 BGB, ist dabei unbedingt wirksam, die Übereignung dagegen, §§ 929, 158 I BGB, wird erst mit Eintritt der Bedingung, nämlich vollständiger Kaufpreiszahlung, wirksam, wodurch der Käufer das Eigentum erlangt (s. u. 10.2.8; 15.3.2.1).

auflösend   Bei einer auflösenden Bedingung endigt dagegen mit deren Eintritt die Wirkung des Rechtsgeschäftes, § 158 II BGB.

Beispiele: Wiederverheiratungsklausel in einem Testament (wenn Eheleute in einem gemeinschaftlichen Testament ihre gegenseitige Erbeinsetzung mit der Klausel verbinden, daß im Falle der Wiederheirat des Überlebenden der Nachlaß des Erstverstorbenen an einen Dritten, meist einen Abkömmling, herauszugeben ist, vgl. die §§ 2269, 2075 BGB); Ausübung eines vorbehaltenen Rücktrittsrechts.

Einige Rechtsgeschäfte sind aber aus Gründen der Rechtssicherheit bedingungsfeindlich: so etwa die Auflassung, § 925 II BGB, oder die Ausübung von Gestaltungsrechten (Kündigung, Anfechtung, Rücktritt; ebenso: Eheschließung, § 1311 S. 2 BGB).

Zeitliche Grenzen   Ein Rechtsgeschäft kann auch zeitlich begrenzt werden, sog. Befristung, § 163 BGB. Dabei können Anfangs- oder Endtermine bestimmt werden. Die Berechnung von Fristen und Terminen erfolgt gemäß den §§ 186 ff. BGB (s. o. 4.3.4).

6.6 Vertrag

Der Vertrag ist ein Rechtsgeschäft, bestehend aus (jedenfalls) zwei (bei Gesellschaftsverträgen ggf. auch mehr) sich deckenden Willenserklärungen der Vertragspartner: dem Angebot, auch Antrag genannt, und der Annahme.

6.6.1 Angebot

Das Vertragsangebot ist eine empfangsbedürftige Willenserklärung. Es muß inhaltlich so bestimmt sein, daß der Empfänger nur noch „ja" zu sagen bzw. zuzugreifen braucht. An sein Angebot ist der Anbieter gebunden, § 145 BGB; diese Bindung kann aber durch Zusätze ausgeschlossen werden.   *Bindung*

Beispiele: „Freibleibend"; „ohne Obligo"; „solange Vorrat reicht"; „Liefermöglichkeit vorbehalten" (derartige Einschränkungen sind, insb. im kaufmännischer Verkehr, oftmals sehr wichtig, um etwa bei begrenztem Angebot bzw. Vorrat nicht in Erfüllungsschwierigkeiten zu geraten).

Der Antrag erlischt durch Ablehnung, § 146 BGB, und durch Fristablauf, §§ 147-149 BGB. Die modifizierte Annahme eines Antrages gilt ebenfalls als Ablehnung, verbunden mit einem neuen Antrag, § 150 II BGB.

Der Antrag richtet sich regelmäßig an eine bestimmte Person, kann aber auch an die Allgemeinheit, also eine ungewisse Anzahl von Personen (lat. „ad incertas personas"), gehen.   *Adressat*

Beispiele: Aufstellen von Warenautomaten, wohl auch Telephonzellen; Zusenden unbestellter Waren; Auslegen von Zeitungen am Kiosk.

Davon zu unterscheiden ist die bloße Aufforderung zur Abgabe von Angeboten (lat. „invitatio ad offerendum"), bei der der Auffordernde sich noch nicht endgültig rechtlich binden will und gerade andere zur Abgabe von Angeboten einlädt.   *Einladung an andere*

Beispiele: Zeitungsanzeigen; Kataloge; Preislisten; Speisekarten; Schaufensterauslagen; Präsentation von Waren im Bildschirmtext bzw. Internet; Ausschreibungen.

(Ob ein Antrag ad incertas personas oder aber eine invitatio ad offerendum vorliegt, hängt von den konkreten Umständen ab und ist im jeweiligen Einzelfall zu überprüfen).

6.6.2 Annahme

Auch die Annahme ist eine empfangsbedürftige Willenserklärung. Sie beinhaltet die Zustimmung zum Antrag und muß sich somit inhaltlich mit ihm decken. Mit dem rechtzeitigen Zugang der Annahme kommt der Vertrag zustande, vgl. § 146 BGB. Unter Anwesenden muß die Annahme sofort, bei Abwesenden unter regelmäßigen Umständen erfolgen, § 147 BGB.   *Zustimmung*

Beispiele: Bei einem Telephonat muß das Angebot sofort, also unmittelbar, angenommen werden (§ 147 I 1, 2 BGB); anders aber unter Abwesenden: erhält der Empfänger ein Angebot etwa auf Abschluß eines Kaufvertrages zugeschickt, dann kann er den Antrag bis zu dem Zeitpunkt annehmen, zu dem der Eingang

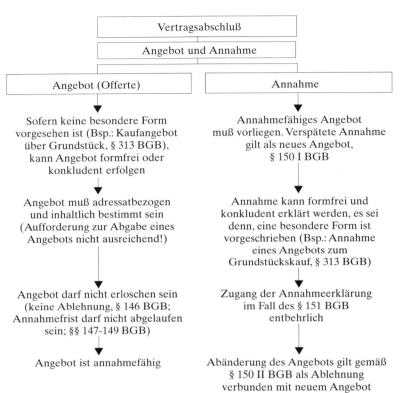

Schaubild 25: *Angebot und Annahme*

der Anwort unter regelmäßigen Umständen zu erwarten ist – diese gesetzliche Annahmefrist (§ 147 II BGB) setzt sich zusammen aus der Zeit für die Übermittlung des Antrages zum Empfänger, dessen Bearbeitungs- und Überlegungszeit, sowie aus der Zeit für die Übermittlung der Antwort an den Antragenden. D.h. z.B.: bei einem Antrag auf Abänderung eines Versicherungsvertrages kann eine nach 27 Tagen zugehende Annahmeerklärung noch rechtzeitig sein; ein Antrag per Telex muß nach der Rspr. grds. binnen vier Tagen angenommen sein.

Eine verspätete oder modifizierte Annahme gilt als neuer Antrag, § 150 I, II BGB.

Beispiele: Der Angebotsempfänger antwortet erst nach Ablauf der vom Antragenden gesetzten Annahmefrist, §§ 148, 150 I BGB; oder: Der Händler setzt in seine Auftragsbestätigung wegen einer Erhöhung des Listenpreises einen höheren Preis ein, § 150 II BGB.

Auf den grundsätzlich erforderlichen Zugang kann ausnahmsweise verzichtet werden, § 151 BGB.

Beispiele: Nach brieflicher Bestellung eines Zimmers nimmt der Hotelier einen entsprechenden Vermerk in der Zimmerliste vor; der Händler schickt die bestellte Ware ab; der Kunde nimmt das in der Garantiekarte des Herstellers liegende Angebot auf Abschluß eines Garantievertrages (s. u. 12.6.1.2) durch Entgegennahme an.

Meistens handelt es sich um konkludent erklärte Annahmen, auf deren ausdrücklichen Zugang verzichtet wird.

Das Schweigen auf ein Angebot bedeutet grundsätzlich keine Annahme (anders aber ggf. bei Kaufleuten, s. o. 6.3.1).

6.6.3 Dissens

Angebot und Annahme müssen übereinstimmen. Ist dieser Konsens nicht vorhanden und auch durch Auslegung nicht ermittelbar (§§ 133, 157 BGB, § 346 HGB), dann liegt ein Dissens vor. Dabei unterscheidet das BGB den offenen vom versteckten Dissens, §§ 154, 155 BGB. Beim offenen Dissens (= bewußter Einigungsmangel, § 154 I 1 BGB) wissen die Parteien, daß sie sich noch nicht geeinigt haben. Beim versteckten Dissens glauben sie irrtümlich, sie hätten sich schon geeinigt, bzw. sie merken nicht, daß Angebot und Annahme divergieren (§ 155 BGB). Grundsätzlich ist dann der Vertrag nicht zustandegekommen; aber gemäß § 155 BGB gilt regelmäßig das ansonsten Vereinbarte. Trifft eine Partei Verschulden am versteckten Dissens, dann ist entsprechend § 122 BGB bzw. nach den Regeln der „culpa in contrahendo", cic, s. u. 9.8, Schadensersatz zu leisten.

offener/ versteckter

Beispiel: Ein Belgier und ein Franzose vereinbaren bei einem Vertragsabschluß in Deutschland die Bezahlung einer Warenlieferung in „francs". Das ist mehrdeutig, denn es könnten sowohl belgische als auch französische francs gemeint sein. Es liegt also ein versteckter Dissens vor. Anders wäre es, wenn sich das Geschehen in Belgien ereignet: dort ist die Erklärung objektiv eindeutig – belgische francs –, der Franzose könnte (nach deutschem Recht) wegen eines Inhaltsirrtums, § 119 I 1. Alt. BGB, anfechten. Vergleichbar läge der Fall etwa bei einem US-Amerikaner und einem Kanadier, wenn sie Zahlung in „Dollars" (ggf. in Australien) vereinbaren.

6.6.4 Rücktritt; Widerruf

Rücktritt bedeutet die Rückgängigmachung eines grundsätzlich wirksam zustandegekommenen Vertrages durch die einseitige Erklärung einer Vertragspartei. Die Befugnis hierzu kann sich aufgrund einer vertraglichen Vereinbarung (vgl. die §§ 346 ff. BGB) oder aber kraft Gesetzes (§§ 325-327; 467; 634 BGB; § 13 VerbrKrG; § 13 a UWG; §§ 16 ff. VVG) ergeben. Im Falle der Ausübung des vertraglichen Rücktrittsrechtes erwachsen grundsätzlich Rückgewähr- bzw. Schadens-, Nut-

Rückgängig machen

zungs- oder Verwendungsersatzansprüche, vgl. die §§ 346 ff. BGB (s. u. 8.14.2.9). Beim gesetzlichen Rücktrittsrecht wird oftmals hierauf verwiesen (vgl. etwa die §§ 467, 634 IV, 327 BGB; 13 II VerbrKrG).

Ungeachtet der Möglichkeit vertraglicher oder gesetzlicher Rücktrittsrechte gibt der Gesetzgeber in einigen Fällen dem Kunden Widerrufsrechte:

Haustürgeschäfte	Bei Verträgen über eine entgeltliche Leistung, die am Arbeitsplatz, in einer Privatwohnung, auf einer Freizeitveranstaltung oder in Verkehrsmitteln geschlossen wurden, hat der Kunde das Recht, seine Willenserklärungen binnen einer Frist von einer Woche schriftlich zu widerrufen. Die rechtzeitige Absendung des Widerrufs genügt zur Fristwahrung. Auf dieses Recht muß der Kunde ausdrücklich hingewiesen werden, so die Regelungen des HausTWG (vgl. die §§ 1,2; s. u. 10.2.1, 10.8).
Versicherungsverträge	Werden Versicherungsverträge mit einer längeren Laufzeit als ein Jahr geschlossen, so kann der Versicherungsnehmer binnen zehn Tagen seine auf Vertragsabschluß gerichtete Willenserklärung widerrufen, § 8 IV VVG.
VerbrKrG	Auch bei Verbraucherkrediten hat der Kunde ein einwöchiges schriftliches Widerrufsrecht, vgl. § 7 VerbrKrG (s. u. 10.6.6).

Ebenso ist es gemäß § 4 FernUSG bei Fernunterrichtsverträgen; hier hat der Teilnehmer ein zweiwöchiges Widerrufsrecht nach Eingang (der ersten Lieferung) des Fernlehrmaterials.

6.6.5 Arten von Verträgen

Verträge lassen sich in einseitig verpflichtende und in zweiseitig verpflichtende unterteilen:

einseitig verpflichtend	Bei einseitig verpflichtenden Verträgen obliegt nur einem Teil, dem Schuldner, eine Leistungsverpflichtung.

Beispiele: Schenkungsvertrag (§§ 516 ff. BGB), Bürgschaftsvertrag (§ 765 BGB), Darlehensversprechen (§ 610 BGB).

vollkommen zweiseitig	Stehen die Leistungspflichten der Parteien aber in einem Austauschverhältnis zueinander dergestalt, daß jeder seine Leistung nur um der Gegenleistung willen erbringt, so daß die Leistung des einen das Entgelt für die Leistung des anderen darstellt, dann liegt ein vollkommen zweiseitiger, gegenseitiger Vertrag vor (lat. „do ut des" = ich gebe, damit Du gibst, bzw. griech. Synallagma; s. a. unten 8.2.2).

Beispiele: Kauf (§ 433 BGB), Miete (§ 535 BGB), verzinsliches Darlehen (§ 607 BGB), Dienstvertrag (§ 611 BGB), Werkvertrag (§ 631 BGB).

Wichtig ist dies für die Anwendbarkeit der §§ 320 ff. BGB (s. u. 9.3.1 a.E.). Denn diese gelten gerade für die im Gegenseitigkeitsverhältnis stehenden Pflichten.

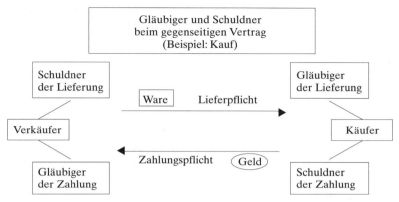

Jede Partei ist – in eigener Person – sowohl Gläubiger als auch Schuldner

Schaubild 26: Gläubiger und Schuldner

6.6.6 Vertragsfreiheit

Im Rahmen der Privatautonomie (s. o. 2.5) wird gerade auch die Vertragsfreiheit respektiert. Zu ihr gehören die Abschlußfreiheit und die Inhaltsfreiheit.

Abschlußfreiheit bedeutet dabei die Freiheit, einen Vertrag überhaupt einzugehen; ob und mit wem er einen Vertrag eingehen will, kann der Einzelne grundsätzlich selbst bestimmen. Davon gibt es aber wichtige Ausnahmen; dabei spricht man von sog. Abschlußzwang bzw. Kontrahierungszwang.

Beispiele: § 6 EnWG; § 22 PBefG; § 5 PflVersG; § 21 II GWB.

Abschlußfreiheit

Inhaltsfreiheit (auch Gestaltungsfreiheit genannt) bedeutet demgegenüber die grundsätzliche Freiheit der Parteien, den vertraglichen Inhalt selbst festzulegen, also die Leistungen zu bestimmen, von dispositivem Recht abzuweichen, gesetzliche Regelungen zu kombinieren, neue Vertragstypen (etwa Versicherungs-, Bankverträge; Franchise-, vgl. bspw. auch den Telephonanschlußvertrag der Deutschen Telekom AG), vgl. die §§ 305, 241 BGB, zu entwickeln, etc. (s. o. 6.2.1). Gerade im Besonderen Schuldrecht (§§ 433 ff. BGB) stellt der Gesetzgeber zwar für besonders wichtige, häufige bzw. gebräuchliche Vertragstypen Regeln zur Verfügung, die aber grundsätzlich nur dann eingreifen, wenn die Vertragspar-

Inhaltsfreiheit

teien keine eigenständigen individuellen Vereinbarungen getroffen haben (s. o. 2.5). Zwingendes Recht (etwa: weite Bereiche des Wohnraummietrechts, Arbeitsrechts, AGB-Rechts, HausTWG-Rechts, Sachen-, Familien-, Erbrechts) dagegen kann nicht abbedungen werden. Im übrigen bilden die Gesetze bzw. die guten Sitten Schranken der Gestaltungsfreiheit, §§ 134, 138 BGB (s. u. 6.8.1.1).

6.6.7 Vertragliches Vorfeld

Vor dem eigentlichen Vertragsabschluß gibt es bereits rechtlich relevante Stadien:

Anbahnungsverhältnisse
– Vorverhandlungen, die dem Vertragsabschluß vorausgehen, sind grundsätzlich rechtlich noch nicht verbindlich. Allerdings erwachsen aus dem entstehenden vertragsähnlichen Vertrauensverhältnis bereits Sorgfaltspflichten, deren Verletzung ggf. schadensersatzpflichtig machen kann (culpa in contrahendo, s. u. 9.8);
– der „letter of intent", eine aus dem anglo-amerikanischen Recht stammende und insbesondere im internationalen Bereich verwendete Fixierung der Verhandlungsposition des Verfassers, ist grundsätzlich rechtlich (noch) nicht verbindlich;
– der Vorvertrag dagegen ist eine Vereinbarung, die die Verpflichtung zum späteren Abschluß des Hauptvertrages begründet, der derzeit aufgrund rechtlicher oder tatsächlicher Hindernisse noch nicht geschlossen werden kann;
– der Optionsvertrag gibt dem Begünstigten das Recht, durch einseitige Erklärung einen Vertrag zustandezubringen (insbesondere Kauf- oder Mietvertrag);
– die Einräumung einer sog. Vorhand bedeutet die Verpflichtung, dem Vorhandberechtigten einen Gegenstand, bevor man ihn anderweitig veräußert oder vermietet, anzubieten.

In diesen Fällen ist die jeweilige Rechtsstellung der Beteiligten durch sorgfältige Einzelfallprüfung zu ermitteln.

6.7 Allgemeine Geschäftsbedingungen

vorgedruckte Klauseln
Die Vertragsfreiheit läßt es zu, die Bedingungen, unter denen man allgemein Rechtsgeschäfte mit anderen eingehen will, im vorhinein und einseitig festzulegen. Davon wird im Wirtschaftsleben in weitem Umfang mittels der Allgemeinen Geschäftsbedingungen (AGBen) Gebrauch gemacht. Nahezu jedes private oder öffentliche Unternehmen verwendet

solche vorgedruckten Klauseln; die Verbände der einzelnen Branchen stellen sie oftmals als Muster zur Verfügung. Dem Vertragspartner fehlt zumeist die Möglichkeit, sich genauer mit dem Sinn der einzelnen Klauseln zu beschäftigen, und in der Regel bleibt, sollte man mit ihnen nicht einverstanden sein, nur der Verzicht auf das Geschäft. Letztendlich nimmt nämlich der Verwender von AGBen die vertragliche Gestaltungsfreiheit weitgehend für sich in Anspruch. Das muß nicht ausschließlich negativ sein, zumal in Bereichen, in denen mangels ausreichender gesetzlicher Regelungen Bedarf für eine vertragliche Gestaltung erwächst (etwa: Versicherungs-, Banken-, Leasing-, Factoring-, Telekommunikations-Bereich); allerdings besteht durchaus die verbreitete Neigung, durch die einseitige Ausgestaltung der einzelnen AGB-Klauseln die wirtschaftlichen Kräfteverhältnisse zu eigenen Gunsten zu verschieben.

6.7.1 AGB-Gesetz

Der Gesetzgeber hat daher das Recht der AGBen im AGBG insbesondere unter Verbraucherschutzaspekten geregelt. *Verbraucherschutz*

6.7.1.1 Begriff

Unter AGBen werden verstanden alle für eine Vielzahl von Verträgen vorformulierten Vertragsbedingungen, die eine Vertragspartei, der Verwender, der anderen Vertragspartei bei Abschluß eines Vertrages stellt. Dabei ist es unerheblich, ob diese Bestimmungen einen äußerlich gesonderten Bestandteil des Vertrages bilden oder in die Vertragsurkunde selbst aufgenommen werden, welchen Umfang sie haben, in welcher Schriftart sie verfaßt sind und welche Form der Vertrag hat (§ 1 I AGBG). *Form*

Beispiele: Im Schreibwarenhandel käufliche Mietvertragsformulare; Allgemeine oder Besondere Versicherungsbedingungen; „Für Garderobe wird nicht gehaftet"-Schilder in Gaststätten; Reinigungsbedingungen bei Schnellreinigungen; Autoverkäufe beim Händler mit entsprechenden Formularen; Incoterms (International Commercial Terms; s. u. 10.2.2 a.E.), u.v.m.

Im einzelnen zwischen den Parteien ausgehandelte Vertragsbedingungen sind keine AGBen (§ 1 II AGBG). Die Individualabrede geht den AGBen vor, § 4 AGBG.

Verbrauchern gegenüber (s. o. 3.1.3) reicht ggf. auch die einmalige Verwendung von AGBen aus, sie gelten als vom Unternehmer gestellt, vgl. § 24 a Nr. 1, 2 AGBG.

6.7.1.2 Einbeziehung

AGBen müssen, da sie ja keine Rechtsnormen bzw. Gesetze sind, beim Vertragsabschluß einbezogen werden; die vertragliche Übereinstimmung der Parteien muß sich auch auf diese Klauseln beziehen. Daher bedarf es, § 2 AGBG, folgender Voraussetzungen:

Der Verwender muß bei Vertragsabschluß

Vertragsbestandteil
- ausdrücklich auf die AGBen hinweisen,
- der anderen Partei die Möglichkeit der Kenntnisnahme verschaffen,
- und die andere Partei muß mit der Geltung der AGBen einverstanden sein.

Das heißt also:

Hinweis Es bedarf zunächst beim Vertragsabschluß eines Hinweises auf die AGBen.

Beispiele:
„Bevor Sie diesen Antrag unterschreiben, lesen Sie bitte auf der Rückseite die Erläuterungen und die Schlußerklärungen zur Verantwortlichkeit für den Antrag, Bindefrist, Entbindung von der Schweigepflicht und Datenverarbeitung. Sie sind weitere wichtige Bestandteile des Vertrages" (bei Versicherungen);
„Hiermit bestelle ich die o.a. Artikel. Die weitere Vertragsabwicklung erfolgt zu den gültigen Kaufbedingungen für Telekommunikationsendgeräte der Deutschen Telekom AG. Die Allgemeinen Geschäftsbedingungen sind amtlich veröffentlicht und werden bei den Ämtern des Post- und Fernmeldewesens zur Einsicht bereitgehalten" (AGB Telekom);
„Hiermit bestelle ich unter Bezugnahme auf die umseitig abgedruckten Geschäftsbedingungen" (Bestellformular im Handel).

Aushang Wenn ein ausdrücklicher Hinweis (mündlich oder schriftlich) wegen der Art des Vertragsabschlusses nur unter unverhältnismäßigen Schwierigkeiten möglich ist, dann genügt ausnahmsweise ein deutlich sichtbarer Aushang am Ort des Vertragsabschlusses.

Beispiele: Typische Massengeschäfte wie Parkplatzbenutzung, Entnahme von Waren aus Automaten, Beförderungsverträge in U- oder S-Bahnen, Käufe in Selbstbedienungsläden oder Kaufhäusern. Möglich ist dabei etwa: „Für alle Verträge gelten unsere AGBen. Sie liegen für Sie an der Kasse bereit".
Ein Aushang im Hotelzimmer reicht nicht, da es sich dabei um den Ort einer Erfüllungshandlung, nicht aber um den Ort des Vertragsabschlusses handelt.

Kenntnisnahmemöglichkeiten Der Kunde muß auch die Möglichkeit haben, in zumutbarer Weise vom Inhalt der AGBen Kenntnis zu nehmen. Bei einem Vertragsabschluß unter Anwesenden sind die AGBen vorzulegen oder die Vorlage anzubieten; bei einem ausdrücklichen Hinweis (s. o.) genügt es, daß die AGBen zur Einsicht aushängen oder ausliegen. Beim Vertragsabschluß unter Abwesenden ist grundsätzlich die Übersendung geboten. Problematisch ist der telephonische Vertragsschluß: das Vorlesen der AGBen ist untunlich, die Übersendung der AGBen käme zu spät; grundsätzlich ist es dabei möglich, daß der Kunde auf die Kenntnisnahme verzichtet. Verwendete AGBen müssen jedenfalls für einen Durchschnittskunden mühelos lesbar und verständlich sein.

Beispiele: „§ 537 ist unanwendbar"; „§ 568 gilt nicht"; „der Mieter hat die Nebenkosten zu tragen"; „für nicht ausdrücklich geregelte Fragen gilt die VOB" – dies sind unklare und für Durchschnittskunden unverständliche und somit unwirksame Klauseln.

Desweiteren muß noch zur Gültigkeit von AGBen das Einverständnis des Kunden hinzukommen. Das muß nicht ausdrücklich erfolgen, sondern liegt oftmals konkludent in der Tatsache, daß es nach Hinweis und Kenntnisnahmemöglichkeit zum Vertragsschluß und der Vertragsabwicklung kommt.

Einverständnis

Beispiel: Ein Kunde unterschreibt das Bestellformular mit dem ausdrücklichen Hinweis auf die AGBen.

Stillschweigendes Einverständnis, oftmals insbesondere im kaufmännischen Verkehr gegeben, ist aber nur mit Vorsicht anzunehmen: wenn am Trimm-Dich-Pfad oder Kinderspielplatz Schilder mit Haftungsausschlußklauseln hängen, so bedeutet das Schweigen des Benutzers in der Regel sogar (nach der Rspr.) die Ablehnung, nicht aber sein Einverständnis.

(Still-) Schweigen

6.7.1.3 Überraschungsklauseln

Überraschende Klauseln werden, selbst wenn die Voraussetzungen des § 2 AGBG vorliegen, gemäß § 3 AGBG nicht Vertragsbestandteil. Es handelt sich dabei um Klauseln, mit denen wegen ihrer Ungewöhnlichkeit nicht gerechnet werden mußte.

Beispiele: Die formularmäßige Vereinbarung eines ausländischen Gerichtsstandes, wenn es unter Deutschen um deutsches Recht geht; ein mit einem Kaufvertrag verknüpfter langfristiger Wartungsvertrag.

6.7.1.4 Unklarheitenregel

Sämtliche Unklarheiten in AGBen gehen gemäß § 5 AGBG zu Lasten des Verwenders; sie sind jedenfalls kundenfreundlich auszulegen.

Das heißt, im Prozeß des Kunden mit dem Verwender haben die Gerichte AGB-Klauseln zugunsten des Kunden zu interpretieren; in einem gemäß den §§ 13 ff. AGBG möglichen sog. Verbandsprozeß bedeutet dieser Grundsatz, daß dort die kundenfeindlichste Auslegung bei der Frage der Wirksamkeit einer Klausel zu unterstellen ist.

Verbandsprozeß

6.7.1.5 Rechtsfolgen bei Nichteinbeziehung und Unwirksamkeit

Vertrag im übrigen wirksam

AGBen, die ganz oder teilweise nicht Vertragsbestandteil geworden sind, berühren die Wirksamkeit des Vertrages im übrigen nicht; sein Inhalt richtet sich dann nach den gesetzlichen Bestimmungen. Allenfalls dann, wenn das Festhalten am Vertrag eine unzumutbare Härte für eine der Parteien darstellen würde, tritt Gesamtnichtigkeit ein; so § 6 I – III AGBG. Die Vorschriften des AGBG sind zwingendes Recht, das nicht umgangen werden darf, § 7 AGBG.

6.7.2 Inhaltskontrolle

AGB-Regelungen, die von Rechtsvorschriften abweichen oder diese ergänzen, unterliegen der Inhaltskontrolle, §§ 8 ff. AGBG. Deren Ziel ist es, eine unangemessene Benachteiligung des Kunden durch die AGBen zu verhindern. Dabei geht der Gesetzgeber in § 9 AGBG von einer Generalklausel aus, die er in den §§ 10 und 11 AGBG konkretisiert. Gegenüber Kaufleuten gilt die Besonderheit, daß die §§ 10, 11 AGBG keine Anwendung finden und nur auf § 9 AGBG abzustellen ist (vgl. § 24 AGBG; s. a. unten 6.7.3).

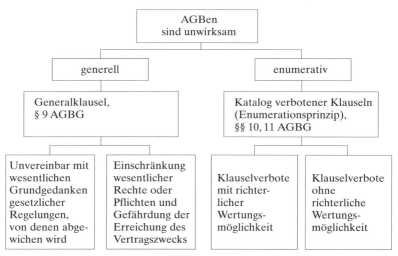

Schaubild 27: Unwirksamkeit von AGBen

Klauselverbote ohne Wertungsmöglichkeit

§ 11 AGBG enthält Klauselverbote ohne Wertungsmöglichkeit, das heißt, hierbei kommt es nicht noch auf eine Wertung an, um die Unwirksamkeit einer Klausel festzustellen. Gegen § 11 AGBG verstoßende Klau-

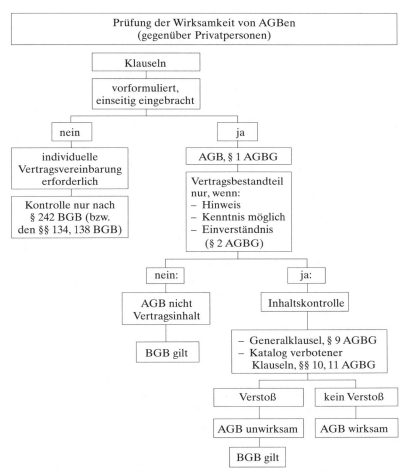

Schaubild 28: Wirksamkeit von AGBen (gegenüber Privatpersonen)

seln (vgl. die einzelnen 16 Ziffern) sind mit wesentlichen Grundlagen der Privatrechtsordnung nicht vereinbar und somit per se unwirksam.

Beispiele: Möglichkeit kurzfristiger Preiserhöhungen bei Lieferungen binnen vier Monaten nach Vertragsabschluß; Freistellung von der Mahnpflicht; Pauschalierung von Schadensersatzansprüchen.

§ 10 AGBG umfaßt sieben Klauselverbote mit Wertungsmöglichkeit. Diese Klauseln enthalten unbestimmte Rechtsbegriffe („unangemessen", „nicht hinreichend bestimmt", „ohne sachlich gerechtfertigten Grund"), die richterlich noch gewertet werden können/müssen.

Klauselverbote mit Wertungsmöglichkeit

Beispiele: Unangemessen lange bzw. nicht hinreichend bestimmte Fristen für Vertragsannahme oder -ablehnung (insb. Lieferfrist); ungerechtfertigter Rücktrittsvorbehalt; Fiktion des Zugangs einer wichtigen Erklärung.

Generalklausel Hat man diese spezifischen Unwirksamkeitstatbestände der §§ 11 und 10 AGBG (mit denen eine AGB-Inhaltsüberprüfung aufgrund ihrer Strenge und Spezialität in dieser Reihenfolge begonnen werden sollte) überprüft, so bleibt noch die Meßlatte des § 9 AGBG: die unangemessene Benachteiligung ist nach dieser Generalklausel untersagt. Eine solche unangemessene Benachteiligung liegt (§ 9 I, II AGBG) im Zweifel vor, wenn eine Klausel mit wesentlichen Grundgedanken der gesetzlichen Regelung, von der abgewichen wird, nicht zu vereinbaren ist oder wesentliche Rechte und Pflichten, die sich aus der Natur des Vertrages ergeben, so einschränkt, daß die Erreichung des Vertragszweckes gefährdet wird.

Beispiele: Erfolgsunabhängiger Provisionsanspruch in Maklerverträgen; Ausschluß der Haftung auch für einfache Fahrlässigkeit bei vertraglichen Kardinalpflichten (etwa: Haftungsausschluß für unsachgemäßes Einfüllen von Heizöl); Risikotragung des Kunden für nachträglich eintretende unerkennbare Geschäftsunfähigkeit.

Bei der Beurteilung der unangemessenen Benachteiligung sind Verbrauchern gegenüber auch die den Vertragsabschluß begleitenden Umstände zu berücksichtigen, § 24 a Nr. 3 AGBG.

6.7.3 Anwendungsbereich

Geltung Gemäß den §§ 23 und 24 AGBG ist dessen Anwendungsbereich sachlich und persönlich beschränkt. So findet das AGBG keine Anwendung bei Verträgen auf Gebieten des Arbeits-, Erb-, Familien- und Gesellschaftsrechts; für einige Bestimmungen und Vertragsarten sind einzelne Vorschriften des AGBG ausgenommen, vgl. § 23 I und II AGBG.

Kaufleute Nach § 24 AGBG finden die §§ 2, 10, 11 und 12 AGBG keine Anwendung auf AGBen, die gegenüber einem Kaufmann verwendet werden, wenn der Vertrag zum Betrieb seines Handelsgewerbes (§ 343 HGB, s. o. 6.2.6) gehört, bzw. die verwendet werden gegenüber einer juristischen Person des öffentlichen Rechts oder einem öffentlich-rechtlichen Sondervermögen. D. h., daß dann für die Einbeziehung von AGBen in den Vertrag jede auch stillschweigende Willensübereinstimmung der Parteien genügt und für die Inhaltskontrolle § 9 AGBG maßgebend ist:

Für Kaufleute gilt § 2 AGBG zwar gemäß § 24 S. 1 Nr. 1 AGBG nicht (s. u.). Das ändert aber nichts daran, daß auch unter Kaufleuten AGBen nur dann wirken, wenn sie durch rechtsgeschäftliche Einbeziehung zum Vertragsbestandteil geworden sind; dies ist ggf. durch Auslegung zu ermitteln (vgl. die §§ 133, 157 BGB, 346 HGB). Das ist problemlos bei ausdrücklicher Abrede gegeben.

Eine Einbeziehung durch konkludentes Handeln ist ebenfalls möglich; dafür ist der erkennbare Hinweis des Verwenders auf die AGBen vonnöten, und der Vertragspartner darf ihrer Geltung nicht widersprochen haben. Ein solcher Widerspruch kann bspw. auch darin liegen, daß der andere Teil auf seine eigenen AGBen verweist. Sofern Kaufleute ihre jeweils eigenen AGBen verwenden und es dabei zu Kollisionen kommt, liegt grundsätzlich zwar ein offener Dissens vor, § 154 BGB (s. o. 6.6.3); wenn, was meistens vorkommt, der Vertrag trotzdem ausgeführt wird, dann tritt an die Stelle der sich widersprechenden und damit nicht einbezogenen AGBen die gesetzliche Regelung (vgl. § 6 II AGBG).

Einbeziehung

Beispiel: Bei beabsichtigtem Abschluß eines Frachtvertrages sendet der Frachtführer dem (potentiellen) Vertragspartner, einem Warenversandunternehmen, AGBen; dieses wiederum schickt dem Frachtführer eigene AGBen für den Warenversand; im Zweifel gelten dann gar keine AGBen, vielmehr die gesetzlichen Vorschriften (nach dem Sprichwort: „Meine, Deine, Keine" AGBen).

Nach den von der Rspr. entwickelten Regeln über das kaufmännische Bestätigungsschreiben sind AGBen auch hierdurch in den Vertrag einführbar (s. o. 6.3.1.2).

Ist die Verwendung von AGBen branchenüblich, so können AGBen auch ohne besonderen Hinweis Vertragsbestandteil werden.

Beispiele: AGBen der Banken, Flughafenunternehmen, Versicherungen, ADSp.

Zu Handelsbrauch erstarkte AGBen werden, ohne daß es einer Einbeziehung bedarf, gemäß § 346 HGB Vertragsinhalt.

Handelsbräuche

Beispiel: Tegernseer Gebräuche im Holzhandel (s. o. 6.3.6 a.E.).

Unterfallen Verträge mit Auslandsberührung deutschem Recht (vgl. die Art. 27 ff. EGBGB), dann gelten die o. g. allgemeinen Einbeziehungsregeln ebenfalls, wenn ein für den ausländischen Vertragspartner verständlicher Hinweis erfolgt ist.

Auslandsberührung

Unterliegt ein Vertrag ausländischem Recht, so ist das AGBG gleichwohl anwendbar, wenn der Vertrag einen engen Zusammenhang mit dem Gebiet der Bundesrepublik Deutschland aufweist, vgl. § 12 AGBG.

Für genehmigte Eisenbahntarife und Personenbeförderungsbedingungen gilt § 2 AGBG gemäß § 23 II AGBG nicht, ebenso nicht für AGBen von Telekommunikationsdienstleistern, der Deutschen Post AG, von Elektrizitäts- und Gasversorgungsunternehmen, etc.; s.a. § 23 III ABGB.

Die Inhaltskontrolle von AGBen, die gegenüber einem Kaufmann im geschäftlichen Verkehr verwendet werden (§ 24 S. 1 Nr. 1 AGBG), er-

Inhaltskontrolle

folgt nicht gemäß den §§ 10 bzw. 11 AGBG, sondern nur anhand § 9 AGBG mit der in § 24 S. 2 AGBG enthaltenen Ergänzung. Auch dies ergibt sich daraus, daß der Gesetzgeber den geschäftserfahrenen Kaufmann als gegenüber einem sonstigen Verbraucher weniger schutzwürdig erachtet.

Da gemäß § 24 S. 2 AGBG (auch) § 9 (I,) II AGBG gilt, die Verbote des § 11 AGBG aber als Konkretisierungen des § 9 II Nr. 1 u. 2 AGBG angesehen werden, sind diese Verbotstatbestände des § 11 AGBG auch im Handelsverkehr zu beachten.

Beispiel: Die Klausel „Sind Gewährleistungsansprüche gegeben, so beschränken sich diese auf eine Nachbesserung oder Ersatzlieferung. Schlagen die Nachbes-

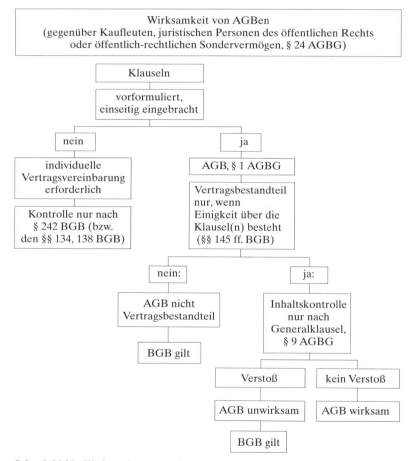

Schaubild 29: Wirksamkeit von AGBen (gegenüber Kaufleuten)

serungsversuche wegen eines gerügten Mangels fehl, so ist der Auftraggeber berechtigt, die Rückgängigmachung des Kaufvertrages oder eine Herabsetzung des Kaufpreises zu verlangen." in AGBen ist – auch im kaufmännischen Rechtsverkehr – nach der Rspr. unwirksam. Denn sie verstößt, weil im Falle der unberechtigten Verweigerung oder der unzumutbaren Verzögerung keine Gewährleistungsansprüche vorgesehen sind, gegen § 11 Nr. 10 b AGBG (ist daher gegenüber Nichtkaufleuten unwirksam). Da § 11 Nr. 10 b AGBG aber als Prüfungsmaßstab im Rahmen des § 9 I, II Nr. 1 AGBG auch für den Geschäftsverkehr unter Kaufleuten gilt (§ 24 S. 2 AGBG), ist sie auch bei Verwendung gegenüber Kaufleuten nichtig.

6.8 Mängel des Rechtsgeschäfts

Rechtsgeschäfte können Mängel aufweisen, die ihre Wirksamkeit in Frage stellen, sei es aufgrund inhaltlicher, gesetzlich gezogener, Grenzen, sei es im Hinblick auf Willensmängel.

6.8.1 Inhaltliche Schranken

Verstoßen Rechtsgeschäfte gegen wesentliche Prinzipien der Rechtsordnung, so verwirft sie das Gesetz ungeachtet der (insoweit als nachrangig gewerteten) Privatautonomie (s. o. 2.5). Verletzung wesentlicher Prinzipien

6.8.1.1 Nichtigkeit

Nichtigkeitsgründe sind die gesetzlich am stärksten mißbilligten Fehler von Rechtsgeschäften. Dabei handelt es sich im wesentlichen um folgende Konstellationen:

– Geschäftsunfähigkeit, § 105 I, II BGB (vgl. oben 3.1.2.1); Nichtigkeitsfälle
– Formverstoß, § 125 BGB (s. o. 6.4), wobei ein Verstoß gegen eine gesetzlich vorgeschriebene Form regelmäßig zur Nichtigkeit führt, § 125 S. 1 BGB,

Beispiel: Die nur mündliche Bürgschaftserklärung des Nichtkaufmanns, § 766 S. 1 BGB; anders beim Kaufmann, § 350 HGB (s. o. 3.4.2.2; s. a. 10.7.2);

während bei einem lediglich vertraglich vereinbarten Formerfordernis zu werten ist, ob dieses nur zur Beweissicherung und Klarheit dienen soll (dann bleibt das Rechtsgeschäft wirksam) oder aber gerade Gültigkeitsvoraussetzung ist (dann Nichtigkeit), § 125 S. 2 BGB,

Beispiel: Ist vertraglich die Kündigung durch eingeschriebenen Brief vereinbart, dann hat die Schriftform in Zweifelsfall konstitutive Bedeutung, die Übermittlungsform dagegen nur Beweisfunktion.

Formmängel sind ggf., insbesondere bei Vertragserfüllung, heilbar, vgl. die §§ 313 S. 2, 518 II, 766 S. 2 BGB, 15 IV 2 GmbHG;

- Gesetzesverstoß, § 134 BGB;

Beispiele: etwa Schwarzarbeit, §§ 1, 2 SchwarzArbG, strafbare Handlungen i.S.d. StGB (Ankauf von Hehlerware, Rauschgift, Mordaufträge), Verstöße gegen Arbeitnehmerschutzrecht;

„gute Sitten" — Sittenwidrigkeit, § 138 I, II BGB. Bei dieser jeweils auslegungsbedürftigen Generalklausel versteht man unter guten Sitten das Anstandsgefühl aller billig und gerecht Denkenden (vgl. auch in den §§ 826 BGB, 1 UWG). Dagegen wird etwa verstoßen bei:

- Eheversprechen eines Verheirateten;
- Leihmuttervertrag;
- vorsätzlichem Verleiten des Mitarbeiters eines Konkurrenten zum Vertragsbruch (s. a. die §§ 17, 20 UWG);
- Schmiergeldvertrag;
- Ausnutzung einer Monopolstellung;
- knebelndem Wettbewerbsverbot (s. u. 10.4.8.9);
- Globalabtretung von Forderungen ohne Rücksicht auf verlängerten Eigentumsvorbehalt (s. u. 10.2.8), u.v.m.

Wucher — Ein besonders sittenwidriges Verhalten ist der Wucher, § 138 II BGB,

Beispiel: Wucherzinsen, die etwa beim Zweifachen des Marktzinses anzunehmen sind.

— Als Folge des Abstraktionsprinzips (s.o. 5) erfaßt die Nichtigkeitswirkung des § 138 BGB zunächst nur das schuldrechtliche Verpflichtungsgeschäft, das wertneutrale, abstrakte Verfügungsgeschäft wird dagegen grundsätzlich nicht berührt; ist die Unsittlichkeit dagegen gerade im Vollzug der Leistung zu sehen˙ wie etwa bei Sicherungsübereignungen (s. u. 15.3.2.1) oder Abtretungen (§§ 398 ff. BGB, s. u. 8.8), die gegen § 138 BGB verstoßen, so liegt ebenfalls deren Nichtigkeit vor; beim Wucher, § 138 II BGB, ist regelmäßig auch das Erfüllungsgeschäft nichtig (§ 138 II BGB: „... versprechen oder gewähren läßt").

Unwirksamkeit von Anfang an — Besteht aufgrund der o. g. Vorschriften Nichtigkeit, dann ist das Rechtsgeschäft unabhängig davon, ob die Beteiligten dies wollen, kraft Gesetzes gegenüber jedermann von Anfang an (ex tunc) absolut unwirksam. Die Gerichte haben dies von Amts wegen zu berücksichtigen (Einwendung, s. o. 4.2.5.2).

Bestätigung — Das nichtige Rechtsgeschäft muß ggf. erneut, rechtsfehlerfrei, vorgenommen (= bestätigt, vgl. § 141 BGB) werden. Die Nichtigkeit erfaßt grundsätzlich das ganze Rechtsgeschäft; ausnahmsweise kann aber, wenn sich die Nichtigkeit nur auf einen abtrennbaren Teil bezieht, das Restgeschäft aufrechterhalten werden, § 139 BGB. *Teilnichtigkeit*

Beispiele: Einzelne unwirksame Klauseln im Gesellschaftsvertrag; überlange Dauer eines Mietvertrages; Vereinbarung eines tarifvertragswidrigen „Hungerlohnes" (der Arbeitsvertrag bleibt wirksam, die Lohnvereinbarung ist nichtig, der Arbeitgeber muß das tarifliche bzw. übliche Entgelt zahlen).

So auch etwa die §§ 276 II, 443, 476, 540, 637, 556 a VII, 556 b I 2 BGB, 6 AGBG. Unter Umständen kommt auch die Umdeutung des nichtigen Rechtsgeschäfts in ein diesem nahes anderes in Betracht, § 140 BGB. *Umdeutung*

Beispiele: Fristlose Kündigung in fristgemäße; Mietkündigung mit falscher Kündigungsfrist in Kündigung zum richtigen Termin; oHG-Vertrag in GbR-Vertrag; unzulässige Prokura in Handlungsvollmacht bzw. „einfache" Vollmacht (§ 167 BGB).

6.8.1.2 Unwirksamkeit

Rechtsgeschäfte, die gegen ein gesetzliches (vgl. § 514 BGB) oder behördliches bzw. gerichtliches (z. B. einstweilige Verfügung; Pfändung von Forderungen oder Rechten gemäß §§ 829, 857 ZPO) Veräußerungsverbot (besser: Verfügungsverbot) verstoßen, sind bestimmten Personen gegenüber unwirksam (also im Gegensatz zur obigen Nichtigkeit nur relativ unwirksam), §§ 135, 136 BGB. Rechtsgeschäftliche Veräußerungs-(Verfügungs-)verbote sind gemäß § 137 S. 1 BGB grundsätzlich unzulässig, die Abrede, Verfügungen über ein Recht zu unterlassen, ist dagegen möglich, § 137 S. 2 BGB. *Verbotsverstoß*

6.8.1.3 Schwebende Unwirksamkeit

Zunächst unwirksame Rechtsgeschäfte, die bei Nachholung fehlender Wirksamkeitsvoraussetzungen rückwirkend wirksam werden, sind schwebend unwirksam. In der Zwischenzeit besteht ein Schwebezustand. Tritt die Voraussetzung ein, so ist das Rechtsgeschäft von Anfang an wirksam, tritt sie nicht ein, dann ist es endgültig unwirksam und nichtig. *Schwebezustand*

Beispiele hierfür sind etwa: § 108 BGB beim Vertragsabschluß Minderjähriger, § 177 BGB beim Vertragsabschluß durch den Vertreter ohne Vertretungsmacht, § 185 BGB bei der Verfügung eines Nichtberechtigten.

6.8.2 Willensmängel

Störungen bei Willenserklärungen, die man Willensmängel nennt, führen ebenfalls zur Fehlerhaftigkeit von Rechtsgeschäften. Solche Fehler können entweder die Nichtigkeit oder die durch Anfechtung herbeizuführende Vernichtbarkeit zur Folge haben.

6.8.2.1 Bestandteile der Willenserklärung

Essentialia — Bereits oben (6.3.2) wurde darauf hingewiesen, daß die den wesentlichen Kern des Rechtsgeschäftes bildende Willenserklärung der Äußerung eines Willens bedarf und insoweit subjektiv Handlungswillen, Erklärungsbewußtsein und Geschäftswillen als Essentialia voraussetzt. Fehlt es an einem dieser Elemente, so ist zwar grundsätzlich von dem Prinzip „ein Mann, ein Wort" auszugehen; unter bestimmten Voraussetzungen, §§ 116 ff. BGB, wird aber zugunsten des Erklärenden ein Willensmangel als rechtlich erheblich anerkannt.

6.8.2.2 Fallgruppen

Relevante Willensmängel — Gemäß den §§ 116 ff. BGB lassen sich drei Fallgruppen rechtlich relevanter Willensmängel unterscheiden:

- bewußte Willensmängel, bei denen Wille und Erklärung bewußt voneinander abweichen, §§ 116-118 BGB; hier will der Erklärende die Rechtsfolgen seiner Erklärung nicht;
- unbewußte Willensmängel, bei denen Wille und Erklärung unbewußt divergieren, §§ 119-120 BGB; hier will der Erklärende eine Erklärung anderen Inhalts abgeben oder er geht bei der Willensbildung von falschen Vorstellungen aus – er irrt also;
- unzulässige Beeinträchtigung der Freiheit der Willensentschließung durch arglistige Täuschung und widerrechtliche Drohung, § 123 BGB; hier geht es nicht um einen Zwiespalt zwischen Wille und Erklärung, sondern um die verwerfliche Beeinflussung.

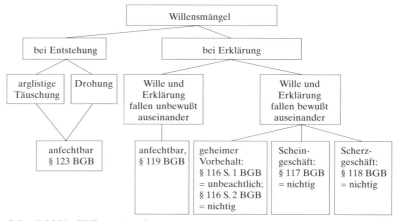

Schaubild 30: Willensmängel

6.8.2.3 Bewußte Willensmängel

Das BGB kennt drei Fälle von bewußten Willensmängeln: den geheimen Vorbehalt, § 116 BGB, das Scheingeschäft, § 117 BGB, sowie die Scherzerklärung, § 118 BGB.

- Behält der Erklärende sich insgeheim vor, das Erklärte nicht zu wollen (man nennt das auch Mentalreservation), so ist dies grundsätzlich unbeachtlich, die Willenserklärung ist wirksam, § 116 S. 1 BGB. Nur dann, wenn derjenige, demgegenüber sie abzugeben war, den Vorbehalt kennt, ist die Willenserklärung nichtig, § 116 S. 2 BGB.   *Mentalreservation*

- Wird eine einem anderen gegenüber abzugebende Willenserklärung mit dessen Einverständnis nur zum Schein abgegeben, dann ist sie nichtig, § 117 I BGB.

  Beispiel: Grundstücksverkauf vor dem Notar unter Angabe eines geringeren als des vereinbarten Kaufpreises, um Kosten bzw. Gebühren zu sparen (Erklärtes ist nicht gewollt, Gewolltes ist nicht erklärt).

  Ein mit dem Scheingeschäft verdecktes Geschäft kann aber, wenn dessen Wirksamkeitsvoraussetzungen erfüllt sind, gültig sein, § 117 II BGB.   *Scheinerklärung*

  Beispiel: Der obige „Schwarzkauf" soll meistens nur den in Wirklichkeit gewollten höheren Kaufpreis verdecken. Zwar sieht § 313 S. 1 BGB die Beurkundung des gewollten höheren, nicht erklärten, Kaufpreises vor, weswegen das verdeckte Rechtsgeschäft grundsätzlich i.S.d. § 125 BGB wegen Formmangels nichtig ist (Gewolltes ist nicht, wie wegen § 313 S. 1 BGB erforderlich, beurkundet); gemäß § 313 S. 2 BGB wird dieser Formmangel aber mit der Auflassung, vgl. die §§ 925, 873 BGB, und Eintragung des Erwerbers im Grundbuch geheilt (vgl. auch oben 6.4) (d.h., der Grundstückserwerber schuldet dem Veräußerer dann den tatsächlich vereinbarten – höheren – Kaufpreis).

- Wird eine nicht ernstlich gemeinte Willenserklärung in der Erwartung abgegeben, der Mangel der Ernstlichkeit werde vom Erklärungsgegner nicht verkannt (Scherzerklärung), so ist sie nichtig, § 118 BGB.   *Scherzerklärung*

  Beispiel: Der Dozent „spielt" in der Vorlesung mit einem Studenten den Kaufvertrag zu didaktischen Zwecken durch.

  Erkennt der Geschäftsgegner diesen Mangel der Ernstlichkeit nicht und vertraut er auf die Gültigkeit der Erklärung, dann schuldet der Erklärende gemäß § 122 BGB den Ersatz des Schadens, der durch das Vertrauen auf die Wirksamkeit der Erklärung entstand (sog. Vertrauensschaden; s. u. 6.8.2.4. a.E.). Wenn der Erklärende aber erkennt, daß der Erklärungsgegner die Erklärung als ernstlich gewollt ansieht, dann muß er ihn gemäß § 242 BGB (s. u. 8.3.1.2) aufklären; unterläßt er das, so kann er sich auf § 118 BGB nicht mehr berufen.   *Vertrauensschaden*

6.8.2.4 Unbewußte Willensmängel

Beim unbewußten Auseinanderfallen von Wille und Erklärung, dem sog. Irrtum, gibt das BGB dem Erklärenden die Möglichkeit, das Rechtsgeschäft durch Anfechtung zu vernichten. Dabei sind folgende Aspekte zu beachten:

— Rechtsgeschäft

anfechtbare Willenserklärungen

Anfechtbar wegen Irrtums sind nur Willenserklärungen. Realakte (= Tathandlungen), die lediglich auf einen äußeren Erfolg gerichtet sind, an den aber das Gesetz Rechtsfolgen knüpft (etwa: Verarbeitung, Verbindung, s. o. 6.3.3.2), sind nicht anfechtbar. Soweit das BGB vom anfechtbaren Rechtsgeschäft spricht, vgl. § 142 BGB, ist dies unpräzise: gemeint ist die anfechtbare Willenserklärung.

— Anfechtungsgründe
§§ 119, 120 BGB unterscheiden verschiedene Irrtumsfälle, die zur Anfechtung berechtigen können:

Inhaltsirrtum

- § 119 I 1. Alt. BGB stellt beim dortigen sog. Inhaltsirrtum (s. o. 6.3.2.3) darauf ab, daß der Erklärende „bei der Abgabe der Willenserklärung über deren Inhalt im Irrtum war". Der Erklärende irrt also über die Bedeutung der abgegebenen Erklärung. Er weiß, was er sagt, aber er weiß nicht, was er damit sagt.

Beispiel: Eine Nonne bestellt 25 Gros Rollen Toilettenpapier (= 3.600 Rollen; 1 Gros = 12 Dutzend = 144) in der Annahme, es handle sich um 25 große Rollen.

Erklärungsirrtum

- § 119 I 2. Alt. BGB erfaßt beim sog. Erklärungsirrtum solche Fälle, in denen der Erklärende „eine Erklärung dieses Inhalts gar nicht abgeben wollte". Dabei weiß er gar nicht, was er sagt. Der Erklärende erklärt also nicht das, was er eigentlich erklären wollte. Typische Fälle dafür sind das Sich-Versprechen, Sich-Verschreiben bzw. Sich-Vergreifen.

Beispiele: Der Verkäufer bietet schriftlich Ware zum Preis vom DM/Euro 6,75 an, hat sich dabei aber vertippt (eigentlich sollte der Preis auf 7,65 lauten); oder: der Verkäufer greift versehentlich in das falsche Regal und übereignet eine andere als die vereinbarte Ware (daran sieht man auch, daß rechtsrelevante Irrtümer sowohl bei Willenserklärungen, die sich auf das Verpflichtungsgeschäft – hier: der Kaufvertrag, § 433 BGB – beziehen, als auch bei sich auf das Verfügungsgeschäft – hier: auf die Übereignung der anderen Ware, § 929 S. 1 BGB – erstreckenden Willenserklärungen auftauchen können);

Kalkulationsirrtum

- bei Kaufleuten als problematisch erweisen sich hierbei die Fälle des sog. Kalkulations- bzw. Berechnungsirrtums insbesondere dann, wenn ein falscher (fehlerhaft errechneter) Preis, etwa bei Angeboten, angegeben wird.

Beispiele: Der Bauunternehmer addiert Baustoffkosten falsch und gibt daher ein zu niedriges Angebot ab; oder: er geht von falschen Betriebskosten aus; oder: er verrechnet sich bei Kosten der Eigenbeschaffung.

Wird dem Geschäftsgegner dabei nur das Ergebnis der (internen) Berechnung, nicht aber deren Kalkulation mitgeteilt, dann sind etwaige Fehler der Berechnung grundsätzlich als unerheblicher, nicht zur Anfechtung berechtigender, Motivirrtum zu werten (sog. interner bzw. verdeckter Kalkulationsirrtum). intern

Wird dagegen die fehlerhafte Kalkulation ausdrücklich zum Gegenstand der Vertragsverhandlungen gemacht (sog. externer bzw. offener Kalkulationsirrtum), so kommt nach der Rspr. ggf. ein Anfechtungsrecht aufgrund eines (sog. erweiterten) Inhaltsirrtums in Betracht (u. U. kann der Preis auch durch Auslegung, §§ 133, 157 BGB, ermittelt bzw. angepaßt werden; hat der Geschäftsgegner den Kalkulationsirrtum erkannt, kann sich auch ein Anspruch des offenbar unrichtig Kalkulierenden auf Schadensersatz bzw. Freistellung aus c.i.c. – s. u. 9.8 – ergeben). extern

- § 120 BGB stellt die irrtümlich unrichtig übermittelte Erklärung dem Erklärungsirrtum i.S.d. § 119 I 2. Alt. BGB gleich. Das Risiko der Falschübermittlung trägt hier also der Erklärende, er kann aber ebenfalls anfechten. Übermittlungsperson i.S.d. § 120 BGB ist nicht der Vertreter, der ja keine fremde Erklärung übermittelt, sondern eine eigene abgibt, vgl. die §§ 164 ff. BGB (s.u. 7). Unter § 120 BGB fallen vielmehr folgende *Beispiele:* der Erklärungsbote (s.u. 7.3.2), ein Dolmetscher, oder aber die eine Briefsendung übermittelnde Deutsche Post AG. Übermittlungsfehler

Im übrigen haftet der fehlerhaft Übermittelnde dem Erklärenden u. U. wegen Sorgfaltspflichtverletzung im zwischen beiden bestehenden Vertrag nach den Grundsätzen der positiven Vertragsverletzung (pVV, s. u. 9.7) bzw. ggf. aus unerlaubter Handlung, §§ 823 ff. BGB (s. u. 12);

- § 119 II BGB erkennt mit dem Eigenschaftsirrtum Fehler in der Willensbildung ausnahmsweise dadurch als Anfechtungsgrund an, daß als Irrtum über den Inhalt der Erklärung auch der Irrtum über solche Eigenschaften der Person oder Sache, die im Verkehr als wesentlich angesehen werden, gilt. Eigenschaftsirrtum

(Grundsätzlich nämlich ist ein Irrtum im Motiv unbeachtlich, s. o. 6.3.2.4). Der Eigenschaftsirrtum wird also dem Inhaltsirrtum gleichgestellt und berechtigt wie dieser zur Anfechtung. Motivirrtum

Beispiele: Irrtum über die Zahlungsfähigkeit und Kreditwürdigkeit beim Kreditgeschäft; Irrtum über Herstellungsjahr oder Fahrleistung beim PKW-Kauf; Irrtum über Fahrpraxis des eingestellten Berufskraftfahrers.

Keine Eigenschaften i.S.d. § 119 II BGB sind aber bspw. der Wert oder Marktpreis einer Sache, auch nicht das Eigentum daran. Wichtig ist in diesem Zusammenhang noch, daß § 119 II BGB durch die §§ 459 ff. BGB beim Sachkauf nach dem Gefahrenübergang ausgeschlossen wird; ist die Kaufsache nämlich mangelhaft, dann gehen die Gewährleistungsrechte (s. u. 10.2.7) nach den §§ 462, 463 BGB vor, das Anfechtungsrecht entfällt (es sei denn, der Irrtum beträfe eine verkehrswesentliche Eigenschaft, die kein Sachmangel i.S.d. § 459 BGB ist, wie etwa das Alter eines PKW).

Erklärung nötig
– Anfechtungserklärung
Das Vorliegen eines Anfechtungsgrundes alleine macht die Willenserklärung noch nicht unwirksam, vielmehr muß die Anfechtung ausdrücklich oder konkludent („lasse ich nicht gelten") dem Anfechtungsgegner erklärt werden, § 143 BGB. Die Anfechtungserklärung ist eine formfreie, empfangsbedürftige, unwiderrufliche und bedingungsfeindliche Willenserklärung (s. o. 6.3.4.3).

Unverzüglich
– Anfechtungsfrist
Die Anfechtung kann in den Fällen der §§ 119, 120 BGB nur unverzüglich, d.h. ohne schuldhaftes Zögern, erfolgen, § 121 I BGB (unverzüglich heißt nicht sofort; angemessene Überlegungszeit wird also zugebilligt).

Nichtigkeit
– Rechtsfolgen
Das angefochtene Rechtsgeschäft, d. h. die Willenserklärung (s. o.), ist als von Anfang an nichtig anzusehen, § 142 I BGB. Diese ex-tunc-Wirkung wird aber bei bereits in Vollzug gesetzten faktischen Arbeitsverhältnissen oder fehlerhaften Gesellschaftsverträgen aus Gründen der Rechtssicherheit und des Vertrauensschutzes durch die Rspr. eingeschränkt; hier wirkt die Anfechtung nur ex nunc (d. h. ab dem Zeitpunkt des Zugangs der Anfechtungserklärung; s. u. 8.3.3; 10.4.8.4).

Vertrauensschaden
Gemäß § 122 I BGB hat der Anfechtende dem auf die Gültigkeit der Willenserklärung vertrauenden Geschäftsgegner einen etwaigen Vertrauensschaden zu ersetzen. Dieser erfaßt die Nachteile, die durch das Vertrauen auf die Erklärungsgültigkeit entstanden sind, sog. negatives Interesse. Der Geschäftsgegner ist also so zu stellen, als hätte der Irrende nie eine Erklärung abgegeben (s.a. unten 8.12.3 a.E.).

Beispiele: Transportkosten; Vertragsabschlußkosten; Aufwendungen für Weiterverkauf; Planungskosten; Vertragsstrafe.

Unterschied zum Erfüllungsinteresse
Von diesem Vertrauensschaden, gerichtet auf das negative Interesse, ist übrigens das nicht unter § 122 I BGB fallende sog. Erfüllungsinteresse (= positives Interesse) zu unterscheiden, bei dem der Gläubiger so

zu stellen ist, als wenn der Schuldner erfüllt hätte. Darunter fiele etwa auch ein entgangener Gewinn bzw. die Differenz zwischen Kaufpreis und Wert der Sache (vgl. bspw. § 325 BGB). Der Anspruch auf Ersatz des Vertrauensschadens nach § 122 I BGB wird der Höhe nach durch das Erfüllungsinteresse begrenzt. Haben die Parteien aufgrund einer angefochtenen Willenserklärung bereits Leistungen ausgetauscht, so sind diese gemäß § 812 I 1 1. Alt. BGB zurückzugeben (s. u. 11).

6.8.2.5 Unzulässige Beeinträchtigung der Willensbildung

Auch bei der unzulässigen Beeinträchtigung der Freiheit der Willensentschließung durch arglistige Täuschung oder Drohung besteht gemäß § 123 BGB ein Anfechtungsrecht.

- Arglistige Täuschung   Arglist
  Bei der arglistigen Täuschung geht es um das vorsätzliche Hervorrufen oder Aufrechterhalten eines Irrtums durch Vorspiegelung oder Unterdrücken von Tatsachen.
  Beispiel: Der Anbieter, der selbst zu DM/Euro 33.000,- Einkaufspreis gekauft hat, erklärt seinen Weiterverkaufspreis von DM/Euro 150.000,- als „besondere Einkaufsmöglichkeit".

Das Verschweigen wahrer Tatsachen ist arglistige Täuschung nur dann, wenn insoweit eine Aufklärungspflicht besteht.

Beispiele: Das Verschweigen eines schweren Unfalls beim Kfz-Verkauf; oder: der Berufskraftfahrer verschweigt bei der Einstellung mehrere Vorstrafen wegen straßenverkehrsrechtlicher Delikte; nicht aber i.d.R. etwa: Verschweigen der Schwangerschaft beim Einstellungsgespräch (s. u. 10.4.8.3).

Die Täuschungshandlung muß kausal sein für die abgegebene Willenserklärung des Getäuschten. Täuschungshandlungen Dritter muß sich der Erklärungsgegner unter den Voraussetzungen des § 123 II BGB zurechnen lassen, wobei „Dritter" in diesem Sinn nur ein am Geschäft Unbeteiligter, dem Erklärungsgegner nicht Zuzurechnender ist (anders aber wäre es bei einem Vertreter oder Erfüllungsgehilfen des Erklärungsgegners).   Täuschung

Beispiele: Ein Dritter täuscht den Käufer über die Neuwertigkeit der Kaufsache. Daraufhin erwirbt sie der Käufer beim Verkäufer: er kann den Kaufvertrag jetzt nicht anfechten, vgl. § 123 II 1 BGB. Täuscht den Käufer allerdings ein Mitarbeiter des Verkäufers, so muß sich dieser die Täuschung zurechnen und die Anfechtung durch den Käufer gefallen lassen (vgl. § 278 BGB).

- Widerrechtliche Drohung   Drohung
  Das widerrechtliche Inaussichtstellen eines Übels (= Drohung), das den Erklärenden in eine Zwangslage versetzt, erlaubt gemäß § 123 I 2. Alt. BGB ebenfalls die Anfechtung.

Beispiele: Verkauf eines Grundstücks nach der Drohung mit dem Nichteinlösen eines Wechsels; Androhung von massiver Gewaltanwendung, wenn ein Darlehen nicht gewährt werde.

– Anfechtungserklärung, -frist
 Die Anfechtung aufgrund § 123 BGB muß dem Geschäftsgegner ebenfalls nach § 143 BGB erklärt werden. Die Frist hierfür beträgt ein Jahr, § 124 BGB (längstens dreißig Jahre, § 124 III BGB). Neben dem Anfechtungsrecht des § 123 BGB besteht oftmals auch ein Anfechtungsrecht wegen Irrtums i.S.d. § 119 BGB; der Erklärende hat dann ein Wahlrecht, auf welche Anfechtungsmöglichkeit er sich stützen will (etwa im Hinblick auf § 122 BGB). Häufig besteht neben dem Anfechtungsrecht des § 123 BGB auch Anspruch auf Schadensersatz gemäß § 823 II BGB i.V.m. den §§ 263 bzw. 240 StGB oder § 826 BGB oder aus culpa in contrahendo (s. u. 9.8).

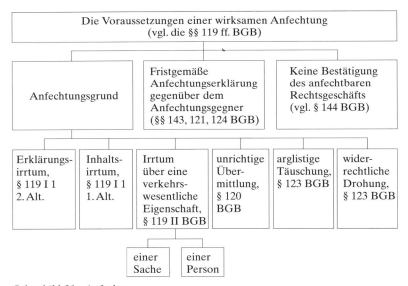

Schaubild 31: Anfechtung

7 Stellvertretung

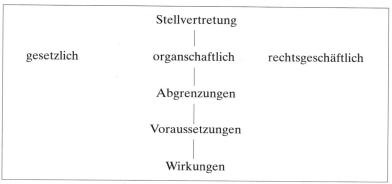

Leitübersicht 7: Stellvertretung

Leitfragen zu 7:
a) Was versteht man unter Stellvertretung?
b) Welche Fälle gibt es?
c) Von welchen Rechtsfiguren ist die Stellvertretung zu unterscheiden?
d) Welche Voraussetzungen, welche Grenzen sind zu beachten?
e) Worin bestehen die Besonderheiten kaufmännischer Stellvertretungsformen?

Gewünschte Rechtsgeschäfte selbst, persönlich zu tätigen, gelingt allenfalls der Privatperson in den meisten Fällen; im Wirtschaftsleben dagegen wären der Produktionsprozeß, der Waren- und Dienstleistungsverkehr ohne die Einschaltung von Dritten, die für ein Unternehmen rechtsgeschäftlich handeln, gar nicht möglich. Das Recht der Stellvertretung ist daher gerade für das Wirtschaftsprivatrecht von besonderer Bedeutung.

7.1 Begriff

Unter Vertretung bzw. Stellvertretung versteht man das rechtsgeschäftliche Handeln im Namen des Vertretenen mit der Wirkung, daß die Rechtsfolgen unmittelbar in der Person des Vertretenen eintreten. Sie ist im BGB im wesentlichen in den §§ 164 ff. geregelt. Mit nicht-rechts-

Handeln für andere

Prinzipien geschäftlichem Handeln hat sie grundsätzlich nichts zu tun. Dabei geht die Vertretung davon aus, daß

- rechtsgeschäftlich Handelnder nur der Vertreter, nicht der Vertretene, ist (sog. Repräsentationsprinzip),
- der Vertreter erkennbar im Namen des Vertretenen auftritt (sog. Offenkundigkeitsprinzip),
- und daß die Vertretungsmacht und das ihr zugrundeliegende Rechtsverhältnis zwischen Vertretenem und Vertreter voneinander zu trennen sind (sog. Abstraktionsprinzip).

Schaubild 32: Prinzipien der Stellvertretung

7.2 Arten

Es lassen sich mehrere Arten der Vertretung unterscheiden:

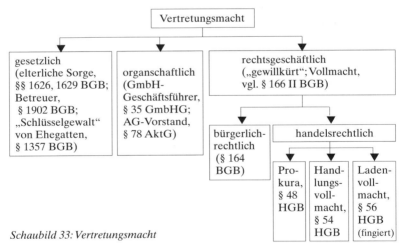

Schaubild 33: Vertretungsmacht

7.2.1 Gesetzliche Vertretung

gesetzlich In einigen Fällen ergibt sich die Befugnis, andere natürliche Personen zu vertreten, unmittelbar aus gesetzlichen Vorschriften:

- Eltern für ihre Kinder aus ihrem Sorgerecht, §§ 1626, 1629 BGB;
- Ehegatten im Rahmen der Schlüsselgewalt, § 1357 BGB;

- der Vormund für das Mündel, §§ 1773, 1793 BGB;
- der Pfleger für den Pflegebefohlenen, §§ 1909 ff. BGB;
- der Betreuer für den Betreuten, §§ 1896, 1902 BGB.

7.2.2 Organschaftliche Vertretung

Juristische Personen als rechtliche Konstrukte (s. o. 3.2) handeln durch ihre Organe. Diese haben eine der gesetzlichen Vertretung ähnliche Vertretungsmacht, die sich aus der Satzung näher ergibt: *organschaftlich*

- gemäß § 26 II BGB hat der Vereinsvorstand die Stellung eines gesetzlichen Vertreters;
- die GmbH wird durch ihre Geschäftsführer gerichtlich und außergerichtlich vertreten, § 35 I GmbHG;
- der Vorstand vertritt die AG gerichtlich und außergerichtlich, § 78 I AktG;
- die Genossenschaft wird durch ihren Vorstand gerichtlich und außergerichtlich vertreten, § 24 I GenG.

Die oHG als nichtrechtsfähiger Personenverband (s.o. 3.3) wird gemäß § 125 I HGB von jedem Gesellschafter vertreten, die KG von jedem Komplementär, §§ 161 II, 125 I HGB, die Partnerschaft von jedem Partner, § 7 III PartGG, die EWIV von ihrem Geschäftsführer, Art. 20 EWIV-VO.

7.2.3 Rechtsgeschäftliche Vertretung

Vertretungsbefugnis wird, und das ist gerade im Wirtschaftsleben wichtig, regelmäßig durch Rechtsgeschäft erlangt. Diese durch Rechtsgeschäft erteilte Vertretungsmacht nennt das BGB Vollmacht, vgl. § 166 II BGB (aus diesem Sprachgebrauch läßt sich erkennen, daß das Gesetz den Begriff „Vertretungsmacht" als Oberbegriff sowohl für die gesetzliche als auch für die rechtsgeschäftliche Vertretungsmacht verwendet). *rechtsgeschäftlich*

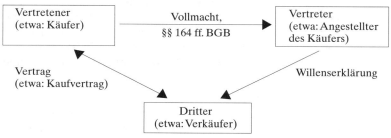

Schaubild 34: Rechtsgeschäftliche Vertretung

7.2.3.1 Erklärung

Innen- / Außenvollmacht

Die Vollmacht wird durch eine einseitige, empfangsbedürftige Willenserklärung, die sog. Bevollmächtigung, erteilt; dies ist möglich gegenüber dem zu Bevollmächtigenden (= Innenvollmacht) oder gegenüber dem Dritten, dem gegenüber die Vertretung stattfinden soll (= Außenvollmacht), § 167 I BGB.

Beispiel: Der Vertretene erklärt: „Hiermit bevollmächtige ich Herrn/Frau Schuster, für mich einen Rasenmäher Marke Fuchs, Typ Welpe, zu erwerben".

Die Vollmachtserteilung ist grundsätzlich formfrei, § 167 II BGB; Ausnahmen davon bestimmen aber die §§ 1945 III BGB, 2 II GmbHG, 134 III, 135 AktG, 29 f. GBO, 80 ZPO, ebenso, wenn der Vertretene durch die Vollmachtserteilung so gebunden wird wie durch den abzuschließenden Vertrag selbst.

Beispiel: Unwiderrufliche Bevollmächtigung zur Grundstücksveräußerung, die im Hinblick auf § 313 BGB ebenfalls der notariellen Beurkundung bedarf.

7.2.3.2 Arten der Vollmacht

Vollmachten lassen sich in mehrerer Weise unterscheiden:

Formen der Vollmacht

- Spezialvollmacht (für ein bestimmtes Rechtsgeschäft);
- Artvollmacht (für eine bestimmte Gruppe von Rechtsgeschäften; vgl. etwa § 54 HGB);
- Generalvollmacht (für alle Rechtsgeschäfte);
- Gesamtvollmacht (mehrere Personen vertreten gemeinschaftlich; vgl. die §§ 48 II HGB, 714, 709 BGB);
- Untervollmacht (der Vertreter erteilt einem Dritten Vollmacht; der Unterbevollmächtigte vertritt dann nicht den Vertreter, sondern ebenfalls den Vertretenen);

Duldungs-/ Anscheinsvollmacht

- Duldungs- sowie Anscheinsvollmacht – diese sind keine ausdrücklich erteilten rechtsgeschäftlichen Vertretungsfälle, aber der Geschäftsherr läßt es entweder wissentlich zu, daß jemand für ihn wie ein Vertreter auftritt (Duldungsvollmacht), oder aber er weiß dies zwar nicht, hätte es aber erkennen und verhindern können (Anscheinsvollmacht) – aus dem Grundsatz des Vertrauensschutzes, § 242 BGB, ergibt sich, daß der Geschäftsherr sich hier so behandeln lassen muß, als läge eine wirksame Vollmachtserteilung vor (s. u. 8.3.1.2 bzw. 8.3.2; vgl. etwa 7.8.3.1; s. a. 7.8.4 a.E.).

Handelsvollmachten

Das Handelsrecht kennt als besondere Vollmachten die Prokura (§§ 48 ff. HGB), die Handlungsvollmacht (§ 54 HGB) sowie die Ladenvollmacht (§ 56 HGB), s. u. 7.8.

7.2.3.3 Erlöschen der Vollmacht

Die Vollmacht (Außenverhältnis) und das ihr zugrundeliegende Rechtsgeschäft (Innenverhältnis) sind voneinander zu trennen (s. o. 7.1; Abstraktionsprinzip). Die Verknüpfung von Innen- und Außenverhältnis ergibt sich aus § 168 BGB. Danach bestimmt sich das Erlöschen der Vollmacht nach dem Innenverhältnis.

Innenverhältnis

Beispiele: Der Vertreter hat das vorzunehmende Rechtsgeschäft getätigt; oder das Arbeitsverhältnis endet, dann endet auch die dem Mitarbeiter erteilte Vollmacht.

Die Vollmacht ist im übrigen grundsätzlich frei widerruflich, § 168 S. 2 BGB. Auch mit der Anfechtung ihrer Erteilung erlischt die Vollmacht (ex tunc, d. h. der Vertreter ist Vertreter ohne Vertretungsmacht, §§ 177, 179 BGB; s. u. 7.6; s. a. 6.8.2.4.).

Widerruf / Anfechtung

Das Erlöschen der dem Geschäftsgegner gegenüber erteilten oder kundgegebenen Vollmacht (§§ 170-172 BGB) muß diesem auch angezeigt bzw. bekannt werden (§§ 170, 173 BGB). Eine Vollmachtsurkunde ist zurückzugeben bzw. kann für kraftlos erklärt werden, §§ 175, 176 BGB.

7.3 Abgrenzungen

Die Stellvertretung ist von einigen ähnlichen Rechtsfiguren abzugrenzen:

7.3.1 Mittelbare Stellvertretung

Mittelbare (indirekte, unechte, verdeckte, stille) Stellvertretung liegt vor, wenn der Vertreter zwar auch für fremde Rechnung tätig wird, aber dabei im eigenen Namen handelt. Das ist keine Stellvertretung i.S.d. §§ 164 ff. BGB, da dem BGB diese Form nicht bekannt ist (im HGB dagegen werden solche Geschäftsformen bei der Kommission, §§ 383 ff. HGB, und der Spedition, §§ 453 ff. HGB, geregelt, s. u. 10.9.3.1, 10.10.2.3). Der im eigenen Namen handelnde Vertreter wird aus getätigten Rechtsgeschäften alleine berechtigt und verpflichtet, er wird selbst Vertragspartner des Geschäftsgegners.

Handeln im eigenen Namen

Dem mittelbaren Stellvertreter ähnelt der Treuhänder, dem der Treugeber Vermögensrechte überträgt oder Verfügungsmacht einräumt, von denen er nur aufgrund einer schuldrechtlichen Vereinbarung entsprechenden Gebrauch machen darf. Auch der „Strohmann" ist mittelbarer Stellvertreter; er wird von seinem Hintermann vorgeschoben, der selbst nicht in Erscheinung treten will oder kann.

Treuhand

„Strohmann"

7.3.2 Bote

Überbringer — Während der Vertreter in fremdem Namen auf fremde Rechnung durch Abgabe einer eigenen Willenserklärung handelt, § 164 I BGB, gibt der Bote keine eigene Willenserklärung ab, sondern überbringt lediglich eine fremde. Daher kann Bote auch ein Geschäftsunfähiger sein. Bei irriger Übermittlung gilt § 120 BGB.

Erklärungs- / Empfangsbote — Der Erklärungsbote (= Übermittlungsbote) gibt eine Willenserklärung des Auftraggebers weiter, der Empfangsbote nimmt eine fremde Willenserklärung für seinen Geschäftsherrn in Empfang.

Beispiele: „Ich soll Ihnen ausrichten, daß ..."; Herr/Frau/Firma „läßt Ihnen sagen, daß ...".

Im Geschäftsverkehr zeichnet der Bote häufig mit „i.A." (im Auftrag; diese Form der Zeichnung trifft man allerdings auch häufig beim Handlungsbevollmächtigten an, s. u. 7.8.3.1 a.E).

7.3.3 Erfüllungsgehilfe

Mit dem Vertretungsrecht in keiner Beziehung steht die Frage, ob jemand das Verschulden einer Person, deren er sich zur Erfüllung einer Verbindlichkeit bedient, in gleichem Umfang zu vertreten hat wie eigenes Verschulden, § 278 S. 1 BGB.

Erfüllung einer Verbindlichkeit — Wichtig ist das im Vertragsrecht, wenn es bei den Leistungsstörungen (s. u. 9) um die Frage des Ersatzes eines Schadens geht, den nicht der Vertragspartner (Schuldner) selbst, sondern ein für diesen Handelnder – man nennt ihn Erfüllungsgehilfe – verursacht hat (s. u. 8.13.2).

Beispiel: Der mit der Kfz-Reparatur beauftragte Geselle zieht eine Radmutter nicht an und es kommt daher zum Unfall. Der Werkstattinhaber wird so behandelt, als habe er selbst schuldhaft, nämlich fahrlässig, gehandelt, §§ 278, 276 I 2 BGB, und schuldet daher grds. Schadensersatz wegen vertraglicher Pflichtverletzung (gemäß § 635 BGB, ggf. auch wegen pVV, s. u. 10.3.5.2 bzw. 9.7). Der Spediteur und Lagerhalter muß darüber hinaus „für seine Leute" einstehen, §§ 462, 428 HGB.

7.3.4 Verrichtungsgehilfe

unerlaubte Handlung — Vom Vertretungsrecht einerseits und der Frage der vertraglichen Verschuldenszurechnung gemäß § 278 BGB andererseits ist die Rechtsfigur des Verrichtungsgehilfen zu unterscheiden. Dessen tatbestandliche und widerrechtliche Schadenszufügung im Rahmen einer unerlaubten Handlung muß der Geschäftsherr sich dergestalt zurechnen lassen, daß er gemäß § 831 BGB selbst haftet (s. u. 8.13.3 bzw. Schaubild 56).

Beispiel: Im obigen Beispiel muß der Werkstattinhaber also u. U. auch gemäß § 831 I 1 BGB (und nicht nur vertragsrechtlich) Schadensersatz leisten. (An diesem Beispiel sieht man schon, daß der Erfüllungs- und der Verrichtungsgehilfe ein und dieselbe Person sein kann, s. u. 8.13; 12.5).

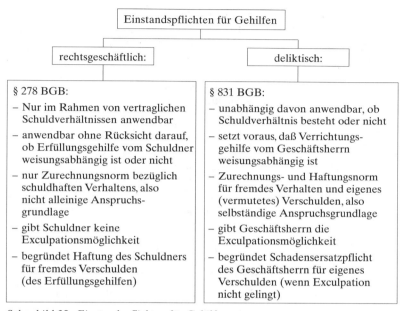

Schaubild 35: *Einstandspflichten für Gehilfen*

7.3.5 Besitzdiener

Besitz ist die vom Rechtsverkehr anerkannte tatsächliche Herrschaft einer Person über eine Sache, § 854 BGB. Wer diese tatsächliche Sachgewalt für den Besitzer weisungsgebunden ausübt, ist nicht selbst Besitzer, sondern Besitzdiener, § 855 BGB. Hier geht es also nicht, wie bei der Stellvertretung, um rechtsgeschäftliche Aspekte, sondern nur um die tatsächlichen. Ein Stellvertreter kann aber durchaus auch Besitzdiener sein (s. u. 15.4.2).

Sachgewalt

Beispiele: Mitarbeiter eines Unternehmens bis hin zum Prokuristen; Kinder (auch volljährige) im Geschäft des Vaters; Jagdaufseher (hinsichtlich erlegten Wildes).

Nicht aber: Vorstand einer juristischen Person für deren Sachen; Ehegatten und Lebensgefährten für Sachen des anderen.

7.4 Voraussetzungen der wirksamen Stellvertretung

Erfordernisse

Eine wirksame Stellvertretung setzt gemäß den §§ 164 ff. BGB folgendes voraus (vgl. § 164 I 1 BGB):
- rechtliche Zulässigkeit der Vertretung,
- Vertretungsmacht des Vertreters,
- Handeln des Vertreters im Namen des Vertretenen, sowie
- eine Willenserklärung des Vertreters.

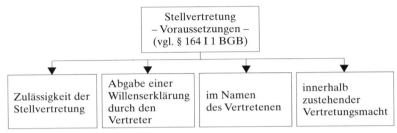

Schaubild 36: Stellvertretung – Voraussetzungen

7.4.1 Zulässigkeit der Vertretung

Die Stellvertretung muß überhaupt rechtlich zulässig sein:

Ausschluß

Bei höchstpersönlichen Rechtsgeschäften ist Stellvertretung ausgeschlossen.

Beispiele: Eheschließung, § 1311 S. 1 BGB; Testamentserrichtung, § 2064 BGB; Erbvertrag, § 2274 BGB; s. a. die §§ 1595, 1600 d, 1617 II, 1618 II, 1728, 1729, 1740 b III, 1740 c, 1750 III, 2282, 2347 II, 2351 BGB.

Soweit das Gesetz lediglich die gleichzeitige Anwesenheit der Parteien fordert wie etwa bei der Auflassung, § 925 BGB, ist dagegen eine Vertretung durchaus möglich (s. u. 15.3.4.1).

7.4.2 Vertretungsmacht

Die gemäß § 164 I 1 BGB erforderliche Vertretungsmacht, s. o. 7.2, kann auf Gesetz oder Rechtsgeschäft beruhen. Fehlt sie, so liegt Vertretung ohne Vertretungsmacht i.S.d. §§ 177 ff. BGB vor (s. u. 7.6).

7.4.3 Offenkundigkeit

Erkennbarkeit

Die Stellvertretung muß erkennbar, also offenkundig sein, denn der Vertreter muß im Namen des Vertretenen handeln, § 164 I 1 BGB. Dabei ist es nicht erforderlich, daß das Handeln in fremdem Namen ausdrücklich erfolgt. Vielmehr reicht es aus, wenn die Umstände ergeben, daß für einen Hintermann gehandelt wird. Mittelbare Stellvertretung genügt aber gerade nicht (s. o. 7.3.1).

Ist die Stellvertretung für den Geschäftspartner nicht erkennbar, dann liegt ein Eigengeschäft des Vertreters vor, § 164 II BGB.

Vom erforderlichen Handeln „in" fremdem Namen, § 164 I 1, II BGB, ist das Handeln „unter" fremdem Namen zu trennen: bei einer solchen Identitätstäuschung kommt es darauf an, ob dem Geschäftsgegner dies wichtig ist oder nicht – wenn nein, wird der (nicht vertretende) Handelnde sein Vertragspartner, wenn ja, dann fehlt es an der erforderlichen Vertretungsmacht (s. u. 7.6), und ein Vertrag kommt nicht zustande.

<small>Handeln unter fremdem Namen</small>

Beispiele: Der zahlungsfähige Hotelgast bestellt für einen „Seitensprung" ein Hotelzimmer unter fremdem Namen – da dies dem Hotelier regelmäßig gleichgültig ist, kommt der Zimmermietvertrag zwischen diesen beiden zustande. Anders aber ist es, wenn sich ein Mittelloser bei einer Bank einen Kredit dadurch erschleichen will, daß er unter dem Namen eines ahnungslosen, kreditwürdigen Dritten auftritt.

Eine Ausnahme vom Offenkundigkeitsprinzip wird bei den Bargeschäften des täglichen Lebens gemacht: wenn die Person, die Vertragspartner wird bzw. werden soll, für den Geschäftsgegner unwichtig ist, und der Vertreter Vertretungsmacht und den Willen zur Vertretung hat, muß die Vertretung nicht offengelegt werden, sog. „Geschäft für den, den es angeht".

<small>Bargeschäfte des täglichen Lebens</small>

Beispiele: Zeitungskauf für einen Arbeitskollegen am Kiosk – der Kaufvertrag (§ 433 BGB) und der Eigentumsübergang (§ 929 S. 1 BGB) kommen unmittelbar mit ihm zustande, auch wenn die Vertretung nicht aufgedeckt wird.

7.4.4 Willenserklärung des Vertreters

Zur wirksamen Vertretung gehört, daß der Vertreter eine eigene Willenserklärung abgibt, § 164 I 1 BGB. Die Weitergabe einer fremden Willenserklärung (Bote, s. o. 7.3.2) reicht nicht aus.

<small>eigene Erklärung</small>

7.5 Wirkung der Stellvertretung

Sind alle Voraussetzungen für die wirksame Stellvertretung erfüllt, dann treffen die Wirkungen eines Rechtsgeschäftes ausschließlich den Vertretenen, nicht aber den Vertreter. Zwischen dem Vertreter und dem Geschäftsgegner entsteht kein Rechtsverhältnis: Willenserklärungen des Vertreters für den Vertretenen wirken unmittelbar für und gegen diesen. Dies gilt sowohl für die aktive Stellvertretung, bei der der Vertreter

<small>Rechtsfolgen treffen den Vertretenen</small>

selbst die Willenserklärung abgibt, § 164 I 1 BGB, als auch für die passive Stellvertretung, bei der ein Dritter dem Vertreter gegenüber eine Willenserklärung abgibt, die der Vertreter entgegennimmt, § 164 III BGB. Aus den vom Vertreter getätigten Rechtsgeschäften wird also nur der Vertretene alleine berechtigt und verpflichtet.

Beispiel: Der Prokurist nimmt mit Wirkung für und gegen seinen Arbeitgeber ein Angebot eines Geschäftspartners, gerichtet auf Abschluß eines Kaufvertrages, an (passive Stellvertretung); oder: er gibt seinerseits ein Vertragsangebot ab (aktive Stellvertretung).

Willensmängel Da das Geschäft vom Vertreter getätigt wird, kommt es im Hinblick auf relevante Willensmängel (Irrtum, arglistige Täuschung, Drohung, s. o. 6.8.2) nicht auf den Vertretenen, sondern auf den Vertreter an, § 166 I 1. Alt. BGB; gleiches gilt für die Kenntnis oder das Kennenmüssen (= Fahrlässigkeit, vgl. § 122 II BGB) bestimmter relevanter Umstände, § 166 I 2. Alt. BGB.

Beispiel: Für die Frage des gutgläubigen Eigentumserwerbs nach § 932 BGB (s. u. 15.3.2.1) kommt es auf Gut- oder Bösgläubigkeit des Vertreters an.

Ist der Vertreter aber weisungsgebunden, so muß dagegen zur Vermeidung von Mißbräuchen auf die Kenntnis des Vertretenen abgestellt werden, der sich auf Unkenntnis des Vertreters dann nicht berufen darf, § 166 II BGB.

Beispiel: Der die Nichteigentümerstellung des Veräußerers kennende (= bösgläubige) Hintermann schickt einen gutgläubigen Vertreter vor, damit dieser ihm das ersehnte Bild erwerbe.

7.6 Vertretung ohne Vertretungsmacht

Genehmigung Wenn der Vertreter ohne Vertretungsmacht handelt oder die ihm eingeräumte Vertretungsmacht überschreitet, dann wirkt das getätigte Rechtsgeschäft zunächst weder für noch gegen den Vertretenen. Der Vertrag ist vielmehr schwebend unwirksam. Sein weiteres Schicksal hängt davon ab, ob/daß der Vertretene ihn genehmigt, §§ 177 I, 184 I BGB. Die Genehmigung ist grundsätzlich formfrei, § 182 II BGB, und der Dritte kann den Vertretenen zur binnen zweier Wochen zu erteilenden Genehmigung auffordern, § 177 II BGB (vgl. die Parallele zu § 108 II BGB im Minderjährigenrecht). Seinerseits kann der Dritte den Vertrag bis zur Genehmigung widerrufen, § 178 BGB. Bei einem einseitigen Rechtsgeschäft (Kündigung, Auslobung; s. o. 6.2.2) ist die Vertretung ohne Vertretungsmacht grundsätzlich unzulässig, § 180 BGB.

Beispiel: Die von einem dazu nicht befugten Mitarbeiter ausgesprochene Kündigung angemieteter Geschäftsräume ist grundsätzlich unwirksam und nicht genehmigungsfähig.

Die §§ 177 ff. BGB gelten regelmäßig auch, wenn Organe juristischer Personen ihre Befugnisse überschreiten.   *Folgen*

Der Vertreter ohne Vertretungsmacht (sog. „falsus procurator") schuldet dem Geschäftsgegner, wenn der Vertretene die Genehmigung verweigert, gemäß § 179 BGB wahlweise Vertragserfüllung oder Schadensersatz (sog. Wahlschuld, § 262 BGB, s. u. 8.3.7). Kannte er den Mangel seiner Vertretungsmacht nicht, so schuldet der Vertreter ohne Vertretungsmacht nur den Vertrauensschaden (§ 179 II BGB; dazu s. a. 6.8.2.4 a.E). Dies gilt aber nicht bei Kenntnis des Geschäftsgegners oder Minderjährigkeit des Vertreters ohne Vertretungsmacht, § 179 III BGB.

Für die Anwendbarkeit der §§ 177 ff. BGB kommt es im übrigen regelmäßig nicht darauf an, weswegen dem Vertreter ohne Vertretungsmacht diese fehlte – sei es, daß sie von Anfang an nicht vorhanden war, sei es, daß die Vollmacht mit ex-tunc-Wirkung angefochten oder daß sie widerrufen wurde, sei es, daß der Vertreter eine ihm eingeräumte Vertretungsmacht überschreitet.

Beispiel: Ein Angestellter wird bevollmächtigt, eine Maschine zu kaufen, wobei ihm eine Preisgrenze gesetzt wird. Überschreitet er diese, so überschreitet er auch seine (Spezial-)Vollmacht und ist Vertreter ohne Vertretungsmacht, §§ 177 ff. BGB.

Bei der Prokura ist das aber anders: setzt sich ein Prokurist, §§ 48 ff. HGB, über seine ihm intern gesetzten Grenzen hinweg, so berührt dies die Wirksamkeit trotzdem vorgenommener Rechtsgeschäfte grundsätzlich nicht, §§ 49 I, 50 HGB. Bei der Handlungsvollmacht gilt insoweit § 54 III HGB (s. u. 7.8).   *Prokura*

Beispiel: Im vorigen Beispielsfall wäre die Vertretungsmacht im Außenverhältnis aber gegeben, wenn der Angestellte Prokurist oder Handlungsbevollmächtigter wäre.

7.7 Grenzen der Vertretungsmacht

Die Vertretungsmacht kann ausnahmsweise eingeschränkt sein.

7.7.1 Gesetzliche Vertretungsmacht

Bestimmte Rechtsgeschäfte der Eltern oder des Vormunds bedürfen aus Schutzaspekten heraus der Genehmigung des Vormundschaftsgerichtes, §§ 1821, 1822, 1643 BGB. Auch die §§ 1795, 1629 II BGB begrenzen ihre gesetzliche Vertretungsmacht. (Hierzu ist i. ü. auch das MHbeG zu beachten; s. o. 3.1.2.1 a. E., vgl. die §§ 723 I 3, 4, 5, 1629 a, 1793 BGB, 786 ZPO).   *Vormundschaftsgericht*

7.7.2 Insichgeschäft

Selbst-
kontrahieren

Ein Handeln als Vertreter mit sich selbst ist gemäß § 181 BGB grundsätzlich unzulässig: das Selbstkontrahieren birgt die Gefahr der Interessenkollision bzw. Schädigung. Das Insichgeschäft ist aber zulässig, wenn der Vertretene es dem Vertreter gestattet,

Beispiel: Die Vollmachtsurkunde formuliert, wie dies oftmals der Fall ist: „Von den Beschränkungen des § 181 BGB ist der Vertreter befreit",

oder wenn das Rechtsgeschäft ausschließlich in der Erfüllung einer Verbindlichkeit besteht.
Beispiel: Die Übereignung i.S.d. § 929 BGB in Erfüllung eines Kaufvertrages.

Gleiches gilt, wenn das Rechtsgeschäft dem Vertretenen einen lediglich rechtlichen Vorteil bringt i.S.d. § 107 BGB,

Beispiel: Ein Schenkungsvertrag.

Bei Minderjährigen bedarf es ggf. der Bestellung eines Ergänzungspflegers, § 1909 BGB.

7.8 Sonderformen kaufmännischer Stellvertretung

Wie bereits erwähnt (s. o. 7.2.3.2), gibt es handelsrechtliche, typisierte Sonderformen der Vertretungsmacht: Prokura, Handlungsvollmacht, Ladenvollmacht. Sie sind gerade für den kaufmännischen Bereich bedeutsam. Denn der Kaufmann kann nicht stets persönlich handeln und Rechtsgeschäfte tätigen, vielmehr muß er sich zumeist einer Vielzahl von Hilfspersonen bedienen.

7.8.1 Hilfspersonen des Kaufmanns

Bei den kaufmännischen Hilfspersonen lassen sich vornehmlich zwei Gruppen unterscheiden: die selbständigen sowie die unselbständigen.

7.8.1.1 Selbständige Hilfspersonen

Eigenständig
tätig

Die selbständigen Hilfspersonen des Kaufmanns sind nicht in das Handelsgeschäft eingegliedert, stehen nicht in einem Arbeitsverhältnis mit dem Kaufmann, verfolgen vielmehr eigen- bzw. selbständig ihre eigenen unternehmerischen Ziele und sind regelmäßig selbst Kaufleute. Sie werden für den Kaufmann zumeist auf der Basis von Geschäftsbesorgungsverträgen (vgl. § 675 BGB, s. u. 10.4.9) tätig. Es sind dies insbesondere die Handelsvertreter, §§ 84 ff. HGB (s. u. 10.9.1), Handelsmakler, §§ 93 ff. HGB (s. u. 10.9.2), Kommissionäre, §§ 383 ff. HGB (s. u. 10.9.3), Kom-

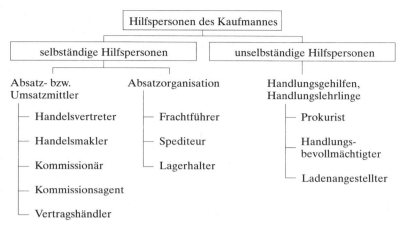

Schaubild 37: Hilfspersonen des Kaufmanns

missionsagenten (Mischtyp, §§ 84, 383 HGB, s. u. 10.9.3.6) bzw. Vertragshändler (s. u. 10.9.4), die vornehmlich als Absatz- bzw. Umsatzmittler tätig werden; hierzu sind aber letztlich auch die Spediteure, §§ 453 ff. HGB (s. u. 10.10.2), Lagerhalter, §§ 467 ff. HGB (s. u. 10.10.3), sowie Frachtführer, §§ 407 ff. HGB (s. u. 10.10.1) zu rechnen, die im Rahmen der Absatzorganisation tätig sind.

Soweit dieser Personenkreis namens und im Auftrag des Kaufmanns Rechtsgeschäfte abschließt, erfolgt dies aufgrund erteilter Vollmachten i.S.d. §§ 164 ff. BGB.

Beispiel: Der für seinen Unternehmer Geschäfte abzuschließen verpflichtete Handelsvertreter (Abschlußvertreter, § 84 HGB): Der Abschluß der (Rechts-)Geschäfte verlangt die Abgabe einer auf (etwa: Kauf-)Vertrag gerichteten Willenserklärung – diese gibt der Handelsvertreter auf Grund erteilter Vollmacht (§ 167 BGB) mit Wirkung für und gegen seinen Unternehmer ab (s. u. 10.9.1.3). (Vorsicht aber bei mittelbarer Stellvertretung von Kommissionär und Spediteur, s. o. 7.3.1).

Insoweit gelten also grundsätzlich die bisher dargestellten vertretungsrechtlichen Regeln.

7.8.1.2 Unselbständige Hilfspersonen

Dabei handelt es sich um die Arbeitnehmer des Kaufmanns („Handlungsgehilfen", § 59 HGB). Dieser Personenkreis wird für ihn auf Grund arbeitsvertraglicher Pflichten weisungsabhängig, unselbständig tätig: das sog. Innenverhältnis wird also durch das Arbeitsrecht bestimmt (Sondervorschriften finden sich insoweit in den §§ 59-83 HGB; — weisungsabhängig

s. a. 10.4.8.9). Für das Außenverhältnis zu Geschäftspartnern des Kaufmanns enthält das HGB nun ebenfalls Sondervorschriften: sie regeln gerade die Vertretungsmacht der kaufmännischen unselbständigen Hilfspersonen – des Prokuristen, §§ 48 ff. HGB, des Handlungsbevollmächtigten, §§ 54 f. HGB, und des Ladenangestellten, § 56 HGB.

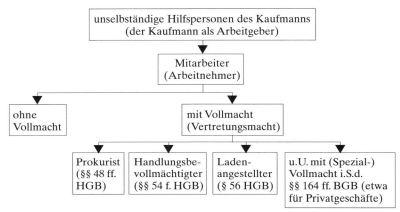

Schaubild 38: Unselbständige Hilfspersonen des Kaufmanns

Diese Vollmachten sind typisiert, von ihrem Bestand kann man ausgehen, ihr Umfang ist gesetzlich fixiert – damit werden die besonderen Bedürfnisse des kaufmännischen Geschäftsverkehrs nach Rechtssicherheit, Transparenz und Klarheit sowie schneller Abwicklung gewahrt. Die §§ 48 ff. HGB ergänzen also die §§ 164 ff. BGB.

7.8.2 Prokura

Die weitreichendste standardisierte handelsrechtliche Vertretungsmacht i. S. d. § 164 I 1 BGB ist die Prokura, §§ 48 ff. HGB.

Schaubild 39: Prokura

7.8.2.1 Erteilung

Die Erteilung der Prokura setzt voraus:

- Erteilen kann sie nur der Kaufmann, vgl. § 48 HGB (s. o. 3.4); eine von einem Nichtkaufmann erteilte Prokura ist unwirksam (sie kann aber ggf. gemäß § 140 BGB in eine „einfache" Vollmacht i.S.d. 167 BGB umgedeutet werden). Voraussetzungen

Beispiele: Prokuristen eines Großhändlers, einer oHG (dazu beachte §§ 116 III, 126 I HGB); nicht aber: „Ernennung" eines Prokuristen durch den Betreiber eines kleinen Obst- oder Blumenstandes (nichteingetragener Kleingewerbetreibender) (zur Umdeutung s. o. 6.8.1.1 a.E.).

- Die Erteilung der Prokura muß durch den Kaufmann persönlich („Inhaber des Handelsgeschäfts") oder durch seinen gesetzlichen Vertreter erfolgen, § 48 I HGB; wer selbst nur rechtsgeschäftlich – durch Vollmachtserteilung – Vertreter ist, kann keine Prokura erteilen.

Beispiele: Prokuraerteilung durch den Großhändler persönlich; nicht aber: (Unter-) Prokuraerteilung durch einen Prokuristen (s. a. § 52 II HGB) oder einen (selbst: General-)Bevollmächtigten; eine bspw. von einem Prokuristen einem anderen Mitarbeiter gegenüber unzulässig bzw. unwirksam erteilte „Prokura" kann aber ggf. in eine Handlungsvollmacht i.S.d. § 54 umgedeutet werden, vgl. § 140 BGB.

- Die Prokuraerteilung bedarf einer ausdrücklichen Erklärung.

Beispiel: „Ich ernenne Sie hiermit zum Prokuristen".

Eine stillschweigende Prokuraerteilung gibt es somit nicht, demnach auch keine „Duldungsprokura" (s. o. 7.2.3.2; die Duldung des Auftretens als „Prokurist" kann aber als konkludente Erteilung einer Handlungsvollmacht, § 54 HGB, zu werten sein).

- Die Erklärung muß nicht das Wort „Prokura" enthalten, es reicht aus, wenn diese ohne Zweifel gemeint ist:

Beispiele: „Ich erteile Ihnen Vollmacht gemäß § 48 HGB", oder: „Ich ermächtige Sie, mit „ppa" zu zeichnen".

Die Erteilung kann dem „werdenden" Prokuristen selbst gegenüber erklärt werden, aber auch Dritten gegenüber (vgl. § 167 I BGB).

Die Prokuraerteilung muß ins Handelsregister eingetragen werden, § 53 I HGB (ebenso das Erlöschen, § 53 III HGB) – wirksam ist die Prokura allerdings bereits mit ihrer Erteilung, die Eintragung im Handelsregister wirkt nur deklaratorisch, nicht konstitutiv (s. o. 3.4.6). Der Prokurist zeichnet mit dem Zusatz „ppa" (per procura), § 51 HGB. Eintragung

7.8.2.2 Umfang

Der Umfang der Prokura ergibt sich aus den §§ 49 ff. HGB. Wer mit einem für einen Kaufmann agierenden Prokuristen kontrahiert, der weiß also genau, welche Befugnisse dieser hat (so daß das Problem der Vertretung ohne Vertretungsmacht, s. o. 7.6, grundsätzlich nicht auftaucht).

typisierte Vertretungsmacht

Der Prokurist ist zu allen Arten gerichtlicher und außergerichtlicher Geschäfte und Rechtshandlungen befugt, die der Betrieb eines Handelsgewerbes mit sich bringt, § 49 I HGB.

Beispiele: Abschluß eines Kaufvertrages; Einstellung eines Arbeitnehmers (d. h. Abschluß eines Arbeitsvertrages); Erteilung einer Handlungsvollmacht; Führen eines Prozesses; Aufnahme oder Vergabe eines Darlehens; Erwerb einer Unternehmensbeteiligung; Verlegung des Geschäftssitzes; Veränderung des Unternehmensgegenstandes; Eingehung von Wechselverbindlichkeiten.

Beschränkungen der Prokura ergeben sich:

Beschränkungen

– Gemäß § 49 II HGB. Danach darf der Prokurist Grundstücke grundsätzlich nicht veräußern oder belasten (es sei denn, diese Befugnis sei ihm besonders erteilt, sog. „Immobiliarklausel" bzw. „Prokura de luxe"; sie ist ebenfalls gemäß § 53 HGB ins Handelsregister einzutragen). Dabei wird unter „veräußern" sowohl das schuldrechtliche Verpflichtungsgeschäft (regelmäßig ein Kaufvertrag, §§ 433, 313 BGB), als auch das sachenrechtliche Verfügungsgeschäft (Auflassung, §§ 873, 925 BGB) verstanden (s. o. 5). Zum Grundstückserwerb ist der Prokurist jedoch befugt.

Beispiele: Verkauf eines Grundstücks; Belastung mit einer Hypothek (s. u. 13.5.1). Aber: der Prokurist kauft ein Grundstück, der Kaufpreis kann nur teilweise gezahlt, der Rest muß über eine (sog. Restkaufgeld-)Hypothek auf dem Grundstück abgesichert werden – dies ist zulässig.

Prinzipalgeschäfte

– Weitere Beschränkungen des Prokuristen ergeben sich hinsichtlich der sog. Prinzipalgeschäfte (Inhabergeschäfte). Das sind diejenigen Handlungen, die dem Kaufmann („Prinzipal") als Grundlagengeschäfte vorbehalten sind.

Beispiele: Veräußerung oder Aufgabe des Handelsgeschäfts, Konkursanmeldung, Aufnahme eines Gesellschafters, Anmeldung und Zeichnung der Firma beim Handelsregister (§§ 29, 31 HGB), Änderung der Firma, Erteilung einer Prokura (§ 48 I HGB; s. a. § 52 II HGB), Unterzeichnung der Bilanz (§ 245 S. 1 HGB).

– Auch höchstpersönliche Geschäfte (Privatgeschäfte) darf der Prokurist nicht tätigen,

Beispiele: Testamentserrichtung; Eheschließung; Kauf eines Hemdes für den Kaufmann, weil er meint, darin sehe dieser besser aus; Veräußerung des Privatwagens des Unternehmers.

7.8.2.3 Beschränkungen durch Vereinbarungen

Über diese soeben geschilderten gesetzlichen Schranken der Prokura hinausgehende Beschränkungen sind Dritten gegenüber unwirksam, § 50 I, II HGB. D. h.:

Im Verhältnis zu Dritten, dem sog. Außenverhältnis, ist das rechtliche Können des Prokuristen nicht beschränkt bzw. beschränkbar. Allerdings kann der Prinzipal im Innenverhältnis zum Prokuristen durchaus Grenzen vorsehen und das rechtliche Dürfen des Prokuristen beschneiden.

Außen-/ Innenverhältnis

Beispiele: Dem Prokuristen wird vom Inhaber des Handelsgeschäftes erklärt, er dürfe nur Rechtsgeschäfte bis zum (Einzel-)Betrag von DM/Euro 100.000,– tätigen; oder: er dürfe nur ganz bestimmte Rechtsgeschäfte vornehmen.

Überschreitet der Prokurist die ihm im Innenverhältnis gezogenen Grenzen seines rechtlichen Dürfens, bleibt er aber im Außenverhältnis im Rahmen seines rechtlichen Könnens (vgl. § 49 I HGB), dann vertritt er den Prinzipal gleichwohl wirksam und dieser bleibt dem Geschäftspartner gegenüber daran gebunden (§§ 48 ff. HGB, 164 I BGB).

Beispiel: Der im vorigen Beispiel beschränkte Prokurist schließt einen Kaufvertrag über DM/Euro 1 Million – dieser Kaufvertrag bindet (berechtigt und verpflichtet) den Kaufmann wirksam. Aber: erleidet der Prinzipal hierdurch einen Schaden, so ist ihm der Prokurist ggf. wegen Verletzung arbeitsvertraglicher (Sorgfalts-)Pflichten nach den Regeln der pVV, s. u. 9.7.1, schadensersatzpflichtig.

Nur wenn der Prokurist sein rechtliches Können im Außenverhältnis überschreitet,

Beispiel: Er veräußert ein Grundstück entgegen § 49 II HGB,

handelt er als Vertreter ohne Vertretungsmacht und das Rechtsgeschäft ist schwebend unwirksam, § 177 BGB (s. o. 7.6).

Der Geschäftspartner des Prokuristen darf sich auf § 50 HGB allerdings gegenüber dem Kaufmann nicht berufen, wenn ein Mißbrauch der Prokura vorliegt und er dies weiß oder hätte wissen müssen (vgl. entsprechend § 54 III HGB).

Mißbrauch

Beispiele: Der Geschäftsgegner kennt die interne Beschränkung oder er kennt sie (grob, das ist strittig) fahrlässig nicht oder wirkt gar mit dem Prokuristen gemeinsam arglistig gegen dessen Prinzipal zusammen.

Gemäß § 50 III HGB sind im übrigen Beschränkungen der Prokura auf eine oder mehrere selbständige Niederlassungen (Niederlassungsprokura, Filialprokura) möglich (eintragungspflichtig i.S.d. § 53 I HGB; vgl. § 13 II HGB). Auch kann – insbesondere zur Erschwerung von Mißbräuchen und Minderung der Risiken der Einzelprokura – gemäß § 48 II HGB die Prokura an mehrere Personen gemeinschaftlich erteilt werden (Gesamtprokura).

Filialprokura

Einzel-/ Gesamtprokura

Dabei kann auch variiert werden:

Beispiele: Prokuristen P1, P2, P3 können nur gemeinsam, oder: es dürfen nur jeweils zwei von ihnen gemeinsam handeln, oder: ein Prokurist darf nur gemeinsam mit einem Vorstandsmitglied der AG bzw. Geschäftsführer der GmbH vertreten (vgl. auch § 78 III AktG, s. u. 14.8.7.1). Nicht zulässig, weil sinnwidrig, wäre aber nach der Rspr. die Prokuraerteilung des Einzelkaufmannes dergestalt, daß der Prokurist nur gemeinsam mit ihm vertretungsberechtigt ist (dies ist strittig).

Sind Willenserklärungen entgegenzunehmen, so reicht aber die Erklärung einem Gesamtprokuristen gegenüber aus (entsprechend den §§ 125 II 3, 161 II HGB, 35 II 2 GmbHG, 78 II 2 AktG).

Die Gesamtprokura ist ebenfalls (deklaratorisch) ins Handelsregister (bei der eG: vgl. § 42 GenG) einzutragen (§ 53 I 2, III HGB).

7.8.2.4 Erlöschen

Die Prokura erlischt durch Widerruf, § 52 I HGB, der gegenüber dem Prokuristen, einem Dritten oder durch öffentliche Bekanntmachung erfolgen kann (§§ 167 I, 168 S. 3, 171 II BGB) und keiner Begründung bedarf. Sie erlischt auch mit Beendigung des Anstellungsverhältnisses (Arbeitsvertrags), § 168 BGB, bzw. mit dem Tod des Prokuristen (nicht aber des Geschäftsinhabers, § 52 III HGB) sowie dem Erlöschen der Firma (s. o. 3.4.5) und der Einstellung des Unternehmens. Nach dem Erlöschen der Prokura ist der (Ex-)„Prokurist" nicht mehr vertretungsberechtigt; gleichwohl getätigte Rechtsgeschäfte sind grundsätzlich schwebend unwirksam (§ 177 BGB) bzw. gänzlich unwirksam (§ 180 BGB).

Das Erlöschen der Prokura ist im Handelsregister anzumelden, § 53 III HGB, allerdings wirkt die Eintragung des Erloschenseins nur deklaratorisch. Ein gutgläubiger Geschäftspartner wird dabei durch § 15 I HGB geschützt (s. o. 3.4.6).

7.8.3 Handlungsvollmacht

Handlungsvollmacht ist diejenige Vollmacht, die ein Kaufmann im Rahmen seines Handelsgewerbes erteilt und die nicht Prokura ist, vgl. § 54

Schaubild 40: Handlungsvollmacht

HGB. Sie räumt dem Handlungsbevollmächtigten Vertretungsmacht i.S.d. § 164 I 1 BGB ein.

7.8.3.1 Erteilung

Die Handlungsvollmacht kann jeder Kaufmann (s. o. 3.4) erteilen. Sie muß nicht vom Kaufmann bzw. Inhaber des Handelsgeschäftes selbst erklärt werden; auch ein bereits von ihm Bevollmächtigter (§§ 167, 171 BGB) kann dies tun, etwa ein Prokurist oder ein (anderer) Handlungsbevollmächtigter. *Berechtigter*

Beispiele: Der Prokurist erteilt einem Mitarbeiter für einzelne Geschäfte im Einkauf Handlungsvollmacht; oder: der für den (Gesamt-)Vertrieb zuständige Handlungsbevollmächtigte räumt einem Mitarbeiter für einzelne Vertriebsgeschäfte Handlungsvollmacht ein.

Eine ausdrückliche Erklärung, mit der die Handlungsvollmacht begründet wird, ist nicht erforderlich – sie kann auch konkludent erteilt werden.

Beispiele: Der zum Filialleiter Bestellte hat konkludent entsprechende Handlungsvollmacht; die Kassiererin hat Handlungsvollmacht für die von ihr abzuwickelnden Kassengeschäfte.

Duldet der Inhaber des Handelsgeschäftes rechtsgeschäftliches Handeln eines damit eigentlich nicht betrauten Mitarbeiters, so kann eine Handlungsvollmacht auch nach den Grundsätzen der Duldungsvollmacht (s. o. 7.2.3.2) anzunehmen sein. *Duldung*

Beispiel: Der Kaufmann läßt zu, daß ein eigentlich nicht mit Vertragsabschlüssen beauftragter Angestellter Bestellungen entgegennimmt.

Ins Handelsregister wird die Handlungsvollmacht nicht eingetragen. Der Handlungsbevollmächtigte hat mit einem entsprechenden Zusatz zu zeichnen, § 57 HGB.

Beispiel: „i.V."; „per"; „in Vollmacht"; auch: „i.A." (s. o. aber auch beim Boten, 7.3.2).

7.8.3.2 Arten

Die Erteilung der Handlungsvollmacht wird gemäß § 54 I HGB für drei Alternativen unwiderleglich vermutet: wenn der Kaufmann jemanden ohne Prokuraerteilung

- zum Betrieb eines Handelsgewerbes (Generalhandlungsvollmacht), *Fälle*
- zur Vornahme einer bestimmten Art von Geschäften (Arthandlungsvollmacht), oder
- zur Vornahme einzelner Geschäfte (Spezialhandlungsvollmacht)

ermächtigt.

General-/	Die Generalhandlungsvollmacht bezieht sich auf den Betrieb des gesamten Handelsgewerbes,
	Beispiel: Der Geschäftsführer eines Einzelkaufmanns,
Art-/	die Arthandlungsvollmacht ermächtigt zur Vornahme einer bestimmten zu einem Handelsgewerbe zugehörigen Art von Geschäften,
	Beispiele: Verkäufer, Kassierer,
Spezial-/	und die Spezialhandlungsvollmacht berechtigt zur Vornahme einzelner, konkret bestimmter zu einem Handelsgewerbe gehöriger Geschäfte,
	Beispiel: Ein Mitarbeiter wird ermächtigt, einen Pkw zu kaufen.
Gesamthandlungsvollmacht	Die (jeweilige) Handlungsvollmacht kann auch mehreren gemeinsam erteilt werden, sog. Gesamthandlungsvollmacht.

7.8.3.3 Umfang

Grundsätzlich hat es der Prinzipal selbst in der Hand, den Umfang der (Handlungs-)Vollmacht zu bestimmen. Darüber hinaus regelt § 54 I HGB, daß sich die Handlungsvollmacht nur auf diejenigen Geschäfte und Rechtshandlungen bezieht, die

- der Betrieb des jeweiligen Handelsgewerbes
- gewöhnlich

mit sich bringt.

Grenzen	Die Handlungsvollmacht ist also auf die jeweils branchenüblichen Geschäfte beschränkt und erlaubt keine diesen wesensfremde.

Beispiel: Der (General-)Handlungsbevollmächtigte eines Autohändlers darf keine Teppiche für diesen kaufen, selbst wenn das besonders gewinnversprechend wäre (dies ist also anders als bei der Prokura, s. o. 7.8.2.2).

Darüber hinaus muß das zu tätigende Geschäft bzw. die Rechtshandlung im Rahmen des jeweils Gewöhnlichen liegen, darf also nicht un- bzw. außergewöhnlich sein.

Beispiele: Gewöhnlich ist im obigen Beispiel der Ankauf eines gebrauchten Pkw von einem Privatmann; ungewöhnlich wäre der Kauf des Autos von einem dem (General-)Handlungsbevollmächtigten als Dieb Bekannten.

Des weiteren sind die sich aus § 54 II HGB ergebenden Beschränkungen des Umfangs der Befugnisse des Handlungsbevollmächtigten zu beachten. Im übrigen darf er, ebensowenig wie ein Prokurist, keine Prinzipalgeschäfte sowie (höchstpersönliche) Privatgeschäfte des Kaufmanns vornehmen (s. o. 7.8.2.2. a.E.).

7.8.3.4 Beschränkungen durch Vereinbarungen

Weitere Beschränkungen der Handlungsvollmacht muß ein Dritter gemäß § 54 III HGB nur dann gelten lassen, wenn er sie kannte oder kennen mußte (vgl. die Definition in § 122 II BGB). Entsprechende Hinweise an die Geschäftspartner sind daher dienlich bzw. ratsam. Überschreitet ein Handlungsbevollmächtigter ihm im Innenverhältnis gesetzte Grenzen und weiß der Geschäftspartner dies nicht bzw. blieb es ihm nicht (grob, str.) fahrlässig verborgen, so ist das vom Handlungsbevollmächtigen getätigte Rechtsgeschäft im Außenverhältnis wirksam. (Im Innenverhältnis kommt ggf. ein Schadensersatzanspruch wegen arbeitsvertraglicher Pflichtverletzungen nach den Regeln der pVV in Betracht, s. o. beim Prokuristen 7.8.2.3). {Außen-/Innenverhältnis}

Beispiel: Der Einkäufer darf nur Käufe bis zu DM/Euro 50.000,– im Einzelfall tätigen, geht aber darüber hinaus.

7.8.3.5 Außendienst

Während § 54 HGB sich auf die im Innendienst tätigen Hilfspersonen des Kaufmanns bezieht, schließt § 55 HGB auch im Außendienst tätige Hilfspersonen mit ein:

Für Handlungsgehilfen im Außendienst mit Abschlußvollmacht,

Beispiel: Reisender,

bzw. für Handelsvertreter mit Abschlußvollmacht, vgl. die §§ 55 I, 91 I HGB, gilt hiernach § 54 HGB entsprechend (beachte aber § 55 II-IV HGB).

Für im Außendienst tätige Hilfspersonen, die lediglich mit der Vermittlung von Rechtsgeschäften betraut sind, gelten demgegenüber Sonderregeln, wonach sie (lediglich) zur Entgegennahme von Erklärungen als ermächtigt gelten, vgl. die §§ 75 g, h, 91 II HGB (s. u. 10.9.1.3 a. E).

7.8.3.6 Erlöschen

Die Handlungsvollmacht erlischt wie die „BGB-Vollmacht", vgl. die §§ 168, 170-173 BGB, also insbesondere durch Widerruf (§§ 168 S. 2, 167 I BGB) bzw. Beendigung des Arbeitsvertrages (Grundverhältnisses, § 168 S. 1 BGB). Der Angabe eines Grundes bedarf es nicht. Nach dem Erlöschen der Handlungsvollmacht ist der (Ex-)„Handlungsbevollmächtigte" Vertreter ohne Vertretungsmacht, vgl. die §§ 177 BGB bzw. 180 BGB. Vgl. dazu i. ü. die §§ 170-173 BGB.

7.8.4 Ladenvollmacht

Vertrauensschutz Angestellten in einem Laden oder offenen Warenlager billigt § 56 HGB ebenfalls eine gesetzlich geregelte Vertretungsmacht zu: sie gelten als ermächtigt zu Verkäufen und Empfangnahmen, die in einem derartigen Laden oder Warenlager gewöhnlich geschehen. Damit wird das Vertrauen der Kunden, die einen derartigen Geschäftsraum betreten und dort auf Hilfspersonen des Kaufmanns treffen, besonders geschützt.

Verkaufsstätte Dabei wird unter Laden oder offenem Warenlager jede verkehrsüblich zu freiem Zutritt bestimmte Verkaufsstätte verstanden.

Beispiele: Einzelhandelsgeschäft; Warenhaus; Lebensmittel-Selbstbedienungsgeschäft; Verkaufsstand. Nicht aber etwa: bloße Büroräume bzw. Fabrikräume.

Dort „angestellt" i.S.d. § 56 HGB sind nicht nur Mitarbeiter des Geschäftsinhabers, sondern auch bspw. seine mithelfenden Familienangehörigen (nicht aber: Reinigungskraft).

Die getätigten Verkäufe bzw. Empfangnahmen (Kaufpreis, Ware, Willenserklärungen) müssen in derartigen Lokalitäten „gewöhnlich geschehen".

Beispiel: Die Kassiererin nimmt den Kaufpreis entgegen.

Durch einen deutlich sichtbaren Aushang ist die Ladenvollmacht aber ausschließbar (vgl. entsprechend § 54 III HGB).

Beispiele: „Zahlung nur an der Kasse"; „Unser Verkaufspersonal ist zur Entgegennahme von Zahlungen nicht berechtigt"; „Reklamationen nur im Büro".

Es handelt sich bei § 56 HGB also um eine fingierte Vollmacht (vgl. § 167 I BGB), die dem Ladenangestellten entsprechende Vertretungsmacht i.S.d. § 164 I 1 BGB verleiht (sog. gesetzliche Anscheinsvollmacht, s. o. 7.2.3.2).

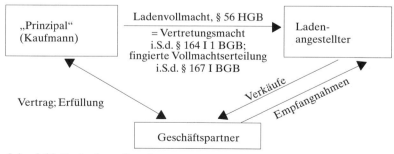

Schaubild 41: Ladenvollmacht

8 Schuldverhältnisse

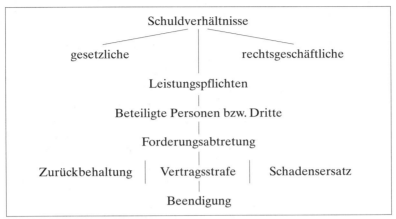

Leitübersicht 8: Schuldverhältnisse

Leitfragen zu 8:
a) Welche Rechtsregeln gelten für Schuldverhältnisse?
b) Welche Leistungspflichten gilt es zu beachten?
c) Wie können Dritte beteiligt sein?
d) Worauf ist bei der Forderungsabtretung zu achten?
e) Welche Prinzipien bestimmen das Recht des Schadensersatzes?
f) Wodurch enden Schuldverhältnisse?

Vornehmlich in seinem zweiten Buch, dem Schuldrecht, regelt das BGB die Schuldverhältnisse. Die ersten sechs Abschnitte dort nennt man den Allgemeinen Teil, den siebten Abschnitt den Besonderen Teil des Schuldrechts; die Regeln des Allgemeinen Teils sind generell bedeutsam, im Besonderen Teil finden sich nahezu dreißig gesetzlich beschriebene Typen von Schuldverhältnissen. Schuldrechtliche Regelungen finden sich im übrigen auch noch im HGB, vgl. etwa die §§ 343 ff. HGB (dort sind spezielle Regeln für Handelsgeschäfte enthalten, s. o. 6.2.6).

8.1 Begriffe

Das BGB verwendet den Begriff des Schuldverhältnisses in zweifacher Weise:

Schuldverhältnis im weiteren Sinn

zum einen als Bezeichnung der Gesamtheit der Rechtsbeziehungen zwischen Gläubiger und Schuldner, sog. Schuldverhältnis im weiteren Sinne.

Beispiele: Der Kaufvertrag, §§ 433 BGB – er begründet Rechte und Pflichten vielfältiger Art zwischen Käufer und Verkäufer; von Schuldverhältnis ist die Rede in den Überschriften des zweiten, dritten, siebenten Abschnitts des Zweiten Buches des BGB; auch in den §§ 273 I, 292 I, 425 I BGB.

Schuldverhältnis im engeren Sinne

Zum anderen aber wird unter einem Schuldverhältnis das Recht des Gläubigers verstanden, vom Schuldner eine Leistung zu fordern, § 241 BGB, die in einem (positiven) Tun, einem Dulden oder in einem Unterlassen bestehen kann (man nennt dies auch: Anspruch, vgl. § 194 BGB, s. o. 2.6.2). Hierbei geht es also um eine einzelne Leistungspflicht, weswegen man vom Schuldverhältnis im engeren Sinne spricht. Daraus ist auch ersichtlich, daß in ein Schuldverhältnis im weiteren Sinne eine Vielzahl einzelner Schuldverhältnisse im engeren Sinne eingebettet sein können.

Beispiel: Aus dem Kaufvertrag (Schuldverhältnis im weiteren Sinne) erwachsen als einzelne Leistungspflichten (jeweils Schuldverhältnisse im engeren Sinne) etwa: Abnahme- und Kaufpreiszahlungspflicht des Käufers, § 433 II BGB, Verzinsungspflicht des Käufers, § 452 BGB; Übergabe- und Übereignungspflicht des Verkäufers, § 433 I BGB, Auskunftspflicht des Verkäufers, § 444 BGB.

Schuld/ Haftung

Die die Parteien treffenden Pflichten binden nur sie, nicht aber Dritte – Schuldverhältnisse wirken relativ, nicht absolut (s. o. 4.2.1; 5). Dabei ist zwischen Schuld und Haftung zu trennen: Schuld heißt Verpflichtetsein, also die Verpflichtung des Schuldners, die geschuldete Leistung zu erbringen; Haftung heißt dem zwangsweisen Zugriff des Gläubigers zur Durchsetzung der Forderung unterworfen zu sein. Schuld und Haftung können auseinanderfallen:

Beispiele: Der Grundstückseigentümer haftet dem Hypothekengläubiger mit dem Grundstück, auch wenn er nicht der Schuldner der hypothekarisch gesicherten Forderung ist – Haftung ohne Schuld (s. u. 13.5.1);
die verjährte Forderung kann, wenn sich der Schuldner auf die Einrede der Verjährung beruft, nicht mehr durchgesetzt werden (s. o. 4.2.5.1) – Schuld ohne Haftung.

8.2 Entstehung

Schuldverhältnisse können kraft Gesetzes oder durch Rechtsgeschäft begründet werden.

8.2.1 Gesetzliche Schuldverhältnisse

Entstehung kraft Gesetzes

Schuldverhältnisse entstehen kraft Gesetzes durch die Verwirklichung von Tatbestandsmerkmalen, an die das Gesetz unmittelbar die zur Einstandspflicht führende Rechtsfolge knüpft. Im Schuldrecht des BGB finden sich insoweit v. a.

- die Geschäftsführung ohne Auftrag, §§ 677 ff. BGB (wenn man bspw. einen Ohnmächtigen ins Krankenhaus bringt, oder der Arzt diesen dann operiert, s. u. 13);
- die ungerechtfertigte Bereicherung, §§ 812 ff. BGB (Leistungen, die man etwa aufgrund eines angefochtenen, nichtigen Kaufvertrages ausgetauscht hat und die zurückgegeben werden müssen, s. u. 11);
- die unerlaubte Handlung, §§ 823 ff. BGB (danach muß z. B. der Dieb dem Eigentümer Schadensersatz leisten, s. u. 12).

Darüber hinaus bestehen gesetzliche Schuldverhältnisse außerhalb des Schuldrechts im Sachenrecht beim Eigentümer-Besitzer-Verhältnis, §§ 987 ff. BGB (wenn jemand die Sache eines anderen ohne vertragliche Basis benutzt), im Familienrecht bei den Unterhaltsansprüchen, §§ 1601 ff. BGB (in gerader Linie Verwandte sind einander unterhaltspflichtig) sowie im Erbrecht bei Enterbungen, §§ 2303 ff. BGB (einem von der Erbfolge ausgeschlossenen Abkömmling steht der Pflichtteil zu).

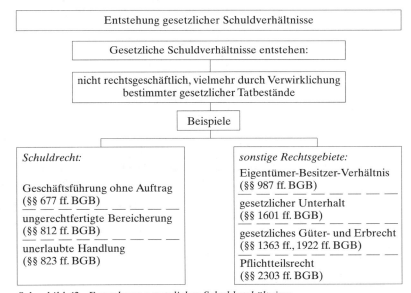

Schaubild 42: Entstehung gesetzlicher Schuldverhältnisse

8.2.2 Rechtsgeschäftliche Schuldverhältnisse

Leistungsbeziehungen der Rechtssubjekte werden im wesentlichen durch rechtsgeschäftliche Schuldverhältnisse begründet. Der Regelfall dafür ist der Vertrag, § 305 BGB (s. o. 6.6).

Entstehung durch Rechtsgeschäft

Lediglich einseitige Rechtsgeschäfte (Schuldverhältnisse) sind dagegen die Ausnahme (etwa Auslobung, § 657 BGB, Preisausschreiben, § 661 BGB, Vermächtnis, § 2174 BGB; s. o. 6.2.2).

Erfolgt die Leistung des einen Vertragsteils gerade um der Gegenleistung des anderen willen, so handelt es sich um einen vollkommen gegenseitigen Vertrag (sog. Synallagma, Gegenseitigkeitsverhältnis, „do ut des" – „ich gebe, damit Du gibst", etwa beim Kaufvertrag, §§ 433 ff. BGB); beim einseitig verpflichtenden Vertrag wird nur eine Partei verpflichtet (Schenkung, §§ 516 ff. BGB, Bürgschaft, §§ 765 ff. BGB); beim unvollkommen zweiseitigen Vertrag stehen die gegenseitigen Pflichten der Parteien nicht in einem (synallagmatischen) Gegenleistungsverhältnis (Auftrag, § 662 BGB; Leihe, §§ 598 ff. BGB; s. o. 6.6.5).

In bestimmten Ausnahmefällen bestehen Leistungsbeziehungen zwischen Rechtssubjekten trotz fehlender rechtsgültiger Willenserklärungen bei den sog. faktischen bzw. fehlerhaften Vertragsverhältnissen (etwa bei faktischen Arbeitsverhältnissen oder fehlerhaften Gesellschaften, s. u. 8.3.3).

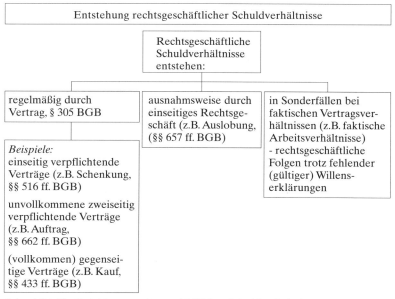

Schaubild 43: Entstehung rechtsgeschäftlicher Schuldverhältnisse

8.2.3 Anbahnung rechtsgeschäftlicher Schuldverhältnisse

Bereits die Anbahnung rechtsgeschäftlicher Schuldverhältnisse begründet ein vertragsähnliches Vertrauensverhältnis, das die Parteien zu besonderer Sorgfalt, § 242 BGB (Prinzip von Treu und Glauben, s. u. 8.3.1.2), verpflichtet. Dies sieht das BGB etwa in den §§ 122, 179 bzw. 307 vor (sog. Erklärungshaftung, s. u. 8.12.1). *Vertragsanbahnung*

Darüber hinaus haben Rspr. und Rechtslehre das mittlerweile in ständiger Übung anerkannte (vgl. insoweit auch § 11 Nr. 7 AGBG) Rechtsinstitut der culpa in contrahendo – cic – entwickelt, das man auch Verschulden bei Vertragsschluß bzw. Vertragsanbahnung nennt: Verletzt jemand schuldhaft bei bzw. nach oder während der Aufnahme geschäftlichen Kontakts oder Vertragsverhandlungen seine aus Treu und Glauben (§ 242 BGB) ihm erwachsende Pflicht zu Rücksichtnahme, Obhut, Aufklärung, Sorgfalt, Mitteilung, Fürsorge etc., und erwächst dem anderen Teil daraus ein Nachteil, so wird dafür der Ersatz des Vertrauensschadens geschuldet (s. u. 9.8).

Beispiel: Im Kaufhaus möchte jemand Bodenbeläge kaufen; der Verkäufer stößt eine Linoleumrolle um, die den Kaufinteressenten verletzt.

8.3 Leistungspflichten

Welche Pflichten die Parteien treffen, stellt das Schuldrecht modellhaft vor; im Einzelnen können die Parteien aber im Rahmen der Vertragsfreiheit (s. o. 2.5) grundsätzlich eigenständige Regelungen vornehmen (s. a. 6.6.6). Es gelten dabei folgende Prinzipien:

8.3.1 Leistungsinhalt

Den Inhalt der geschuldeten Leistung bestimmen die Parteien; sind ihre Vereinbarungen unpräzise, so muß sich der Leistungsinhalt zumindest durch Auslegung ermitteln lassen. *Ermittlung*

8.3.1.1 Leistungsbestimmung

Bei fehlender Abrede über die Höhe der Dienstleistungs- bzw. Werkerbringungsvergütung bzw. des Mäklerlohnes lassen sich bspw. die jeweiligen Gebührenordnungen heranziehen, §§ 612 II, 632 II, 653 II BGB (s. u. 10.3.1). Wurde die Leistungsbestimmung einem Vertragspartner oder einem Dritten übertragen, so ist sie nach billigem Ermessen zu treffen, §§ 315, 317 ff. BGB. Ist im gegenseitigen Vertrag der Umfang der

Gegenleistung nicht bestimmt, dann nimmt im Zweifel der Gläubiger der Gegenleistung die Bestimmung vor, § 316 BGB.

Beispiele: Der Handwerker kann die Höhe seiner vertraglich nicht genau bestimmten Werklohnforderung unter Berücksichtigung von § 632 II BGB festlegen. Das Kreditkartenunternehmen bestimmt den Verfügungsrahmen des Kreditkarteninhabers nach billigem Ermessen i.S.d. § 315 BGB.

Die Direktionsbefugnis des Arbeitgebers ist im Rahmen des § 315 I BGB nach billigem Ermessen auszuüben (s. u. 10.4.8.5).

Beim handelsrechtlichen Spezifikationskauf (Bestimmungskauf, § 375 HGB) trifft der Käufer die vorbehaltene Bestimmung (s. u. 8.3.4; 8.3.7 a.E.),

Beispiel: Kauf von Gasheizkesseln aus noch zu bestimmenden Leistungstypen.

8.3.1.2 Treu und Glauben

Fairneß § 242 BGB verpflichtet den Schuldner, die Leistung so zu bewirken, wie Treu und Glauben mit Rücksicht auf die Verkehrssitte es erfordern. Daraus folgern Rspr. und Rechtslehre nicht nur besondere Fairneßpflichten für die Art und Weise der Bewirkung der geschuldeten Leistung, sondern auch für deren Bestand und Inhalt: Jedermann hat bei Ausübung seiner Rechte und Erfüllung seiner Pflichten nach Treu und Glauben zu handeln. Bei § 242 BGB handelt es sich somit um einen der wesentlichen Grundsätze des gesamten (Zivil-)Rechts.

Konkretisierung Hieraus ergeben sich beispielsweise:

- die Ergänzung der das Schuldverhältnis dominierenden Hauptleistungspflichten durch Nebenpflichten (s. u. 8.3.2);

- das Verbot der unzulässigen Rechtsausübung,

  Beispiele: Der rechtsgeschäftliche Vertreter macht von seiner Vertretungsmacht in ersichtlich verdächtiger Weise Gebrauch, so daß beim Erklärungsgegner begründete Zweifel entstehen mußten – der Vertretene kann seiner Inanspruchnahme dann gemäß § 242 BGB den Einwand unzulässiger Rechtsausübung entgegenhalten; der Mieter beruft sich auf § 552 BGB, obwohl er ohne Rücksicht auf den Mietvertrag endgültig ausgezogen ist und keine Miete mehr zahlt; ein Aktionär ficht einen Hauptversammlungsbeschluß gemäß den §§ 244 ff. AktG nur deswegen an, um sich sein Anfechtungsrecht abkaufen zu lassen (s. u. 14.8.6.2); wahrheitswidriges Auftreten als (sog. Schein-)Kaufmann (s. o. 3.4.2.6); der Nehmer eines mit ec-Karte begebenen ec-Schecks weiß, daß dieser nicht gedeckt ist (s. u. 19.5.5 a.E.);

Verwirkung
- die Verwirkung, wenn seit der Möglichkeit, ein Recht geltend zu machen, längere Zeit verstrichen ist (Zeitmoment) und sich der Verpflichtete auf Grund des Verhaltens des Berechtigten darauf einrich-

ten durfte, daß das Recht nicht mehr geltend gemacht werde (Umstandsmoment),

Beispiele: arbeitsrechtliche Ansprüche auf Urlaubsentgelt, Dienstzeugnis, Lohnrückzahlung; oder: gesellschaftsrechtlich etwa das Recht auf Abberufung des GmbH-Geschäftsführers aus wichtigem Grund;

- der etwaige Wegfall bzw. das Fehlen der Geschäftsgrundlage (clausula rebus sic stantibus), der in einigen Fällen zur Vertragsanpassung oder Vertragsauflösung führen kann (s. u. 9.9.).

8.3.2 Haupt- und Nebenpflichten

Hauptleistungspflichten sind diejenigen Pflichten, die dem Schuldverhältnis sein besonderes Gepräge geben. Sie entscheiden über die Einordnung in die verschiedenen Typen der Schuldverhältnisse. An ihrer Erfüllung ist der Gläubiger am stärksten interessiert. Sie sind zumeist gesetzlich fixiert bzw. werden regelmäßig eigens vereinbart und stehen bei den gegenseitigen Verträgen im Gegenseitigkeitsverhältnis (s. o. 8.2.2).   Primärpflichten

Beispiele: Beim Kaufvertrag: Übereignung/Kaufpreis, § 433 BGB; beim Mietvertrag: Gebrauchsüberlassung auf Zeit/Mietzins, § 535 BGB; beim Werkvertrag: Werk/Vergütung, § 631 BGB; beim Dienst-(Arbeits-)vertrag: Dienstleistung/Vergütung, § 611 BGB (s. u. 9.3.1. a.E.).

Demgegenüber dienen die Nebenleistungspflichten der Vorbereitung, Durchführung und Sicherung der Hauptleistung, wobei sie die Hauptleistungspflichten ergänzen. Hierzu rechnen insbesondere Sorgfalts-,   Sekundärpflichten

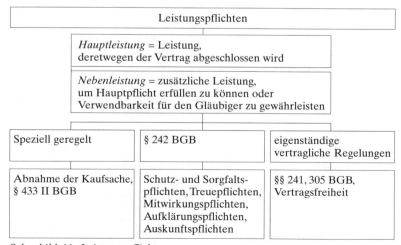

Schaubild 44: Leistungspflichten

Aufklärungs-, Obhuts-, Fürsorge- und Schutzpflichten, die sich aus dem Gebot von Treu und Glauben, § 242 BGB (s. o.), ermitteln lassen. Werden sie verletzt, so ergeben sich ggf. Ansprüche aus cic (s. o. 8.2.3 bzw. 9.8) oder positiver Vertragsverletzung (s. u. 9.7).

(*Weiteres Beispiel:* Der oben 7.2.3.2 etwa bei Duldungs- oder Anscheinsvollmacht aufgezeigte Grundsatz des Vertrauensschutzes).

8.3.3 Einzel-/Dauerleistungspflichten

Einzel-/ Hat der Schuldner eine einzelne Verpflichtung zu erfüllen, mit deren Erbringung sich das Schuldverhältnis erschöpft, so handelt es sich um ein Einzelschuldverhältnis (eine Einzelleistungspflicht).

Beispiele: Die noch zu erfüllende Kaufpreiszahlungspflicht, § 433 II BGB; Übereignung des geschenkten Gegenstandes.

Dauerschuldverhältnisse Bei Dauerschuldverhältnissen (Dauerleistungspflichten) dagegen verpflichtet sich der Schuldner zu einem dauerhaften Verhalten, bzw. besteht die geschuldete Leistung in über einen längeren Zeitraum sich erstreckenden, wiederkehrenden Einzelpflichten.

Beispiele: Miete; Pacht; Darlehen; Leihe; Arbeitsvertrag; Dienstvertrag; Gesellschaft; Bierlieferungsvertrag.

Auflösung Aus der Dauerhaftigkeit der Vertragsbeziehung ergeben sich hierbei noch stärkere Treue-, Rücksichtnahme- und Loyalitätspflichten. Demzufolge erfolgt eine Auflösung der bereits in Vollzug gesetzten Dauerschuldverhältnisse regelmäßig nicht durch Anfechtung mit Rückwirkung (ex tunc) oder Rücktritt, sondern mit ex-nunc-Wirkung („ab jetzt") bzw. durch außerordentliche Kündigung aus wichtigem Grund (vgl. § 626 BGB), also für die Zukunft, denn die in der Vergangenheit erbrachten Leistungen zurückzugewähren bzw. rückabzuwickeln ist in der Regel nur sehr schwer möglich (s. a. oben 6.8.2.4 a.E.).

faktisches Arbeitsverhältnis *Beispiele:* Der Arbeitgeber ficht den mit einem als Berufskraftfahrer eingestellten Arbeitnehmer geschlossenen Arbeitsvertrag wegen mangelnder Fahrpraxis gemäß § 119 II BGB oder wegen mehrfacher verschwiegener Vorstrafen aufgrund straßenverkehrsrechtlicher Delikte gemäß § 123 BGB an – es liegt ein sog. faktisches Arbeitsverhältnis vor (s. u. 10.4.8.4), das aber (ungeachtet § 142 I BGB) nicht schon ex tunc (von Anfang an), sondern erst mit Zugang der Anfechtungserklärung beendet wird (der Arbeitnehmer behält also für den zurückliegenden Zeitraum seine Ansprüche auf Lohn, Urlaub, etc.).

fehlerhafte Gesellschaft Oder: Ein oHG-Gesellschafter ficht den Gesellschaftsvertrag gemäß den §§ 119 I, II oder 123 BGB an – die fehlerhafte, in Vollzug gesetzte Gesellschaft ist zunächst wirksam, die Rückgängigmachung der Ergebnisse der vertragsmäßigen Zusammenarbeit wäre unangemessen (Lehre von der fehlerhaften – früher: faktischen – Gesellschaft).

8.3.4 Stück-/Gattungsschulden

Wenn sich die Parteien auf einen individuellen Gegenstand geeinigt haben, der konkret bestimmt ist, dann liegt eine Stückschuld vor. *Individualität*

Beispiele: Ein Bild; ein bestimmter Gebrauchtwagen; ein konkretes Buch; das Grundstück Flur Nr. 123.

Wird dagegen nur eine nach allgemeinen, typischen Merkmalen, der Gattung nach bestimmte Sache bzw. Leistung geschuldet, so spricht man von einer Gattungsschuld. Eine Gattung bilden alle diejenigen Gegenstände bzw. Warengruppen, die durch gemeinschaftliche Merkmale gekennzeichnet sind, *Gattung*

Beispiele: durch Typ, Sorte, Preis, Beschaffenheit,

und die sich dadurch von Gegenständen anderer Art abheben. Der Gläubiger legt dabei nicht Wert auf das individuelle, konkrete Stück, sondern auf eine bestimmte Maß- oder Mengen- bzw. Recheneinheit des Leistungsgegenstandes.

Beispiele: Ein Kilo Obst; ein Zentner Briketts; ein Mercedes 280; ein Päckchen Zigaretten; Warenbestellung aus einem Katalog.

Grundsätzlich ist auch der handelsrechtliche Bestimmungskauf, § 375 HGB (s. o. 8.3.1.1, Spezifikationskauf), bei dem der Käufer über Form, Maß oder ähnliche Beschaffenheiten der Kaufsache bestimmen kann, eine Gattungsschuld.

Soll der Schuldner die geschuldete Sache aus einer bestimmten größeren Menge bzw. aus einem Vorrat entnehmen, *Vorrat*

Beispiele: Wein aus einem bestimmten Anbaugebiet, handgefertigtes Spielzeug aus seinem Lager, Holz von einem bestimmten Lagerplatz, Waren von einer bestimmten Schiffsladung,

so spricht man von einer beschränkten Gattungs- oder Vorratsschuld.

Bei der Vereinbarung einer Gattungsschuld besteht keine Verpflichtung des Schuldners, ein ganz bestimmtes Stück aus der Gattung zu liefern, vielmehr muß er (nur) Sachen von mittlerer Art und Güte auswählen und leisten, § 243 I BGB; der Kaufmann muß Handelsgut mittlerer Art und Güte (Durchschnittsware) liefern, § 360 HGB. Geschuldet ist also ein qualitativer Durchschnitt. Wenn der Schuldner das zur Leistung seinerseits Erforderliche getan hat, § 243 II BGB, dann wandelt sich die Gattungs- in eine Stückschuld um (= Konkretisierung). Erst dann bezieht sich das Schuldverhältnis auf diese eine geleistete Sache; zuvor allerdings bleibt der Schuldner zur Leistung verpflichtet, solange die Leistung aus der Gattung überhaupt noch möglich ist, § 279 BGB (s. a. unten 9.3.2.3). *Konkretisierung*

Schaubild 45: Leistungsgegenstand

8.3.5 Geldschulden

Geld
Geld ist seiner wirtschaftlichen Funktion nach ein allgemeines Tauschmittel, Wertmesser, Rechnungseinheit sowie Wertaufbewahrungsmittel. Der Nennwert des Geldes wird durch Gesetz festgelegt. Er besteht im einfachen, vielfachen oder einem Bruchteil der Währungseinheit. Der sog. Außenwert ergibt sich aus dem Verhältnis zu ausländischen Währungen (Valutakurs); der Binnenwert des Geldes entspricht seiner Kaufkraft. Geld im gegenständlichen Sinne sind die Münzen und Banknoten (Geldzeichen). Dabei versteht man unter Geld im engeren Sinne die gesetzlichen Zahlungsmittel, die jeder Gläubiger einer Geldschuld kraft Gesetzes annehmen muß, und unter Geld im weiteren Sinne (sog. Verkehrsgeld) die anerkannten Zahlungsmittel, also zuzüglich zu den gesetzlichen Zahlungsmitteln auch die ausländischen Banknoten und Münzen.

Buchgeld
Buchgeld ergibt sich als eine Forderung gegen ein Bankinstitut, über die der Inhaber zu Zahlungszwecken verfügen kann. Die bargeldlose Zahlung mit Buchgeld erfolgt mittels Überweisung, Scheck oder Lastschrift. Wirtschaftlich sind Barzahlung und Zahlung mit Buchgeld gleichwertig. Hat sich der Gläubiger ausdrücklich oder stillschweigend mit der Zahlung durch Überweisung einverstanden erklärt, so steht dies der Barzahlung auch rechtlich gleich, § 362 BGB (s. u. 8.14.1).

Beispiel: Auf der Rechnung ist die Bankverbindung angegeben.

Geldschuld
Die Geldschuld ist regelmäßig keine Stückschuld, denn es werden keine spezifischen Geldstücke geschuldet, sondern nur Geld in Höhe des Nennbetrages.

> *Ausnahme:* Es wird ein ganz bestimmter Jubiläumstaler, eine ganz bestimmte Gedenkmünze geschuldet, etwa unter Sammlern – dann spricht man von der Geldstückschuld.

Ansonsten muß der Schuldner dem Gläubiger die Verfügungsmacht über einen durch den Nennbetrag der Schuld bezifferten Geldbetrag verschaffen, die Geldschuld ist also eine Geldsummenschuld, gerichtet auf einen bestimmten Wert (ungeachtet der Stückelung).

Beispiel: Der zu zahlende Kaufpreis beträgt DM/Euro 1000,–.

Wer Geld ohne rechtlichen Grund übereignet hat (s. u. 11), kann vom Bereicherten (regelmäßig nur) den erlangten Geldwert, nicht aber die Rückgabe der individuellen Geldzeichen verlangen.

Beispiel: Der Käufer hat den Kaufpreis in Höhe von DM/Euro 1000,– bereits bar gezahlt; der Kaufvertrag, § 433 BGB, ist aber wegen Irrtums nichtig, §§ 119 I, 142 I (s. o. 6.8.2.4) – der Verkäufer muß jetzt gemäß § 812 I 1 BGB (s. u. 11) DM/Euro 1000,– zurückzahlen – aber nicht den oder die erlangten Geldscheine/-münzen zurückgeben.

Die auf Sachschulden zugeschnittenen Regeln über Unmöglichkeit und Unvermögen sind auf die Geldschuld als Wertverschaffungsschuld nicht anwendbar. Wirtschaftliches Unvermögen befreit den Schuldner nicht etwa, denn „Geld hat man zu haben" (auf § 279 BGB kann er sich daher insoweit nicht berufen). Leistungsort für Geldschulden ist regelmäßig der Wohnsitz des Schuldners, §§ 270 IV, 269 I BGB (s. u. 8.5; 9.5.3).

Im BGB ist die Geldschuld nur unzureichend geregelt; die §§ 244, 245 behandeln nur die Fälle der in ausländischer Währung ausgedrückten Geldschuld (Geld im weiteren Sinne, s. o.) bzw. der nicht mehr im Umlauf befindlichen Münzsorte. — lückenhafte gesetzliche Regelung

Ist die Zahlung eines bestimmten Geldbetrages geschuldet, so mußte der Schuldner bisher Zahlungsmittel in deutscher Währung in Höhe des Nennbetrages leisten, §§ 1, 2 WährungsG; Währungseinheit war alleine die Deutsche Mark und gesetzliche Zahlungsmittel waren nur die von der Deutschen Bundesbank ausgegebenen Banknoten (§ 14 I BBankG) und die vom Bund ausgegebenen Münzen (§ 2 MünzG).

Mit Beginn der 3. Stufe der EWWU am 1. 1. 1999 wurde entsprechend Art. 109 j IV EGV (mittels Verordnung des Rates der EG) in Deutschland (und zehn weiteren Teilnehmerländern) der Euro (zu 100 Cent) eingeführt. Die nationalen Währungen, also auch die DM, wurden in Euro umgerechnet; die Euro-Einführung ist somit keine Währungsreform, sondern eine Währungsumstellung. Das gilt auch für Forderungen und Verbindlichkeiten. — Euro

Beispiele: Kaufpreisforderungen, Löhne, Gehälter, Mieten, Preise, Kredite, Zinsen, Steuern werden von DM in Euro umgerechnet.

Bis zum 31. 12. 2001 gilt eine Übergangszeit: bis dahin wird der Euro auch in DM (bzw. den anderen bisherigen Euro-Teilnehmer-Währungs- — Übergangszeit einheiten) ausgedrückt; das nationale Währungsrecht gilt weiter und die auf DM lautenden Banknoten und Münzen bleiben alleiniges gesetzliches Zahlungsmittel. In dieser Übergangszeit werden also weiterhin Barzahlungen in DM geleistet, denn Euro-Noten und -Münzen sind zunächst noch nicht in Umlauf. Allerdings können bargeldlose Zahlungen wahlweise in Euro oder DM geleistet werden.

Ab dem 1.1.2002 ist gesetzliches Zahlungsmittel nurmehr der Euro, nicht mehr die DM. Jede Bezugnahme in Gesetzen, Verträgen, Urteilen, Schecks etc. (sog. Rechtsinstrumente) gilt ab dann automatisch als Bezugnahme auf den Euro.

Vertragskontinuität Die Einführung des Euro läßt also Schuldverhältnisse grundsätzlich wertmäßig unberührt, das Prinzip der Vertragskontinuität gilt weiterhin (vgl. die EG-Verordnung Nr. 1103/97 vom 17.6.1997 – „Euro-VO I", Art. 3). Vertragsparteien können daher nicht etwa unter Berufung auf die Euro-Einführung einen Wegfall der Geschäftsgrundlage (s.u. 9.9.3 a.E) geltend machen.

Im Handels- und Gesellschaftsrecht erfolgte die gesetzliche Umstellung auf den Euro,

Beispiele: Stammkapital, Stammeinlage bei GmbH, § 5 GmbHG; Grundkapital, Nennbetrag bei AG, §§ 6 ff. AktG,

bereits zum 1.1.1999 (mit entsprechenden Übergangsregelungen).

Nominalismus Das Risiko der Geldentwertung durch Inflation (auch nach Einführung des Euro) trägt der Gläubiger – „Mark = Mark" bzw. „Euro = Euro", sog. Nominalismus (Nennwertprinzip). Denn als Folge der Geldsummenschuld muß der Schuldner auch dann nur die geschuldete Summe zahlen, wenn die Kaufkraft, die sie verkörpert, nachläßt. Daher werden

Indexklauseln häufig Wertsicherungsklauseln verabredet (Indexklauseln). Das sind Vereinbarungen, die die Höhe einer Geldschuld vom Preis oder einer Menge anderer Güter oder Leistungen abhängig machen.

Beispiel: Der Mietzins soll so steigen wie der Lebenshaltungsindex eines 4-Personen-Haushalts (vgl. hierzu § 10 a MHG n. F.).

Um weiteren Inflationsgefahren begegnen zu können, bedurften solche Klauseln bisher grundsätzlich der Genehmigung der Deutschen Bundesbank, §§ 3 WährungsG, 49 AWG (die hierzu Genehmigungsrichtlinien erlassen hatte). Zwar wurden die §§ 3 WährungsG, 49 AWG durch die Art. 9 und 13 EuroEG aufgehoben. Dafür wurde in § 2 PreisAngG ein Indexierungsverbot mit Genehmigungsvorbehalt zugunsten des Bundesministeriums für Wirtschaft (oder einer anderen durch RechtsVO zu bestimmenden Behörde) geschaffen. Unter dieses Indexierungsverbot fallen aber nicht der Geld- und Kapitalverkehr sowie Verträge von gebietsansässigen Kaufleuten mit Gebietsfremden (§ 2 I 3, 4 PreisAngG).

8.3.6 Zinsschulden

Zinsen sind Vergütung für überlassenes Kapital. Eine grundsätzliche Verzinsungspflicht kennt das BGB nicht. Es sieht sie vor in den §§ 256, 288, 291 BGB, s.a. § 353 HGB, wobei der Zinssatz unterschiedlich ist, vgl. die §§ 246 BGB, 352 HGB, Art. 45 Nr. 2, Art. 46 Nr. 2 ScheckG, Art. 48 I Nr. 2, Art. 49 Nr. 2 WechselG (2 % über Bundesbank-Diskontsatz bzw. Basiszinssatz i.S.d. § 1 DÜG). Verzinsung und Verzinsungspflicht werden oftmals vertraglich fixiert. — Zinsen

Beispiel: Verzinsliches Darlehen zu 8 % (vgl. § 607 BGB).

Dabei ist auf das Wucherverbot, § 138 II BGB, zu achten (s. o. 6.8.1.1).

Im allgemeinen Privatrechtsverkehr beträgt der gesetzliche Zinssatz grundsätzlich 4 %; bei beiderseitigen Handelsgeschäften (s. o. 6.2.6) sind es 5 %, § 352 HGB. Während der Zinsanspruch des Gläubigers gemäß § 288 I 1 BGB erst bei Schuldnerverzug eintritt, sind Kaufleute bei beiderseitigen Handelsgeschäften berechtigt, Zinsen schon vom Zeitpunkt der Fälligkeit an zu berechnen, § 353 S. 1 HGB (s. u. 9.4.2); für Darlehen etc. können Zinsen schon vom Zeitpunkt der Leistung an berechnet werden, § 354 II HGB. Zinseszinsen sind grundsätzlich unzulässig (Verbot des Anatozismus), vgl. die §§ 248, 289 BGB, 353 S. 2 HGB.

Beispiel: Der Kaufmann K begleicht eine seit dem 1.3. fällige Kaufpreisschuld, § 433 II BGB, erst nach einer am 1.4. erhaltenen Mahnung seines Lieferanten L am 20.4.: vom 1.4. bis zum 20.4. kann der L gemäß den §§ 433 II, 288 I, 284 I, 285 BGB Verzugszinsen in Höhe von 4 % bzw. wegen § 352 I 1 HGB 5 % verlangen. Seit dem 1.3. kann der L Fälligkeitszinsen in Höhe von 5 % verlangen, §§ 353 S. 1, 352 II HGB. Die Geltendmachung eines weiteren Schadens (zwischen dem 1.4. und dem 20.4., etwa wegen aufzuwendenden Kreditzinses oder verlorenen Anlagezinses) bleibt dem L vorbehalten, §§ 288 II, 286 I BGB.

8.3.7 Wahlschuld

Bei der Wahlschuld werden mehrere Leistungen dergestalt geschuldet, daß nur die eine oder die andere zu bewirken ist, § 262 BGB; die Wahl trifft grundsätzlich der Schuldner. — Wahlmöglichkeit

Beispiele: Der Schuldner hat sich verpflichtet, eines von zwei Bildern zu verschenken (s. a. oben 7.6); Wahlrecht zwischen Geld- und Naturalpacht; Gutschrift für eine vom Käufer zurückgegebene Sache; Wahlrecht des Käufers unter mehreren Warensorten, sog. Wahlkauf (dieser fällt bei Kaufleuten nicht unter § 375 HGB).

141

8.4 Leistungszeit

Fälligkeit

Erfüllbarkeit

Der Schuldner hat die geschuldete Leistung zur rechten Zeit zu erbringen, § 271 BGB. Dabei sind zwei Begriffe wichtig: Fälligkeit sowie Erfüllbarkeit. Unter Fälligkeit ist der Zeitpunkt zu verstehen, von dem ab der Gläubiger die Leistung verlangen kann, unter Erfüllbarkeit der Zeitpunkt, von dem ab der Schuldner leisten darf; beide Zeitpunkte fallen in der Regel zusammen. Gemäß § 271 II BGB darf aber der Schuldner im Zweifelsfall früher leisten als der Gläubiger fordern. Fehlt eine Parteivereinbarung und ergeben die Umstände nichts Abweichendes, so kann der Gläubiger die Leistung sofort verlangen, der Schuldner sie sofort bewirken, § 271 I BGB. Erfolgt die Leistung verspätet, so kommt der Schuldner in Verzug, §§ 284 ff. BGB (s.u. 9.4).

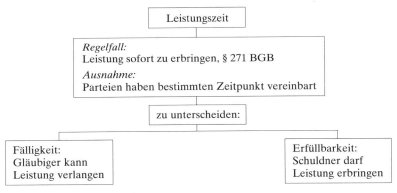

Schaubild 46: Leistungszeit

Fixgeschäft

Steht und fällt ein Geschäft mit einem bestimmten Zeitpunkt, zu dem die Leistung erbracht werden muß, dann handelt es sich um ein sog. Fixgeschäft.

absolut

Ist die Leistungszeit dabei so elementar, daß ihre Nichteinhaltung die Leistungserbringung unmöglich macht, liegt ein sog. absolutes Fixgeschäft vor; eine spätere Erfüllung wirkt dabei nicht als solche und die Rechtsfolgen der Unmöglichkeit treten ein, §§ 275, 280, 323 ff. BGB (s. u. 9.3).

Beispiele: Bestellung eines Taxis für einen bestimmten Zug; Buchung einer Flugreise; auf bestimmte Zeit abgestellter Reisevertrag.

relativ

Ist die Zeit durchaus wesentlich, zu der die Leistung zu erbringen ist, soll das Geschäft ebenfalls mit zeitgerechter Leistung „stehen oder fallen", führt die verspätete Leistung aber nicht zur Hinfälligkeit und Unmöglichkeit, dann spricht man vom relativen Fixgeschäft. Hierbei hat der Gläubiger ein Rücktrittsrecht, § 361 BGB.

Beispiele: Klauseln wie „fix", „genau", „spätestens", „Lieferung zum Verkauf für Ostern"; „Nüsse für Weihnachten"; Devisen-Termin-Geschäfte, Aktienoptionsgeschäfte, „Just-in-Time"-Geschäfte.
Nicht aber: „Binnen kürzester Frist"; „sofort"; „täglich"; „von Woche zu Woche".

Die Leistungszeit ergibt sich regelmäßig aus der Parteiabrede bzw. den Umständen. Teilweise hat das BGB aber besondere Regelungen getroffen: vgl. die §§ 551, 584, 604, 608 ff. 614, 641, 1361 IV, 1585 I, 1612 III BGB, s. a. § 358 HGB: Bei Handelsgeschäften (s.o. 6.2.6) kann die Leistung nur während der gewöhnlichen Geschäftszeiten bewirkt und gefordert werden. Beachte auch § 359 HGB mit weiteren Konkretisierungen („Frühjahr", „Herbst", „acht Tage").

Der Fixhandelskauf, bei dem vereinbarungsgemäß die Leistung mindestens eines Vertragspartners „genau zu einer fest bestimmten Zeit oder innerhalb einer festbestimmten Frist bewirkt werden soll", ist ein Spezialfall des relativen Fixgeschäftes, § 376 HGB.   *Fixhandelskauf*

Beispiel: „Lieferung binnen einer Woche fix nach Abruf durch Käufer".

Verstreicht der festgelegte Zeitpunkt, so kann der Gläubiger vom Vertrag zurücktreten oder Schadensersatz wegen Nichterfüllung verlangen; auch Erfüllung muß er ausdrücklich sofort verlangen.

8.5 Leistungsort

Der Schuldner muß auch am richtigen Ort leisten, dem. sog. Leistungsort, §§ 269, 270 BGB. Das ist der Ort, an dem der Schuldner seine Leistungshandlung vorzunehmen hat. Man nennt diesen Leistungsort auch Erfüllungsort (vgl. etwa in den §§ 447, 448, 644 II BGB, § 29 ZPO).   *Leistungshandlung*

Davon zu unterscheiden ist der Ort, an dem der Leistungserfolg eintritt, der sog. Erfolgsort bzw. Bestimmungsort. Beide Orte – Leistungs- und Erfolgsort – können zusammenfallen, müssen es aber nicht. Insoweit kommt es darauf an, ob eine Hol-, Bring- oder Schickschuld vorliegt: *Leistungserfolg*

Bei der Holschuld muß der Gläubiger die Ware beim Schuldner abholen. Der Erfüllungs- und der Erfolgsort liegen also beim Schuldner, der die Leistungshandlung an seinem Wohnsitz oder dem Ort seiner gewerblichen Niederlassung zu erbringen hat, § 269 I, II BGB (dies ist im Zweifel die Regel).   *Holschuld*

Schaubild 47: Holschuld

Bringschuld   Bei der Bringschuld ist der Schuldner verpflichtet, die Ware dem Gläubiger zu bringen. Der Erfüllungs- und der Erfolgsort sind dann mit dem Wohnsitz des Gläubigers identisch.

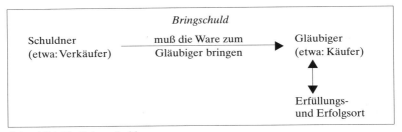

Schaubild 48: Bringschuld

Schickschuld   Bei der Schickschuld (Hauptanwendungsfälle Geldschuld, § 270 BGB (s. o. 8.3.5), und Versendungskauf, § 447 BGB, s. u. 8.12.6) muß der Schuldner die Ware an den Gläubiger schicken. Hier fallen der Erfüllungs- und der Erfolgsort auseinander: Erfüllungsort ist der Wohnsitz des Schuldners, Erfolgsort ist der Wohnsitz des Gläubigers.

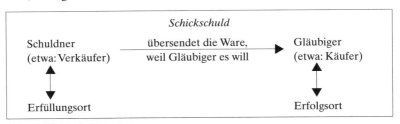

Schaubild 49: Schickschuld

Bei der in der Praxis so wichtigen Geldschuld bedeutet dies (vgl. die §§ 270 IV, 269 I BGB), daß es (etwa bei einem einzuhaltenden Zahlungstermin) für die Rechtzeitigkeit der Leistung entscheidend ist, wann der

Schuldner seine Leistungshandlung erbracht, also das zur Übermittlung des Geldes seinerseits Erforderliche getan hat – die Verzögerungsgefahr geht dann zu Lasten des Gläubigers; auf den Zeitpunkt des Leistungserfolges kommt es dabei nicht an.

Beispiele: Bei (vom Gläubiger zugelassener) Zahlung mittels Überweisung ist die Leistungshandlung rechtzeitig, wenn der Überweisungsauftrag rechtzeitig beim Geldinstitut eingegangen und das Konto gedeckt ist (s. u. 8.14.1; s. a. 9.5.3); oder: bei (vom Gläubiger zugelassener) Übersendung eines Schecks ist die geschuldete Leistungshandlung erbracht, wenn der Schuldner den Scheck der Deutschen Post AG zur Beförderung an den Gläubiger übergeben hat (die Versendung eines Verrechnungsschecks als „einfacher" Brief ist dabei zulässig) – der fristgerechte Eingang des Schecks beim Gläubiger oder gar eine fristgerechte Gutschrift des Scheckbetrages auf dessen Konto ist nicht erforderlich.

Überweisung

Scheck

Gleiches gilt für eine Skontoabrede (s. u. 8.14.2.3) – auch hierbei genügt die rechtzeitige Absendung des Verrechnungsschecks bzw. die Veranlassung der Überweisung. Bei einer Skontoabrede „Zahlbar innerhalb von 10 Tagen mit 3 % Skonto" genügt es also bspw., wenn der Schuldner innerhalb der Skontofrist die von ihm zu fordernde Leistungshandlung vornimmt, also sich endgültig seiner uneingeschränkten Verfügungsmacht über den Scheck dadurch entäußert, daß er diesen der Post zur Beförderung übergibt. Die Verzögerung, die infolge des bloßen Übermittlungsvorganges eintritt, hat der Gläubiger hinzunehmen. Will er dies nicht, so bedarf es einer auf den Zahlungseingang abstellenden Vereinbarung.

Skonto

8.6 Beteiligung Dritter

Am Schuldverhältnis sind grundsätzlich nur der Gläubiger und der Schuldner beteiligt (regelmäßig ist das Schuldverhältnis ein sog. „Zwei-Parteien-System"; es kann aber auch mehrgliedrig sein, etwa bei einem Gesellschaftsvertrag mehrerer Partner; s. o. 6.2.2). Allerdings kommt es vor, daß Dritte involviert werden.

Schaubild 50: Beteiligung Dritter am Schuldverhältnis

8.6.1 Leistung durch Dritte

Die vom Schuldner zu erbringende Leistung kann prinzipiell auch von einem anderen bewirkt werden, § 267 I BGB (s. u. 8.14.1), es sei denn, der Schuldner selbst ist persönlich leistungspflichtig. Dies ist etwa in den

Leistender

Fällen der §§ 613, 664, 691, 713 BGB sowie bei entsprechender vertraglicher Abrede der Fall. Widerspricht der Schuldner der Erbringung durch einen Dritten, so kann der Gläubiger die Leistung ablehnen, § 267 II BGB. § 268 BGB gibt ebenfalls einem Dritten im Falle einer beeinträchtigenden Zwangsvollstreckung ein Leistungsrecht in Form der Ablösung; diese führt zu einem Forderungsübergang.

Beispiel: A hat wegen einer Forderung gegen B eine erstrangige Hypothek, §§ 1113 ff. BGB (s. u. 15.5.1), und betreibt die Zwangsversteigerung durch Zwangsversteigerung des Grundstücks des B, §§ 1147 BGB, 1 ff. ZVG. Dem die zweitrangige Hypothek zustehenden Hypothekar droht dann ggf. der Verlust seiner Hypothek. Er kann daher, ohne daß der B widersprechen könnte (§ 267 II BGB), die Forderung ablösen, die dann auf ihn übergeht, § 268 BGB.

8.6.2 Leistung an Dritte

Leistungs- partner

Der Schuldner hat dem Gläubiger gegenüber zu leisten. Stimmt der Gläubiger aber einer Leistung an einen Dritten zu, so kann der Schuldner diesem gegenüber mit schuldbefreiender Wirkung leisten, §§ 362 II, 185 BGB (s. u. 8.14.1). Dies gilt auch gegenüber dem Überbringer einer echten Quittung, § 370 BGB (s. u. 8.14.1). Bei der ihm unbekannt gebliebenen Forderungsabtretung, § 398 BGB, wird der an den alten Gläubiger (der ja nach der Abtretung gar nicht mehr der Forderungsinhaber ist) leistende Schuldner gemäß § 407 BGB geschützt (s. u. 8.8.3). Ähnliches gilt gegenüber Inhabern sonstiger Legitimationen (§§ 793, 807, 808, 1265, 2367 BGB).

8.6.3 Vertrag zugunsten Dritter

echter/ unechter Vertrag zugunsten Dritter

Während ein Vertrag zu Lasten eines Dritten unzulässig ist, enthält das BGB ausdrückliche Regelungen über den Vertrag zugunsten Dritter. Danach ist es durchaus möglich, einen Dritten dergestalt zu begünstigen, daß der Schuldner ihm gegenüber zu leisten hat (vgl. die §§ 328 ff. BGB). Wenn dem Dritten dabei ein eigener Anspruch gegen den Schuldner zusteht, so spricht man vom sog. echten Vertrag zugunsten Dritter.

Beispiele: Verträge des Arbeitgebers zur Altersversorgung des Arbeitnehmers mit Betriebs- oder Unterstützungskassen sind regelmäßig Verträge zugunsten des Arbeitnehmers; die Beauftragung eines Anwalts durch den Haftpflichtversicherer ist i.d.R. Vertrag zugunsten des Versicherungsnehmers; auch eine in einem Grundstückskaufvertrag enthaltene Bestimmung, daß der Käufer die Provision des Maklers zu tragen habe, kann echter Vertrag zugunsten des Maklers sein und ihm einen unmittelbaren Courtageanspruch gegen den Käufer begründen.

Fehlt ein eigenes Leistungsrecht des Dritten und ist der Schuldner nur dem Gläubiger gegenüber verpflichtet, an den Dritten zu leisten, so handelt es sich um einen sog. unechten Vertrag zugunsten Dritter; welche Form im Einzelfall vorliegt, ist jeweils aus den Umständen zu ermitteln, vgl. § 328 II BGB.

Beispiele: Die zugunsten der Ehefrau fest abgeschlossene Lebensversicherung stellt einen echten Vertrag zugunsten Dritter (d.h. der Ehefrau) dar, vgl. § 331 BGB. Demgegenüber ist die Aufforderung eines Händlers an seinen eigenen Lieferanten, dieser solle direkt an den Käufer (des Händlers) liefern (sog. Direktlieferung), lediglich unechter Vertrag zugunsten des Dritten (d.h. des Käufers).

Zwischen den drei Beteiligten bestehen dabei folgende Rechtsbeziehungen: Der Schuldner hat dem Gläubiger die Leistung an einen Dritten versprochen – man nennt den Schuldner daher auch Versprechenden, den Gläubiger Versprechensempfänger. Das zwischen diesen beiden bestehende Rechtsverhältnis ist das sog. Grund- bzw. Deckungsverhältnis (der Versprechende soll für seine Verpflichtung „gedeckt" werden), die zwischen dem Versprechensempfänger und dem Dritten sich ergebende Beziehung heißt Valuta- oder Zuwendungsverhältnis (es bezeichnet den Grund, weswegen der Versprechensempfänger dem Dritten etwas zukommen läßt bzw. weswegen die „Valuta" fließt).

Rechtsbeziehungen

Beispiele: Bei einer Lebensversicherung besteht das Deckungsverhältnis zwischen dem Versicherten und der Versicherung; der Versicherte ist Versprechensempfänger, die Versicherung Versprechender. Im Todesfall leistet die Versicherung an den Begünstigten (= Dritten) aufgrund etwa einer Schenkung oder Erfüllung einer Unterhaltspflicht des Versprechensempfängers gegenüber dem Begünstigten (= Valutaverhältnis), s . a. die §§ 330 BGB, 159 ff. VVG. Oder: Aufgrund der Anfechtungsklage eines Aktionärs gegen Hauptversammlungs- bzw. Verschmelzungsbeschlüsse, §§ 243 ff. AktG (s. u. 16.8), wird in einem Prozeßvergleich vereinbart, (den) anderen Aktionären (auch) eine Sonderzuzahlung zu leisten – dies ist ebenfalls ein Vertrag zugunsten Dritter i.S.d. §§ 328 ff. BGB.

Zwischen dem Dritten und dem Versprechenden besteht das sog. Vollzugs- oder Drittverhältnis; dieses ist kein vertragliches Rechtsverhältnis, sondern eröffnet dem Dritten nur ein aus dem Vertrag zugunsten Drit-

Lebensversicherung

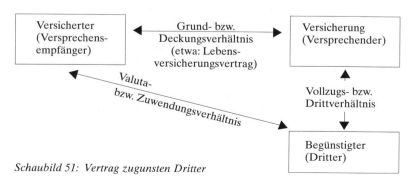

Schaubild 51: Vertrag zugunsten Dritter

ter abgespaltenes Forderungsrecht mit korrespondierender Verpflichtung des Versprechenden (s. a. 10.4.9 zur Überweisung bzw. Zahlung mit Kreditkarte, 19.4.1 zur Anweisung, 19.5.2 zum Scheck).

8.6.4 Vertrag mit Schutzwirkung zugunsten Dritter

Drittbegünstigte

Beim Vertrag mit Schutzwirkung zugunsten Dritter steht der Anspruch auf die vertragliche Leistung zwar nur dem Gläubiger zu. Allerdings werden Dritte in die vertraglichen Schutz-, Sorgfalts- und Obhutspflichten mit einbezogen. Verletzt der Schuldner diese, dann kann der Dritte ihm gegenüber eigene vertragliche (nicht nur deliktische i.S.d. §§ 823 ff. BGB) Schadensersatzansprüche (häufig aus positiver Vertragsverletzung, s.u. 9.7) geltend machen. Um dieses von der Rspr. entwickelte Rechtsinstitut nicht ins Uferlose zu dehnen, muß zwischen dem Gläubiger und dem Dritten für den Schuldner erkennbar eine enge Beziehung bestehen, zumindest aber die Leistung dem Dritten bestimmungsgemäß zukommen bzw. ein entsprechender Parteiwille bestehen.

Schaubild 52: Vertrag mit Schutzwirkung zugunsten Dritter

Beispiele: Mietvertrag zwischen Vermieter und Familienvater – Einbeziehung der mitwohnenden Familienangehörigen; Krankenhausvertrag mit den Eltern – Einbeziehung des aufzunehmenden Kindes; Bankvertrag – Einbeziehung des Überweisungsempfängers; Gutachtervertrag zwischen Immobilieneigentümer und Sachverständigem – Einbeziehung des durch ein unrichtiges Gutachten geschädigten Kreditgeber (etwa: ein öffentlich bestellter und vereidigter Sachverständiger erstellt für einen Immobilieneigentümer ein Wertgutachten über dessen Mehrfamilienhaus; das Gutachten dient der finanzierenden Bank als Bewertungsgrundlage für die Beleihung – ist das Gutachten bspw. im Hinblick auf den ermittelten Verkehrswert schuldhaft falsch, weil der Gutachter z.B. die von seinem Auftraggeber gemachten überhöhten Angaben zu den Mieterträgen ungeprüft übernimmt, und fällt die Bank dann in der Zwangsversteigerung wegen eines Mindererlöses aus, so muß der Gutachter ihr hierfür nach der Rspr. geradestehen).

8.7 Gläubiger- und Schuldnermehrheit

Das Schuldverhältnis als Zwei-Parteien-System besteht zwischen dem Gläubiger und dem Schuldner. Allerdings ist es möglich, daß auf beiden Seiten jeweils mehrere Personen stehen.

Bei der Gläubigermehrheit sind zu unterscheiden: Gläubigermehrheit

- Teilgläubigerschaft, bei der mehrere eine teilbare Leistung fordern, § 420 BGB, (selten,

    Beispiel: Unterhalt für mehrere in einer Summe ausgedrückt);

- Gesamtgläubigerschaft, bei der der Schuldner zwar nur einmal leisten muß, aber jeder Gläubiger die ganze Leistung fordern kann, § 428 BGB,

    Beispiel: Gemeinschaftliches „Oder-Bankkonto";

- Gesamthandsgläubigerschaft, bei der jeder Gläubiger die Leistung nur an alle Gläubiger verlangen kann, § 432 BGB,

    Beispiel: Kaufpreisforderung einer GbR, die jeder Gesellschafter als an die GbR zu erbringend geltend machen kann (s. u. 16.2).

Demgegenüber findet man bei Schuldnermehrheiten: Schuldnermehrheit

- Teilschuldnerschaft, wenn mehrere eine teilbare Leistung schulden, § 420 BGB,

    Beispiel: Verpflichtung aus Bauvertrag, wenn künftige Wohnungseigentümer die Bauarbeiten gemeinsam vergeben haben;

- Gesamtschuldnerschaft, wenn mehrere eine Leistung so schulden, daß jeder die ganze Leistung bewirken muß, der Gläubiger aber die Leistung nur einmal fordern darf, § 421 BGB. Dies ist der Fall bei von mehreren geschuldeten unteilbaren Leistungen, § 431 BGB, bei gemeinschaftlicher Leistungsverpflichtung, § 427 BGB, sowie in den gesetzlichen Fällen der §§ 42 II, 419 I, 556 III, 769, 830, 840, 1357 I 2, 2058 BGB, 25 I, 128 HGB, 41 I 2 AktG, 8 I 1 PartGG.

    Beispiele: Drei Bankräuber verletzten eine Geisel – diese kann jeden der drei einzeln ganz oder teilweise auf Schadensersatz in Anspruch nehmen, §§ 823 I; 823 II BGB i.V.m. 223 StGB; 826; 830 I, 840 I BGB (s. u. 12.5.6). Oder: gegen eine oHG besteht eine Kaufpreisforderung (vgl. die §§ 105 I, 124 I HGB, 433 II BGB) – der Verkäufer kann sich hierfür auch an jeden einzelnen (gesamtschuldnerisch haftenden) oHG-Gesellschafter halten, § 128 HGB.

Die Erfüllung durch einen Gesamtschuldner befreit die anderen dem Gläubiger gegenüber, § 422 BGB; intern gilt dann ein Ausgleichsanspruch, § 426 BGB.

8.8 Abtretung von Forderungen

Forderungs-
übergang

Forderungen stehen prinzipiell dem Gläubiger gegen seinen Schuldner zu. Allerdings können sie vom Gläubiger auf einen anderen mittels eines Vertrages übertragen werden. Diesen rechtsgeschäftlichen Forderungsübergang nennt man Abtretung, vgl. die §§ 398 ff. BGB.

Damit kann die Forderung als Vermögensgegenstand wirtschaftlich eingesetzt werden, um die Liquidität bzw. Bonität des Gläubigers gegenüber Dritten – etwa Lieferanten oder Banken gegenüber – zu dokumentieren. Abtretungen findet man daher recht oft.

Beispiele: Kaufpreisabtretung (s. a. Käufe mit Kreditkarten); Sicherungsabtretung (s. u. 8.8.4); Wechseldiskontierung (s. u. 19.4.4).

8.8.1 Voraussetzungen

Vertrag

Die Forderungsabtretung (= Zession) ist ein Vertrag zwischen dem bisherigen (alten) Gläubiger (auch Zedent genannt) und dem neuen Gläubiger (= Zessionar), durch den die Forderung auf diesen übertragen wird. Mit dem Abschluß dieses Abtretungsvertrages tritt der neue Gläubiger unmittelbar an die Stelle des alten Gläubigers, § 398 BGB, ohne daß der Schuldner hieran beteiligt ist bzw. dies überhaupt wissen muß. Eine besondere Form ist für die Abtretung grundsätzlich nicht vorgeschrieben (Ausnahmen aber bspw.: §§ 1154 BGB; 15 GmbHG; zu verbrieften Forderungen s. u. 19).

kein Gut-
glaubensschutz
an Forderung

Die abgetretene Forderung muß bestehen: guter Glaube an das Bestehen einer tatsächlich gar nicht existierenden Forderung wird nicht geschützt (beim Eigentumserwerb ist dies gerade anders, §§ 932 ff. BGB; s. o. 6.2.4). Auch muß die Forderung bestimmt, zumindest aber bestimmbar sein, so daß auch erst künftige Forderungen grundsätzlich abgetreten werden können, sog. Vorausabtretung.

Schaubild 53: Forderungsabtretung

Beispiele: Zur Sicherung können der kreditierenden Bank oder dem unter Eigentumsvorbehalt veräußernden Warenlieferanten bereits im vorhinein erst noch entstehende Forderungen, etwa aus dem (Weiter-)Verkauf von Waren, abgetreten werden.

Vorausabtretung

Die Zession darf nicht ausgeschlossen sein, vgl. die §§ 399 f., 613 S. 2 BGB: vertragliche Abtretungsverbote sind grundsätzlich durchaus möglich (vgl. § 399 BGB).

Beispiele: „Abtretung der Forderung ist ausgeschlossen"; „Abtretung wird nicht anerkannt".

In der Kontokorrentabrede (s. u. 8.14.2.2) ist regelmäßig ein stillschweigender Abtretungsausschluß enthalten. Für aus beiderseitigen Handelsgeschäften (s. o. 6.2.6) resultierende Forderungen mit vertraglichem Abtretungsausschluß bestimmt § 354 a HGB, daß die Abtretung gleichwohl wirksam ist, der Schuldner aber mit befreiender Wirkung an den bisherigen Gläubiger leisten kann (dem Gläubiger wird so die Verwendung der Forderung als Kreditunterlage erleichtert).

8.8.2 Abstraktheit

Die Forderungsabtretung ist ein abstraktes Rechtsgeschäft (s. o. 6.2.5). Sie ist losgelöst zu sehen von dem ihr zugrundeliegenden Rechtsgeschäft – warum der Gläubiger seine Forderung auf einen anderen überträgt, welches Kausalgeschäft also der Zession zugrundeliegt, ist für die Wirkung der Abtretung grundsätzlich unbeachtlich (s. o. 5). Häufig dient sie zur Erfüllung eines Schenkungsvertrages, insbesondere aber eines Kaufvertrages:

vom Rechtsgrund abstrakt

Beispiel: Der Gläubiger verkauft einen Kaufpreiszahlungsanspruch i.S.d. § 433 II BGB gegen seinen Schuldner an einen Dritten, vgl. § 433 I 2 BGB; zur Erfüllung überträgt er die Forderung aus § 433 II BGB gegen den Schuldner durch Abtretungsvertrag gemäß § 398 BGB mit dem Dritten auf diesen (vgl. obiges Schaubild).

Dieser Vorgang findet sich gerade beim Factoring, bei dem Außenstände dem Factor unter Abzug seiner Provision verkauft werden, womit Liquidität gewonnen wird (s. u. 8.8.4 a.E). (Ähnlich ist es auch bei den Rechtsbeziehungen zwischen Kreditkartenausstellern und ihren Vertragsunternehmen; s. u. 10.4.9 a.E.).

Factoring

Fehlt bzw. entfällt das der Abtretung zugrundeliegende Verpflichtungsgeschäft, so ist die Forderung nach den Regeln der ungerechtfertigten Bereicherung, §§ 812 ff. BGB (s. u. 11), zurückzuübertragen.

8.8.3 Wirkung

"Priorität" — Da die Forderung unmittelbar mit der Zession übergeht, kann sie der bisherige Gläubiger nicht noch einmal übertragen – Grundsatz der Priorität (vgl. auch oben 6.2.4). Für die Forderung vorhandene Nebenrechte gehen ebenfalls über, §§ 401 ff. BGB (Pfandrechte, Bürgschaften, Hypotheken beispielsweise). Bestehende Einwendungen und Einreden kann der Schuldner allerdings dem neuen Gläubiger entgegenhalten, § 404 BGB.

Schuldnerschutz — Der an der Abtretung nicht beteiligte Schuldner wird darüber hinaus auch dadurch geschützt, daß er von seiner Leistungspflicht dem neuen Gläubiger gegenüber frei wird, wenn er in Unkenntnis der Abtretung an den Altgläubiger zahlt, § 407 BGB (s. o. 8.6.2; dann muß sich der neue Gläubiger an den ungetreuen Altgläubiger halten und den zwar abgetretenen, aber ungerechtfertigt vereinnahmten Betrag gemäß § 816 II BGB von ihm herausverlangen; s. u. 11.4 a.E.). Dies gilt bei mehrfacher Abtretung ebenfalls, § 408 BGB.

Beispiel: A hat seine am 1.10. fällige Kaufpreisforderung, § 433 II BGB, gegen den B an den C abgetreten. Die Abtretung wird dem B nicht aufgedeckt. Zahlt der B jetzt am 1.10. an den A, so wird er dem C gegenüber frei (dazu s. a. 19.1). C seinerseits kann sich nur an A halten.

Anders aber ist es, wenn der neue Gläubiger die Abtretung dem Schuldner angezeigt hat, §§ 409 f. BGB. Mit einer ihm gegen den Altgläubiger zustehenden Forderung kann der Schuldner auch gegenüber dem neuen Gläubiger aufrechnen, §§ 406, 387 ff. BGB. Gemäß § 354 a S. 2 HGB darf der Schuldner mit befreiender Wirkung auch an den bisherigen Gläubiger leisten (s. o. 8.8.1).

8.8.4 Formen

Varianten der Abtretung — Bei Abtretungen lassen sich verschiedene Varianten feststellen:

– offene Zession: der Schuldner erhält davon Kenntnis;
– stille Zession: sie wird zunächst nicht aufgedeckt; regelmäßig bleibt der Zedent ermächtigt, die Forderung einzuziehen;

Sicherungszession — – Sicherungszession: eine Darlehensschuld wird dem Kreditgeber gegenüber dadurch gesichert, daß ihm eine Forderung des Kreditnehmers gegen dessen Schuldner zwar abgetreten wird, er die abgetretene Forderung auch bei Nichtbedienung des Kredits verwerten kann, sie aber zurückübertragen muß, wenn der Kreditnehmer den Kredit ordnungsgemäß zurückgezahlt hat.

Beispiel: Zur Sicherung eines Betriebsmittelkredits der Bank B tritt der Unternehmer U eine Forderung, die ihm gegen seinen Kunden K aus Warenverkauf,

§ 433 II BGB, zusteht, an die B gemäß § 398 BGB ab. Das geht auch bei erst künftig enstehenden Forderungen (Vorausabtretung, s. o. 8.8.1). Zahlt der U den Kredit korrekt zurück, muß die B die Forderung zurückabtreten (§ 398 BGB), ansonsten kann sie sie bei K geltend machen.

Die Sicherungszession wird häufig verschwiegen behandelt und dem Schuldner des Kreditnehmers nicht angezeigt; (ebenso ist es oftmals bei der)

- Globalzession: dabei werden alle, auch die künftigen, Forderungen des Gläubigers gegen einen (oder mehrere) Schuldner dem Zessionar abgetreten. Diese Form wird ebenfalls insbesondere für Kreditsicherungszwecke verwandt, etwa dergestalt, daß der Kreditnehmer seiner Bank die ihm einem Geschäftspartner gegenüber erwachsenden Ansprüche auf Kaufpreiszahlungen aus Warenlieferungen abtritt. Um die Geschäftsbeziehung nicht zu belasten, wird dem Kunden diese Vorausabtretung nicht mitgeteilt, so daß er weiter auf das Konto des kreditnehmenden Lieferanten bei der abtretungsempfangenden Bank leistet. Werden einer Bank mittels AGBen global sicherheitshalber Kundenforderungen abgetreten (oder ein Warenlager, s. u. 15.3.2.2), so hat der Kreditnehmer der Bank gegenüber einen Freigabeanspruch; dieser entsteht nach der Rspr., wenn der Nennwert der berücksichtigungsfähigen abgetretenen Forderungen 150 % der zu sichernden Bankforderung beträgt;   *Globalzession*

- Inkassozession: dabei tritt der Gläubiger seine Forderung einer Inkassostelle (Inkassobüro) zur treuhänderischen Einziehung ab, die sie in ihrem Namen für Rechnung des Zedenten einzieht. Dies ist insbesondere oft der Fall bei Ärzten und ärztlichen Verrechnungsstellen. Abzugrenzen ist die Inkassozession von der bloßen Einziehungsermächtigung (sog. Inkassomandat), bei der die Forderung nicht übertragen wird und die Einziehung im fremden Namen erfolgt;

- Mantelzession: Der Zedent verpflichtet sich, Forderungen in bestimmter oder variabler Höhe abzutreten und dem Zessionar zu bestimmten Terminen Listen der abgetretenen Forderungen zu übergeben;

- Blankozession: dabei stellt der Abtretende eine Abtretungsurkunde aus, und deren Empfänger wird ermächtigt, sich selbst oder einen anderen als Zessionar zu bestimmen;

- Teilzession: eine teilbare und abtretbare Forderung wird zu einem Teil abgetreten, etwa bei einer Geldforderung ein Teilbetrag.

- Factoring: die Forderung wird, in der Regel auf Basis eines Forderungskaufvertrages, dem Factor gegen einen Provisions- bzw. Bonitätsabschlag übertragen (s. o. 8.8.2). Man unterscheidet dabei vornehmlich zwei Varianten: Beim echten Factoring, einem (mit Abtre-   *Factoring* tung i. S. d. § 398 BGB versehenen) Forderungskauf i.S.d. §§ 433 I 2, 437 I BGB, trägt der Factor das Risiko für den Forderungseingang (sog. Delkredererisiko bzw. Delkrederehaftung), beim unechten Factoring dagegen trägt der Factorkunde das Risiko des Forderungsausfalls (hier wird die Forderung nur unter der aufschiebenden Bedingung der erfolgreichen Einziehung gekauft bzw. abgetreten, § 158 I BGB).

8.8.5 Anderweitige Forderungsübergänge

Während bei der Abtretung die Forderung aufgrund eines Vertrages zwischen Alt- und Neugläubiger übergeht, sind auch anderweitige Forderungsübergänge möglich:

gesetzlich So beim gesetzlichen Forderungsübergang. Dabei sieht das Gesetz den Übergang auf einen neuen Gläubiger automatisch vor (sog. cessio legis), vgl. die §§ 268 III, 426 II, 774 I, 1143 I, 1225, 1607 II 2, 412, 413 BGB, 67 VVG.

hoheitlich Auch durch gerichtliche Entscheidung ist der Übergang einer Forderung möglich, insbesondere durch Pfändung und Überweisung einer Forderung im Rahmen der Zwangsvollstreckung, §§ 829, 835, 836 ZPO; ein in der Praxis häufiger Fall ist etwa die Lohn- bzw. Gehaltspfändung (§§ 850 ff. ZPO).

Handelsrechtlich von besonderer Bedeutung sind gerade auch die Fälle der §§ 25 I 2 bzw. 28 I 2 HGB (s. o. 3.4.5.6).

8.9 Schuldübernahme, Schuldbeitritt

Schuldnerwechsel Bei der Schuldübernahme findet ein Wechsel des Schuldners statt; sie ist daher das Pendant zur Abtretung. Allerdings ist dies nur unter Beteiligung des Gläubigers möglich, denn diesem ist die Person seines Schuldners und dessen Bonität regelmäßig nicht gleichgültig (bei § 41 II AktG bspw. handelt es sich dagegen um einen speziellen Ausnahmefall, s. u. 16.8.2.1 a.E.). Für die Schuldübernahme gibt es zwei Wege:

- einerseits einen Vertrag zwischen dem Gläubiger und dem Übernehmer, § 414 BGB; hieran ist der Schuldner nicht beteiligt;
- andererseits einen Vertrag zwischen Alt- und Neuschuldner, wobei die Genehmigung des Gläubigers erforderlich ist, § 415 BGB (bei Hypotheken vgl. § 416 BGB).

Bestehende Einwendungen kann der Übernehmer dem Gläubiger entgegenhalten, § 417 BGB; vorhandene Sicherungsrechte erlöschen, § 418 BGB.

Bei dem im BGB nicht ausdrücklich normierten Schuldbeitritt tritt durch Vertrag mit dem Gläubiger oder dem Schuldner ein weiterer Schuldner in das Schuldverhältnis neben den bisherigen Schuldner ein; beide haften dann als Gesamtschuldner (§§ 421 ff. BGB).

Schuldbeitritt

Beispiel: Die Geschäftsführerin einer GmbH unterschreibt einen Leasingvertrag nicht nur für die GmbH, sondern auch gesondert für sich als Privatperson (dazu s. u. 10.6.6).

Gesetzliche Fälle hierfür sind die Vermögensübernahme i.S.d. § 419 BGB sowie die Fortführung eines Handelsgeschäftes unter bisheriger Firma gemäß § 25 HGB; vgl. auch die §§ 556 III, 2382 BGB, 28, 130 HGB.

Geschäftsfortführung

Beispiele: Der Erwerber eines Handelsgeschäftes führt dieses unter der bisherigen Firma weiter – er haftet mit dem früheren Geschäftsinhaber (dieser noch fünf Jahre, vgl. § 26 HGB) für dessen Geschäftsverbindlichkeiten, vgl. § 25 I HGB (s. o. 3.4.5.4); oder: jemand tritt als persönlich haftender Gesellschafter in das Geschäft eines Einzelkaufmanns oder in eine oHG ein – er haftet dann ebenfalls mit, vgl. die §§ 28 bzw. 130 HGB. Der Übergang der im Betrieb des Geschäftes begründeten Verbindlichkeiten – und Forderungen – kann allerdings ausgeschlossen werden, vgl. die §§ 25 II, 28 II HGB (s. a. oben 3.4.5.6).

8.10 Leistungszurückbehaltung

Wenn dem Schuldner aus demselben rechtlichen Verhältnis, aus dem die Forderung des Gläubigers herrührt, selbst ein fälliger Gegenanspruch erwächst, so kann er gemäß § 273 BGB seine Leistung verweigern, bis der Gläubiger seinerseits die ihm geschuldete Gegenleistung erbringt.

Zurückbehaltungsrecht

Beispiel: Die gegenseitigen Ansprüche der bisherigen Gesellschafter einer aufgelösten Gesellschaft.

Dieses Zurückbehaltungsrecht darf aber nicht vertraglich oder gesetzlich (vgl. etwa die §§ 175, 556 II, 580, 581 II BGB, 19 II GmbHG) ausgeschlossen sein.

Auf das Zurückbehaltungsrecht muß sich der Schuldner berufen, es ist eine Einrede (s. o. 4.2.5.1); im Zivilprozeß führt sie zu einer Zug-um-Zug-Verurteilung des Schuldners, § 274 BGB.

Zug-um-Zug

Ein Sonderfall ist das kaufmännische Zurückbehaltungsrecht i. S. d. §§ 369-372 HGB, das dem Kaufmann die Berechtigung gibt, sich aus dem zurückbehaltenen Gegenstand für eine Forderung zu befriedigen, § 371 HGB: während das Zurückbehaltungsrecht des 273 BGB gegenseitige und fällige Forderungen „aus demselben rechtlichen Verhältnis" (sog. Konnexität) voraussetzt und als Einrede ausgestaltet ist, hat der Kaufmann bei Geldforderungen aus Handelsgeschäften auch ohne Konnexität ein Verwertungs-(Befriedigungs-)Recht an den beweglichen Sachen bzw. Wertpapieren des Schuldners, vgl. die §§ 371 HGB, 1218 ff. BGB.

kaufmännische Spezifika

Bei gegenseitigen Verträgen erlaubt § 320 BGB die Verweigerung der Leistung bis zur Bewirkung der Gegenleistung, was zur Zug-um-Zug-Verurteilung gemäß § 322 BGB führt.

Beispiel: Der Käufer darf die Kaufpreiszahlung bis zur Übereignung des Kaufgegenstandes verweigern (es sei denn, er sei abredegemäß vorleistungspflichtig; s. u. 10.2.3).

8.11 Vertragsstrafe

Begriff Vertragsstrafe ist die grundsätzlich in Geld zu erbringende Leistung, die der Schuldner aufgrund einer vertraglichen Vereinbarung für den Fall der Nichterfüllung oder der nicht gehörigen Erfüllung verspricht, §§ 339 ff. BGB. Sie bezweckt, die Erfüllung der Hauptverbindlichkeit zu sichern („Druckmittel") und dem Gläubiger die Notwendigkeit eines Schadensbeweises zu ersparen. Erforderlich für ein ordnungsgemäßes Vertragsstrafversprechen sind eine wirksame Vereinbarung (in AGBen aber nur unter Kaufleuten, vgl. die §§ 11 Nr. 6, 24 AGBG), das Bestehen der Hauptverbindlichkeit (arg. § 344 BGB), und deren schuldhafte Verletzung, etwa durch Nichterfüllung oder Verzug. Für Kaufleute gilt noch § 348 HGB: während eine unverhältnismäßig hohe Vertragsstrafe gemäß § 343 I 1 BGB auf Antrag des Schuldners gerichtlich auf einen ggf. angemessenen Betrag herabgesetzt werden kann, ist dies beim Kaufmann nicht möglich, § 348 HGB.

Abgrenzung zu weiteren Formen *Beispiele:* Verwendung in der Bauwirtschaft (etwa: Der Lieferant verspricht seinem Kunden für den Fall nicht termingerechter Warenlieferung die Zahlung einer Vertragsstrafe); strafbewehrte Unterwerfungsklauseln im Wettbewerbsrecht für Wiederholungsfälle (s. u. 17.3.8).

Abzugrenzen ist die Vertragsstrafe von einigen ähnlich gelagerten rechtlichen Gebilden:

– beim sog. selbständigen Strafversprechen fehlt die erzwingbare Hauptverbindlichkeit und die Strafe wird für den Fall versprochen, daß eine Handlung vorgenommen oder unterlassen wird, § 343 II BGB.
  Beispiele: Zusagen gesellschaftlicher oder außerrechtlicher Art;

– Verfall-(Verwirkungs-)klauseln führen dazu, daß der Schuldner bei Nichterfüllung oder nicht gehöriger Erfüllung seiner Verbindlichkeit eigene Rechte verliert
  Beispiel: Fristüberschreitung führt vereinbarungsgemäß zu Anspruchsverlust; beachte § 360 BGB;

– Vorfälligkeitsklauseln bewirken die vorzeitige Fälligkeit der Restschuld;

- das Reugeld, § 359 BGB, gibt dem Schuldner die „erkaufte" Möglichkeit, sich durch Rücktritt vom Vertrag zu lösen;

    Beispiel: Die Parteien eines Kaufvertrages vereinbaren, daß sich der Käufer durch Rücktritt, zu erklären binnen eines Monats, gegen Zahlung von DM/ Euro 100.– vom Vertrag lösen kann;

- die Vereinsstrafe, die Mitglieder satzungsgemäß aufgrund bestimmten Fehlverhaltens zu leisten haben, ist Ausfluß der Ordnungsstrafgewalt des Vereins;

- bei der Betriebsbuße werden Arbeitnehmer wegen Fehlverhaltens aufgrund Tarifvertrages oder einer Betriebsvereinbarung herangezogen;   Betriebsbuße

    Beispiele: Rauchen am Arbeitsplatz in feuergefährlichen Betrieben; Betriebs- oder Kameradendiebstähle können ggf. zu Verweis oder Geldbuße führen (vgl. § 87 I Nr. 1 BetrVG; bzw. zu – außerordentlicher – Kündigung, s. u. 8.14.2.10);

- der pauschalierte Schadensersatz soll dem Gläubiger bei Schadensersatzansprüchen wegen Nicht- oder Schlechterfüllung des Schuldners den Nachweis des konkreten Schadens ersparen (beachte § 11 Nr. 5 AGBG; s. a. § 651 i III BGB).

8.12 Schadensersatz

Die Frage nach dem Schadensersatz ist im Zivilrecht elementar: in sehr vielen Streitfällen geht es um die Verpflichtung, für zugefügte Nachteile bzw. Schäden Ersatz leisten zu müssen.

8.12.1 Anspruchsgrundlagen

Schadensersatz ist nur zu leisten aufgrund bestimmter haftungsbegründender Tatbestände. Diese ergeben sich – als Anspruchsgrundlagen (s. o. 2.6.2) – regelmäßig in Folge vertraglicher oder gesetzlicher Schuldverhältnisse (s.o. 8.2). Bei ersteren werden Schadensersatzansprüche zumeist aus Leistungsstörungen (s. u. 9) oder sonstigen Pflichtverletzungen hergeleitet, bei letzteren resultieren sie in der Regel aus der Verletzung absoluter Rechte oder allgemeiner gesetzlicher Schutzpflichten (s. u. 12).   Anspruchsgrundlagen

Beispiele: Schadensersatzpflicht des Schuldners bei nachträglicher zu vertretender Unmöglichkeit gemäß § 325 BGB; Schadensersatzpflicht des Schädigers bei unerlaubter Handlung gemäß § 823 BGB.

Grundsätzlich setzen Schadensersatzansprüche begründende Anspruchsgrundlagen (s. o. 2.6.2) Verschulden voraus, § 276 BGB. Allerdings gibt es davon auch Ausnahmen:

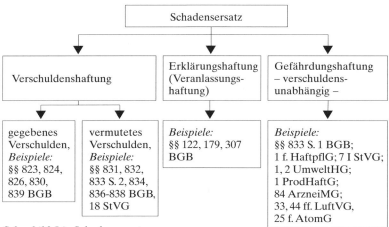

Schaubild 54: Schadensersatz

Erkärungs-/ Gefährdungshaftung	etwa bei der sog. Erklärungshaftung (= Veranlassungshaftung) i.S.d. §§ 122, 179, 307 BGB, oder bei der sog. Gefährdungshaftung, vgl. die §§ 231, 701, 833 BGB, 7 StVG (wichtig für Schadenszufügung mit Kraftfahrzeugen bei Straßenverkehrsunfällen), 22 WHG, 1 ProdHaftG, 1 UmweltHG, 33, 44 ff. LuftVG, 25, 26 AtomG (s. u. 14).
getrennt vom Strafrecht	Das Recht des Schadensersatzes hat mit dem Strafrecht nichts zu tun – dieses verwirklicht den Strafanspruch des Staates, jenes den materiellen Nachteilsausgleich des Opfers. Insbesondere im Bereich der unerlaubten Handlungen, §§ 823 ff. BGB, finden sich jedoch Parallelen zwischen Schadensersatz zivilrechtlicher Art einerseits und Strafverfolgung und -ahndung andererseits.
„wie" „ob"	Geregelt wird das Recht des Schadensersatzes, d. h. die Art und Weise des Schadensausgleiches, in den §§ 249 ff. BGB. Diese definieren nur das „wie"; ob dagegen jemand zum Schadensersatz verpflichtet ist, muß sich aus entsprechenden Anspruchsgrundlagen ergeben.

8.12.2 Begriff

Schaden	Unter Schaden versteht man jede unfreiwillig erlittene Einbuße an den materiellen oder immateriellen Rechtsgütern oder Rechten einer Person (freiwillige Vermögensopfer nennt man dagegen Aufwendungen, die ggf. aus vertraglicher Vereinbarung – wie z. B. Spesen – oder kraft gesetzlicher Anordnung – wie in den §§ 670, 693, 970 BGB – zu erstatten sind).

Ob und in welcher Höhe ein Schaden eingetreten ist, bestimmt sich in der Praxis nach der sog. Differenzmethode: man vergleicht die Vermögenslage des Opfers vor dem schädigenden Ereignis mit derjenigen nach dem schädigenden Ereignis. Ergibt sich eine nachteilige Differenz, so liegt darin der Schaden. Oder anders formuliert: man vergleicht die durch das schädigende Ereignis eingetretene tatsächliche Lage mit derjenigen hypothetischen Lage, die ohne das Schadensereignis bestünde.

Differenz

Beispiel: Bei einem Verkehrsunfall mit Personen- und Sachschaden fallen Arzt-, Krankenhaus-, Reparatur-, Anwalts-, Gerichtskosten, Verdienstausfall bzw. entgangener Gewinn (vgl. § 252 BGB) an; diese Ausgaben wären ohne das schädigende Ereignis nicht entstanden. Demnach sind sie der zu ersetzende Schaden. Denn die Vermögenslage des Opfers vor dem Unfallereignis wies diese negativen Posten, die nunmehr vorhanden sind, nicht auf.

8.12.3 Art

Man unterscheidet den unmittelbaren vom mittelbaren Schaden:

unmittelbarer Schaden ist der Schaden, der am verletzten Rechtsgut selbst entsteht; mittelbarer dagegen der Schaden, der an anderen Rechtsgütern, insbesondere am Vermögen, als Folgeschaden eintritt. Beide Einbußensarten sind zu ersetzen. Im obigen

unmittelbar/ mittelbar

Beispiel heißt das: Die Reparaturkosten am Kfz, die Kosten für die Wiederherstellung der körperlichen Integrität und Gesundheit des Opfers sind unmittelbare Schäden; der technische bzw. merkantile Minderwert, Finanzierungs-, Mietwagen-, Sachverständigen-, Anwalts- und Gerichtskosten, Verdienstausfall bzw. entgangener Gewinn sind mittelbare bzw. Folgeschäden.

Desweiteren ist nach materiellen und immateriellen Schäden zu differenzieren:

Materieller, also Vermögensschaden, ist die in Geld bewertbare Einbuße am Vermögen des Opfers, immaterieller Schaden, also Nichtvermögensschaden, ist die Einbuße an immateriellen Gütern wie Freiheit, Ehre, Wohlbefinden, Schmerzlosigkeit.

materiell

Wegen immaterieller Nachteile, die grundsätzlich nicht kommerzialisiert werden sollen, kann gemäß § 253 BGB Geldentschädigung nur in den vom Gesetz ausdrücklich bestimmten Ausnahmefällen verlangt werden.

immateriell

Derartige Ausnahmetatbestände finden sich in den §§ 651 f II, 847 (Schmerzensgeld, wichtig!) BGB sowie den §§ 53 III LuftVG, 97 II UrhG. Auch bei schweren Verletzungen des allgemeinen Persönlichkeitsrechtes (Art. 1, 2 GG) wird von der Rspr. (ungeachtet des entgegenstehenden Wortlautes der §§ 253, 847 BGB) ein Schmerzensgeld zuerkannt. Im obigen Beispiel würde somit, falls das Unfallopfer erheb-

Schmerzensgeld

liche körperliche Schmerzen erleidet, gemäß den §§ 847, 253 BGB auch ein nach billigem Ermessen festzusetzendes (vgl. § 287 ZPO) Schmerzensgeld geschuldet (s. o. 3.1.3 a.E.).

Beispiel: Ein Verlag wurde zu einem für die eher restriktiven deutschen Verhältnisse ausgesprochen hohen Schmerzensgeld (DM 180.000,–) verurteilt, dessen zwei Zeitschriften der sog. „yellow press" (= Klatschpresse) erfundene reißerische Exklusivinterviews und Photomontagen über eine monegassische Prinzessin gebracht hatten. Derartige vorsätzliche Rechtsbrüche durch rücksichtslose Zwangskommerzialisierung fremder Persönlichkeitsrechte sind als massive Ehr- und Persönlichkeitsverletzungen i.S.d. Art. 1 und 2 GG Verletzungen eines „sonstigen Rechts" i.S.d. § 823 I BGB bzw. Beleidigungen i.S.d. §§ 823 II BGB i.V.m. 185 ff. StGB. Sie wiegen so schwer, daß ungeachtet des restriktiven Wortlauts der §§ 253, 847 BGB dennoch ein (nicht geringes) Schmerzensgeld zu beanspruchen ist.

Desweiteren ist zu trennen der Erfüllungs- vom Vertrauensschaden:

Erfüllungs-/ Vertrauensschaden

Erfüllungsschaden bzw. -interesse, auch positives Interesse genannt, ist der infolge von Nichterfüllung geschuldeter Verpflichtungen entstehende Schaden. Der Geschädigte ist so zu stellen, wie er bei ordnungsgemäßer Leistungserbringung bzw. Geschäftsabwicklung stünde. Dieser „Schadensersatz wegen Nichterfüllung" richtet sich grundsätzlich auf eine entsprechende Geld(ersatz)zahlung.

Beispiele: Unmöglichkeit oder Verzug i.S.d. §§ 325, 326 (s. u. 9); darunter fällt insbesondere auch ein entgangener Gewinn, § 252 BGB.

Vertrauensschaden bzw. negatives Interesse ist der Nachteil, den der Geschädigte dadurch erlitten hat, daß er auf die Gültigkeit des Rechtsgeschäftes vertraute. Der Gläubiger ist hier so zu stellen wie er stünde, wenn er nicht auf die Gültigkeit des Vertrages vertraut hätte, bzw. so, als habe er nie etwas von dem schädigenden Ereignis gehört.

Beispiele: Die §§ 122, 179 II, 307 BGB (s. o. 6.8.2.4, cic); etwa: Fahrtkosten zum Ort des Vertragsschlusses; § 823 II BGB (s. u. das Beispiel zu 12.3 a.E.). Oder: Der Unternehmer U nimmt an einer Ausschreibung teil. Einem im Falle des Zuschlagserhaltes einzuschaltenden Subunternehmer S gegenüber wird übertrieben zugesichert, man werde den Auftrag schon erhalten und den S dann bestimmt berücksichtigen. Voraussetzung dafür sei allerdings, daß der S einen detaillierten Kosten(vor)anschlag, vgl. § 650 BGB (s. u. 10.3.3), fertige und in englischer Sprache zur Verfügung stelle. Dies tut der S mit großem Aufwand wunschgemäß (inklusive Skizzen und Berechnungen), läßt ihn für DM/Euro 5000,– übersetzen, und stellt ihn dem U zur Verfügung. U erhält den Zuschlag dann allerdings nicht. S hätte bei Zustandekommen des Geschäftes gut verdient: Hier kann der S (aufgrund cic, s. u. 9.8) zwar die Kosten für das Übersetzungsbüro verlangen, nicht aber seinen ihm entgehenden Gewinn – denn hätte der U dem S nichts gesagt, dann hätte der S zwar die Übersetzungskosten nicht gehabt, aber auch keinen Gewinn erzielt.

8.12.4 Umfang

Gemäß den §§ 249 ff. BGB ist der Schadensausgleich in zwei unterschiedlichen Varianten möglich:

- in Form der sog. Naturalrestitution, § 249 S. 1 BGB, durch Wiederherstellung des Zustands, der bestehen würde, wenn das Schadensereignis nicht eingetreten wäre, *[Naturalrestitution]*

   Beispiele: Reparatur beschädigter Gegenstände; Widerruf ehrenrühriger Äußerungen;

- und in Form des Geldersatzes (Schadenskompensation), §§ 249 S. 2, 251, 252 BGB, der in der Praxis, insbesondere bei Personen- und Sachschäden, dominiert. *[Geldersatz]*

   Beispiel: Beim vorigen Verkehrsunfall kann der Geschädigte dem Schädiger die anfallenden Rechnungen zur Erstattung vorlegen.

Da der Schaden in der Vermögenssphäre des Geschädigten liegt, ergibt sich hieraus übrigens auch, daß dieser etwa einen Sachschaden an seinem Kfz beim Verkehrsunfall gar nicht reparieren lassen und der Schädiger gleichwohl die (häufig von einem Sachverständigen festgestellten) Nachteile finanziell ersetzen muß.

Sollten dem Geschädigten aufgrund des Schadenseintritts nicht nur Nachteile, sondern auch Vorteile erwachsen, so muß er sich diese im Wege der sog. Vorteilsausgleichung anrechnen lassen. *[Vorteilsausgleichung]*

Beispiele: Abzug „Neu für Alt"; ersparte Eigenaufwendungen (Lebenshaltungskosten bei Klinikaufenthalt, Eigenersparnis beim Mietwagen).

Eine Vorteilsausgleichung findet aber nicht statt bei Leistungen Dritter, die dem Schädiger nicht zugute kommen sollen.

Beispiele: Versicherungsleistungen; Lohnfortzahlung.

Trifft den Geschädigten bei der Entstehung oder Ausweitung des Schadens ein sog. Mitverschulden, also ein Verstoß gegen eigene vernünftige Interessen, dann wird die Ersatzpflicht des Schädigers gemäß § 254 BGB quotenmäßig (unter Umständen bis auf Null) gekürzt; in welcher Höhe diese Anspruchsminderung eintritt, ist nach billigem Ermessen zu bewerten, vgl. § 287 ZPO. *[Mitverschulden]*

Beispiele: Der Fußgänger überquert achtlos die Straße und wird von einem Fahrradfahrer angefahren – der Richter schätzt seine Mitverschuldensquote auf 30 % und kürzt die Schadensersatz- bzw. Schmerzensgeldansprüche gemäß den §§ 823 I, 823 II BGB i.V.m. § 230 StGB, 847 BGB entsprechend um 30 %. Oder: der bei einem Verkehrsunfall verletzte Autofahrer war nicht angeschnallt.

8.12.5 Kausalität

Zurechnung — Schadensersatzpflicht setzt Kausalität voraus: nur solche Nachteile sind zu erstatten, die dem Schädiger auch zuzurechnen sind, die er also ursächlich, aufgrund seiner Handlung, hervorgerufen hat.

haftungsbegründend/ haftungsausfüllend — Dabei wird die haftungsbegründende von der haftungsausfüllenden Kausalität getrennt: haftungsbegründende Kausalität ist der Ursachenzusammenhang zwischen der Verletzungshandlung und der Rechtsgutsverletzung, verwirklicht also den Tatbestand der Haftungsverpflichtung, wohingegen haftungsausfüllende Kausalität den Ursachenzusammenhang zwischen der Rechtsgutsverletzung und dem eingetretenen Schaden beschreibt, sich also auf die Rechtsfolge bezieht.

Schaubild 55: Kausalität

Beispiel: Damit der Niedergeschlagene vom Schläger Schadensersatz nach § 823 I BGB erlangen kann, ist u. a. folgendes zu prüfen: Hat der Faustschlag (Verletzungshandlung) zum Nasenbeinbruch (Körperverletzung = Rechtsgutsverletzung) geführt? (= haftungsbegründende Kausalität). Und: bezieht sich die Arztrechnung genau auf die zur Wiederherstellung der Nase bzw. Schmerzlinderung erforderlichen Behandlungs- bzw. Kostenpositionen? (= haftungsausfüllende Kausalität).

Fraglich ist dabei vor allem, nach welchen Grundsätzen man die Kausalität bemißt:

Äquivalenztheorie — einerseits geht die sog. Äquivalenztheorie davon aus, daß ursächlich jeder Umstand ist, der nicht hinweggedacht werden kann, ohne daß der Erfolg in seiner konkreten Gestalt entfiele („conditio sine qua non"). Diese Gleichwertigkeitslehre läßt also nahezu jeden Ursachenfaktor genügen, was insbesondere im zivilrechtlichen Schadensersatz zu unzuträglichen Ausweitungen führen würde.

Beispiele: Eine verbale Auseinandersetzung über einen Verkehrsunfall führt zu einem Schlaganfall; einem ins Krankenhaus Eingelieferten wird das Portemonnaie gestohlen; ein Beinaheunfall führt zu einem 40 Minuten später eintretenden Herztod; beim Anblick seines demolierten Autos stirbt der Halter vor Aufregung an einem Herzinfarkt.

Adäquanzlehre — Hier handelt es sich um ganz besonders ungewöhnliche, keinesfalls zu erwartende Verläufe. Daher bedarf die Äquivalenztheorie der Einschränkung, wie sie in der vornehmlich im Zivilrecht angewandten sog. Adäquanzlehre zum Ausdruck kommt. Danach sind nur solche Bedingungen ursächlich, die nach dem regelmäßigen Verlauf der Dinge aus Sicht eines sog. optimalen Beobachters generell zur Herbeiführung des Erfolges geeignet, also nicht völlig unwahrscheinlich sind. Ergänzt wird diese Theorie noch durch eine im Hinblick auf den jeweiligen Schutzzzweck der zum Schadensersatz verpflichtenden Rechtsnorm vorzunehmende, wertende Beurteilung; der Nachteil muß aus dem Bereich der Gefahren stammen, zu deren Abwendung die verletzte Rechtsnorm erlassen bzw. die verletzte vertragliche Pflicht übernommen worden war (Schutzzwecklehre). Schutzzwecklehre

Beispiele: Die obigen zur Äquivalenzlehre herangezogenen Fälle – bei ihnen fehlt hiernach wegen ihrer Ungewöhnlich- bzw. Unwahrscheinlichkeit der erforderliche Zurechnungszusammenhang.

Eine zum Schaden neigende Konstitution des Opfers entlastet den Schädiger aber nicht.

Beispiel: Der Schädiger verletzt einen Bluter, wodurch sich die Heilungskosten um 300.000,- DM/Euro erhöhen – er kann nicht verlangen, so gestellt zu werden, als habe er einen Gesunden verletzt, und muß daher in voller Höhe zahlen.

8.12.6 Anspruchsberechtigter

Anspruchsberechtigter, also derjenige, der Schadensersatzansprüche geltend zu machen berechtigt ist, ist grundsätzlich nur der Geschädigte.

Bei deliktischen Ansprüchen ist dies der verletzte Rechtsgutsinhaber, bei vertraglichen Ansprüchen regelmäßig nur der Vertragspartner. Allerdings gibt es davon Ausnahmen: Geschädigte

mittelbar geschädigte Unterhaltsberechtigte können den Schädiger heranziehen, wenn dieser den Unterhaltspflichtigen verletzt oder getötet hat, §§ 844, 845 BGB. Und auch im Bereich der vertraglichen Schuldverhältnisse gibt es Gestaltungen, bei denen der mittelbar Geschädigten entstandene Schaden, der sog. Drittschaden, geltend gemacht („liquidiert") werden kann:

– zum einen beim sog. Vertrag mit Schutzwirkung zugunsten Dritter, der dem in den Schutzbereich eines Vertrages einbezogenen Dritten einen eigenen Ersatzanspruch bei Vertragsverletzungen gewährt (s. o. 8.6.4); Drittschadensliquidation

– zum anderen bei der sog. Drittschadensliquidation bzw. Schadensliquidation im Drittinteresse. Deren Grundgedanke ist, dem Schädiger Vorteile nicht dadurch zuwachsen zu lassen, daß der Ersatz-

	berechtigte mit dem Geschädigten nicht identisch, der Schaden also verlagert ist. In solchen Fällen kann ggf. der Verletzte den dem Dritten entstandenen Schaden geltend machen („liquidieren"). Ein besonders wichtiger Fall ergibt sich im Zusammenhang mit dem sog. Versendungskauf, vgl. folgendes
Versendungs- kauf	
	Beispiel: Kaufmann K. aus Konstanz kauft beim Händler H. in Hamburg eine Maschine. Auf ausdrücklichen Wunsch des K. hin schickt der H. die Maschine nach Konstanz. Durch Verschulden des Spediteurs S. wird die Maschine unterwegs bei einem Unfall zerstört.
	Dabei ist folgendes zu beachten:
Schickschuld	Der Kaufpreisanspruch des H. gemäß § 433 II BGB könnte zwar nach §§ 440 I, 323 I BGB erloschen sein, da der H. seine Verpflichtung zur Eigentumsübertragung und Übergabe nicht erfüllt hat und die Unmöglichkeit (der Untergang der Maschine macht es dem Schuldner H. unmöglich, seine Verpflichtungen nach § 433 I BGB zu erfüllen) weder von K. noch von H. zu vertreten ist (denn es handelt sich nach der Auslegungsregel des § 269 BGB um eine Schickschuld, s. o. 8.5, und der eine eigene vertragliche Verbindlichkeit erfüllende Spediteur ist kein nach § 278 BGB dem H. zuzurechnender Erfüllungsgehilfe). Hier greift § 447 I BGB ein, denn der H. hat auf Verlangen des K. die Maschine an einen anderen Ort als den Erfüllungsort, also gemäß § 269 BGB Hamburg, geschickt, nämlich nach Konstanz.
Preisgefahr	Mit der Übergabe der Maschine an die Transportperson, den Spediteur S., geht die Gefahr (man nennt sie die Preisgefahr) auf den K. über, vgl. § 446 I 1 BGB. Der Kaufpreisanspruch ist also nicht erloschen, der K. muß an H. den Kaufpreis zahlen (s. u. 10.2.5).
Anspruch und Schaden divergieren	Nunmehr taucht folgendes Problem auf: der K. muß an H. zahlen, ohne die Maschine zu erhalten. Er kann aber seinerseits den Spediteur nicht in Regreß nehmen, denn mangels Vertrages mit diesem steht ihm kein vertraglicher Anspruch zur Seite, und ein deliktischer Schadensersatzanspruch nach § 823 I BGB ist auch nicht gegeben, da der K. mangels Übergabe noch nicht Eigentümer der Maschine geworden ist. Vertragliche und deliktische Ansprüche gegen den S. hätte zwar grundsätzlich der H., er hat aber (weil der K. ihm den Kaufpreis zahlen muß) keinen Schaden.
Lösung	Anspruch und Schaden fallen also auseinander. Das soll dem S. aber nicht zugute kommen. Daher darf der H. den Schaden des K. beim S. liquidieren. Tut er dies nicht, so kann der K. vom H. die Abtretung von dessen dem Grunde nach gegen den S. gegebenen Ansprüchen gemäß den §§ 281, 275 BGB verlangen und muß nur Zug-um-Zug, §§ 273, 274 BGB, dagegen zahlen (s u. 10.10.2.2).
ähnliche Fälle	Solche, dem Versendungskauf ähnliche, ebenfalls zur Drittschadensliquidation berechtigende Fälle finden sich bei der mittelbaren Stellvertretung (s. o. 7.3.1), wenn man für fremde Rechnung einen Vertrag geschlossen hat und den Schaden des Geschäftsherrn gegen den Geschäftsgegner gelten macht, sowie bei der Obhut für fremde Sachen, wenn jemand als berechtigter Besitzer einer fremden Sache einen über diese Obhut begründenden Vertrag abschließt und bei dessen Verletzung den Schaden des Eigentümers liquidiert (s. u. 10.10.3.3).

Im übrigen aber gilt der eingangs dargelegte Grundsatz, daß nur der unmittelbar Geschädigte Anspruchsberechtigter ist, während nur mittelbar in ihrem Vermögen Beeinträchtigte – mangels Vorliegens von Ausnahmetatbeständen – keine Ersatzansprüche haben.

mittelbare Beeinträchtigungen

Beispiele: Der durch die von einem Dritten herbeigeführte Verletzung eines Stars geschädigte Theaterveranstalter; der durch die drittverschuldete Verletzung eines Arbeitnehmers geschädigte Arbeitgeber; der durch Beeinträchtigungen des Betriebes seines Arbeitgebers geschädigte Arbeitnehmer.

8.13 Anspruchsverpflichteter

Der vom Gläubiger geltend gemachte Anspruch (s. o. 2.6.2) richtet sich regelmäßig gegen den Schuldner. Dabei gilt im Zusammenhang mit beanspruchtem Schadensersatz:

8.13.1 Schuldner

Anspruchsverpflichteter ist der Schuldner, demgegenüber sich das Schuldverhältnis, aus dem Schadensersatz gefordert wird, richtet.

Dieser Grundsatz gilt sowohl für aus vertraglichen als auch aus gesetzlichen Schuldverhältnissen resultierende Schadensersatzansprüche. Daraus folgt gleichermaßen, daß lediglich mittelbar auf seiten des Schuldners Beteiligte nicht in Anspruch genommen werden können. Dennoch gilt es hierbei auf einige Besonderheiten zu achten:

8.13.2 Vertragsrechtliche Zurechnung

Werden für den aus einem vertraglichen Schuldverhältnis verpflichteten Schuldner Hilfspersonen bei der bzw. im Zusammenhang mit der Vertragsabwicklung und Vertragserfüllung tätig und fügen sie dem Gläubiger Nachteile zu, so muß der Schuldner für seine Hilfspersonen gemäß § 278 BGB einstehen (der Frachtführer und Spediteur darüber hinaus für „seine Leute", §§ 428, 462 HGB). Im vertraglichen Umfeld für den Schuldner Handelnde nennt man Erfüllungsgehilfen. Diese kann der Gläubiger grundsätzlich (jedenfalls nicht aus vertragsrechtlichen Aspekten – u. U. allerdings aufgrund unerlaubter Handlung, § 823 BGB) nicht in Regreß nehmen, da sie am Schuldverhältnis nicht unmittelbar beteiligt sind. Vielmehr bleibt, wenn die Zurechnung über § 278 BGB gelingt, der Schuldner in vollem Umfang einstandspflichtig.

Hilfspersonen

Beispiel: Jemand schließt mit einem Tünchermeister einen Werkvertrag i.S.d. § 631 ff. BGB, wonach dieser die Küche weiß streichen soll. Der Meister kommt nicht persönlich, sondern schickt seinen Gesellen. Der stößt aus Versehen mit seiner Leiter die Küchenfensterscheibe kaputt. Nunmehr wird dieses fahrlässige

Zurechnung von Fremdverschulden

Fehlverhalten des Gesellen (§ 276 I 2 BGB) dem Tünchermeister mittels des § 278 BGB wie ein eigenes schuldhaftes Handeln zugerechnet, da er sich des Gesellen wissentlich und willentlich zur Erfüllung seiner vertraglichen Pflichten bedient und der Geselle auch in Ausführung dieser Tätigkeit die schädigende Handlung begangen hat. Somit hat der Kunde einen vertraglichen Anspruch aus positiver Vertragsverletzung (dazu s. u. 9.7) gegen den Tünchermeister. Einen vertraglichen Anspruch gegen den Gesellen hat er dagegen gerade nicht (s. o. 7.3.3).

8.13.3 Deliktsrechtliche Zurechnung

Während also bei aus vertraglichen Schuldverhältnissen herrührenden Schadensersatzverpflichtungen eine Inanspruchnahme des Dritten nicht möglich ist, ist dies im Rahmen des Deliktsrechts, §§ 823 ff. BGB, anders. Die unerlaubte Handlung des Täters i.S.d. §§ 823 I, II, 824, 826, 839 BGB kann, wenn sie tatbestandlich und widerrechtlich vorliegt, zu einer eigenen Haftung des nur mittelbar Beteiligten führen. Für widerrechtliche Schadenszufügungen des unmittelbar Schadensersatzpflichtigen muß dessen Hintermann nämlich nach § 831 BGB einstehen. Im vorigen

Verrichtungsgehilfe — *Beispiel* bedeutet das: Der durch sein positives Tun die Fensterscheibe des Kunden, also dessen Eigentum, widerrechtlich, nämlich ohne Rechtfertigungsgrund, zerstörende Geselle haftet, wenn er auch schuldhaft gehandelt hat, gemäß § 823 I BGB als unmittelbarer Schädiger dem Geschädigten auf Schadensersatz, § 249 S. 2 BGB. Darüber hinaus muß aber auch der nur mittelbar beteiligte Tünchermeister gemäß § 831 BGB selbst einstehen, denn er hat sich des arbeitsvertraglich weisungsgebundenen Gesellen (der nunmehr im Zusammenhang mit dem Deliktsrecht Verrichtungsgehilfe genannt wird) mit Wissen und Wollen in seinem Pflichtenkreis bedient, der Geselle ist auch nicht nur bei Gelegenheit, sondern in Ausführung seiner Verrichtung tätig geworden (§ 831 I 1 BGB), und es kommt für das Bestehen des Schadensersatzanspruches des Geschädigten nur noch darauf an, ob sich der Tünchermeister i.S.d. § 831 I 2 BGB exculpieren (entlasten) kann (s. o. 7.3.4 bzw. unten 12.1, 12.5). (Beachte auch Schaubild 35).

Schaubild 56: Zurechnung von Hilfspersonen

8.14 Beendigung

Schuldverhältnisse können aus mehreren Gründen erlöschen.

```
Beendigung von Schuldverhältnissen
 ├── Erfüllung
 ├── Hinterlegung
 ├── Aufrechnung
 ├── Erlaßvertrag
 ├── Negatives Schuldanerkenntnis
 ├── Novation
 ├── Aufhebungsvertrag
 ├── Vergleich
 ├── Konfusion; Konsolidation
 ├── Rücktritt
 └── Kündigung
```

Schaubild 57: Beendigung von Schuldverhältnissen

8.14.1 Erfüllung

Der regelmäßige und häufigste Beendigungsgrund für Schuldverhältnisse ist die Erfüllung – der Schuldner bewirkt die geschuldete Leistung, d. h., er erfüllt seine ihm obliegende Verpflichtung.

Gemäß § 362 I BGB erlischt dann das Schuldverhältnis, die Erfüllung ist somit sein natürliches Ende. Dafür ist erforderlich, daß der   *Erlöschen*

– richtige Schuldner   *Modalitäten*
– dem richtigen Gläubiger
– auf richtige Weise
– die richtige Leistung
– am richtigen Ort
– zur richtigen Zeit

erbringt. Nur wenn diese Merkmale erfüllt sind, hat die vom Schuldner erbrachte Leistung Erfüllungswirkung, ansonsten muß sie der Gläubiger nicht annehmen.

Beispiele: Der Käufer zahlt die Kaufpreissumme unmittelbar im Ladengeschäft; der Verkäufer gibt den Kaufgegenstand demgegenüber unmittelbar heraus.

Ob die zur Erfüllung erforderlichen Elemente vorliegen, ist dabei im jeweiligen Einzelfall, u. U. durch Auslegung, zu ermitteln.

Erfüllung durch Dritte	Sofern der Schuldner nicht persönlich zu leisten hat, ist auch eine Erfüllung durch Dritte möglich (s. o. 8.6.1); eine Leistung des Schuldners an Dritte ist mit Zustimmung des Gläubigers möglich, §§ 362 II, 185 BGB (s. o. 8.6.2).
	Hat der Schuldner dem Gläubiger aus mehreren Schuldverhältnissen gleichartige Leistungen zu erbringen und reicht das von ihm Geleistete nicht zur Tilgung aller Schulden aus, so kann der Schuldner einseitig bestimmen, welche Schuld er mit seiner Leistung bedienen will, § 366 I BGB.
Tilgungs-bestimmung	*Beispiel:* Der Schuldner ist dem Gläubiger wegen eines Miet- sowie eines Kaufvertrages zur Geldzahlung verpflichtet. Er kann, wenn er weniger als die Gesamtsumme zahlt, bestimmen, auf welche Schuld er teilleistet. (In AGBen finden sich hierzu aber oftmals anderslautende Regelungen).
	Nimmt der Schuldner eine solche Bestimmung nicht vor, so regeln die §§ 366 II, 367 BGB die Rangfolge. Beim Verbraucherkredit gilt dazu aber die Abweichung des § 11 III VerbrKrG (dort werden Zahlungen nach den Kosten der Rechtsverfolgung erst auf die Hauptsumme und danach auf die Zinsen verrechnet, s. u. 10.6.6).
Quittung	Der Gläubiger muß dem Schuldner auf Verlangen ein schriftliches Empfangsbekenntnis (= Quittung) erteilen, § 368 BGB; ausgestellte Schuldscheine sind zurückzugeben, § 371 BGB.
Barzahlung	Grundsatz des BGB zur Erfüllung von Zahlungsverpflichtungen ist die bare Übereignung der Münzen oder Geldscheine (§ 929 BGB); die unbare Zahlung, meistens durch Banküberweisung, ist heute jedoch sehr verbreitet.
Bank-überweisung	Dazu ist der Schuldner berechtigt, wenn der Gläubiger sich damit einverstanden erklärt, was entweder ausdrücklich oder aber konkludent, etwa durch Angabe von Bankkonten auf Geschäftspapieren, erfolgen kann. Die Banküberweisung ist dann Erfüllung (nach anderer Auffassung Leistung an Erfüllungs Statt i.S.d. § 364 I BGB), die Bank ist nicht Dritter i.S.d. § 362 II BGB, sondern Zahlstelle des Gläubigers, und mit der Gutschrift auf dem Konto des Gläubigers tritt Erfüllung ein. Unge-
Rechtzeitigkeit	achtet der Erfüllungswirkung der Überweisung ist die Rechtzeitigkeit der Zahlung im Hinblick auf den Leistungsort, §§ 270 IV, 269 I BGB, zu beurteilen. Dafür kommt es nur darauf an, wann der Schuldner das zur Übermittlung des Geldes seinerseits Erforderliche getan, also etwa den Überweisungsauftrag zur Bank (vgl. entsprechend den Verrechnungsscheck zur Post) gegeben hat, nicht aber auf den Zeitpunkt der Gutschrift. Die Verzögerungsgefahr, also das Risiko verspäteten Zahlungseingangs trotz rechtzeitiger Leistungshandlung des Schuldners nämlich, trägt der Gläubiger, Verzug des Schuldners (§§ 284 ff. BGB) tritt dann nicht ein (s. o. 8.3.5; 8.5).

Wenn der Gläubiger eine andere als die geschuldete Leistung als Erfüllung annimmt, so liegt eine sog. Leistung an Erfüllungs Statt vor, und die Schuld erlischt, als wäre die tatsächlich geschuldete Leistung bewirkt worden, § 364 I BGB. Dafür ist das Einverständnis des Gläubigers erforderlich, § 185 BGB.

Leistung an Erfüllungs Statt

Beispiel: Inzahlungnahme des Gebrauchtwagens beim Neukauf.

Von einer sog. Leistung erfüllungshalber, § 364 II BGB, spricht man dagegen dann, wenn der Gläubiger zwar eine andere als die geschuldete Leistung entgegennimmt, das Schuldverhältnis dadurch aber noch nicht erlischt. Erfüllung tritt dann vielmehr erst ein, wenn sich der Gläubiger aus dem erfüllungshalber Geleisteten befriedigt hat.

Leistung erfüllungshalber

Beispiele: Hingabe von Schecks (s. u. 19.5.2) oder Wechseln; Vorausabtretungen von Versicherungsleistungen; Zahlung mit Kreditkarte; Stellung eines Akkreditivs (s. u. 19.3.2.3); hier tritt Erfüllung i.S.d. § 362 I BGB erst ein, wenn die Zahlung erfolgt, also der geschuldete Geldbetrag tatsächlich zugeflossen ist. (Ausnahme: Bei Zahlung mittels ordnungsgemäß ausgestellten eurocheques, s. u. 19.5.5 – hier gilt die schuldbefreiende Zahlung bereits als mit Scheckübergabe erfolgt).

8.14.2 Erfüllungssurrogate

Schuldverhältnisse erlöschen nicht nur durch Erfüllung; der Schuldner kann auch in anderer Weise von seiner Verbindlichkeit frei werden.

8.14.2.1 Hinterlegung

Wenn der Schuldner sich aus Gründen, die dem Gläubiger zuzurechnen sind, von seiner Verbindlichkeit nicht befreien kann, läßt sich dies ggf. durch die Hinterlegung erreichen, §§ 372 ff. BGB. Gründe hierfür können sein bspw. Gläubigerverzug, §§ 293 ff. BGB, oder sonstige in der Person des Gläubigers liegende Umstände, wie etwa unbekannter Aufenthalt oder Ungewißheit darüber, wer Gläubiger ist (etwa bei ungeklärter Erbfolge). Hinterlegbar sind nur bestimmte bewegliche Sachen: Geld, Wertpapiere, Urkunden, Kostbarkeiten. Hinterlegungsstelle ist das örtlich zuständige Amtsgericht. Näheres wird durch die Hinterlegungsordnung geregelt.

Gemäß § 378 BGB wirkt die Hinterlegung bei ausgeschlossener Rücknahme so, als hätte der Schuldner an den Gläubiger geleistet. Er wird also von seiner Verbindlichkeit befreit und das Schuldverhältnis erlischt.

Wirkung

Nicht hinterlegungsfähige Sachen kann der Schuldner versteigern lassen und den Erlös hinterlegen, § 383 BGB. Diese Möglichkeit des sog.

Selbsthilfeverkauf

169

Selbsthilfeverkaufes wird beim Handelskauf ebenso gemäß § 373 HGB erweitert wie die Hinterlegungsfähigkeit.

8.14.2.2 Aufrechnung

Stehen sich zwei gleichartige fällige Forderungen gegenüber, so bringt sie eine wirksame Aufrechnung, §§ 387 ff. BGB, ebenfalls zum Erlöschen, § 389 BGB, soweit sie sich decken.

Schaubild 58. Aufrechnung

Erforderlich für eine wirksame Aufrechnung sind danach

Voraussetzungen
- Gegenseitigkeit der Forderungen, die also zwischen denselben Personen bestehen müssen;
- Gleichartigkeit der Forderungen, also etwa Geldzahlungsanspruch gegen Geldzahlungsanspruch (nicht aber etwa gegen Herausgabe);
- Fälligkeit der Forderung des Aufrechnenden (= Gegenforderung);
- Erfüllbarkeit der Forderung des Aufrechnungsgegners (= Hauptforderung);
- Einredefreiheit der Gegenforderung, § 390 BGB;
- Zulässigkeit der Aufrechnung, die nicht durch Parteivereinbarung (dazu vgl. § 11 Nr. 3 AGBG) oder gesetzliche Verbote (§§ 393 ff. BGB) ausgeschlossen sein darf;
  Beispiel: Pfändungsschutz für Arbeitseinkommen i. S. d. §§ 850 ff. ZPO, vgl. § 394 S. 1 BGB;
- Aufrechnungserklärung, § 388 BGB, also die einseitige empfangsbedürftige Willenserklärung des Aufrechnenden.

Wirkung Sind diese Erfordernisse erfüllt, dann bewirkt die Aufrechnung das Erlöschen der Forderungen, soweit sie sich decken und zwar rückwirkend (ex tunc) zum Zeitpunkt der Aufrechnungslage, § 389 BGB. Nachherige Verzugszinsen beispielsweise entfallen. Im Insolvenzfalle bleibt das Aufrechnungsrecht grundsätzlich bestehen, §§ 94 ff. InsO. Auch mit eigentlich verjährten Forderungen kann aufgerechnet werden, sofern die verjährte Forderung zum Zeitpunkt der Aufrechenbarkeit noch nicht verjährt war, § 390 S. 2 BGB.

Eine besondere Form der Aufrechnung stellt das Kontokorrent dar, §§ 355 ff. HGB. Darin werden bei laufender Geschäftsbeziehung alle Forderungen eingestellt; wird der Rechnungsabschluß anerkannt, ist nur noch der jeweilige Saldo für die Parteien verbindlich (s. a. oben 8.8.1). Dadurch wird die „laufende Rechnung" vereinfacht, vereinheitlicht und gesichert. Kontokorrent

Beispiele: Girovertrag; Handelsvertretervertrag; Gesellschaftsvertrag (Girokonto; Provisionskonto; Kapitalkonto).

8.14.2.3 Erlaßvertrag

Wenn der Gläubiger dem Schuldner die Schuld erläßt, erlischt das Schuldverhältnis, § 397 I BGB. Erforderlich dafür ist aber ein Vertrag, also die Zustimmung des Schuldners; ein einseitiger Verzicht des Gläubigers reicht nicht aus. Vertrag

Ein besonderer Fall des Erlaßvertrages liegt bei der Skontoabrede vor: hier handelt es sich um einen aufschiebend bedingten Teilerlaß der Forderung für den Fall fristgerechter (dazu s. o. 8.5; 8.14.1) Zahlung. Skonto

Beispiel: Der Verkäufer erklärt auf der Rechnung: „Bei Zahlung innerhalb von 14 Tagen 3 % Skonto".

8.14.2.4 Negatives Schuldanerkenntnis

Erkennt der Gläubiger durch Vertrag mit dem Schuldner an, daß das Schuldverhältnis nicht bestehe, sog. negatives Schuldanerkenntnis, so erlischt das Schuldverhältnis ebenfalls, § 397 II BGB. Anerkenntnis der Nichtschuld

Beispiel: Die Ausgleichsquittung bei Beendigung des Arbeitsverhältnisses.

Allerdings dürfen keine Verzichtsverbote bestehen (dies gilt auch für den Erlaßvertrag), vgl. etwa die §§ 50, 66 AktG; 9 b, 19, 25, 43 GmbHG; 4 IV TVG; 9 EFZG.

8.14.2.5 Novation

Die Novation (= Schuldumwandlung) bedeutet das einvernehmliche Aufheben des bestehenden Schuldverhältnisses und sein gleichzeitiges Ersetzen durch ein neues. einvernehmliche Umwandlung

Beispiele: Anerkennung des Kontokorrentsaldos, vgl. § 355 HGB (s. o. 8.14.2.2 a. E.); Umwandlung einer Werklohnforderung in ein Darlehen.

8.14.2.6 Aufhebungsvertrag

Beim Aufhebungsvertrag einigen sich die Parteien auf die Aufhebung (möglich auch: Abänderung bzw. Teilaufhebung) des Schuldverhältnisses (Vertragsfreiheit, vgl. § 305 BGB).

8.14.2.7 Vergleich

gegenseitiges Nachgeben — Mittels eines Vergleiches beseitigen die Parteien durch gegenseitiges Nachgeben Streit oder Ungewißheit über ein Rechtsverhältnis, § 779 I BGB. Soweit nachgegeben wurde, erlöschen die Forderungen (der Vergleich enthält also insoweit Elemente des Erlaßvertrages bzw. des negativen Schuldanerkenntnisses).

8.14.2.8 Konfusion, Konsolidation

Zusammenfallen von Gläubiger und Schuldner — Ein Schuldverhältnis setzt begrifflich einen Gläubiger und einen Schuldner voraus. Fallen beide zusammen (= Konfusion), so erlischt es.

Beispiel: Der Vater gewährt der Tochter ein Darlehen; danach verstirbt er und sie beerbt ihn.

Vereinigung dinglicher Rechte — Im Sachenrecht, bei der Vereinigung dinglicher Rechte in einer Person, spricht man von Konsolidation, vgl. die §§ 1177, 1163 I 2 BGB (s. u. 13.5.1).

Der Tod einer am Schuldverhältnis beteiligten natürlichen Person ändert aber an dessen Fortbestand grundsätzlich nichts, vgl. die §§ 1922, 1967 BGB.

Sollte die Rechtspersönlichkeit einer juristischen Person endgültig erloschen und sie ersatzlos weggefallen sein, so ist das Erlöschen eines Schuldverhältnisses, an dem sie beteiligt war, grundsätzlich denkbar.

8.14.2.9 Rücktritt

Auch durch Ausübung eines Rücktrittsrechts, mit dem ein Vertrag in ein Rückabwicklungsverhältnis umgestaltet wird, kann ein Schuldverhältnis beendet werden; erbrachte Leistungen sind dann zurückzugewähren, §§ 346 ff. BGB. Rücktrittsrechte können sich ergeben aus vertraglicher Vereinbarung oder aus Gesetz (z. B. die §§ 325 ff., 361, 467, 634 IV BGB; s. o. 6.6.4).

8.14.2.10 Kündigung

Die Kündigung beendet ein Schuldverhältnis für die Zukunft. Dabei lassen sich eine ordentliche (= „normale") und eine außerordentliche, aus wichtigem Grund erfolgende, grundsätzlich fristlose, Kündigung unterscheiden. Vgl. etwa die §§ 565, 622 BGB (ordentliche) sowie die §§ 542, 553, 554, 626 BGB (außerordentliche Kündigung).

ordentlich / außerordentlich

Beispiele: Der Arbeitgeber kündigt das Arbeitsverhältnis wegen gravierender Fehlleistungen oder Diebstahls des Arbeitnehmers außerordentlich fristlos (vgl. 626 BGB; s. u. 10.4.8); oder: der Mieter will umziehen und kündigt den Mietvertrag zum vereinbarten Termin (vgl. die §§ 564 II, 565 BGB; s. u. 10.5.7).

In vielen Rechtsbereichen, insbesondere im Arbeits- und im Mietrecht, bedarf die Kündigung eines rechtliches Grundes.

Beispiele: Die Wohnraumkündigung durch den Vermieter, vgl. § 564 b BGB; die Kündigung des Arbeitsverhältnisses durch den Arbeitgeber, vgl. § 1 KSchG.

9 Leistungsstörungen

```
├── Leistungsstörungen
├── Unmöglichkeit/Nichtleistung
├── Verzug/Zuspätleistung
│   ├── Schuldnerverzug
│   └── Gläubigerverzug
├── Sachmängelhaftung/Gewährleistung (Schlechtleistung)
├── Positive Vertragsverletzung (pVV)
├── Verschulden bei Vertragsanbahnung/
│   culpa in contrahendo (cic)
├── Wegfall der Geschäftsgrundlage
└── Verletzung nachvertraglicher Pflichten
```

Leitübersicht 9: Leistungsstörungen

Leitfragen zu 9:
a) Welche Arten von Leistungsstörungen gibt es?
b) Welche Voraussetzungen sind jeweils erforderlich?
c) Welche Rechtsfolgen zeitigen sie?

Wenn der Schuldner seine Leistungspflichten ordentlich erfüllt, endet das Schuldverhältnis. Oftmals aber tauchen Probleme auf: die Leistung wird nicht bzw. kann nicht erbracht werden, sie erfolgt verspätet oder schlecht. Man nennt solche Fälle Leistungsstörungen.

9.1 Systematik

Übersicht Die Leistungsstörungen lassen sich folgendermaßen unterscheiden:

– Unmöglichkeit: Der Schuldner erbringt seine Leistung gar nicht.
  Beispiele: Der verkaufte PKW wird vor der Übergabe durch einen Unfall völlig zerstört; das aufgrund Mietvertrages zu überlassende Gebäude brennt ab.

– Schuldnerverzug: Der Schuldner leistet zu spät.
  Beispiel: Statt wie fest vereinbart am 1.2. liefert der Verkäufer erst am 20.2.

- Gläubigerverzug: Der Gläubiger nimmt die Leistung, die ihm der Schuldner ordnungsgemäß anbietet, nicht an.
  Beispiel: Der Käufer nimmt die ihm vom Verkäufer korrekt am 1.2. angebotene Ware nicht ab.

- Sachmängelhaftung/Gewährleistung: Der Schuldner erfüllt seine Pflichten schlecht, die Folgen sind gesetzlich geregelt: im Kauf-, Miet-, Werk- und Reisevertragsrecht hat der Gesetzgeber Sonderregeln für die Schlechtleistung getroffen (§§ 459 ff., 537 ff., 633 ff., 651 c ff. BGB).
  Beispiele: Der verkaufte Gebrauchtwagen entpuppt sich nach Übergabe als Unfallwagen; die eingebaute Haustüre klemmt; die vermietete Wohnung läßt sich nicht heizen; der (Pauschal-)Reisende wird in einer „Bruchbude" untergebracht.

- Positive Vertragsverletzung (auch positive Forderungsverletzung genannt, pVV bzw. pFV): Der Schuldner erfüllt seine Verpflichtung schlecht oder verletzt Neben- bzw. Sorgfaltspflichten; die Folgen sind gesetzlich nicht geregelt.
  Beispiel: Der Tünchermeister wirft in den zu tapezierenden Räumen versehentlich eine Vitrine des Bestellers um; der Inhalt geht zu Bruch.

- Verschulden bei Vertragsanbahnung bzw. bei Vertragsschluß (culpa in contrahendo, cic): Der Schuldner verletzt vor Vertragsabschluß bzw. während der Vertragsverhandlungen Sorgfaltspflichten.
  Beispiel: Der Kaufinteressent rutscht im Laden des Verkäufers auf einer nicht weggeräumten Bananenschale aus und bricht sich ein Bein.

- Wegfall der Geschäftsgrundlage: Die für die Parteien erkennbare, gemeinsame Grundlage des Geschäfts fällt weg und das weitere, unveränderte Festhalten daran ist unzumutbar.
  Beispiel: Das Engagement von Musikern für eine Faschingsveranstaltung, die wegen eines Hochwassers oder Krieges abgesagt werden muß.

- Verletzung nachvertraglicher Pflichten (culpa post contrahendum bzw. culpa post contractum finitum): Der Schuldner verletzt nach der Vertragserfüllung fortbestehende Sorgfaltspflichten.
  Beispiele: Der Ex-Vermieter von Arzträumen weigert sich, einen Hinweis auf die neue Arztadresse zu dulden; der Taxifahrer achtet nicht auf vom Fahrgast liegengelassene Sachen.

9.2 Verschulden

Die o. a. Fälle der Leistungsstörungen setzen in der Regel Verschulden voraus (s. o. 3.1.2.3). Dabei hat der Schuldner Vorsatz und Fahrlässigkeit

Vorsatz zu vertreten, § 276 BGB; Verschulden gesetzlicher Vertreter sowie von Erfüllungsgehilfen wird ihm gemäß § 278 BGB zugerechnet. Vorsatz bedeutet wissentliches und willentliches Herbeiführen des rechtswidrigen Erfolges. Diese Schuldform läßt sich unterteilen in den sog. direkten Vorsatz, bei dem der Täter zielgerichtet handelt, und den sog. bedingten Vorsatz, bei dem er den Erfolg billigend in Kauf nimmt.

Fahrlässigkeit Fahrlässigkeit ist demgegenüber das Außerachtlassen der im Rechtsverkehr erforderlichen Sorgfalt, vgl. § 276 I 2 BGB. Dabei kommt es auf den Maßstab an, der in der jeweiligen konkreten Situation den betroffenen Berufs- oder Verkehrskreisen abzufordern ist. Werden einfachste, naheliegende Überlegungen nicht angestellt, so liegt grobe Fahrlässigkeit vor (ansonsten einfache).

Beispiel: Dem Elektriker ist es egal, ob er beim Bohren eines Loches auf eine Wasserleitung stößt. Muß er aufgrund einer Mitteilung des Hausherrn damit rechnen, so liegt bedingter Vorsatz vor; ansonsten ist von grober Fahrlässigkeit auszugehen.

Kaufleute unterfallen erhöhten Sorgfaltspflichten, § 347 I HGB: sie müssen bei Handelsgeschäften (s. o. 6.2.6) nicht nur für die Sorgfalt eines durchschnittlichen, sondern eines ordentlichen Kaufmannes einstehen. Dies gilt auch dann, wenn sie sich ihrer unselbständigen Hilfspersonen (§ 278 BGB) bedienen (s. o. 7.8.1.2).

Beispiele: Korrespondenz ist sorgfältig zu behandeln und abzulegen; Stempel sind sorgfältig aufzubewahren, Unterschriften auf Schecks zu prüfen.

Haftungs- Bei vertraglich mittels AGBen beschränkter Haftung für Fahrlässigkeit
einschränkungen ist auf § 11 Nr. 7 AGBG zu achten, der den Ausschluß grober Fahrlässigkeit verbietet.

Der Gesetzgeber beschränkt manchmal die Haftung auf diejenige Sorgfalt, die man in eigenen Angelegenheiten anzuwenden pflegt, vgl. die §§ 690, 708 BGB (sog. diligentia quam in suis); dann bleibt aber die Einstandspflicht für grobe Fahrlässigkeit bestehen, § 277 BGB (s. a. § 347 II HGB; § 3 II HausTWG, s. u. 10.8.4).

Gesetzliche Haftungsbeschränkungen auf grobe Fahrlässigkeit sehen die §§ 300 I, 521, 599 BGB vor. Im Arbeitsrecht wird bezüglich der Haftung des Arbeitnehmers die Fahrlässigkeit weiter in mittlere (= normale) und einfache (= leichte) Fahrlässigkeit unterteilt; bei letzterer haftet der Arbeitnehmer nicht, bei ersterer wird der Schaden zwischen ihm und dem Arbeitgeber regelmäßig geteilt (s. u. 10.4.8.7).

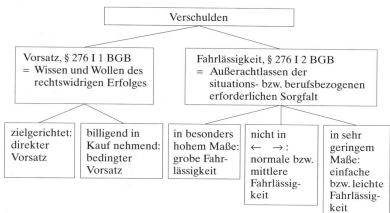

Schaubild 59: *Verschulden*

9.3 Unmöglichkeit

Bei der Unmöglichkeit sind vorab einige begriffliche Klarstellungen angebracht.

9.3.1 Begriff, Arten

Unmöglichkeit ist gegeben, wenn die geschuldete Leistung nicht erbracht werden kann.

Dies kann der Fall sein,

- weil es den Leistungsgegenstand nicht oder nicht mehr gibt (tatsächliche Unmöglichkeit),   Fälle

  Beispiel: Die Mietwohnung brennt ab,

- weil die Rechtsordnung die Leistung unterbindet (juristische Unmöglichkeit),

  Beispiel: Ein Import- oder Exportverbot,

- weil sie nach dem Grundsatz von Treu und Glauben, § 242 BGB, dem Schuldner nicht zumutbar ist, da sie die „Opfergrenze" überschreitet bzw. der Aufwand zu hoch ist (wirtschaftliche Unmöglichkeit, s. o. 8.3.1.2),

  Beispiel: Dem Vermieter ist die Wiederherstellung der zerstörten Mietsache unmöglich (grundsätzlich werden diese Fälle der wirtschaftlichen übermäßigen Leistungserschwernis über das Rechtsinstitut des Wegfalls der Geschäftsgrundlage gelöst).

Zeitpunkt	Desweiteren ist darauf abzustellen, wann es zur Unmöglichkeit kommt:

Ist die Leistung schon vor Vertragsabschluß unmöglich, so spricht man von anfänglicher bzw. ursprünglicher Unmöglichkeit.

Beispiel: Die gekaufte Maschine war schon vor Vertragsabschluß zerstört worden.

Wird die Leistung dagegen erst nach der Begründung des Schuldverhältnisses verhindert, dann handelt es sich um nachträgliche Unmöglichkeit.

Beispiel: Nach dem Vertragsabschluß verbrennt das gekaufte Gemälde.

objektiv / subjektiv	Kann niemand die Leistung erbringen, so liegt sog. objektive Unmöglichkeit vor. Ist nur der Schuldner dazu nicht in der Lage, nennt man dies subjektive Unmöglichkeit (= Unvermögen, vgl. §§ 275 II BGB). Wenn das Gesetz den Begriff „Unmöglichkeit" verwendet, ist damit die objektive Unmöglichkeit gemeint. Die Bezeichnung „Unvermögen" erfaßt dagegen die subjektive Unmöglichkeit. Die Beweislast regelt § 282 BGB. Danach ist grundsätzlich der Schuldner beweispflichtig.

Im übrigen kommt es darauf an, wer die zur Leistungsverhinderung führenden Umstände zu vertreten hat: niemand, der Schuldner, der Gläubiger, oder beide.

Regeln	Bei den jeweils anzuwendenden Rechtsvorschriften ist ferner darauf abzustellen, ob es sich um einseitig einer Partei obliegende Pflichten handelt, oder ob die im Gegenseitigkeitsverhältnis stehenden Verpflichtungen betroffen sind. Bei ersteren gelten die allgemeinen Regeln der §§ 275, 280, 286 BGB, bei letzteren (wegen ihrer synallagmatischen Verknüpfung, s. o. 6.6.5, 8.2.2, 8.3.2) sind dagegen die §§ 320 ff. BGB einschlägig.

Beispiele: Der Mieter brennt die gemietete Jagdhütte ab – die Rückgabe, die er gemäß § 556 I BGB schuldet, wird ihm somit unmöglich. Der Vermieter hat daher Schadensersatzansprüche (neben den §§ 823 I, 823 II BGB i.V.m. 308 StGB) aus § 280 BGB: denn die Rückgabepflicht steht nicht im Gegenseitigkeitsverhältnis zur Überlassung der Mietsache durch den Vermieter, vgl. § 535 BGB. Danach sind im Sinne des „do ut des" verknüpft (nur) die Gebrauchsüberlassungs- und die Mietzinszahlungspflicht. Ebenso ist es bei der Leihe, wenn die Rückgabe der geliehenen Sache unmöglich wird, vgl. § 604 BGB bzw. § 598 BGB (s. a. unten das Beispiel zu 9.4.3 a.E.). Anders aber etwa, wenn die Kaufsache untergeht, vgl. die §§ 433 I 1, II, 440 I, 325 BGB: Die Übereignung des Kaufgegenstandes ist mit der Kaufpreiszahlung synallagmatisch verknüpft (s. a. 8.3.2).

9.3.2 Rechtsfolgen

Bei den Rechtsfolgen ist nach den jeweils möglichen Kombinationen zu differenzieren:

9.3.2.1 Objektive anfängliche Unmöglichkeit

Kann die Leistung von Anfang an von niemandem erbracht werden, so ist der auf eine unmögliche Leistung gerichtete Vertrag nichtig, § 306 BGB. Diese Vorschrift gilt aber nur für die ursprüngliche objektive Unmöglichkeit, nicht jedoch für anfängliches Unvermögen. Das ergibt sich im Umkehrschluß aus § 275 II BGB, der nachträgliches Unvermögen der nachträglichen objektiven Unmöglichkeit gleichstellt, was § 306 BGB nicht tut.

Dem Vertragspartner ist dann gemäß § 307 BGB der Schaden, den er wegen des Vertrauens auf die Gültigkeit des Vertrages erleidet, zu ersetzen (Vertrauensschaden = negatives Interesse; s. o. 8.12.3), wenn der Schuldner die Unmöglichkeit der Leistung kannte oder kennen mußte (also fahrlässig nicht kannte, vgl. die Definition in § 122 II BGB). Hatte der Gläubiger seine (Gegen-)Leistung bereits erbracht, so ist sie ihm zurückzugewähren, § 812 I 1 1. Alt. BGB (s. u. 11.3).

Schadensersatz

Beispiel: War der gekaufte PKW bereits vor Kaufvertragsschluß, § 433 BGB, zerstört, dann hat der Käufer, der für das erworbene Fahrzeug eine Garage gemietet hatte, Anspruch auf Ersatz der Mietkosten, wenn der Verkäufer um die Zerstörung wissen konnte bzw. wußte (Spesen und sonstige Aufwendungen ebenso).

9.3.2.2 Subjektive anfängliche Unmöglichkeit (Unvermögen)

Hier kann nur der Schuldner die Leistung nicht erbringen, wohl aber ein anderer. Dieser Fall ist gesetzlich nicht geregelt. Das Rechtsgeschäft bleibt dann gültig (Umkehrschluß aus den §§ 306, 275 BGB). Der Schuldner, der mit seinem Leistungsversprechen eine Garantie für sein Leistungsvermögen übernimmt und für seine Leistungsfähigkeit einstehen muß, schuldet entsprechend § 280 BGB (bei einseitigen) bzw. § 325 BGB (bei gegenseitigen Verpflichtungen) Schadensersatz wegen Nichterfüllung (positives Interesse). Der Gläubiger kann aber auch vom Vertrag zurücktreten.

Rechtsfolgen

Beispiel: Der Werkunternehmer erklärt sich nach Abschluß des Werkvertrages, § 631 BGB, zur Durchführung der verabredeten Umbaumaßnahme außerstande, da ihm von Anfang an die personellen und technischen Kapazitäten gefehlt haben.

Im wesentlichen werden in diesem Zusammenhang aber die Fälle diskutiert, in denen – was im Wirtschaftsleben durchaus häufig vorkommt – der Verkäufer Gegenstände verkauft, die er sich selbst erst noch (etwa bei seinen Lieferanten) besorgen muß, in denen die verkaufte Sache vor Kaufabschluß bereits untergegangen ist oder nicht im Eigentum des Verkäufers steht. Grundsätzlich muß der Verkäufer dabei, ohne daß es

Verkäufer-
pflichten

auf sein Verschulden ankommt, uneingeschränkt einstehen. Dies ergibt sich gerade auch aus § 440 I BGB, der auf § 325 BGB verweist (s. a. 6.2.4; 10.2.1 a.E.). Beim Forderungskauf haftet der Verkäufer einer nicht bestehenden Forderung gemäß § 437 BGB für deren Bestand.

Ansprüche aus Sachmängelgewährleistung (§§ 459 ff., 537 ff., 633 ff., 651 c ff. BGB) gehen diesen Grundsätzen aber vor.

9.3.2.3 Nachträgliche Unmöglichkeit

Kann nach Begründung des Schuldverhältnisses die Leistung nicht erbracht werden, so liegt nachträgliche Unmöglichkeit vor; dabei stellt § 275 II BGB die objektive Unmöglichkeit dem Unvermögen gleich.

Vertretenmüssen? Wichtig ist, ob der Schuldner die nachträgliche Unmöglichkeit zu vertreten (§§ 276-278 BGB) hat oder aber nicht:

Hat der Schuldner das Unmöglichwerden der Leistungserbringung nicht zu vertreten, wird er von seiner Verpflichtung zur Leistung frei, § 275 BGB. Er schuldet keinen Schadensersatz.

Beispiel: Der verkaufte PKW wird vor der Übergabe durch einen Blitzschlag vernichtet.

Leistungsgefahr Die Leistungsgefahr, also die Gefahr des zufälligen Untergangs der Leistung, trägt somit der Gläubiger.

Hat der Schuldner das Unmöglichwerden der Leistung dagegen zu vertreten, wird er grundsätzlich nicht von seiner Leistungspflicht befreit.

Es kommt dabei darauf an, ob es sich um eine einseitige Leistungspflicht handelt, oder ob es um das Unmöglichwerden einer im Gegenseitigkeitsverhältnis stehenden Leistungspflicht geht:

einseitig Bei einseitig verpflichtenden Schuldverhältnissen und bei Ansprüchen innerhalb eines gegenseitigen Vertrages, die nicht unter das Gegenseitigkeitsverhältnis fallen, gilt § 280 BGB. Der Schuldner hat dem Gläubiger den durch die Nichterfüllung entstehenden Schaden zu ersetzen, wenn die Leistung aufgrund eines von ihm zu vertretenden Umstandes unmöglich wird.

Beispiele: Der Entleiher eines Buches zerstört es durch Unachtsamkeit und kann seiner Rückgabepflicht aus § 604 I BGB nicht nachkommen. Der Mieter zerstört die Mietsache schuldhaft und kann seine Rückgabepflicht gemäß § 556 I BGB nicht erfüllen (s. o. 9.3.1 a.E.).

Gattungsschuld Das Unvermögen zur Leistung einer nur der Gattung nach bestimmten Sache (s. o. 8.3.4) hat der Schuldner gemäß § 279 BGB zu vertreten, solange ihm die Leistung aus der Gattung möglich ist. Dies gilt selbst dann, wenn ihm ein Verschulden nicht zur Last fällt. Ist aber die gesamte Gattung untergegangen, dann wird der Schuldner gemäß § 275 I BGB frei. Soll die der Gattung nach bestimmte Sache aus einem Vorrat des Schuldners geleistet werden (Vorratsschuld), der Schuldner also nicht zur Beschaffung verpflichtet sein, ist § 279 BGB unanwendbar. Der Schuldner wird wie bei einer Stückschuld von der Leistung frei, wenn sein Vorrat untergegangen ist.

Beispiel: Das Weinlager des Weinhändlers brennt ab.

Erlangt der Schuldner infolge des die Unmöglichkeit der Leistung verursachenden Umstandes für den geschuldeten Gegenstand einen Ersatz oder Ersatzanspruch (= sog. stellvertretendes commodum), dann bleibt es nicht beim Freiwerden des Schuldners i.S.d. § 275 BGB. Vielmehr kann der Gläubiger Herausgabe des als Ersatz Empfangenen oder Abtretung des Ersatzanspruches verlangen, § 281 I BGB.   *Ersatz*

Beispiel: Das verkaufte und danach verbrannte Bild war versichert; der Käufer kann die Versicherungssumme verlangen (Vorsicht: er muß dann aber den Kaufpreis zahlen).

Bei der nachträglichen Unmöglichkeit, soweit es sich um eine im Gegenseitigkeitsverhältnis stehende Leistungspflicht handelt, ist noch auf folgendes zu achten: *nachträglich*

Wie oben gezeigt, regelt § 275 BGB die Frage, ob der Schuldner frei wird oder nicht, also die den Gläubiger treffende Leistungsgefahr. Davon strikt zu trennen ist aber die Frage nach der vom Gläubiger dem Schuldner zu erbringenden Gegenleistung. Dazu sind die §§ 323 ff. BGB heranzuziehen. Deren Verständnis fällt erfahrungsgemäß zunächst nicht leicht, da der Gesetzgeber hier nicht von Gläubiger und Schuldner, sondern vom „einen Teil" und vom „anderen Teil" spricht. Dies ist aber durchaus konsequent, denn im gegenseitigen Vertrag ist ja jede Partei sowohl Gläubiger als auch Schuldner. Da Ausgangspunkt die Frage ist, ob der Schuldner, dem die Erbringung der Leistung unmöglich wird, frei wird oder nicht – § 275 BGB –, ist er im Sprachgebrauch der §§ 323 ff. BGB der „eine Teil". Der „andere Teil" ist der Gläubiger. Die §§ 323 ff. BGB regeln dann, ob der Schuldner den Anspruch auf die ihm grundsätzlich zustehende, weil vertraglich versprochene, Gegenleistung behält oder nicht.   *Gegenleistung*

Prinzipiell verliert der Schuldner bei von niemandem zu vertretender nachträglicher Unmöglichkeit gemäß § 323 I BGB den Anspruch auf die Gegenleistung (er selbst wird ja auch frei, § 275 BGB). Die Gegenleistungs- bzw. Preisgefahr trifft dann den Schuldner. (Vorsicht: Bei § 447 BGB, dem Fall des Versendungskaufes, ist dies aber anders, s. o. 8.12.6).   *Preisgefahr – Schuldner*

181

Beispiel: Die Mietwohnung wird durch eine Gasexplosion zerstört. Der Vermieter wird nach § 275 BGB frei, verliert aber auch den Mietzinsanspruch.

Hat der Gläubiger gemäß § 281 BGB den Ersatzanspruch verlangt, dann bleibt er jedoch zur Gegenleistung verpflichtet, § 323 II BGB (so im obigen Beispielsfall des versicherten Bildes).

Hat der Schuldner die nachträgliche Unmöglichkeit zu vertreten (wird er also nicht gemäß § 275 BGB frei), dann hat der Gläubiger die Rechte des § 325 BGB: er kann Schadensersatz wegen Nichterfüllung verlangen, § 325 I 1 1. Alt., vom Vertrag zurücktreten, § 325 I 1 2. Alt., oder statt dessen die Rechte des § 323 BGB geltend machen, also entweder selbst die Gegenleistung nicht erbringen oder eine vom Schuldner erlangte Ersatzleistung herausverlangen (wobei er selbst leisten muß).

Gläubiger   Wenn der Gläubiger im gegenseitigen Vertrag die nachträgliche Unmöglichkeit zu vertreten hat, behält der Schuldner den Anspruch auf die Gegenleistung, § 324 I BGB, und wird gemäß § 275 von seiner eigenen Leistungspflicht frei. Die Gegenleistungsgefahr trägt also der Gläubiger.

Beispiel: Der Käufer vernichtet die Kaufsache vor der Übereignung.

Wird die Leistung unmöglich, nachdem der Gläubiger in Annahmeverzug geraten ist, behält der Schuldner ebenfalls den Anspruch auf die Gegenleistung, § 324 II BGB.

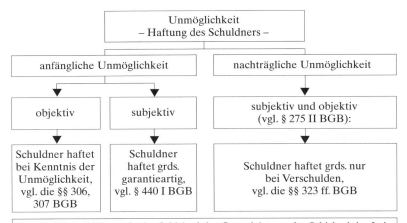

Schaubild 60: Unmöglichkeit

Beispiel: Der Gläubiger nimmt dem Schuldner die korrekt angebotene (§§ 293 ff. BGB) Ware nicht ab, die alsdann gestohlen wird (s. a. 9.5.3).

Haben beide Parteien die nachträgliche Unmöglichkeit zu vertreten, dann ist im Hinblick auf die §§ 324, 325 BGB das gegenseitige Mitverschulden, § 254 BGB, zu berücksichtigen. beide Parteien

Sonderregeln gelten im übrigen gemäß den §§ 446, 447, 616, 644 ff. BGB, 1 EFZG.

9.4 Schuldnerverzug

Während die Leistung bei der Unmöglichkeit gar nicht erbracht wird, erfolgt sie beim Verzug des Schuldners zu spät.

9.4.1 Begriff

Verzug des Schuldners bedeutet eine von ihm zu vertretende Verzögerung der angemahnten oder kalendermäßig bestimmten fälligen Leistung. Die Leistung muß noch möglich sein, also nachholbar, ansonsten liegt Unmöglichkeit vor, die den Verzug ausschließt. Nur vorübergehende Unmöglichkeit begründet den Verzug. Nichteinhaltung der Leistungszeit beim absoluten Fixgeschäft (s. o. 8.4) führt nicht zum Schuldnerverzug, sondern zur Unmöglichkeit. Schuldner- und Gläubigerverzug (dazu s.u.) unterscheiden sich dadurch, daß bei letzterem der Gläubiger gegen seine eigenen Interessen verstößt, weil er die ihm angebotene Leistung nicht annimmt, während bei ersterem der Schuldner seinen Pflichten zur rechtzeitigen Leistung nicht nachkommt. Verzögerung

9.4.2 Voraussetzungen

Die Regeln über den Schuldnerverzug finden sich in den §§ 284 ff. BGB. Danach liegt er grundsätzlich dann vor, wenn der Schuldner auf eine nach Eintritt der Fälligkeit erfolgende Mahnung des Gläubigers hin nicht leistet. Anspruch

Daher muß ein fälliger Anspruch, vgl. § 271 BGB, bestehen, dem keine Einrede entgegensteht. Desweiteren ist regelmäßig eine Mahnung erforderlich, § 284 I 1 BGB. Dies ist die bestimmte und eindeutige Aufforderung des Gläubigers an den Schuldner, seine Leistung zu erbringen; eine Fristsetzung oder die Androhung bestimmter Folgen sind nicht vonnöten. Mahnung

Beispiele: „Aufgrund unserer Rechnung Nr. ... vom 14.03. steht noch ein Betrag von DM/Euro 5500,– offen. Wir erinnern Sie an Ihre Zahlungspflicht und bitten Sie, den Betrag umgehend auf eines unserer angegebenen Konten zu überweisen". Oder: „Sicher haben Sie nur übersehen, daß der Betrag von DM/Euro 4200,– aus unserer Rechnung vom 29.09., fällig, aber noch nicht beglichen ist. Bitte haben Sie die Freundlichkeit, das kleine Versehen in Ordnung zu bringen und den Betrag umgehend zu bezahlen". Zu die Fälligkeit regelnden Klauseln vgl. unten etwa 10.2.3.

Die Mahnung ist kein Rechtsgeschäft, sondern eine geschäftsähnliche Handlung (s. o. 6.3.3.1), formlos und einseitig empfangsbedürftig; die Vorschriften über Rechtsgeschäfte und Willenserklärungen sind aber entsprechend anwendbar. Die Mahnung muß nach der Fälligkeit erfolgen, zuvor ist sie wirkungslos. Man kann sie aber mit der die Fälligkeit begründenden Handlung, etwa dem Abruf, verbinden. Gleichgestellt ist die Klageerhebung auf Zahlung (Leistungsklage) bzw. die Zustellung eines Mahnbescheides, § 284 I 2 BGB.

Verzug ohne Mahnung

Ausnahmsweise kommt der Schuldner auch ohne Mahnung in Verzug, wenn die Leistung kalendermäßig bestimmt ist oder wenn der Leistung eine Kündigung vorausgeht und sich die Zeit der Leistung ab Kündigung nach dem Kalender berechnen läßt, § 284 II BGB. Als Leistungszeit muß, unmittelbar oder mittelbar, ein bestimmter Kalendertag festgelegt sein; bloße Berechenbarkeit nach dem Kalender reicht dagegen nicht.

Beispiele: Es genügen i.S.d. § 284 II BGB
– „spätestens am 5. Mai", „Mitte des Monats", „noch im Lauf des September", „14 Tage ab Bestellung", „3 Wochen nach Ostern", „bis Ende 1999";
– nicht ausreichend i.S.d. § 284 II BGB und daher nach § 284 I BGB einer Mahnung bedürfend sind dagegen Formulierungen wie „30 Tage nach Rechnungsstellung", „Bezahlung 3 Wochen nach Lieferung", „Lieferung 2 Wochen nach Abruf", „Fertigstellung binnen 100 Arbeitstagen".

Unter Kaufleuten gilt § 353 HGB; danach ist für die Geltendmachung von Zinsen eine Mahnung nicht erforderlich, vielmehr reicht der Tag der Fälligkeit („Fälligkeitszinsen", s. o. 8.3.6).

Verschulden

Als weitere Voraussetzung muß ein Verschulden des Schuldners gegeben sein, § 285 BGB. Dies beurteilt sich nach den §§ 276-279 BGB. Verzug tritt hingegen nicht ein etwa bei unverschuldeten tatsächlichen oder rechtlichen Leistungshindernissen vorübergehender Natur.

Beispiele: Schwere Krankheit des Schuldners, Betriebsstörungen durch höhere Gewalt (s. a. das Beispiel zu 3.1.2.3 a.E.).

9.4.3 Rechtsfolgen

Gemäß § 286 I BGB hat der Gläubiger Anspruch auf Ersatz des durch den Verzug entstandenen Schadens (sog. Verzögerungs- bzw. Verspätungsschaden). Er ist also so zu stellen, wie er bei rechtzeitiger Leistung gestanden hätte.

Verspätungsschaden

Beispiele: Kosten der Rechtsverfolgung (Anwalt, Gericht), Inkassokosten nach Verzugseintritt, entgangener Gewinn (vgl. § 252 BGB),
nicht aber: Kosten der den Verzug erst auslösenden ersten Mahnung.

Der Anspruch auf Erfüllung besteht dabei weiter.

Geldschulden sind gemäß § 288 BGB mit mindestens 4 % (bei Kaufleuten 5 %, § 352 HGB) zu verzinsen (s. o. 8.3.6); die Geltendmachung eines weiteren Schadens bleibt möglich, § 288 II BGB:

Zinsen

Beispiele: Der Gläubiger muß seinerseits Bankkredit mit höherem Zinssatz in Anspruch nehmen; oder: es entgehen ihm günstigere Anlagezinsen.

Im Bereich des Verbraucherkredites (s. u. 10.6.6) gilt gemäß § 11 VerbrKrG grundsätzlich ein Zinssatz von 5 % über dem Diskontsatz der Deutschen Bundesbank bzw. Basiszinssatz i. S. d. § 1 DÜG.

Weiterhin haftet der Schuldner gemäß § 287 BGB verschärft sogar für Zufall.

Beispiel: Wird das geliehene Motorrad nach Verzugseintritt durch Zufall zerstört, dann hat der Gläubiger Anspruch auf Schadensersatz wegen Nichterfüllung, §§ 287 S. 2, 280 I BGB, und der Schuldner wird nicht gemäß den §§ 604 I, 275 BGB frei.

Hat die Leistung aufgrund des Verzugs für den Gläubiger ihr Interesse verloren, dann kann er sie ablehnen und Schadensersatz wegen Nichterfüllung verlangen, § 286 II BGB.

Schuldnerverzug – §§ 284 ff. BGB –
- Schuldverhältnis
- fälliger Anspruch
- grundsätzlich Mahnung
  (bzw. kalendermäßige Bestimmung oder gerichtliche Geltendmachung)
- Verschulden
- Rechtsfolgen:
  Ersatz des Verspätungsschadens (§ 286 I BGB);
  Verzinsung (§ 288 I, II BGB);
  Haftungsverschärfung (§ 287 BGB);
  Schadensersatz wegen Nichterfüllung (§ 286 II BGB).

Schaubild 61: Schuldnerverzug

9.4.4 Gegenseitige Verträge

Bei gegenseitigen Verträgen gilt neben den §§ 284 ff. BGB noch § 326 BGB; denn bei im Gegenseitigkeitsverhältnis stehenden Leistungspflichten ist es dem Gläubiger im Fall des Schuldnerverzuges nicht zumutbar, seinerseits leistungsbereit bleiben zu müssen. Der Gläubiger kann sich nach seiner Wahl durch Geltendmachen von Schadensersatz wegen Nichterfüllung oder Rücktritt vom Vertrag lösen, § 326 BGB.

Hauptleistungspflicht — Wenn der Schuldner mit einer Hauptleistungspflicht in Verzug gekommen ist, muß ihm der Gläubiger eine angemessene Frist zur Leistungsbewirkung setzen verbunden mit der Erklärung, die Leistung danach abzulehnen (Stichwort: Nachfrist mit Ablehnungsandrohung), § 326 I BGB. Dies kann bereits mit der Mahnung geschehen.

Fällt das Interesse des Gläubigers an der Vertragserfüllung aufgrund des Schuldnerverzuges fort bzw. besteht eine erkennbare, ernsthafte und endgültige Erfüllungsverweigerung, dann bedarf es der Fristsetzung nicht, § 326 II BGB.

Rechtsfolgen — Der Gläubiger kann dann Schadensersatz wegen Nichterfüllung verlangen oder vom Vertrag zurücktreten; der Anspruch auf Erfüllung ist allerdings ausgeschlossen.

Beispiele: Die gekaufte Maschine wird nicht rechtzeitig geliefert (übereignet). Der Käufer muß mahnen, § 284 I BGB; damit verbinden kann er die Erklärung, daß er dem Verkäufer eine Nachfrist von bspw. 14 Tagen setzt und bei fruchtlosem Fristablauf die Maschine nicht mehr annimmt. Oder (Formulierungsbeispiel): „Sie haben die am 14.3. fällige Leistung aus von Ihnen zu vertretenden Gründen nicht erbracht und sind damit in Verzug geraten (§§ 284 II, 285 BGB). Ich setze Ihnen eine angemessene Nachfrist bis zum 29.03. Eine Leistung nach Ablauf dieser Frist lehne ich ab; erfolgt Ihre Leistung nicht rechtzeitig bis zum 29.03., so werde ich meine gesetzlichen Rechte auf Schadensersatz wegen Nichterfüllung geltend machen oder vom Vertrag zurücktreten (§ 326 I BGB)".

Der Rücktritt muß gemäß § 327 BGB erklärt werden. Bei einem relativen Fixgeschäft (s. o. 8.4) gelten demgegenüber noch § 361 BGB bzw. § 376 HGB.

9.5 Gläubigerverzug

Nimmt der Gläubiger die ihm korrekt angebotene Leistung nicht an, gerät er in Verzug, §§ 293 ff. BGB (Gläubiger- bzw. Annahmeverzug).

9.5.1 Begriff

Beim Gläubigerverzug verzögert der Gläubiger die Erfüllung des Schuldverhältnisses. Dabei geht der Gesetzgeber davon aus, daß der Gläubiger zur Leistungsannahme zwar berechtigt, nicht aber verpflichtet ist. Deswegen stellt der Gläubigerverzug nicht die Verletzung einer Rechtspflicht, sondern nur eine Obliegenheitsverletzung dar. Unmöglichkeit schließt Annahmeverzug aus, auch wenn der Schuldner nur vorübergehend nicht leisten kann, vgl. § 297 BGB. Für die Abgrenzung zwischen Annahmeverzug und Unmöglichkeit ist grundsätzlich darauf abzustellen, ob die Leistung noch erbracht werden kann oder nicht. Bei dauernden Leistungshindernissen ist Unmöglichkeit anzunehmen.

Obliegenheit

Beispiele: Der Reisende ist impfuntauglich; der zu behandelnde Patient stirbt; der Fahrschüler erblindet; der wegzuräumende Erdwall wird bei Hochwasser weggeschwemmt.

9.5.2 Voraussetzungen

Der Schuldner muß die Leistung ordnungsgemäß am rechten Ort, zur rechten Zeit und in richtiger Weise anbieten (vgl. 8.14.1), so daß der Gläubiger nur noch zuzugreifen bräuchte, § 294 BGB. Ein wörtliches Angebot reicht ausnahmsweise aus, § 295 BGB, wenn der Gläubiger bestimmt und eindeutig erklärt hat, er werde die Leistung nicht annehmen, oder wenn zur Erfüllung eine Mitwirkungshandlung des Gläubigers erforderlich ist.

korrektes Angebot

Beispiele: Abruf von Waren; Mitteilung an den Arbeitnehmer, die Schlechtwetterperiode sei beendet und die Arbeit wieder aufzunehmen.

Das wörtliche Angebot des Schuldners an den Gläubiger i.S.d. § 295 BGB ist keine Willenserklärung, sondern eine geschäftsähnliche Handlung (s. o. 6.3.3.1). Die §§ 130 ff. BGB sind allerdings entsprechend anwendbar.

Wenn der Gläubiger eine Mitwirkungshandlung unterläßt, für die eine Zeit nach dem Kalender bestimmt ist, bedarf es keines Angebots, § 296 BGB.

ohne Angebot

Beispiele: Unterlassung der Abbuchung beim Lastschriftverfahren; Zuweisung von Arbeit; bei unwirksamer Kündigung kommt der Arbeitgeber also in Annahmeverzug, ohne daß es des Arbeitsangebotes des Arbeitnehmers bedarf (s. u. 10.4.8.6).

Ein Verschulden des Gläubigers ist nicht erforderlich.

Schuldet der Gläubiger seinerseits dem Schuldner eine Gegenleistung, dann kommt er auch dann in Annahmeverzug, wenn er die ihm angebotene Leistung zwar anzunehmen bereit ist, die ihm obliegende Gegenleistung aber nicht anbietet, § 298 BGB. Beim gegenseitigen Vertrag, vgl. § 320 BGB, muß Zug-um-Zug geleistet werden.

9.5.3 Rechtsfolgen

Risiko­verteilung

Während des Annahmeverzuges hat der Schuldner nur Vorsatz und grobe Fahrlässigkeit (s. o. 9.2) zu vertreten, § 300 I BGB. Das Risiko der Verschlechterung oder des Untergangs der Sache bei nur einfacher Fahrlässigkeit trägt der Gläubiger.

Beispiel: Der Verkäufer (= Schuldner der Übereignungspflicht i. S. d. § 433 I 1 BGB) nimmt die dem Käufer (= Gläubiger) angebotene, von diesem aber nicht abgenommene Maschine wieder mit; auf dem Rückweg wird sie bei einem vom Verkäufer leicht fahrlässig verursachten Unfall zerstört. Der Verkäufer wird frei, §§ 300 I, 275 BGB, und behält den Anspruch auf den Kaufpreis, § 433 II BGB (d.h. die Gegenleistung, vgl. § 324 II BGB).

Gattungsschuld

Bei Gattungsschulden geht mit dem Annahmeverzug die Leistungsgefahr auf den Gläubiger über, § 300 II BGB; § 279 BGB gilt dann nicht mehr. Allerdings ist § 300 II BGB praktisch nicht sehr bedeutsam, da bei Gattungsschulden regelmäßig dann, wenn der Schuldner das zur Leistung seinerseits Erforderliche getan und daher die sog. Konkretisierung, § 243 II BGB, herbeigeführt hat (s. o. 8.3.4), die Leistungsgefahr auf den Gläubiger übergeht. Für § 300 II BGB ist notwendig, daß der Schuldner die zur Erfüllung erforderlichen Sachen ausgesondert hat.

Beispiele: Der Verkäufer bietet dem Käufer wörtlich die verabredete Lieferung von einem Zentner Kartoffeln an. Dieser lehnt ab und gerät gemäß § 295 (oder § 296) BGB in Annahmeverzug. Daraufhin legt der Verkäufer einen Zentnersack zur Seite. § 243 II BGB liegt hier nicht vor, da die Absendung oder Übermittlung an den Käufer – wie verabredet – (Bring- oder Schickschuld) noch nicht erfolgt ist.

Geldschuld

Der dem Gläubiger ordnungsgemäß, aber erfolglos angebotene Geldbetrag wird dem Schuldner auf dem Rückweg gestohlen (gemäß § 270 I BGB sind die §§ 243 II, 275 BGB nicht anwendbar; s. o. 8.3.5).

Gemäß § 301 BGB müssen Zinsen während des Annahmeverzuges nicht gezahlt werden. Mehraufwendungen, etwa wegen Lager- oder Transportkosten, sind dem Schuldner zu erstatten, § 304 BGB.

Leistung des Schuldners

Der Annahmeverzug als solcher befreit den Schuldner noch nicht von seiner Leistungspflicht. Allerdings darf er Gegenstände hinterlegen, §§ 372 ff. BGB, §§ 373 f. HGB, und sich so entlasten (s. o. 8.14.2.1).

Im übrigen behält der Schuldner beim gegenseitigen Vertrag den Anspruch auf die Gegenleistung, wenn ihm seine Leistung aus nicht von ihm zu vertretenden Umständen während des Annahmeverzugs unmöglich wird, § 324 II BGB.

Beispiel: Papierhändler V liefert wie vereinbart „Frei Haus" das auf Paletten gepackte Papier beim Käufer K an; dieser weigert sich, das Papier abzuladen. Nach angemessener Wartefrist fährt der V zurück und verursacht dabei leicht fahrlässig einen Unfall, bei dem das Papier verbrennt. Hier wurde die ursprüngliche Gattungschuld (eine bestimmte Menge Papier zu liefern), § 243 I BGB, gemäß § 243 II BGB zur Stückschuld, da bei „Frei Haus" – Liefervereinbarungen die Versandpflicht des V mit dem Bereitstellen bei K endet. § 300 II BGB ist demnach nicht anwendbar. Die Lieferung des verbrannten Papiers ist dem V nunmehr unmöglich geworden (nachträgliche objektive Unmöglichkeit). Da der V gemäß § 300 I BGB den leicht fahrlässigen Untergang des Papiers nicht zu vertreten hat, wird er nach § 275 I BGB von seiner Lieferpflicht frei; wegen § 324 I, II BGB behält er aber den Anspruch auf die Gegenleistung, also die Kaufpreiszahlung.

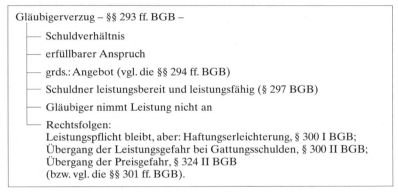

Schaubild 62: Gläubigerverzug

9.6 Mängelhaftung, Gewährleistung

Wenn der Schuldner seine Leistungspflichten schlecht erfüllt, hat der Gesetzgeber für einige Bereiche Rechtsregeln aufgestellt. Darin wird bestimmt, inwieweit der Schuldner für solche Sach- oder Rechtsmängel einstehen muß und welche Gewährleistungsrechte, etwa Wandelung, Minderung oder Schadensersatz wegen Nichterfüllung, der Gläubiger dann hat. Diese Regeln finden sich im Bereich des Kaufrechts (§§ 459 ff. BGB), des Mietrechts (§§ 537 ff. BGB), des Werkvertragsrechts (§§ 633 ff. BGB) sowie des Reisevertragsrechts (§§ 651 c ff. BGB). In der Regel wird dabei darauf abgestellt, ob die Leistung zum Nachteil des jeweiligen Vertragspartners von der vertraglich vereinbarten Beschaffenheit abweicht. Einzelheiten dazu werden im Zusammenhang mit den jeweils behandelten Vertragstypen (s. u. 10) dargestellt.

Schlechtleistung

9.7 Positive Vertragsverletzung

Regelungslücke

Der BGB-Gesetzgeber hatte geglaubt, durch die Regeln über Unmöglichkeit, Verzug sowie die obigen Gewährleistungsvorschriften beim Kauf-, Miet- und Werkvertrag alle Fälle der Leistungsstörungen erfaßt zu haben. Schon bald wurde allerdings klar, daß diese Annahme unzutreffend ist, das BGB vielmehr Lücken aufweist.

Beispiele: Der Verkäufer liefert dem Käufer verdorbenes und daher giftiges Viehfutter. Als der Käufer seine Tiere damit füttert, verenden einige von ihnen. Unmöglichkeit liegt hier nicht vor, da geleistet wurde, Verzug nicht, denn der Verkäufer hat seine (mangelhafte) Leistung rechtzeitig erbracht. Gewährleistung, §§ 459 ff. BGB, gibt nur das Recht zur Wandelung oder Minderung des Kaufpreises an die Hand, gewährt aber nicht Schadensersatz für die verendeten Tiere, da der Verkäufer weder eine Eigenschaft des Futters zugesichert noch arglistig gehandelt hat. Oder: Ein Arzt behandelt seinen Patienten fehlerhaft, woraus diesem ein Schaden entsteht – das Dienstvertragsrecht, §§ 611 ff. BGB, sagt hierzu nichts.

9.7.1 Begriff

Diese gesetzliche Regelungslücke ist inzwischen gewohnheitsrechtlich in Analogie zu den §§ 280, 286, 325, 326, 242 BGB durch das Rechtsinstitut der positiven Vertragsverletzung geschlossen worden, das in der Praxis einen der wichtigsten Fälle der Leistungsstörungen darstellt. Dieser Begriff ist insoweit etwas unscharf, als auch ein Unterlassen davon erfaßt wird, und der Anwendungsbereich nicht nur Verträge, sondern auch Pflichtverletzungen aus gesetzlichen Schuldverhältnissen einschließt. Daher werden auch die Begriffe „positive Forderungs-" bzw. „sonstige Forderungsverletzungen" gebraucht. Hier soll aber dem traditionell eingebürgerten Begriff positive Vertragsverletzung gefolgt werden.

Auffangtatbestand

Darunter fallen alle (Sorgfalts-)Pflichtverletzungen innerhalb eines Schuldverhältnisses, die nicht den Bereichen der Unmöglichkeit, des Verzuges bzw. den gesetzlichen Gewährleistungsansprüchen oder vertraglichen Garantiehaftungen zuzuordnen sind. Die positive Vertragsverletzung (= pVV) ist daher Grund- bzw. Auffangtatbestand.

Beispiele

Man findet sie insbesondere in folgenden Bereichen:

– Schlechtleistung:
- bei Schuldverhältnissen ohne gesetzlich geregelte Gewährleistung, bspw. Dienst-, Arbeits-, Mäkler-, Geschäftsbesorgungs-, Gesellschaftsvertrag;

  Beispiele: Der Zahnarzt behandelt einen Patienten falsch; der Prokurist setzt sich bei Vertragsverhandlungen über ihm intern gesetzte Grenzen hinweg (s. o. 7.8.2.3); der Steuerberater berät fehlerhaft oder nicht ausreichend (s. u. 10.4.9);

- bei Verträgen mit gesetzlichen Gewährleistungsvorschriften insoweit, als diese lückenhaft sind – dies ist insbesondere im Bereich der sog. Begleit- bzw. Mangelfolgeschäden (d. h. Schäden, die sich gerade an weiteren Rechtsgütern zeigen) der Fall, die im Kaufrecht etwa nicht von § 463 BGB oder im Werkvertragsrecht nicht von § 635 BGB erfaßt werden;
  Beispiele: Die verendeten Tiere im obigen Beispiel; Gesundheitsverletzungen durch gelieferten vergifteten Tee; Brandschäden im Zusammenhang mit Schweißarbeiten; Beschädigung der Heizungsanlage durch geliefertes verunreinigtes Heizöl;

– Verletzung von Sorgfalts- (bzw. Neben-)pflichten (vgl. 8.3.1.2; 8.3.2), d. h.:
  - der Leistungstreuepflicht,
    Beispiel: Unberechtigte Wohnungskündigung wegen in Wahrheit nicht gegebenen Eigenbedarfs;
  - von Schutzpflichten,
    Beispiele: Die Kundin erleidet Verbrennungen beim Legen der Dauerwelle wegen falscher Gerätebedienung; vom Mieter verursachter Brandschaden;
  - von Mitwirkungspflichten,
    Beispiel: Vereitelung der erforderlichen Baugenehmigung;
  - von Aufklärungspflichten (Anzeige-, Offenbarungs-, Hinweispflichten),
    Beispiele: Wenn der Bankkunde den Verlust der Scheckkarte nicht anzeigt, oder der Verkäufer nicht vor Gefahren der Kaufsache warnt; wesentlich sind hier auch die Aufklärungspflichten der Banken gegenüber ihren geldanlegenden Kunden: nach der Rspr. muß eine Bank, die einem Anleger eine Geldanlage zum Kauf empfiehlt, ihn individuell, d.h. anlegergerecht und objektgerecht, beraten;
  - sonstiger Nebenpflichten,
    Beispiele: Die Erteilung eines falschen oder unrichtigen Arbeitszeugnisses, oder die Verletzung von Verschwiegenheitspflichten.

Oftmals kommt in solchen Fällen auch eine deliktsrechtliche Einstandspflicht gemäß den §§ 823 ff. BGB in Betracht.

9.7.2 Voraussetzungen

Erforderlich ist das Vorliegen eines vertraglichen oder gesetzlichen Schuldverhältnisses. Weiterhin ist notwendig eine objektive (Sorgfalts-) Pflichtverletzung des Schuldners (s. o.), die nicht von den vorrangigen gesetzlich geregelten Fällen der Leistungsstörungen (Unmöglichkeit, — Erfordernisse

Verzug, Gewährleistung) erfaßt wird. Der Schuldner muß diese Pflichtverletzung zu vertreten haben, §§ 276 ff. BGB, wobei ihn die Beweislast entsprechend § 282 BGB trifft.

9.7.3 Rechtsfolgen

Ansprüche Als Rechtsfolge kann der Gläubiger Schadensersatz wegen Nichterfüllung (auch wegen der Mangelfolgeschäden) verlangen bzw. bei gegenseitigen Verträgen dann, wenn ihm ein Festhalten am Vertrag nicht zugemutet werden kann, zurücktreten oder bei Dauerschuldverhältnissen außerordentlich kündigen. Schadensersatzansprüche aus pVV verjähren grundsätzlich gemäß § 195 BGB in dreißig Jahren.

Schaubild 63: Positive Vertragsverletzung

9.8 Verschulden bei Vertragsanbahnung (culpa in contrahendo)

Regelungslücke Auch bezüglich des Stadiums der Vertragsanbahnung bzw. des Zeitpunktes vor Vertragsabschluß hat der BGB-Gesetzgeber nicht ausreichend vorgesorgt.

9.8.1 Begriff

Zwar hält das BGB einige Regelungen im Bereich der Vertragsanbahnung bereit (§§ 122, 179, 307, 309, 463, 523 I, 524 I, 600, 663, 694 BGB). Allerdings sind die Parteien darüber hinaus dann, wenn sie Vertragsverhandlungen aufgenommen haben bzw. in vorvertraglichen Kontakt getreten sind, einander zu Rücksichtnahme, Treue bzw. Fürsorge verpflichtet; verletzen sie diese Sorgfaltspflichten, so schulden sie sich Schadensersatz (entsprechend den §§ 122 I, 179 II, 307 I 1 BGB). Insoweit ist mittlerweile das Rechtsinstitut Verschulden bei Vertragsanbahnung (auch Verschulden bei Vertragsschluß genannt) = culpa in contrahendo (cic) anerkannt. Dies entspricht grundsätzlich der für den Bereich bereits bestehender Schuldverhältnisse entwickelten pVV und ist dieser zeitlich vorgelagert (s. o. 8.2.3).

9.8.2 Voraussetzungen

Die cic setzt zunächst ein vorvertragliches Vertrauensverhältnis voraus, das durch die Aufnahme geschäftlichen Kontaktes bzw. von Vertragsverhandlungen zustandekommt.

<small>vorvertragliches Vertrauensverhältnis</small>

Beispiele: Der Kunde mit Kaufabsicht in den Geschäftsräumen des potentiellen Verkäufers; nicht aber: der dort einbrechende Dieb oder der Passant, der sich nur aufwärmen will.

Desweiteren ist eine objektive Pflichtverletzung des Schuldners erforderlich. Er muß den ihm obliegenden Sorgfalts-, insb. Aufklärungs-, Beratungs-, Schutz-, Obhuts- oder Fürsorgepflichten nicht nachgekommen sein.

Beispiele: Der Kunde rutscht im Geschäftslokal auf einer Bananenschale aus oder wird dort von einer umstürzenden Linoleumrolle verletzt; Vertragsverhandlungen werden grundlos abgebrochen, nachdem der Vertragsabschluß zuvor als völlig sicher hingestellt wurde; Vertragsabschluß durch einen nicht vertretungsberechtigten Verhandlungsführer; Falschangaben des Unternehmensverkäufers über den Gewinn; falsche Angaben über die Maße einer Maschine, wodurch die geplante Aufstellung verhindert wird; das Erwecken des Anscheins, eine Versicherung decke bestimmte Risiken ab oder es bestehe sofort Versicherungsschutz; Nichtaufklärung seitens der Bank über die Risiken einer Geldanlage.

<small>Fälle</small>

Diese Pflichtverletzung muß vom Schuldner zu vertreten sein, vgl. die §§ 276 ff. BGB.

9.8.3 Rechtsfolgen

Der Gläubiger kann als Rechtsfolge der cic Schadensersatz verlangen. Er ist grundsätzlich so zu stellen, wie er ohne das schädigende Verhalten des Schuldners stünde, hat also zunächst Ansprüche auf Ersatz des Vertrauensschadens (vgl. die §§ 122 I, 179 II, 307 I 1 BGB; s. o. 8.12.3 a.E. und den dortigen Beispielsfall). Wenn das Geschäft allerdings ohne die cic wirksam zustandegekommen wäre, wird das Erfüllungsinteresse geschuldet. Ist der Vertrag infolge der cic zu schlechteren Bedingungen zustandegekommen, und der Geschädigte hält gleichwohl am Vertrag fest, dann hat er auch einen Anspruch auf Vertragsanpassung. Ansprüche aus cic verjähren grundsätzlich gemäß § 195 BGB nach 30 Jahren.

<small>Vertrauensschaden</small>

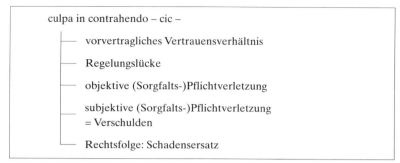

Schaubild 64: *Culpa in contrahendo*

9.9 Wegfall der Geschäftsgrundlage

geänderte Verhältnisse

Verträge und Verpflichtungen sind einzuhalten („pacta sunt servanda"). Allerdings gibt es Fälle, in denen sich die Verhältnisse so wesentlich verändern, daß dies auf die Fortführung der Parteipflichten nicht ohne Auswirkung bleiben kann. Nachdem man früher, vor Inkrafttreten des BGB, davon ausgegangen war, daß jedem Vertrag auch ohne besondere Abrede die sog. „clausula rebus sic stantibus" (= Vorbehalt gleichbleibender Verhältnisse) innewohne und bei nachhaltigen Änderungen der bei Vertragsabschluß bestehenden Verhältnisse die Bindung an den Vertrag entfiele (ein Gedanke, der heute noch bei Unterhaltsverträgen und bei sonstigen Verträgen mit Versorgungscharakter bedeutsam ist), hat sich nunmehr mangels konkreter Fortschreibung im BGB im Hinblick auf § 242 BGB gewohnheitsrechtlich das Rechtsinstitut des Wegfalls der Geschäftsgrundlage entwickelt (s. o. 8.3.1.2).

9.9.1 Begriff

Geschäftsgrundlage

Unter Geschäftsgrundlage versteht man die bei Vertragsabschluß zutage getretenen, dem anderen Teil erkennbar gewordenen und von ihm nicht beanstandeten Vorstellungen der einen Partei oder die gemeinsamen Vorstellungen beider Parteien vom Bestehen oder künftigen Eintreten bestimmter Umstände, wenn der Geschäftswille der Parteien auf diesen Vorstellungen aufbaut.

Dabei ist die Geschäftsgrundlage zum einen vom bloßen Motiv, einen Vertrag einzugehen, und zum anderen vom Vertragsinhalt (Bedingung, Rechtsgrund) zu unterscheiden. Einseitig in den Risikobereich einer Partei fallende Umstände werden nicht berücksichtigt.

9.9.2 Voraussetzungen

Die dem Rechtsgeschäft zugrundeliegenden wirtschaftlichen oder tatsächlichen Verhältnisse müssen sich in unvorhersehbarer Weise nachhaltig geändert haben. Dies darf nicht alleine im Risikobereich einer Partei liegen. Die Grenzen des jedem Vertragsschluß grundsätzlich innewohnenden Risikos müssen überschritten sein. Entscheidend ist dabei, daß sich ein Festhalten am Vertrag als unzumutbar darstellt. Soweit gesetzliche Regelungen eingreifen, etwa Unmöglichkeit, Anfechtung, Kündigung, Rücktritt, besitzen diese Vorrang. Das Institut des Wegfalls der Geschäftsgrundlage ist also subsidiär.

nachhaltige Änderung

9.9.3 Rechtsfolgen

Wenn die Geschäftsgrundlage wegfällt, und es gegen das Gebot von Treu und Glauben, § 242 BGB, verstieße, den benachteiligten Partner am unveränderten Inhalt der Vereinbarung festzuhalten, ist die geschuldete Leistung den veränderten Umständen anzupassen; oder aber der Vertrag muß durch ein Rücktritts- bzw. Kündigungsrecht aufgelöst werden können.

Anpassung/ Auflösung

Beispiele: Der Erbbauzins wird um 60 % entwertet, weil die Lebenshaltungskosten um 150 % gestiegen sind; die auf Rentenbasis veräußerte Fabrik wird im Krieg zerstört; eine Ruhegeldvereinbarung wird um 30 % entwertet, die Unterhaltsvereinbarung um 10 %; Kauf von Fertighäusern, wenn die Baugenehmigung versagt wird; gemeinsamer Irrtum über die Spielberechtigung des transferierten Fußballspielers.

Fälle

Das Risiko einer Geldentwertung trägt aber grundsätzlich der Gläubiger, das folgt nicht zuletzt aus dem Prinzip des Nominalismus („Mark = Mark" bzw. „Euro = Euro", s. o. 8.3.5). Das Institut des Wegfalls der Geschäftsgrundlage bzw. § 242 BGB bieten regelmäßig nicht die Hand-

Nominalismus

```
Wegfall der Geschäftsgrundlage
   ├─ Schuldverhältnis
   ├─ nachhaltige Veränderung der Verhältnisse,
   │  bzw. Wegfall der Geschäftsgrundlage
   ├─ nicht im Risikobereich (lediglich) einer Partei
   ├─ Festhalten am Schuldverhältnis unzumutbar
   └─ Rechtsfolge:
      Anpassung, Kündigung, Rücktritt (Auflösung)
```

Schaubild 65: Wegfall der Geschäftsgrundlage

habe, in langfristige Verträge eine konkludente Wertsicherungsklausel hinein zu interpretieren.

<small>Vertragskontinuität</small> Die Einführung des Euro läßt auch bei langfristigen Verträgen die Geschäftsgrundlage nicht entfallen; die Vertragspartner bleiben weiterhin an ihre Vereinbarungen gebunden – das Prinzip der Vertragskontinuität wird gewahrt (s. o. 8.3.5).

Beispiel: Bei langfristig abgeschlossenen Versicherungsverträgen (bspw. Lebensversicherungen) bleiben die gegenseitigen Verpflichtungen bestehen; der vom Versicherungsnehmer geschuldete Beitrag ist (lediglich) in Euro umzurechnen (zur Vertragskontinuität bei Zinsen s. a. Art. 1 EuroEG – § 4 DÜG).

9.10 Verletzung nachvertraglicher Pflichten

<small>Systematik</small> Wie bei der Vertragsanbahnung (cic) und bei der Vertragsdurchführung (pVV) treffen den Schuldner auch nach der Vertragsbeendigung bzw. Vertragsabwicklung noch nachwirkende Pflichten. Dieser besondere Leistungsstörungsfall – „culpa post contractum finitum", „culpa post contractum perfectum" bzw. „culpa post contrahendum" (lat., = Verschulden nach Vertragsbeendigung) genannt – wird häufig noch zur pVV gerechnet. Er soll aber hier aus systematischen Gründen eigens dargestellt werden.

9.10.1 Begriff

Der Schuldner hat auch noch nach der Erfüllung der ihm obliegenden Hauptleistungspflichten, § 362 BGB, sich aus dem Gebot von Treu und Glauben, § 242 BGB (s. o. 8.3.1.2), herleitende nachwirkende Verpflichtungen. Er muß auch dann ggf. noch bestimmte Handlungen vornehmen, dulden oder unterlassen.

9.10.2 Voraussetzungen

<small>nachvertragliche Pflichten</small> Die culpa post contractum finitum (cpcf) setzt ein Schuldverhältnis voraus, dessen Hauptleistungspflichten erfüllt sind. Eine Partei muß objektiv ihre nachvertraglichen Sorgfalts-, Neben-, Schutz- bzw. Obhutspflichten verletzt und dies zu vertreten haben. Es geht also um einen Pflichtenrest aus der Rechtsbeziehung der Parteien.

9.10.3 Rechtsfolgen

Der Schuldner hat die geschuldete nachvertragliche Handlung vorzunehmen, zu dulden, bzw. zu unterlassen und ist ggf. auch schadensersatzpflichtig.

Beispiele: Ausübung des Vermieterpfandrechts an unpfändbaren Sachen; Verstoß gegen ein sich aus dem Vertragszweck ergebendes Wettbewerbsverbot; Verletzung von Benachrichtigungspflichten; Verletzung der Obhutspflicht hinsichtlich vom Mieter oder Taxikunden zurückgelassener Sachen; Nichtanzeige von Falschbuchungen; wettbewerbswidrige Verwertung oder Preisgabe von Betriebsgeheimnissen durch entlassene Angestellte; nicht der Wahrheit entsprechende Auskünfte über frühere Arbeitnehmer; Nichtdulden eines Hinweisschildes auf die neue Adresse des aus-/umgezogenen Arztes seitens des früheren Vermieters.

```
culpa post contractum finitum – cpcf –
    ├── nachvertraglicher Pflichtenrest
    ├── Regelungslücke
    ├── objektive (Sorgfalts-)Pflichtverletzung
    ├── subjektive (Sorgfalts-)Pflichtverletzung
    │   = Verschulden
    └── Rechtsfolge:
        Handeln, Unterlassen, ggf. Schadensersatz
```

Schaubild 66: Culpa post contractum finitum

10 Wirtschaftsrechtlich relevante Vertragstypen

```
┌─── Besonders wirtschaftsrelevante Vertragstypen
├── Kaufvertrag
├── Werkvertrag/Werklieferungsvertrag/Reisevertrag
├── Dienstvertrag/Arbeitsvertrag/Geschäftsbesorgungsvertrag
├── Mietvertrag/Pachtvertrag
├── Darlehensvertrag/Verbraucherkredit
├── Bürgschaftsvertrag
├── Haustürgeschäfte
├── Handelsvertretervertrag/Handelsmaklervertrag/
│   Kommissionsvertrag/Vertragshändlervertrag
└── Frachtführervertrag/Speditionsvertrag/Lagervertrag
```

Leitübersicht 10: Wirtschaftsrechtlich relevante Vertragstypen

Leitfragen zu 10:
a) Welche vertraglichen bzw. gesetzlichen Schuldverhältnisse stellt das BGB vor?
b) Welche Rechtsregeln gelten für sie?
c) Welche Sonderregeln gelten für Haustürgeschäfte und den Verbraucherkredit?
d) Welche besonderen handelsrechtlichen Vertragstypen gibt es?

Der Gesetzgeber hat im Besonderen Schuldrecht des BGB, §§ 433 ff., elementare, häufig vorkommende Arten von Schuldverhältnissen geregelt.

10.1 Überblick

Einen Überblick über diese Schuldverhältnisse läßt zunächst die Einteilung in ihre jeweiligen Arten, nämlich vertragliche einerseits, gesetzliche andererseits, gewinnen:

Vertragstypen   Besondere Vertragstypen sind dabei zum einen die auf endgültige Sachüberlassung gerichteten Kauf- (§§ 433 ff.), Tausch- (§ 515) bzw. Schen-

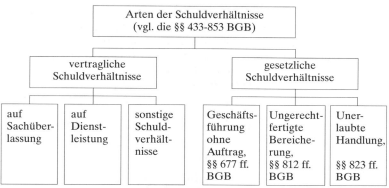

Schaubild 67: Arten der Schuldverhältnisse

kungsverträge (§§ 516 ff.) sowie die auf vorübergehende Sachüberlassung gerichteten Verträge (Miete, §§ 535 ff.; Pacht, §§ 581 ff.; Leihe, §§ 598 ff.; Darlehen, §§ 607 ff.):

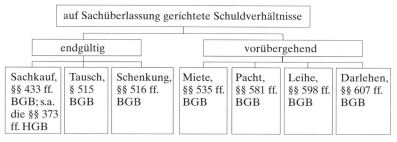

Schaubild 68: Auf Sachüberlassung gerichtete Schuldverhältnisse

Desweiteren finden sich zum anderen die auf Dienstleistung gerichteten Schuldverhältnisse (Dienstvertrag, §§ 611 ff.; Werkvertrag, §§ 631 ff.; Mäklervertrag, §§ 652 ff.; Reisevertrag, §§ 651 a ff.; Auftrag, §§ 662 ff.; Verwahrung, §§ 688 ff.):

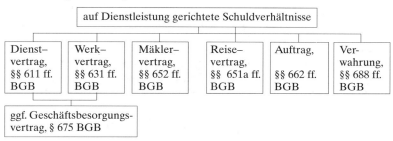

Schaubild 69: Auf Dienstleistung gerichtete Schuldverhältnisse

199

Daneben regelt das BGB in diesem Zusammenhang noch die sog. sonstigen Schuldverhältnisse, d. h. Gesellschaftsverträge, §§ 705 ff., Gemeinschaft, §§ 741 ff. BGB, Schuldversprechen und Schuldanerkenntnis, §§ 780 f., Bürgschaft, §§ 765 ff. BGB, sowie Vergleich, § 779 BGB:

Schaubild 70: Sonstige Schuldverhältnisse

gesetzliche Schuldverhältnisse

Kennzeichen dieser vertraglichen Schuldverhältnisse ist, daß sie durch die Abgabe von (übereinstimmenden) Willenserklärungen zustande kommen. Demgegenüber knüpft der Gesetzgeber die sog. gesetzlichen Schuldverhältnisse alleine an einen ganz bestimmten tatsächlichen Erfolg (vgl. die Geschäftsführung ohne Auftrag, §§ 677 ff. BGB, s. u. 13, die ungerechtfertigte Bereicherung, §§ 812 ff. BGB, s. u. 11, sowie die unerlaubte Handlung, §§ 823 ff. BGB, s. u. 12).

Privatautonomie

Die im BGB geregelten Vertragstypen verkörpern das vom Gesetzgeber zur Verfügung gestellte Instrumentarium zur grundsätzlichen Einordnung und rechtlichen Gestaltung wesentlicher, regelmäßig auftauchender, Rechtsgeschäfte. Im Rahmen der Vertragsfreiheit können die Parteien von den gesetzlichen Lösungen abweichende Regelungen treffen, von den Vertragstypen abweichen, sie kombinieren oder neue Vertragsformen entwickeln. Die Grenze stecken nur insbesondere die §§ 134, 138 BGB (s. o. 6.6.6).

Im Bereich des Handelsrechts finden sich weitere, insbesondere kaufmännisch relevante, Vertragsverhältnisse geregelt:

Handelsvertreter- (§§ 84 ff. HGB), Handelsmakler- (§§ 93 ff. HGB), Kommissions- (§§ 383 ff. HGB)verträge (und die von der Praxis entwickelten Verträge des Kommissionsagenten und Vertragshändlers) sowie Speditions- (§§ 453 ff. HGB), Lager- (§§ 467 ff. HGB) und Frachtvertrag (§§ 407 ff. HGB).

gemischte Verträge

Wenn die einander geschuldeten Leistungen die Merkmale mehrerer Vertragstypen erfüllen, handelt es sich um sog. gemischte Verträge.

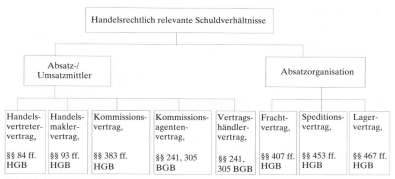

Schaubild 71: Handelsrechtlich relevante Schuldverhältnisse

Beispiele: Eigenheimerwerbsvertrag (enthält Kauf- und Werkvertragselemente); Beherbergungsvertrag (besteht aus miet-, dienst-, werk-, kaufvertraglichen Elementen).

Neue Vertragsformen sind zum

Beispiel: Leasingvertrag (s. u. 10.5.9), Factoring (s. o. 8.8.4 a.E), Franchising (s. u. 10.5.11), Kommissionsagentenvertrag (s. u. 10.9.3.6), Vertragshändlervertrag (s. u. 10.9.4).

Im folgenden sollen im Wirtschaftsleben besonders wichtige Vertragstypen dargestellt werden.

10.2 Kaufvertrag

Der Kauf ist das im täglichen Leben am häufigsten vorkommende Rechtsgeschäft. Er ist auf den Umsatz von Gütern gerichtet. Seine Regelung findet er primär in den §§ 433 ff. BGB; die §§ 373 ff. HGB enthalten Sondervorschriften betreffend den Handelskauf.

Umsatzvertrag

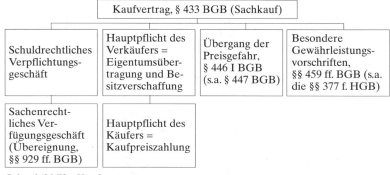

Schaubild 72: Kaufvertrag

201

10.2.1 Vertragsgegenstand

Der Kaufvertrag ist ein gegenseitiger Vertrag, der die Verpflichtung zum Austausch von Ware gegen Geld (sog. Umsatzvertrag wie Tausch und Schenkung) begründet. Gegenstand eines Kaufvertrages können Sachen und Rechte sein sowie alle vermögenswerten Gegenstände.

Beispiele: Buch; Grundstück; Hypothek; Forderung; Briefmarkensammlung; Vermögen; Unternehmen; Erfindungen; Software; Patent, Urheberrecht.

Der Kaufvertrag darf nicht gegen die Gesetze bzw. die guten Sitten verstoßen, §§ 134, 138 BGB (s. o. 6.8.1.1).

Beispiel: Ein Kaufvertrag über ein Radarwarngerät für Kfz verstößt gegen § 138 I BGB (weil er verkehrsordnungswidriges Schnellfahren zu fördern geeignet ist).

Stück-/ Gattungskauf
Zielt der Kauf auf eine bestimmte Sache, so heißt er Stückkauf (auch Spezieskauf genannt). Zielt er auf ein Stück aus einer Gattung (s. o. 8.3.4), dann heißt er Gattungskauf, vgl. die §§ 480, 243 BGB. Richtet er sich auf ein Recht, so nennt man ihn Rechtskauf. Der Kauf kommt zustande, wenn sich Verkäufer und Käufer über Kaufgegenstand und Preis geeinigt haben. Grundsätzlich ist der Kaufvertrag formfrei.

Form
Eine bestimmte (meist notarielle) Form ist nur ausnahmsweise gesetzlich vorgeschrieben, insbesondere beim Grundstückskauf, vgl. § 313 BGB. Die Parteien können aber Formerfordernisse, etwa die Schriftform, vereinbaren, § 127 BGB, was vielfach bereits in AGBen vorgesehen wird (s. o. 6.4). Gemäß den §§ 1 f. HausTWG, 4 I VerbrKrG ist bei Haustürgeschäften und Kreditverträgen die Schriftform gesetzlich vorgesehen. Bei Haustürgeschäften hat der Käufer ein binnen einer Woche auszuübendes Widerrufsrecht, auf das er eigens hinzuweisen ist und das nicht umgangen werden darf, vgl. die §§ 1, 2, 5 HausTWG (s. o. 6.6.4; s. u. 10.8).

Handelskauf
Im Handelsrecht gelten die §§ 373 ff. HGB beim sog. Handelskauf, der vorliegt, wenn es um Rechtsgeschäfte geht, bei denen es sich um Kauf i.S.d. §§ 433 ff. BGB handelt, dessen Gegenstand Waren (vgl. § 373 I HGB bzw. § 1 II Nr. 1 a. F. HGB) oder Wertpapiere (§ 381 HGB) sind, und zumindest eine Partei Kaufmann ist, für den der Vertrag zum Betrieb seines Handelsgewerbes gehört (§§ 343, 344 HGB). Gleiches gilt auch für den Werklieferungsvertrag (§ 381 II HGB; s. u. 10.3.8).

Verpflichtungsgeschäft
Der Kaufvertrag ist (vgl. den Wortlaut des § 433 BGB) ein Verpflichtungsgeschäft. Er verpflichtet die Parteien; die jeweiligen Erfüllungsgeschäfte sind davon getrennt zu behandeln (Übereignung der Kaufsache bzw. Zahlung des Kaufpreises) – dies ist Folge des Abstraktionsprinzipes (s. o. 5). Daher ist es etwa auch möglich, daß der Verkäufer ein und die-

selbe Kaufsache mehrfach verkauft (d. h. mehrere Kaufverträge mit verschiedenen Käufern abschließt) – denn er verpflichtet sich dabei „lediglich" zur Übereignung (daß er diese Verpflichtung dann nur einmal durch eine Übereignung an einen Käufer erfüllen kann i. S. d. § 929 S. 1 BGB, steht auf einem anderen Blatt). (S. o. 6.2.4).

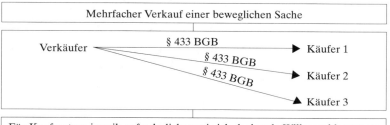

Schaubild 73: Mehrfacher Verkauf einer beweglichen Sache

10.2.2 Pflichten des Verkäufers

Der Verkäufer hat gemäß § 433 I 1 BGB die Pflicht zur Übergabe. Er muß also bei beweglichen Sachen dem Käufer den Besitz an der Kaufsache, d. h. die tatsächliche Sachherrschaft (vgl. die §§ 854 ff. BGB), verschaffen. Bei Grundstücken ist die Eintragung im Grundbuch erforderlich, § 873 BGB.

Übergabe

Weiterhin muß der Verkäufer dem Käufer das Eigentum an der gekauften Sache übertragen. Der Eigentumsübergang ist im Sachenrecht des BGB (s. u. 15) geregelt. Nach der dortigen Zentralnorm des § 929 BGB muß der Eigentümer (i.d.R. der Verkäufer) die Sache dem Erwerber

Eigentumsübertragung

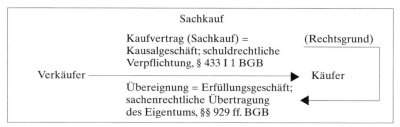

Schaubild 74: Sachkauf

(= Käufer) übergeben und beide müssen darüber einig sein, daß das Eigentum übergehen soll. Bei Grundstücken ist über die notariell beurkundungspflichtige Einigung über den Eigentumsübergang hinaus, §§ 873, 925 BGB, noch die Eintragung im Grundbuch nötig (s. o.).

Gemäß § 433 I 2 BGB (s. a. § 437 BGB) können auch Rechte bzw. Forderungen Gegenstände eines Kaufvertrages sein.

Beispiele: Patente, Gesellschaftsanteile, (Kaufpreis-)Forderungen.

Rechts- verschaffung
Wird ein Recht verkauft, so muß der Verkäufer dem Käufer das Recht übertragen, § 433 I 2 BGB, d. h. bei Forderungen durch Abtretung, § 398 BGB, erfüllen (s. o. 8.8), s. a. § 413 BGB.

Der verkaufte Gegenstand ist lastenfrei zu verschaffen, § 434 BGB.

Schaubild 75: Rechtskauf/Forderungskauf

Nebenpflichten
Über die Übergabe- und Eigentumsverschaffungspflicht hinaus hat der Verkäufer noch Nebenpflichten. Er muß über Grundstücksbelastungen Auskunft erteilen und etwaige Urkunden ausliefern, § 444 BGB. Auch hat er gemäß § 448 I BGB die Kosten der Übergabe einschließlich der Kosten für Verpackung und Versendung an den Erfüllungsort zu tragen, wenn nichts anderes vereinbart ist. Das wird allerdings häufig, insbesondere in AGBen, abbedungen und durch die mittlerweile verkehrsüblichen Frachtklauseln, insbesondere die sog. Incoterms (s. o. 6.7.1.1) bzw. Tradeterms, ersetzt. Diese gelten unter Kaufleuten als Handelsbrauch, § 346 HGB (s. o. 6.3.6).

Incoterms

Beispiele: „Ab Lager" – Verpackungskosten trägt der Käufer; „frei Bahn" – der Verkäufer trägt die Kosten bis zur Bahn; „frei Haus" – der Verkäufer trägt die Kosten bis ins Lager des Käufers (nationale Klauseln); „fob" (frei an Bord) – der Verkäufer muß die Ware in den Bestimmungshafen bringen, die Gefahr geht über, wenn die Ware die Schiffsreling überschreitet; „c & f" (Kosten und Fracht) – der Verkäufer trägt Kosten und Fracht bis zum Bestimmungsort, aber die Gefahr geht über, wenn die Ware die Schiffsreling im Bestimmungshafen überschreitet; bei „cif" trägt der Verkäufer darüber hinaus die Kosten der Seetransportversicherung (internationale Klauseln).

Weiterhin schuldet der Verkäufer als Nebenpflichten insbesondere noch Aufklärung, Offenbarung, Warnung, Instruktion, Belehrung, Obhut und Schutz (s. o. 8.3.1.2; 8.3.2).

Beim Rechtskauf, § 433 I 2 BGB, fallen dem Verkäufer gemäß § 448 II BGB die Kosten der Begründung oder Übertragung des Rechtes (§§ 398, 413 BGB) zur Last.

10.2.3 Pflichten des Käufers

Dem Käufer obliegt gemäß § 433 II BGB als Hauptpflicht die Kaufpreiszahlung. Die gesetzliche MWSt (Umsatzsteuer) ist dabei Teil der Kaufpreisforderung. Deren Höhe, d. h. der Kaufpreis, unterliegt regelmäßig der freien Vereinbarung der Kaufvertragsparteien und muß in Geld bestimmt oder bestimmbar sein. Ob der Kaufpreis die MWSt enthält, also der Kaufpreisbetrag mit oder ohne MWSt vereinbart ist, ist im jeweiligen Einzelfall zu ermitteln. — Zahlung

Beispiele: Preisauszeichnung im Einzelhandel(sgeschäft) – hier ist der ausgezeichnete Betrag regelmäßig der die MWSt enthaltende Endbetrag; wird dagegen erklärt „Preise sind Nettopreise + MWSt", so ist nach der Rspr. der angegebene Preis der Gesamtpreis. Zwischen vorsteuerabzugsberechtigten Unternehmen wird dagegen angenommen, daß ein Kaufpreis ohne Erwähnung der MWSt den Nettopreis, also ohne MWSt, darstellt (so daß die MWSt dann zusätzlich anfällt; str.).

Grundsätzlich wird Barzahlung durch Übereignung der Geldscheine bzw. -stücke geschuldet (§ 929 BGB). Gibt der Verkäufer, etwa auf Rechnungen, seine Bankkonten an, so läßt das darauf schließen, daß er auch mit einer schuldbefreienden Überweisung, § 362 BGB, des Kaufpreises einverstanden ist (s. o. 8.3.5; 8.5; 8.14.1). Der Abzug von Skonti oder Rabatten ist nur zulässig, wenn dies vereinbart wurde (s. o. 8.14.2.3). Der Kaufpreis ist grundsätzlich mit seiner Entstehung, d. h. dem Abschluß des Kaufvertrages, fällig, Zug-um-Zug gegen die Übereignung der Ware, vgl. die §§ 320, 322 BGB (s. o. 8.10. a.E.). In der Praxis werden häufig die Fälligkeit (vgl. § 271 BGB) des Kaufpreisanspruchs regelnde Klauseln vereinbart.

Beispiele: „Ziel" – Fälligkeitseintritt nach Ablauf der dabei genannten Frist, gerechnet grundsätzlich ab Datum der Rechnung; „Valuta 1.7. Ziel 30 Tage" – Fälligkeit tritt am 31.7. ein; „Kasse gegen Lieferschein" – Sofortzahlung bei Lieferung mit Vorleistungspflicht des Käufers unter Ausschluß der Aufrechnung.

Weiterhin muß der Käufer gemäß § 433 II BGB die gekaufte Sache abnehmen. Diese Abnahmepflicht ist grundsätzlich Nebenpflicht, kann aber bei entsprechender Bedeutung der Abnahme stillschweigend oder ausdrücklich zur Hauptpflicht erhoben werden (so daß die §§ 320 ff. BGB gelten). — Abnahme

Beispiele: Verderblichkeit der Ware; Verkauf einer großen Warenmenge zum erkennbaren Zweck der Lagerräumung.

Unter Abnahme ist nicht die Billigung der Sache als vertragsmäßige Leistung zu verstehen, sondern nur die tatsächliche Entgegennahme der Kaufsache, durch die der Käufer den Verkäufer vom Besitz, § 854 BGB, befreit. Bei später auftretenden Mängeln darf der Käufer durchaus noch seine Gewährleistungsansprüche geltend machen (s. u.). Nimmt der Käufer die Kaufsache nicht ab, so kommt er in Annahmeverzug, §§ 300 BGB, 373 HGB (s. o. 9.5).

Nebenpflichten
Als weitere Nebenpflicht muß der Käufer die Abnahmekosten tragen, die durch die Übernahme der Sache in seine Verfügungsgewalt entstehen.

Beispiele: Kosten für die Aufstellung oder Montage der Maschine.

Ihn treffen auch die Kosten einer über den Erfüllungsort (s. o. 8.5) hinausgehenden Versendung, § 448 I BGB. Nach der Sachübergabe hat er den noch nicht gezahlten Kaufpreis grundsätzlich zu verzinsen, § 452 BGB (vgl. § 246 BGB bzw. § 352 HGB). Grundstücksbeurkundungskosten bzw. Schiffsregisterkosten trägt ebenfalls der Käufer, § 449 BGB.

Bei beiderseitigen Handelsgeschäften hat der Käufer die gelieferte Ware unverzüglich zu untersuchen, §§ 377, 378 HGB (s. u. 10.2.7.3).

10.2.4 Folgen von Pflichtverletzungen

Verletzt der Verkäufer seine Hauptpflichten zur Eigentumsverschaffung und Übergabe, indem er nicht oder zu spät leistet, dann haftet er dem Käufer gemäß § 440 I BGB. Die Käuferrechte bestimmen sich dabei nach den §§ 320 bis 327 BGB. Für Neben- bzw. Sorgfaltspflichtverletzungen muß der Verkäufer nach den Regeln der pVV (s. o. 9.7) einstehen. Weigern sich Verkäufer oder Käufer, ihre jeweiligen Hauptpflichten zu erfüllen, so können sie sich gegenseitig auf Erfüllung verklagen. Nimmt der Käufer die ihm ordnungsmäßig angebotene Kaufsache nicht ab, so kommt er in Annahmeverzug, §§ 293 ff. BGB (s. o. 9.5).

Sonderregeln stellt das Kaufrecht in den Bereichen der Gefahrentragung, der Rechtsmängelgewährleistung und der Sachmängelgewährleistung auf:

10.2.5 Gefahrenübergang

Leistungs-/ Preisgefahr
Wenn der Kaufgegenstand nach Vertragsabschluß, aber vor Übergabe, untergeht, wird der Verkäufer grundsätzlich frei, §§ 275, 300 BGB. Der

Käufer trägt also die Leistungsgefahr. Er wird seinerseits dann regelmäßig gemäß § 323 I BGB frei. Den Verkäufer trifft damit die Gegenleistungs- bzw. Preisgefahr (s. o. 9.3).

Gemäß § 446 I BGB geht aber die Preisgefahr (also das Risiko, trotz zufälligen Untergangs oder zufälliger Verschlechterung den Kaufpreis zahlen zu müssen) mit Übergabe der Kaufsache auf den Käufer über. Nach § 446 II BGB ist das bei Grundstücken mit der Eintragung ins Grundbuch der Fall. Gleiches gilt beim sog. Versendungskauf, § 447 BGB (dazu s. o. 8.5; 8.12.6).

10.2.6 Rechtsmängelgewährleistung

Ein Rechtsmangel liegt vor, wenn der Verkäufer dem Käufer das Eigentum nicht oder nicht frei von Rechten Dritter verschafft hat, vgl. § 434 BGB.
Rechte Dritter

Beispiele: Pfandrechte an einer beweglichen Sache; Grunddienstbarkeiten (insbesondere Baubeschränkungen) bei Grundstücken; bestehende Mietrechte; Urheberrechte bei Verkauf einer EDV-Raubkopie.

Um Rechtsmängel handelt es sich auch in solchen Fällen, in denen verkaufte Forderungen oder sonstige Rechte nicht bestehen, § 437 BGB.

Der Käufer hat dann nach den §§ 440 I, 320-327 BGB verschiedene Rechte, nämlich: Einrede des nichterfüllten Vertrages, §§ 320 f. BGB, Befreiung von der Gegenleistung, § 323 BGB, Schadensersatz (vgl. § 440 II-IV BGB) und Rücktritt, §§ 325, 326 BGB.

10.2.7 Sachmängelgewährleistung

Dem Käufer ist der Kaufgegenstand ohne Beschränkung durch Rechte Dritter zu verschaffen, auf daß er damit nach seinem Belieben verfügen kann. Die Rechtsmängelhaftung folgt daher aus dem Erfüllungsanspruch. Demgegenüber erfüllt der Verkäufer zwar, wenn die Kaufsache fehler- bzw. mangelhaft ist, aber er tut dies schlecht. Mit der Übergabe der verkauften Sache bzw. dem Gefahrübergang greifen dann grundsätzlich die §§ 459 ff. BGB ein. Dort sind die Rechte des Käufers im Falle der Fehlerhaftigkeit der Kaufsache und des Fehlens zugesicherter Eigenschaften geregelt, wobei es i.d.R. auf ein Verschulden des Verkäufers nicht ankommt. Diese Vorschriften gehen als spezielle denen der pVV (s. o. 9.7) sowie denen der Anfechtung wegen Irrtums über eine verkehrswesentliche Eigenschaft der Kaufsache, § 119 II BGB (s. o. 6.8.2.4), vor.
Gewährleistungsrecht vorrangig

10.2.7.1 Sachmangel

Fehler
Besteht ein wirksamer Kaufvertrag, haftet der Verkäufer dem Käufer nach § 459 I BGB, wenn die Kaufsache einen nicht unerheblichen, den Wert oder die Tauglichkeit aufhebenden oder mindernden Fehler hat. Ein solcher Fall liegt vor, wenn die „Istbeschaffenheit" der Kaufsache von der „Sollbeschaffenheit" zum Nachteil des Käufers abweicht (sog. subjektiver Fehlerbegriff).

Beispiele: Bebaubarkeit eines Grundstücks; Tachostand beim Gebrauchtwagen; Werk eines bestimmten Malers; verseuchte Lebensmittel; gestörter Programmlauf der Computersoftware; Funktionsmängel einer Maschine.

Dazu auch folgendes Beispiel:

Der Kunde kauft eine Wäscheleine und verwendet diese zum Abschleppen eines Autos. Dabei reißt sie – hier liegt kein Fehler i.S.d. § 459 I BGB vor. Anders aber, wenn der Kunde beim Kauf dem Verkäufer die vertraglich von ihm vorausgesetzte Gebrauchsart (Verwendung als Abschleppseil) offenbart und der Verkäufer ihm daraufhin erklärt, daß es sich um die reißfesteste Leine aus dem Sortiment handele. Hier liegt zwar kein objektiver Fehler i.S.d. § 459 I BGB vor, denn die Leine ist zu dem gewöhnlichen Gebrauch (als Wäscheleine) tauglich; wohl aber ist ein subjektiver Fehler gegeben, den die Rspr. dem objektiven Fehler gleichsetzt. Die Wäscheleine erweist sich nämlich zu dem „vertraglich vorausgesetzten Gebrauch" (als Abschleppseil) als ungeeignet. Erklärt der Verkäufer auf Frage des Käufers, die Leine sei gleichermaßen als Abschleppseil verwendbar, so ist darin darüberhinaus eine „zugesicherte Eigenschaft" i.S.d. § 459 II BGB zu sehen (s. u.).

Mengenfehler
Es muß sich um Qualitätsmängel handeln. Quantitätsmängel (es wird eine andere als die vereinbarte Menge geliefert) dagegen bedeuten eine teilweise Nichterfüllung des Vertrages. Der Käufer kann dann richtige Erfüllung (es gelten die §§ 320 ff. BGB) verlangen und den Verkäufer in Verzug setzen. Bei beiderseitigen Handelsgeschäften sind dabei die Untersuchungs- und Rügepflichten der §§ 377, 378 HGB zu beachten (s. u. 10.2.7.3). Liefert der Verkäufer eine falsche Sache, also eine andere

„aliud"
als die vereinbarte (= aliud), so erfüllt er nicht, so daß er weiter Erfüllung schuldet bzw. die §§ 320 ff. BGB gelten. Beim Gattungskauf greift § 480 BGB mit dem besonderen Recht auf Nachlieferung einer mangelfreien Sache ein (wobei hier die Abgrenzung zwischen bloß mangelhafter und generell erfüllungsuntauglicher Ware besonders schwierig ist).

Beispiele: Statt Kaliumchlorat wird Kaliumchlorid geliefert – mußte der Verkäufer die Genehmigung durch den Käufer generell als ausgeschlossen betrachten, so bleibt der Erfüllungsanspruch, der nach § 195 BGB verjährt, erhalten, ansonsten liegt ein (nach § 477 BGB verjährender) Mangel vor (str.). Oder: vereinbart wird die Lieferung von Einfuhrschrott, die von Inlandsschrott wird ausdrücklich ausgeschlossen – wird dennoch Inlandsschrott geliefert, so liegt Nichterfüllung vor. Oder: Lieferung von jugoslawischer statt rumänischer Buche – eine Falschlieferung innerhalb einer Gattung, auf die die §§ 459 ff. BGB nach der Rspr. angewendet werden: anders dagegen bei Lieferung von Winter- statt vereinbartem Sommerweizen, die als Lieferung aus falscher Gattung als Nichterfüllung angesehen wird (so daß die §§ 459 ff. BGB nicht gelten).

Der Fehler muß bereits im Zeitpunkt des Gefahrenübergangs vorliegen (s. o. 10.2.5), also regelmäßig bei der Übergabe der verkauften Sache, vgl. § 446 I 1 BGB (beachte beim Versendungskauf § 447 BGB; s. o. 8.12.6). Die Ursache des Sachmangels muß also bereits zu dieser Zeit gesetzt, der Fehler also zumindest im Keim vorhanden gewesen sein.

Beispiel: Die Bremse des verkauften Kfz blockiert drei Tage nach der Übergabe des Autos, aber die Ursache hierfür, eine Materialschwäche, lag bereits bei der Übergabe vor.

Der Verkäufer muß aber nicht nur für Fehler der Kaufsache einstehen, sondern auch für das Fehlen zugesicherter Eigenschaften, § 459 II BGB (beides wird vom Begriff des Sachmangels erfaßt). Diesbezüglich versteht man unter Eigenschaft alle den Wert der Kaufsache bildenden Faktoren. Eine Eigenschaft ist dann zugesichert, wenn der Verkäufer ausdrücklich oder konkludent zu erkennen gibt, daß er für den Bestand der betreffenden Eigenschaft und alle Folgen ihres Fehlens einstehen will. Das ist nicht mit einer generellen Erwartung des Käufers über die Gebrauchstauglichkeit des Kaufgegenstandes zu verwechseln. Denn die bloße Erwartung des Vorhandenseins einer Eigenschaft begründet im Falle ihres Ausbleibens eben noch nicht das Fehlen einer vom Verkäufer abzugebenden Zusicherung der Eigenschaft.

zugesicherte Eigenschaft

Beispiel: Beim Kauf von Heizöl erwartet der Käufer dessen Verwendungstauglichkeit. Wird es dagegen verunreinigt geliefert, so fehlt zwar die Eigenschaft, ordnungsgemäß verbrennungsfähig zu sein – in der kaufvertraglich vom Verkäufer übernommenen Heizölliferpflicht (§ 433 I 1 BGB) liegt aber alleine noch nicht die Zusicherung der Eigenschaft des Heizöls, nicht verschmutzt bzw. verbrennungstauglich zu sein. § 459 II BGB (bzw. die §§ 463/480 II BGB) greifen also nicht ein. Es bleibt vielmehr bei § 459 I BGB.

Dabei ist in jedem Einzelfall zu prüfen, ob wirklich eine Zusicherung einer Eigenschaft, also eine solche weitgehende Einstandsverpflichtung vorliegt oder es sich lediglich um unverbindliche allgemeine Anpreisungen, Beschreibungen oder Bewertungen handelt.

Beispiele: „Erstklassig", „einmalig", „beste Qualität" – dies sind nur allgemeine Anpreisungen; auch Beschreibungen im Auktionskatalog, Angaben in der Gebrauchsanweisung oder einer Zeitungsanzeige, das Mindesthaltbarkeitsdatum verpackter Lebensmittel, oder die Erklärung, Hard- und Software seien aufeinander abgestimmt, reichen in der Regel nicht, ebensowenig die bloße Warenbezeichnung, auch wenn diese einer DIN entsprechen müßte.

Dagegen bewirkt etwa der Verkauf eines Neuwagens die Zusicherung, daß das Kfz noch nicht gefahren wurde und keine Schäden aufweist, ebenso reichen die

Verwendung eines Warenzeichens bzw. einer Marke, das Echtheitszertifikat im Kunsthandel oder die Angabe eines bestimmten Mietertrags eines verkauften Hausgrundstücks aus, auch die Mitteilung eines positiven Versuchsergebnisses mit dem Rat zur Verwendung eines bestimmten Lacks; s. a. das obige Beispiel mit der Wäscheleine bzw. dem Abschleppseil. Oder: Der Verkäufer eines Hausgrundstücks versichert, „daß die aufstehenden Gebäude behördlicherseits genehmigt und abgenommen sind" – hierin liegt die Zusicherung einer Eigenschaft, die den aktuellen Ausbauzustand betrifft.

10.2.7.2 Rechte des Käufers

Ist die Kaufsache fehlerhaft, § 459 I BGB, dann hat der Käufer nach seiner Wahl Anspruch auf Wandelung oder Minderung, beim Gattungskauf auch auf Nachlieferung einer mangelfreien Sache, § 480 I BGB (was man nicht mit einem kulanterweise gewährten Umtausch verwechseln darf).

Wandelung — Wandelung bedeutet die Rückgängigmachung des Vertrages. Die Parteien haben bereits empfangene Leistungen Zug-um-Zug zurückzugewähren, §§ 462, 465, 467, 346 ff. BGB.

Minderung — Minderung heißt, daß der Kaufpreis entsprechend des Minderwertes der Kaufsache herabgesetzt wird, §§ 462, 465, 472 BGB. Berechnet wird dies wie folgt:

$$\text{geminderter Preis} = \frac{\text{vereinbarter Preis} \times \text{Wert der mangelhaften Sache}}{\text{Wert der mangelfreien Sache}}$$

Hat der Käufer den Kaufpreis bereits voll bezahlt, kann er den überzahlten Betrag vom Käufer entsprechend den §§ 467 S. 1, 346 ff. BGB zurückverlangen.

Beispiel: Das für DM/Euro 1000,– gekaufte Telefaxgerät, das mangelfrei DM/Euro 1200,– wert ist, funktioniert nicht. Ein Sachverständiger schätzt den Wert des mangelhaften Gerätes auf DM/Euro 800,–. Dann ergibt sich nach obiger

$$\text{Formel ein geminderter Preis von } \frac{1000,- \times 800,-}{1200,-} = \text{DM/Euro } 666{,}67.$$

Der Käufer kann also DM/Euro 333,33 zurückverlangen.

Gattungskauf — Beim Kauf einer nur der Gattung nach bestimmten Sache (vgl. § 243 BGB) hat der Käufer gemäß § 480 I BGB einen Anspruch auf Nachlieferung einer mangelfreien Sache mittlerer Art und Güte, § 243 I BGB; eine mangelhafte oder eine Sache nicht von mittlerer Art und Güte kann er demzufolge zurückweisen. Der Verkäufer muß also neu korrekt liefern, der Käufer muß ihm die erhaltene fehlerhafte Gattungssache gemäß den §§ 480 I 2, 467, 346 ff. BGB zurückgeben.

Fehlt eine zugesicherte Eigenschaft bzw. hat der Verkäufer einen Fehler arglistig verschwiegen oder eine günstige Eigenschaft arglistig vorgetäuscht, kann der Käufer statt der Wandelung oder Minderung (beim Gattungskauf auch statt der Nachlieferung einer mangelfreien Sache) Schadensersatz wegen Nichterfüllung verlangen, §§ 459 II, 463, 480 II BGB.

Schadensersatz

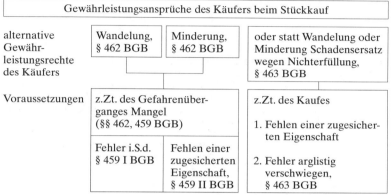

Schaubild 76: Gewährleistung beim Stückkauf

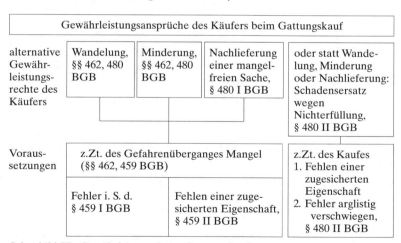

Schaubild 77: Gewährleistung beim Gattungskauf

Dabei ist darauf zu achten, daß die genannten Vorschriften nur den sog. Mangelschaden erfassen, also den Schaden, der sich unmittelbar aus dem Sachmangel ergibt. Ein sog. Mangelfolgeschaden, der aufgrund des

Mangel-/ Mangelfolgeschäden

Sachmangels mittelbar an anderen Rechtsgütern des Käufers entsteht, ist grundsätzlich nicht über die §§ 459 II, 463, 480 II BGB zu ersetzen (s. u. 12.6.1). Er fällt unter die pVV. Bei der Zusicherung von Eigenschaften fallen die Mangelfolgeschäden dann unter § 463 BGB, wenn sie vom objektiven Sinn der Zusicherung erfaßt werden. Dies gilt insbesondere für solche Fälle, in denen der Käufer gerade vor solchen Folgeschäden geschützt werden sollte.

Beispiel: Heizöl wird versehentlich verschmutzt geliefert. Der Brenner geht kaputt, die Heizung fällt aus und der Mieter mindert den Mietzins.

Da ohne besondere Abreden die Nichtverschmutzung des Öls keine zugesicherte Eigenschaft darstellt, kann der gezahlte Kaufpreis nicht als Schadensersatz i.S.d. §§ 459 II, 480 II, 463 BGB geltend gemacht werden. Weil die Schäden am Brenner (dies ist strittig), jedenfalls aber die Mietzinsminderung Mangelfolgeschäden sind, die gar nicht von § 463 BGB erfaßt werden, kann sie der Käufer über die pVV geltend machen (s. o. 8.12.3; bzw.u.U. auch gemäß § 823 I BGB). Oder auch folgendes Beispiel: Der Verkäufer hat dem Käufer ausdrücklich erklärt, der verkaufte Lack sei zum Imprägnieren von Bienenkörben ohne jede Gesundheitsbeeinträchtigung der Bienen(völker) geeignet. Stimmt dies nicht und die Bienen gehen infolge schädlicher Lackausdünstungen zugrunde, so schuldet der Verkäufer gemäß den §§ 463 bzw. 480 II BGB Ersatz des Schadens (unbrauchbare Bienenkörbe, unnütz gezahlter Kaufpreis für den Lack, Wertersatz für die Bienen, entgangener Gewinn wegen ausgebliebenen Honigs).

Ausschluß der Käuferrechte
Diese Rechte des Käufers sind aber ausgeschlossen, wenn er den Mangel beim Vertragsschluß kennt, § 460 S. 1 BGB, bzw. das arglistige Verschweigen eines Mangels hätte erkennen können, § 460 S. 2 BGB, auf sie verzichtet hat, § 464 BGB, oder er die Sache im Wege des Pfandkaufs erwirbt, § 461 BGB. Ein vertraglicher Ausschluß ist möglich, wobei die §§ 476 BGB, 11 Nr. 10 a, b AGBG zu beachten sind.

Beispiele: Gekauft, wie „die Sache steht und liegt", „wie besichtigt und probegefahren".

Nachbesserung
Ein Nachbesserungsrecht kann wirksam vereinbart werden, § 476 a BGB. Grundsätzlich muß der Käufer nur zwei Nachbesserungsversuche hinnehmen.

Von Händlern oder Herstellern teilweise abgegebene Garantieerklärungen sind sorgfältig danach zu prüfen, inwieweit es sich um Ersatzlieferungs- bzw. Nachbesserungsversprechen handelt (s. u. 12.6.1.2).

Verjährung
Die Ansprüche aus den §§ 459 ff. BGB verjähren gemäß § 477 bei beweglichen Sachen nach sechs Monaten und bei Grundstücken nach einem Jahr; bei arglistigem Verschweigen in 30 Jahren, § 195 BGB. Bei Mangelfolgeschäden, die unter die pVV fallen, gilt dies nach der Rspr. entsprechend (d. h., die sechsmonatige Verjährungsfrist des § 477 BGB gilt auch für Ansprüche aus pVV wegen Mangelfolgeschäden).

Die Produkthaftung nach dem ProdHaftG bleibt von den §§ 459 ff. BGB grundsätzlich unberührt. Der Verkäufer haftet dann also u. U. wie der Hersteller verschuldensunabhängig auf Schadensersatz, wenn es infolge von Sicherheitsmängeln der verkauften Sache zur Tötung, Körper- oder Gesundheitsverletzung eines Menschen oder zu einer Sachbeschädigung kommt, vgl. die §§ 1, 3, 4, 10, 14 ProdHaftG (s. u. 12.6.3). Ggf. sind, insbesondere im Hinblick auf Mangelfolgeschäden, auch Ansprüche aus unerlaubter Handlung, §§ 823 ff. BGB, in Betracht zu ziehen.

Produkthaftung

10.2.7.3 Kaufmännische Untersuchungs- und Rügepflicht

Beim Handelskauf (s. o. 10.2.1. a.E.) soll der Verkäufer baldigst Gewißheit darüber erlangen, ob seine Lieferung als ordnungsgemäß erachtet oder aber beanstandet wird. Ist der Kauf ein beiderseitiges Handelsgeschäft i. S. d. § 343 HGB (s. o. 6.2.6; 3.4), so treffen den Käufer besonders strenge Untersuchungs- und Rügepflichten, §§ 377, 378 HGB: unterläßt er diese (wozu er grundsätzlich auch nicht verpflichtet ist), so gehen ihm seine Sachmängelansprüche (§§ 459 ff. BGB), Ansprüche wegen Nichterfüllung bzw. fortbestehende Erfüllungsansprüche verloren, § 377 II HGB.

Schaubild 78: Kfm. Untersuchungs- und Rügepflicht

Die §§ 377, 378 HGB erfassen dabei folgende Varianten:

- Mangelhafte Warenlieferung, § 377 I HGB. Hierbei weist der Kaufgegenstand einen Qualitätsmangel auf (Fehler i.S.d. §§ 459 I, II, 480 BGB; nach § 360 HGB ist regelmäßig Durchschnittsware geschuldet).

  Qualitätsmangel

  Beispiele: Funktionsunfähige Bremsen beim Neuwagen; gesundheitsschädliche Lackausdünstungen trotz gegenteiliger Zusicherung;

- der Verkäufer liefert eine andere als die bedungene (vertraglich vereinbarte) Ware, sog. qualitatives aliud bzw. Artabweichung (beachte ebenfalls § 360 HGB). Diese weicht nicht offensichtlich und erheblich

  aliud

von der Bestellung so ab, daß der Verkäufer die Genehmigung des Käufers als ausgeschlossen betrachten muß (§ 378 HGB a.E.).

Beispiele: Lieferung eines Schubkarrens eines anderen Herstellers; statt der gekauften Maschine wird eine gleichartige andere geliefert; Lieferung eines Herren- statt eines Damenfahrrades.

Die Abgrenzungen zwischen einem solchen genehmigungsfähigen aliud und einem nicht genehmigungsfähigen aliud sowie zwischen aliud und (Qualitäts-)Mangel (Falsch-/Schlechtlieferung) sind dabei zuweilen äußerst diffizil (s. o. 10.2.7.1);

Quantitätsmangel
— genehmigungsfähige Mengenabweichung, §§ 378 (2. Alt), 377 HGB. Die gelieferte Ware weist eine andere als die bedungene Menge auf, sog. Quantitätsmangel. Dieser kann in einer Mehrlieferung („zuviel") oder einer Minderlieferung („zuwenig") bestehen und darf nicht offensichtlich und erheblich von der Bestellung so abweichen, daß die Genehmigungsfähigkeit fehlt (§ 378 HGB a.E.).

Beispiel: Statt vereinbarter 20 Zentner Kohlen werden 19/21 Zentner geliefert.

Untersuchung
Der kaufmännische Käufer hat die Ware verkehrsüblich und sorgfältig, vgl. § 347 HGB, unverzüglich, also ohne schuldhaftes Zögern (vgl. § 121 I 1 BGB), zu untersuchen.

Beispiele: Gelieferte Türen nach Maß und Zahl; Wein nach Jahrgang und Lage; Maschine auf Funktionstüchtigkeit.

Bei Lieferung einer größeren Warenmenge bzw. bei verschlossenen Waren sind Stichproben zu machen; ihre Zahl hängt von der Gesamtmenge bzw. ihrer Beschaffenheit ab, wobei grundsätzlich 4 % als ausreichend angesehen werden.

Beispiele: Öffnen einer Konservendose aus dem Karton; genügend seien nach der Rspr. fünf von 2400 Pilzkonservendosen, nicht aber nur 1 von 400 Kartons Nußbruch.

Rüge
Zeigt sich bei der unverzüglichen Untersuchung ein Mangel, so ist dem Verkäufer hiervon unverzüglich Anzeige zu machen, § 377 I HGB. Versteckte, nicht sogleich erkennbare Mängel (§ 377 II HGB a.E.) sind unverzüglich nach der Erkennbarkeit zu rügen, § 377 III HGB.

Das Eilgebot „unverzüglich" trifft den kaufmännischen Käufer also zweimal: bei der Untersuchung ebenso wie bei der Rüge. Das wird von der Rspr. sehr streng behandelt: schon geringe, bei ordnungsgemäßem Geschäftsgang vermeidbare Lässigkeit macht die Untersuchung bzw. Rüge verspätet.

Beispiele: Am Montag geliefertes Obst wird erst donnerstags untersucht, eine Werkzeugmaschine bleibt mehrere Tage nach der Lieferung unbeachtet – die Untersuchung erfolgt zu spät. Oder: der Mangel des Maschinenmotors wird erst zwei

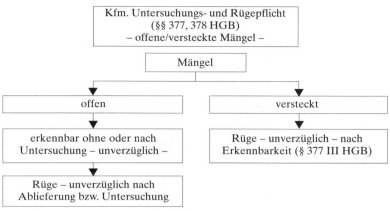

Schaubild 79: Offene/versteckte Mängel

Wochen nach Entdeckung, die festgestellte Fäulnis von Tomaten erst am zweiten Tag nach der Lieferung gerügt – die Anzeige (Rüge) ist verspätet.

Aber: wer aufgrund langjähriger Geschäftsbeziehung vom selben Verkäufer immer die gleiche Ware (Leder, das dann zu Berg- und Wanderschuhen verarbeitet wird) bezogen hat, muß von Änderungen bei der Herstellung informiert werden. Unterbleibt dies und macht die geänderte Herstellung die dann gelieferte Ware mangelhaft (das Leder ist jetzt wasserempfindlich), dann beginnen die Untersuchungs- und Rügepflichten erst, wenn der Abnehmer den Mangel bemerkt; der Lieferant muß, so die Rspr., in solchen (Ausnahme-)Fällen darauf hinweisen, daß wegen des geänderten Herstellungsverfahrens Anlaß für eine Untersuchung der Ware bestand.

Die vom Käufer geforderte Rüge kann (fern-)mündlich, schriftlich, per Telex oder Telefax erhoben werden. Sie muß inhaltlich Art und Umfang des konkreten Mangels konkret angeben.

Beispiele: „Der Motor des Autos läuft nicht"; „zwei der fünf Tomatenkisten sind völlig verfault"; „Sie haben nur 10 statt der vereinbarten 12 Paletten Farbdosen geliefert". Nicht aber: „die Ware ist schlecht"; „die Tapeten sind mangelhaft"; „Sie haben Schund geliefert".

Offensichtliche und erhebliche Abweichungen machen allerdings bei Falschlieferungen bzw. Mengenfehlern gemäß § 378 HGB a.E. die Rüge entbehrlich.

Beispiel: Statt eines Lieferwagens wird ein Handkarren geliefert.

Bei arglistigem Verschweigen des Mangels bzw. arglistigem Vorspiegeln einer Eigenschaft ist die Rüge ebenfalls entbehrlich, § 377 V HGB.

```
                    ┌─────────────────────────────────────────────────┐
                    │ Verstoß gegen die kfm. Untersuchungs- und Rügepflichten │
                    │                  – Rechtsfolgen –                │
                    └─────────────────────────────────────────────────┘
```

Schlechtlieferung:	Falschlieferung:	Minderlieferung:	Mehrlieferung:
– keine Gewährleistungsrechte i.S.d. §§ 459 ff. BGB – (schlechte) Ware behalten – (schlechte) Ware bezahlen	– kein Erfüllungsanspruch mehr – wenn gelieferte Ware weniger wert: trotzdem vereinbarter Kaufpreis zu zahlen – wenn gelieferte Ware wertvoller: höherer Preis zu zahlen	– vereinbarter Kaufpreis für vereinbarte Menge zu zahlen – kein Anspruch auf ergänzende Lieferung	– Mehrpreis ist zu vergüten – zuviel gelieferte Ware nicht zurückweisbar

Schaubild 80: Folgen der Verletzung kfm. Untersuchungs- und Rügepflichten

Rechtsfolgen   Verstößt der kaufmännische Käufer gegen seine Untersuchungs- bzw. Rügepflicht, so gilt die gelieferte Ware als genehmigt:

– bei Schlechtlieferung muß er die Ware behalten sowie bezahlen und hat keine Gewährleistungsrechte i.S.d. §§ 459 ff. BGB;
– bei der Falschlieferung hat er keinen Erfüllungsanspruch mehr. Ist die gelieferte Ware weniger wert als die bestellte, muß er trotzdem den vereinbarten Kaufpreis zahlen, ist sie wertvoller, so hat er den hierfür geltenden höheren Preis zu entrichten;
– bei der Minderlieferung bleibt die Pflicht zur Zahlung des vereinbarten Kaufpreises bestehen, ohne daß der Käufer das Recht auf ergänzende Lieferung hat;
– bei der Mehrlieferung muß der Käufer den Mehrpreis vergüten und darf den zuviel gelieferten Teil nicht zurückweisen.

Beispiel: Der Großhändler G liefert dem Lebensmittelhändler L eine Palette mit 500 Gläsern spanischer Oliven. L untersucht die Ware nicht, veräußert sie vielmehr an Verbraucher. Durch einen seiner Kunden wird der L nach einiger Zeit darauf hingewiesen, daß die Oliven verdorben sind. Nunmehr öffnet der L alle sich noch bei ihm befindlichen Olivengläser – sie sind sämtlich verdorben. Dies teilt der L dem G jetzt mit:

Nach den Regeln der §§ 433 I 1, 459 I, 480 I BGB könnte der L zwar grundsätzlich Nachlieferung, Wandelung (oder Minderung, die aber nicht interessengerecht wäre) verlangen. Allerdings hätte der L beim hier vorliegenden Handelskauf, §§ 1, 343 I HGB, die Ware unverzüglich untersuchen müssen, § 377 I HGB (er hätte eine Stichprobe von ca. 3-5 Gläsern nehmen müssen). Da er dies nicht tat (die unverzügliche Rüge nach verspäteter Entdeckung nutzt ihm nichts), gelten die verdorbenen Oliven als genehmigt: L muß sie zahlen und hat keine Gewährleistungsansprüche mehr.

Abwandlung: Wenn verzehrtaugliche portugiesische Oliven geliefert worden wären, so wäre diese genehmigungsfähige (es handelt sich ebenso um iberische Oliven) Falschlieferung als gemäß § 378 1. Alt. HGB genehmigt anzusehen. Falls etwa 480 oder 520 statt der bestellten 500 Gläser geliefert worden wären, so müßte L 500 (statt 480) bzw. 520 (statt 500) bezahlen, § 378 2. Alt. HGB.

Hält der Käufer die Rügepflicht dagegen ein, so behält er seine Rechte nach den §§ 459 ff. BGB bei der Schlechtleistung bzw. seinen Erfüllungsanspruch bei der Falschlieferung. Mehrlieferungen muß er nicht behalten bzw. bezahlen, bei der Minderlieferung kann er Erfüllung bzw. Vollieferung (vgl. § 266 BGB) verlangen, ggf. auch Schadensersatz wegen Nichterfüllung i.S.d. § 326 BGB.

10.2.8 Eigentumsvorbehalt

Der Käufer muß den Kaufpreis grundsätzlich Zug-um-Zug gegen Übereignung der Kaufsache zahlen. Oftmals allerdings kann oder will der Käufer den Kaufpreis nicht bzw. nicht vollständig entrichten. Dann bietet der sog. Eigentumsvorbehalt dem Verkäufer die Möglichkeit, die Eigentumsübertragung an den Käufer aufzuschieben.

Eigentumsübertragung aufgeschoben

Beispiel: K will von V zu Produktionszwecken eine Maschine erwerben, kann aber den Kaufpreis nicht sogleich gänzlich aufbringen. Beide vereinbaren daher, daß K in monatlichen Raten zahlt. Um den V bis zur vollständigen Zahlungserbringung dinglich vor dem Risiko einer etwaigen Zahlungsunfähigkeit des K zu sichern, erhält der K von V sogleich die Maschine (= unmittelbarer Besitz i.S.d. § 854 BGB); die auf Eigentumsübertragung i.S.d. § 929 S. 1 BGB gerichtete Willenserklärung des V steht unter der aufschiebenden Bedingung (§ 158 I BGB) der korrekten Zahlung der vereinbarten Raten.

Eigentumsvorbehalt – vgl. § 455 BGB –	
Kaufvertrag, § 433 BGB, unbedingt wirksam (zwei sich deckende Willenserklärungen)	Verpflichtungsgeschäft
Übereignung des Kaufgegenstandes: § 929 S. 1 BGB – Einigung: – Willenserklärung des Erwerbers (zum Eigentumserwerb) unbedingt wirksam – Willenserklärung des Veräußerers bezüglich Eigentumsübertragung aufschiebend bedingt (vgl. die §§ 455, 158 I BGB) Übergabe (Besitzverschaffung) erfolgt sogleich, § 854 BGB	Verfügungs-, Erfüllungsgeschäft

Schaubild 81: Eigentumsvorbehalt

Beim (Ver-)Kauf unter Eigentumsvorbehalt vereinbaren die Parteien, daß der Käufer erst nach der vollständigen Bezahlung Eigentümer der Kaufsache werden soll, § 455 BGB. Die Übereignung des Kaufgegenstandes steht also unter einer aufschiebenden Bedingung, §§ 158 I, 929 BGB (s. o. 6.5; s. a. 15.3.2.1). Der Käufer erlangt den unmittelbaren Besitz, § 854 BGB, und kann die Kaufsache sogleich nutzen. Hinzu erwirbt er ein sog. Anwartschaftsrecht, gerichtet auf Erwerb des Eigentums (der Verkäufer kann gemäß § 161 I BGB den Eigentumserwerb grundsätzlich nicht mehr verhindern bzw. vereiteln).

Anwartschaft Diese Anwartschaft als Vorstufe des künftigen Eigentumsrechtes gestattet den Besitz der Kaufsache, ist als „sonstiges Recht" i.S.d. § 823 I BGB geschützt und entsprechend § 929 BGB übertragbar. Man kann sie verpfänden und vererben.

Beispiel: Im vorigen Beispielsfall könnte der K noch vor Zahlung der letzten Rate die von V gekaufte Maschine weiterverkaufen (§ 433 BGB) und sein aufschiebend bedingtes Eigentum entsprechend § 929 S. 1 BGB an den Dritten D übertragen (durch Einigung über den Übergang des aufschiebend bedingten Eigentums und Übergabe der Maschine an D). Mit Zahlung der letzten Rate an V erwirbt dann D das (Voll-)Eigentum.

Der Verkäufer ist zum Rücktritt vom Kaufvertrag berechtigt, wenn der Käufer mit den Kaufpreisraten in Verzug gerät, § 455 BGB. Bei Teilzahlungskäufen i.S.d. VerbrKrG (auch Abzahlungskäufe genannt) sind insbesondere dessen spezielle Rücktrittsvoraussetzungen mit zweiwöchiger Nachfristsetzung zu beachten, vgl. die §§ 4 I Nr. 2, 12, 13 VerbrKrG. (Das VerbrKrG erfaßt nicht nur Kaufverträge, die mit einer Kreditgewährung gekoppelt sind, sondern auch sonstige Arten von Kreditverträgen, s. u. 10.6.5).

Sonderformen Die beim Käufer befindliche Ware kann dort aus Sicht des Verkäufers gefährdet sein: durch Weiterveräußerung und damit u. U. verbundenem gutgläubigem Erwerb, §§ 929, 932 BGB, 366 HGB, sowie durch Weiterverarbeitung und Verbindung, §§ 946 ff. BGB (s. u. 15.3.3). Daher gibt es als Sonderformen insbesondere den sog. verlängerten Eigentumsvorbehalt und den sog. Kontokorrentvorbehalt.

Verlängerter Eigentumsvorbehalt Beim verlängerten Eigentumsvorbehalt wird vereinbart, daß der Käufer die unter Eigentumsvorbehalt erworbene Ware weiterveräußern oder verarbeiten darf, und daß an die Stelle des Eigentumsvorbehaltes die neue Sache, das Arbeitsprodukt (vgl. § 950 BGB), oder die aus der Weiterveräußerung entstehende Forderung treten soll. Der Käufer hat also die Genehmigung, § 185 BGB, zur Veräußerung oder Verarbeitung, und der Verkäufer wird durch eine Vorausabtretung entstehender Forderungen aus Verkauf der Vorbehaltsware – sog. Sicherungsabtretung

(Sicherungszession, s. o. 8.8.4) – bzw. durch Sicherungsübereignung (s. u. 15.3.2.2) der durch die Verarbeitung geschaffenen Sache geschützt.

Beispiele: Der Großhändler G liefert dem Einzelhändler E Elektrogeräte; E zahlt (nur) ratenweise. G behält sich zwar das Eigentum vor durch aufschiebend bedingte Übereignung (§§ 929 S. 1, 158 I BGB), gestattet aber dem E die Weiterveräußerung an dessen Kunden K. Mit der Übereignung eines Gerätes von E an K wird der K gemäß den §§ 929 S. 1, 185 BGB Eigentümer. Der E tritt allerdings die Kaufpreisforderung gegen den K, § 433 II BGB, an den G im vorhinein ab, § 398 S. 1 BGB. Oder: Sand- und Kiesunternehmer S veräußert dem Bauunternehmer B, der Fertigbauteile herstellt, Sand und Kies. Dabei wird vereinbart: 1: Der gelieferte Sand und Kies (Vorbehaltsware) bleibt bis zur vollständigen Kaufpreiszahlung im Eigentum des S. 2. B darf die Vorbehaltsware im Rahmen seines ordnungsgemäßen Geschäftsbetriebes weiterverarbeiten. 3. Im Falle der Weiterveräußerung oder im Falle der Weiterbearbeitung und anschließender Weiterveräußerung gilt folgendes: Der S erwirbt Miteigentum an der weiterverarbeiteten Sache in Höhe des Kaufpreises der Vorbehaltsware. Der B tritt entstehende Forderungen aus der Weiterveräußerung der Vorbehaltsware an K ab, auch insoweit, als die Ware verarbeitet ist.

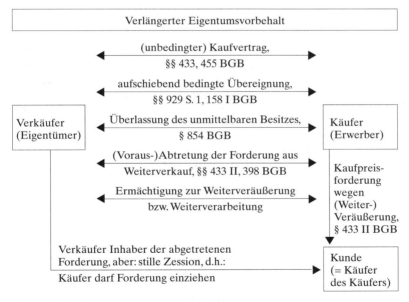

Schaubild 82: Verlängerter Eigentumsvorbehalt

Beim Kontokorrenteigentumsvorbehalt erlischt der Eigentumsvorbehalt erst, wenn der Käufer alle oder bestimmte Forderungen aus der Geschäftsverbindung mit dem Verkäufer getilgt hat und der Saldo ausgeglichen ist.

Globalzession

Schwierig wird es, wenn eine Veräußerung unter verlängertem Eigentumsvorbehalt (verbunden mit der Abtretung der entstehenden Kundenforderungen) mit einer etwa gegenüber einer Bank vorgenommenen Globalzession kollidiert.

Beispiel: Der Händler H hat für einen Betriebsmittelkredit seine zukünftig entstehenden Forderungen an die Bank B abgetreten (§ 398 BGB; s. o. 8.8.4). Sein Großhändler G liefert ihm Waren aber nur unter verlängertem Eigentumsvorbehalt (wonach der H dem G also gemäß § 398 BGB die aus der gestatteten Weiterveräußerung entstehenden Kaufpreisforderungen, § 433 II BGB, gegen seine Kunden abtreten muß).

Hier wird der Eigentumsvorbehaltskäufer bzw. Kreditnehmer in die Enge getrieben: wegen der zuerst vorgenommenen Globalzession an die Bank kann er (Prioritätsprinzip, s. o. 8.8.3) an den Vorbehaltskäufer ihm erst noch entstehende Forderungen aus Weiterverkauf gar nicht mehr wirksam abtreten – um aber Ware geliefert zu erhalten, muß er dem Warenlieferanten letztlich die Globalzession an die Bank verschweigen.

„Fesselung"

Wegen der fesselnden, wirtschaftlichen Einengung erachtet die Rspr. derartige Globalzessionen sehr häufig als sittenwidrig i. S. d. § 138 BGB bzw. unwirksam gemäß § 9 AGBG. Die die Globalzession nehmende Bank muß dem Schuldner daher diejenigen Forderungen, die im üblichen Geschäftsverkehr im Rahmen eines verlängerten Eigentumsvorbehaltes an den Warenlieferanten abgetreten werden, belassen – der Darlehensschuldner hat insoweit einen Anspruch auf Freigabe gegen die Bank (dies wird in Bank-AGBen etwa durch dingliche Verzichts- bzw.

Freigabe

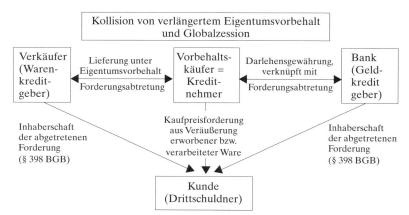

Grundsatz: Prioritätsprinzip, aber: u. U. § 138 BGB (Vorbehaltskäufer darf nicht zum Vertragsbruch gegenüber Vorbehaltsverkäufer verleitet werden).

Schaubild 83: Verlängerter Eigentumsvorbehalt und Globalzession

Vorrangklauseln erreicht, die einem verlängerten Eigentumsvorbehalt unterliegende Forderungen erst dann erfassen, wenn der Warenlieferant befriedigt wurde).

Beispiel: Im vorigen Beispielsfall heißt das, daß die B diejenigen Forderungen, die der H aus Weiterverkauf der von G an H gelieferten Ware gegen eigene Kunden erwirbt (i.S.d. § 433 II BGB), respektieren muß; ihre im voraus von H erhaltene Globalzession erfaßt diese Forderungen also nicht, so daß der G insoweit wirksam Forderungsinhaber (aufgrund verlängerten Eigentumsvorbehaltes) wird.

10.2.9 Sonderformen des Kaufes

Neben dem Eigentumsvorbehalt wird der Kauf noch durch weitere Sonderformen geprägt, vgl. die §§ 494 ff. BGB. Praktisch bedeutsam ist dabei gerade das Vorkaufsrecht, § 504 BGB, welches das Recht gibt, in einen Kaufvertrag einzutreten, der zwischen dem Vorkaufsverpflichteten und einem Dritten abgeschlossen wird. Für Grundstücke ermöglichen die §§ 1094 ff. BGB ein sog. dingliches Vorkaufsrecht, das ins Grundbuch eingetragen wird. — Vorkaufsrecht

Als Sonderform des Kaufes kann in gewisser Weise auch der Tausch gesehen werden: auf diesen gegenseitigen Vertrag über den Umsatz eines individuellen Wertes gegen einen anderen individuellen Wert bzw. eine Gattungssache („Ware gegen Ware"), bei dem ein Kaufpreis in Geld fehlt, finden die Kaufrechtsregeln entsprechende Anwendung, § 515 BGB. — Tausch

10.2.10 Gutgläubiger Erwerb des Eigentums

Während der Verkäufer sich mehrfach verpflichten kann, die Kaufsache zu übereignen, kann er diese Verpflichtung tatsächlich aber nur einmal leisten: durch Eigentumsübertragung gemäß § 929 BGB, Einigung und Übergabe, und dies regelmäßig auch nur dann, wenn er selbst Eigentümer der (verkauften) Sache ist (Berechtigter, s. u. 15.3.2.3). Ausnahmsweise läßt der Gesetzgeber aber den Erwerber in die Eigentümerstellung einrücken, wenn dem Veräußerer die Befugnis zur Übertragung des Eigentums fehlt, und zwar nach den Grundsätzen des gutgläubigen Erwerbs. Gemäß § 932 BGB, der insoweit wichtigsten Vorschrift, kann ein Erwerber auch dann Eigentümer werden, wenn die bewegliche Sache nicht dem Veräußerer gehört (s. a. unten 15.3.2.3). — Veräußerung durch Nichtberechtigte

Wichtig ist dabei nur, daß er, der Erwerber, gutgläubig war, ihm also nicht bekannt oder infolge grober Fahrlässigkeit unbekannt geblieben ist, daß die Sache nicht dem Veräußerer gehört (vgl. § 932 II BGB). Bei — Gutgläubigkeit gestohlenen, verlorengegangenen oder sonst abhandengekommenen Sachen ist der gutgläubige Erwerb aber ausgeschlossen, § 935 I BGB.

```
┌─────────────────────────────────────────────────────────┐
│         Gutgläubiger Eigentumserwerb an beweglichen Sachen │
└─────────────────────────────────────────────────────────┘
                              │
┌─────────────────────────────────────────────────────────┐
│ Ausgangsfall: § 929 S. 1 BGB                            │
│     ├── Einigung, § 929 S. 1 BGB (= dinglicher Vertrag, zwei sich deckende WE) │
│     ├── Übergabe (Besitzverschaffung, § 854 BGB)        │
│     └── Berechtigung des Verfügenden:                   │
│         – als Eigentümer                                │
│         – als Vertreter, vgl. § 164 I 1 BGB;            │
│         – bei Ermächtigung, § 185 BGB;                  │
│ wenn nicht:                                             │
│ guter Glaube des Erwerbers, § 932 I 1, II BGB;          │
│ ausgeschlossen bei § 935 I BGB                          │
│ (beachte aber: § 935 II BGB)                            │
└─────────────────────────────────────────────────────────┘
```

Schaubild 84: Gutgläubiger Eigentumserwerb an beweglichen Sachen

Im Handelsrecht wird auch der gute Glaube an die Verfügungsbefugnis des Veräußerers geschützt, § 366 HGB.

Beispiele: Müller veräußert ein Fahrrad, das er sich von einem Bekannten geliehen (§ 598 BGB) hatte, an den gutgläubigen Schulze – Schulze erwirbt Eigentum, §§ 929 S. 1, 932 BGB (nicht aber bei Diebstahl, § 935 BGB); oder: der Kommissionär veräußert eine Werkzeugmaschine, die ihm der Hersteller in Kommission überlassen hat, im eigenen Namen an seinen von der Kommission nichts wissenden Kunden – glaubt dieser an die Verfügungsbefugnis, so erwirbt er nach § 366 HGB Eigentum, nimmt er gutgläubig an, der Veräußerer sei selbst Eigentümer, dann liegt Eigentumserwerb nach § 932 BGB vor (s. a. 6.2.4 a.E.; 10.9.3.4; 15.3.2.3 a.E.).

10.3 Werkvertrag

Der Werkvertrag verpflichtet den Unternehmer zur Herbeiführung eines bestimmten Erfolges. Seine gesetzliche Regelung hat er in den §§ 631 ff. BGB gefunden.

10.3.1 Vertragsgegenstand

herbeizuführender Erfolg

Der Werkvertrag ist ein gegenseitiger Vertrag, durch den sich der Unternehmer zur Herstellung des vereinbarten Werkes und der Besteller zur Entrichtung der vereinbarten Vergütung verpflichten. Gegenstand des Werkvertrages kann sowohl die Herstellung oder Veränderung einer Sache als auch ein anderer durch Arbeit oder Dienstleistung herbeizuführender Erfolg sein, § 631 BGB. Dies unterscheidet ihn vom Dienstvertrag, der nicht auf den Erfolg, sondern auf den Arbeitseinsatz abzielt.

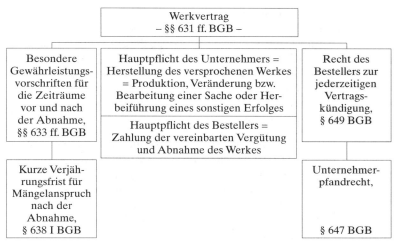

Schaubild 85: Werkvertrag

Beispiele: Errichtung eines Hauses; Reparatur einer Maschine; Planung und Leitung einer Gebäudeerrichtung durch den Architekten; Personenbeförderung; Legen einer Wasserwelle durch den Friseur; Schornsteinfegen; Wartung eines Kfz; Beschaffung von Informationen durch Auskunftei; Erstellung von Computerprogrammen; Fertigung eines Gutachtens; Anfertigung und Prüfung von Bilanz, Gewinn- und Verlustrechnung durch den Steuerberater; Projektierung einzelner Teile einer baulichen Anlage (wie Sanitär-, Heizungs-, Elektroanlagen) durch den Ingenieur, ebenso Einmessung und Abstecken eines Hauses auf dem Baugrundstück durch den Vermessungsingenieur.

Für den Abschluß des Werkvertrages gelten die allgemeinen Bestimmungen über Verträge und Willenserklärungen. Die Frage der Vergütung ist aber gesondert geregelt. Wird darüber keine Vereinbarung getroffen, gilt gemäß § 632 BGB eine Vergütung als stillschweigend vereinbart, wenn die Herstellung des Werkes den Umständen nach nur gegen eine Vergütung erwartet werden kann; ist die Höhe der Vergütung nicht bestimmt, so gilt die übliche „Taxe" bzw. Vergütung als vereinbart (vgl. auch für den Dienstvertrag § 612 BGB; s. o. 8.3.1; s. u. 10.4.4). — Vergütung

Beispiele: Der Kunde bringt das beschädigte Auto mit der Bitte um Reparatur in die Werkstatt. Hier gilt die übliche Vergütung als stillschweigend vereinbart.

Für Architekten- und Ingenieurleistungen gilt grundsätzlich die HOAI als „Taxe".

10.3.2 Pflichten des Unternehmers

Der Unternehmer hat das vereinbarte Werk so herzustellen, daß es die zugesicherten Eigenschaften hat und nicht mit Fehlern behaftet ist, die — fehlerfreies Werk den Wert oder die Tauglichkeit zu dem gewöhnlichen oder nach dem Vertrag vorausgesetzten Gebrauch aufheben oder mindern, § 633 BGB. Das Werk ist nicht nur fehlerfrei, sondern auch rechtzeitig herzustellen. Erst dann hat der Unternehmer seine Verpflichtung erfüllt und kann die Vergütung verlangen. Für das Gelingen des Werkes trägt er die Verantwortung und muß für seine Sach- und Fachkunde einstehen.

10.3.3 Pflichten des Bestellers

Abnahme
: Der Besteller hat das vertragsgemäß hergestellte (= mangelfreie) Werk abzunehmen, § 640 BGB. Abnahme bedeutet dabei die körperliche Hinnahme und Anerkennung des Werkes als vertragsmäßige Leistung. Diese Entgegennahme- und Billigungspflicht ist Hauptpflicht des Bestellers. Verletzt er sie, so liegt nicht nur Annahmeverzug, sondern Schuldnerverzug vor (§§ 284 ff. BGB); die Vergütungs- (bzw. Preis-)gefahr geht dann auf den Besteller über, § 644 I 2 BGB:

Rechtsfolgen der vorbehaltlosen Abnahme sind, § 640 I, II BGB:
– der ursprüngliche Erfüllungsanspruch erlischt und konkretisiert sich auf die Mängelbeseitigung;
– die Verjährungsfrist für Mängelansprüche beginnt, § 638 BGB;
– die Vergütung wird fällig, § 641 BGB;
– die (Preis-)Gefahr geht auf den Besteller über, § 644 BGB;
– der Besteller verliert Erfüllungs- bzw. Gewährleistungsansprüche, § 640 II BGB;
– die Beweislast für auftretende Mängel geht auf den Besteller über, § 363 BGB.

Vergütung

Kostenanschlag
: Der Besteller muß die geschuldete Vergütung entrichten. Oftmals wird vereinbart, daß die Höhe der Vergütung erst nachträglich bestimmt wird (bspw. bei Bauleistungen oder Reparaturen) – dann gewinnt der Kostenanschlag, § 650 BGB, Bedeutung: grundsätzlich garantiert der Unternehmer die Einhaltung des lediglich veranschlagten Preises nicht. Wird allerdings eine erhebliche Überschreitung des Kostenanschlags absehbar (Richtschnur: 15-20 %, in Ausnahmefällen 25 %), so kann der Besteller den Vertrag gegen Zahlung einer angemessenen Teilvergütung kündigen. Der Unternehmer muß dem Besteller von einer absehbaren Überschreitung des Kostenanschlages unverzüglich Mitteilung machen. War der Kostenanschlag allerdings verbindlich vereinbart, dann kann nur der veranschlagte Preis verlangt werden.

Mitwirkung
: Häufig muß der Besteller bei der Herstellung des Werkes mitwirken.

Beispiele: Persönliches Erscheinen zur Anprobe; Beschaffung von Material; Einholen behördlicher Genehmigungen.

Unterläßt der Besteller die Mitwirkung, gerät er in Annahmeverzug, §§ 642, 293 ff. BGB. Der Unternehmer kann dann neben dem Ersatz seiner Mehraufwendungen auch eine angemessene Entschädigung verlangen. Ebenso ist er berechtigt, den Vertrag nach Fristsetzung zu kündigen. Außerdem hat er ggf. Anspruch auf Auslagenersatz und Teilvergütung, §§ 643, 645 BGB. Gerät der Besteller in Annahmeverzug, geht die Gefahr (etwa des zufälligen Untergangs des Werkes) schon vor der Abnahme auf ihn über, § 644 I 2 BGB.

Annahmeverzug

10.3.4 Nebenpflichten

Die Werkvertragsparteien treffen insbesondere folgende Nebenpflichten, deren Verletzung ggf. Ersatzansprüche aus pVV begründen:

Der Unternehmer muß den Besteller fachmännisch beraten und aufklären. Die Werkerstellung hat er zu überwachen, auf Sicherheit zu achten, ihm übergebene Gegenstände (etwa zur Reparatur) sorgfältig zu behandeln.

Sorgfalt

Der Besteller ist verpflichtet, vornehmlich auf Schutz und Sicherheit des Unternehmers oder dessen Gehilfen zu achten, wenn diese bei ihm bzw. in seinen Räumen arbeiten, oder wenn er ihnen Geräte zur Verfügung stellt. Verletzt der Besteller diese Sorgfaltspflichten, wird er entsprechend § 618 BGB ersatzpflichtig.

10.3.5 Leistungsstörungen

Für die Leistungsstörungen gelten im Werkvertragsrecht folgende Grundsätze:

10.3.5.1 Gefahrenübergang

Die Gefahr des Werkes bzw. der Leistung – also die Frage, ob der Unternehmer zur (Neu-)Herstellung verpflichtet bleibt – trägt bis zur Abnahme oder, wenn der Besteller nicht abnimmt, bis zum Annahmeverzug des Bestellers (§§ 293 ff. BGB) der Unternehmer, § 644 BGB. Ist die Versendung des Werkes vereinbart, geht die Vergütungsgefahr – also die Frage, ob der Unternehmer seine Vergütung verlangen kann – auf den Besteller über, sobald der Unternehmer das Werk zum Versand gebracht hat, §§ 644 II, 447 BGB (s. o. 8.5; 8.12.6). Solange der Unternehmer die Gefahr trägt, hat er keinen Vergütungsanspruch, wenn das Werk vor der Abnahme untergeht. Der Besteller kann aber weiterhin Erfüllung, also Neuherstellung des Werkes, fordern, da der Werkvertrag trotz

Werkgefahr

Vergütungsgefahr (= Preisgefahr)

eines mißlungenen Erfüllungsversuches des Unternehmers weiterhin besteht. Für den zufälligen Untergang und eine zufällige Verschlechterung des vom Besteller gelieferten Stoffes ist der Unternehmer jedoch nicht verantwortlich, § 644 I 3 BGB. Ist das Werk ohne das Verschulden des Unternehmers wegen eines Mangels des vom Besteller gelieferten Stoffes oder dessen Ausführungsanweisung untergegangen, verschlechtert oder undurchführbar geworden, kann der Unternehmer einen seiner geleisteten Arbeit entsprechenden Teil der Vergütung verlangen, § 645 BGB.

Vollendung Ist nach der Werkbeschaffenheit dessen Abnahme ausgeschlossen,

Beispiele: Opern-, Theatervorstellung, Personentransport,

tritt die Vollendung an die Stelle der Abnahme, § 646 BGB. Dies gilt auch für die Gefahrtragung.

10.3.5.2 Mängelhaftung des Unternehmers

Fehlerbegriff Der Unternehmer hat das Werk fehlerfrei und mit den zugesicherten Eigenschaften herzustellen, § 633 I BGB. Der Fehlerbegriff beim Werkvertrag ist derselbe wie im Kaufrecht (s. o. 10.2.7). Danach liegt ein Fehler des Werkes vor, wenn dessen Ist- von der vertraglichen Sollbeschaffenheit zum Nachteil des Bestellers abweicht.

Beispiele: Die vom Schreiner eingebaute Tür klemmt; das verlegte Parkett geht „hoch".

Abnahme Ist das hergestellte Werk mangelhaft oder fehlt ihm eine zugesicherte Eigenschaft, so hat der Unternehmer seine Leistungspflicht nicht erfüllt. Der Besteller kann dann die Abnahme des Werkes verweigern und Nachbesserung bzw. Neuherstellung verlangen, es sei denn, dies wäre unverhältnismäßig, § 633 II BGB.

Hat der Besteller das Werk abgenommen, verliert er den Anspruch auf Neuherstellung. Zeigen sich danach Mängel, kann der Besteller Beseitigung des Mangels, also Nachbesserung, verlangen. Wenn der Besteller allerdings trotz Kenntnis des Mangels das Werk vorbehaltlos abgenommen hat, verliert er (auch) diesen Nachbesserungsanspruch, § 640 II BGB (ebenso wie das Recht der Wandelung oder Minderung).

Verzug Gerät der Unternehmer mit der Fehlerbeseitigung in Verzug, kann der Besteller den Mangel selbst beseitigen und dafür Kostenersatz vom Unternehmer verlangen, § 633 III BGB.

Wandelung/ Minderung Ist das Werk mangelhaft, hat der Besteller auch das Recht zur Wandelung oder Minderung, wenn eine Beseitigung des Mangels objektiv unmöglich ist, bzw. vom Unternehmer verweigert wird. Dies gilt ebenso, wenn der Unternehmer die Mängel innerhalb einer ihm vom Besteller gesetzten angemessenen Frist nicht beseitigt. Wandelung (= Rückgängigmachung des Vertrages) oder Minderung (= Herabsetzung der Vergütung) setzen kein Verschulden des Unternehmers voraus. Ausgeschlossen ist die Wandelung, wenn der Mangel den Wert oder die Tauglichkeit des Werkes nur unerheblich mindert; vgl. § 634 BGB.

Anstelle der Wandelung oder Minderung kann der Besteller Schadensersatz wegen Nichterfüllung verlangen, soweit der Mangel des Werkes vom Unternehmer zu vertreten ist, § 635 BGB.

Schadensersatz

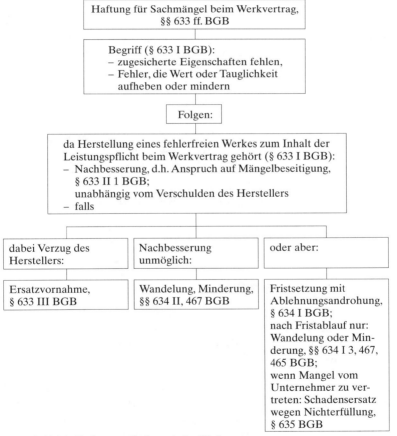

Schaubild 86: *Sachmängelhaftung beim Werkvertrag*

Bei der Schadensberechnung hat der Besteller dann zwei Möglichkeiten: entweder er behält das mangelhafte Werk und verlangt die Differenz zum mangelfreien Zustand, oder aber er gibt das Werk zurück und verlangt Schadensersatz wegen Nichterfüllung des ganzen Vertrages.

Mangel-/Mangelfolgeschäden

Nach der Rspr. umfaßt der Ersatzanspruch, § 635 BGB, nur die unmittelbar aus dem Mangel entstandenen Schäden (Mangelschäden). Mangelfolgeschäden, also mittelbare, dem Werk nicht selbst anhaftende Schäden, werden von § 635 BGB nicht erfaßt und sind nach den Regeln der pVV (s. o. 9.7; 10.2.7.2) zu ersetzen. Wichtig wird dies bei der Verjährung: Werkvertragliche Ansprüche auf Wandelung, Minderung oder Schadensersatz wegen Nichterfüllung verjähren (wenn der Unternehmer den Mangel nicht arglistig verschwiegen hat) in sechs Monaten, bei Arbeiten an einem Grundstück in einem Jahr, bei Bauwerken in fünf Jahren, § 638 BGB. Der Anspruch aus pVV dagegen verjährt erst in 30 Jahren, § 195 BGB (bei Mangelfolgeschäden im Kaufrecht ist dies anders; dort gleicht man die pVV-Verjährung der Mangelfolgeschäden derjenigen der Mangelschäden an, s. o. 10.2.7.2 a.E.).

Verjährung

unmittelbarer/mittelbarer Schaden

Unmittelbarer Schaden i.S.d. werkvertraglichen Schadensersatzes nach § 635 BGB sind zum

Beispiel: Der Schaden, der sich am Werk selbst zeigt; Kosten der Mängelbeseitigung; Gutachterkosten; Mietausfall; entgangener Gewinn;

unter den mittelbaren, von der pVV erfaßten, Schaden fallen zum

Beispiel: Der nicht am Werk selbst auftretende Schaden sowie die Verletzung anderer Rechtsgüter, wie Leben, Gesundheit, Eigentum – etwa wenn ein mangelhaft befestigtes Brett beim Herunterfallen andere Gegenstände beschädigt oder Menschen verletzt, oder ein Brandschaden im Zusammenhang mit Schweißarbeiten oder wegen fehlerhafter Isolierung eines Rauchgasrohrs auftritt.

10.3.5.3 Verspätete Herstellung

Verzug

Der Unternehmer muß das Werk rechtzeitig herstellen. Kommt er in Verzug, so hat der Besteller die einem Gläubiger allgemein zustehenden Rechte, §§ 636 I 2, 286, 326 BGB, er kann also unter Aufrechterhaltung des Vertrages Ersatz des Verzugsschadens verlangen, § 286 BGB, oder nach erfolgter Fristsetzung mit Ablehnungsandrohung vom Vertrag zurücktreten bzw. Schadensersatz wegen Nichterfüllung geltend machen, § 326 BGB. Bei verspäteter Herstellung hat der Besteller darüber hinaus gemäß § 636 I 1 BGB ein Rücktrittsrecht. Dabei kommt es nicht darauf an, ob der Unternehmer die verspätete Herstellung zu vertreten hat oder aber nicht.

10.3.6 Kündigung

Der Besteller kann den Werkvertrag jederzeit kündigen, etwa um Fehlinvestitionen zu vermeiden, § 649 BGB. Der Unternehmer kann dann allerdings die volle Vergütung verlangen, muß sich dabei aber das anrechnen lassen, was er an Aufwendungen erspart oder durch anderweitige Verwendung seiner Arbeitskraft erwirbt bzw. erwerben könnte. Liegt dem Werkvertrag ein unverbindlicher Kostenanschlag zugrunde, so kann der Besteller bei wesentlicher Überschreitung des Kostenanschlages den Vertrag kündigen (s. o. 10.3.3). Der Unternehmer hat dagegen grundsätzlich kein Kündigungsrecht, es sei denn, der Besteller hat seine Mitwirkungspflicht verletzt, § 643 BGB.

10.3.7 Sicherungsrechte des Unternehmers

Der vorleistungspflichtige Unternehmer, § 641 BGB, muß die Möglichkeit haben, seine Werklohnforderung zu sichern. § 647 BGB räumt ihm daher ein gesetzliches Pfandrecht an von ihm hergestellten oder ausgebesserten beweglichen Sachen des Bestellers ein, wenn sie zur Herstellung oder zum Zweck der Ausbesserung in seinen Besitz gelangt sind (Unternehmerpfandrecht, §§ 1257, 1204 ff. BGB, s. u. 15.6). *Pfandrecht*

Bauwerkunternehmer und Schiffswerftinhaber haben einen Anspruch auf Einräumung einer Sicherungshypothek am Baugrundstück bzw. Schiff des Bestellers für ihre Forderungen, § 648 BGB. Dies ist eine gesetzliche Sicherungshypothek i.S.d. §§ 1184, 1185 BGB, die durch dingliche Einigung, § 873 BGB, ersatzweise durch rechtskräftiges Urteil, § 894 ZPO, und Eintragung im Grundbuch begründet wird und durch eine Vormerkung gesichert werden kann (§§ 883, 885 BGB; s. u. 15.5.1). *Sicherungshypothek*

Gemäß § 648 a BGB kann der Bauwerkunternehmer vom Besteller auch Sicherheit für die von ihm zu erbringenden Vorleistungen in der Weise verlangen, daß er dem Besteller zur Sicherheitsleistung eine angemessene Frist mit der Erklärung bestimmt, daß er nach Fristablauf seine eigene Leistung verweigere. Neben den allgemeinen Sicherungsmitteln i.S.d. §§ 232 ff. BGB kann die Sicherheit auch durch eine Garantie oder ein sonstiges Zahlungsversprechen eines inländischen Kreditinstituts erbracht werden, vgl. § 648 a II BGB. *Sicherheit*

10.3.8 Werklieferungsvertrag

Beim Werklieferungsvertrag stellt der Unternehmer das Werk aus seinen Stoffen bzw. Materialien her und verschafft dem Besteller die her- *Warenumsatz* gestellte Sache durch Übereignung, § 651 BGB. Während beim Werkvertrag die Schöpfung des Werkes für den Besteller im Vordergrund steht, dominiert beim Werklieferungsvertrag die mit dem Warenumsatz verbundene Besitz- und Eigentumsverschaffung.

Dabei werden zwei Typen unterschieden:

bezieht sich der Werklieferungsvertrag auf vertretbare Sachen, § 91 BGB (s. o. 4.1.1.1), so wird Kaufrecht angewandt, vgl. § 651 I 2 BGB,

Beispiel: Katalogware;

bezieht sich der Werklieferungsvertrag dagegen auf nicht vertretbare Sachen,

Beispiele: Werbefilm, Bauarbeiten, Maßanzug,

so gilt neben dem Kaufrecht auch Werkvertragsrecht, vgl. § 651 I 2 a.E. BGB.

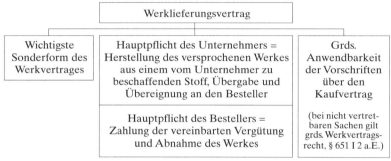

Schaubild 87: Werklieferungsvertrag

10.3.9 Reisevertrag

Gesamtheit von Reiseleistungen

Der Reisevertrag ist ein spezieller Fall des Werkvertrages (vgl. Überschrift des 7. Titels des 2. Buches des BGB). Beim Reisevertrag verpflichtet sich der Reiseveranstalter gegenüber dem Reisenden zur Erbringung einer Gesamtheit von Reiseleistungen (= Reise), vgl. § 651 a I BGB. Er wählt also mindestens zwei Einzelleistungen wie Flug-, Schiffs-, Bahnreise, Transfer zum/vom Hotel, Unterkunft, Verpflegung, Reiseleitung im vorhinein aus, stimmt sie aufeinander ab, verbindet sie und bietet sie in eigener Verantwortung zu einem Gesamtpreis an.

Beispiele: Pauschal(flug)reise; Kreuzfahrt; Busrundreise.

Geht es dagegen nur um einen Flug, eine einzelne Übernachtung, dann liegt mangels einer Gesamtheit von Reiseleistungen keine Reise i.S.d. §§ 651 a ff. BGB, sondern ein Werkvertrag i.S.d. §§ 631 ff. BGB vor.

Die §§ 651 a ff. BGB sind auch dann nicht anzuwenden, wenn ein Reisebüro lediglich als Verkaufsstelle, Vermittler oder Agent des jeweiligen Unternehmens Fahr-, Schiffs- oder Flugkarten verkauft (dann handelt es sich ggf. um Geschäftsbesorgung i.S.d. § 675 BGB, s. u. 10.4.9).

Die §§ 651 a ff. BGB werden zwar regelmäßig noch durch AGBen ergänzt, dürfen aber nicht zum Nachteil des Reisenden abgeändert werden: denn das Reisevertragsrecht soll gerade zu seinem Schutz wirken. Dazu gehört das Recht des Reisenden,

Rechte des Reisenden

- bis zum Reisebeginn einen Ersatzreisenden zu stellen, § 651 b BGB;
- vor Reisebeginn jederzeit vom Vertrag zurückzutreten, § 651 i BGB;
- bei höherer Gewalt zu kündigen, § 651 j BGB;
- sowie aufgrund (der abschließenden Regelungen) der §§ 651 c-g BGB bei Reisemängeln Abhilfe, Minderung, Kündigung, Schadensersatz wegen Nichterfüllung bzw. vertaner Urlaubszeit verlangen zu können.

Beispiele: Der im Prospekt des Reiseveranstalters angepriesene Meeresblick fehlt; statt „in ruhiger Lage" befindet sich das Hotel inmitten von Baustellen; das Zimmer ist miefig, verdreckt, zudem übermäßig hellhörig; etc.

10.3.10 VOB/VOL

In Bauverträgen wird häufig die Verdingungsordnung für Bauleistungen (VOB) zur näheren vertraglichen Ausgestaltung vereinbart. Dabei handelt es sich um Allgemeine Geschäftsbedingungen (bzw. um einen Typenvertrag), so daß die VOB nicht durch bloßen Hinweis auf ihre Geltung, sondern durch Vereinbarung, § 2 AGBG, in den Vertrag einbezogen wird (vgl. oben 6.7). Teil A der VOB regelt das Verfahren bei der Bauleistungsvergabe, Teil B enthält die allgemeinen Vertragsbedingungen für die Ausführung der Bauleistung und Teil C bezieht sich auf die allgemeinen technischen Vorschriften für die Ausführung der Bauleistung. Die Werkvertragsbestimmungen des BGB, insbesondere diejenigen bezüglich der Rechte und Pflichten der Vertragsparteien (v. a. Gewährleistung, Schadensersatz, Verjährung) werden, gerade durch Teil B der VOB (VOB/B), vielfältig präzisiert bzw. abgewandelt.

Sondervereinbarungen

Die Verdingungsordnung für Leistungen (VOL), ebenfalls als Allgemeine Geschäftsbedingungen zu qualifizieren, befaßt sich mit der Auftragsvergabe für Nicht-Bauleistungen durch öffentliche Verwaltungen bei Werk-, Werklieferungs- bzw. Kaufverträgen. In Teil A der VOL wird das Vergabeverfahren, in Teil B (VOL/B) wird der Vertragsinhalt näher bestimmt. Zur Vergabe öffentlicher Aufträge vgl. die §§ 97 ff. GWB.

10.4 Dienstvertrag/Arbeitsvertrag

Der Dienstvertrag, geregelt in den §§ 611 ff. BGB, bezieht sich auf die entgeltliche Erbringung von Diensten. Diese Vorschriften sind auch wesentlich für den Arbeitsvertrag und das Arbeitsrecht (wenngleich dort darüber hinaus wichtige Sonderregeln gelten).

10.4.1 Vertragsgegenstand; Abgrenzung

Dienste/Vergütung — Der Dienstvertrag ist ein gegenseitiger Vertrag, bei dem sich der eine Teil, der Dienstverpflichtete, zur Leistung von vereinbarten Diensten irgendeiner Art, der andere Teil, der Dienstberechtigte bzw. Dienstherr, zur Entrichtung der vereinbarten Vergütung verpflichtet, § 611 BGB. Es geht hierbei also um das entgeltliche Tätigwerden für einen anderen *Erfolg* ohne unmittelbare Rücksicht auf einen etwa geschuldeten Erfolg, wie dies beim Werkvertrag der Fall und für die Abgrenzung dieser beiden Vertragstypen wesentlich ist. Wird nach Sinn und Zweck der vertraglichen Vereinbarung (nur) eine Tätigkeit geschuldet, und trifft das Risiko des Erfolges bzw. seines Ausbleibens den Dienstherrn, dann liegt ein Dienstvertrag vor. Wird über das Tun hinaus auch ein Erfolg geschuldet, den der Unternehmer herbeizuführen hat, dann handelt es sich um einen Werkvertrag.

```
                    ┌─────────────────────┐
                    │    Dienstvertrag    │
                    │   – §§ 611 ff. BGB –│
                    └─────────────────────┘
        ┌──────────────────────┐       ┌──────────────────────┐
        │ Dienstverpflichteter │◄─────►│  Dienstberechtigter  │
        └──────────────────────┘       └──────────────────────┘
                    ▼                              ▼
         Dienstleistung geschuldet         Vergütung geschuldet
           (nicht auch: Erfolg)
```

Schaubild 88: Dienstvertrag

Auftrag — Der Dienstvertrag ist im übrigen auch vom Auftrag(svertrag), §§ 662 ff. BGB, zu trennen. Die Unterscheidung liegt in der Entgeltlichkeit. Der Beauftragte verpflichtet sich nämlich zur unentgeltlichen Besorgung eines Geschäfts, § 662 BGB, wohingegen der Dienstverpflichtete seine Dienste nur gegen Entgelt leistet (vgl. das Beispiel oben 6.3.6).

Privatrecht — Durch einen Dienstvertrag wird ein privatrechtliches Dienstverhältnis begründet; hierunter fallen also nicht die öffentlich-rechtlich geregelten Dienst- und Treueverhältnisse der Richter, Soldaten und Beamten, für die Sondergesetze (DRiG, SoldG, BBG) gelten und die durch eine Ernennung begründet werden (vgl. etwa § 6 BBG).

Abzugrenzen ist der Dienstvertrag auch noch zum Geschäftsbesorgungsvertrag, § 675 BGB. Bei diesem werden Dienst- bzw. Werkverträge, die eine Geschäftsbesorgung zum Inhalt haben, weitgehend dem Auftragsrecht des BGB (§§ 663, 665-670, 672-674 bzw. 671 II BGB) unterstellt. Bei derartigen Geschäftsbesorgungen geht es vornehmlich um die ursprünglich dem Dienstberechtigten obliegende selbständige wirtschaftliche Tätigkeit, insbesondere die Wahrnehmung bestimmter Vermögensinteressen (s. u. 10.4.9).

Geschäftsbesorgung

Beispiele: für Geschäftsbesorgungsverhältnisse: Vermögensverwaltung; Bankgeschäfte; Baubetreuung; Kreditkarten (s. u. 10.4.9).

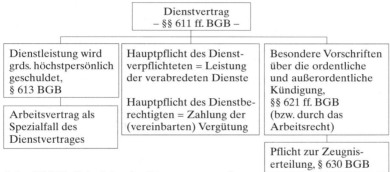

Schaubild 89: *Prinzipien des Dienstvertragsrechts*

10.4.2 Selbständige/unselbständige Dienstverhältnisse

Gegenstand des Dienstvertrages kann die selbständige, aber auch die unselbständige Dienstleistung sein.

Beim Dienstverhältnis über selbständige Dienste leistet der Dienstpflichtige zwar einem anderen entgeltlich Dienste, er bleibt dabei jedoch persönlich und wirtschaftlich unabhängig. Dies ist die Regel insbesondere bei den freien Berufen (vgl. § 1 II PartGG). Im jeweiligen Einzelfall ist zu prüfen, ob der Dienstverpflichtete Zeit und Ort seiner Dienste selbst bestimmen kann, und ob nicht eine Eingliederung in einen Betrieb bzw. Weisungsgebundenheit vorliegen. Zur Frage der Selbständig-

unabhängig

Schaubild 90: *Dienstverhältnisse*

keit läßt sich der Rechtsgedanke des § 84 I 2 HGB heranziehen: danach ist selbständig, wer im wesentlichen seine Tätigkeit frei gestalten und seine Arbeitszeit bestimmen kann.

Beispiele: Dauernde Beratung durch den Rechtsanwalt, Steuerberater, Wirtschaftsprüfer; Behandlung durch den Arzt; Anstellungsvertrag der Organmitglieder juristischer Personen (Vorstand der AG).

abhängig Bei einem Dienstverhältnis über unselbständige Dienste, das man Arbeitsverhältnis nennt, leistet der Dienstpflichtige, d. h. der Arbeitnehmer, einem anderen, dem Arbeitgeber (vgl. den Sprachgebrauch des BGB: zunächst waren diese Bezeichnungen nicht vorgesehen, nunmehr aber etwa die §§ 611 a, 622 I BGB) in persönlicher und wirtschaftlicher Abhängigkeit Dienste. Kennzeichen dafür sind die Eingliederung in einen Betrieb und die Weisungsgebundenheit. Dies ist meist dann gegeben, wenn der Dienstverpflichtete Zeit und Ort seiner Dienste nicht selbst bestimmen kann, wie es bei Arbeitern und Angestellten regelmäßig auch der Fall ist.

Beispiele: Büroangestellte; Angestellte in Forschungslabors; Arbeiter in Fabriken, auf dem Bau, u.v.m.

Nicht zuletzt wegen der mit einem Arbeitnehmerverhältnis verknüpften Sozialversicherungspflichten wird oftmals versucht, durch Ausgliederung bisheriger Tätigkeiten bzw. Mitarbeiter aus dem Unternehmen,

Beispiele: LKW-An-/Abtransporte; Beratungsleistungen,

„freie" Mitarbeiter die Arbeitnehmereigenschaft zu umgehen. Ob dies gelingt – Stichwort: freier Mitarbeiter – oder tatsächlich eine Scheinselbständigkeit vorliegt, ist vielfach problematisch. Bei der (zumeist von den Arbeitsgerichten anzustellenden) Abgrenzung wird insbesondere darauf abgestellt, ob „freie Mitarbeiter" so fest in die Arbeitsabläufe eines Betriebes eingebunden sind, daß ihre Möglichkeiten zur zeitlichen und inhaltlichen Gestaltung ihres Einsatzes (vgl. § 84 I 2 HGB) weitgehend eingeschränkt sind – wenn ja, dann liegt tatsächlich ein Arbeitnehmerstatus vor und das Arbeitsrecht (einschließlich sozialversicherungs- und kündigungsschutzrechtlicher Konsequenzen) ist anwendbar.

Beispiele: „freiberufliche" Versicherungsvertreter; amtlicher Fachaufsicht unterworfene Familienhelfer; an ein maschinenveräußerndes Unternehmen fest angebundene Kundenschulungsbeauftragte, die in den Gebrauch soeben veräußerter Maschinen einführen.

Arbeitsrecht Bei der Schaffung des BGB wurde die Abhängigkeit der unselbständig Tätigen nicht hinreichend berücksichtigt. Daher hat sich ein Sonderrecht des unselbständigen Dienstvertrages, das Arbeitsrecht, ausgebildet, für das die §§ 611 ff. BGB nur noch eine allgemeine Grundlage bilden. Näheres dazu s. u. 10.4.8. Der Dienstvertrag ist sehr häufig ein Dauerschuldverhältnis (vgl. oben 8.3.3); so auch der Arbeitsvertrag.

10.4.3 Pflichten des Dienstverpflichteten

Der Dienstverpflichtete ist zur Leistung der versprochenen Dienste gehalten, vgl. § 611 BGB. Im Zweifel sind die Dienste in Person zu leisten; der Anspruch auf die Dienstleistung kann grundsätzlich nicht auf Dritte übertragen werden, § 613 BGB. Soweit üblich und nötig darf der Dienstpflichtige allerdings im Rahmen seiner Leistungspflicht Erfüllungsgehilfen i.S.d. § 278 BGB (s. o. 8.13.2) hinzuziehen. Der Inhalt der Leistungspflicht richtet sich nach den vertraglichen bzw. gesetzlichen Bestimmungen.

Dienstleistung

10.4.4 Pflichten des Dienstberechtigten

Der Dienstberechtigte muß die vereinbarte Vergütung leisten. Ist deren Höhe im Vertrag selbst nicht genau bestimmt, so ist beim Bestehen einer „Taxe" (= Gebührenordnung) die entsprechende Vergütung geschuldet. Ansonsten ist die übliche Vergütung als vereinbart anzusehen, vgl. die §§ 611, 612 BGB (s. o. 10.3.1).

Vergütung

Beispiele: Tariflohnvereinbarung; BRAGO, GebO für Ärzte und Zahnärzte; HOAI; sucht ein in einen Wildunfall verwickelter Autofahrer den zuständigen Jagdpächter auf und läßt sich von diesem eine Wildunfallbescheinigung für seine (Kasko-)Versicherung ausstellen, so kommt hierdurch ein Dienstvertrag konkludent zustande und der Jagdpächter kann als übliche und angemessene, stillschweigend vereinbarte, Vergütung i.S.d. § 612 I, II BGB ein Entgelt verlangen (nach der Rspr. etwa DM 27,–).

Die Vergütung ist grundsätzlich in Geld zu zahlen und wird im Zweifel nach Erbringung der Dienste fällig, § 614 BGB.

10.4.5 Nebenpflichten

Der Dienstverpflichtete ist, insbesondere wegen des Grundsatzes von Treu und Glauben (s. o. 8.3.1.2; 8.3.2), § 242 BGB, sorgfalts-, schutz-, fürsorge- und treuepflichtig.

Beispiele: Verschwiegenheitspflicht von Arzt, Rechtsanwalt, Steuerberater; Nichtweitergabe von Daten; Aufklärungspflichten vor Operationen; Hinweis des Arbeitnehmers gegenüber dem Arbeitgeber, wenn er eine Störung an einer Maschine bemerkt.

Der Dienstberechtigte schuldet dem Dienstpflichtigen insbesondere Schutz und Fürsorge (vgl. etwa die §§ 617, 618 BGB).

Beispiele: Schutz vor Gefahren bei der Dienstleistungserbringung in Räumen des Dienstberechtigten, insbesondere am Arbeitsplatz; Einhaltung der Unfallverhütungsvorschriften.

Nach den §§ 629, 630 BGB werden daneben auch Freizeit zur Stellungssuche und ein Dienstzeugnis geschuldet.

10.4.6 Vertragsstörungen

Grundsätzlich gelten auch im Dienstvertragsrecht (bzw. Arbeitsrecht) die allgemeinen Regeln über die Leistungsstörungen (s. o. 9). Allerdings bestehen einige Besonderheiten (s. a. unten 10.4.8):

Verzug — Kommt der Dienstberechtigte mit der Annahme der Dienste in Verzug (§§ 293 ff. BGB), dann kann der Dienstpflichtige für die infolge des Verzuges nicht geleisteten Dienste die vereinbarte Vergütung verlangen, ohne zur Nachleistung verpflichtet zu sein, § 615 BGB.

Beispiele: Der Klavierschüler erscheint nicht zur Klavierstunde; der Patient hält den Behandlungstermin nicht ein; der GmbH-Geschäftsführer wird suspendiert; der Arbeitnehmer wird während des Kündigungsschutzprozesses nicht weiterbeschäftigt (s. u. 10.4.8.6) – obsiegt er, so hat er Anspruch auf Zahlung seiner Vergütung, obgleich er – da er nicht weiterbeschäftigt und damit die von ihm angebotene Arbeitsleistung nicht angenommen wurde – nicht gearbeitet hat.

Krankheit — Wird der Dienstpflichtige für eine verhältnismäßig nicht erhebliche Zeit durch einen in seiner Person liegenden Grund ohne sein Verschulden an der Dienstleistung gehindert, so behält er gleichwohl den Anspruch auf die Vergütung, § 616 BGB.

Beispiele: Schwere Erkrankung oder Tod eines nahen Angehörigen des Arbeitnehmers; notwendige Pflege eines erkrankten Kindes; Eheschließung. Nicht: allgemeine Straßenverkehrsstörungen; Eisglätte; Schneeverwehungen.

Da hinsichtlich einer Schlechterfüllung von Dienstleistungspflichten spezielle Gewährleistungsregeln im Dienstvertragsrecht des BGB nicht eigens bestehen, ist diesbezüglich ein weiter Anwendungsbereich der pVV gegeben.

Beispiele: Verletzung von Hinweispflichten; Beschädigung von Rechtsgütern bei Dienstleistungserbringung; Beratungsfehler.

10.4.7 Ende des Dienstverhältnisses

Das Dienstverhältnis endet mit dem Ablauf der Zeit, für die es eingegangen ist, mit dem Tod des Dienstverpflichteten (nicht aber ohne weiteres mit dem Tod des Dienstberechtigten), bzw. durch Kündigung, vgl. § 620 BGB.

Kündigung — Die Kündigung eines selbständigen, freien Dienstverhältnisses, soweit es sich nicht um ein Arbeitsverhältnis handelt, ist zulässig unter Einhaltung relativ kurzer gesetzlicher Fristen, § 621 BGB; bei Vorliegen wichtiger

Gründe kann es auch ohne Einhaltung einer Kündigungsfrist gekündigt werden, § 626 BGB.

Bei der Kündigung abhängiger Dienstverhältnisse sind grundsätzlich längere Fristen einzuhalten, und es werden vor allem ganz bestimmte Kündigungsgründe gefordert, wenn der Arbeitgeber kündigen will (s. u. 10.4.8.8).

10.4.8 Arbeitsvertrag

Wie bereits erwähnt (s. o. 10.4.2 a.E.), gelten für Dienstverhältnisse über unselbständige Dienste, d. h. Arbeitsverhältnisse, besondere Regeln. Wegen ihrer Vielfalt und Besonderheiten hat sich hierzu ein eigenes Sonderrechtsgebiet entwickelt, das Arbeitsrecht als Sonderrecht der Arbeitnehmer.

unselbständige Dienste

10.4.8.1 Arbeitsrecht

Im Rahmen des Arbeitsrechts werden insbesondere unterschieden:
- das Individualarbeitsrecht; dieses erfaßt die Rechtsbeziehung des einzelnen Arbeitnehmers zum Arbeitgeber auf Grund des individuellen Arbeitsvertrages;
- das Kollektivarbeitsrecht; hierzu rechnen die arbeitsrechtlich relevanten betrieblichen oder überbetrieblichen Vereinbarungen mit Betriebsräten bzw. Gewerkschaften, wie etwa Betriebsvereinbarungen oder Tarifverträge, bzw. das sog. Arbeitskampfrecht. Dafür finden sich gesetzliche Regelungen insb. im BetrVG, TVG, MitbestimmungsG, u.v.m.;
- das Arbeitsschutzrecht; dazu gehören vornehmlich Aspekte des Kündigungs-, Jugendarbeits-, Mutter-, Schwerbehindertenschutzrechtes, vgl. etwa KSchG, JugArbSchG, MuSchG, SchwbG, etc.

Individual-/ Kollektiv-/ Arbeitsschutzrecht

Arbeitsrecht		
Individualarbeitsrecht	Kollektivarbeitsrecht	Arbeitsschutzrecht
–Arbeitsverhältnis (Begründung; Inhalt; Beendigung) –Arbeitnehmer –Arbeitgeber	– Koalitionen, Art. 9 III GG (Gewerkschaften, Arbeitgeberverbände) – Tarifverträge – Betriebsvereinbarungen – Mitbestimmung – Arbeitskampfrecht	– Technischer Arbeitsschutz – Arbeitszeitschutz – Schutz bestimmter Personengruppen (Jugendliche; Schwerbehinderte; Schwangere)

Schaubild 91: Arbeitsrecht

Alle diese Aspekte bzw. Regelungen (zuzüglich der für Rechtsstreitigkeiten geltenden Besonderheiten der Arbeitsgerichtsbarkeit) wirken auf die Rechtsbeziehung zwischen Arbeitgeber und Arbeitnehmer ein. Sie in ihrer Fülle darzustellen würde den Rahmen einer wirtschaftsprivatrechtlichen Grundlagendarstellung überschreiten. Als wesentlich erscheint es demgemäß, zumindest einige Besonderheiten des Arbeitsrechtes, nämlich diejenigen, die sich auf die Basis des Rechtsverhältnisses zwischen Arbeitgeber und Arbeitnehmer beziehen, in die Betrachtung einzuschließen.

10.4.8.2 Grundlagen

Der Arbeitsvertrag ist ein Sonderfall des Dienstvertrages. Er ist gerichtet auf die Leistung abhängiger Dienste und bindet die Vertragspartner regelmäßig für einen längeren Zeitraum (Dauerschuldverhältnis; s. o. 8.3.3).

Arbeitnehmer Arbeitnehmer ist derjenige, der in einem Arbeitsverhältnis zu einem anderen, dem Arbeitgeber, steht, und von diesem abhängige, weisungsgebundene, nichtselbständige (s. o. 10.4.2) Arbeit leistet.

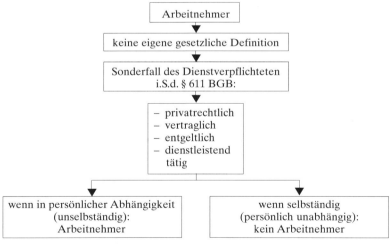

Schaubild 92: Arbeitnehmer

Arbeitnehmer sind nicht

– Mitglieder von Organen juristischer Personen, die diese gesetzlich vertreten,
 Beispiele: GmbH-Geschäftsführer; Vorstandsmitglied einer AG,

- Beamte, Richter, Soldaten, die in einem öffentlich-rechtlichen Dienst- und Treueverhältnis stehen (s. o. 10.4.1),
- die in § 5 II BetrVG angeführten Personen,
  Beispiel: oHG-Gesellschafter.

Sie leisten jeweils auf Grundlage besonderer Anstellungs- bzw. Rechtsverhältnisse Dienst.

Arbeitgeber ist, wer mindestens einen Arbeitnehmer beschäftigt. Arbeitgeber können natürliche und juristische Personen sein. Ist eine juristische Person Arbeitgeber (sog. abstrakter Arbeitgeber, da sie nicht selbst agieren kann, für sie vielmehr Menschen handeln müssen, s. o. 3.2), so werden die Arbeitgeberfunktionen von denjenigen ihrer Mitarbeiter ausgeübt, die dazu intern bestimmt sind (sog. konkreter Arbeitgeber). Arbeitgeber

Grundlage der beiderseitigen Verpflichtungen ist der Arbeitsvertrag, durch den sich der Arbeitnehmer verpflichtet, seinem Arbeitgeber gegen Entgelt Arbeit zu leisten. Dem Arbeitgeber obliegen neben der Pflicht zur Zahlung des Entgelts (Lohnes) insbesondere noch Sorgfalts- bzw. Schutzpflichten, aber auch steuer- bzw. sozialversicherungsbezogene Aufgaben (Abführung von Lohnsteuer und Sozialversicherungsbeiträgen). Der Arbeitnehmer schuldet neben der Tätigkeitserbringung ebenfalls weitere (Neben-)Pflichten (bspw. Verschwiegenheit, Verbot der Schmiergeldannahme, Wettbewerbsverbot, vgl. die §§ 60, 61 HGB, Pflicht zur Anzeige drohender Schäden, etc., s. o. 10.4.5). Die Gesamtheit der Rechtsbeziehungen zwischen Arbeitgeber und Arbeitnehmer nennt man Arbeitsverhältnis, das begrifflich über die im Arbeitsvertrag getroffenen Vereinbarungen hinausgeht. Es lassen sich unterscheiden Arbeitsvertrag

Arbeits-
verhältnis

- unbefristete Vollzeit-Arbeitsverhältnisse,
- Teilzeit-,
- befristete -,
- Leih-,
- Telearbeitsverhältnisse.

10.4.8.3 Zustandekommen

Der Arbeitsvertrag kommt nach den allgemeinen vertraglichen Regeln (vgl. die §§ 145 ff. BGB) zustande. Schriftform ist grundsätzlich nicht erforderlich, wird allerdings häufig gewählt. Im Arbeitsvertrag wird vielfach auf einen Tarifvertrag Bezug genommen („Einbeziehungsklausel"). Anbahnung

Bereits bei der Anbahnung des Arbeitsvertrages gelten besondere Rücksichtnahmepflichten: der Arbeitgeber muß bspw. Stellen geschlechts- Rücksicht-
nahme neutral ausschreiben, §§ 611 a, b BGB, über die Anforderungen des (etwaigen künftigen) Arbeitsplatzes informieren, Bewerbungsunterlagen sorgfältig und diskret behandeln, darf keine unzulässigen Fragen

(*Beispiele:* nach einer lediglich beantragten Kur, Schwangerschaft, Gewerkschaftszugehörigkeit, Religions-, Parteizugehörigkeit, wenn dafür kein rechtfertigender Grund besteht)

stellen; der Bewerber muß wesentliche, einer Einstellung zwingend entgegenstehende, Tatsachen offenbaren,

(*Beispiele:* Eine bereits eingetretene Krankheit oder periodisch wiederkehrende Beschwerden, die die Arbeitsaufnahme verhindern; oder: ein bestehendes Wettbewerbsverbot, vgl. die §§ 74 ff. HGB),

bzw. auf zulässige Fragen zutreffend antworten, ansonsten kann der Arbeitgeber u. U. das Arbeitsverhältnis kündigen oder gemäß den §§ 123 BGB bzw. 119 II BGB anfechten (s. u.). Vorstellungskosten eines eingeladenen Bewerbers (Reise-, Übernachtungskosten) muß der Arbeitgeber entsprechend § 670 BGB erstatten.

Schuldhafte Pflichtverletzungen können zu (Schadensersatz-)Ansprüchen aus cic führen (s. o. 9.8) bzw. – bei Verstoß gegen die Pflicht zur geschlechtsneutralen Stellenausschreibung – aus § 611 a II BGB.

Beispiel: Wenn der Arbeitgeber einem Bewerber die Einstellung verbindlich zusagt, dieser dann beim bisherigen Dienstherrn kündigt, dann aber wegen zwischenzeitlicher Rationalisierungsmaßnahmen die zu besetzende Stelle wegfällt (womit der neue Arbeitgeber zwar gerechnet, dies dem Kandidaten aber nicht mitgeteilt hatte), hat der düpierte Bewerber einen Anspruch auf Schadensersatz aus cic.

10.4.8.4 Faktisches Arbeitsverhältnis

Besonderheiten ergeben sich auch bei der Anfechtung eines Arbeitsvertrages: sollte sich der Arbeitgeber beim Abschluß des Arbeitsvertrages geirrt haben – in Frage käme etwa ein Irrtum über eine verkehrswesentliche Eigenschaft des Arbeitnehmers, § 119 II BGB,

Beispiele: Mehrere Vorstrafen wegen straßenverkehrsrechtlicher Delikte bzw. mangelnde Fahrpraxis eines Berufskraftfahrers (s.a. das Beispiel 8.3.3 a.E.),

oder wegen arglistiger Täuschung (§ 123 BGB),

Beispiel: Bewußtes Verschweigen diebstahls- bzw. unterschlagungsbedingter Verurteilungen eines Kassierers,

Anfechtung ex nunc — so wirkt die Anfechtung regelmäßig ausnahmsweise (vgl. § 142 I BGB) nicht ex tunc, sondern erst ex nunc mit Zugang der Anfechtungserklärung, sog. faktisches Arbeitsverhältnis (s. o. 6.8.2.4; 8.3.3). Der Arbeitnehmer behält dadurch, soweit er bereits in der Vergangenheit Arbeit geleistet hat, seine Ansprüche auf Entgelt, Urlaubsgewährung etc. Gleiches gilt in Fällen der Nichtigkeit eines Arbeitsvertrages (§§ 134, 138 BGB). Bei Teilnichtigkeit gilt ggf. § 139 BGB (s. o. 6.8.1.1 a.E.).

Kannte der Arbeitnehmer die Nichtigkeit des Arbeitverhältnisses bzw. wird gegen die Gesetze verstoßen (vgl. § 134 BGB, auch § 138 BGB), dann liegt ein faktisches Arbeitsverhältnis wegen Verstoßes gegen § 242 BGB jedoch nicht vor.

Beispiel: Der Arbeitnehmer läßt sich als Drogenkurier einsetzen – er kann keine Ansprüche geltend machen.

10.4.8.5 Direktionsrecht

Während der Dauer des Arbeitsverhältnisses, das die Gesamtheit der Rechtsbeziehungen zwischen Arbeitgeber und Arbeitnehmer umfaßt, ist der Arbeitnehmer dem Direktions- bzw. Weisungsrecht des Arbeitgebers unterworfen: der Arbeitgeber kann grundsätzlich Arbeitsort, -zeit und -inhalt näher bestimmen, der Arbeitnehmer muß dem nachkommen. *Weisungsbefugnis*

Das Direktionsrecht ist nicht unbeschränkt, vielmehr im Rahmen billigen Ermessens (§ 315 I BGB) auszuüben (s. o. 8.3.1.1).

Beispiele: Der Arbeitgeber muß den Arbeitnehmer grundsätzlich angemessen (nicht unterwertig) beschäftigen, darf nicht willkürlich versetzen.

10.4.8.6 Leistungsstörungen

Kommt der Arbeitnehmer seiner Pflicht zur Arbeitsleistung schuldhaft nicht nach,

Beispiel: Er „feiert krank",

so wird der Arbeitgeber gemäß § 325 BGB von der Lohnzahlungspflicht (Gegenleistung) frei. Das gilt grds. auch beim Arbeitskampf (Streik).

Hat der Arbeitgeber die Nichterbringbarkeit der Arbeitsleistung zu vertreten, so schuldet er das Entgelt, § 324 I BGB.

Beispiel: Eine ungerechtfertigte Aussperrung.

Haben weder Arbeitgeber noch Arbeitnehmer die Unmöglichkeit der Arbeitsleistung zu vertreten, so gilt § 323 BGB nur sehr eingeschränkt („ohne Arbeit kein Lohn"). Vielmehr bleibt der Arbeitgeber nach den Grundsätzen des EFZG bei unverschuldeter Arbeitsunfähigkeit des Arbeitnehmers infolge Krankheit bis zur Dauer von sechs Wochen entgeltzahlungspflichtig. Dies gilt auch bei kurzfristigen Verhinderungen des Arbeitnehmers aus sonstigen persönlichen Gründen, § 616 BGB (s. o. 10.4.6), sowie beim Annahmeverzug des Arbeitgebers. *Lohnfortzahlung*

Beispiel: Der Arbeitnehmer bietet seine Arbeitsleistung an, der Arbeitgeber nimmt sie nicht an, weil er ihm – zu Unrecht – wegen einer behaupteten Unterschlagung ein Hausverbot erteilt hat (s. a. 9.5.2 a.E., 10.4.6).

10.4.8.7 Arbeitnehmerhaftung

Haftungserleichterungen Fügt der Arbeitnehmer seinem Arbeitgeber Schaden zu, so ist er grds. nach den Regeln der pVV (s. o. 9.7) bzw. des Deliktsrechts, §§ 823 ff. BGB (s. u. 12), ersatzpflichtig. Da eine uneingeschränkte Haftung oftmals übermäßig und unbillig wäre, gewährt die Rspr. insoweit Haftungserleichterungen (s. o. 9.2 a.E.):

Vorsatz
– bei vorsätzlicher Pflichtverletzung haftet der Arbeitnehmer dem Arbeitgeber für Schäden in voller Höhe;

Beispiel: Aus Wut über eine – berechtigte – Zurechtweisung durch seinen Vorgesetzten fährt der Arbeitnehmer mit dem Bagger an ein Hoftor;

grobe,
– bei grober Fahrlässigkeit kommt es, je nach Einzelfall, entweder zur vollen Arbeitnehmerhaftung oder (nur) zu einer, monatseinkommensbezogenen, anteiligen Haftung (Quotelung);

Beispiele: Ein Berufskraftfahrer fährt mit 1,5 ‰ Alkohol im Blut und verursacht einen Unfall; oder: eine Angestellte verursacht am PKW des Arbeitgebers einen Schaden von DM 7500,–, weil sie grob fahrlässig während der Fahrt zu lange auf ihren auf der Mittelkonsole liegenden Stadtplan „geschielt" hatte – in diesem Fall wurde der Ersatzanspruch des Arbeitgebers durch die Rspr. aufgrund einer Monatsgehalt, Risiko, Schadenshöhe und persönliche Verhältnisse berücksichtigenden Haftungsabwägung auf ein Bruttomonatsgehalt begrenzt (d. h. konkret auf DM 1500,–);

mittlere,
– bei mittlerer Fahrlässigkeit wird der Schaden zwischen Arbeitnehmer und Arbeitgeber geteilt („gequotelt"),

Beispiel: Beim Aussteigen „schrammt" der Arbeitnehmer die Türe des Geschäftswagens an eine Mauer und zerkratzt dabei den Lack – dabei schuldet er dem Arbeitgeber nach der Rspr. regelmäßig nur den Betrag, der der Selbstbeteiligung bei einer Vollkaskoversicherung entspricht (selbst wenn tatsächlich eine solche gar nicht besteht);

einfache Fahrlässigkeit
– und bei einfacher Fahrlässigkeit entfällt die Haftung des Arbeitnehmers.

Schädigt der Arbeitnehmer einen im selben Betrieb tätigen Arbeitskollegen durch eine betriebliche Tätigkeit (Arbeitsunfall), so ist er, da der Verletzte Leistungen aus der gesetzlichen Unfallversicherung erhält, für zugefügte Personenschäden nicht haftbar, § 105 SGB VII (eine Verpflichtung etwa aus den §§ 847 ff. BGB besteht insoweit nicht).

Beispiel: Der Arbeitnehmer läßt versehentlich ein schweres Eisenteil auf den Fuß eines Arbeitskollegen fallen; er schuldet nach § 105 I SGB VII weder Schadensersatz noch Schmerzensgeld.

Schaubild 93: Arbeitnehmerhaftung

Dieses Haftungsprivileg des § 105 SGB VII gilt aber nicht für Sachschäden: diese sind grundsätzlich zu ersetzen (bspw. gemäß § 823 I BGB). Allerdings hat der Arbeitnehmer bei der Schadenszufügung zu Lasten eines Arbeitskollegen einen Anspruch auf Freistellung gegenüber seinem Arbeitgeber entsprechend § 670 BGB (nach den soeben dargelegten Regeln über die verschuldensabgestufte Arbeitnehmerhaftung).

Freistellungsanspruch

Beispiel: Der Arbeitnehmer verursacht auf Grund einer kleinen Unachtsamkeit (= einfache Fahrlässigkeit) einen Unfall mit dem Dienstfahrzeug. Dem Arbeitgeber haftet er nicht (s. o.); von Ansprüchen eines etwa mitfahrenden verletzten Arbeitskollegen sowie eines bspw. geschädigten Unfallgegners muß der Arbeitgeber ihn freistellen (vgl. auch 12.5.6).

Fügt der Arbeitnehmer einem (nicht zum Betrieb zählenden) Dritten (etwa einem Kunden oder Passanten) Schaden zu, so haftet er hierfür, §§ 823 ff. BGB (und der Arbeitgeber ggf. aus pVV oder § 831 BGB; s. o. 8.13). Bei leichter und mittlerer Fahrlässigkeit hat der Arbeitnehmer dann einen Freistellungsanspruch gegenüber dem Arbeitgeber im Innenverhältnis (entsprechend § 670 BGB).

Demgegenüber gilt zur Haftung des Arbeitgebers dem Arbeitnehmer gegenüber folgendes:

Arbeitgeberhaftung

Für Personenschäden, die der Arbeitnehmer bei einem Arbeitsunfall erleidet, haftet der Arbeitgeber regelmäßig nicht, § 104 SGB VII (hier leistet die gesetzliche Unfallversicherung).

Für Sachschäden, die sich der Arbeitnehmer zuzieht, haftet der Arbeitgeber, wenn sie außergewöhnlich in Vollzug gefährlicher Arbeit entstanden sind und dieses Risiko nicht durch eine besondere Vergütung abgedeckt wurde.

Beispiel: Der Arbeitnehmer erleidet einen Unfall mit seinem Privat-Kfz, das er auf Wunsch des Arbeitgebers benutzt. Für die Reparaturkosten, ggf. auch die Rückstufungsnachteile bei der Kfz-Versicherung, muß der Arbeitgeber einstehen (entsprechend § 670 BGB), es sei denn, der Arbeitgeber hätte dem Arbeitnehmer für die Benutzung des eigenen PKW eine gesonderte Vergütung gezahlt.

Für arbeitsadäquate Schäden,

Beispiel: Abnutzung der bei der Arbeit getragenen Kleidung,

haftet der Arbeitgeber grundsätzlich nicht, auch nicht für Schäden, die der Privatsphäre des Arbeitnehmers zuzurechnen sind.

Beispiel: Der Arbeitnehmer fährt mit seinem PKW zur Arbeitsstelle und erleidet dabei einen Blechschaden.

Mankohaftung Im übrigen gilt für die Haftung des Arbeitnehmers bei Fehlbeständen (sog. Mankohaftung) noch folgendes:

Ist der Arbeitnehmer für den Bestand eines Warenlagers oder für eine Kasse verantwortlich, so schuldet er dem Arbeitgeber Herausgabe (§§ 675, 667 BGB), und zwar grundsätzlich in vollständiger Höhe. Für einen Fehlbestand (Manko) haftet er dann, da ihm die Herausgabe insoweit unmöglich ist, wegen § 280 BGB, bzw. nach pVV oder ggf. den §§ 823 ff. BGB. Allerdings muß die Verantwortlichkeit alleine beim Arbeitnehmer liegen,

Beispiel: Nur er hat Zugriff/Zugang zur Kasse,

was der Arbeitgeber beweisen muß. Darüber hinaus sind zugunsten des Arbeitnehmers die obigen Grundsätze zur verschuldensabgestuften Arbeitnehmerhaftung zu beachten.

10.4.8.8 Beendigung

Kündigungsschutz Die Beendigung des Arbeitsvertrages durch Kündigung seitens des Arbeitgebers unterliegt Restriktionen: bei ordentlichen Kündigungen ist bspw. insbesondere das KSchG zu beachten. Danach ist, wenn das Arbeitsverhältnis länger als sechs Monate bestanden hat und der Betrieb regelmäßig mehr Arbeitnehmer als die Mindestanzahl des § 23 KSchG beschäftigt, die Kündigung nur wirksam, wenn sie sozial gerechtfertigt ist, § 1 KSchG. Das ist dann der Fall, wenn sie personen-, verhaltens- oder betriebsbedingt ist.

Beispiele: Ständige unzumutbare Erkrankungen des Arbeitnehmers bei negativer Gesundheitsprognose (personenbedingter Kündigungsgrund); wiederholtes unentschuldigtes Fehlen trotz Abmahnung (verhaltensbedingt); Absatzeinbrüche (betriebsbedingt).

Bei außerordentlichen Kündigungen ist § 626 BGB zu wahren (s. o. 8.14.2.10).

Desweiteren müssen Kündigungsfristen eingehalten werden, vgl. § 622 BGB.

Bei einer offensichtlich unwirksamen Kündigung bzw. nach Obsiegen des Arbeitnehmers im Kündigungsschutzprozeß in erster Instanz vor dem Arbeitsgericht erkennt die Rspr. einen auf die §§ 611, 613, 242 BGB i.V.m. Art. 1 u. 2 GG gestützten arbeitsvertraglichen Weiterbeschäftigungsanspruch an. Ein solcher kann sich u. U. auch aus § 102 V BetrVG ergeben.
<small>Weiterbeschäftigung</small>

Befristungen des Arbeitsvertrages sind zur Vermeidung der Umgehung des Kündigungsschutzes nur beschränkt möglich. Hierzu sind insbesondere die Regeln des BeschFG zu beachten (regelmäßig bis zur Dauer von zwei Jahren, vgl. § 1 BeschFG).
<small>Befristungen</small>

10.4.8.9 Kaufmännische Sonderregeln

Für kaufmännische Angestellte – Handlungsgehilfen und Handlungslehrlinge – enthalten die §§ 59 ff. HGB Sonderregeln (sog. kaufmännisches Arbeitsrecht).
<small>kaufmännisches Arbeitsrecht</small>

Beispiele: Verkäufer, Buchhalter, Einkäufer, Lagerpersonal, Sekretärin, Versicherungsvertreter.

Während des Arbeitsverhältnisses gilt für sie gemäß den §§ 60, 61 HGB ein gesetzliches Wettbewerbsverbot. Die Vereinbarung nachvertraglicher Wettbewerbsverbote ist zulässig, allerdings durch die §§ 74 ff. HGB zum Schutz des kaufmännischen Arbeitnehmers beschränkt. Fürsorgepflicht, Gehaltszahlungspflicht, Zeugnisanspruch sind eigens statuiert, §§ 62 ff. HGB. Diese Sonderregeln werden aber durch die allgemeinen arbeitsrechtlichen Grundsätze bzw. das Richterrecht weitgehend überlagert. Zu beachten sind i. ü. insbesondere auch die §§ 17, 18 UWG.

10.4.9 Geschäftsbesorgungsvertrag

Wirtschaftsrechtlich relevant im Bereich der Dienstleistungserbringung ist neben dem Werkvertrag (s. o. 10.3) und dem Dienstvertrag (s. o. 10.4.1) noch der Geschäftsbesorgungsvertrag. Dieser nimmt hierbei eine Mittelstellung ein:

Dienst- bzw. Werkverträge, die eine Geschäftsbesorgung zum Inhalt haben, werden gemäß § 675 BGB weitgehend dem Auftragsrecht des BGB (§§ 663, 665-670, 672-674 bzw. 671 II BGB) unterstellt. Geschäftsbesorgung ist dabei eine entgeltliche, selbständige wirtschaftliche Tätigkeit, die eigentlich im Rechtskreis des Geschäftsherrn liegt und für die er
<small>Begriff</small>

selbst zu sorgen hätte, die ihm aber vom geschäftsbesorgenden Vertragspartner abgenommen wird.

Beispiele: Bankgeschäfte (Giro-, Überweisungs-, Kreditgeschäfte); Scheckvertrag (s. u. 19.5.2); Steuerberatung; Rechtsberatung; Reisevermittlung; Kommissions- (s. u. 10.9.3), Speditions-, Frachtgeschäfte (s. u. 10.10); Kreditkartenvertrag.

Die in § 675 BGB in Bezug genommenen Vorschriften ergänzen den zugrundeliegenden Dienst- oder Werkvertrag um die Aspekte der persönlichen Leistungspflicht (§ 664 BGB), Auskunfts- und Rechenschaftspflicht (§ 666 BGB), Herausgabepflicht (§ 667 BGB) und Aufwendungsersatzpflicht (§§ 669 f. BGB).

Beispiele: Die Bank darf bei der Überweisung vom Girokonto dieses gemäß den §§ 675, 670 BGB mit dem entsprechenden Betrag belasten; ebenso bei der Zahlung auf einen Scheck; bei einer begünstigenden Überweisung muß sie entsprechend gutschreiben, §§ 675, 667 BGB (zum Begriff der – vom Schaden zu trennenden – Aufwendung vgl. oben 8.12.2).

Verletzt der Geschäftsbesorger die ihm obliegenden Pflichten, so ist er ggf. nach den Regeln der pVV (s. o. 9.7) schadensersatzpflichtig.

Beispiel: Der Steuerberater haftet für dem Steuerpflichtigen wegen verdeckter Gewinnausschüttung (vgl. die §§ 8 III 2 KStG, 7 GewStG) entstandene Mehrsteuern bei steuerschädlicher Zuwendung von Geschäftsführergehalt an den Alleingeschäftsführer einer GmbH, wenn er diesbezüglich nicht hinreichend berät (etwa nicht die Vereinbarung einer einwandfreien Tätigkeitsvergütung rechtzeitig anregt und nicht auf die Notwendigkeit deren tatsächlicher Durchführung hinweist).

Überweisung Die wirtschaftlich so bedeutsame (und daher hier näher dargestellte) Überweisung innerhalb des auf Geschäftsbesorgung gerichteten Dienst- bzw. Bankvertrages beruht dabei rechtlich auf einer Weisung des Bankkunden, §§ 675, 665 BGB (nicht: § 783 BGB!):

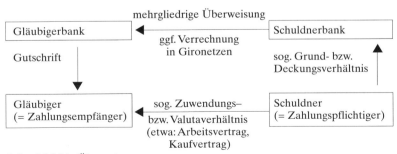

Schaubild 94: Überweisung

Grund- Das Rechtsverhältnis zwischen dem Schuldner und der Schuldnerbank
verhältnis ist das Grund- bzw. Deckungsverhältnis (es erklärt den Grund für die

Leistung der Bank, die hierfür eine Deckung haben soll); dasjenige zwischen dem Schuldner und dem Gläubiger ist das Zuwendungs- bzw. Valutaverhältnis; die Rechtsbeziehung zwischen Schuldnerbank und Gläubiger, das sog. Vollzugs- bzw. Drittverhältnis, ist grundsätzlich kein vertragliches Rechtsverhältnis, begründet aber ggf. ein vertragsähnliches Vertrauensverhältnis (s. o. 8.6.3). Valutaverhältnis
Vollzugsverhältnis

Etwaige Mängel im Deckungsverhältnis bzw. im Valutaverhältnis sind grundsätzlich nur in diesen jeweiligen Rechtsbeziehung geltend zu machen bzw. auszugleichen (insb. im Hinblick auf ungerechtfertigte Bereicherungen gemäß den §§ 812 ff. BGB, s. u. 11). Die Problematik ähnelt somit derjenigen des Vertrages zugunsten Dritter (z. B. Lebensversicherung oder Sparbuch zugunsten Dritter; zum Scheck s. u. 19.5).

Kaufleute (insbesondere also auch Banken) müssen Anträge auf Geschäftsbesorgung bei bestehender Geschäftsverbindung im übrigen gemäß § 362 HGB unverzüglich beantworten (s. o. 6.3.1.2).

Entgeltliche Geschäftsbesorgung liegt auch vor beim Kreditkartenvertrag zwischen dem Universalkreditkartenaussteller, Kreditkarte

Beispiele: Eurocard, American Express,

und dem Kreditkarteninhaber (Deckungsverhältnis). Der Aussteller wird dabei verpflichtet, Verbindlichkeiten des Kreditkarteninhabers zu tilgen, die dieser bei Vertragsunternehmen des Ausstellers durch Ausstellen und Hingabe eines Leistungsbeleges begründet (= Weisung, §§ 675, 665 BGB).

Beispiel: Der Kunde betrifft ein Ladengeschäft, das sich durch einen an der Ladentür angebrachten Aufkleber als Kreditkarten-Akzeptant zu erkennen gibt, und kauft dort ein (Valutaverhältnis).

Aufgrund eines Rahmenvertrages zwischen den Kreditkartenausstellern und den jeweiligen Vertragsunternehmen sind diese verpflichtet, Leistungsbelege ihrer Kunden anzunehmen, jene dagegen kaufen die Forderungen des jeweiligen Vertragsunternehmens, die diesen gegenüber Dritten zustehen – insoweit liegt ein Forderungskauf i. S. d. §§ 433 I 2, 437 BGB vor (bei dem der Kaufpreis allerdings i. d. R. um ca. 3-5 % unter der Höhe der gekauften Forderung liegt), wobei der Vertragsunternehmer den Anspruch gegen seinen Schuldner an den Kreditkartenaussteller abtritt, § 398 BGB (s. o. 8.8.2). Rahmenvertrag

Forderungskauf

Leistet der Kreditkartenaussteller demzufolge Zahlung an sein Vertragsunternehmen (Vollzugsverhältnis), so liegt hierin die Erfüllung (§ 362 I BGB) der seitens des Kreditkarteninhabers dem Vertragsunternehmer geschuldeten Verbindlichkeit. Alsdann zieht der Kartenaussteller- Erfüllung ler vereinbarungsgemäß den sich aus dem Leistungsbeleg ergebenden Betrag bei der Bank des Karteninhabers ein.

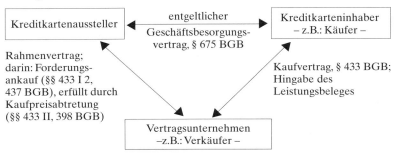

Schaubild 95: Rechtsverhältnisse bei Kreditkarten

10.5 Mietvertrag

Die entgeltliche Gebrauchsüberlassung einer Sache auf Zeit regelt der Mietvertrag, §§ 535 ff. BGB.

10.5.1 Vertragsgegenstand

Gebrauchsüberlassung
Der Mietvertrag ist ein gegenseitig verpflichtender Vertrag, durch den dem Mieter eine Sache auf Zeit zum Gebrauch überlassen wird. Der Mieter ist im Gegenzug dem Vermieter gegenüber mietzinszahlungspflichtig, § 535 BGB. Wird eine Sache unentgeltlich zum Gebrauch überlassen, handelt es sich rechtlich um eine Leihe, §§ 598 ff. BGB. Eine Gebrauchsüberlassung mit dem Recht der Fruchtziehung ist Pacht, §§ 581 ff. BGB (s. u. 10.5.10).

Gegenstand
Gegenstand des Mietvertrages können bewegliche und unbewegliche Sachen sein, Sachgesamtheiten oder Sachteile, nicht aber Rechte.

Beispiele: Maschinen; Grundstücke; möblierte Wohnungen; Hauswände für Reklamezwecke.

Die selbständige Vermietbarkeit von Räumen als Sachteilen eines Grundstückes ist rechtlich ausdrücklich bestimmt, vgl. § 580 BGB.

Form
Für den Abschluß des Mietvertrages gelten die allgemeinen Regeln über Willenserklärungen und Verträge. Der Mietvertrag ist grundsätzlich formfrei. Lediglich Mietverträge über Grundstücke und Räume für länger als ein Jahr bedürfen der Schriftform. Wird diese Form allerdings nicht beachtet, so ist der Vertrag nicht etwa unwirksam, sondern gilt als auf unbestimmte Zeit abgeschlossen. Eine Kündigung ist dann frühe-

stens zum Schluß des ersten Vertragsjahres (nicht Kalenderjahres) möglich, § 566 BGB.

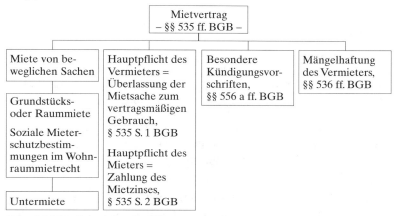

Schaubild 96: Prinzipien des Mietvertragsrechts

10.5.2 Pflichten des Vermieters

Der Vermieter muß dem Mieter die Mietsache überlassen, ihm also den ungestörten Sachgebrauch verschaffen und während der Mietzeit gewähren. Die Mietsache ist im vertragsgemäß gebrauchsfähigen Zustand zu übergeben und in diesem Zustand zu erhalten, §§ 535 S. 1, 536 BGB. Grundsätzlich muß also der Vermieter sämtliche während der Mietzeit erforderlichen Instandhaltungsarbeiten und Reparaturen durchführen lassen. In der Praxis wird diese Pflicht allerdings häufig vertraglich, insbesondere in AGBen (s. o. 6.7), auf den Mieter abgewälzt.

Mietsache

Die Lasten der Mietsache,

Beispiele: Steuern; Straßenanlieger-, Kanalisations-, Müllabfuhr-, Schornsteinfegergebühren; Brandversicherung,

fallen ebenfalls grundsätzlich dem Vermieter zur Last, § 546 BGB, es sei denn, vertraglich ist etwas anderes vereinbart. Notwendige Verwendungen des Mieters für die Mietsache (s. a. § 994 BGB), zum

Verwendungen

Beispiel: Kosten für dringende Reparaturen (wenn etwa im Mietraum eine Wasserleitung platzt und schnellstens repariert werden muß),

sind ihm vom Vermieter zu ersetzen, § 547 I 1 BGB. Sonstige, nicht notwendige Verwendungen sind ggf. nach den Regeln der Geschäftsführung ohne Auftrag, §§ 677 ff. BGB (s. u. 13), zu erstatten, § 547 II BGB,

Beispiel: Anpflanzungen auf dem gemieteten Grundstück.

Der Vermieter muß grundsätzlich auch dulden, daß der Mieter eingebrachte Sachen bei Mietende wegnimmt, § 547 a BGB.

10.5.3 Pflichten des Mieters

Mietzins — Der Mieter hat den vereinbarten Mietzins an den Vermieter zu zahlen, § 535 S. 2 BGB. Wenn nicht anders vereinbart, ist die Miete nachträglich fällig, § 551 BGB. Der Mieter muß die Mietsache sorgfältig behandeln und darf von ihr keinen vertragswidrigen Gebrauch machen (ansonsten ist u. U. eine fristlose Kündigung möglich, § 553 BGB). Ohne Erlaubnis

Weitervermietung — des Vermieters darf der Mieter den Gebrauch der Sache keinem anderen überlassen. Wenn nach Abschluß des Mietvertrages ein berechtigtes Interesse an der Weitervermietung entstanden ist,

Beispiel: Verschlechterte Vermögensverhältnisse des Mieters,

kann der Mieter vom Vermieter die Erlaubnis zur Weitervermietung eines Teils des gemieteten Wohnraums verlangen (wobei er ein Verschulden seines Untermieters bei einer solchen Untervermietung zu vertreten hat), § 549 BGB.

Mängelanzeige — Bemerkt der Mieter Mängel der Mietsache, dann muß er dies dem Vermieter unverzüglich anzeigen, § 545 BGB. Ansonsten macht er sich schadensersatzpflichtig und verliert Gewährleistungsansprüche (s. u.). Nach Beendigung des Mietverhältnisses ist der Mieter zur Rückgabe der Mietsache verpflichtet, § 556 BGB. Andernfalls kann der Vermieter die Rechte aus § 557 BGB geltend machen.

10.5.4 Nebenpflichten

Beide Parteien treffen aus dem Gesichtspunkt von Treu und Glauben, § 242 BGB, Nebenpflichten. So hat der Vermieter etwa die Sorgfalts-, Fürsorge- und Verkehrssicherungspflicht (s. o. 8.3.1.2; 8.3.2).

Beispiele: Er muß eine vorteilhaftere Nutzung der Mietsache durch den Mieter dulden, etwa den Einbau von Doppelfenstern; er hat den ungefährdeten Zutritt zur Mietsache zu sichern, bspw. eine schadhafte Treppe auszubessern.

Dritte — Diese Pflicht gilt unter dem Gesichtspunkt des Vertrages mit Schutzwirkung zugunsten Dritter (s. o. 8.6.4) auch gegenüber dem Mieter nahestehenden Personen.

Den Mieter trifft bspw. eine Sorgfaltspflicht dergestalt, daß er die Mietsache pfleglich behandeln muß (ungeachtet dessen, daß Abnutzung durch vertragsmäßigen Gebrauch nicht zu seinen Lasten geht, § 548 BGB). Bei

Zurechnung — der Erfüllung dieser Pflichten muß der Mieter für Erfüllungsgehilfen,

Beispiele: bei der Wohnraummiete mitwohnende Familienmitglieder, bei der Geschäftsraummiete Mitarbeiter,

gemäß § 278 BGB – etwa im Rahmen eines gegen ihn gerichteten Anspruchs des Vermieters aus pVV wegen Sorgfaltspflichtverletzungen – einstehen (s. o. 7.3.3; 8.13.2).

10.5.5 Vermieterpfandrecht

Der Vermieter hat an den vom Mieter eingebrachten Sachen für seine Forderungen aus dem Mietverhältnis ein gesetzliches Pfandrecht, § 559 BGB (s. a. die §§ 1257, 1204 ff. BGB). Er kann also die ungerechtfertigte Entfernung der Sachen verhindern und ggf. ihre Rückschaffung verlangen (s. u. 15.6).
Pfandrecht

10.5.6 Haftung für Mängel

Wenn die Mietsache mit einem Fehler behaftet ist, der den vertragsgemäßen Gebrauch erheblich mindert oder aufhebt, hat der Mieter Gewährleistungsansprüche gegen den Vermieter, § 537 BGB. Wie beim Kauf (s. o. 10.2.7.1) wird auch bei der Miete als Fehler die für den Mieter ungünstige Abweichung vom vertragsmäßig geschuldeten Zustand verstanden; Ursache können die Beschaffenheit der Mietsache selbst, aber auch äußere Einwirkungen sein.
Fehler

Beispiele: Baubeschränkungen; Unbenutzbarkeit eines Gewerberaums; Lärm; Luftverschmutzung, Reifenschäden eines Kfz.

Verschulden des Vermieters ist dabei nicht erforderlich. Gewährleistungsansprüche treffen den Vermieter auch beim Fehlen oder Wegfall einer zugesicherten Eigenschaft der Mietsache.

Ist die Mietsache fehlerhaft, kann der Mieter vom Vermieter die Beseitigung des Mangels verlangen, § 536 BGB.
Mängelbeseitigung

Bei Mängeln der Mietsache, die deren Tauglichkeit zum vertragsmäßigen Gebrauch mindern, braucht der Mieter nicht den vollen Mietzins zu zahlen, er kann mindern (nicht aber bei unerheblichen Mängeln), § 537 BGB. Wird die Gebrauchstauglichkeit der Mietsache durch den Fehler aufgehoben, so entfällt die Zahlungspflicht des Mieters ganz. Das Recht zur Mietminderung besteht auch dann, wenn der Mietsache eine zugesicherte Eigenschaft fehlt oder diese später wegfällt, § 537 II BGB. Für die Berechnung der Mietminderung gelten die entsprechenden Bestimmungen des Kaufrechts (s. o. 10.2.7.2).
Minderung

Schadensersatz Neben diesen Rechten kann der Mieter auch Schadensersatz wegen Nichterfüllung fordern, § 538 BGB, wenn der Mangel der Mietsache schon bei Abschluß des Vertrages vorhanden war oder der Vermieter mit der Beseitigung des Mangels in Verzug kommt. Verschulden des Vermieters ist nicht erforderlich. Ergibt sich der Mangel erst nachträglich, dann kann der Schadensersatz nur bei Verschulden des Vermieters gefordert werden. Im Falle des Verzugs des Vermieters kann der Mieter den Mangel auch selbst beseitigen und Ersatz der dafür erforderlichen Aufwendungen vom Vermieter verlangen, § 538 II BGB. Um den Vermieter in Verzug zu setzen, müssen der Mangel aufgezeigt und seine Beseitigung begehrt werden.

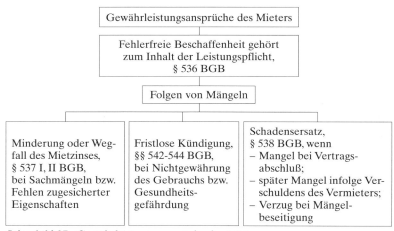

Schaubild 97: Gewährleistungsansprüche des Mieters

Mangel-/ Der Anspruch auf Schadensersatz wegen Nichterfüllung, § 538 BGB, umfaßt sowohl Mangelschäden,

Beispiele: Minderwert; Mehrkosten für neu anzumietende Wohnung; Kosten einstweiliger Unterbringung; Vertragskosten,

Mangelfolgeschäden als auch Mangelfolgeschäden,

Beispiele: Schäden an vom Mieter eingebrachten Sachen, an Körper oder Gesundheit; nutzlos aufgewandte Maklerprovision.

Mängelansprüche entfallen, wenn der Mieter den Mangel bei Vertragsabschluß kennt oder infolge grober Fahrlässigkeit nicht kennt; die Mängelhaftung kann vertraglich (außer bei arglistigem Verschweigen) ausgeschlossen werden, § 540 BGB. Bei der Wohnraummiete kommen vertragliche Beschränkungen der Mängelhaftung nicht in Betracht, § 537 III BGB. Schadensersatzansprüche wegen Nichterfüllung oder Ansprüche auf Ersatz von Aufwendungen kann der Mieter gegen den Mietzinsanspruch des Vermieters aufrechnen i.S.d. §§ 387 ff. BGB (s. o. 8.14.2.2).

Aufrechnung

10.5.7 Ende des Mietverhältnisses

Das Mietverhältnis endet mit Ablauf der Vertragszeit oder durch Kündigung, § 564 BGB.

Die Kündigung eines Mietverhältnisses über Wohnraum bedarf der Schriftform, § 564 a BGB. Im Kündigungsschreiben sollen dabei die Gründe der Kündigung angegeben werden. Formlos ist eine solche Kündigung zulässig, wenn der Wohnraum nur für eine vorübergehende Zeit vermietet ist und bei möblierten Zimmern, die einer alleinstehenden Person überlassen worden sind, §§ 564 a III, 565 III BGB.

Kündigung

Der Vermieter darf ein Mietverhältnis über Wohnraum grundsätzlich nur kündigen, wenn er ein berechtigtes Interesse an der Beendigung des Mietverhältnisses hat, § 564 b BGB.

Beispiele: Erhebliche Pflichtverletzungen seitens des Mieters; Eigenbedarf des Vermieters.

Derartige Kündigungsgründe hat der Vermieter einer Mietwohnung im Kündigungsschreiben anzugeben. In einem etwaigen Mietprozeß kann er sich grundsätzlich nur auf die im Kündigungsschreiben angegebenen Gründe berufen, wenn nicht ein anderer Grund nachträglich entstanden ist, vgl. die §§ 556 a I 3, 564 b III BGB.

Gründe

Vermieter und Mieter müssen sich an Kündigungsfristen halten, vgl. § 565 BGB. Bei vertragswidrigem Gebrauch der Mietsache, bei Zahlungsverzug des Mieters und bei unzumutbarem Mietverhältnis ist ggf. auch eine fristlose Kündigung möglich, §§ 553, 554, 554 a BGB (s. o. 8.14.2.10).

Fristen

Würde die Beendigung des Mietverhältnisses für den Mieter oder seine Familie eines besondere Härte bedeuten, kann der Mieter der Kündigung eines Mietverhältnisses über Wohnraum widersprechen, § 556 a BGB.

Härteklausel

10.5.8 Wechsel der Mietparteien

Werden ein vermietetes Grundstück oder eine Mietwohnung nach der Überlassung an den Mieter vom Vermieter an einen Dritten veräußert, tritt der Erwerber anstelle des bisherigen Vermieters in die sich aus dem Mietverhältnis ergebenden Rechte und Pflichten ein, § 571 BGB, Kauf bricht nicht Miete. Der zwischen dem Mieter und dem bisherigen Ver-

„Kauf bricht nicht Miete"

mieter geschlossene Mietvertrag besteht also nunmehr zwischen dem Mieter und dem Erwerber fort.

Tod der Vertragsparteien
Beim Tod des Vermieters treten dessen Erben mit allen Rechten und Pflichten in das Mietverhältnis ein, § 1922 BGB. Stirbt der Mieter, so sind sowohl sein Erbe als auch der Vermieter berechtigt, das Mietverhältnis unter Einhaltung der gesetzlichen Frist zu kündigen, § 569 BGB. Bei Mietverhältnissen über Wohnraum sind die Hinterbliebenen gemäß den §§ 569 a, 569 b BGB geschützt.

10.5.9 Leasing

Begriff
Seit den 70er Jahren hat sich in der Wirtschaftspraxis mehr und mehr das Leasing durchgesetzt. Dabei handelt es sich um ein atypisches Mietverhältnis, das im Hinblick auf steuerliche und betriebswirtschaftliche Vorteile im Wege der Vertragsfreiheit gerade auch Elemente des Kaufes und des Darlehens miteinander verknüpft.

Leasingvertrag
Beim Leasingvertrag überläßt der Leasinggeber dem Leasingnehmer gegen ein ratenweise zu zahlendes Entgelt eine Sache oder Sachgesamtheit zum Gebrauch. Die Gefahr bzw. Haftung für Instandhaltung, Sachmängel, Beschädigung und Untergang hat der Leasingnehmer zu tragen, wobei der Leasinggeber ihm ggf. zustehende Ansprüche gegen Dritte, insbesondere gegen den Hersteller bzw. Lieferanten des Leasinggutes, abtritt. Die Mietdauer ist zunächst regelmäßig fest vereinbart, häufig finden sich dabei aber auch Verlängerungs- oder Kaufoptionen.

Arten
Die Praxis unterscheidet mehrere Arten des Leasing:

– Häufigste Form des Leasing ist das Finanzierungsleasing. Dabei wählt der Leasingnehmer das Leasinggut beim Lieferanten aus, der Leasinggeber erwirbt es dann von diesem durch Kauf.

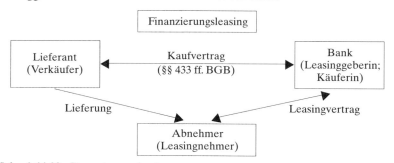

Schaubild 98: Finanzierungsleasing

Durch die Zahlung der Leasingraten vergütet der Leasingnehmer dem Leasinggeber den Kaufpreis nebst Kosten, Zinsen, Kreditrisiko und Gewinn. Der Leasingnehmer entrichtet i.d.R. eine Sonderzahlung bei Abschluß des Vertrages, erbringt während der zunächst fest vereinbarten Grundmietzeit regelmäßig Leasingraten und leistet bei vereinbarter Kaufoption eine Restwertzahlung. Ohne also sogleich den vollen Kaufpreis zahlen zu müssen, schafft sich der Leasingnehmer somit Liquidität, spart Eigenkapital und kann die Aufwendungen steuerlich als Betriebsausgaben geltend machen. Wirtschaftlich ähnelt das Finanzierungsleasing einem Abzahlungsgeschäft, so daß Leasingverträge mit Verbrauchern grundsätzlich dem VerbrKrG unterfallen (beachte § 3 II Nr. 1 VerbrKrG; s. u. 10.6.6);

- beim Operatingleasing ist die Laufzeit unbestimmt oder die Mietzeit nur sehr kurz und die Kündigung stark erleichtert bzw. jederzeit möglich;
- Immobilienleasing bezieht sich auf eine längerfristige Immobilienfinanzierung;
- Sale-and-lease-back bedeutet die Übereignung des Leasinggutes vom bisherigen Eigentümer an den Leasinggeber, von dem er es wieder zurückleast;
- Herstellerleasing liegt vor, wenn der Händler oder Hersteller selbst der Leasinggeber ist; hierbei entsteht nicht, wie bei den sonstigen Leasingformen, das für diese typische Dreiecksverhältnis zwischen Hersteller/Händler, Leasinggeber und Leasingnehmer;
- beim Null-Leasing überläßt der Leasinggeber dem Leasingnehmer das Leasinggut für eine bestimmte Zeit gegen ratenweise zu zahlende Beträge ohne Zins und bietet es ihm nach Vertragsablauf gegen einen bereits bei Vertragsabschluß vereinbarten festen Preis zum Eigentumserwerb an.

10.5.10 Pachtvertrag

Beim Pachtvertrag wird dem Pächter vom Verpächter gegen Entgelt das Recht eingeräumt, den Pachtgegenstand zu gebrauchen und die Früchte daraus zu ziehen, § 581 BGB. Pachtobjekte können alle körperlichen und unkörperlichen Gegenstände sein, soweit aus ihnen Früchte, § 99 BGB (s. o. 4.1.4) gezogen werden können. Daher können auch Unternehmen und Rechte Pachtgegenstände sein; sie sind zwar unkörperlich, werfen aber Früchte ab,

Beispiele: Unternehmenserträge; Aktiendividende.

Pachtobjekte

Als Früchte des Pachtgegenstandes kommen in Betracht:
- unmittelbare Sachfrüchte, d. h. ihre Erzeugnisse bzw. Ausbeute (§ 99 I BGB),
  Beispiele: Obst, Kies, Sand;
- mittelbare Sachfrüchte, d. h. die Einnahmen, die auf Grund der Gebrauchsüberlassung erzielt werden,
  Beispiel: der vereinbare Pachtzins für die Gastwirtschaft;
- unmittelbare Rechtsfrüchte, d. h. die aus dem Recht erzielbaren Erträge (§ 99 II BGB),
  Beispiel: die Jagdbeute,
- mittelbare Rechtsfrüchte, d. h. die aus der Nutzung erzielten Erträge (§ 99 III BGB),
  Beispiel: Jagdpachtzins.

Fruchtgenuß

Der Verpächter hat dem Pächter insbesondere den Fruchtgenuß zu gewähren. Er muß den Pächter also in die Lage versetzen, Eigentümer etwa von Sachfrüchten werden zu können. Daher hat er, in Erfüllung des Pachtvertrages, bspw. die Aneignung i.S.d. § 956 BGB zu gestatten.

Beispiel: Obsternte durch den Pächter, der mit dem Abpflücken Eigentümer der Früchte wird, wenn der verpachtende Eigentümer der Obstplantage die Aneignung gestattet (worauf der Pächter gemäß § 581 BGB einen schuldrechtlichen Anspruch hat).

Für die Kündigung (vgl. die §§ 584 a, 594 a BGB) bzw. Mitverpachtung von Inventar (§§ 582 ff. BGB) gelten besondere Regeln.

10.5.11 Franchising

Ein (aus dem amerikanischen stammender) Franchisevertrag liegt dann vor, wenn ein Unternehmen, der sog. Franchisegeber, einem anderen Unternehmen, dem sog. Franchisenehmer, gegen Entgelt und die Übernahme gewisser (Vertriebs-)Pflichten Handelswaren, Marken, Vertriebsmethoden, Erfahrungen, know-how und das Recht überläßt, bestimmte Dienstleistungen oder Waren zu vertreiben. Je nachdem, worauf es sich bezieht, liegt also sog. Dienstleistungsfranchising bzw. Vertriebsfranchising vor.

Dienstleistungs-, Vertriebsfranchising

Das Franchising ist ein wirtschaftspraktisch entwickelter, aus verschiedenen Elementen (Kauf, Miete, Geschäftsbesorgung) gemischter Vertrag, bei dem erhebliche Elemente der Rechtspacht dominieren.

Beispiele: „McDonald's"-Restaurants, „Pronuptia"-Brautmoden, „Eismann"; „Holiday-Inn"-Hotels, VW-Kfz-Einzelhandelssystem.

Man kann das Franchising, bei dem die Franchisenehmer zumeist straff in das Vertriebs- und Organisationssystem des Franchisegebers eingebunden sind und strengen Verhaltens-, Abnahme- und Erscheinungspflichten unterliegen, auch als Vertragshändler-Gesamtsystem verstehen (daher bestehen auch Ähnlichkeiten mit dem Handelsvertreterrecht, §§ 84 ff. HGB; s. u. 10.9.1).

Zwar besteht grundsätzlich Vertragsfreiheit, bei der rechtlichen Gestaltung des Franchisevertrages sind aber zum Schutz des Franchisenehmers insbesondere die §§ 134, 138, 242 BGB, § 9 AGBG, bzw. Art. 85, 86 EWGV, sowie die Vorschriften des GWB zu beachten. Eine EG-Freistellungsverordnung (Nr. 4087/88 v. 30.11.88) stellt Gruppen von Franchise-Vereinbarungen von kartellrechtlichen Beschränkungen frei (s. u. 17.2.6). Bei Leistungsstörungen gelten regelmäßig die §§ 320-327 BGB. Franchisevertrag

Steht nach dem Franchisevertrag der Franchisenehmer zum Franchisegeber in einem Unterordnungsverhältnis und ist er zum wiederkehrenden Erwerb oder Bezug von Sachen bzw. zu von ihm zu vergütenden Dienstleistungen verpflichtet, so ist ggf. das VerbrKrG (s. u. 10.6.6) auf den jeweiligen Franchisevertrag anwendbar, wenn der Franchisenehmer nicht bereits selbständig tätig ist, vgl. § 1 I VerbrKrG.

10.6 Darlehensvertrag

Eine weitere Form der Gebrauchsüberlassung regelt der Darlehensvertrag, §§ 607 ff. BGB.

10.6.1 Vertragsgegenstand

Beim Darlehen handelt es sich um einen Vertrag, bei dem der Darlehensgeber dem Darlehensnehmer Geld oder eine andere vertretbare (s. o. 4.1.1.1.) Sache überläßt gegen die Verpflichtung, ihm das Empfangene in Sachen gleicher Art, Menge und Güte zurückzuerstatten, § 607 BGB. Nicht die identische, sondern eine gleichartige Sache ist also zurückzugeben. Wesen

Der Darlehensnehmer wird somit – und das ist der Unterschied zu Miete oder Pacht – Eigentümer der Sache. Es geht um Verbrauch, nicht nur um Gebrauch. Verbrauch

Bezüglich des Zustandekommens des Darlehensvertrages bestehen unterschiedliche Auffassungen. Einerseits kann man mit dem Wortlaut des § 607 I BGB das Darlehen als sog. Realvertrag werten, der erst zustandekommt, wenn der Darlehensgegenstand übergeben worden ist. Andererseits kann man das Darlehen als sog. Konsensualvertrag klassifizieren und auf die Übereinstimmung der zwei erforderlichen Willenserklärungen abstellen. Für die Praxis aber ergeben sich aus dieser Unterscheidung keine nennenswerten Schwierigkeiten.

Zinsen Ob das Darlehen verzinslich, § 608 BGB, ist oder nicht, ändert an seinem Rechtscharakter grundsätzlich nichts. Ein entgeltliches (verzinsliches) Darlehen ist ein vollkommen gegenseitiger Vertrag i.S.d. §§ 320 ff. BGB, ein unentgeltliches (zinsloses) Darlehen dagegen ein unvollkommen zweiseitiger Vertrag (s. o. 6.6.5).

Der Darlehensvertrag ist von größter wirtschaftspraktischer Bedeutung. Man findet ihn in vielfältiger Weise,

Beispiele: Personal-, Boden-, Lombard-, Verbraucherkredit, als Mieter-, Brauerei-, Bau-, Bauspar-, Arbeitgeberdarlehensvertrag u.v.m.

Dabei stehen die Verzinsungspflichten bzw. das Gelddarlehen im Vordergrund.

10.6.2 Pflichten des Darlehensgebers

Hingabe Der Darlehensgeber hat dem Darlehensnehmer die versprochene Geldsumme bzw. Sache zur Verfügung zu stellen, d. h. zu übereignen oder zu überweisen (Geld). Verschlechtern sich die Vermögensverhältnisse des Schuldners vor der Auskehrung, so kann der Darlehensgeber sein Darlehensversprechen widerrufen. Beim Verbraucherkredit bzw. Abzahlungsgeschäft müssen die Vorschriften des VerbrKrG eingehalten werden (s. u. 10.6.6).

10.6.3 Pflichten des Darlehensnehmers

Rückgabe Der Darlehensnehmer ist verpflichtet, das Erhaltene in gleicher Art, Güte und Menge zum vereinbarten (oder sich aus einer etwaigen Kündigung ergebenden) Zeitpunkt zurückzuerstatten, § 607 I BGB. Sind Zinsen vereinbart, so hat er auch diese entsprechend zu leisten, vgl. § 608 BGB. Für Kaufleute gelten die §§ 353, 354 HGB (vgl. oben 8.3.6).

Zinswucher Wucherzinsen führen aber zur Nichtigkeit, § 138 I, II BGB, so daß der ganze Darlehensvertrag unwirksam und nur der bereits erhaltene Geldbetrag zurückzuerstatten ist (ohne Zinsen oder sonstige Kosten) nach den Regeln der §§ 812 ff. BGB (s. a. oben 6.8.1.1).

Beispiel: 18,62 % Zinsen in einer Niedrigzinsphase (8,6 %).

10.6.4 Kündigung

Bei einem zeitlich nicht bestimmten Darlehen hängt die Fälligkeit der Rückerstattung von der Kündigung ab, wobei die Kündigungsfrist bei Darlehen von weniger als 300,– DM einen Monat und bei mehr als 300,– DM drei Monate beträgt, § 609 I, II BGB. Ein unverzinsliches Darlehen kann der Schuldner auch ohne Kündigung tilgen, § 609 III BGB. Gemäß des unabdingbaren § 609 a BGB hat der Schuldner das Recht, variabel verzinsliche Darlehen jederzeit mit einer Frist von drei Monaten zu kündigen. Festverzinsliche Kredite können unter den Voraussetzungen des § 609 a I Nr. 1-3 BGB gekündigt werden – allerdings ist der geschuldete Betrag binnen zweier Wochen nach Wirksamwerden der Kündigung zurückzuzahlen, § 609 a III BGB. Der Darlehensgeber kann das Darlehen als Dauerschuldverhältnis (s. o. 8.3.3) entsprechend den §§ 626, 554 a BGB außerordentlich fristlos kündigen, wenn wichtige Gründe dazu vorliegen.

Rückzahlung

Kündigung

Beispiele: Dringender Eigenbedarf des Gefälligkeitsdarlehensgebers; Verzug mit Zins- und Tilgungsraten; drohender Konkurs.

10.6.5 Bankeinlagen

Bei Bank-, Sparkassen- und Postbankeinlagen handelt es sich, soweit es um deren Entgegennahme, Verzinsung sowie Rückzahlung geht, um sog. unregelmäßige Verwahrungsverträge i. S. d. § 700 BGB.

Unregelmäßige Verwahrung

Beispiele: Sparbücher der Banken.

Im wesentlichen sind daher darauf die Vorschriften über das Darlehen, §§ 607 ff. BGB, anwendbar. Zumeist sind dabei aber die durch vertragliche Vereinbarung vorrangigen AGBen der Sparkassen und Banken zu beachten.

Für Zeit und Ort der Rückgabe gilt gemäß § 700 I 3 BGB im Zweifel Verwahrungsrecht (§§ 695-697 BGB), wobei allerdings das gemäß § 695 BGB bestimmte jederzeitige Rückforderungsrecht abdingbar („im Zweifel") ist (und regelmäßig auch vertraglich bzw. in AGBen abbedungen wird).

Sog. aufgenommene Gelder, insbesondere Fest-, Termin- oder Kündigungsgelder, sind demgegenüber echte Darlehen.

Gläubiger des Anspruchs gegen die Bank bzw. Sparkasse ist, wer nach dem erkennbaren Willen des Einzahlenden Gläubiger der Bank werden soll, i.d.R. also (der im Vertrag bezeichnete Kontoinhaber bzw.) bei der Spareinlage der Einzahlende, der das Sparbuch behält, auch, wenn es auf einen Dritten lautet. (Zum Sparbuch s. u. 19.3.2.2).

10.6.6 Verbraucherkreditrecht

Anwendungsfälle

Im Falle der Kreditgewährung oder Kreditvermittlung an private Verbraucher ist zu deren Schutze das Verbraucherkreditgesetz (VerbrKrG) zu beachten. Es hat das frühere Abzahlungsgesetz abgelöst. Im Falle eines Darlehens, Zahlungsaufschubs oder einer sonstigen Finanzierungshilfe, bei Teilzahlungskrediten, Abzahlungsgeschäften, Überziehungs- und Kontokorrentkrediten gewährt das VerbrKrG dem Verbraucher (s. o. 3.1.3) Schutz durch dem anderen Teil obliegende Informationspflichten, durch Einhaltung von Formerfordernissen, Gewährung von Widerrufsrechten, erleichterte Vertragsbeendigung und besondere Verzugsregeln.

Das VerbrKrG sieht zum Schutz des Verbrauchers insbesondere vor:

Kreditverträge

– Bei schriftlich abzuschließenden Kreditverträgen (vgl. § 1 VerbrKrG) muß der private Kreditnehmer umfassend und schriftlich hingewiesen werden auf Nettokreditbetrag, Gesamtbetrag der Teilzahlung, Rückzahlungsmodalitäten, Zinssatz und Kosten einschließlich der Vermittlungskosten, effektiven Jahreszins, Versicherungskosten sowie Sicherheiten. Bei Verstößen dagegen ist der Vertrag nichtig; wurde das Darlehen bereits gewährt, schuldet der Verbraucher nur noch den gesetzlichen Zinssatz von 4 %, vgl. die §§ 4-6 VerbrKrG. Seine Annahmeerklärung kann der Darlehensnehmer binnen einer Frist von einer Woche widerrufen, wofür die rechtzeitige Absendung des Widerrufs genügt, § 7 VerbrKrG; hierauf muß der Kreditnehmer eigens hingewiesen werden, § 7 II 2, 3 VerbrKrG (vgl. die Parallele zum HausTWG, s. u. 10.8.3).

Widerruf

Beispiele: Der private Kreditnehmer muß auf sein Recht zum Widerruf hingewiesen werden und dies auch unterschreiben (sog. „Zweitunterschrift"). Nach der Rspr. gilt dies auch im gewerblichen Bereich: eine GmbH-Geschäftsführerin hatte einen Leasingvertrag für die GmbH und gesondert als Privatperson unterschrieben (Schuldbeitritt, s. o. 8.9); ihrer daraufhin erfolgten Inanspruchnahme darf sie die seitens des Leasinggebers unterlassene Belehrung i.S.d. § 7 II VerbrKrG entgegenhalten.

Im Verzugsfalle dürfen sich die Verzugszinsen grundsätzlich nur auf 5 % über dem jeweiligen Diskontsatz der Deutschen Bundesbank bzw. Basiszinssatz i. S. d. § 1 DÜG belaufen; Zahlungen müssen zunächst auf die Kosten der Rechtsverfolgung, dann auf die Hauptsumme und zuletzt auf die Zinsen verrechnet werden, vgl. § 11 VerbrKrG (§ 367 BGB gilt somit nicht; s. o. 8.14.1). Das Kündigungsrecht des Kreditgebers ist gemäß § 12 VerbrKrG beschränkt; der Verbraucher muß mit mindestens zwei aufeinanderfolgenden Raten im Verzug sein, die mindestens 10 % des Kreditnennbetrages (bei einer drei Jahre übersteigenden Laufzeit 5 %) betragen. Auch muß dem Verbraucher zuvor eine zweiwöchige Zahlungsfrist mit Kündigungsandrohung gesetzt werden. Zur vorzeitigen Tilgung kann der Verbraucher gemäß § 609 a BGB kündigen (s. o. 10.6.4). Ausnahmen der Anwendbarkeit finden sich in § 3 VerbrKrG.

– Bei Abzahlungsgeschäften gilt: Werden ein Kauf-, Werklieferungs- oder Dienstleistungsvertrag über eine Sache mit einer Teilzahlungs- abrede verbunden, und liegt das Volumen über DM 400 (vgl. § 3 I Nr. 1 VerbrKrG), so ist ebenfalls Schriftform erforderlich. Dem Kunden ist auch hierbei eine Abschrift der Vertragserklärungen auszuhändigen. Der schriftliche Vertrag muß dabei den Barzahlungspreis, den Teilzahlungspreis, Betrag, Zahl und Fälligkeit der einzelnen Teilzahlungen, den effektiven Jahreszins, die Kosten einer Kreditversicherung, sowie die Vereinbarung eines etwaigen Eigentumsvorbehaltes oder einer anderen zu bestellenden Sicherheit angeben (vgl. § 4 I 4 Nr. 2 VerbrKrG). Mängel machen den Vertrag grundsätzlich nichtig, § 6 VerbrKrG. Seine auf den Abschluß eines Kreditvertrages gerichtete Willenserklärung kann der Verbraucher ebenfalls binnen Wochenfrist schriftlich widerrufen (s. o. 6.6.4). Zur Wahrung dieser Frist genügt die rechtzeitige Absendung des Widerrufs; hierüber muß der Kunde schriftlich belehrt worden sein, vgl. § 7 VerbrKrG. Der Versandhandel wird gemäß § 8 VerbrKrG geschützt; hier entfällt die Formvorschrift des § 4 VerbrKrG.

Abzahlungs- geschäfte

– Dient ein Kreditvertrag dazu, einen Kaufvertrag zu erfüllen, liegt ein finanziertes Abzahlungsgeschäft bzw. ein verbundenes Geschäft vor. Kauf- und Kreditvertrag sind dabei eine wirtschaftliche Einheit, bei der der Verbraucher wie bei einem Abzahlungsgeschäft schutzwürdig ist. Sein Widerrufsrecht bezieht sich dann nicht nur auf den Kredit-, sondern ebenso auf den Kaufvertrag, worauf die Widerrufsbelehrung auch hinweisen muß; Einwendungen aus dem Kaufvertrag kann der Verbraucher auch dem Kreditgeber entgegenhalten, vgl. § 9 VerbrKrG.

finanziertes Abzahlungs- geschäft

10.7 Bürgschaftsvertrag

Der Gläubiger braucht häufig eine Absicherung für die Erfüllung der Verbindlichkeiten seines Schuldners.

10.7.1 Übersicht über Kreditsicherungsmittel

Zur Sicherung von Forderungen bzw. als Kreditsicherungsmittel bestehen vielfältige Möglichkeiten im Bereich der sog. Personalsicherheiten sowie Realsicherheiten.

Personal-/ Realsicher- heiten

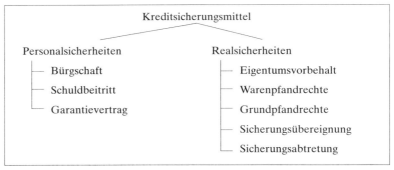

Schaubild 99: Kreditsicherungsmittel

Die Personalsicherheiten umfassen insbesondere
- die Bürgschaft, §§ 765 ff. BGB (dazu im folgenden);
- den Schuldbeitritt, bei dem ein Dritter, der Mitübernehmer, zusätzlich neben den Schuldner tritt (s. o. 8.9);
- den Garantievertrag, bei dem der Garant eine Einstandspflicht übernimmt, falls ein garantierter Erfolg ausbleibt (s. a. 12.6; 19.5.5).

Die Realsicherheiten umfassen als Befriedigungsrechte des Gläubigers an einer Sache oder einem Recht etwa
- den Eigentumsvorbehalt, bei dem die Übereignung aufschiebend bedingt ist (s. a. 10.2.8, 15.3.2.1);
- Warenpfandrechte, §§ 1204 ff. BGB, bei denen sich der Gläubiger aus einem Pfand befriedigen kann (s. u. 15.6);
- Grundpfandrechte, wie Hypothek, §§ 1113 ff. BGB (s. u. 15.5.1), Grundschuld, §§ 1191 ff. BGB (s. u. 15.5.2), bzw. Rentenschuld, §§ 1199 ff. BGB und Reallast, §§ 1105 ff. BGB (s. u. 15.5.3), bei denen ein Grundstück für eine Forderung haftet;
- die Sicherungsübereignung, §§ 929, 930 BGB, bei der der bisherige Eigentümer sein Eigentum dem Gläubiger überträgt und unmittelbarer Besitzer bleibt (s. u. 15.3.2.2);
- die Sicherungsabtretung, § 398 BGB, bei der eine Forderung sicherheitshalber abgetreten wird (s. o. 8.8.4).

Als eine besonders wichtige Form der Personalsicherheit ist die Bürgschaft zu nennen. Diese sichert den Gläubiger dadurch, daß er auch auf einen Dritten schuldrechtlichen Zugriff nehmen kann, §§ 765 ff. BGB.

10.7.2 Vertragsgegenstand

Bei der Bürgschaft verpflichtet sich der Bürge einseitig dem Gläubiger des Schuldners gegenüber, für dessen Verbindlichkeiten einzustehen, § 765 BGB. Bei Bürgschaftsverhältnissen sind also drei Personen beteiligt. Weswegen der Bürge dem Schuldner „zur Seite springt", ist grundsätzlich unerheblich. Beim Rechtsverhältnis (Grundverhältnis) zwischen dem Bürgen und dem Hauptschuldner (das ist der eigentliche Schuldner, für den er sich verbürgt) kann es sich um einen Auftrag, §§ 662 ff. BGB, um Geschäftsführung ohne Auftrag, §§ 677 ff. BGB, um einen Geschäftsbesorgungsvertrag, § 675 BGB, oder um eine Schenkung, §§ 516 ff. BGB, handeln. *Rechtsverhältnisse*

Beispiele: (Gewährleistungs-)Bürgschaft der Bank gegenüber dem Bauherrn für den Handwerker; Bürgschaft der Eltern für ihr sich selbständig machendes Kind.

Die Bürgschaft entsteht durch einen Vertrag zwischen dem Bürgen und dem Gläubiger. Dieser ist, da er den Bürgen einseitig verpflichtet, durchaus gefährlich, weswegen der Bürge seine Willenserklärung, das sog. Bürgschaftsversprechen, schriftlich abgeben muß, § 766 S. 1 BGB, ansonsten ist sie grundsätzlich nichtig, § 125 S. 1 BGB (anders beim Kaufmann, § 350 HGB, s. o. 3.4.2). Ein Formmangel gilt jedoch als geheilt, wenn der Bürge gleichwohl leistet, § 766 S. 2 BGB. *Form*

Beispiele: Der Vater V des A verbürgt sich telephonisch gegenüber der Bank B für ein Darlehen des A – die Bürgschaft(serklärung) ist gemäß den §§ 766 S. 1, 125 S. 1 BGB nichtig und der V nicht verpflichtet. Anders wäre es, wenn V trotzdem an die B zahlen würde (§ 766 S. 2 BGB) oder wenn er Kaufmann und die Bürgschaft ein Handelsgeschäft für ihn wäre, § 350 HGB (s. a. die §§ 771 BGB, 349 S. 1 HGB).

Der Bürge haftet nur, soweit die Hauptschuld besteht – die Bürgschaft ist akzessorisch, erlischt mit Erlöschen der Hauptschuld und ist von deren jeweiligem Bestand abhängig, vgl. § 767 I BGB (das unterscheidet die Bürgschaft vom Schuldbeitritt, s. o. 8.9). *Akzessorietät*

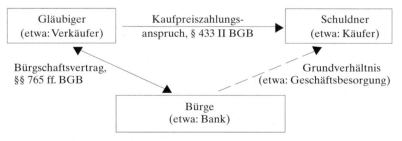

Schaubild 100: Bürgschaft

10.7.3 Rechtsstellung des Bürgen

Der Bürge muß bei Nichtleistung des Hauptschuldners dem Gläubiger gegenüber leisten, § 765 BGB. Allerdings nur unter bestimmten Voraussetzungen:

Einreden — Der Bürge kann gegenüber dem Gläubiger die dem Hauptschuldner zustehenden Einreden geltend machen, § 768 BGB.

Beispiel: Der Kaufpreisanspruch ist verjährt.

Auch solange der Hauptschuldner anfechten oder aufrechnen könnte, kann der Bürge die Befriedigung des Gläubigers verweigern, § 770 BGB.

Vor der Inanspruchnahme des Bürgen muß der Gläubiger erfolglos die Zwangsvollstreckung beim Schuldner versucht haben, § 771 BGB – der Bürge hat die sog. Einrede der Vorausklage. Diese ist unter den Voraussetzungen des § 773 BGB ausgeschlossen. Wichtigster Fall insoweit ist die in der Praxis verbreitete sog. selbstschuldnerische Bürgschaft, bei der der Bürge auf die Einrede der Vorausklage verzichtet, § 773 I Nr. 1 BGB. Sie ist für Kaufleute (s. o. 3.4) ebenfalls ausgeschlossen, § 349 S. 1 HGB.

Rückgriff — Soweit der Bürge den Gläubiger befriedigt, geht dessen Forderung gegen den Hauptschuldner mit allen Sicherungsrechten auf den Bürgen über, §§ 774, 412, 401 BGB; der Bürge hat insoweit einen Rückgriffsanspruch gegen den Hauptschuldner.

Beispiel: A hat sich wirksam für eine Verbindlichkeit des C bei dessen Bank B in Höhe von DM/Euro 5000,– verbürgt und wird von B berechtigt in Anspruch genommen. Zahlt der A jetzt an B, so kann er die DM/Euro 5000,– von C verlangen.

10.7.4 Sonderformen

Neben der bereits erwähnten selbstschuldnerischen Bürgschaft hat die Wirtschaftspraxis eine Vielzahl bestimmter Bürgschaftsformen gebildet, so etwa die Wechselbürgschaft (s. u. 19.4.5) bzw. die

Spezielle Arten
- Nachbürgschaft, bei der sich der Nachbürge dem Gläubiger dafür verbürgt, daß der Vorbürge seine Pflichten erfüllt;
- Rückbürgschaft, bei der der Rückbürge dem Bürgen für dessen Rückgriffsforderung gegen den Hauptschuldner einsteht;
- Ausfallbürgschaft, wonach der Ausfallbürge dem Gläubiger nur für den Ausfall haftet, den der Gläubiger trotz Zwangsvollstreckung beim Hauptschuldner und Versagens sonstiger Sicherheiten erleidet;
- Höchstbetragsbürgschaft, bei der der Bürge nur für einen Teil der Hauptschuld bzw. Höchstbetrag einsteht;

– im übrigen vgl. die Mitbürgschaft, § 769 BGB, bei der sich mehrere verbürgen, bzw. die Zeitbürgschaft, § 777 BGB.

Keine Bürgschaft ist der Kreditauftrag, § 778 BGB; hierbei handelt es sich um ein Auftragsverhältnis i.S.d. §§ 662 ff. BGB, aufgrund dessen der Beauftragte einem Dritten einen Kredit gewährt.

Kreditauftrag

10.8 Widerruf von Haustürgeschäften

Den Schutz des Verbrauchers wegen mit dem Direktvertrieb verbundener Gefahren stärkt das „Gesetz über den Widerruf von Haustürgeschäften und ähnlichen Geschäften" (HausTWG). Von Verträgen, die infolge einer Überrumpelung auf einem übereilten Entschluß beruhen, soll sich der Kunde lösen können.

10.8.1 Haustürgeschäfte

Grundsätzlich sind Verträge zu erfüllen; sich vom Vertrag zu lösen ist nach dem BGB nur unter besonderen Voraussetzungen (insbesondere Irrtum, §§ 116 ff.; mangelnde Geschäftsfähigkeit, §§ 104 ff.; eigens vereinbartes Rücktrittsrecht, §§ 346 ff.) möglich. Bei einem sog. Haustürgeschäft dagegen hat der Kunde gemäß § 1 HausTWG ein einwöchiges Widerrufsrecht (s. o. 3.1.3; 6.6.4).

Grundsatz: Vertragsbindung

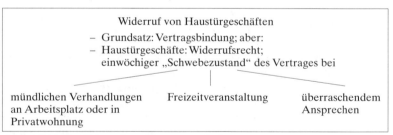

Schaubild 101: Widerruf von Haustürgeschäften

– Der Kunde muß eine Willenserklärung abgegeben haben, gerichtet auf den Abschluß eines Vertrages (§ 151 S. 1 BGB) über eine entgeltliche Leistung. Dabei ist unbeachtlich, ob er das auf den Abschluß des Vertrages zielende Angebot abgegeben oder ein ihm unterbreitetes Angebot angenommen hat. Als „Vertrag über eine entgeltliche Leistung" kommen insbesondere aber in Betracht: Kaufvertrag, soweit kein Verbraucherkreditgeschäft vorliegt (vgl. § 5 II HausTWG), Werk-, Werklieferungsvertrag, Partnervermittlungsvertrag, Miete und Pacht beweglicher Sachen, Bürgschaft u.v.m.

Widerrufsvoraussetzungen

- Zu dieser Willenserklärung muß der Kunde
  - durch mündliche Verhandlungen an seinem Arbeitsplatz oder im Bereich einer Privatwohnung,
    Beispiele: Vertreterbesuch; „Zeitschriften-Drücker",
  - anläßlich einer von der anderen Vertragspartei oder von einem Dritten zumindest auch in ihrem Interesse durchgeführten Freizeitveranstaltung,
    Beispiele: sog. „Kaffeefahrt", oder: Vorführ- und Informationsveranstaltungen, zu denen Verbraucher mittels sog. Gewinnabholungsveranstaltungen gelockt werden,
  - oder im Anschluß an ein überraschendes Ansprechen in Verkehrsmitteln oder im Bereich öffentlich zugänglicher Verkehrswege,
    Beispiele: Linienbus; Autobahnraststätte,

  bestimmt worden sein.

Schwebezustand

Als Rechtsfolge ergibt sich, daß die vom Kunden abgegebene Willenserklärung erst dann wirksam wird, wenn er sie nicht binnen einer Frist von einer Woche schriftlich widerruft, § 1 I HausTWG. Nach Vertragsabschluß besteht also ein Schwebezustand, bis entweder durch Unterbleiben des Widerrufs der Vertrag mit Ablauf der Wochenfrist zustandekommt oder aber infolge des rechtzeitigen Widerrufes endgültig scheitert.

10.8.2 Ausschluß des Widerrufsrechts

Initiative des Kunden

Das Widerrufsrecht ist gemäß § 1 II Nr. 1 HausTWG ausgeschlossen, wenn der Kunde die mündlichen Verhandlungen, auf denen der Abschluß des Vertrages beruht, durch vorhergehende Bestellung herbeigeführt, er also den Vertragspartner zu Vertragsverhandlungen bestellt hat (mündlich, schriftlich, konkludent). Diese Aufforderung des Kunden muß sich auf Vertragsverhandlungen beziehen, also nicht auf die bloße Warenpräsentation oder die Information, sie darf auch nicht vom Unternehmer provoziert werden; das Schweigen eines Kunden auf einen angekündigten Besuch genügt ebenfalls nicht.

Beispiele: Der Anbieter ruft den Kunden an und „lädt sich selbst ein" bzw. bringt den Kunden dazu, ihn einzuladen; ebenso die bloße Antwort eines Kunden auf eine Werbewurfsendung oder Werbepostkarte.

Das aktive Telephonmarketing bspw. stößt hier also auf rechtliche Grenzen:

Telephonmarketing

– Ist der Adressat des Telephonanrufs Gewerbetreibender, so ist dies zwar zulässig, vgl. § 6 HausTWG (dabei ist allerdings wegen der

Grundsätze des Wettbewerbsrechts (s. u. 17.3) zu beachten, daß bereits eine Geschäftsbeziehung bestehen muß).
- Im Privatkundenbereich dagegen gilt, daß (ungeachtet wettbewerbsrechtlicher Unzulässigkeit, s. u. 17.3) dann, wenn es aufgrund einer vom Unternehmen herbeigeführten telephonischen Kontaktaufnahme zu mündlichen Vertragsverhandlungen beim Kunden kommt, das Widerrufsrecht bestehen bleibt und nicht gemäß § 1 II Nr. 1 HausTWG ausgeschlossen wird.

Ein Ausschluß des einwöchigen Widerrufsrechtes besteht gemäß § 1 II Nr. 2, 3 HausTWG auch dann, wenn der Kunde sofort bei Abschluß der Verhandlungen zahlt und der Preis der erbrachten Leistung 80,– DM nicht übersteigt (vollzogene Kleingeschäfte) bzw. wenn seine Willenserklärung von einem Notar beurkundet worden ist. Weitere Ausschlußtatbestände finden sich in § 6 HausTWG: Kaufleute (s. o. 3.4) bzw. Freiberufler sind hinsichtlich derjenigen Geschäfte, auf die sich ihre Erwerbstätigkeit bezieht, nicht schutzbedürftig (als Verbraucher oder für sonstige private Geschäfte schützt sie das HausTWG allerdings gleichwohl); auch auf nicht geschäftsmäßige private Verkäufe, insbesondere gebrauchter Sachen, sowie kleinere Wohnungsvermietungen, *Ausnahmen*

Beispiel: Der Privatvermieter vermietet zwei Wohnungen,

bezieht sich das HausTWG nicht, und für Versicherungsverträge gilt § 8 IV VVG (s. o. 6.6.5).

10.8.3 Ausübung des Widerrufs; Belehrung

Der Kunde wird weiterhin durch § 2 HausTWG geschützt: Zur Wahrung der Wochenfrist des § 1 HausTWG genügt die rechtzeitige Absendung seines Widerrufs. Der Lauf dieser Wochenfrist beginnt erst dann, wenn der Kunde von der anderen Vertragspartei durch eine drucktechnisch deutlich gestaltete schriftliche Belehrung über sein Recht zum Widerruf einschließlich Namen und Anschrift des Widerrufsempfängers sowie darüber, daß zur Fristwahrung die rechtzeitige Absendung des Widerrufs genügt, informiert wird. Diese Belehrung darf keine anderen Erklärungen enthalten und muß vom Kunden eigens unterschrieben werden. *Hinweispflicht*

Formulierungsbeispiel: „Sie können Ihre Bestellung innerhalb einer Woche seit Vertragsabschluß bei uns (Firma; Name; Adresse) schriftlich widerrufen. Zur Wahrung der Frist genügt die rechtzeitige Absendung des Widerrufs."

Unterbleibt diese korrekte Belehrung, so behält der Kunde sein Widerrufsrecht bis zum Ablauf eines Monats nach beiderseits vollständiger Leistungserbringung, § 2 I 4 HausTWG. Im Verhältnis zu Konkurrenten liegt darin auch ein Wettbewerbsverstoß i.S.d. § 1 UWG (s. u. 17.3.1.2).

10.8.4 Rechtsfolgen des Widerrufs

Folgen Als Folge des rechtzeitigen Widerrufs ergibt sich die Verpflichtung zur Rückgewähr jeweils bereits empfangener Leistungen, §§ 3, 4 HausTWG. Für die Benutzung der Sache muß der Kunde zwar den üblichen Betrag (etwa einen angemessenen Mietzins) zahlen, aber für die Abnutzung muß er nicht einstehen, § 3 III HausTWG. Unterblieb der Hinweis auf das Widerrufsrecht und hat der Kunde auch nicht anderweitig davon erfahren, dann muß er auch für über die normale Abnutzung hinausgehende Verschlechterungen keinen Wertersatz leisten, wenn er die ihm eigene Sorgfalt gewahrt hat (er sonst mit seinen Sachen also auch so umgeht), § 3 I 2, II HausTWG, § 277 BGB (s. o. 9.2).

Beispiel: Bei einer sog. Kaffeefahrt erwirbt der X ein Porzellanservice für DM/Euro 700,–. Zwei Wochen später „entdeckt" er das gleiche Service in einem Kaufhaus für 450,– DM/Euro. Da er nicht über sein Widerrufsrecht schriftlich belehrt wurde, kann er nach den §§ 1 I Nr. 2, 2 I 3 HausTWG seine auf den Abschluß des Kaufvertrages (§ 433 BGB) gerichtete Willenserklärung schriftlich widerrufen. Dabei ist darauf zu achten, daß der Widerruf binnen eines Monats abgeschickt wird, § 2 I 4 HausTWG. Zwar muß der X den Gebrauchsvorteil angemessen vergüten, § 3 III 1. HS HausTWG; die durch den Gebrauch selbst aber eingetretene Wertminderung muß er ebensowenig ersetzen (§ 3 III 2. HS HausTWG) wie eine etwaige Verschlechterung (eine Tasse hat z. B. einen Sprung), §§ 3 I 3, II HausTWG, 277 BGB.

Streitigkeiten entscheidet das Wohnsitzgericht des Verbrauchers, § 7 HausTWG. Das HausTWG darf nicht umgangen werden, § 5 HausTWG.

Beispiele: Ein entgeltlicher Vertrag wird als Vereinsmitgliedschaft getarnt; der Verkauf von Betten wird im Urlaubshotel angebahnt.

10.9 Verträge mit selbständigen kaufmännischen Hilfspersonen

Bei Absatz und Vertrieb, Transport und Lagerung vornehmlich bedürfen der Kaufmann bzw. Unternehmen vielfach der Hilfe anderer, ebenfalls selbständiger, Kaufleute; man nennt sie sog. selbständige kaufmännische Hilfspersonen (s. o. 7.8.1.1). Dazu rechnen insbesondere die Handels-

Umsatz-/ treter, Handelsmakler, Kommissionäre, Kommissionsagenten, Vertrags-
Absatzmittler händler (= sog. Umsatz- bzw. Absatzmittler), aber auch Lagerhalter, Spe-

Schaubild 102: Umsatz-/Absatzmittler

diteure, Frachtführer (die zur Absatzorganisation zu rechnen sind; s. u. 10.10). Sie sind dem Unternehmer durch jeweils spezifische Verträge verbunden (s. o. 10.1).

10.9.1 Handelsvertretervertrag

Handelsvertreter (§§ 84 ff. HGB) ist, wer als selbständiger Gewerbetreibender ständig damit betraut ist, für einen anderen Unternehmer Geschäfte zu vermitteln oder in dessen Namen abzuschließen, § 84 I HGB.

Begriff

10.9.1.1 Charakteristika

Der Handelsvertreter ist grundsätzlich selbst Kaufmann, §§ 1, 2 HGB (s. o. 3.4.2.1); selbst wenn aber das Unternehmen eines Handelsvertreters nach Art oder Umfang einen in kaufmännischer Weise eingerichteten Geschäftsbetrieb nicht erfordern sollte und er damit nicht Kaufmann wäre, finden die §§ 84 ff. HGB Anwendung, vgl. § 84 IV HGB (n. F.). Der Handelsvertreter gestaltet seine Tätigkeit und seine Arbeitszeit im wesentlichen frei, § 84 I 2 HGB (ansonsten gilt er als Angestellter im Sinne des Arbeitsrechts, § 84 II HGB). Der Handelsvertretervertrag ist formlos gültig, er kann auch durch konkludentes Handeln zustande kommen. Die Parteien können aber Schriftform verlangen, § 85 HGB. Es handelt sich materiell regelmäßig um einen auf Dienstleistungserbringung gerichteten Geschäftsbesorgungsvertrag, §§ 675, 611 BGB (s. o. 10.4.9); er wird ergänzt durch die (weitgehend zwingenden) Vorschriften der §§ 84 ff. HGB.

10.9.1.2 Pflichten der Parteien

Wesentliche Pflichten des Handelsvertreters sind:

Pflichten des Handelsvertreters

- Tätigkeitspflicht, § 86 I HGB; er hat sich also um die Vermittlung oder den Abschluß von Geschäften zu bemühen,
  Beispiele: Kunden aufsuchen; den Markt beobachten;
- Pflicht zur Interessenwahrnehmung, § 86 I 2 HGB; daher darf der Handelsvertreter, obgleich kein gesetzliches Wettbewerbsverbot während der Dauer des Handelsvertretervertrages (danach: beachte § 90 a HGB) besteht, keine Konkurrenzunternehmen vertreten,
  Beispiele: Kundenpflege; Beachtung zu verwendender Vertragsgestaltungen;
- Benachrichtigungs- und Mitteilungspflichten, § 86 I 2 HGB; der Handelsvertreter muß also den Unternehmer unverzüglich informieren,
  Beispiele: Auftauchen neuer Konkurrenten; Veränderungen der Nachfrage;

- Sorgfaltspflicht, § 86 III HGB; sie ist mit der Sorgfalt eines ordentlichen Kaufmanns zu erfüllen, § 347 HGB,
  Beispiele: Kundenauswahl; ordnungsgemäßes Aushandeln von Verträgen;
- Geheimhaltungspflicht, § 90 HGB; Geschäfts- und Betriebsgeheimnisse des Unternehmers dürfen nicht verwertet oder mitgeteilt werden,
  Beispiele: Produktionsabläufe; Herstellungsmethoden.

Pflichten des Unternehmers

Demgegenüber sind die vornehmlichen Pflichten des Unternehmers:

- Provisionszahlung, §§ 86 b ff., 354 HGB. Die Pflicht zur Zahlung der Abschlußprovision besteht, wenn das Geschäft während des Bestehens des Handelsvertretervertrages abgeschlossen bzw. zumindest vorbereitet wurde und die Tätigkeit des Handelsvertreters hierfür ursächlich war (§ 87 I, II, III HGB); desweiteren ist die Ausführung des Geschäfts erforderlich, § 87 a HGB,
  Beispiel: Der Handelsvertreter vermittelt einen Verkauf, die Ware wird geliefert, der Kunde zahlt.

Inkasso-/

Zieht der Handelsvertreter auftragsgemäß Beträge ein, dann entsteht der Anspruch auf die sog. Inkassoprovision, § 87 IV HGB.

Delkredereprovision

Verpflichtet sich der Handelsvertreter, auch persönlich für die Erfüllung der Kundenverbindlichkeiten einzustehen, übernimmt er also die sog. Delkrederehaftung – zumeist durch selbstschuldnerische Ausfallbürgschaft (s. o. 10.7.4), §§ 765, 773 I 1 BGB, 349 HGB –, so schuldet der Unternehmer die sog. Delkredereprovision, § 86 b HGB;

- Unterstützungs- und Mitteilungspflicht, § 86 a HGB. Der Unternehmer muß den Handelsvertreter zur erfolgreichen Tätigkeit unterstützen,
  Beispiele: Überlassung von Mustern, Katalogen, Werbedrucksachen, Preislisten; Unterlassung von Vertragshindernissen, etwa oftmalige Lieferverzögerungen oder Schlechtlieferungen;
- Aufwendungsersatz, § 87 d HGB, wenn besonders vereinbart,
  Beispiele: (anteilige) Kosten für Geschäftswagen oder Personal;
- Ausgleichsleistung, § 89 b HGB. Vorteile, die durch die Tätigkeit des Handelsvertreters auch nach dem Ende des Handelsvertretervertrages verbleiben, hat der Unternehmer auszugleichen,
  Beispiele: Geschaffener „goodwill", der jetzt alleine dem Unternehmer verbleibt; Kundenstamm.

10.9.1.3 Vertragsverhältnisse

Rechtsbeziehungen

Bei der Tätigkeit des Handelsvertreters sind die jeweiligen Rechtsbeziehungen zu unterscheiden:

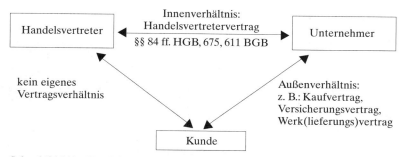

Schaubild 103: *Handelsvertreter/Rechtsverhältnisse*

Zwischen dem Handelsvertreter und dem Unternehmer besteht der Handelsvertretervertrag i.S.d. §§ 84 ff. HGB, 675, 611 BGB; demgegenüber bestehen im Verhältnis zum Kunden regelmäßig keine Vertragsbeziehungen des Handelsvertreters, der (nur) den geschäftlichen Kontakt herstellt zum Abschluß bzw. zur Vermittlung des Vertrages des Unternehmers mit dem Kunden.

Ist der Handelsvertreter sog. Abschlußvertreter, hat er also die sog. Abschlußvollmacht, so gibt er als unmittelbarer Stellvertreter des Unternehmers für diesen Willenserklärungen ab, §§ 164 ff. BGB. Der Umfang der Vertretungsmacht ergibt sich dabei aus dem Handelsvertretervertrag bzw. den §§ 91 I, 55 HGB (s. o. 7.8.1.1). Abschlußvertreter

Fehlt dem Handelsvertreter dagegen die Abschlußvollmacht, dann ist er beim Geschäftsabschluß lediglich Vertreter ohne Vertretungsmacht i.S.d. §§ 177, 179 BGB; er kann aber Erklärungen des Kunden gemäß den §§ 91 II, 55 IV HGB entgegennehmen (s. o. 7.8.3.5).

10.9.1.4 Beendigung

Der Handelsvertretervertrag endet insbesondere durch Zeitablauf (§§ 675, 620 BGB), ordentliche bzw. außerordentliche Kündigung (§§ 89, 89 a HGB), Tod des Handelsvertreters (§§ 675, 673 BGB) bzw. Insolvenz des Unternehmers (§§ 115, 116 InsO).

10.9.2 Handelsmaklervertrag

Wer gewerbsmäßig für andere Personen, ohne von ihnen aufgrund eines Vertragsverhältnisses ständig damit betraut zu sein, die Vermittlung von Verträgen über Gegenstände des Handelsverkehrs übernimmt, ist Handelsmakler, §§ 93 HGB, 652 ff. BGB. Begriff

10.9.2.1 Grundsätzliches

Prinzipien Der Handelsmakler ist unter den Voraussetzungen der §§ 1, 2 HGB n. F. Kaufmann; sollte er diese Vorschriften nicht erfüllen, so findet das Handelsmaklerrecht der §§ 93 ff. HGB gleichwohl Anwendung, § 93 III HGB (n. F.). Ggf. nimmt er auch gewisse amtliche Befugnisse wahr, vgl. die §§ 94, 100 HGB. Durch Landesrecht kann der Handelsmakler öffentlich zu Verkäufen oder Käufen i.S.d. §§ 373 II 1, 376 III 2 HGB ermächtigt werden.

Der Maklervertrag bedarf keiner Form. Schweigen des Maklers auf ein ihm zugehendes Vertragsangebot gilt unter den Voraussetzungen des § 362 HGB als Annahme, weswegen er ggf. unverzüglich ablehnen muß (s. o. 6.3.1.1). Der Handelsmakler vermittelt nur Verträge über Gegenstände des Handelsverkehrs, dabei genügt der Nachweis der Gelegenheit zum Vertragsabschluß (bzw. auch die Benennung eines ohnehin abschlußwilligen Käufers). Zum Vertragsabschluß selbst ist der Handelsmakler grds. nicht befugt, insbesondere hat er als solcher keine Vertretungsmacht (die ihm sein Auftraggeber aber durchaus erteilen kann). Soweit der Handelsmakler Angebote bzw. Annahmeerklärungen überbringt, fungiert er als Bote (s. o. 7.3.2).

Erscheinungs- Entsprechend der in § 93 I HGB beispielhaft genannten Gegenstände
formen des Handelsverkehrs treten Handelsmakler etwa auf als

- Warenmakler,
- Börsen-, Effektenmakler,
- Versicherungsmakler,
- Finanzmakler,
- Schiffsmakler,
- Frachtmakler.

Zivilmakler Für Grundstücks- und Wohnungsmakler (dazu s. a. das WoVermG) gelten die Handelsmaklerregeln nicht, § 93 II HGB; sie unterfallen, ebenso wie bspw. Vermittler von Artisten bzw. Künstlern oder Ehevermittler, als sog. Zivilmakler den §§ 652 ff. BGB.

Der Handelsmakler muß gewerbsmäßig, d. h. selbständig, und nicht nur vorübergehend sowie auf Gewinnerzielung gerichtet handeln; er ist nicht ständig von einer Partei mit Vermittlungen betraut, wird vielmehr aufgrund von durch Rechtsgeschäft im Einzelfall übertragenen Aufträgen tätig.

10.9.2.2 Pflichten der Parteien

Wesentliche Verpflichtungen des Handelsmaklers sind:

- Sorgfaltspflicht; er muß mit der Sorgfalt eines ordentlichen Kaufmanns handeln (§ 347 HGB). Dabei hat der Handelsmakler, selbst wenn er nicht in vertraglichen Beziehungen zu beiden Parteien (was möglich ist, man spricht dann vom sog. „Doppelmakler" bzw. „Doppelauftrag"), sondern nur zu seinem Auftraggeber steht, als „unparteiischer Vermittler" die Interessen beider Parteien zu wahren, er darf keine einseitig begünstigen und seinen Auftraggeber nicht bevorzugen (ansonsten haftet er ggf.; vgl. die §§ 94, 96, 98 f. HGB);
- Treuepflicht gegenüber den Parteien;
- Einstandspflichten für sog. Untermakler, falls er sich solcher zur Vermittlungstätigkeit bedient,
- Pflicht zur Zustellung einer von ihm unterzeichneten Schlußnote, § 94 HGB, in der die Parteien, der Geschäftsgegenstand und dessen Konditionen festzuhalten sind. Die Schlußnote hat nur Beweischarakter; das Geschäft ist auch ohne sie wirksam. Auf die Schlußnote finden die Regeln über das kaufmännische Bestätigungsschreiben Anwendung (s. o. 6.3.1.2). Ggf. kann die Bezeichnung der anderen Partei vorbehalten bleiben, vgl. § 95 HGB;
- Pflicht zur Probenaufbewahrung beim Kauf auf Probe, §§ 96 HGB, 494 BGB;
- Pflicht zur Führung eines Tagebuchs, §§ 100 ff. HGB.

Pflichten des Handelsmaklers

Vornehmliche Pflichten des Auftraggebers sind:

- Provisionszahlung. Diese schuldet nur der Auftraggeber. Haben beide Parteien den Handelsmakler beauftragt, so schuldet grds. jede die Hälfte der Provision, § 99 HGB. Der Provisionsanspruch erfordert den rechtswirksam abgeschlossenen vermittelten Vertrag.
  Beispiele: Kein Provisionsanspruch mangels wirksamen Vertrages besteht, wenn der Vertrag nichtig ist (§§ 134, 138 BGB), wirksam angefochten wurde (§§ 119, 123 BGB), ein vereinbartes Rücktrittsrecht ausgeübt wurde (§ 346 BGB), eine aufschiebende Bedingung nicht eintritt (§§ 652 I 2, 158 ff. BGB); s. a. § 654 BGB;
- Aufwendungsersatz, wenn dies eigens vereinbart wurde, § 652 II BGB; (ansonsten gilt das alte Sprichwort „Maklers Müh' ist oft umsonst" – selbst wenn trotz großer Anstrengungen kein Geschäftsabschluß gelingt);
- Treuepflicht. Zwar muß der Auftraggeber grundsätzlich einen vom Handelsmakler vermittelten Interessenten nicht akzeptieren, aller-

Pflichten des Auftraggebers

dings muß er ihm unnötige Aufwendungen ersparen, etwa also auch einen anderweitigen Geschäftsabschluß mitteilen;
- ggf. Schweigepflicht über mitgeteilte, nicht realisierte Angebote des Maklers.

10.9.2.3 Rechtsverhältnisse

Rechts-
beziehungen

Folgende Rechtsverhältnisse sind bei der Tätigkeit des Handelsmaklers beachtenswert:

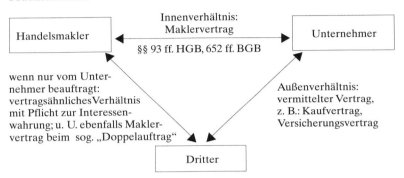

Schaubild 104: Handelsmakler/Rechtsverhältnisse

Der Handelsmaklervertrag besteht grundsätzlich zwischen dem Handelsmakler und dem Unternehmer. Zu dem Dritten besteht seitens des Handelsmaklers dann ein vertragsähnliches Vertrauensverhältnis. Verletzt der Handelsmakler seine Pflichten, so haftet er gemäß § 98 HGB ggf. beiden Parteien; zumeist liegt dann eine pVV (s. o. 9.7) vor. Beim Doppelauftrag gilt dies ebenso.

10.9.2.4 Beendigung

Alleinauftrag

Der Handelsmaklervertrag endet mit einvernehmlicher Aufhebung, Zeitablauf, Tod des Maklers bzw. jederzeit frei möglichem Widerruf (anders beim Alleinauftrag, bei dem der Auftraggeber auf das Recht verzichtet, weitere Makler zum gleichen Zweck einzuschalten und den Auftrag jederzeit zu widerrufen – hier ist der Vertrag im Zweifel nicht jederzeit widerrufbar, sondern gilt gemäß § 157 BGB als auf angemessene Zeit geschlossen, etwa sechs Monate, i.d.R. aber nicht länger als zwei Jahre, vgl. § 11 Nr. 12 AGBG; aus wichtigem Grund bleibt der Alleinauftrag jedoch vorzeitig kündbar).

10.9.3 Kommissionsvertrag

Wer es gewerbsmäßig übernimmt, Waren oder Wertpapiere für Rechnung eines anderen, des Kommittenten, in eigenem Namen zu kaufen oder zu verkaufen, ist Kommissionär, § 383 HGB.

Begriff

10.9.3.1 Prinzipielles

Der Kommissionär ist ggf. Kaufmann i. S. d. §§ 1, 2 HGB (s. o. 3.4.2.1); gemäß § 383 II HGB n. F. gelten aber auch ansonsten grundsätzlich die §§ 383 ff. bzw. 343 ff. HGB. Der Kommissionsvertrag ist nicht formgebunden. Vertragstypologisch gesehen handelt es sich um einen Geschäftsbesorgungsvertrag i.s.d. § 675 BGB (s. o. 10.4.9); hierauf wird dann, wenn der Kommissionär nur im Einzelfall tätig werden soll, ergänzend Werkvertragsrecht (§§ 631 ff. BGB), und bei ständiger Kommissionstätigkeit ergänzend Dienstvertragsrecht (§§ 611 ff. BGB) angewandt.

Beispiele: Der dauerhaft für einen Unternehmer tätige Kommissionär kann, da es sich um eine Geschäftsbesorgung auf Dienstvertragsbasis handelt, gemäß den §§ 675, 627 BGB kündigen (nicht aber bei der auf Werkvertrag basierenden Einzelkommission); oder: liegt der Kommission, da einziges Geschäft, Werkvertragsrecht zugrunde, so verjähren Schadensersatzansprüche gegen den Kommissionär wegen Schlechterfüllung gemäß § 638 BGB in sechs Monaten (und nicht in dreißig Jahren, vgl. § 195 BGB; s. o. 4.3.3).

Der Kommissionsvertrag kann verschiedene Arten der Kommission beinhalten:

Erscheinungsformen

- bei der Einkaufskommission kauft der Kommissionär Waren oder Wertpapiere für den Kommittenten, § 383 HGB;

- bei der Verkaufskommission verkauft er sie, § 383 HGB;

- Geschäftsbesorgungskommission liegt vor, wenn der Kommissionär andere Geschäfte als Kauf oder Verkauf übernimmt, § 406 I 1 HGB,

   Beispiele: sog. Kommissionsverlag (ein Verleger vertreibt das Werk eines Autors im eigenen Namen für dessen Rechnung); Inkassokommission (die Bank zieht für einen Kunden Forderungen auf dessen Rechnung ein); Anzeigen- bzw. Werbungskommission, Filmverleihkommission;

- Gelegenheitskommission; hierbei übernimmt ein Kaufmann, der ein anderweitiges Handelsgewerbe betreibt, gelegentlich Kommissionsgeschäfte, § 406 I 2 HGB,

   Beispiel: ein Teppichhändler (Kaufmann i.S.d. § 1 HGB) hängt in seinem Ladengeschäft Bilder eines Kunstmalers aus und verkauft sie an Kunstliebhaber (im eigenen Namen, aber auf Rechnung des Malers).

Vertragspartner Der – gewerbsmäßig agierende – Kommissionär schließt die jeweiligen Geschäfte in eigenem Namen ab; er ist also selbst Vertragspartner und nicht nur Vertreter des Kommittenten (sog. mittelbare Stellvertretung, s. o. 7.3.1). Allerdings stehen die wirtschaftlichen Folgen (Vor- und Nachteile) dem Kommittenten zu, für dessen Rechnung der Kommissionär handelt (vgl. § 384 II HGB).

10.9.3.2 Pflichten der Parteien

Pflichten des Kommissionärs Der Kommissionär hat insbesondere folgende Verpflichtungen:

– Ausführungs- bzw. Erfüllungspflicht; der Kommissionär muß das Geschäft, d. h. den Kommissionsvertrag, erfüllen mit der Sorgfalt eines ordentlichen Kaufmanns, §§ 384 I, 347 HGB, d. h., das vom Kommittenten erstrebte Rechtsgeschäft mit einem Dritten ordnungsgemäß tätigen.
  Beispiel: der oben beispielhaft herangezogene Teppichhändler muß dem an einem Bild des Kunstmalers Interessierten dieses verkaufen;

– Pflicht zur Interessenwahrung; der Kommissionär hat den Vertrag zu möglichst günstigen Konditionen abzuschließen, § 384 I HGB, dabei den Kommittenten zu informieren, § 384 II 1 HGB, muß Vertragsschluß und Namen des Dritten (Geschäftspartners) mitteilen (sonst haftet er selbst auf Erfüllung, § 384 III HGB) sowie Rechte des Kommittenten wegen Beschädigung, Verlust oder Mängeln der Waren wahrnehmen, §§ 388, 390 f. HGB;

– Weisungsbefolgungspflicht, § 384 I 2. HS. HGB, bei deren Verletzung er schadensersatzpflichtig wird, § 385 HGB,
  Beispiele: der Kommissionär muß Weisungen bezüglich der Auswahl zu erwerbender Wertpapiere beachten, ebenso etwa Preislimits (vgl. § 386 HGB);

– Rechenschafts- und Herausgabepflichten, §§ 384 II 2. HS HGB, 675, 667 BGB;

– Pflicht zur Haftung für Verlust oder Beschädigung des Kommissionsguts, § 390 I HGB; eine Delkrederehaftung, bei der der Kommissionär für die Erfüllung der Verbindlichkeit des Geschäftsgegners einsteht, trifft ihn nur ausnahmsweise, wenn er diese übernommen hatte bzw. es dem örtlichen Handelsbrauch entspricht.

Pflichten des Kommittenten Den Kommittenten treffen demgegenüber als Verpflichtungen:

– Provisionszahlungspflicht, vereinbart oder ortsüblich, §§ 396 I, 354 I HGB. Dabei sind zu unterscheiden als

- Regelfall die Ausführungsprovision, § 396 I 1 HGB, die entsteht, wenn das Geschäft mit dem Dritten zustandegekommen und durch Vertragserfüllung ausgeführt ist;
- Nichtausführungsprovision, § 396 I 2 2. HS HGB, wenn trotz nicht zur Ausführung gekommenen Geschäftes eine Provision ortsüblich ist bzw. das Geschäft aus einem in der Person des Kommittenten liegenden Grund nicht ausgeführt wurde;
- Auslieferungsprovision, § 396 I 2 1. HS HGB, wenn diese ortsüblich oder eigens vereinbart ist,

  Beispiel: eine kleinere Auslieferungsprovision bei einer Verkaufskommission, bei der die Ware schon an den Kommissionär übergeben worden war, als Entgelt für dessen Bemühungen;
- Delkredereprovision, § 394 II 2 HGB, falls der Kommissionär die Delkrederehaftung übernommen hat (s. o.);

— Aufwendungsersatzpflicht, §§ 396 II HGB, 675, 670 BGB,

Beispiele: Aufwendungen des Kommissionärs für Lagerung, Transport, Versicherung der Ware; Porto, Telephon;

hierfür ist ggf. Vorschuß zu leisten, §§ 675, 669 BGB.

10.9.3.3 Besondere Rechte des Kommissionärs

Beim Kommissionsvertrag erwachsen den Parteien aufgrund der Besonderheit der Rechtsbeziehungen spezifische Rechte:

Der Kommissionär hat am Kommissionsgut gemäß § 397 HGB ein gesetzliches Pfandrecht zur Sicherung seiner Ansprüche gegen den Kommittenten; dieses steht einem vertraglichen gleich, § 1257 BGB, und läßt die Verwertung des Pfandes gemäß den §§ 1220 ff. BGB zu (s. u. 15.6). Darüber hinaus gewährt § 398 HGB dem Kommissionär ein pfandähnliches Befriedigungsrecht am Kommissionsgut, wenn er selbst dessen Eigentümer ist.

Pfandrecht

Beispiel: Bei einer Einkaufskommission wird der Kommissionär, der im eigenen Namen handelt (s. o. 10.9.3.1), selbst Eigentümer der Waren. Da es an eigenen Sachen ein Pfandrecht nicht gibt (§ 1256 BGB), gestattet § 398 HGB dem Kommissionär, das Kommissionsgut zu verwerten und sich daraus zu befriedigen.

An Forderungen, die der Kommissionär gegenüber Dritten aufgrund eines Ausführungsgeschäftes hat,

Beispiel: eine getätigte Verkaufskommission, deretwegen dem Kommissionär ein Kaufpreiszahlungsanspruch gegen den Dritten gemäß § 433 II BGB zusteht,

hat er ein bevorzugtes Befriedigungsrecht, § 399 HGB.

Selbsteintritt Darüber hinaus hat der Kommissionär das sog. Selbsteintrittsrecht, § 400 I HGB:

Bei einer Einkaufskommission darf er selbst als Verkäufer und bei einer Verkaufskommission darf er selbst als Käufer auftreten. Seinen Provisionsanspruch behält er dabei, § 403 HGB. Der Kommittent kann dies allerdings unterbinden, § 400 I HGB.

10.9.3.4 Vertragsverhältnisse

Rechts- Beim Kommissionsvertrag und der daraus erfolgenden Tätigkeit des
beziehungen Kommissionärs sind verschiedene vertragliche Variationen und Gestaltungen zu beachten:

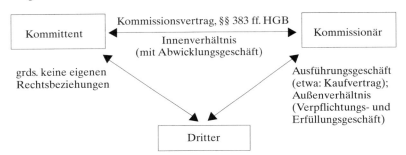

Schaubild 105: Kommission/Rechtsverhältnisse

Der Kommissionsvertrag verbindet (nur) den Kommittenten und den Kommissionär. Beim Ausführungsgeschäft handelt der Kommissionär dann dem Dritten gegenüber im eigenen Namen:

Verkaufs- – Bei der Verkaufskommission tritt er als Verkäufer auf, schließt den
kommission Kaufvertrag, also das Verpflichtungsgeschäft, und erfüllt gemäß den §§ 929 S. 1, 185 BGB, indem er (regelmäßig als Nichteigentümer, da die Ware grundsätzlich im Eigentum des Kommittenten bleibt) im eigenen Namen mit Einwilligung des Kommittenten an den Dritten übereignet. Die Gegenleistung des Dritten, d. h. der Kaufpreis, steht nur dem Kommissionär zu, § 392 I HGB. Da er aber auf fremde Rechnung, nämlich derjenigen des Kommittenten, handelt, muß er diesem alles, was er aus dem Ausführungsgeschäft erlangt, übertragen; man nennt dies das Abwicklungsgeschäft. Erworbene Rechte bzw. Forderungen, wie etwa die Kaufpreisforderung gegen den Dritten, sind also an den Kommittenten abzutreten, § 398 BGB; bar gezahlter Kaufpreis wäre ihm ggf. zu übereignen, §§ 929 ff. BGB, bzw. zu überweisen.

Da der Kommittent, der bei der Verkaufskommission Eigentum (und Besitz) verliert, insoweit also auf „sein Geld wartet", ist er schutzbedürftig: denn der Kommissionär könnte ja etwa in Konkurs fallen oder die Kaufpreisforderung an einen seiner Gläubiger abtreten oder seine Gläubiger könnten auf die Forderung durch Pfändung Zugriff zu nehmen versuchen. Dem trägt § 392 II HGB Rechnung: Forderungen aus dem Ausführungsgeschäft (etwa die Kaufpreisforderung gegen den Dritten) gelten als Forderungen des Kommittenten. D.h., daß der Kommittent Verfügungen des Kommissionärs gegenüber anderen (etwa eine Abtretung an einen dessen Gläubiger) nicht gegen sich gelten lassen muß, bei Insolvenz des Kommissionärs die Aussonderung seiner (Kaufpreis-)Forderung verlangen (§ 47 InsO; s. u. 21.2) und sich mit der Drittwiderspruchsklage, § 771 ZPO, gegen Zwangsvollstreckungen von Gläubigern des Kommissionärs wehren kann. Wenn allerdings der Dritte bereits an den Kommissionär gezahlt hat, dann kann dieser damit durchaus (anderweitig unberechtigt) „wirtschaften", und seine Gläubiger haben die Möglichkeit des Zugriffs; daher bietet sich zum Schutz des Kommittenten gerade eine Vorausabtretung der erst noch durch das Ausführungsgeschäft zustandezubringenden (Kaufpreis-)Forderung gegen den Dritten an (s. o. 8.8.1).

Schutz des Kommittenten

Beispiel: Der (oben beispielhaft erwähnte) Teppichhändler verkauft, § 433 BGB, und übereignet, §§ 929, 185 BGB, das noch dem Kunstmaler gehörende Bild an den Interessenten. Die Kaufpreisforderung, § 433 II BGB, muß er gemäß § 398 BGB an den Maler abtreten bzw. ihm etwaigen Barerlös übereignen (§ 929 BGB), ggf. auch überweisen. Bereits bei Abschluß des Kommissionsvertrages hätten der Teppichhändler und der Maler vereinbaren können, daß eine im Verkaufsfalle zur Entstehung gelangende Kaufpreisforderung unmittelbar dem Maler zustehen soll (Vorausabtretung).

– Bei der Einkaufskommission übereignet der Dritte die Ware regelmäßig an den Kommissionär. Dieser ist verpflichtet, sie dann an den Kommittenten weiter zu übereignen, § 929 BGB. Dabei schützt § 392 II HGB den Kommittenten allerdings nicht – die zunächst im Eigentum des Kommissionärs stehende Ware ist dort etwa dem Zugriff potentieller Gläubiger des Kommissionärs ausgesetzt. Das läßt sich vermeiden, wenn der Kommissionär bei der Übereignung, die der Dritte vornimmt, nicht im eigenen Namen, sondern im Namen des Kommittenten als dessen rechtsgeschäftlicher Vertreter i.S.d. § 164 BGB handelt, so daß der Kommittent unmittelbar Eigentümer wird (s. u. 15.3.2.1).

Einkaufskommission

10.9.3.5 Beendigung

Das Kommissionsverhältnis wird beendet durch Ausführung des Kommissionsgeschäftes, durch Rücktritt des Kommissionärs oder Kommittenten gemäß den §§ 320 ff. BGB (insbesondere: § 326 BGB), durch Zeitablauf bzw. Ablauf der zur Ausführung bestimmten Frist,

Beispiel: bei Börsengeschäften am „Ultimo",

durch Widerruf des Kommittenten, § 649 BGB, bei der auf Werkvertragsrecht basierenden Einzelkommission bzw. durch Kündigung der beiden Parteien bei der auf Dienstvertrag gründenden Dauerkommission, §§ 675, 626 f. BGB, auch durch Unmöglichkeit der Ausführung,

Beispiele: Die einzukaufende Ware verschwindet oder sie wird amtlich gesperrt.

Tod von Kommissionär oder Kommittent sind regelmäßig kein Erlöschensgrund, §§ 675, 672 BGB.

10.9.3.6 Kommissionsagent

Begriff   Die Wirtschaftspraxis hat als weiteren Absatzhelfer die Rechtsfigur des sog. Kommissionsagenten entwickelt (Vertragsfreiheit, vgl. die §§ 241, 305 BGB). Dieser wird beim Verkauf eingesetzt und stellt eine „Mixtur" aus Handelsvertreter und Kommissionär dar:

- Kommissionsagent ist, wer als selbständiger Gewerbetreibender ständig für einen anderen Unternehmer Waren oder Wertpapiere im eigenen Namen für dessen Rechnung zu verkaufen übernimmt. Zwischen beiden besteht eine ständige Geschäftsbeziehung, basierend auf einem Dauerschuldverhältnis (s. o. 8.3.3). Der Kommissionsagentenvertrag kann formlos (mündlich, konkludent) geschlossen werden. Ergänzend finden die §§ 84 ff. HGB (Handelsvertreterrecht) bzw. die §§ 383 ff. HGB (Kommissionsrecht) sowie die Regeln über die Geschäftsbesorgung (§ 675 BGB) und Dienstvertragsrecht (§§ 611 ff. BGB) Anwendung.

Pflichten   - Der Kommissionsagent ist entsprechend der vertraglichen Abreden verpflichtet, sich um den Abschluß von Geschäften zu bemühen, §§ 86 I 1. HS, 384 I 1. HS HGB,

Beispiele: Kunden aufsuchen, informieren,

- die Interessen seines Unternehmers zu wahren, §§ 86 I 2. HS, 384 I 2. HS HGB,

Beispiele: dessen Weisungen beachten, nach günstigen Abschlüssen streben,

und dabei die Sorgfalts- (§§ 86 III, 384 I, 347 I HGB), Mitteilungs- (§ 384 II 2. HS HGB) sowie Pflicht zur Herausgabe des Erlangten zu beachten.

Rechte   - Der Unternehmer hat demgegenüber dem Kommissionsagenten Provision zu zahlen, § 396 I HGB, ihn zu unterstützen, und dessen Schutz im Hinblick auf das wirtschaftliche Abhängigkeitsverhältnis zu gewährleisten (vgl. etwa die §§ 87 II, 89, 89 a, b, 90 a, 388 II, 389, 391, 397 ff. HGB).

10.9.4 Vertragshändlervertrag

Vertragshändler ist, wer in die Verkaufsorganisation eines Herstellers eingegliedert und diesem oder einem dessen Zwischenhändler vertraglich dazu verpflichtet ist, ständig dessen Waren im eigenen Namen und auf eigene Rechnung zu vertreiben und ihren Absatz zu fördern.

Begriff

10.9.4.1 Grundsatz

Der Vertragshändler ist unter den Voraussetzungen der §§ 1, 2 HGB Kaufmann (s. o. 3.4.2.1). Der Vertragshändlervertrag, den die Wirtschaftspraxis entwickelt hat, ist grundsätzlich formfrei möglich. U. U. ist auf den Vertragshändlervertrag ergänzend Handelsvertreterrecht entsprechend anwendbar, so etwa bei der Kündigung (§§ 89, 89 a HGB), bei Auskunft und Schadensersatz wegen etwaiger Verletzungen des Alleinvertriebsrechts des Vertragshändlers durch den (etwa an andere Händler liefernden) Unternehmer, § 87 II HGB, sowie beim Ausgleich nach Beendigung des Vertragsverhältnisses für den wirtschaftlich abhängigen, schutzbedürftigen Vertragshändler, § 89 b HGB.

ergänzend: Handelsvertreterrecht

Vertragshändler finden sich in der Praxis oftmals insbesondere beim Absatz hochwertiger, technisch komplizierter, wartungsbedürftiger Markenartikel (wobei man unter einem Markenartikel eine Ware versteht, bei der Wort-, Bild- bzw. Firmenzeichen auf einen bestimmten Hersteller, der gleichbleibende Qualität gewährleistet, hinweisen).

Markenartikel

Beispiele: Vertrieb von Kraftfahrzeugen, Computern, Landmaschinen, Schuhen, Porzellan.

10.9.4.2 Pflichten der Parteien

Der Vertragshändlervertrag verpflichtet den Vertragshändler regelmäßig:
- ständig für den Hersteller tätig zu werden, d. h. insbesondere Markenartikel abzusetzen,
- dabei Dritten gegenüber im eigenen Namen zu handeln, er wird also unmittelbar (Kauf-)Vertragspartner,
- auf eigene Rechnung zu agieren, also bei eigenem Risiko und eigener Kostentragungspflicht,

Pflichten des Vertragshändlers

Beispiele: Lager- und Vorratshaltung, Transport, Instruktion, Gewährleistung bei Sachmängeln, Kundendienst;

oftmals sind auch Preisempfehlungen und Werbung des Herstellers zu übernehmen,
- sich in die Verkaufsorganisation des Herstellers einzugliedern. Dies ist für den Hersteller besonders wichtig, weil er so, durch ein Vertragshändlernetz, den Kunden gegenüber ein gleiches Erscheinungsbild bzw. gleichartige, einheitliche, verläßliche Leistungen bei Absatz und Kundendienst schafft.

Der Vertragshändler hat sich also den Interessen des Herstellers unterzuordnen, sein Geschäft darauf auszurichten, das Herstellerzeichen zu verwenden, und sich durch seine Geschäftstätigkeit als Vertragshändler des Herstellers auszuweisen.

<small>Fachhändler</small>

(Der Vertragshändler unterscheidet sich hierdurch also insbesondere vom bloßen Fachhändler, der eigenständig handelnd vornehmlich Sachkunde auf ganz bestimmten Warensegmenten bzw. -sortimenten hat;

Beispiele: Fernseh-, Photo-, Elektrofachgeschäfte).

<small>Pflichten des Unternehmers</small>

Der Unternehmer hat als Pflichten demgegenüber insbesondere:
- die vereinbarten finanziellen Vorteile zu gewähren,
- Sorgfalt, Treue und Rücksicht walten zu lassen,
- Informationen, Rat und Auskunft zu erteilen,
- jedenfalls bei vereinbarter Mindestabnahmepflicht des Vertragshändlers seinerseits diese Mindestmenge zu liefern,
- vertragliche Alleinvertriebsrechte zu achten,
- dem Vertragshändler ggf. entsprechend § 89 b HGB einen Ausgleich nach Beendigung des Vertragshändlervertrages zu zahlen.

10.9.4.3 Vertragsbeziehungen

<small>Rechtsbeziehungen</small>

Beim Vertragshändlerverhältnis sind folgende Rechtsbeziehungen zu unterscheiden:

Schaubild 106: Vertragshändler

Zwischen dem Hersteller und dem Dritten (Endabnehmer) bestehen regelmäßig keine unmittelbaren Vertragsbeziehungen (u. U. können Herstellergarantien vorliegen, s. u. 12.6). Im Außenverhältnis bestehen vertragliche Abreden vielmehr grundsätzlich zwischen dem Dritten und dem Vertragshändler, zumeist Kaufverträge. Dabei wird die Tätigkeit des Vertragshändlers weitestgehend durch den Vertragshändlervertrag (Innenverhältnis) bestimmt.

10.9.4.4 Beendigung

Der Vertragshändlervertrag endet i.d.R. mit Zeitablauf oder Kündigung; ob er durch Tod des Vertragshändlers bzw. Herstellers endet, ist zweifelhaft und im jeweiligen Einzelfall insbesondere aufgrund der jeweiligen vertraglichen Spezifika zu entscheiden.

10.10 Kaufmännische Transport- und Lagerverträge

Das HGB enthält im Bereich der Handelsgeschäfte (s. o. 6.2.6; §§ 343-475 h HGB) grundlegende Bestimmungen für den Transport bzw. die Lagerung von Waren. Sie ergänzen die für den Warenabsatz wichtigen Verträge mit den kaufmännischen selbständigen Hilfspersonen hinsichtlich des körperlichen Verbringens von Gütern. Mit dem TRG vom 25. 6. 1998 hat der Gesetzgeber, nicht zuletzt im Hinblick auf die EG-VO Nr. 3118/93 v. 10. 10. 1993, das Fracht-, Speditions- und Lagerrecht reformiert, aktualisiert, vereinheitlicht und modernisiert.

Absatzorganisation

Schaubild 107: Absatzorganisation

10.10.1 Frachtvertrag

Im vierten Buch des HGB sind bedeutsame rechtliche Grundlagen der insbesondere für den Vertrieb bei Transport und Lagerung wichtigen Verträge enthalten. Eines der wesentlichen Geschäfte dabei ist das Frachtgeschäft.

10.10.1.1 Prinzipielles

Neues Transportrecht — Mit dem TRG hat der Gesetzgeber das Frachtrecht vereinheitlicht und im wesentlichen zusammengefaßt. Bisherige unterschiedliche Regelungen für die Frachtführer auf Straße, Schiene, Binnenschiffahrt und im Luftverkehr entfallen, auch wird nicht mehr zwischen Güternah- und Güterfernverkehr unterschieden, vgl. § 407 HGB (n. F.). Die wesentlichen Bestimmungen für das Transportrecht finden sich nunmehr in den §§ 407 ff. HGB (n. F.).

Begriff — Frachtführer ist demnach, wer es gewerbsmäßig unternimmt, Güter zu Lande, auf Binnengewässern oder mit Luftfahrzeugen zu befördern, § 407 I HGB. Der Frachtführer ist regelmäßig Kaufmann i.S.d. § 1 HGB (bzw. § 2 HGB; s. o. 3.4.2); sofern er dies nicht sein sollte, gelten die Vorschriften der §§ 343 ff. HGB grundsätzlich entsprechend, vgl. § 407 III 2 HGB. Der Frachtführer transportiert – im Gegensatz zum Spediteur, s. u. – die Güter selbst.

10.10.1.2 Pflichten der Parteien

Pflichten des Frachtführers — Der durch zwei sich deckende Willenserklärungen zustandekommende Frachtvertrag erlegt dem Frachtführer insbesondere auf:

- die Beförderungspflicht: er muß das Frachtgut zum Bestimmungsort befördern und dort an den Empfänger abliefern, §§ 407 I, 421 HGB;
- die Pflicht, Weisungen des Absenders oder Empfängers zu befolgen, § 418 HGB, bzw. einzuholen, § 419 HGB; während des Transports ist der Absender weisungsberechtigt, § 418 I HGB, nach Ankunft des Beförderungsgutes an der Ablieferungsstelle der Empfänger, § 418 II HGB;
- die betriebssichere Verladung, § 412 I 2 HGB;
- die Überprüfung von Gewicht und Menge des Beförderungsgutes oder des Inhalts der Frachtstücke, § 409 III 2 HGB;
- ihm übergebene Begleitpapiere sorgfältig zu behandeln, § 413 III HGB;
- das Gut innerhalb einer vereinbarten oder ggf. angemessenen Frist (Lieferfrist) abzuliefern, § 423 HGB;
- das Frachtgut sorgfältig zu behandeln, vgl. die §§ 347 I, 412 I 2, 419 I 1, III, 426, 427 III, IV, V HGB;

Umzugsvertrag —
- wenn der Frachtvertrag die Beförderung von Umzugsgut zum Gegenstand (Umzugsvertrag) hat, § 451 HGB, die Pflichten der §§ 451 a ff. HGB, insbesondere das Auf- und Abbauen der Möbel sowie das Ver- und Entladen des Umzugsgutes und Verbrauchern gegenüber auch

die Verpackung und Kennzeichnung des Umzugsgutes (§§ 451 a II, 414 IV HGB).

Der Absender unterfällt insbesondere: *Pflichten des Absenders*
- der Vergütungspflicht; er hat die vereinbarte Vergütung (Fracht) zu zahlen, §§ 407 II, 420 I 1 HGB; wurde das Transportgut auf Verlangen des Empfängers an der Ablieferungsstelle herausgegeben, so trifft die Vergütungspflicht den Empfänger, § 421 II HGB;
- der Pflicht zum Aufwendungsersatz, § 420 I 2 HGB, *Beispiele:* Zollgebühren, Lagerkosten (s. a. die §§ 675, 670);
- der Pflicht, ggf. Weisungen zu erteilen, vgl. § 419 HGB;
- der Unterrichtungspflicht über gefährliches Gut, § 410 HGB;
- der Verpackungs-, Kennzeichnungs-, Verladungs- und Entladepflicht, §§ 411, 412 HGB;
- der Pflicht, auf Verlangen des Frachtführers einen Frachtbrief auszustellen, § 408 HGB, der erhöhte Beweiskraft entfaltet, § 409 HGB, sowie erforderliche Begleitpapiere zu übergeben, § 413 HGB. Der ausgestellte Frachtbrief ist dabei kein Wertpapier, sondern (nur) eine Beweisurkunde über Abschluß und Inhalt des Frachtvertrages, und dient ggf. als Quittung.   *Frachtbrief*
(Hinweis: Der – bisher vornehmlich in der Binnenschiffahrt gebräuchliche – Ladeschein, vgl. die §§ 444 ff. HGB, ist dagegen ein Wertpapier, das der Frachtführer über seine Verpflichtung zur Ablieferung des Gutes ausstellt, s. u. 19.3.2.3. Auch ist der Frachtbrief nicht identisch mit dem Begleitpapier nach § 7 GüKG n.F. [dessen Anforderungen er allerdings genügt]).

Der Frachtführer hat darüber hinaus: *Weitere Rechte*
- ein gesetzliches Pfandrecht am Beförderungsgut, § 441 HGB (s. u. 15.6.), das sogar nach der Ablieferung weiter besteht, wenn er es binnen dreier Tage geltend macht und die Ware noch im Besitz des Empfängers ist (§ 441 III HGB, Folgerecht des Frachtführers);
- einen Zahlungsanspruch (auch) gegen den Empfänger, § 421 II HGB (nach Maßgabe des Frachtbriefs), der ggf. gesamtschuldnerisch neben dem Absender für die Vergütung haftet (§ 421 IV HGB), wenn der Empfänger das Frachtgut vom Frachtführer verlangt hat (§ 421 I HGB).

10.10.1.3 Vertragsbeziehungen

Der Frachtvertrag ist eine besondere Form der Geschäftsbesorgung, § 675 BGB (s. o. 10.4.9), abzielend auf eine Werkerbringung (i. S. d. §§ 631 ff. BGB). Er ist ggf. formlos gültig und wird zwischen Frachtführer und Absender abgeschlossen. Darüber hinaus ist der Frachtvertrag ein Ver-   *Rechtsbeziehungen* trag zugunsten Dritter, §§ 328 ff. BGB, nämlich des Empfängers, der insoweit ebenfalls Rechte und Pflichten gegenüber dem Frachtführer hat (vgl. § 421 HGB; s. o. 8.6.3). Erfüllungsort (s. o. 8.5) für den Frachtführer ist der Ablieferungsort, da dort der Erfolg herbeizuführen ist.

Absender ist, wer den Frachtvertrag mit dem Frachtführer im eigenen Namen abschließt; häufig ist dies ein Spediteur, vgl. § 453 HGB.

Schaubild 108: Rechtsbeziehungen beim Frachtvertrag

Vergütung
Die Höhe der Fracht (= geschuldete Vergütung, § 407 II HGB) bestimmt sich regelmäßig nach Vereinbarung; u. U. ist § 354 HGB anzuwenden. Besondere Vergütungsregeln finden sich in den §§ 421, 412 III, 415, 417 HGB.

Kündigung
Der Absender kann den Frachtvertrag grundsätzlich jederzeit kündigen, § 415 HGB. Dem Frachtführer steht das Kündigungsrecht des § 417 I, II HGB zu.

10.10.1.4 Haftung

Neu geregelt wurde mit dem TRG die Haftung:

Obhutshaftung
Die bisherige Verschuldenshaftung des Frachtführers, § 429 I HGB a. F., wurde durch das Prinzip der Obhuts- bzw. Gefährdungshaftung (nach dem Vorbild der CMR) abgelöst, § 425 I HGB (wobei etwaiges Mitverschulden von Absender oder Empfänger bzw. ein besonderer Mangel des Gutes ggf. zu berücksichtigen sind, § 425 II HGB).

Frachtführerhaftung
Danach haftet der Frachtführer
– von der Annahme bis zur Ablieferung des Gutes, § 425 I HGB, für dessen Verlust oder Beschädigung (Substanzschäden),
  Beispiele: das Transportgut „verliert sich unterwegs"; der Inhalt einer Warensendung wird zerbrochen;
– für die Überschreitung der Lieferfrist, § 425 I HGB (Vermögensschaden),
  Beispiel: Der Frachtführer liefert die Ware nicht wie vereinbart am 10.3., sondern erst am 27.3. ab, wodurch ein Schaden entsteht;

– sowie ggf. für weitere Vermögensschäden, die im Zusammenhang mit der Beförderung des Gutes entstehen (insbesondere im Hinblick auf Sorgfaltspflichtverletzungen i.S.d. pVV),
Beispiele: Fehlerhafte Informationserteilung, fälschliche Zollbehandlung.

Allerdings entällt die Frachtführerhaftung insbesondere unter den Voraussetzungen der §§ 426, 427, 451 d HGB.

Demgegenüber ist die Haftung gemäß den §§ 429 ff. HGB grundsätzlich begrenzt *(Haftungsbegrenzung)*

– bei Verlust oder Beschädigung des Beförderungsgutes auf 8,33 Rechnungseinheiten (Sonderziehungsrechte, vgl. § 431 IV HGB) pro Kilogramm des Rohgewichts der Sendung (derzeit sind dies ca. DM 20,–/kg), § 431 I, II HGB;
– bei Verspätungsschäden auf den dreifachen Betrag der Fracht, § 431 III HGB;
– bei sonstigen Vermögensschäden auf das Dreifache des Betrages, der bei Verlust des Gutes zu zahlen wäre, § 433 HGB.

Im Rahmen der Verwendung von AGBen kann die Haftung im Rahmen eines sog. Korridors von 2 SZR/kg bis 40 SZR/kg (d. h. derzeit von ca. DM 5,–/kg bis DM 100,–/kg; entsprechend in Euro) festgelegt werden, ansonsten ist die Transporthaftung grundsätzlich nicht abdingbar, vgl. § 449 HGB (dies hat auch Auswirkungen auf die ADSp). Bei Vorsatz oder Leichtfertigkeit entfallen die Haftungsbegrenzungen, § 435 HGB.

Beim Umzugsvertrag (§ 451 HGB) ist die Haftung wegen Verlustes oder Beschädigung auf DM 1 200,– pro benötigtem Kubikmeter Laderaum beschränkt, § 451 e HGB (beachte aber § 451 g HGB). *(Umzugsvertrag)*

Für Verschulden „seiner Leute" bzw. Hilfspersonen, *(Gehilfen)*

Beispiele: Arbeitnehmer, Subunternehmer,

muß der Frachtführer über § 278 BGB hinaus gemäß § 428 HGB einstehen (s. o. 7.3.3; 8.13.2).

Ein die Beförderung ausführender Dritter (= ausführender Frachtführer) haftet neben dem Frachtführer unmittelbar als Gesamtschuldner, § 437 HGB.

Der gewerbliche Absender haftet gemäß § 414 HGB demgegenüber dem Frachtführer verschuldensunabhängig für ungenügende Verpakkung bzw. Kennzeichnung, Ungenauigkeiten im Frachtbrief oder unzulängliche Information, § 441 I HGB, der Höhe nach grundsätzlich beschränkt auf 8,33 SZR/kg (ca. DM 20,–/kg). Ein Verbraucher haftet insoweit nur bei Verschulden, § 414 III, IV HGB. *(Absenderhaftung)*

10.10.2 Speditionsvertrag

Die Besorgung der Güterversendung ist Sache des Spediteurs.

10.10.2.1 Grundsätzliches

Begriff — Spediteur ist, wer es gewerbsmäßig übernimmt, die Versendung von Gütern zu besorgen, § 453 I HGB. Der Spediteur ist regelmäßig Kaufmann i. S. d. § 1 HGB (bzw. § 2 HGB, s. o. 3.4.2; ansonsten beachte § 453 III 2 HGB). Regelmäßig befördert er die Güter nicht selbst, sondern läßt den Transport durch Dritte – ausführende Unternehmer – besorgen; er kann aber auch die Beförderung selbst ausführen (sog. Selbsteintrittsrecht, § 458 HGB).

10.10.2.2 Pflichten der Parteien

Pflichten des Spediteurs — Aufgrund des Speditionsvertrages hat der Spediteur insbesondere:

- die Pflicht, die Versendung des Gutes zu besorgen, § 453 I HGB;
- dabei die Beförderung zu organisieren, indem er Beförderungsmittel und -weg bestimmt, § 454 I Nr. 1 HGB;
- die ausführenden Unternehmer auszuwählen, die notwendigen Verträge mit ihnen abzuschließen und ihnen Weisungen und Informationen zu erteilen, § 454 I Nr. 2 HGB;
- etwaige Schadensersatzansprüche des Versenders zu sichern, § 454 I Nr. 3 HGB;
- ggf. das Gut zu versichern und zu verpacken, zu kennzeichnen und dem Zoll zu gestellen, § 454 II HGB, wenn dies eigens vereinbart ist;
- das Interesse des Versenders zu wahren und dessen Weisungen zu befolgen, § 454 IV HGB;
- jeweils Sorgfalt walten zu lassen, vgl. § 347 I HGB.

Sonstige, insbesondere logistische Leistungen außerhalb des Speditionsvertrages,

Beispiele: Qualitätskontrollen, Preisauszeichnung von Gütern,

fallen nicht unter die §§ 453 ff. HGB (sie sind ggf. als Dienst- oder Werkverträge i. S. d. §§ 611 ff. bzw. 631 ff. BGB zu qualifizieren).

Pflichten des Versenders — Den Versender treffen dagegen vornehmlich:

- die Pflicht zur Zahlung der Vergütung, § 453 II HGB (die ggf. auch ohne besondere Vereinbarung geschuldet wird, vgl. § 354 I HGB), die zu zahlen ist, wenn das Gut dem Frachtführer oder Verfrachter übergeben worden ist, § 456 HGB;

– die Verpackungs-, Kennzeichnungs- und Informationspflicht, § 455 I HGB.

Der Spediteur hat im übrigen: weitere Rechte
– ein gesetzliches Pfandrecht am Transportgut, solange er es in seinem Besitz hat, §§ 464 HGB, 1257 BGB (s. u. 15.6);
– sowie das Selbsteintrittsrecht, das ihm gestattet, das Beförderungsgut selbst zu transportieren, und das er nicht ausdrücklich erklären muß, Selbsteintritt

Beispiel: Der Spediteur verfrachtet das Gut selbst – hierdurch hat er den Selbsteintritt konkludent erklärt;

damit steht ihm neben seiner Spediteursvergütung auch diejenige des Frachtführers – die gewöhnliche Fracht – zu, § 458 HGB. Beim Selbsteintritt gilt für die Beförderung das Frachtrecht; Speditionsrecht bleibt für die Leistungen vor und nach der Beförderung anwendbar.

Dem Fixkostenspediteur steht grundsätzlich nur die vereinbarte Vergütung zu, § 459 HGB;

– ggf. auch das Sammelladungsrecht, § 460 HGB.

Die gegenseitigen Rechte und Pflichten werden desweiteren insbesondere in den regelmäßig verwandten ADSp näher konkretisiert, die als AGBen Vertragsbestandteile durch (ausdrückliche oder stillschweigende) Einbeziehung werden, vgl. § 2 AGBG; unter Kaufleuten gelten sie grundsätzlich als branchenüblich, vgl. § 24 S. 1 Nr. 1 AGBG (s. o. 6.7.3). ADSp

10.10.2.3 Vertragsbeziehungen

Bezüglich des Speditionsgeschäftes sind die Rechtsbeziehungen zwischen Rechtsbeziehungen
– Versender des Beförderungsgutes und Empfänger,
– Versender und Spediteur,
– Spediteur und Frachtführer,
– Empfänger und Spediteur bzw. Frachtführer

voneinander zu trennen:

- weswegen der Versender das Beförderungsgut an den Empfänger transportieren (lassen) will, ergibt sich regelmäßig aus den jeweiligen Beziehungen dieser beiden Personen. Häufig liegt ein Kaufvertrag zugrunde, §§ 433 ff. BGB, ggf. liegen eine Bring- oder Schickschuld vor (s. o. 8.5), möglicherweise auch ein Versendungskauf, § 447 BGB (dazu s. o. 8.12.6). Grundgeschäft

- Zwischen Versender und Spediteur besteht der Speditionsvertrag (§§ 453 ff. HGB), der nur Rechte und Pflichten (s. o.) zwischen diesen Speditionsvertrag beiden begründet. Vertragstypologisch ist er ein Geschäftsbesorgungsvertrag, § 675 BGB (s. o. 10.4.9).

Frachtvertrag
- Zwischen dem Spediteur und dem Frachtführer besteht der Frachtvertrag (§§ 454 I Nr. 2, 407 ff. HGB, s. o. 10.10.1), mittels dessen der Speditionsvertrag durch Beförderung ausgeführt wird. Hieran sind nur der Frachtführer und der Spediteur, nicht aber etwa der Versender (oder Empfänger) beteiligt. Schließt der Spediteur diesen Vertrag als Vertragspartner im eigenen Namen ab, nicht etwa nur als Vertreter des Versenders (= mittelbare Stellvertretung; s. o. 7.3.1), vgl. § 454 III HGB (es sei denn, er ist vom Versender bevollmächtigt), dann kann der Versender etwaige (Schadensersatz-)Ansprüche gegen den Frachtführer erst geltend machen, wenn sie ihm vom Spediteur abgetreten wurden, §§ 457 HGB, 398 BGB.
- Zwischen dem Empfänger und dem Spediteur bzw. dem Frachtführer liegt regelmäßig keine eigenständige vertragliche Beziehung vor.

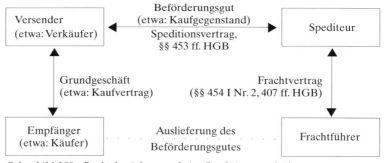

Schaubild 109: Rechtsbeziehungen beim Speditionsgeschäft

10.10.2.4 Haftung

Zur Haftung gelten nach dem TRG folgende Grundsätze:

Prinzipen der Haftung
- Für Schäden, die durch Verlust oder Beschädigung des in seiner Obhut befindlichen Gutes entstehen, haftet der Spediteur gemäß § 461 I HGB entsprechend den frachtrechtlichen Regeln (Obhutshaftung).
- Beim Selbsteintritt sowie der Fixkosten- und Sammelladungsspedition wird in den §§ 458-460 HGB auf die frachtrechtliche Haftung verwiesen.
- Für Schäden, die nicht durch Verlust oder Beschädigung des in der Obhut des Spediteurs befindlichen Gutes entstanden sind, haftet der

Spediteur i. d. R., wenn er eine ihm nach § 454 HGB obliegende Pflicht verletzt, § 461 II HGB.

Beispiel: Auswahlverschulden, wenn der Spediteur einen ihm als unzuverlässig bekannten Frachtführer mit dem Transport betraut, vgl. § 454 I Nr. 2 HGB.

- Abweichende Vereinbarungen sind grundsätzlich nur im Rahmen des § 466 HGB zulässig.
- Wenn der Spediteur den Frachtvertrag im eigenen Namen abschließt (§ 454 III HGB; s. o. 10.10.2.3), dann erfüllt der Frachtführer die ihm aus dem Frachtvertrag obliegenden Pflichten (nur) gegenüber dem Spediteur; er erfüllt nicht die Pflichten, die der Spediteur aufgrund des Speditionsvertrages dem Versender schuldet. Der Frachtführer ist daher regelmäßig nicht Erfüllungsgehilfe des Spediteurs i. S. d. § 278 BGB, so daß der Spediteur für ein etwaiges Verschulden des Frachtführers danach nicht dem Versender gegenüber einstehen muß (es sei denn, es läge ein Auswahlverschulden vor, s. o.).

Frachtführer/ Spediteur

- Ansprüche gegen den Frachtführer,

Beispiel: der Frachtführer beschädigt das Beförderungsgut schuldhaft,

stehen aus pVV des Frachtvertrages (wenn er ihn im eigenen Namen geschlossen hat) grundsätzlich nur dem Spediteur zu; dieser hat sie ggf. an den Versender abzutreten, §§ 457 HGB, 398 BGB, bzw. für ihn geltend zu machen (vgl. die Grundsätze der Drittschadensliquidation, s. o. 8.12.6). U. U. hat der Versender nach den gleichen Grundsätzen etwaige Ansprüche des Empfängers beim Spediteur geltend zu machen bzw. abzutreten.

Ansprüche gegen Frachtführer

Beispiel: Der Verkäufer beauftragt den Spediteur mit der Versendung von Waren an den Käufer. Der Spediteur schaltet dafür einen Frachtführer ein. Dieser beschädigt die Ware beim Transport: Hat der Spediteur den Frachtführer ordentlich ausgewählt, so haftet er dem Verkäufer nicht, auch muß er für ein Verschulden des Frachtführers nicht einstehen. Entweder macht der Spediteur jetzt den Schadensersatzanspruch aus pVV des Frachtvertrages (er, der Spediteur, hat den Vertrag mit dem Frachtführer, hat aber keinen Schaden; der Verkäufer hat – bei der Bringschuld – keinen Vertrag mit dem Frachtführer, wohl aber ggf. den Schaden) des Verkäufers gegen den Frachtführer für den Verkäufer geltend, oder er tritt ihm seinen dem Grunde nach gegebenen pVV-Anspruch gegen diesen ab. Im Falle des Versendungskaufes – bei der Schickschuld –, § 447 BGB (s. o. 8.12.6), gilt dies zugunsten des Empfängers entsprechend.

- Der gewerbliche Versender haftet dem Spediteur für Pflichtverletzungen verschuldensunabhängig, § 455 II HGB; ist der Versender ein Verbraucher, so muß er nur bei Verschulden einstehen, § 455 III HGB.

10.10.3 Lagervertrag

Der Kaufmann kann sich beim Warenumschlag der Lagerräume anderer, der Lagerhalter, bedienen. Er muß so nicht selbst für die Unterbringung der Ware sorgen.

10.10.3.1 Grundsatz

Begriff Lagerhalter ist, wer gewerbsmäßig die Lagerung und Aufbewahrung von Gütern übernimmt, § 467 HGB. Der Lagerhalter ist unter den Voraussetzungen der §§ 1, 2 HGB selbst Kaufmann (s. o. 3.4.2.1; i. ü. beachte § 467 III HGB). Oftmals sind Lagerhalter gleichzeitig Spediteure und Frachtführer.

Formen der Lagerung Die Lagerung findet in folgenden Erscheinungsformen statt:

– Einzellagerung, vgl. § 469 I HGB. Dabei werden die zu lagernden Waren von anderen jeweils getrennt verwahrt. Der Einlagerer bleibt Eigentümer und mittelbarer Besitzer der Sachen, der Lagerhalter wird unmittelbarer Besitzer, § 854 BGB (s. u. 15.4.2.);
– Sammellagerung, § 469 I HGB, bei vertretbaren Sachen, vgl. § 91 BGB (s. o. 4.1.1.1),

   Beispiele: Fertigmöbel, Werkzeugmaschinen, Serienware;

   hierbei werden (i.d.R. aus Kostengründen) die eingelagerten Sachen mit anderen gleichartigen Sachen vermischt, wobei die verschiedenen Einlagerer Miteigentümer am gesamten Sammellagergut im Verhältnis des jeweiligen Wertes, vgl. die §§ 947, 948 BGB, und mittelbare Besitzer werden, § 469 II HGB;
– Summenlagerung. Hierbei überträgt der Einlagerer sein Eigentum an der Ware auf den Lagerhalter, der ihm Sachen gleicher Art, Menge bzw. Güte zurückzugeben hat. Diese unterfällt nicht dem Lagergeschäft der §§ 467 ff. HGB, sondern § 700 BGB.

10.10.3.2 Pflichten der Parteien

Pflichten des Lagerhalters Den Lagerhalter treffen:

– die Pflicht zu (grundsätzlich gesonderter, vgl. § 469 I HGB) Lagerung und Aufbewahrung des Lagergutes, §§ 467 HGB, 691 S. 1 BGB;
– die Pflicht, das Gut vor Verlust oder Beschädigung zu schützen, § 471 II HGB, und dabei
– die Benachrichtigungspflicht bei zu befürchtenden Verschlechterungen, § 471 II HGB;

- die Pflicht, dem Einlagerer die Besichtigung des Einlagerungsgutes zu gestatten, § 471 I 1 HGB;
- die Pflicht zur sorgfältigen Wahrnehmung der Interessen des Einlagerers, § 347 I HGB;
- die Rückgabepflicht, § 473 HGB;
- ggf. die Pflicht zur Ausstellung eines (Order-)Lagerscheines, vgl. die §§ 475 c ff., 363 II HGB; ein auf Order lautender, durch Indossament übertragbarer (Order-)Lagerschein ist ein Wertpapier (s. u. 19.3.2.3);   Orderlagerschein
- die Pflicht zur Versicherung des Lagergutes, wenn der Einlagerer dies verlangt, §472 I HGB;
- Verbrauchern gegenüber Hinweis- und Unterrichtungspflichten, vgl. § 468 II HGB.

Der Einlagerer hat dagegen: Pflichten des Einlagerers

- die Pflicht, das vereinbarte bzw. ortsübliche Lagergeld zu zahlen, § 467 II HGB;
- erforderliche Aufwendungen des Lagerhalters zu erstatten, § 474 HGB;
- auf gefährliche Güter hinzuweisen, § 468 I HGB.

Darüber hinaus darf der Lagerhalter ggf.   weitere Rechte

- einen Selbsthilfeverkauf bzw. die Hinterlegung des Lagergutes vornehmen, vgl. die §§ 471 II, 373 HGB, wenn der Verderb droht,
- sein gesetzliches Pfandrecht wegen der Lagerkosten geltend machen, §§ 475 b HGB, 1257 BGB, das neben seinen Zurückbehaltungsrechten, §§ 369 HGB, 273 BGB, besteht (s. u. 15.6),
- die Rücknahme verlangen, § 473 II, III HGB.

10.10.3.3 Vertragsbeziehungen

Der Lagervertrag regelt sich gemäß den §§ 467 ff. HGB sowie, da er auf Verwahrung gerichtet ist, ergänzend nach den §§ 688 ff. BGB. Der Lagervertrag ist formfrei möglich. Für den Schaden, der durch Verlust oder Beschädigung des Gutes in der Zeit von der Übernahme der Lagerung bis zur Auslieferung entsteht, haftet der Lagerhalter bei Verschulden, § 475 HGB. Schädigt ein Dritter das sich im Gewahrsam des Lagerhalters befindliche Lagergut, so kommt (bei der Einzellagerung) ggf. eine Drittschadensliquidation in Betracht.   Rechtsbeziehungen

Beispiel: Ein Dritter beschädigt die eingelagerte Ware: Der Einlagerer kann als Eigentümer gemäß § 823 I BGB Schadensersatz verlangen; wenn zwischen dem Lagerhalter und dem Dritten eine eigenständige Vertragsbeziehung (etwa ebenfalls ein Lagervertrag) besteht, kann der Lagerhalter, gestützt auf pVV, die Schadensersatzansprüche des Einlagerers geltend machen bzw. hat sie ihm abzutreten (s. o. 8.12.6).

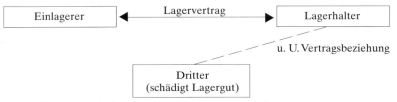

Schaubild 110: Rechtsbeziehungen beim Lagergeschäft

Für seine Gehilfen muß der Lagerhalter gemäß § 278 BGB (Zurechnung schuldhaften Handelns) bzw. § 831 BGB (Zurechnung tatbestandlicher und rechtswidriger unerlaubter Handlungen) einstehen (s. o. 7.3.3; 7.3.4; 8.13).

11 Ungerechtfertigte Bereicherung

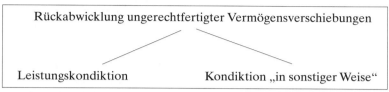

Leitübersicht 11: Ungerechtfertigte Bereicherung

Leitfragen zu 11:
a) Welche Tatbestände kennt die ungerechtfertigte Bereicherung?
b) Welche Voraussetzungen hat die Leistungskondiktion?
c) Worauf ist bei der Bereicherung „in sonstiger Weise" zu achten?

Wenn Vermögensverschiebungen ohne rechtlichen Grund stattfinden bzw. stattgefunden haben, müssen sie durch Rückabwicklung bzw. Herausgabe der ungerechtfertigt erlangten Vermögensvorteile wieder ausgeglichen werden. Dazu dienen die Regelungen der §§ 812 ff. BGB. In diesen Vorschriften findet sich ein Katalog verschiedener Ansprüche. Sie unterscheiden grundsätzlich danach, ob eine Bereicherung durch eine Leistung oder in sonstiger Weise erfolgt ist (vgl. § 812 BGB). Diese Vorschriften lehnen sich stark an die im römischen Recht entwickelten Kondiktionsgrundsätze an, weswegen man von „Leistungskondiktion" bzw. „Kondiktion in sonstiger Weise" spricht (lat. condicere = ansagen; der Kläger sagte dem Beklagten an, vor dem Richter erscheinen zu müssen). Das Bereicherungsrecht hängt eng mit dem Abstraktionsprinzip (s. o. 5) zusammen und ermöglicht die Rückabwicklung gerade in solchen Fällen, in denen zwar das Verpflichtungsgeschäft unwirksam, das Verfügungsgeschäft aber wirksam ist (s. das Beispiel oben 5; 6.2.5).

Prinzipien

11.1 Grundtatbestände

Die §§ 812 ff. BGB differenzieren, wie dargelegt, zwischen der Leistungskondiktion und der Kondiktion in sonstiger Weise. Grundnorm ist dabei § 812 I 1 BGB: dort wird in „Leistung eines anderen" bzw. „auf dessen Kosten in sonstiger Weise" unterschieden. Weitere Fälle der Leistungskondiktion, § 812 I 1 1. Alt. BGB, finden sich in den §§ 812 I 2, II, 813 BGB. Fälle der Kondiktion in sonstiger Weise, auch Nichtlei-

Kondiktions-arten

stungskondiktion genannt, beinhalten die §§ 812 I 1 2. Alt., 816 I, II BGB. Dabei geht die Leistungskondiktion als speziellere Regelung der Nichtleistungskondiktion grundsätzlich vor. Bei der Kondiktion in sonstiger Weise trennt man die Fälle der Eingriffs-, Rückgriffs- sowie Verwendungskondiktion (s. u.). Hat jemand einen Vermögensvorteil rechtsgrundlos erlangt, so muß er diesen Vorteil bei Vorliegen der Voraussetzungen einer Kondiktion wieder herausgeben.

<small>Sonderfälle</small>

Allerdings schließen in bestimmten Sonderfällen die §§ 814, 815, 817 S. 2 BGB Bereicherungsansprüche aus, so bei Kenntnis der Nichtschuld, Anstands- und Sittenpflicht, bewußt oder treuwidrig vereiteltem Erfolgseintritt bzw. Gesetzes- oder Sittenverstoß des Leistenden.

Beispiel: A zahlt dem von ihm bestochenen Beamten B DM/Euro 10 000,– für einen gefälschten Führerschein, wird aber mit der plumpen Fälschung von der Polizei ertappt – zwar ist der Führerscheinverkauf durch B wegen Gesetzesverstoßes (Urkundenfälschung, §§ 267, 276, 276 a StGB) nichtig, § 134 BGB, so daß der B die DM/Euro 10 000,– eigentlich zurückgeben müßte, § 817 S. 1 BGB –, da aber A wegen der von ihm verübten Bestechung (§ 334 StGB) ebenfalls gegen das Gesetz verstößt, ist die Rückforderung ausgeschlossen, § 817 S. 2 BGB.

11.2 Rechtsfolgen

<small>Herausgabe des Erlangten</small>

Der Bereicherte muß grundsätzlich das Erlangte in Natur herausgeben, §§ 812, 816, 817 S. 1, 818 I 1. Alt. BGB.

Beispiele: Die vom Veräußerer übereignete Maschine ist zurückzuübereignen; die abgetretene Forderung ist zurückzuübertragen; der Besitz an einer Sache ist zurückzugeben.

Auch Nutzungen (s. o. 4.1.4),

Beispiele: Das Kalb der Kuh, die Zinsen von Geld (vgl. § 100 BGB),

<small>Surrogate</small>

und die sog. Surrogate, also dasjenige, was der Bereicherte anstelle des Erlangten erhält,

Beispiele: Die von der Versicherung für den zurückgegebenen, allerdings zerstörten Gegenstand erhaltene Summe,

sind gemäß § 818 I BGB herauszugeben.

<small>Wertersatz</small>

Ist die Herausgabe des Erlangten nicht mehr möglich, so ist Wertersatz zu leisten, § 818 II BGB.

Beispiele: Wertersatz für erhaltene Dienstleistungen; Wertersatz für die vom Bereicherten zerstörte, zurückzugebende Sache.

<small>Wegfall der Bereicherung</small>

Ist der Bereicherte allerdings nicht mehr bereichert, entfällt die Pflicht zur Herausgabe bzw. zum Wertersatz, § 818 III BGB (sog. Wegfall der Bereicherung).

Beispiele: Der Bereicherte hat das erhaltene Geld „verjubelt"; er hat eine Maschine schuldlos zerstört; der Arbeitnehmer hat eine geringfügige Überzahlung des Arbeitgebers ausgegeben.

Bei Bösgläubigkeit, Gesetzes- oder Sittenverstoß bzw. Rechtshängigkeit (§§ 261 I, II, 253 I, 696 III ZPO) kann sich der Empfänger dagegen nicht auf den Wegfall der Bereicherung berufen; er ist dann nicht schutzwürdig (vgl. die §§ 818 IV, 819 f., 291 f., 989 ff. BGB) und schuldet ggf. Schadensersatz. *Bösgläubigkeit*

Beispiel: Der Bereicherte weiß, daß der Kaufvertrag nichtig und er rechtsgrundlos bereichert ist; gleichzeitig verschenkt er den Gegenstand an einen Dritten, der ihn verbraucht (weswegen i. ü. auch kein Fall des § 822 BGB vorliegt).

11.3 Leistungskondiktion

Die Leistungskondiktion fordert drei Voraussetzungen (vgl. § 812 I 1 1. Alt. BGB): *Voraussetzungen*

– der Bereicherte muß „etwas" erlangt haben; das erlangte „etwas" kann jedweder Vermögensvorteil sein. *Vermögensvorteil*

Beispiele: Erwerb von Rechten (Eigentum; Hypothek); Erlangung einer Forderung; Besitzerwerb; Befreiung von einer Verbindlichkeit; Erlangung eines Gebrauchsvorteiles; Ersparnis eigener Aufwendungen;

– das Erlangte muß der Bereicherte durch Leistung des Entreicherten erlangt haben. Dabei versteht man unter Leistung jede zweckgerichtete und gewollte Vermehrung fremden Vermögens. *Leistung*

Beispiele: Der Käufer zahlt dem Verkäufer den Kaufpreis; der Verkäufer übereignet dem Käufer den Kaufgegenstand;

– die Leistung muß ohne rechtlichen Grund erfolgt sein. Der Rechtsgrund fehlt, wenn die Vermögensverschiebung nicht rechtlich begründet ist, ein gesetzlicher oder vertraglicher Grund für die Bereicherung *ohne Rechtsgrund*

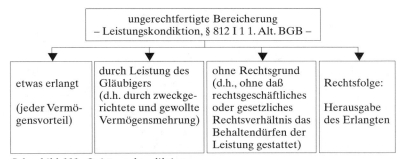

Schaubild 111: Leistungskondiktion

nicht besteht oder später wegfällt, der Bereicherte somit keinen Rechtsgrund zum Behaltendürfen der Leistung hat.

Beispiele: Der mit einem Minderjährigen geschlossene Kaufvertrag ist mangels Zustimmung der Eltern unwirksam, die Leistungen sind aber schon ausgetauscht (vgl. oben 5); ein Kaufvertrag wird wegen Irrtums wirksam angefochten (s. o. 6.8.2.4).

11.4 Bereicherung „in sonstiger Weise"

Liegt kein Fall der Leistungskondiktion vor, so kommt ggf. eine Bereicherung „in sonstiger Weise" auf Kosten des Entreicherten in Betracht (Nichtleistungskondiktion). Dabei werden die Fälle der Eingriffs-, Rückgriffs- bzw. Verwendungskondiktion unterschieden:

Eingriffskondiktion
– bei der Eingriffskondiktion greifen entweder der Bereicherte oder ein Dritter in den Zuweisungsgehalt eines fremden Rechtes ein; dies kann aber auch durch Naturereignisse erfolgen.

Beispiele: Unerlaubte Wegnahme einer Sache; Diebstahl (Eigentumsverletzung i.S.d. § 823 I BGB); Anschwemmung;

Rückgriffskondiktion
– bei der Rückgriffskondiktion tilgt ein Dritter eine fremde Schuld (vgl. § 267 BGB; s. o. 8.6.1) (oftmals geht der Anspruch des Gläubigers gegen den Schuldner aber gemäß § 268 III BGB auf den entreicherten Dritten kraft Gesetzes über);

Beispiele: Ein Unfallversicherungsträger hatte irrtümlich Leistungen für ein verunglücktes Kind erbracht und nimmt nunmehr gegen dessen Vater Rückgriff; oder: A glaubt, sein Hund habe den B gebissen, und ersetzt diesem den Schaden – tatsächlich ist der B aber vom Hund des C gebissen worden, gegen den er jetzt rückgreifen will (diese Fälle sind allerdings strittig);

Verwendungskondiktion
– bei der Verwendungskondiktion werden Verwendungen auf fremde Sachen gemacht (vgl. dazu auch die §§ 994 ff. bzw. § 951 BGB),

Beispiel: Jemand baut auf einem fremden Grundstück.

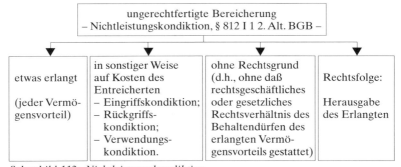

Schaubild 112: Nichtleistungskondiktion

Hat der Bereicherte „etwas" (s. o.) erlangt, ohne daß dafür ein Rechtsgrund besteht, so ist das Erlangte bzw. der Vorteil herauszugeben.

Sonderfälle der Bereicherung in sonstiger Weise regelt § 816 BGB: *Sonderfälle*

- bei der entgeltlichen Verfügung eines Nichtberechtigten, § 816 I 1 BGB, der einem gutgläubigen Dritten nach den §§ 929, 932 BGB wirksam Eigentum verschafft und hierbei ein Entgelt erzielt, das er herausgeben muß;

   Beispiel: Der Mieter eines Telefaxgerätes veräußert es für DM/Euro 500,- an einen gutgläubigen Bekannten (s. o. 10.2.10, s. u. 15.3.2.3; vgl. auch den Beispielsfall oben 2.6.2 a.E.);

- gemäß § 816 I 2 BGB muß derjenige, der aufgrund einer unentgeltlichen Verfügung eines Nichtberechtigten einen rechtlichen Vorteil erlangt hat, diesen wieder herausgeben; im eben genannten abzuwandelnden

   Beispiel: Wenn der Mieter des Gerätes dieses dem gutgläubigen und somit Eigentum erwerbenden Dritten schenkt.

   (Anmerkung: der Fall des § 816 I 2 BGB ist von § 822 BGB zu trennen: dort verfügt ein Berechtigter unentgeltlich);

- wenn i.S.d. § 816 II BGB eine dem Berechtigten gegenüber wirksame Leistung an einen Nichtberechtigten erfolgt; das ist etwa der Fall, wenn der Schuldner in Unkenntnis einer Forderungsabtretung, § 398 BGB (s. o. 8.8.3), an den ursprünglichen Schuldner leistet und gemäß § 407 BGB frei wird.

   Beispiel: Der Verkäufer tritt seine Kaufpreisforderung, § 433 II BGB, gegen den Käufer an einen Dritten ab; der nichtsahnende Käufer zahlt nun an den Verkäufer. Oder: Ggf. hätte auch der sein Geschäft veräußernde frühere Inhaber einen Herausgabeanspruch aus § 816 II BGB gegen den Erwerber, der das Handelsgeschäft fortführt (vgl. § 25 I 1 HGB) und auf den gemäß § 25 I 2 HGB Geschäftsforderungen übergehen, falls ein bisheriger Schuldner an den Geschäftserwerber – schuldbefreiend – zahlt und zwischen dem früheren Geschäftsinhaber und dem Erwerber nicht intern vereinbart war, daß vor dem Erwerb begründete Forderungen dem Erwerber zustehen sollen (also beim früheren Inhaber verbleiben), s. o. 3.4.5.6.

Bereicherungsansprüche verjähren regelmäßig in dreißig Jahren, § 195 BGB (s. o. 4.2.5.1).

12 Unerlaubte Handlungen; Deliktsrecht

Leitübersicht 12: Unerlaubte Handlungen; Deliktsrecht

Leitfragen zu 12:
a) Welche Prinzipien kennt die unerlaubte Handlung?
b) Welche Tatbestände sieht das BGB vor?
c) Muß für Gehilfen eingestanden werden?
d) Welche Regeln gelten für die Produkthaftung?

Gesetzliches Schuldverhältnis

Im Recht der unerlaubten Handlungen, §§ 823 ff. BGB, geht es um die Wiedergutmachung angerichteten Schadens. Es handelt sich bei den Tatbeständen der unerlaubten Handlung um gesetzliche Schuldverhältnisse, die man auch Delikte (lat. delictum = Vergehen, Verbrechen) nennt. Die Regeln der §§ 823-853 BGB sind von erheblicher praktischer Bedeutung:

Beispiele: Schadenszufügungen durch Verletzung von Personen oder Sachen bei Verkehrsunfällen oder Straftaten; Diebstähle; Vandalismus u.v.m.

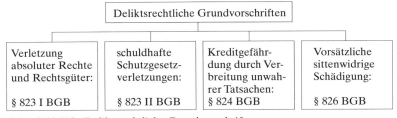

Schaubild 113: Deliktsrechtliche Grundvorschriften

Schaubild 114: Besondere deliktsrechtliche Vorschriften

12.1 Haftungsprinzipien

Beim Deliktsrecht des BGB handelt es sich grundsätzlich um eine sog. Verschuldenshaftung (s. o. 8.12.1), d. h., der Schädiger muß schuldhaft gehandelt haben (s. o. 9.2). Demgegenüber finden sich auch andere Haftungstatbestände, die als eine sog. Gefährdungshaftung Verschulden nicht voraussetzen:

Verschuldenshaftung

Beispiele: § 833 S. 1 BGB; insbesondere aber außerhalb des BGB etwa die oben unter 8.12.1 beispielhaft herangezogenen Vorschriften bzw. s. u. 14.

Mittäter und Beteiligte (Anstifter und Gehilfen; vgl. die §§ 25-27 StGB) haften gemäß § 830 I, II BGB als Gesamtschuldner, §§ 840 I, 421, 426 BGB, ebenfalls.

Mittäter/ Beteiligte

Die Verletzung vertraglicher Pflichten als solche stellt grundsätzlich zwar keine unerlaubte Handlung dar. Wenn die Vertragspflichtverletzung allerdings ebenso einen oder mehrere Tatbestände der §§ 823 ff. BGB erfüllt, kann dies dann durchaus auch eine Einstandspflicht nicht nur wegen Vertragsverletzung, sondern auch wegen unerlaubter Handlung begründen. Vertragliche und deliktische Ansprüche schließen sich nicht gegenseitig aus (s. o. 2.6.2 a. E.; Anspruchskonkurrenz).

vertragliche/ deliktische Ansprüche

Beispiel: Der Handwerker bohrt aus Unachtsamkeit in den Räumen des Kunden eine Elektroleitung an und es kommt zum Brand. Der Kunde kann seine Schadensersatzansprüche jetzt auf pVV und auf die §§ 823 I; 823 II BGB i.V.m. 306 d StGB stützen (s. o. 8.13).

Insbesondere bleibt auch die Haftung des Herstellers sicherheitsgefährdender, fehlerhafter Produkte nach dem ProdHaftG unberührt (vgl. § 15 II ProdHaftG; s. u. 12.6.3).

12.2 Grundtatbestand, § 823 I BGB

Der Grundtatbestand der unerlaubten Handlung findet sich in § 823 I BGB. Wer dessen Tatbestand widerrechtlich und schuldhaft erfüllt, schuldet den Ersatz des daraus entstehenden Schadens.

```
           Unerlaubte Handlung
         – Basisnorm, § 823 I BGB –
```

I. Tatbestand
   1. Rechtsgutsverletzung
   2. Verletzungshandlung
      – positives Tun
      – rechtspflichtwidriges Unterlassen
   3. haftungsbegründende Kausalität
      – Adäquanzlehre
      – (Äquivalenz-, Schutzzwecklehre)
II. Rechtswidrigkeit
    Rechtfertigungsgründe?
III. Verschulden
    1. Deliktsfähigkeit
       – vgl. die §§ 827 f. BGB
    2. Begehungsform
       – Vorsatz
       – Fahrlässigkeit
IV. Rechtsfolge: Schadensersatz
    1. Schaden
    2. haftungsausfüllende Kausalität
    3. Art, Umfang des Ersatzanspruchs (vgl. die §§ 249 ff., 842 ff. BGB)
V. u.U. anspruchsminderndes Mitverschulden (vgl. § 254 BGB)

Schaubild 115: Unerlaubte Handlung; Basisnorm

12.2.1 Tatbestand

Voraussetzungen

Der (objektive) Tatbestand des § 823 I BGB setzt eine Rechtsgutsverletzung, eine Verletzungshandlung und die diese beiden verbindende sog. haftungsbegründende Kausalität voraus.

12.2.1.1 Rechtsgutsverletzung

Rechtsgüter

§ 823 I BGB nennt als geschützte Rechtsgüter namentlich Leben, Körper, Gesundheit, Freiheit und Eigentum. Wer einen Menschen tötet, in dessen körperliche Unversehrtheit von außen eingreift (Körperverletzung), seine inneren Funktionen stört (Gesundheitsverletzung), ihn einsperrt (Freiheitsentzug) oder ihm gehörende Sachen zerstört, beschädigt, entzieht bzw. nachhaltig vorenthält (Eigentumsverletzung), der verletzt diese Rechtsgüter, die sich gegen jedermann richten bzw. die jedermann zu respektieren und unversehrt zu lassen hat. Man nennt sie daher absolute Rechte (s. o. 4.2.1).

§ 823 I BGB erwähnt dann noch, ohne weitere Spezifizierung, die sog. „sonstigen Rechte". Aus der gleichsetzenden Aufzählung mit den namentlich genannten absoluten Rechten ergibt sich, daß es sich dabei ebenfalls um solche absoluten Rechte handeln muß (und nicht nur um lediglich zwei Personen verbindende, also nur relativ wirkende Forderungsrechte; s. a. 4.2.1). absolute Rechte

Derartige „sonstige Rechte" sind etwa dingliche Rechte wie Nießbrauch, Hypothek, Grundschuld, Dienstbarkeiten, dingliche Anwartschaftsrechte, der Besitz, Patent- und Urheberrechte sowie das allgemeine Persönlichkeitsrecht (Ehrverletzungen etwa, vgl. oben 3.1.3; 8.12.3), aber auch der Name bzw. die Geschäftsbezeichnung (s. o. 3.1.3) sowie das Recht am eingerichteten und ausgeübten Gewerbebetrieb (s. o. 4.4.2, bzw. s. u. 18.5), wenn sich ein unmittelbar betriebsbezogener Eingriff dagegen richtet. „sonstige Rechte"

12.2.1.2 Verletzungshandlung

Zur Verwirklichung des § 823 I BGB ist ferner eine Verletzungshandlung erforderlich. Unter Handlung versteht man jedes menschliche, vom Willen beherrschbare Verhalten, das der Bewußtseinskontrolle und der Willensbestimmung unterliegt. In der Regel wird die Rechtsgutsverletzung durch ein sog. positives Tun, also aktives Agieren, hervorgerufen. Handlung

Beispiele: Der Schütze zielt auf sein Opfer; ein Autofahrer überfährt einen Fußgänger; Demonstranten blockieren mehrere Tage (und nicht nur kurzfristig) den Einsatz von Baumaschinen.

Das bloße Unterlassen ist dagegen grundsätzlich keine dem positiven Tun gleichkommende Verletzungshandlung (Grundsatz: „Niemand ist Hüter fremder Rechte").

Beispiel: Beim Nachbarn regnet es herein, man sieht und unterläßt es, den offenen Fensterladen zuzudrücken.

Allerdings ist auch ein Unterlassen dem positiven Tun gleichzustellen, wenn der Schädiger eine Rechtspflicht zur Abwendung des schädigenden Erfolges hatte. Diese kann sich aus Gesetz, Vertrag, vor allem aber aus der sog. Verkehrssicherungspflicht ergeben: Wer eine Gefahrenquelle schafft oder unterhält, muß alles Zumutbare tun, um den Rechtsverkehr vor Schaden zu bewahren (s. u. 12.6.2.1). Verkehrssicherungspflicht

Beispiel: Wer eine Baugrube aushebt, muß sie so absichern, daß niemand hineinfallen und sich verletzen kann.

12.2.1.3 Haftungsbegründende Kausalität

Adäquanzlehre Die Verletzungshandlung muß die Rechtsgutsverletzung ursächlich hervorgerufen haben. Dabei wird auf die sog. Adäquanzlehre abgestellt (s. o. 8.12.5).

Beispiel: Der zu flott fahrende Autofahrer wird aus der Kurve „getragen" und verletzt einen Passanten.

12.2.2 Rechtswidrigkeit

Rechtfertigungsgründe Der Täter muß widerrechtlich gehandelt haben. In der Regel indiziert das Vorliegen des Tatbestandes die Rechtswidrigkeit, es sei denn, es lägen Rechtfertigungsgründe vor. Solche können sein insbesondere Notwehr (§ 227 BGB), Notstand (§ 228 BGB), Selbsthilfe (§ 229 BGB), Einwilligung des Verletzten oder die sog. Wahrnehmung berechtigter Interessen.

12.2.3 Verschulden

Deliktsfähigkeit Schuldhaftes Handeln setzt zunächst die sog. Deliktsfähigkeit voraus. Es dürfen also die §§ 827, 828 BGB nicht zu einer Einschränkung oder einem Ausschluß der deliktischen Verantwortlichkeit führen (s. o. 3.1.2.2).

Desweiteren muß der Täter vorsätzlich gehandelt, den Erfolg also wissentlich und willentlich herbeigeführt haben, oder aber die im Verkehr erforderliche Sorgfalt außer Acht gelassen haben (Fahrlässigkeit, § 276 I 2 BGB; s. o. 9.2).

12.2.4 Rechtsfolge: Schadensersatz

Sind die vorliegenden Voraussetzungen erfüllt, so schuldet der Schädiger den Ersatz des aus der Rechtsgutsverletzung adäquat-kausal entstehenden Schadens. Hierzu sei auf die §§ 842 ff., 249 ff. BGB bzw. oben 8.12 verwiesen.

12.3 Verstoß gegen Schutzgesetze, § 823 II BGB

Begriff Der neben § 823 I BGB anwendbare § 823 II BGB erweitert die Einstandspflicht des Schädigers, wenn dieser gegen ein den Schutz eines anderen bezweckendes Gesetz verstößt. Ein solches sog. Schutzgesetz ist jede materielle Rechtsnorm, die nicht nur die Allgemeinheit, sondern zumindest auch den einzelnen Bürger vor der Verletzung seiner Rechte, Rechtsgüter bzw. Interessen schützen will. Dies ist etwa bei den meisten Bestimmungen des StGB der Fall.

Schutzgesetzprüfung bei § 823 II BGB; Voraussetzungen:		
1. Gesetzesqualität – alle Gesetze im formellen Sinn, – Rechtsnormen aller Art (Verordnungen, öffentlich-rechtliche Satzungen).	2. Befehlsqualität – die Norm muß ein Gebot oder Verbot aussprechen.	3. persönlicher und sachlicher Schutzbereich – das Gesetz muß (neben dem Schutz der Allgemeinheit) auch Individualschutz bezwecken, – der Verletzte muß zum geschützten Personenkreis gehören, – das vom Geschädigten geltend gemachte Interesse muß von der Norm geschützt sein.

Schaubild 116: Schutzgesetzprüfung

Besonders wichtig ist § 823 II BGB dann, wenn § 823 I BGB mangels Rechtsgutsverletzung nicht greift.

Beispiel: Der Betrüger bringt den Kapitalanleger dazu, ihm Geld anzuvertrauen. Aufgrund der freiwilligen Geldherausgabe liegt keine Eigentumsverletzung i.S.d. § 823 I BGB vor, sondern „nur" eine Vermögensschmälerung. Der Betrug ist aber gemäß § 263 StGB strafbar, somit kann Schadensersatz nach den §§ 823 II BGB i.V.m. 263 StGB geltend gemacht werden.

Als Rechtsfolge des § 823 II BGB i.V.m. einem Schutzgesetz ergibt sich (wie auch bei § 823 I BGB) die Verpflichtung zum Schadensersatz (s. o. 8.12). Dabei wird der sich aus den §§ 823 II, 842 ff., 249 ff. BGB i.V.m. Schutzgesetz ergebende Schadensersatzanspruch grundsätzlich nach den Regeln über das negative Interesse (s. o. 8.12.3) bemessen.

Beispiel: Der Lieferant täuscht seinen Kunden über die Legierung von Schweißdraht (§ 263 I StGB – Betrug). Dann ist der Kunde (Käufer) so zu stellen wie er stünde, wenn der Lieferant (= Verkäufer) ihn nicht getäuscht hätte. (Das sog. positive Interesse, insb. entgangener Gewinn, wäre nur zu ersetzen, wenn die für den Schadenseintritt ursächliche unerlaubte Handlung zugleich die Voraussetzungen für einen vertraglichen Gewährleistungsanspruch i.S.d. §§ 463, 480 II BGB erfüllen würde.)

12.4 Vorsätzliche sittenwidrige Schädigung

Gemäß § 826 BGB ist derjenige schadensersatzpflichtig, der einem anderen in gegen die guten Sitten verstoßender Weise vorsätzlich Schaden zufügt. Ein solcher Verstoß gegen die guten Sitten liegt dann vor, wenn der Schädiger gegen das Anstandsgefühl aller billig und gerecht Denkenden verstößt (s. a. § 138 BGB; vgl. unten 17.3.1.1). Das ist etwa dann der Fall, wenn der Schädiger:

Sittenverstoß

Beispiele: Andere zum Vertragsbruch verleitet; Monopolstellungen mißbraucht; besticht; Schmiergelder zahlt; arglistig täuscht.

Kredit-
gefährdung

Hierunter kann auch die einen eigenen Deliktstatbestand bildende Kreditgefährdung, § 824 BGB, fallen.

12.5 Einstandspflicht für den Verrichtungsgehilfen, § 831 BGB

Grundsatz

§ 831 BGB verpflichtet den Geschäftsherrn, für widerrechtliche Schadenszufügungen einer Hilfsperson zu haften. Diese Vorschrift ist nicht zuletzt etwa im Hinblick auf die arbeitsteilige Erwerbsgesellschaft bzw. das Wirtschaftsleben von großer Bedeutung. Zwar muß bspw. der eine unerlaubte Handlung begehende Arbeitnehmer selbst nach den §§ 823 ff. BGB einstehen. Allerdings ist seine finanzielle Leistungskraft eher beschränkt, und im übrigen darf nicht verkannt werden, daß er fremdnützig tätig war. Daher bestimmt § 831 BGB die Einstandspflicht des Geschäftsherrn für widerrechtliche Schädigungen, die von der Hilfsperson verursacht worden sind. Fremd- und Eigenverschulden werden dabei in einer Haftungs- und Zurechnungsnorm zusammengefaßt.

12.5.1 Verrichtungsgehilfe

Begriff

§ 831 I 1 BGB setzt voraus, daß jemand zu einer Verrichtung bestellt wurde. Diese Person nennt man „Verrichtungsgehilfe" (Vorsicht: Der Begriff ist streng zu trennen von der in Zusammenhang mit § 278 BGB verwandten Bezeichnung „Erfüllungsgehilfe", vgl. oben 7.3.3, 7.3.4; 8.13; dieser ist bei der Verschuldenszurechnung im rechtsgeschäftlichen Bereich relevant, jener bei der davon zu trennenden deliktsrechtlichen Einstandspflicht). Verrichtungsgehilfe ist, wer mit Wissen und Wollen des Geschäftsherrn in dessen Interesse tätig wird und dabei von seinen Weisungen abhängig ist. Das Weisungsrecht muß dabei nicht ins Einzelne gehen, es reicht, daß der Geschäftsherr die Tätigkeit des Handelnden jederzeit einschränken, entziehen oder nach Art, Zeit und Umfang bestimmen kann.

Beispiel: Der im Rahmen eines Arbeitsvertrages weisungsabhängige Arbeitnehmer.

Wer für einen anderen selbständig bzw. freiberuflich tätig wird ist kein Verrichtungsgehilfe. Ob der Verrichtungsgehilfe gleichzeitig auch Erfüllungsgehilfe (i.S.d. § 278 BGB) ist, also im Rahmen der Erfüllung vertraglicher Verpflichtungen seines Geschäftsherrn tätig wird, spielt für § 831 BGB keine Rolle (vgl. dazu oben 8.13).

Organe juristischer Personen,

Beispiele: GmbH-Geschäftsführer, Vorstandsmitglieder der AG, sind keine Verrichtungsgehilfen; für ihre etwaigen unerlaubten Handlungen muß die juristische Person gemäß § 31 BGB einstehen (s. o. 3.2; vgl. auch 16.7.6.4, 16.8.7.1).

12.5.2 Widerrechtliche Schadenszufügung

Der Verrichtungsgehilfe muß einem Dritten widerrechtlich Schaden zugefügt haben. Damit meint das Gesetz eine tatbestandliche und rechtswidrige (= widerrechtliche) unerlaubte Handlung des Gehilfen i.S.d. §§ 823 ff. BGB. § 831 I 1 BGB setzt also, nur von widerrechtlich sprechend, nicht voraus, daß der Täter auch schuldhaft gehandelt haben muß. Das ist durchaus sinnvoll, damit dem Geschäftsherrn nicht etwa mangelnde Deliktsfähigkeit seines Verrichtungsgehilfen (s. o. 3.1.2.2) zugute kommt.
 — Zurechnung

12.5.3 Handeln in Ausführung der Verrichtung

Der Verrichtungsgehilfe muß die widerrechtliche Schädigung gerade in Ausführung der ihm übertragenen Verrichtung begangen haben. Das ist dann der Fall, wenn zwischen der schädigenden Handlung und der übertragenen Verrichtung ein innerer und äußerer Zusammenhang besteht. Der Verrichtungsgehilfe darf die schädigende Handlung also nicht nur „bei Gelegenheit" vorgenommen haben.
 — Zusammenhang

Beispiele: Der eine neue Stromleitung verlegende Elektrikergeselle bohrt versehentlich eine Wasserleitung des Kunden an – er handelt in Ausführung der ihm übertragenen Verrichtung.

Nicht aber: Der Geselle sieht den Geldbeutel des Kunden liegen und stiehlt ihn – er nutzt nur eine nicht zu seiner Tätigkeit gehörende Gelegenheit zu aufgabenfremdem Tun.

12.5.4 Exculpation

Wenn der Geschäftsherr bei der Auswahl des Verrichtungsgehilfen und, sofern er Vorrichtungen oder Gerätschaften zu beschaffen oder die Ausführung der Verrichtung zu leiten hat, bei der Beschaffung oder der Leitung die im Verkehr erforderliche Sorgfalt beachtet, oder wenn der Schaden auch bei Anwendung dieser Sorgfalt entstanden sein würde, dann tritt die Ersatzpflicht nicht ein, § 831 I 2 BGB. Der Geschäftsherr kann sich dann entlasten (exculpieren; Haftung für vermutetes Verschulden). Er (bzw. derjenige, der dies für ihn vertraglich übernimmt,
 — Entlastung

§ 831 II BGB) muß den Verrichtungsgehilfen also sorgfältig auswählen, ihn ständig überwachen (die Auswahl ist für jede Tätigkeit neu vorzunehmen), Verrichtungen und Gerätschaften ordnungsgemäß beschaffen bzw. unterhalten. Daher hat die ständige Belehrung, Fortbildung und Schulung von Arbeitnehmern große Bedeutung.

Beispiel: Der Arbeitgeber des obigen, in der Regel ordentlich arbeitenden, Elektrikergesellen fordert diesen ständig zu sorgfältiger Arbeit auf und hat ihn vor Ort auf die Lage der Wasserleitung hingewiesen – er kann sich gemäß § 831 I 2 BGB exculpieren.

dezentralisierte Entlastung

Für Großbetriebe, bei denen der Inhaber bzw. die Unternehmensführung nicht das gesamte Personal auswählen und überwachen kann, läßt die Rspr. einen sog. dezentralisierten Entlastungsbeweis zu. Der Unternehmer kann sich exculpieren, wenn er nachweist, die von ihm selbst eingestellten Angestellten sorgfältig ausgesucht und überwacht zu haben. Diese Verantwortlichkeit setzt sich dann kaskadenartig nach unten in der personellen Verantwortlichkeitskette fort. Ist eine sorgfältige Auswahl und Überwachung des Personals aber wegen mangelhafter Betriebsorganisation unterblieben, haftet der Unternehmer wegen eigenen Organisationsverschuldens unmittelbar aus § 823 I BGB.

12.5.5 Rechtsfolge

Schadensersatz

Als Rechtsfolge ergibt sich bei Vorliegen aller Voraussetzungen des § 831 BGB eine eigenständige Schadensersatzpflicht des Geschäftsherrn gegenüber dem Geschädigten.

Schaubild 117: Deliktische Einstandspflicht für Gehilfen

12.5.6 Gesamtschuldnerische Haftung

Mehrere, für den aus einer unerlaubten Handlung entstehenden Schaden nebeneinander Verantwortliche haften gemäß § 840 I BGB im Außenverhältnis gegenüber dem Geschädigten als Gesamtschuldner (s. o. 8.7). Jeder ist die ganze Leistung zu bewirken verpflichtet, der Gläubiger sie aber zu fordern nur einmal berechtigt, § 421 BGB. Nebeneinander für eine unerlaubte Handlung verantwortlich sind etwa Teilnehmer und Beteiligte i.S.d. § 830 BGB, *Außenverhältnis*

Beispiel: Mehrere Teilnehmer an einer Protestdemonstration, die nachhaltig den Einsatz von Baumaschinen bzw. ein Unternehmen blockieren,

insbesondere aber auch Geschäftsherr und Verrichtungsgehilfe – häufig also Arbeitgeber und Arbeitnehmer. Deren Einstandspflichten untereinander, im sog. Innenverhältnis, würden sich grundsätzlich gemäß den §§ 426 I 1, 840 II BGB so gestalten, daß der Arbeitnehmer den ganzen Schaden tragen müßte bzw. der Arbeitgeber, falls er vom Geschädigten in Anspruch genommen würde, beim Arbeitnehmer Rückgriff nehmen könnte. Da dies allerdings regelmäßig zu ungerechten Ergebnissen führt, gibt es im Arbeitsrecht hierzu Sonderlösungen (vgl. etwa oben 10.4.8.7). *Innenverhältnis*

12.6 Produkthaftung

Der Verbraucher wird zunehmend kritischer. Insbesondere Sicherheitsaspekte bestimmen seine Kaufentscheidung immer mehr. Fehlende Sicherheit bzw. Sicherheitsmängel belasten nicht nur das Unternehmensimage, sie können auch zu erheblichen Risiken wegen rechtlicher Einstandspflichten führen.

12.6.1 Gewährleistungspflichten

Weisen die Kaufsache, das hergestellte Werk, eine Reise oder eine sonstige Dienstleistung Mängel auf, so müssen der Verkäufer, der Werkunternehmer bzw. der Dienstleister dafür einstehen; vgl. die §§ 459 ff., 633 ff., 651 c ff. BGB sowie die Regeln über die positive Vertragsverletzung (s. o. 10.2.7, 10.3.5, 10.4.6, 9.8; zum Mietrecht vgl. die §§ 537 ff. BGB). *Mängel*

In dem für das Produkthaftungsrecht so besonders wichtigen Bereich des Kaufrechts ergibt sich hieraus insbesondere folgendes:

Schaubild 118: Einstandspflichten für Produkte

12.6.1.1 Gewährleistungsansprüche

Rechtsfolgen Bei erheblichen Fehlern der Ware hat der Käufer die Möglichkeit zu Wandelung oder Minderung (§§ 459 I, 462 BGB).

Beispiele: Der verkaufte Anrufbeantworter zeichnet aufgrund eines technischen Fehlers die Worte des Anrufers nicht auf. Der Käufer kann aufgrund erklärter Wandelung den Kaufpreis zurückverlangen. Oder: Das Gehäuse des verkauften Telefax-Gerätes ist stark zerkratzt – der Käufer kann den Kaufpreis angemessen mindern.

Fehlt der verkauften Sache eine zugesicherte Eigenschaft, so kann der Käufer auch Schadensersatz wegen Nichterfüllung verlangen, §§ 459 II, 463, 480 II BGB.

Beispiel: Der Verkäufer versichert dem Käufer, die gekaufte Telekommunikationsanlage vernetze alle Geschäftseinheiten und sei gegen Ausfälle besonders geschützt; tatsächlich aber bricht sie sogleich zusammen, so daß aufwendige Programmierungsaufwendungen nutzlos werden und wichtige Geschäftsabschlüsse entfallen.

Diese Ansprüche beziehen sich auf die Kaufsache selbst, nicht aber auf sonstige Nachteile (also nicht auf die sog. Mangelfolgeschäden, s. o. 10.2.7.2).

12.6.1.2 Garantien

Sachmängelgewährleistungsansprüche des Käufers richten sich nur gegen seinen Vertragspartner, d. h. den Verkäufer. Dieser ist aber meistens nicht der Hersteller des Produkts, sondern nur Händler. Da er in der Regel Zusicherungen über bestimmte Eigenschaften der Kaufsache nicht abgibt, sind die Schadensersatzansprüche des Käufers in den Fällen, in denen er durch Fehler der Kaufsache Schäden erleidet, sehr begrenzt (vgl. dazu unten 12.6.3).

Händler- – Manchmal geben Händler Garantieerklärungen ab, aber meistens nur
garantie   des Inhalts, daß sie sich zu einer Ersatzlieferung, also dem Umtausch,

oder zu einer Nachbesserung verpflichten. Dabei sind die §§ 476, 476a BGB bzw. ggf. § 11 Nr. 10, 11 AGBG zu beachten.

– Oftmals geben auch die Hersteller Garantieerklärungen ab.   *Hersteller-*
Beispiel: Der Hersteller von Küchenherden legt diesen jeweils eine Garantie-   *garantie*
karte bei, auf der er sich verpflichtet, gegen Vorlage der Garantiekarte etwaige
Defekte zu beseitigen.

Mit der Garantiekarte nimmt der Käufer das Angebot auf Abschluß   *Garantieinhalte*
eines Garantievertrages regelmäßig konkludent an (i.S.d. § 151 BGB).
Er hat dann neben den Rechten aus den §§ 459 ff. BGB gegen den
Verkäufer auch seine Rechte aus dem Garantievertrag mit dem Hersteller. Es kann aber auf der Garantiekarte vorgesehen sein, daß der Käufer
zunächst die Herstellergarantie in Anspruch nehmen und erst bei deren
Fehlschlagen auf die Gewährleistungsansprüche gegen den Verkäufer
zurückgreifen darf. Oftmals auch werden längere Garantiefristen als die
Verjährungsfristen des § 477 BGB eingeräumt (s. o. 10.2.7.2).

Beispiel: Die Garantiekarte enthält folgende Klausel: „Der Kunde hat, soweit wir
unseren Verpflichtungen auf Behebung von Mängeln nachkommen, nicht das
Recht, die Herabsetzung des Kaufpreises oder die Rückgängigmachung des Vertrages zu verlangen, sofern nicht ein Fehlschlagen der Nachbesserung vorliegt".

Der Einsatz solcher Garantieerklärungen hat sich in der Praxis als
durchaus übliches und taugliches Marketinginstrument herausgestellt.

Beispiele: Die Deutsche Telekom AG verwendet sie und leistet für Material und
Herstellung von Telekommunikationsendgeräten eine Garantie von 12 Monaten
ab der Übergabe. – Bei Schweizer Uhren bspw. findet sich etwa folgende „Internationale Garantie": „Auf Ihre T...-Uhr wird von der T...-AG eine zwölfmonatige
Garantie ab Kaufdatum gemäß diesen Garantiebestimmungen gewährt. Die
internationale Garantie umfaßt Material- und Fabrikationsfehler ... Im Garantiefall
wird Ihre T...-Uhr durch unsere offiziellen Fachhändler und Generalagenturen
kostenlos repariert. Weitergehende Ansprüche gegenüber der T...-AG wie Schadensersatz, Wandelung, Minderung oder Umtausch der Uhr sind jedoch ausgeschlossen. Für jede andere Garantieleistung, die der Händler verspricht, ist dieser
allein verantwortlich ...".

12.6.2 Deliktsrechtliche Haftung

Im Hinblick auf die nur eingeschränkten vertraglichen Gewährlei-   *unerlaubte*
stungsrechte, die insbesondere die Schadensersatzpflichten des Verkäu-   *Handlungen*
fers von strengen Voraussetzungen abhängig machen und Mangelfolgeschäden nicht erfassen, ist die Haftung gemäß den §§ 823 ff. BGB zum
Ausgleich erlittener Schäden wichtig (s. o. 12.1). Die Einstandspflicht für
unerlaubte Handlungen trifft (nur) den jeweiligen Schadensverursacher
– das ist für den Käufer deshalb bedeutsam, weil er in der Regel nur
vertragsrechtliche Beziehungen zum Verkäufer hat, der seinerseits aber

im Falle der Fehlerhaftigkeit des verkauften Produktes grundsätzlich keine eigenständige unerlaubte Handlung begeht. Daher kommt der Herstellerhaftung in der Praxis besondere Bedeutung zu:

12.6.2.1 Herstellerhaftung

Verletzungshandlung — Erleidet ein Verbraucher Nachteile an Leben, Körper, Gesundheit, Freiheit, Eigentum oder sonstigen absoluten Rechten, so kann er unter den Voraussetzungen des § 823 I BGB (bzw. im Hinblick auf § 823 II BGB i.V.m. Verletzung eines Schutzgesetzes) Schadensersatz verlangen. Erforderlich hierfür ist eine Verletzungshandlung des Schädigers. Diese kann in einem positiven Tun oder rechtspflichtwidrigen Unterlassen bestehen. Während aktives Handeln des Herstellers eines schadensträchtigen Produktes regelmäßig nicht vorliegt, ist insbesondere der Aspekt des rechtspflichtwidrigen Unterlassens beachtenswert: Stellt das Produkt eine *Gefahrenquelle* dar, so muß der Hersteller alles Erforderliche unternehmen, damit sich die Gefahr nicht konkret verwirklicht. Es trifft ihn die sog. *Verkehrssicherungspflicht*. Diese gebietet, nur fehlerfreie, ordnungsgemäße Waren in den Verkehr zu bringen: Der Hersteller muß demnach alles ihm zumutbare tun, damit es zu keinen Rechtsgutsverletzungen bei Dritten kommt (s. o. 12.2.1.2).

12.6.2.2 Herstellerpflichten

Die Rspr. hat insbesondere folgende Verkehrssicherungspflichten des Herstellers entwickelt:

Organisation — Organisationspflicht: Der Hersteller muß seinen Betrieb so organisieren, daß, ausgehend vom jeweiligen Stand von Wissenschaft und Technik, Konstruktions-, Fabrikations- und Instruktionsfehler vermieden werden,

Beispiele: Einrichtung von Kontrollen zur Prüfung älterer Mehrwegflaschen auf Stabilität vor dem Wiederauffüllen; Prüfung der Erzeugnisse von Zulieferern;

Konstruktion — Konstruktionspflicht: Die Ware muß nach dem jeweiligen Stand von Wissenschaft und Technik konstruiert und betriebssicher sein,

Beispiele: Die elektrische Heckenschere darf nach Abschalten des Stroms nicht nachlaufen; die Bremsanlage des Lkw muß auf dessen Gewicht ausgelegt sein;

Fabrikation — Fabrikationspflicht: Bei der Fabrikation sind alle erforderlichen Sicherungsmaßnahmen zu treffen,

Beispiel: Es ist sicherzustellen, daß in Lebensmittel bei der Herstellung keine verunreinigenden Fremdstoffe gelangen;

Bei Fabrikationsfehlern ist im Hinblick auf das gem. § 823 I BGB erforderliche Verschulden darauf hinzuweisen, daß Fabrikationsfehler, die trotz aller zumutbarer Vorkehrungen unvermeidbar sind (sog. Ausreißer), dem Hersteller nicht zugerechnet werden. Dafür muß dieser also nicht deliktisch haften, s. a. 12.6.3; „Ausreißer"

- Instruktionspflicht: Der Hersteller muß den Verbraucher umfassend über den Gebrauch und etwaige Gefahren des Produktes informieren und ihn entsprechend warnen. (Diese Pflicht trifft ggf. auch einen selbständigen Vertragshändler, s. u. 10.9.2), Instruktion

  Beispiele: Der Hersteller eines Kindertees hat auf die Gefahren für die Zähne von Kleinkindern hinzuweisen, die sich aus einem „Dauernuckeln" ergeben können; der Hersteller einer Maschine muß eine genaue Gebrauchsanweisung erstellen;

- Produktbeobachtungspflicht: Der Hersteller muß seine sowie fremde Produkte, die als Zubehör für sein eigenes Erzeugnis in Betracht kommen, im Hinblick auf etwa auftretende negative Eigenschaften und auf evtl. besonders gefährliche Verwendungsfolgen hin beobachten. Sind Gefährdungen erkennbar, so hat er durch Warnhinweise oder Rückrufe gegenzusteuern.

  Beispiele: Erhält ein Kfz-Hersteller durch seine Händler oder Veröffentlichungen in (Fach-)Zeitschriften Hinweise darauf, daß sich bei höheren Geschwindigkeiten der Außenspiegel lösen und andere Verkehrsteilnehmer gefährden kann, so muß er in geeigneter Weise (Presseveröffentlichungen) darauf aufmerksam machen und die Fahrzeuge zur Reparatur in die Werkstätten zurückrufen. Oder: Erfährt ein Motorradhersteller, daß Zubehörteile fremder Hersteller die Fahrtauglichkeit gefährden und es bereits zu Unfällen gekommen ist, so hat er seine Kunden vor diesen Zubehörteilen zu warnen; ebenso: ein Spielwarenhersteller muß Babyrasseln zurückrufen, wenn diese bei Kleinkindern, die sie in den Mund nehmen, zu Erstickungsgefahr führen können.

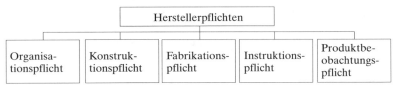

Schaubild 119: Herstellerpflichten

12.6.2.3 Beweislast

Eine Einstandspflicht gem. § 823 BGB setzt weiterhin Verschulden des Herstellers voraus (s. o. 12.2.3). Dies muß der Geschädigte im Streitfall ebenso beweisen wie die Tatsache, daß eine Verletzung der Verkehrssicherungspflichten adäquat-kausal zu Rechtsgutverletzungen und diese Beweislastumkehr wiederum zu erlittenen Schäden geführt haben. Das ist äußerst schwierig, da der Geschädigte die internen Arbeitsabläufe des Herstellers und die wesentlichen Produktionsfaktoren gar nicht kennt. Die Rspr. hilft, indem sie in derartigen Fällen die Beweislast umkehrt und dem Produzenten die Pflicht auferlegt, die Fehlerfreiheit beim Inverkehrbringen seines Produkts nachzuweisen. Wenn der Geschädigte den Beweis dafür erbringt, daß er durch die Verwendung eines fehlerhaften Produktes geschädigt wurde, dann muß sich der Hersteller entlasten und dartun, daß ihn keine Pflichtverletzungen treffen. Da die Rspr. zu Lasten des Herstellers sehr streng ist, ist das Prinzip der Haftung nach § 823 BGB als Verschuldenshaftung hier sehr stark aufgeweicht und in die Nähe einer Gefährdungshaftung (bei der es auf Verschulden nicht ankommt, s. o. 2.6.2, s. u. 14) gerückt.

12.6.3 Haftung nach dem ProdHaftG

Zur Stärkung der Verbraucherrechte wurde aufgrund einer EG-Richtlinie von 1985 das „Gesetz über die Haftung für fehlerhafte Produkte (ProdHaftG)" erlassen. Hierbei handelt es sich um eine Gefährdungshaftung, die zwar Höchstbeträge vorsieht, dem Hersteller aber nicht den Nachweis etwa mangelnden Verschuldens gestattet (er muß also auch für „Ausreißer", s. o. 12.6.2.2, einstehen). Außerdem ist der haftungspflichtige Personenkreis erweitert und erfaßt auch Vertreiber und Importeure, ggf. sogar Händler. Die Einstandspflichten nach dem ProdHaftG treten neben etwaige Ansprüche aus den §§ 823 ff. BGB.

12.6.3.1 Prinzipien

Die wesentlichen Prinzipien des ProdHaftG sind:

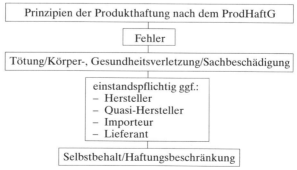

Schaubild 120: Produkthaftung nach ProdHaftG

- Es muß ein Fehler eines Produkts vorliegen, § 1 I 1 ProdHaftG. Dabei ist Produkt jede bewegliche Sache und Elektrizität, ausgenommen noch nicht verarbeitete Naturerzeugnisse, § 2 ProdHaftG. *Produktfehler*

  Beispiele: Maschinen; Geräte; Speisen.

  Einen Fehler hat das Produkt dann, wenn es nicht diejenige Sicherheit für Leben, Gesundheit und Sachwerte bietet, die berechtigterweise zu erwarten ist. Das ist insbesondere bei Konstruktions-, Fabrikations- bzw. Instruktionsfehlern der Fall. Das Produkt muß diese Sicherheit, unter Berücksichtigung aller Umstände, insbesondere hinsichtlich seiner Darbietung, seines zu erwartenden Gebrauchs sowie des Zeitpunktes des Inverkehrbringens, bieten, § 3 ProdHaftG. Der Fehlerbegriff geht hier also weiter als derjenige des Sachmängelgewährleistungsrechts (vgl. oben 10.2.7.1).

  Beispiele: Fehlerhafte Bremsanlage; nicht bruchsicherer Expander; Typhusbazillen in Trinkmilch; Feuergefährlichkeit von Klebemitteln; zahnschmelzlösender Kindertee; ungenügende Gebrauchsanweisung für elektrisches Meßgerät.

- Weiterhin müssen ein Mensch getötet, sein Körper oder seine Gesundheit verletzt oder eine Sache beschädigt worden sein. Die Sachbeschädigung muß sich dabei an einer anderen Sache als dem fehlerhaften Produkt selbst zeigen. Der Produktfehler muß für die jeweilige Rechtsgutsverletzung ursächlich sein; dies ist nach den Regeln der Adäquanzlehre zu beurteilen (s. o. 8.12.5). *Rechtsguts- verletzungen*

- Anspruchsberechtigt ist der Geschädigte. Dies ist derjenige, der die Nachteile unmittelbar erleidet (etwa der Verwender des Produktes oder derjenige, der mit dem Produkt in Berührung kommt), kann aber im Falle der Tötung auch ein mittelbar Geschädigter sein, vgl. § 7 ProdHaftG. *Anspruch- steller*

- Hinsichtlich des ersatzpflichtigen Personenkreises gilt folgendes:

  Zunächst haftet der Hersteller für Produktfehler, § 1 I 1 ProdHaftG. Hersteller ist, wer das Endprodukt, einen Grundstoff oder ein Teilprodukt hergestellt hat, § 4 I 1 ProdHaftG. Endprodukt ist das fertige Erzeugnis, das für den Verbraucher bestimmt ist; Teilprodukt das für den Einbau in ein anderes Produkt bestimmte Erzeugnis, und Grundstoffe sind diejenigen Materialien, die für die Herstellung eines Teil- oder Endproduktes vorgesehen sind. Gemäß § 4 I 2 ProdHaftG haftet auch der sog. Quasi-Hersteller, wenn er sich durch Anbringen seines Namens, seiner Marke (s. u. 18.5) oder eines anderen unterscheidungskräftigen Kennzeichens als Hersteller ausgibt. Als Hersteller gilt aber auch der Importeur, § 4 II ProdHaftG. *Anspruchs- gegner*

  erweiterter Kreis

  Beispiel: Der Importeur von Feuerwerkskörpern haftet nach der jüngsten Rspr. für Verletzungen, die Kinder beim Anzünden von Feuerwerkskörpern

315

erlitten, die für Personen unter 18 Jahren zugelassen sind, wenn er Warnhinweise auf die besonderen Gefahren unterläßt.

Ist ein Produkthersteller nicht feststellbar, gilt grundsätzlich jeder Lieferant als Hersteller, so daß der Verbraucher ggf. auch diesen ersatzweise zur Haftung heranziehen kann, § 4 III ProdHaftG. Mehrere Ersatzpflichtige haften dem Geschädigten als Gesamtschuldner, § 5 ProdHaftG(s. o. 8.7).

12.6.3.2 Haftungsausschlüsse, -beschränkungen

Allerdings kann die Haftung nach dem ProdHaftG ausgeschlossen sein (§ 1 II), wenn:

- der Hersteller das Produkt nicht in den Verkehr gebracht hat,
- das Produkt den Fehler im Zeitpunkt des Inverkehrbringens noch nicht hatte,
- das Produkt weder für den Verkauf noch für den Vertrieb mit wirtschaftlichem Zweck hergestellt wurde,
- der Produktfehler zwingenden Rechtsvorschriften entsprang,
- oder der Produktfehler nach dem Stand von Wissenschaft und Technik zum Zeitpunkt des Inverkehrbringens nicht erkennbar war.

Unter den Voraussetzungen des § 1 III ProdHaftG ist die Haftung des Herstellers eines Teilprodukts bzw. Grundstoffs ausgeschlossen.

Beweislast | Die Beweislast für den Fehler, den Schaden und die Kausalität zwischen Fehler und Schaden trägt der Geschädigte; die Ersatzpflicht ausschließende Gründe darzutun obliegt dem Hersteller, § 1 IV ProdHaftG.

erfaßte Schäden | Nach dem ProdHaftG werden nur die sogenannten Folgeschäden, also die Personen- und Sachschäden, die sich an anderen Rechtsgütern als dem fehlerhaften Produkt selbst zeigen, ersetzt; der Schaden am Produkt wird von den Vorschriften des ProdHaftG nicht erfaßt (vgl. § 1 I).

Beispiel: Der konstruktionsbedingt zu schwach verschraubte Außenspiegel des Kfz löst sich beim Fahren, durchschlägt die Windschutzscheibe eines nachfolgenden Fahrzeugs und verletzt dessen Fahrer – dieser kann die für die Wiederherstellung seiner körperlichen Unversehrtheit sowie die Reparatur der Windschutzscheibe erforderlichen Geldbeträge beim Hersteller geltend machen. Der Schaden am Außenspiegel selbst ist dagegen nur im Rahmen der vertraglichen Gewährleistung bzw. nach den Regeln des Deliktsrechts erstattungsfähig.

Prinzipien | Schmerzensgeld wird nicht geleistet, reine Vermögensschäden werden nicht erstattet. Ein Mitverschulden des Geschädigten ist ggf. haftungsmindernd zu berücksichtigen, §§ 6 ProdHaftG, 254 BGB; s. o. 8.12.4 a.E. Die Haftung für Personenschäden ist auf einen Höchstbetrag von 160

Mio. DM beschränkt, § 10 ProdHaftG. Im Falle der Sachbeschädigung muß der Geschädigte einen Schaden bis zur Höhe von 1125.– DM selbst tragen, § 11 ProdHaftG. Die Verjährung beträgt gemäß § 12 ProdHaftG drei Jahre; 10 Jahre nach dem Zeitpunkt, in dem der Hersteller das schadensstiftende Produkt in den Verkehr gebracht hatte, erlischt ein Anspruch, § 13 ProdHaftG (s. o. 4.3.4). Die Haftung nach dem ProdHaftG kann nicht ausgeschlossen werden, vgl. § 14. *Selbstbehalt*

Für die Arzneimittelhaftung gilt das Produkthaftungsgesetz nicht (§ 15); diese wird insbesondere durch das Arzneimittelgesetz erfaßt. *Arzneimittelhaftung*

Schaubild 121: Produkthaftung beim Kauf

12.6.4 Produktsicherung nach dem ProdSG

Zur Sicherung und Stärkung der Rechtsstellung des Verbrauchers dient auch das auf eine EG-Richtlinie zurückgehende „Gesetz zur Regelung der Sicherheitsanforderungen an Produkte und zum Schutz der CE-Kennzeichnung" (Produktsicherheitsgesetz – ProdSG) vom 22. 4. 1997. Auch dieses Gesetz bestimmt, daß nur sichere Produkte hergestellt bzw. in den Verkehr gebracht werden dürfen, von denen keine

– erhebliche,
– mit der Art der Verwendung nicht zu vereinbarende, und
– bei Wahrung der jeweils allgemein anerkannten Regeln der Technik nicht hinnehmbare

Gefahr für die Gesundheit und Sicherheit von Personen ausgeht, vgl. § 6 I 1 ProdSG.

Den jeweils zuständigen Behörden wird ggf. die Befugnis eingeräumt, erforderliche gesundheits- bzw. sicherheitsschützende Maßnahmen zu treffen, §§ 7 ff. ProdSG.

Beispiele: Verbot des Inverkehrbringens (§ 7 II ProdSG), Warnung der Öffentlichkeit (§ 8 ProdSG), Rückruf nicht sicherer Produkte (§ 9 ProdSG), Auskunftseinholung und Nachprüfung (§ 11 ProdSG). Etwa: das Kraftfahrtbundesamt könnte die Öffentlichkeit warnen oder gar einen Rückruf vornehmen, falls ein Kfz-Hersteller bspw. bei unverhältnismäßig oft eintretenden Motorraumbränden untätig bliebe.

13 Geschäftsführung ohne Auftrag

Leitübersicht 13: *Geschäftsführung ohne Auftrag*

Leitfragen zu 13:
a) Was versteht man unter GoA?
b) Welche Varianten gibt es?
c) Wie sind die Rechtsfolgen geregelt?

Drittes bedeutsames gesetzliches Schuldverhältnis (vgl. die Übersicht oben 10.1) ist die Geschäftsführung ohne Auftrag (GoA), geregelt in den §§ 677 ff. BGB. Hier knüpft das BGB, wie bei der ungerechtfertigten Bereicherung (s. o. 11) und der unerlaubten Handlung (s. o. 12), nicht an eine rechtsgeschäftliche Beziehung an, sondern an die Verwirklichung bestimmter gesetzlicher Tatbestandsmerkmale. Bei der GoA wird jemand für einen anderen tätig, ohne dazu rechtsgeschäftlich verpflichtet zu sein.

Grundsatz

13.1 Begriff

Besorgt jemand (der Geschäftsführer) für einen anderen (den Geschäftsherrn) ein Geschäft, d. h. nimmt er eine irgendwie geartete Tätigkeit tatsächlicher oder rechtsgeschäftlicher Art,

Geschäft

Beispiele: Abdrehen eines Wasserhahnes, Feuerlöschen, Rettung eines Bewußtlosen (= tatsächliches Handeln); Notverkauf verderblicher Waren (= rechtsgeschäftliches Handeln),

vor, die zum Geschäftskreis eines anderen gehört, und weiß und will der Geschäftsführer dies auch (er hat dann Fremdgeschäftsführungswillen und -bewußtsein), dann greifen die Rechtsfolgen der sog. berechtigten GoA ein, wenn die Übernahme der Geschäftsführung dem Interesse bzw. wirklichen oder mutmaßlichen Willen des Geschäftsherrn (vgl. die §§ 677, 683 S. 1, 683 S. 2, 684 S. 2 BGB) bzw. einer im öffentlichen Interesse liegenden Pflicht oder einer gesetzlichen Unterhaltspflicht (§ 679 BGB) entspricht.

berechtigte GoA

unberechtigte GoA Widerspricht dagegen das geführte Geschäft dem wirklichen oder mutmaßlichen Willen des Geschäftsherrn, so liegt eine sog. unberechtigte GoA vor.

Beispiel: Der ordnungsliebende Nachbar nutzt die Abwesenheit des angrenzenden Grundstückseigentümers, um den dortigen ihm mißfallenden Naturgarten zu „kultivieren".

Besorgt jemand ein fremdes Geschäft dagegen in der Meinung, es sei sein eigenes, so liegt mangels Fremdgeschäftsführungswillens gar keine GoA vor, sondern Eigengeschäftsführung, § 687 I BGB.

Eigengeschäft

Anmaßung Und behandelt jemand ein fremdes Geschäft gar als sein eigenes, obwohl er weiß, daß er dazu nicht berechtigt ist, so liegt ebenfalls keine echte GoA vor; allerdings erklärt § 687 II BGB für solche Geschäftsanmaßungen bestimmte GoA-Regeln für anwendbar.

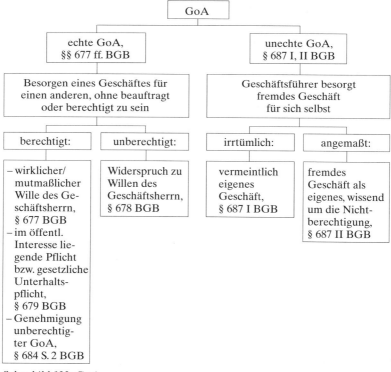

Schaubild 122: GoA

13.2 Rechtsfolgen

Bei den Rechtsfolgen kommt es darauf an, welcher Fall der GoA vorliegt:

13.2.1 Berechtigte GoA

Hinsichtlich des Geschäftsführers ergeben sich bei der berechtigten GoA als Rechtsfolgen: *(Pflichten des Geschäftsführers)*

- gemäß § 677 BGB hat er das Geschäft so zu führen, wie das Interesse des Geschäftsherrn es mit Rücksicht auf dessen wirklichen oder mutmaßlichen Willen (der mit dem objektiven Interesse deckungsgleich ist) erfordert;
- er muß dem Geschäftsherrn die Übernahme der Geschäftsführung, sobald es tunlich ist, anzeigen und dessen Entschließung abwarten, wenn mit dem Aufschub keine Gefahr verbunden ist, § 681 S. 1 BGB;
- der Geschäftsführer hat das aus der Geschäftsbesorgung Erlangte herauszugeben, §§ 681 S. 2, 667 BGB, und ggf. zu verzinsen, §§ 681 S. 2, 668 BGB (ein geschäftsunfähiger oder beschränkt geschäftsfähiger Geschäftsführer haftet dagegen nur nach den §§ 823 ff., 812 ff. BGB, vgl. § 682 BGB);
- der Geschäftsführer hat ggf. Schadensersatz zu leisten, wenn er seine Pflichten aus den §§ 681, 667 BGB schuldhaft verletzt, §§ 823 ff., 280 ff., 284 ff. BGB (dabei sind die §§ 680, 682 BGB zu beachten).

Dagegen erwachsen dem Geschäftsherrn folgende Pflichten: *(Pflichten des Geschäftsherrn)*

- Der Geschäftsführer kann gemäß § 683 S. 1 „wie ein Beauftragter" Aufwendungsersatz verlangen. Hiermit wird also auf Auftragsrecht, §§ 662 ff. BGB, verwiesen. Gemäß den §§ 683 S. 1, 670 BGB ist der Geschäftsherr also zum Ersatz der Aufwendungen des Geschäftsführers verpflichtet, dazu gehört ggf. auch eine Vergütung für die Arbeit des Geschäftsführers, wenn sie zu dessen Beruf gehört (entsprechend § 1835 III BGB), sowie die Erstattung erlittener Schäden.
  Beispiele: Der einen Bewußtlosen versorgende Arzt kann das übliche Honorar verlangen; dem ein überfahrendes Reh in die Tierkörperverwertungsanstalt bringenden Jagdpächter sind vom Autofahrer die entsprechenden Kosten, einschließlich der Fahrtkosten, zu erstatten.
- Hatte der Geschäftsführer nicht die Absicht, vom Geschäftsherrn Ersatz zu verlangen, so entfällt sein Aufwendungsersatzanspruch, § 685 BGB. Mitverschulden ist ggf. zu berücksichtigen, § 254 BGB, wobei § 680 BGB bei der Gefahrenabwehr den Geschäftsführer für leichte Fahrlässigkeit befreit.

13.2.2 Unberechtigte GoA

entgegenstehender Wille

Bei der unberechtigten GoA, bei der die Übernahme der Geschäftsführung dem wirklichen oder mutmaßlichen Willen des Geschäftsherren nicht entspricht und er sie auch nicht genehmigt, § 679 BGB, entsteht das gesetzliche Schuldverhältnis der berechtigten GoA nicht, demgemäß sind die §§ 677, 681 BGB nicht anwendbar.

- § 678 BGB gibt dem Geschäftsherrn einen eigenen Schadensersatzanspruch, wenn der Geschäftsführer die unberechtigte GoA erkennen mußte. Im übrigen bestehen die Ansprüche des Geschäftsherrn aus unerlaubter Handlung, §§ 823 ff. BGB (s. o. 12), sowie ungerechtfertigter Bereicherung, §§ 812 ff. BGB (s. o. 11).

  Beispiel: A zieht in seinem Garten Heilkräuter. B, der sie für Unkraut hält, reißt sie heraus.

- Der Geschäftsherr hat demgegenüber dem Geschäftsführer gemäß § 684 S. 1 BGB alles, was er durch die Geschäftsführung erlangt hat, nach den §§ 812 ff. BGB herauszugeben.

13.2.3 Irrtümliche Geschäftsführung

Eigengeschäftsführung

Aus § 687 I BGB ergibt sich, daß die Vorschriften der §§ 677 bis 686 BGB keine Anwendung finden, wenn jemand ein fremdes Geschäft in der Meinung besorgt, es sei sein eigenes, ihm also das Fremdgeschäftsführungsbewußtsein fehlt. Es bleibt dann bei der Anwendung der §§ 823 ff. BGB (s. o. 12) bzw. 812 ff. BGB (s. o. 11).

Beispiel: Der Erbe veräußert ein Bild in der Meinung, es geerbt zu haben; der Erblasser hatte es sich aber nur geliehen: da der gutgläubige Käufer Eigentum erwirbt, §§ 929 S. 1, 932 BGB (s. u. 15.3.2.3), hat der Verleiher gegen den Erben Ansprüche aus den §§ 816 I 1, 823 I, 604 I i.V.m. 280 BGB (s. a. die §§ 1922, 1967 BGB).

13.2.4 Angemaßte Geschäftsführung

Nichtberechtigung bewußt

Wenn jemand ein fremdes Geschäft als sein eigenes behandelt, obwohl er weiß, daß er dazu nicht berechtigt ist, liegt ebenfalls keine eigentliche GoA vor, der Fremdgeschäftsführungswille fehlt.

- § 687 II 1 BGB läßt den Geschäftsherrn dabei aber die sich aus den §§ 677, 678, 681, 682 BGB ergebenden Ansprüche geltend machen. Daher kann der Geschäftsherr insbesondere den Anspruch auf Herausgabe des durch die Geschäftsführung Erlangten gemäß den §§ 687 II 1, 681 S. 2, 667 BGB erheben. Daneben bleiben die Vorschriften

über die unerlaubte Handlung, §§ 823 ff. BGB (vgl. auch die §§ 987 ff., 992 BGB), sowie die ungerechtfertigte Bereicherung, §§ 812 ff. BGB (wenn diese nicht nach den §§ 987 ff. BGB ausgeschlossen sind), anwendbar.
- Macht der Geschäftsherr diese Ansprüche geltend, so ist er dem Geschäftsführer nach § 684 S. 1 BGB verpflichtet, § 687 II 2 BGB. Der Geschäftsführer hat dann also den Anspruch auf das durch die Geschäftsführung Erlangte nach den Vorschriften über die ungerechtfertigte Bereicherung, d. h. auf Ersatz seiner Aufwendungen bis zur Höhe der Bereicherung.

13.3 Bedeutung

Die GoA ist durchaus nicht wenig relevant. Dies gilt insbesondere für folgende

Anwendungsfälle

Beispiele: Der Autofahrer fährt in den Straßengraben, um einem vorschriftswidrig überholenden Kfz auszuweichen; der Angestellte hilft einem im Schalterraum zusammenbrechenden Kunden; ein Verkehrsteilnehmer fährt ein blutendes, ohnmächtiges Unfallopfer in die Klinik; jemand begleicht versehentlich die Schuld eines anderen – entstehen dadurch Nachteile, so können die Betreffenden Ersatz ihrer Aufwendungen verlangen, §§ 683 S. 1, 670 BGB. Bestohlene können gegen den Dieb auch Ansprüche aus angemaßter GoA auf Schadensersatz bzw. Herausgabe geltend machen, §§ 687 II 1, 678 BGB bzw. 681 S. 2, 667 BGB; die Ansprüche aus § 816 BGB bzw. den §§ 823 I, II BGB i.V.m. 242 StGB, 826 BGB gelten daneben. (Die Ansprüche aus GoA bestehen also grundsätzlich neben denjenigen aus unerlaubter Handlung bzw. ungerechtfertigter Bereicherung und ergänzen diese).

14 Gefährdungshaftung

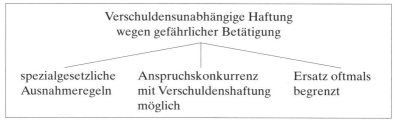

Leitübersicht 14: Gefährdungshaftung

Leitfragen zu 14:
a) Wodurch ist die Gefährdungshaftung gekennzeichnet?
b) Wie wird sie von der Verschuldens- bzw. Erklärungshaftung abgegrenzt?
c) Welche Fälle der Gefährdungshaftung gibt es?

Ausnahmsweise können Schadensersatzpflichten auch ohne Verschulden gegeben sein – man nennt dies dann Gefährdungshaftung.

14.1 Grundsatz

Haftungsbegründende Tatbestände, seien sie rechtsgeschäftlicher oder deliktsrechtlicher Natur, setzen regelmäßig Verschulden voraus (s. o. 9.2).

Beispiele: Schadensersatzpflichten aufgrund Schuldnerverzuges, §§ 286, 285 BGB (s. o. 9.4.2 a.E.) oder wegen unerlaubter Handlung, §§ 823 I, 827, 828 BGB (s. o. 12.2.3); vgl. 8.12.1. Beachte § 276 BGB.

Erklärungs-
haftung

Verschuldensunabhängige Einstandspflichten sind demgegenüber die Ausnahme. Dabei nimmt die sog. Erklärungshaftung (vgl. 2.6.2; 8.12.1) eine Sonderstellung dadurch ein, daß bei den diesbezüglichen Fällen der §§ 122, 179, 307 BGB die jeweilige Einstandspflicht zwar nicht unmittelbar an Verschulden gekoppelt wird, der Schuldner allerdings durch entsprechende rechtsgeschäftliche Handlungen die jeweilige Ersatzpflicht

Veranlassungs-
haftung

selbst verursacht hat (man nennt sie daher auch Veranlassungshaftung).

Beispiele: Der Schuldner irrt sich und ficht daher an, § 122 BGB; der Vertreter handelt ohne Vertretungsmacht, § 179 BGB; der Schuldner kennt die Unmöglichkeit der Leistung, § 307 BGB (hieraus hat man dann generell die cic abgeleitet).

14.2 Prinzipien

Eine Kategorie eigener Art stellen diejenigen Rechtsnormen dar, die eine Ersatzpflicht in Schadensfällen vorsehen, bei denen sich der Schuldner rechtmäßig betätigt hat, diese Betätigung aber per se mit erheblichen Gefahren für Rechtsgüter Dritter verbunden ist – man nennt dies Gefährdungshaftung. Diese Gefährdungshaftung knüpft an Verschulden gerade nicht an, ausreichend ist vielmehr, wenn sich die der Betätigung innewohnende abstrakte Gefahr konkret verwirklicht.

Gefährliche Betätigung

Schadensersatzbegründende Rechtsnormen, die auf Gefährdungshaftung beruhen, sind die Ausnahme – sie finden sich in jeweiligen spezialgesetzlichen Zusammenhängen. Dabei ist bemerkenswert, daß gegebene Ansprüche aus Gefährdungshaftung andere, möglicherweise ebenfalls verwirklichte, Anspruchsgrundlagen bzw. Ansprüche nicht verdrängen; es kann durchaus sein, daß Ansprüche aus Gefährdungs- und Verschuldenshaftung nebeneinander zutreffen – man nennt dieses Phänomen dann Anspruchskonkurrenz (s. o. 2.6.2; 12.1).

Ausnahmen in Spezialfällen

Anspruchskonkurrenz

Beispiele: Der selbstfahrende Halter überfährt mit seinem Kfz aus Unachtsamkeit einen Fußgänger – dieser hat nun Ansprüche aus § 823 I BGB, den §§ 823 II BGB i.V.m. 230 StGB, 847 BGB, § 7 StVG, § 18 StVG (wobei die die Exculpation gestattende Fahrerhaftung des § 18 StVG hier hinter den strengeren, weil verschuldensunabhängigen, § 7 StVG zurücktritt, s. u. 14.3.1).

Kennzeichen der Gefährdungshaftung ist es desweiteren zumeist, daß die Haftung auf den Ersatz derjenigen Nachteile beschränkt wird, die in einem engeren Zusammenhang mit der Gefahrenquelle stehen, der Ersatz der Höhe nach begrenzt wird, sich auf Verletzungen von Menschenleben bzw. Körper oder Gesundheit sowie Sachbeschädigungen bezieht, und Schmerzensgeld regelmäßig nicht gewährt wird.

beschränkte Haftung

Beispiele: Die §§ 7 I, II, 12 StVG; 1 I, II HaftpflG; 1, 10 ProdHaftG; 31 AtomG.

14.3 Fälle

Wichtige Fälle der Gefährdungshaftung sind vor allem:

Schaubild 123: Fälle der Gefährdungshaftung

14.3.1 Kfz-Halterhaftung

Kfz-Halterhaftung

Die Haftung des Kraftfahrzeughalters bestimmt vornehmlich § 7 I StVG. Der Halter eines (schneller als 20 km/h fahrenden, vgl. § 8 StVG) Kraftfahrzeuges i.S.d. § 1 II StVG haftet gemäß § 7 I StVG, wenn bei dessen Betrieb ein Mensch getötet, der Körper oder die Gesundheit eines Menschen verletzt oder eine Sache beschädigt wird; auf Verschulden kommt es dabei nicht an, ebensowenig darauf, ob der Halter selbst gefahren ist oder nicht (der Fahrer haftet ggf. selbst zusätzlich nach § 18 StVG, wobei er allerdings einwenden kann, den Schaden nicht schuldhaft verursacht zu haben; dabei handelt es sich also um eine Haftung für vermutetes Verschulden, die ggf. entkräftet werden kann).

Halter des Kfz

Halter eines Kfz ist derjenige, der es für eigene Rechnung in Gebrauch, den Verwendungsnutzen und diejenige Verfügungsgewalt hat, die ein solcher Gebrauch voraussetzt. Das Eigentum am Fahrzeug bietet zwar einen wesentlichen Anhaltspunkt, ist aber nicht entscheidend.

Beispiel: Der Kreditnehmer verschafft der kreditgebenden Bank im Wege der Sicherungsübereignung, §§ 929, 930, 868 BGB, Eigentum (s. u. 15.3.2.2), bleibt aber Halter i.S.d. § 7 StVG.

Weiterhin ist erforderlich, daß die Rechtsgutsverletzung (Tötung, Körper-, Gesundheitsverletzung, Sachbeschädigung, s. o. 12.2.1.1) beim Betrieb eines Kfz entstanden ist.

Betrieb des Kfz

Dafür ist nicht vonnöten, daß das Kfz fährt bzw. der Motor läuft (maschinentechnische Theorie), es reicht schon, wenn das Kfz irgendwie am Straßenverkehr teilnimmt (verkehrstechnische Auffassung).

Beispiele: Das Kfz steht am Straßenrand, die Handbremse ist nicht angezogen, das Auto rollt nunmehr auf abschüssiger Straße los und beschädigt ein anderes Kfz; oder: jemand stellt sein Auto auf der Autobahn ab, ein anderer Verkehrsteilnehmer fährt hinein.

unabwendbares Ereignis

Allerdings ist die Halterhaftung bei Vorliegen eines sog. unabwendbaren Ereignisses ausgeschlossen, § 7 II StVG. Hierfür kommen nur betriebsfremde Ursachen in Betracht, für Fehler in der Beschaffenheit des Fahrzeuges oder für das Versagen seiner Einrichtungen muß der Halter immer einstehen.

Beispiele: Die Bremsen versagen; beim Reifen löst sich die Lauffläche.

Unabwendbar ist ein Ereignis nur, wenn der Unfall durch von außen einwirkende Ursachen, die weder Fahrer noch Halter hätten verhindern können, verursacht wurde.

Beispiele: Ein Fahrradfahrer biegt unvermittelt nach links ab; ein Fußgänger läuft plötzlich vor das Auto – nicht aber, wenn der Fahrer damit rechnen mußte oder konnte.

Ausgeschlossen ist die Kfz-Halterhaftung auch, wenn ein anderer das Fahrzeug ohne Wissen und Wollen des Halters nutzt, ohne daß er dies hätte verhindern können, § 7 III StVG („Schwarzfahrt"). „Schwarzfahrt"

Beispiel: Der Dieb stiehlt das ordnungsgemäß verschlossene Auto – nicht aber, wenn das Fahrzeug unverschlossen, gar mit steckendem Schlüssel, abgestellt war.

Die zu ersetzenden Schäden ergeben sich aus den §§ 10 ff. StVG. Die Haftung ist auf Höchstbeträge begrenzt, § 12 StVG, Schmerzensgeld wird nicht geschuldet, Mitverschulden des Geschädigten anspruchsmindernd berücksichtigt, §§ 9 StVG, 254 BGB.

Die im Alltag so bedeutsame Kfz-Halterhaftung führt unter Umständen zu erheblichen finanziellen Belastungen (auch) des Schädigers – wegen der strengen Halterhaftung erklärt sich damit die Bedeutung der Haftpflichtversicherung, die der Halter für sich und den Fahrer abschließen muß, vgl. die §§ 1, 3 Nr. 1, 4 PflVG (s. a. die Vorschriften der KfzPflVV). Haftpflichtversicherung

14.3.2 Produkthaftung

Wichtiger weiterer Anwendungsbereich der Gefährdungshaftung ist die Produkthaftung: wird durch den Fehler eines Produktes jemand getötet, sein Körper oder seine Gesundheit verletzt oder eine Sache beschädigt, so ist der Hersteller des Produktes verpflichtet, dem Geschädigten hierfür Schadensersatz zu leisten, § 1 ProdHaftG. Die wesentlichen Haftungsprinzipien hierzu wurden bereits oben 12.6.3 im generellen Zusammenhang erörtert. Produkthaftung

14.3.3 Haftung nach dem HaftPflG

Nach den §§ 1-3 HaftPflG wird für Schäden beim Betrieb einer Schienen- oder Schwebebahn, für Unfälle, die von einer Stromleitungs- oder Rohrleitungsanlage oder einer Anlage zur Abgabe von Energien oder Stoffen durch die Wirkungen von Elektrizität, Gasen, Dämpfen oder Flüssigkeiten ausgehen, sowie für Verletzungen durch Verschulden betriebsführender Personen eines Bergwerkes, Steinbruches, einer Grube oder Fabrik ebenfalls verschuldensunabhängig gehaftet; dabei sind Haftungsbeschränkungen für zu ersetzende Personen- oder Sachschäden vorgesehen (§§ 6, 8 ff. HaftPflG) ebenso wie die Berücksichtigung eventuellen Mitverschuldens des Geschädigten, §§ 4 HaftPflG, 254 BGB. HaftpflG

14.3.4 Luftverkehrshaftung

Die Haftung für Unfälle im Luftverkehr regeln die §§ 33 ff. LuftVG. Auch hier wird verschuldensunabhängig (nur) für diejenigen Schäden LuftVG gehaftet, die nicht beförderte Personen oder Sachen erleiden. Die Haftung für Verletzungen von Passagieren oder Beförderungsgut richtet sich nach Sondervereinbarungen, insbesondere dem „Warschauer Abkommen" zur Vereinheitlichung von Regeln über die Beförderung im internationalen Luftverkehr vom 28.09.1955.

14.3.5 Haftung für Gewässerschäden

Wasserverschmutzung
Verändert jemand das Wasser oberirdischer Gewässer nachteilig durch Einbringen oder Einleiten schädlicher Stoffe bzw. durch entsprechende Anlagen, so ist hierfür verschuldensunabhängig gemäß § 22 WHG einzustehen; dabei wird nicht nur für Personen- oder Sachschäden, sondern auch für Vermögensschäden gehaftet.

Beispiel: Jemand leitet Öl in einen Bach, (nicht nur) die Forellen verenden, dann kann der Fischereiberechtigte Schadensersatz fordern.

14.3.6 Haftung für Atomanlagen

Atomanlagenhaftung
Der Inhaber einer ortsfesten Atomanlage (zur Erzeugung, Spaltung oder Aufbereitung von Kernbrennstoffen) haftet, ebenso wie der Besitzer von radioaktiven bzw. Kernspaltungsstoffen, nach den §§ 25 ff. AtomG ebenfalls verschuldensunabhängig.

14.3.7 Haftung für Umweltschäden

Umwelthaftung
Gemäß den §§ 1, 2 UmweltHG wird, ohne daß es auf Verschulden ankommt, für Tötung, Körper- oder Gesundheitsverletzung eines Menschen bzw. Sachbeschädigungen gehaftet, die von umweltgefährdenden Anlagen ausgehen.

14.3.8 Tierhalterhaftung

Tierhalterhaftung
Wird durch ein Tier ein Mensch getötet oder der Körper oder die Gesundheit eines Menschen verletzt oder eine Sache beschädigt, so ist derjenige, der das Tier hält, verpflichtet, dem Verletzten den daraus entstehenden Schaden zu ersetzen, § 833 S. 1 BGB. Auch hier wird Verschulden nicht gefordert. Allerdings kann der Halter sich gemäß § 833 S. 2 BGB exculpieren.

Tierhalter
Halter des Tieres ist derjenige, der über das Tier im eigenen Interesse eine nicht nur vorübergehende Herrschaft ausübt, dabei die Besitzerstellung und die Befugnis hat, über dessen Betreuung und Existenz zu

entscheiden; das Eigentum ist insoweit starkes Indiz, aber nicht entscheidend.

Beispiele: Der Haushund gehört einem Elternteil – dieser ist Halter; nicht aber beim gerade zugelaufenen Hund, um den sich der Tierfreund kurzfristig kümmert; anders aber, wenn dieser sich nach einiger Zeit gar nicht mehr von dem Hund trennen will und ihn wie seinen eigenen behandelt (Haltereigenschaft ohne Eigentümerstellung).

Die Haftung umfaßt die Einstandspflicht für Schäden, die sich aufgrund der typischen Tiergefahr verwirklichen; das Tier darf also nicht nur – einem Werkzeug oder einer Waffe vergleichbar – dem Willen und der Leitung eines Menschen gefolgt sein.

Beispiele: Der Hund schnappt nach einem Radfahrer; nicht aber: der mannscharf dressierte Hund wird auf einen Menschen gehetzt – hier scheidet die Haftung nach § 833 S. 1 BGB aus und der Verantwortliche haftet gemäß § 823 I BGB, den §§ 823 II BGB i.V.m. 223 StGB bzw. 826 BGB.

Bei dem Berufe dienenden Haustieren (sog. Berufstiere, nicht: sog. Luxustiere wie in § 833 S. 1 BGB) besteht gemäß § 833 S. 2 BGB ggf. die Möglichkeit zum Entlastungsbeweis (Exculpation). Berufstiere

Beispiele: Wachhund des Einödbauern; Nutzvieh; Jagdhund des Försters.

§ 834 BGB dehnt die Haftung ggf. auf den Tieraufseher aus.

Auch im Bereich der Tierhalterhaftung kommt es im übrigen häufig zu Fällen der Anspruchskonkurrenz. Anspruchs-
konkurrenz

Beispiele: Der bekannt bissige Hund in einem nicht eingezäunten Gartengrundstück beißt den Postboten – der Eigentümer/Halter haftet gemäß den §§ 833 S. 1, 823 I BGB, §§ 823 II BGB i.V.m. 229 StGB sowie den §§ 823 II BGB i.V.m. 121 OWiG, ebenso gemäß § 847 BGB auf ein angemessenes Schmerzensgeld.

15 Grundzüge des Sachenrechts

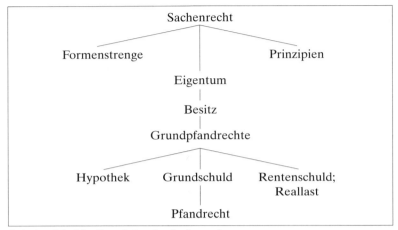

Leitübersicht 15: *Grundzüge des Sachenrechts*

Leitfragen zu 15:
a) Welche Prinzipien kennzeichnen das Sachenrecht?
b) Worauf gilt es beim Eigentum zu achten?
c) Wodurch wird der Besitz bestimmt?
d) Welche Rechtsregeln sind bei Grundpfandrechten wichtig?
e) Worauf bezieht sich das Pfandrecht?

Rechte an/auf Sachen

Das im Dritten Buch des BGB erfaßte Sachenrecht (§§ 854-1296 BGB) regelt die Rechtsbeziehungen von Personen bezüglich der Sachen (zu den Sachen, vgl. oben 4.1). Es bezieht sich im Gegensatz zu den im Schuldrecht (vgl. bspw. die oben im Abschnitt 10 dargestellten Vertragstypen) normierten Rechtsbeziehungen von Personen untereinander (die nur obligatorische Rechte auf eine Sache geben, wie etwa beim Kaufvertrag auf die Kaufsache) auf die Rechte von Personen an Sachen, also auf die sog. dinglichen Rechte. Diese dinglichen Rechte, die dem Berechtigten eine rechtlich geschützte unmittelbare Herrschaft über eine Sache gewähren, weisen also ein Recht an einer Sache aus; sie sind absolute Rechte bzw. Herrschaftsrechte (s. o. 4.2.1, 4.2.4). Je nach Art des dinglichen Rechts verleihen sie dem Berechtigten eine unbeschränkte bzw. beschränkte Gewalt über die Sache.

15.1 Übersicht

Das Sachenrecht ist formstreng; es kennt nur ganz bestimmte dingliche Rechte. Diese sind Eigentum, §§ 903 ff. BGB, Besitz, §§ 854 ff. BGB, sowie die beschränkten dinglichen Rechte als Belastungen des Eigentums: nämlich als Nutzungsrechte Nießbrauch (§§ 1030 ff., 1068 ff. BGB), Grunddienstbarkeit (§§ 1018 ff. BGB), beschränkte persönliche Dienstbarkeit (§§ 1090 ff. BGB) und Erbbaurecht (ErbbauVO), sowie als Verwertungsrechte Reallast (§§ 1105 ff. BGB), Grundpfandrechte (§§ 1113 ff. BGB; dies sind Hypothek, §§ 1113 ff., Grundschuld, §§ 1191 ff., Rentenschuld, §§ 1199 ff.) und Pfandrecht (§§ 1204 ff. BGB).

dingliche Rechte

Hierbei sind eine Fülle formeller Vorschriften zu beachten – etwa notarielle Beurkundung, Eintragung im Grundbuch –, wenn dingliche Rechte begründet, geändert, übertragen, belastet oder aufgehoben werden sollen.

```
                        ┌─────────────────┐
                        │   Sachenrecht   │
                        └────────┬────────┘
         ┌───────────────┬───────┴────────────────────┐
         ▼               ▼                            ▼
  ┌─────────────┐ ┌─────────────┐      beschränkte dingliche Rechte
  │ Eigentum,   │ │ Besitz,     │         ┌──────────┴──────────┐
  │ §§ 903 ff.  │ │ §§ 854 ff.  │         ▼                     ▼
  │ BGB         │ │ BGB         │   Nutzungsrechte      Verwertungsrechte
  └─────────────┘ └─────────────┘
                                   Nießbrauch,          Reallast,
                                   §§ 1030 ff.,         §§ 1105 ff. BGB
                                   1068 ff. BGB
                                                        Grundpfandrechte,
                                   Grunddienst-         §§ 1113 ff. BGB
                                   barkeit,             (Hypothek,
                                   §§ 1018 ff. BGB      Grundschuld,
                                                        Rentenschuld)
                                   beschränkte
                                   persönliche          Pfandrecht,
                                   Dienstbarkeit,       §§ 1204 ff. BGB
                                   §§ 1090 ff. BGB

                                   Erbbaurecht,
                                   ErbbauVO
```

Schaubild 124: Sachenrecht – Übersicht

15.2 Prinzipien

Strukturen — Das strengformelle Sachenrecht ist durch folgende Strukturen gekennzeichnet:

absolute Rechte
- dingliche Rechte sind absolute Rechte, jedermann hat sie zu respektieren. Verletzungen geben ggf. Ansprüche gemäß § 823 (I, Eigentum bzw. „sonstiges Recht") BGB auf Schadensersatz, gemäß § 985 BGB auf Herausgabe bzw. nach § 1004 BGB auf Beseitigung oder Unterlassung;

numerus clausus
- die im Schuldrecht bestehende vertragliche Gestaltungsfreiheit gilt hier nicht – vielmehr stellt das BGB einen numerus clausus der Sachenrechte zur Verfügung, innerhalb dessen Typenzwang besteht;

Publizität
- dingliche Rechte müssen äußerlich erkennbar sein, sog. Publizitätsprinzip. Bei der Einräumung und Übertragung der dinglichen Rechte muß diese Offenkundigkeit daher gewahrt werden durch den Besitz (beweglicher Sachen) bzw. die Eintragung im Grundbuch (Grundstücke). Bei der Übereignung beweglicher Sachen sind die Einigung über den Eigentumsübergang und die Übergabe der Sache erforderlich, § 929 BGB, und bei der Übereignung von Grundstücken die als Auflassung bezeichnete Einigung der Parteien (grundsätzlich in notarieller Form, § 925 BGB) sowie die Eintragung der Rechtsänderung im Grundbuch, § 873 BGB;

Spezialität
- dingliche Rechte sind nur an ganz bestimmten einzelnen Sachen möglich, nicht aber an Sachgesamtheiten (s. o. 4.1.5, 4.4.1), Grundsatz der Spezialität bzw. Bestimmtheitsgrundsatz;

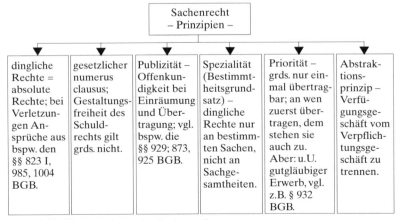

Schaubild 125: Prinzipien des Sachenrechts

- dingliche Rechte können grundsätzlich nur einmal übertragen werden. Wem sie der Berechtigte zuerst übertragen hat, dem stehen sie auch zu, Grundsatz der Priorität (dabei sind aber u. U. die Möglichkeiten des gutgläubigen Erwerbs, vgl. die §§ 932 ff. BGB, zu beachten; s. a. oben 6.2.4);   *Priorität*
- bei dinglichen Rechten ist auf das Abstraktionsprinzip (s. o. 5) zu achten. Die Frage, warum sich jemand etwa verpflichtet, ein dingliches Recht zu übertragen bzw. zu belasten, das sog. Verpflichtungsgeschäft, ist strikt vom sachenrechtlichen Verfügungsgeschäft zu trennen. Beide Rechtsgeschäfte sind gesondert zu beurteilen.   *Abstraktheit*

15.3 Eigentum

Der zentrale Begriff des Sachenrechts ist das Eigentum. Es ist das umfassendste Herrschaftsrecht einer Person über eine Sache (s. o. 2.1, 4.2), mit der sie grundsätzlich nach Belieben verfahren und hinsichtlich derer sie andere von jeder Einwirkung ausschließen kann, § 903 BGB. Das Eigentumsrecht ist durch Art. 14 GG garantiert (ungeachtet vielfältiger öffentlich-rechtlicher Beschränkungen wie bspw. Bau-, Wasser-, Wege-, Denkmalschutz-, Abfallrecht).   *Herrschaftsrecht*

15.3.1 Formen

Gehört eine Sache nur einer Person, so spricht man vom Alleineigentum; steht die Sache mehreren Personen zu, so sind diese Miteigentümer, §§ 1008 ff. BGB. Miteigentum in der Form des Bruchteileigentums bedeutet dabei, daß jeder Miteigentümer über seinen Anteil frei verfügen kann. Die Sache ist allerdings nicht real, sondern das sich auf die ganze Sache beziehende Eigentumsrecht ist ideell geteilt. Das Bruchteilseigentum ist daher eine Unterart der Bruchteilsgemeinschaft i.S.d. §§ 741 ff. BGB.   *Allein-/ Miteigentum*

Beispiele: Das Eigentum an einer Eigentumswohnung (vgl. die Regeln des WEG); Übereignung einer Sache an mehrere Erwerber; Verbindung (§ 947 I BGB); Vermischung (§ 948 BGB); Vereinigung von Bienenschwärmen (§ 963 BGB); Schatzfund (§ 984 BGB).

Beim Miteigentum in Form des Gesamthandseigentums dagegen steht das Eigentum mehreren Personen dergestalt zu, daß diese gemeinsam Eigentümer des gesamten Gegenstandes und nicht nur eines Bruchteils sind, der Einzelne also nicht über seinen Anteil an den jeweiligen zum Gesamthandsvermögen gehörenden Gegenständen verfügen kann (wohl aber über seinen ganzen Gesamthandsanteil).   *Gesamthandseigentum (-gemeinschaft)*

Beispiele: Erbengemeinschaft (§§ 2032 ff. BGB); Gesellschaft bürgerlichen Rechts (§§ 718, 719 BGB); (und gemäß den §§ 105 III, 161 II HGB, 7 II PartGG) oHG, KG, Partnerschaft; eheliche Gütergemeinschaft (§ 1416 BGB).

15.3.2 Rechtsgeschäftlicher Eigentumserwerb an beweglichen Sachen

Der Eigentumserwerb kann rechtsgeschäftlich oder kraft Gesetzes erfolgen. Für den Erwerb des Eigentums an beweglichen sowie unbeweglichen Sachen gelten unterschiedliche Rechtsregeln.

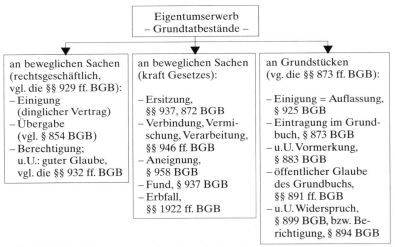

Schaubild 126: Eigentumserwerb – Grundtatbestände

Der rechtsgeschäftliche Eigentumserwerb an beweglichen Sachen erfordert gemäß § 929 S. 1 BGB die Einigung zwischen Veräußerer und Erwerber sowie die Übergabe der Sache. Außerdem muß der Veräußerer berechtigt sein, die Verfügung vorzunehmen:

Zu beachten sind bei einer Übereignung (zum Sprachgebrauch s. o. 5) also
- Einigung
- Übergabe
- Berechtigung.

15.3.2.1 Einigung

Einigung   Die Einigung ist ein dinglicher (sachenrechtlicher) Vertrag, auf den die allgemeinen Vorschriften über Willenserklärungen bzw. Verträge Anwendung finden. Die Einigung i. S. d. § 929 S. 1 BGB ist dabei seitens des

Veräußerers auf die Erklärung der Eigentumsübertragung, seitens des Erwerbers auf die Erklärung des Eigentumserwerbs gerichtet. Vom zugrundeliegenden kausalen Rechtsgeschäft ist die Einigung strikt zu trennen, Abstraktionsprinzip (s. o. 5, 6.2.4 f.). Die Einigung kann ggf. aufschiebend bedingt sein.

Beispiel: So ist es etwa beim Kauf unter Eigentumsvorbehalt, §§ 433, 455, 929, 158 I BGB (s. o. 6.5; 10.2.8). Hier steht die auf die Eigentumsübertragung gerichtete Willenserklärung des Veräußerers unter der aufschiebenden Bedingung der vollständigen Kaufpreiszahlung durch den Erwerber; mit Eintritt dieser Bedingung erlangt der Erwerber dann grds. automatisch Eigentum.

Bei der Einigung können sich der Eigentümer und der Erwerber auch jeweils rechtsgeschäftlich vertreten lassen, § 164 I 1 BGB (s. o. 7).

Beispiel: Der Verkaufsmitarbeiter in einem Ladengeschäft übereignet (als rechtsgeschäftlicher Vertreter des Ladeninhabers und Wareneigentümers) die Ware an einen Angestellten, der die Ware dort für seinen Arbeitgeber (den er rechtsgeschäftlich vertritt) erwirbt (s. a. 10.9.3.4 a.E.).

15.3.2.2 Übergabe

Ist der Erwerber im Besitz der Sache, so genügt diese Einigung alleine, § 929 S. 2 BGB. Ansonsten ist ein zusätzlicher Publizitätsakt erforderlich, nämlich die tatsächliche Übergabe der veräußerten Sache, vgl. § 929 S. 1 BGB. Damit ist die Übertragung des (unmittelbaren) Besitzes (s. u. 15.4), § 854 BGB, an den Erwerber gemeint.

Übergabe

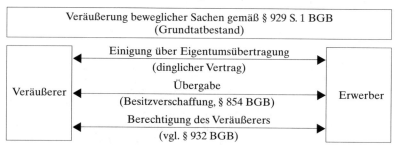

Schaubild 127: Veräußerung beweglicher Sachen (§ 929 S. 1 BGB)

Diese körperliche Übergabe der Sache kann aber durch sogenannte Übergabesurrogate ersetzt werden:
- Ist der Erwerber bereits im unmittelbaren Besitz der Sache (§ 854 BGB), so reicht die Einigung aus, § 929 S. 2 BGB.

    Beispiel: Der bisherige Mieter einer Maschine erwirbt sie nunmehr käuflich (§ 433 BGB); jetzt reicht die Einigung, § 929 S. 1 BGB, zwischen ihm und dem Veräußerer (= bisheriger Vermieter) zum Eigentumserwerb aus;

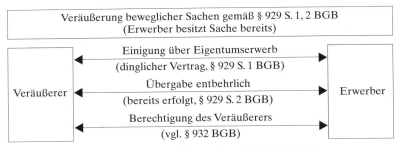

Schaubild 128: Veräußerung beweglicher Sachen (§ 929 S. 2 BGB)

Surrogate — der im Besitz der Sache sich befindliche Eigentümer kann mit dem Erwerber ein Rechtsverhältnis vereinbaren, kraft dessen er unmittelbarer Besitzer der Sache bleibt und der Erwerber den mittelbaren Besitz erhält (der Veräußerer also für ihn besitzt, § 868 BGB) – das nennt man Besitzkonstitut, § 930 BGB (s. u. 15.4.3). Diese Möglichkeit nutzt die Praxis insbesondere bei der sog. Sicherungsübereignung:

Sicherungsübereignung

Dabei überträgt der Schuldner (etwa eines Darlehens) dem Gläubiger (etwa der kreditierenden Bank) zur Sicherung der Darlehensrückzahlungsforderung das Eigentum an einer beweglichen Sache, dem Sicherungsgut, und bleibt unmittelbarer Besitzer, während der Gläubiger Eigentümer und mittelbarer Besitzer wird. Der Gläubiger erlangt dadurch also Volleigentum und ist damit besonders gut gesichert; bei Insolvenz des Schuldners hat er bspw. ein Aussonderungsrecht, § 47 InsO (s. u. 21.2);

Beispiel: Der Unternehmer U und die kreditierende Bank B einigen sich i.S.d. § 929 S. 1 BGB darüber, daß das Eigentum an einer Maschine des U zur Sicherheit für einen Kredit auf die B übergeht (Einigung, s. o.). Die Übergabe der Maschine (mit der der U weiterarbeiten will/soll) erfolgt aber nicht, wie von § 929 S. 1 BGB (eigentlich) gefordert, unmittelbar durch körperliche Übergabe (§ 854 BGB, Verschaffung des unmittelbaren Besitzes) – vielmehr wird vereinbart, daß der unmittelbarer Besitzer bleibende U für die B als mittelbare Besitzerin besitzt (vgl. § 868 BGB).

Wird das ganze Warenlager, mit wechselndem Bestand, mittels AGBen sicherungsübereignet (oder werden global Kundenforderungen sicherungsabgetreten, s. o. 8.8.4), so hat der Sicherungsgeber nach der Rspr. einen Freigabeanspruch bezüglich des 110 % der gesicherten Forderungen überschreitenden Teiles der Sicherungsgegenstände; dieser Freigabeanspruch besteht aber i.d.R. erst dann, wenn der Marktpreis (bzw. der Einkaufs- oder Herstellungspreis) der sicherungsübereigneten Waren 150 % der gesicherten Forderungen ausmacht;

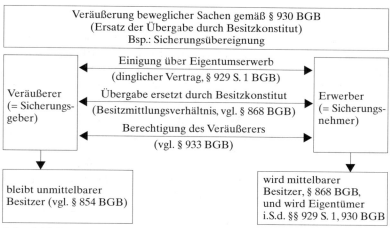

Schaubild 129: *Veräußerung beweglicher Sachen (§ 930 BGB)*

- ist der Eigentümer nicht im Besitz der Sache, kann die Übergabe dadurch ersetzt werden, daß er seinen Herausgabeanspruch gegen den besitzenden Dritten an den Erwerber abtritt, §§ 931, 398 BGB.

Abtretung

Beispiel: Der Eigentümer eines Mietwagens einigt sich mit dem Erwerber über den Eigentumsübergang (§ 929 S. 1 BGB) und tritt seinen Herausgabeanspruch i.S.d. § 556 BGB gegen den Mieter an den Erwerber gemäß § 398 BGB ab.

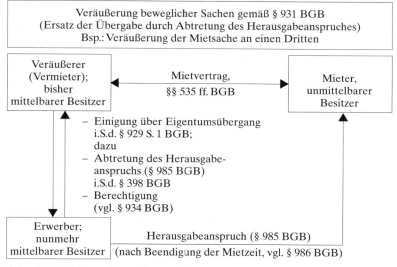

Schaubild 130: *Veräußerung beweglicher Sachen (§ 931 BGB)*

337

15.3.2.3 Berechtigung

Berechtigung Weitere Voraussetzung neben Einigung und Übergabe ist die Berechtigung des Verfügenden. Regelmäßig ergibt sich die Verfügungsbefugnis aus der Eigentümerstellung des Veräußerers; möglich ist aber auch die vom Eigentümer dem Verfügenden erteilte Ermächtigung, § 185 BGB (Zustimmung), bzw. Vertreterstellung (§ 164 I BGB).

gutgläubiger Erwerb Ist der Veräußerer jedoch nicht berechtigt, das Eigentum zu übertragen, so lassen die §§ 932 ff. BGB u.U. den gutgläubigen Eigentumserwerb zu; hierauf wurde oben 6.2.4 bzw. 10.2.10 bereits im Zusammenhang mit der Erfüllung der Verpflichtungen des Verkäufers beim Kaufrecht hingewiesen (vgl. Schaubild 84). Danach wird der Erwerber, der nicht bösgläubig sein darf, § 932 II BGB, dann Eigentümer, wenn er in gutem Glauben an das Eigentum des Veräußerers ist, der aber tatsächlich nicht das Eigentum innehat bzw. nicht verfügungsberechtigt ist.

Beispiele: Der Entleiher eines Laptops veräußert es an einen Erwerber, der nichts von dem Leihverhältnis weiß; der Erbe veräußert ein Gemälde, das der Erblasser nur geliehen hatte, an einen Nichtsahnenden (vgl. das Beispiel oben 13.2.3 a.E); aber: der Erwerber ist bösgläubig, wenn er sich beim Gebrauchtwagenkauf nicht aufgrund der Eintragung im Kfz-Brief davon überzeugt, daß der Veräußerer verfügungsbefugt ist; ebenso ist es bei Veräußerungen zum Schleuderpreis (s. o. 6.2.4).

Diebstahl Bezüglich der in den §§ 930, 931 BGB geregelten Übergabesurrogate erlauben die §§ 933, 934 BGB ggf. den gutgläubigen Erwerb. Bei Diebstahl, Verlust oder sonstigem Abhandenkommen schließt § 935 I BGB den gutgläubigen Eigentumserwerb jedoch aus (nicht aber für Geld, Inhaberpapiere oder öffentlich versteigerte Sachen, bei denen der Verkehrsschutz greift, § 935 II BGB).

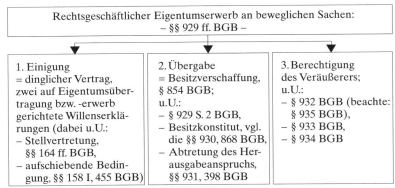

Schaubild 131: Rechtsgeschäftlicher Eigentumserwerb (bewegliche Sachen)

Beispiele: Wirksame Weiterveräußerung gestohlenen Geldes oder einer Inhaberaktie (s. u. 19.3.2.1).

Beim gutgläubigen Erwerb aufgrund der §§ 932-934 BGB verfügt der Veräußerer als Nichtberechtigter – er muß gemäß § 816 I 1 BGB dem früheren Eigentümer das herausgeben, was er durch die Verfügung erlangt hat (s. o. 11.4).   Rechtsfolgen

Beispiel: Der Mieter eines Telefaxgerätes veräußert es für DM/Euro 350,– an einen gutgläubigen Bekannten; das Geld muß er dem Vermieter herausgeben.

Der gutgläubige Erwerber wird demgegenüber uneingeschränkter Eigentümer der Sache; der frühere Eigentümer hat gegen ihn weder Ansprüche aus § 823 I BGB noch aus § 985 BGB – denn wer gutgläubig Eigentum erwirbt, begeht keine tatbestandliche Eigentumsverletzung (i.S.d. § 823 I BGB) gegenüber dem „Alteigentümer", und da dieser Eigentum verliert, ist er auch nicht mehr „Eigentümer" im Wortsinne des § 985 BGB.

Beispiel: A verleiht (§§ 598 ff. BGB) sein Fahrrad an B. B veräußert es für DM/Euro 500,– an den gutgläubigen C. Die Übereignung B – C ist gemäß den §§ 929 S. 1, 932 I, II BGB wirksam (§ 935 BGB greift nicht), d.h. C ist zu Lasten des A Eigentümer geworden. A hat daher keinen Herausgabeanspruch gegen C aus § 985 BGB. A kann aber gemäß § 816 I 1 BGB von B Herausgabe der DM/Euro 500,– verlangen, da die von B getroffene Verfügung (Eigentumsübertragung an C) gegenüber dem B wegen § 932 BGB wirksam ist. (Hinzu treten ggf. Ansprüche des A gegen den B aus den §§ 604 I, 280 I BGB – s. o. 9.3.1 a.E. –, bzw. § 823 I BGB oder § 823 II BGB i.V.m. § 246 StGB).

Ist der Erwerber hinsichtlich eines dinglichen Rechtes eines Dritten an einer Sache gutgläubig (er weiß nichts vom Bestehen eines Pfandrechts oder Nießbrauchs), so erlöschen diese Rechte gemäß § 936 BGB.

Wenn der Veräußerer Kaufmann i.S.d. §§ 1 ff. HGB ist, wird auch der gute Glaube an die Veräußerungsbefugnis geschützt, § 366 I, II HGB (s. o. 10.2.10).   Kaufleute

Beispiel: Der Kaufmann V erklärt dem Käufer K, er habe den Kaufgegenstand – eine Maschine – für den Eigentümer E in Kommission genommen, und übereignet dem K die Maschine: gemäß § 366 HGB gelten die §§ 932, 935 BGB und der K wird Eigentümer, obwohl er weiß, daß nicht V, sondern E Eigentümer ist (s. o. 10.2.10 a.E.).

15.3.3 Gesetzlicher Eigentumserwerb an beweglichen Sachen

Das BGB kennt aber neben diesen soeben dargestellten Regeln des rechtsgeschäftlichen Eigentumserwerbes beweglicher Sachen auch deren Erwerb kraft Gesetzes: Erwerb kraft Gesetzes

- So bei der Ersitzung nach zehnjährigem ununterbrochenen gutgläubigen Eigenbesitz, §§ 937, 872 BGB;
- bei Verbindung, Vermischung oder Verarbeitung, §§ 946 ff. BGB (s. a. oben 4.1.2, 10.2.8; Realakte, 6.3.3.2), Aneignung, § 958 BGB, Fund, § 973 BGB;
- beim Erbfall, §§ 1922 ff. BGB.

Demjenigen, der aufgrund der in den §§ 946-950 BGB getroffenen Regelungen einen Rechtsverlust erleidet, steht gemäß § 951 I 1 BGB nach den Regeln über die ungerechtfertigte Bereicherung (s. o. 11) ein Geldausgleich zu.

Beispiel: A und B sind gemeinschaftlich Miteigentümer eines Grundstückes. Mit Einverständnis des B pflanzt A mehrere teure Bäume und Sträucher darauf, für die A DM/Euro 10 000,- zahlen mußte. Nach den §§ 946, 93, 94 I 2 BGB verliert A, da B ideeller (hälftiger) Miteigentümer der Pflanzen wird, jeweils hälftig (ideelles) Eigentum daran – wegen den §§ 951 I 1, 812 I 1 2. Alt. BGB (Bereicherung in sonstiger Weise, nämlich durch einen tatsächlichen Vorgang) kann der A von B somit DM/Euro 5000,- verlangen.

Wichtig ist auch der gesetzliche Eigentumserwerb in der Zwangsversteigerung, vgl. die §§ 55, 90 II ZVG, §§ 817, 865 ZPO.

15.3.4 Eigentumserwerb an Grundstücken

Auflassung

Bei Grundstücken erfolgt der Eigentumserwerb durch Einigung – Auflassung genannt, vgl. § 925 BGB – und Eintragung im Grundbuch, § 873 BGB (für die Belastung eines Grundstückes mit einem dinglichen Recht gilt dies auch). Ebenso muß der Veräußerer zur Eigentumsübertragung berechtigt sein. Erforderlich sind also

- Auflassung,
- Eintragung,
- Berechtigung.

15.3.4.1 Auflassung

Die Auflassung erfordert zwei auf Eigentumsübertragung bzw. -erwerb gerichtete Willenserklärungen des Grundstücksveräußerers bzw. -erwerbers. Sie muß bei gleichzeitiger Anwesenheit des Veräußerers und des Erwerbers regelmäßig vor dem Notar erfolgen (Stellvertretung ist möglich, denn persönliche Anwesenheit wird nicht verlangt, s. o. 7.4.1). Bereits der schuldrechtliche Kaufvertrag ist formbedürftig, § 313 BGB (s. o. 6.4), d.h., auch der vereinbarte Kaufpreis ist grundsätzlich in tatsächlicher Höhe beurkunden zu lassen (dazu s. o. 6.8.2.3). Die Auflassung ist bedingungsfeindlich, § 925 II BGB (s. o. 6.5).

Befindet sich auf einem Grundstück ein Gebäude, so bildet es aufgrund der §§ 94 I 1, 93 BGB einen wesentlichen Bestandteil des Grundstücks. Eine Veräußerung des Grundstücks erfaßt demzufolge auch das Gebäude (s. o. 4.1.2).

Beispiel: In in einer notariellen Urkunde heißt es, A veräußere an B sein Grundstück Flur-Nr. 123, wobei vom darauf errichteten Gebäude nicht die Rede ist – gleichwohl ist es mitveräußert, vgl. die §§ 433, 313, 128, 873, 925, 93, 94 I 1 BGB.

15.3.4.2 Eintragung

Wie bei anderen Rechten an Grundstücken auch (s. u. 15.5) bedarf es beim Eigentumserwerb an einem Grundstück der Eintragung der Rechtsänderung in das Grundbuch, § 873 BGB.

Das Grundbuch ist ein bei den Amtsgerichten geführtes öffentliches Register, in das alle rechtserheblichen Tatsachen bezüglich Grundstücken eingetragen werden müssen. Jedes Grundstück erhält ein Grundbuchblatt. Dieses besteht aus einem die Lage, die Größe und die Flur-Nr. angebenden Bestandsverzeichnis und drei Abteilungen: Abt. I bezeichnet Eigentümer und Erwerbsgrund, Abt. II Lasten und Beschränkungen (ohne Grundpfandrechte; etwa Wege- oder Vorkaufsrechte), Abt. III Grundpfandrechte (Hypothek, Grundschuld, Rentenschuld). Das Verfahren der Grundbucheintragungen regelt die GBO.

Grundbucheintragung

An einem Grundstück können durchaus mehrere dingliche Rechte bzw. Belastungen bestehen; es kommt dann auf die Reihenfolge ihrer Eintragung an, vgl. § 879 BGB.

Reihenfolge

Beispiel: Im Grundbuch, Abt. III, finden sich für ein Grundstück folgende Eintragungen:
1. Hypothek für die A-Bank in Höhe von DM/Euro 50 000,–,
2. Hypothek für die B-Bank in Höhe von DM/Euro 100 000,–,
3. Grundschuld für den C in Höhe von DM/Euro 80 000,–.
Werden bei der Zwangsversteigerung des Grundstücks als Erlös nur DM/Euro 130 000,– erzielt, so erhält die A-Bank zunächst DM/Euro 50 000,–, und die B-Bank die restlichen DM/Euro 80 000,–, fällt also mit DM/Euro 20 000,– aus; C geht völlig leer. (S. a. das Beispiel oben 8.6.1 a.E.).

Um den Erwerber eines Rechtes an einem Grundstück bereits in der Zeit nach der schuldrechtlichen Einräumung bis zur Eintragung im Grundbuch zu sichern, gibt § 883 BGB die Möglichkeit der Eintragung einer sog. Vormerkung. Diese bewirkt als Ankündigung einer alsbald einzutragenden Rechtsänderung, daß eine Verfügung, die nach der Vormerkungseintragung erfolgt, insoweit unwirksam ist, als sie den vorgemerkten Anspruch vereiteln oder beeinträchtigen würde. Daher sind etwa sog. Auflassungsvormerkungen in der Praxis die Regel.

Vormerkung

15.3.4.3 Berechtigung

öffentlicher Glaube
Das Grundbuch genießt (wie das Handelsregister, s. o. 3.4.6) öffentlichen Glauben. Ist für jemanden ein Recht eingetragen, so wird vermutet, daß es ihm auch zusteht, § 891 BGB. Gemäß § 892 BGB gelten zugunsten eines gutgläubigen Erwerbers die Eintragungen im Grundbuch als richtig. Hiernach ist auch der gutgläubige Erwerb von Grundstücksrechten möglich.

Beispiel: X wird im Grundbuch versehentlich als Eigentümer des Grundstücks des Y eingetragen. Als X dies erfährt, veräußert er das Grundstück sogleich an den gutgläubigen Z: aufgrund der §§ 873, 925, 891 I, 892 I 1 BGB wird der Z Eigentümer.

Widerspruch
Bei unzutreffenden Grundbucheinträgen sind daher die Möglichkeiten der Eintragung eines sog. Widerspruchs, § 899 BGB, sowie der Grundbuchberichtigung, § 894 BGB, besonders wichtig.

15.3.5 Schutz

Ansprüche aus Eigentum
Das Eigentum genießt besonderen rechtlichen Schutz:

– Art. 14 GG erhebt es in den Rang eines geschützten Grundrechts;
– gegenüber einem unberechtigten Besitzer kann Herausgabe verlangt werden, § 985 BGB;
  Beispiele: Bei Diebstahl, Unterschlagung, abgelaufener Mietzeit (solange der Mietvertrag dagegen läuft, hat der Mieter die Einwendung des § 986 I BGB und kann die Herausgabe verweigern);
– bei rechtswidrigen Beeinträchtigungen kann Beseitigung der Störung begehrt werden, § 1004 BGB, ggf. auch Unterlassung; dabei ist § 906 BGB zu beachten;
  Beispiele: Übermäßiger Maschinenlärm läßt das Wohnen auf dem Nachbargrundstück zur Tortur werden; Rasenmähen in der Zeit der Mittagsruhe; intensive, lautstarke nächtliche Feiern eines Nachbarn;
– es ist absolutes, von § 823 I BGB geschütztes Recht; wer es verletzt, schuldet Schadensersatz;
  Beispiel: Bei einem Verkehrsunfall wird ein Kfz beschädigt;
– gegenüber dem Besitzer entstehen ggf. Nutzungs- oder Schadensersatzansprüche, vgl. die §§ 987 ff. BGB (sog. Eigentümer-Besitzer-Verhältnis), betreffend die Ansprüche des Eigentümers gegenüber dem Besitzer wegen Herausgabe der von diesem gezogenen Nutzungen bzw. wegen Beschädigung der Sache;
  Beispiel: B erwirbt von D (ohne Kfz-Papiere) ein Kfz, das dieser dem E gestohlen hat. E kann nunmehr das Auto von B herausverlangen (§ 985 BGB; vgl. § 935 I BGB) und dazu eine Geldleistung wegen der Kfz-Benutzung,

§§ 990 I 1, 987, 100 BGB (anders wäre es, wenn der D bspw. die Kfz-Papiere gefälscht und dann dem gutgläubigen B vorgelegt hätte, vgl. § 993 BGB; jetzt müßte der B (nur) das Auto herausgeben und schuldet keinen Nutzungsersatz).

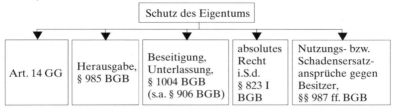

Schaubild 132: Schutz des Eigentums

15.4 Besitz

Ein weiterer sachenrechtlicher Schlüsselbegriff ist der (bereits schon mehrfach angesprochene) Besitz. Darunter wird verstanden die tatsächliche Herrschaft einer Person über eine Sache, § 854 BGB. Das Zivilrecht trennt den Besitz als tatsächliches Herrschaftsrecht scharf vom Eigentum als rechtlichem Herrschaftsverhältnis. Die Besitzerlangung ist ein rein tatsächlicher Vorgang (Realakt, s. o. 6.3.3.2), ungeachtet dessen, ob sie berechtigt erfolgt oder aber nicht – auch der Dieb ist Besitzer, auch ein Nichtberechtigter kann Besitz begründen.

Sachherrschaft

15.4.1 Funktion

Der Besitz hat rechtlich mehrere Funktionen:
- er kennzeichnet die tatsächliche Sachherrschaft;
- er läßt hinsichtlich beweglicher Sachen vermuten, daß deren Besitzer auch Eigentümer ist, § 1006 BGB;

Bedeutung

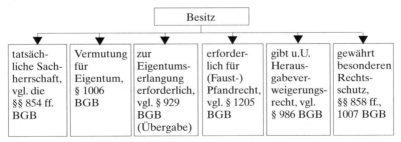

Schaubild 133: Besitz

- er ist zur Eigentumserlangung an beweglichen Sachen erforderlich in Form der Übergabe, vgl. § 929 BGB;
- er ist ebenso zur Erlangung eines (Faust-)Pfandrechts notwendig, § 1205 BGB;
- er gibt ggf. dem Eigentümer gegenüber ein Herausgabeverweigerungsrecht, § 986 BGB;
- er gewährt besonderen Rechtsschutz, vgl. die §§ 858 ff., 1007 BGB.

15.4.2 Arten

Besitzformen — Besitzt der Besitzer die Sache als ihm gehörig, so ist er Eigenbesitzer, § 872 BGB; besitzt er für einen anderen, so ist er Fremdbesitzer.

Beispiele: Der selbst besitzende Eigentümer ist Eigenbesitzer; ebenso der Dieb, der die gestohlene Sache behält; der Mieter ist Fremdbesitzer.

Eigenbesitz ist wichtig im Hinblick auf Eigentumserwerb durch Ersitzung, §§ 937 ff. BGB, sowie auf Fruchterwerb, § 955 BGB.

Wer alleine besitzt, ist Alleinbesitzer. Wer eine Sache mit anderen besitzt, ist Mitbesitzer, § 866 BGB. Die nur auf einen Teil einer Sache sich beziehende tatsächliche Sachherrschaft nennt man Teilbesitz, die auf die ganze Sache Vollbesitz, vgl. § 865 BGB.

Beispiele: Der Mieter einzelner Räume ist diesbezüglich Teilbesitzer; mehrere Mieter gemeinschaftlich genutzter Räume haben Mitbesitz.

Besitzmittlung — Derjenige, der die unmittelbare Sachherrschaft selbst ausübt, ist unmittelbarer Besitzer (§ 854 BGB); wer sie für einen anderen ausübt, dem gegenüber er zum Besitz berechtigt ist, ist unmittelbarer Besitzer und der andere mittelbarer Besitzer, § 868 BGB.

Beispiele: Der Mieter einer Wohnung ist unmittelbarer, der Eigentümer mittelbarer Besitzer (s. a. 15.3.2.2).

Besitzdiener — Wer im Rahmen eines sozialen Abhängigkeitsverhältnisses für den Besitzer als dessen „Werkzeug" den Besitz ausübt, ist selbst nicht Besitzer, vielmehr nur Besitzdiener, § 855 BGB (s. o. 7.3.5).

15.4.3 Erwerb, Verlust

Begründung — Unmittelbarer Besitz wird erworben durch Erlangung der tatsächlichen Sachherrschaft.

Beispiele: Übergabe der Sache; Übergabe der (Wohnungs- oder Auto-)Schlüssel; Diebstahl; Fund; Vererbung (vgl. § 857 BGB); Ergreifen der Sache durch einen Geschäftsunfähigen (Realakte).

Auch die Einigung reicht zum Besitzerwerb aus, wenn der Erwerber den Besitz tatsächlich ausüben kann, § 854 II BGB (diese Einigung ist kein Realakt, s. o. 6.3.3.2, vielmehr ein Rechtsgeschäft).

Beispiele: Einigung über Besitzübergang bei einem im Fluß liegenden Boot; bei Holz im Wald, wenn die Forstverwaltung die Holzabfuhrpapiere aushändigt oder die Abfuhr erlaubt.

Der mittelbare Besitz wird durch die Begründung eines Besitzmittlungsverhältnisses i.S.d. § 868 BGB erworben (sog. Besitzkonstitut).   Besitzkonstitut

Beispiel: Überlassung der Wohnung vom Eigentümer an den Mieter.

Beendigt wird der (unmittelbare) Besitz dadurch, daß der Besitzer die tatsächliche Gewalt über die Sache aufgibt oder in anderer Weise nicht nur vorübergehend verliert, § 856 BGB.   Beendigung

Beispiele: Wegwerfen, Liegenlassen, Übergabe; Bestohlenwerden.

Gibt der Eigentümer in der Absicht, auf das Eigentum zu verzichten, den Besitz der Sache auf, so wird sie herrenlos, § 959 BGB.

Beispiele: Zum Sperrmüll geben alter Möbel; Aufkleber auf Katalogen bzw. Telephonbuchlieferungen: „Gilt im Falle der Unzustellbarkeit als preisgeben".

Den unfreiwilligen Verlust des unmittelbaren Besitzes nennt man auch „abhandenkommen" (vgl. § 935 BGB).

Der mittelbare Besitz endet mit der Beendigung des Besitzmittlungsverhältnisses.

Beispiel: Der Mieter gibt dem Eigentümer die Wohnung zurück.

15.4.4 Besitzschutz

Der Besitz wird durch das Gesetz besonders geschützt:

Verbotene Eigenmacht begeht, wer dem Besitzer ohne dessen Willen den Besitz entzieht oder ihn im Besitz stört; dieser solchermaßen erlangte Besitz ist fehlerhaft, § 858 BGB. Der Besitzer hat dann Selbsthilferechte, §§ 859, 860 BGB, Herausgabeansprüche, § 861 BGB, und kann Beseitigung bzw. Unterlassung verlangen, § 862 BGB. Diese Besitzschutzrechte der §§ 861, 862 BGB nennt man auch possessorische Ansprüche.   verbotene Eigenmacht

§ 1007 BGB gibt dem früheren Besitzer gegen den jetzigen Besitzer einer beweglichen Sache einen Herausgabeanspruch, wenn der neue Besitzer den Besitz unrechtmäßig bzw. bösgläubig erlangt hat. (Dieser Anspruch ähnelt demjenigen des Eigentümers i. S. d. § 985 BGB).

Der Besitz ist im übrigen gemäß § 823 I BGB als dortiges „sonstiges Recht" geschützt und kann als „Erlangtes" gemäß § 812 BGB herauszugeben sein.

15.5 Grundpfandrechte

Im Reigen der die Forderungen des Gläubigers stärkenden Sicherungsrechte (vgl. den Überblick oben 10.7.1) nehmen die Grundpfandrechte einen besonderen Rang ein. Es handelt sich dabei um die Hypothek, §§ 1113 ff. BGB, die Grundschuld, §§ 1191 ff. BGB, sowie die Rentenschuld, §§ 1199 ff. BGB.

15.5.1 Hypothek

Begriff Hypothek ist die Belastung eines Grundstücks dergestalt, daß zugunsten des Berechtigten (= Hypothekar) eine bestimmte Geldsumme zur Befriedigung einer Forderung aus dem Grundstück zu zahlen ist, § 1113 BGB.

Beispiel: Die Bank B gibt dem Unternehmer U ein Darlehen. Zur Sicherung der Rückzahlungsforderung wird eine Hypothek am Betriebsgrundstück bestellt. Dadurch ist die B nicht nur schuldrechtlich (§§ 607, 609 BGB), sondern auch dinglich gesichert.

Schaubild 134: Darlehen und Hypothek (Schuldner Grundstückseigentümer)

Der Schuldner der hypothekarisch gesicherten Forderung und der Eigentümer des belasteten Grundstücks müssen nicht identisch sein.

Beispiel: Das die Darlehensforderung sichernde Grundstück (s. voriges Beispiel) gehört nicht dem U, sondern seinen Eltern.

Schaubild 135: Darlehen und Hypothek (Schuldner nicht Grundstückseigentümer)

Die Hypothek ist vom Bestand der gesicherten Forderung abhängig („akzessorisch"; wie die Bürgschaft auch, vgl. oben 10.7.2); mit der Abtretung der gesicherten Forderung (§ 398 BGB) geht auch die Hypothek auf den neuen Gläubiger über, und ohne Hypothek kann weder die Forderung noch ohne Forderung die Hypothek übertragen werden, § 1153 BGB. Ein gutgläubiger Dritter kann aber ausnahmsweise eine Hypothek auch dann erwerben, wenn die zugrundeliegende Forderung nicht besteht, § 1138 BGB.   *Akzessorietät*

Die Hypothek entsteht durch Einigung (d.h. dem dinglichen, aus zwei kongruenten Willenserklärungen bestehenden Vertrag über die Hypothekenbestellung) zwischen dem Grundstückseigentümer und dem Hypothekenerwerber sowie der Eintragung in das Grundbuch, §§ 873, 1115 BGB, wobei aufgrund des Akzessorietätsprinzips die zu sichernde Forderung bestehen muß. Erforderlich sind also: *Entstehung*

– Forderung,
– Einigung,
– Eintragung,
– Erteilung/Ausschluß des Hypothekenbriefes.

Bei der sog. Briefhypothek, bei der das Grundbuchamt eine Urkunde (Brief) über die Hypothek erteilt (§ 1116 BGB), erwirbt der Hypothekar sie erst, wenn ihm der Hypothekenbrief vom Grundstückseigentümer übergeben wird, § 1117 BGB; zur Geltendmachung der Briefhypothek ist die Vorlage des Briefes erforderlich, §§ 1160 f. BGB.   *Briefhypothek*

Ist die Erteilung eines Hypothekenbriefes ausgeschlossen worden, so spricht man von einer Buchhypothek, vgl. 1116 II 1 BGB. Für das Entstehen einer Briefhypothek (vgl. die §§ 1113, 1115-1117, 873 BGB) bedarf es also: *Buchhypothek*

- des Bestehens der zu sichernden Forderung,
- der Einigung über das Bestehen der Hypothek,
- der Eintragung der Hypothek im Grundbuch und
- der Erteilung des Hypothekenbriefes.

Zum Entstehen einer Buchhypothek (§ 1116 II BGB) vonnöten sind:
- das Bestehen der zu sichernden Forderung,
- die Einigung über das Bestehen der Hypothek,
- die Eintragung im Grundbuch (einschließlich der Eintragung des Ausschlusses der Erteilung eines Hypothekenbriefes).

Die Briefhypothek wird durch schriftliche Abtretung der Forderung und Übergabe des Hypothekenbriefes übertragen, § 1154 BGB, die Buchhypothek dagegen durch Einigung über den Forderungsübergang und Eintragung im Grundbuch, §§ 1154 III, 873 BGB.

Sicherungshypothek Wenn sich das Recht des Gläubigers streng nur nach der Forderung bestimmt und er sich nicht auf die Eintragung im Grundbuch berufen kann, spricht man von einer Sicherungshypothek, § 1184 BGB; dabei ist dann im Gegensatz zur sonstigen (Verkehrs-)Hypothek kein gutgläubiger Forderungserwerb i.S.d. § 1138 BGB möglich. Die Sicherungshypothek ist immer Buchhypothek, § 1185 BGB. Gesetzliche Fälle der Sicherungshypothek sind etwa die Bauhandwerkerhypothek, § 648 BGB (s. o. 10.3.7), sowie die Zwangshypothek, §§ 866, 867 ZPO. Auch die sog. Höchstbetragshypothek, bei der statt einer genau bestimmten Geldforderung ein Höchstbetrag, bis zu dem das Grundstück haften soll, fixiert wird, gilt als Sicherungshypothek, § 1190 BGB.

Eigentümerhypothek Gelangt die gesicherte Forderung nicht zur Entstehung oder erlischt sie, so besteht eine sog. Eigentümerhypothek, § 1163 BGB, die den Vorteil hat, die Rangstelle im Grundbuch zu wahren; sie wandelt sich gemäß § 1177 BGB in eine Eigentümergrundschuld um (Konsolidation, s. o. 8.14.2.8), d.h., sie steht jetzt dem Grundseigentümer zu.

Haftung Das hypothekarisch belastete Grundstück haftet mit den Gegenständen, auf die sich die Hypothek nach den §§ 1120 ff. BGB erstreckt (Erzeugnisse, sonstige Bestandteile, Grundstückszubehör, s. o. 4.1.3), vgl. § 865 II ZPO; der Gläubiger kann sich durch Zwangsvollstreckung im Wege der Zwangsversteigerung bzw. Zwangsverwaltung befriedigen, § 1147 BGB. Dadurch erlischt die Hypothek. Seiner Inanspruchnahme kann der Grundstückseigentümer sowohl die Einreden gegen die Forderung als auch gegen die Hypothek entgegenhalten, § 1137 BGB. Bei Insolvenz des Grundstückseigentümers gibt die Hypothek ein Absonderungsrecht, § 49 InsO (s. u. 21.2).

15.5.2 Grundschuld

Unter einer Grundschuld versteht man die Belastung eines Grundstückes dergestalt, daß an denjenigen, zu dessen Gunsten die Belastung erfolgt, eine bestimmte Geldsumme zu zahlen ist, § 1191 BGB. Im Gegensatz zur Hypothek muß diese Zahlung nicht der Befriedigung einer Forderung dienen. Die Grundschuld ist nicht an das Vorliegen einer persönlichen Forderung gebunden und nicht akzessorisch. Mit der Zahlung auf die gesicherte Forderung erlischt die Grundschuld daher auch nicht (deshalb findet man etwa in der bankrechtlichen Praxis die Hypothek kaum, die Grundschuld aber um so mehr, zumal sie nicht zuletzt den Grundstückseigner flexibler macht). Auf sie finden demzufolge die Vorschriften über die Hypothek nur insoweit Anwendung, als sie die Akzessorietät nicht berühren, § 1192 BGB.
Begriff

Voraussetzungen der Grundschuld sind also:
- Einigung,
- Grundbucheintragung,
- Erteilung/Ausschluß des Grundschuldbriefes.

Wie die Hypothek kann die Grundschuld als Buchgrundschuld oder als Briefgrundschuld bestellt werden (vgl. die §§ 1192 I, 1116 I, II BGB). Die Ausstellung des Grundschuldbriefes auf den jeweiligen Inhaber, § 1195 BGB, – Inhabergrundschuld – ist ebenso möglich wie die von vornherein auf den Eigentümer bestellte Eigentümergrundschuld, § 1196 BGB. Eine Grundschuld kann in eine Hypothek, eine Hypothek in eine Grundschuld rechtsgeschäftlich umgewandelt werden, §§ 1198, 877 BGB.
Buch-/Briefgrundschuld

In der Praxis dient die Grundschuld häufig dazu, eine ganz bestimmte Geldforderung zu sichern; man nennt sie dann Sicherungsgrundschuld.
Sicherungsgrundschuld

Schaubild 136: Grundschuld

Im Rechtssinne bleibt es dann zwar dabei, daß die Grundschuld ungeachtet des etwaigen Bestehens oder Nichtbestehens der Forderung wirksam und nicht akzessorisch ist (im Gegensatz zur Hypothek), also auch ohne Forderung abgetreten werden kann. Allerdings darf der Gläubiger in der Regel aufgrund einer schuldrechtlich vereinbarten Sicherungsabrede mit dem Eigentümer nur beschränkt von der Grundschuld Gebrauch machen und muß sie beispielsweise bei Erlöschen der Forderung dem Eigentümer zurückübertragen.

Entstehung
Die Grundschuld entsteht als Fremdgrundschuld (wenn sie also für einen Dritten bestellt wird) durch Einigung (= dinglicher Vertrag zwischen Grundstückseigentümer und Grundschulderwerber) und Eintragung, § 873 BGB; eine Briefgrundschuld steht dabei bis zur Übergabe des Grundschuldbriefes dem Eigentümer zu, §§ 1192, 1117, 1163 II BGB. Die Inhaber- oder Eigentümergrundschuld wird durch einseitige Eigentümererklärung und Eintragung ins Grundbuch bestellt, §§ 1192, 1115 BGB. Die Grundschuld erlischt mit ihrer Aufhebung, §§ 1192, 875, 1183 BGB.

Zur Begründung der Briefgrundschuld sind also erforderlich:
- Einigung über das Entstehen der Grundschuld,
- Eintragung im Grundbuch,
- Aushändigung des Grundschuldbriefes.

Die Buchgrundschuld wird dagegen begründet durch:
- Einigung und
- Eintragung im Grundbuch.

Wenn der Eigentümer den Gläubiger durch Zahlung befriedigt, so erwirbt er die Grundschuld entsprechend § 1143 BGB als Eigentümergrundschuld. Sofern der Eigentümer den Gläubiger nicht durch Zahlung befriedigt, hat dieser die Möglichkeit der Zwangsvollstreckung in das belastete Grundstück, §§ 1192, 1147 BGB; mit dieser erzwungenen Befriedigung erlischt die Grundschuld, §§ 1192, 1181 BGB.

15.5.3 Rentenschuld; Reallast

Begriff
Die Rentenschuld, §§ 1199 ff. BGB, ist eine in der Praxis eher seltene Form der Grundschuld. Dabei wird ein Grundstück so belastet, daß zu regelmäßig wiederkehrenden Terminen eine bestimmte Geldsumme aus dem Grundstück zu zahlen ist. Die Rentenschuld kann auch als Inhaber- oder Eigentümerrentenschuld bestellt werden. Sie ist eine Sicherungsmöglichkeit insbesondere für Leibrenten oder einen ratenweise zu zah-

lenden Grundstückskaufpreis. Der Grundstückseigentümer ist berechtigt, diese Grundstücksbelastung durch Kündigung und vorzeitige Zahlung abzulösen, §§ 1201 I, 1202 BGB.

Die Rentenschuld kann in eine gewöhnliche Grundschuld, eine gewöhnliche Grundschuld kann in eine Rentenschuld umgewandelt werden, § 1203 BGB.

Die Rentenschuld ähnelt der Reallast, §§ 1105 ff. BGB. Auch bei dieser geht es um die Belastung eines Grundstückes zur Sicherung wiederkehrender Leistungen. Allerdings muß hierbei die Ablösungssumme (vgl. § 1199 II BGB für die Rentenschuld) nicht eingetragen werden, die Ablösung richtet sich nur nach dem jeweiligen Landesrecht, Art. 113 EGBGB, und insbesondere besteht bei der Reallast auch die zusätzliche persönliche Haftung des Grundstückseigentümers für die während der Dauer seines Eigentums fällig werdenden Leistungen, § 1108 BGB. Reallast

15.6 Pfandrecht

Das Pfand(recht) ist eine Realsicherheit; es kann an beweglichen Sachen (§§ 1204 ff. BGB) oder an Rechten (§§ 1273 ff. BGB) bestehen. Zur Bestellung ist eine Verfügung erforderlich: beim Pfandrecht an einer beweglichen Sache ist die Einigung über das Pfandrecht und die Übergabe der Sache vonnöten. Die Sache steht daraufhin also im (unmittelbaren) Besitz des Gläubigers (das macht das Pfand regelmäßig auch als Sicherungsmittel ungeeignet, wenn der Schuldner mit ihm das Geld zur Begleichung seiner Verbindlichkeiten erst erwirtschaften soll bzw. er die Sache mit dem Kredit erst anschaffen möchte; deswegen dominieren in der unternehmerischen Praxis auch der Eigentumsvorbehalt bzw. die Sicherungsübereignung). Pfandkredite sind daher vornehmlich im privaten Bereich zu finden (und dort durchaus weit verbreitet; 1997 verpfändeten bspw. 1,5 Millionen Bürger Wertgegenstände für ein Darlehen, wobei die Wiederauslösungsquote 91,3 % betrug). Begriff

Besitz des Gläubigers

Beispiel: Zur Überbrückung eines finanziellen Engpasses verpfändet jemand ein Schmuckstück und erhält dafür ein Darlehen, das ca. 70 % des Marktwertes entspricht. Nach Rückzahlung des Darlehens einschl. Zinsen und Gebühren – maximal ein Prozent pro Monat – erhält der Eigentümer sein(en) Pfand(gegenstand) zurück.

Schuldner der Verbindlichkeit und Eigentümer des Pfandes können unterschiedliche Personen sein.

Beispiel: Der Sohn nimmt beim Pfandleiher ein Darlehen in Höhe von DM/Euro 1.000.– auf; zur Sicherheit dafür übergibt diesem die Mutter eine Perlenkette als Pfand – der Pfandleiher hat nunmehr ein Pfandrecht daran (sowie Besitz), die Mutter bleibt Eigentümerin der Perlenkette, Darlehensschuldner ist der Sohn.

Verwertung Wird die durch das Pfand gesicherte Verbindlichkeit nicht nach Fälligkeit getilgt, so kann der Pfandgläubiger das Pfand gemäß § 1228 BGB dadurch verwerten, daß er es nach Verkaufsandrohung, § 1234 BGB, öffentlich versteigern läßt, § 1235 BGB, und sich aus dem Erlös befriedigt.

Gesetzliches Pfandrecht Gemäß § 1257 BGB gelten die Vorschriften über das rechtsgeschäftlich bestellte Pfandrecht für das gesetzliche Pfandrecht entsprechend.

Beispiele: Werkunternehmerpfandrecht (s. o. 10.3.7); Vermieterpfandrecht (s. o. 10.5.5); Pächterpfandrecht, § 583 BGB; s. a. die §§ 397 (s. o. 10.9.3.3), 441, 464, 475 b HGB.

Regelungen über das Pfandrecht an Rechten enthalten die §§ 1273 ff. BGB.

Beispiel: Verpfändung eines GmbH-Anteils (beachte dabei § 15 III, V GmbHG).

Bestellt ein nichtberechtigter Kaufmann im Betrieb seines Handelsgewerbes ein Pfandrecht, so genügt zum Erwerb der gute Glaube des Erwerbers an die Verfügungsbefugnis des Kaufmanns, vgl. § 366 HGB.

16 Gesellschaftsrecht

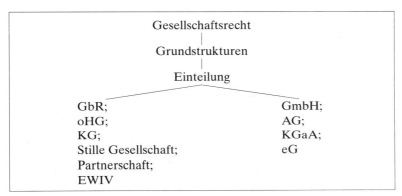

Leitübersicht 16: Gesellschaftsrecht

Leitfragen zu 16:
a) Was ist rechtlich unter dem Begriff „Gesellschaft" zu verstehen?
b) Nach welchen Kriterien lassen sich Gesellschaften einteilen?
c) Wodurch werden Personen- bzw. Kapital(handels)gesellschaften geprägt?
d) Welche Rechtsregeln gelten für die jeweiligen Gesellschaftsformen?

Im modernen Wirtschafts- und Rechtsverkehr kommt dem Gesellschaftsrecht große Bedeutung zu: an ungezählten Rechtsbeziehungen sind Personenvereinigungen bzw. Kapitalverbindungen beteiligt. Der Stellenwert des Gesellschaftsrechts im Bereich einer wirtschaftsprivatrechtlichen Betrachtung ist daher erheblich. Die Wahl der jeweiligen Rechtsform eines Unternehmens ist eine der grundlegenden Entscheidungen, die gut zu bedenken ist.

16.1 Grundbegriffe; Überblick

Zunächst sind wesentliche Begriffsbestimmungen vorzunehmen:

16.1.1 Gegenstand

Der wirtschaftsrechtliche Begriff der Gesellschaft ist nicht mit dem allgemeinen bzw. soziologischen Sprachgebrauch identisch: vielmehr sind

Einarbeitung

Gesellschaften im Rechtssinne organisierte Personenvereinigungen, die sich zur Erreichung eines gemeinsamen Zweckes zusammengeschlossen haben, und die durch eine privatrechtliche, rechtsgeschäftliche Vereinbarung, den Gesellschaftsvertrag, zustandegekommen sind. Die Gesellschaft ist entweder die jeweilige Gesamtheit der sie bildenden Gesellschafter – sie ist dann grundsätzlich nicht rechtsfähig und regelmäßig sog. Gesamthandsgemeinschaft –, sie kann aber auch ein eigenständiges Rechtssubjekt sein – dann ist sie rechtsfähig und als juristische Person Trägerin von Rechten und Pflichten, aktiv und passiv parteifähig, und haftet für ihre Verbindlichkeiten selbst.

Einordnung des Rechtsgeschäftes

Die wichtigsten Gesetzesbestimmungen finden sich im BGB (§§ 705-740, GbR; §§ 21-53, 55-79, rechtsfähiger, eingetragener, Verein; § 54, nichtrechtsfähiger Verein), HGB (§§ 105-160, oHG; §§ 161-177 a, KG; §§ 230-237, stG), PartGG (§§ 1 ff., Partnerschaft), AktG (§§ 1 ff., AG; §§ 278-290, KGaA), GmbHG (§§ 1 ff., GmbH); GenG (§§ 1 ff., eG); VAG (§§ 7, 15 ff., VVaG); EWIVG (§§ 1 ff., EWIV).

Inhaltlich regelt das Gesellschaftsrecht vor allem die Organisationsform der Gesellschaft, Gründung und Beendigung, innere Struktur, Willensbildung, Geschäftsführung, Vertretung sowie Haftungsfragen.

16.1.2 Wahl des Gesellschaftstypus

Formenwahl/ Vertragsfreiheit

Ob und in welcher Rechtsform eine Gesellschaft gebildet wird, bestimmt der einzelne bzw. der Unternehmer im Rahmen der Privatautonomie (s. o. 2.5) grundsätzlich frei: Rechtsformwahl sowie rechtliche Ausgestaltung einer Gesellschaftsform sind weitgehend unbeschränkt. Allerdings stellt das deutsche Gesellschaftsrecht die möglichen Gesellschaftsformen im Sinne eines Numerus clausus (d. h.: typisiert) zur Verfügung. Daher kommen der Auswahl der jeweiligen Gesellschaftsform sowie der Vertragsgestaltung erhebliche Bedeutung zu. Bestimmende Faktoren sind vor allem Aspekte des Kapitals, der Haftung, des Gesellschafterbestandes bzw. -wechsels, der Geschäftsführung und Vertretung, der Mitbestimmung, Publizität, Rechnungslegung, sowie der Steuern.

Typenzwang

16.1.3 Einteilung der Gesellschaften

Zur Einteilung der Gesellschaften ist folgendes anzumerken:

16.1.3.1 Grundsatz

Grundtypen

Die grundlegende Differenzierung der Möglichkeiten, sich zu vereinigen, stellt die Unterscheidung in „Gesellschaften" (im engeren Sinne) und „Vereine" dar. Ihre Grundtypen finden sich im BGB: nämlich die GbR (§§ 705 ff.) sowie der e.V. (§§ 21 ff.). Sie unterscheiden sind im wesentlichen durch:

- Stabilität/Wechsel des Mitgliederkreises,
- fehlende/vorhandene eigene Rechtspersönlichkeit,
- Zuordnung des Gesellschaftsvermögens,
- Gestaltung der Willensbildung und
- Gesellschaftsvertrag/Satzung als Rechtsgrundlage.

	Gesellschaft	Verein/Körperschaft
Grundtyp	BGB-Gesellschaft (= GbR)	BGB-Verein
Mitglieder	Feste Mitgliederzahl; Gesellschafterwechsel grds. unerwünscht	Wechsel des Mitgliederkreises durchaus möglich
Willensbildung	Willensbildung durch alle Gesellschafter; grds. Einstimmigkeit	Willensbildung durch Mitgliederversammlung und Vorstand; Mehrheitsprinzip
Rechtsstellung	keine eigene Rechtspersönlichkeit	eigene Rechtspersönlichkeit, selbständige juristische Person
Gesellschafts–vermögen	Gesellschaftsvermögen gehört allen Gesellschaftern als Gesamthandseigentum	Gesellschaftsvermögen gehört dem Verein als solchem
Organisations–grundlage	Gesellschaftsvertrag	Satzung
Haftung	Gesellschafter haften für Gesellschaftsschulden persönlich	Mitglieder haften für Vereinsschulden nicht persönlich

Schaubild 137: Einteilung der Gesellschaften

16.1.3.2 Sonderformen

Sonderformen der GbR sind oHG, KG, Innengesellschaft, stG; Sonderformen des Vereins (Körperschaften) sind nichtrechtsfähiger Verein, AG, KGaA, GmbH, eG.

- Bei der GbR,

    Beispiele: Rechtsanwaltssozietät (Bürogemeinschaft), ärztliche Gemeinschaftspraxis, Bauherrengemeinschaft,

    verpflichten sich mehrere Personen zur Förderung der Erreichung eines gemeinschaftlichen Zweckes (§ 705 BGB). Richtet sich der

Auf die GbR weisende Gesellschaften

Zweck der Gesellschaft auf den Betrieb eines Handelsgewerbes unter gemeinschaftlicher Firma, so gilt: Ist bei keinem Gesellschafter die Haftung gegenüber den Gesellschaftsgläubigern beschränkt, so liegt eine oHG vor (§ 105 HGB); ist die Haftung dagegen wenigstens bei einem Gesellschafter beschränkt, so handelt es sich um eine KG (§ 161 HGB).

- Bei der Innengesellschaft,

  Beispiele: Lottospielgemeinschaft, Unternehmensbeteiligungsgesellschaft,

  tritt die Gesellschaft nach außen nicht in Erscheinung und zeitigt nur Innenwirkung (s. u. 16.2.1.2). Tritt bei einer Innengesellschaft nach außen hin ein Kaufmann auf, so besteht eine stille Gesellschaft (§ 230 HGB) (die häufig nur schwer vom partiarischen, also an Gewinn und Verlust gekoppelten, Darlehen zu unterscheiden ist).

Auf BGB-Verein basierende Rechtssubjekte

- Eingetragene Vereine sind dauerhaft angelegte, vom Mitgliederwechsel unabhängige, körperschaftlich verfaßte, einen Namen tragende, im Vereinsregister eingetragene, eigene Rechtspersönlichkeiten (§§ 21 ff. BGB; s. o. 3.2).

  Beispiele: eingetragene Sport-, Musik-, Orchestervereine; Künstlervereinigungen (Schlaraffia Asciburgia e.V.); u.v.m.

Nicht im Vereinsregister eingetragene Vereine besitzen diese eigene Rechtspersönlichkeit nicht, sie sollen wie die GbR behandelt werden, § 54 BGB,

Beispiele: Gewerkschaften, Parteien, Studentenverbindungen, Rotary Clubs.

Besondere handelsrechtliche Vereine bzw. juristische Personen sind AG, KGaA, GmbH und eG. Die AG weist ein in (grundsätzlich frei handelbare) Aktien zerlegtes Grundkapital auf und ist Leitbild der wirtschaftlichen Großunternehmen. Im Falle der (seltenen) KGaA haftet mindestens ein Gesellschafter den Gesellschaftsgläubigern unbeschränkt (§ 278 AktG). Bei der GmbH sind die Gesellschafter mit einer bestimmten Einlage am Stammkapital beteiligt, der Stammeinlage. Eingetragene Genossenschaften erstreben nicht eigenen Gewinn, sondern fördern den Erfolg ihrer Mitglieder (Absatz-, Einkaufsgenossenschaften).

Kaufmannseigenschaft

- AG, KGaA, GmbH und eG sind juristische Personen des Handelsrechts. Obgleich sie „Gesellschaften" heißen (**A**G, **KG**aA, **G**mbH), sind sie aufgrund ihrer körperschaftlichen Struktur Vereine, die ihre Rechtsfähigkeit durch Eintragung ins Handelsregister (bzw. die eG ins Genossenschaftsregister) erlangen. Ungeachtet des Zweckes bzw. Gegenstandes des Unternehmens sind diese juristische Personen Kaufleute kraft Rechtsform, sog. Formkaufleute (vgl. § 6 HGB; s. o. 3.4.2.6; dem Einzelkaufmann also gleichgestellt).

16.1.3.3 Personen- und Kapitalgesellschaften

Man kann den Begriff der Gesellschaft (im weiteren Sinne) darauf beziehen, wie sich mehrere Personen zur gemeinsamen Zweckerreichung zusammenschließen bzw. beteiligen, und somit nach Personen- und Kapitalgesellschaften differenzieren. Zu ersteren zählen GbR, oHG, KG, stG; den letzteren zugerechnet werden vornehmlich AG, KGaA sowie GmbH.

Prinzipien

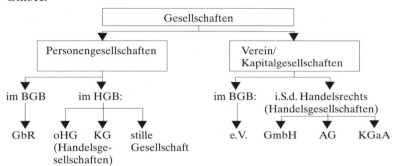

Schaubild 138: Gesellschaften

Personengesellschaften (GbR, oHG, KG, stG) stellen den Zusammenschluß mehrerer Personen dar, bei dem es auf die einzelnen Gesellschafter als solche ankommt. Sie führen die Geschäfte und vertreten die Gesellschaft nach außen (Selbstorganschaft), sie haften für Gesellschaftsschulden persönlich, die Mitgliedschaft ist grundsätzlich nicht übertragbar und nicht vererblich.

Personen-/

Kapitalgesellschaften (AG, KGaA, GmbH) beziehen sich weniger auf die persönliche Mitarbeit der Gesellschafter als vielmehr auf eine kapitalmäßige Beteiligung. Geschäftsführung und Vertretung können von Nichtgesellschaftern geleistet werden (Dritt- bzw. Fremdorganschaft). Kapitalgesellschaften sind juristische Personen und somit rechtsfähig, im Außenverhältnis haften sie den Gesellschaftsgläubigern (nicht die einzelnen Gesellschafter). Die Gesellschaftsanteile sind grundsätzlich frei veräußerbar bzw. vererblich.

Kapitalgesellschaften

Dabei können auch Mischformen auftreten. Denn die Gestaltung der dargestellten Gesellschaftstypen unterliegt in weiten Bereichen, vornehmlich des Innenverhältnisses, der Möglichkeit freier vertraglicher Ausgestaltung: so können bei Personengesellschaften etwa Einschränkungen der Gesellschafterrechte bezüglich der Geschäftsführung ebenso vorgesehen werden wie Möglichkeiten der Veräußer- oder Vererbbar-

Mischformen

Gesellschafterrechte

	Personengesellschaften	**Kapitalgesellschaften**
Status	keine eigene Rechtspersönlichkeit, keine juristische Person	eigene Rechtspersönlichkeit, juristische Person
Gesellschafterbezug	grds. von den einzelnen Gesellschaftern abhängig	grds. unabhängig vom Gesellschafterbestand; Gesellschafterwechsel möglich
Aktivitäten	Geschäftsführung und Vertretung durch Gesellschafter selbst	von selbständigen Organen wahrgenommen (Gesellschafterversammlung; Geschäftsführer; Vorstand)
Haftung	Gesellschafter haften als Gesamtschuldner mit persönlichem Vermögen	juristische Person haftet selbst, nicht aber Gesellschafter persönlich
Auftreten	unter dem Namen der Gesellschafter; wenn Handelsgesellschaft: unter Firma, § 19 HGB	unter Firma

Schaubild 139: Personen-/Kapitalgesellschaften

keit. Oder aber es können bei Kapitalgesellschaften besondere persönliche Betätigungsrechte der Gesellschafter oder Veräußerungs- bzw. Vererbbarkeitsbeschränkungen statuiert sein.

GmbH & Co. KG
Als besonders beliebte Mischform besondere Bedeutung hat die GmbH & Co. KG: sie ist als Sonderform der KG eine Personengesellschaft, bei der eine juristische Person, die GmbH, den persönlich haftenden Gesellschafter (Komplementär) darstellt. Für Verbindlichkeiten bzw. Verluste der GmbH & Co. KG haftet die GmbH „persönlich" (nicht aber das Privatvermögen der Gesellschafter der GmbH), während ihre Kommanditisten nur mit ihren Einlagen haften.

16.1.3.4 Handelsgesellschaften

Nach ihrem Zweck kann man aus dem Kreis der Gesellschaften noch die Handelsgesellschaften als solche bezeichnen: dabei stellt man darauf ab, daß bzw. ob Gesellschaften ein Handelsgewerbe betreiben und Kaufleute sind. Handelsgesellschaften sind daher oHG und KG, die sog. Personenhandelsgesellschaften (§§ 105 I, 161 I, 6 I HGB), sowie GmbH, AG, KGaA, die Kapitalhandelsgesellschaften (§§ 3, 278 III AktG; 13 III GmbHG, 6 I HGB). GbR, stG, eG und VVaG sind danach keine Handelsgesellschaften.

Schaubild 140: Handelsgesellschaften

16.1.4 Geschäftsführung und Vertretung

Eine Gesellschaft als solche kann nicht handeln, für sie müssen geschäftsführend und vertretend Menschen tätig werden: *Begriffstrennung*

- Geschäftsführung bedeutet Verwirklichung der Gesellschaftszwecke durch tatsächliche und rechtliche Maßnahmen. Sie bezieht sich auf das Innenverhältnis der Gesellschafter zueinander.   *Innen-/*
- Vertretung bedeutet demgegenüber die Vornahme rechtsgeschäftlicher Handlungen mit Wirkung für und gegen die Gesellschaft. Sie bezieht sich also auf das Außenverhältnis der Gesellschaft gegenüber Dritten.   *Außenverhältnis*

Beide Felder sind strikt zu trennen: die Geschäftsführungsbefugnis hat Bedeutung für die Mitwirkung an gesellschaftsinternen Entscheidungen, die Vertretungsbefugnis für die Umsetzung von Aktivitäten gegenüber Dritten. Oftmals klaffen rechtliches Können im Außenverhältnis (Vertretung) und rechtliches Dürfen im Innenverhältnis (Geschäftsführung) auseinander. Dies v. a. dann, wenn aus Gründen des Vertrauensschutzes das Gesetz Vertretungsmachten vorsieht,

Beispiele: die §§ 714 BGB, 125, 126 HGB, 35 GmbHG, 78, 82 I AktG,

die der Gesellschaftsvertrag bzw. die Satzung u. U. einzuschränken sucht,

Beispiele: die §§ 125 II, III, 126 II HGB, § 37 GmbHG, 82 II AktG.

16.1.5 Gründung

Für die Gründung von Gesellschaften gilt grundsätzlich folgendes:

16.1.5.1 Personengesellschaften

Wesentliche Grundlage des Entstehens der Personengesellschaften ist der Gesellschaftsvertrag.

Gesellschafts- Grundsätzlich ist dessen Abschluß formfrei möglich, sogar stillschwei-
vertrag gend bzw. konkludent. (Bei eingebrachten Grundstücken beachte § 313
BGB). Der Gesellschaftsvertrag ist ein auf die Vereinigung von Leistungen gerichteter gegenseitiger Vertrag. Die §§ 320 ff. BGB sind grundsätzlich (vor allem bei mehr als zwei Gesellschaftern) nur beschränkt anwendbar. OHG und KG bedürfen der Eintragung ins Handelsregister
fehlerhafte (§§ 106-108, 123, 162, 12 HGB), die ggf. konstitutiv, also rechtsbegrün-
Gesellschaft dend, wirkt (vgl. aber § 123 II HGB; s. u. 16.3.2.6). Ist der Gesellschaftsvertrag rechtsfehlerhaft, so ist, wenn die Gesellschaft ihre Tätigkeit schon aufgenommen hat bzw. schon in Vollzug gesetzt ist, darauf zu achten, inwieweit Dritte schutzwürdige Interessen haben. Ggf. darf nach den Grundsätzen über die (faktische bzw.) fehlerhafte Gesellschaft ein beim Vertragsabschluß bspw. irrender bzw. arglistig getäuschter Gesellschafter den Gesellschaftsvertrag nur mit Wirkung für die Zukunft (ex nunc) anfechten (s. o. 6.8.2.4; 8.3.3; 10.4.8.4).

16.1.5.2 Kapitalgesellschaften

Satzung Die Gründung der Kapitalgesellschaften verläuft etwas komplizierter als die Personengesellschaftsgründung. Zunächst müssen die Gründer sich vertraglich einigen. Diesen speziellen Gesellschaftsvertrag nennt man Satzung. Sie ist notariell zu beurkunden (§§ 23 AktG, 2 GmbHG). Dabei ist festzustellen, wieviel Kapital jeder Gründer bzw. Gesellschafter aufzubringen hat bzw. wie hoch sich der Gesellschaftsanteil beläuft.
Ablauf Danach sind die Organe der Gesellschaft (Aufsichtsrat, Vorstand der AG; Geschäftsführer der GmbH) zu bestellen. Bar- bzw. Sacheinlagen sind zu erbringen, Gründungsberichte zu erstellen, die Gründungsprüfung ist vorzunehmen (§ 33 AktG). Alsdann ist die Anmeldung zum Handelsregister zu tätigen (§§ 36 ff. AktG, 7 ff. GmbHG). Mit der konstitutiv wirkenden Eintragung im Handelsregister ist die Gründung vollendet, die Kapitalgesellschaft erlangt Rechtsfähigkeit. War die Gesellschaftsgründung rechtsfehlerhaft, so kann die durch die Eintragung entstandene juristische Person grundsätzlich nur ex nunc und auch nur aus wenigen Gründen vernichtet werden (vgl. die §§ 275 ff. AktG, 75 ff. GmbHG).

16.2 Die Gesellschaft des bürgerlichen Rechts

Als personengesellschaftlicher Grundtyp ist zunächst die Gesellschaft des bürgerlichen Rechts (abgekürzt: GbR bzw. BGB-Gesellschaft) zu erläutern.

16.2.1 Begriff der GbR

Für die GbR gilt:

16.2.1.1 Grundsätzliches

Das Recht der GbR ist in den §§ 705-740 BGB geregelt. Dort befindet sich eingangs die Begriffsbestimmung: *Definition*

„Durch den Gesellschaftsvertrag verpflichten sich die Gesellschafter gegenseitig, die Erreichung eines gemeinsamen Zweckes in der durch den Vertrag bestimmten Weise zu fördern, insbesondere die vereinbarten Beiträge zu leisten", § 705 BGB.

Soweit also nicht Sonderregeln eingreifen,

Beispiele: Die §§ 105, 161 HGB für oHG und KG,

bzw. die Bildung einer Körperschaft,

Beispiele: AG oder GmbH,

erfolgt, entsteht durch einen gegenseitigen Vertrag, der auf die Erreichung eines gemeinsamen Zweckes gerichtet ist, eine GbR.

Diese ist der organisatorische Grundtypus aller Personengesellschaften. Die sie regelnden §§ 705 ff. BGB werden gemäß den §§ 105 III, 161 II HGB ergänzend auch auf die oHG sowie die KG angewandt; die §§ 233 II, 234 HGB für die stille Gesellschaft und § 54 BGB für den nicht rechtsfähigen Verein verweisen ebenfalls auf GbR-Recht. Die GbR setzt einen Gesellschaftsvertrag, gerichtet auf gemeinsame Zweckerreichung durch pflichtgemäße Zweckförderung (insbesondere Beitragsleistung), voraus. Sie ist nicht auf den Betrieb eines kaufmännischen Handelsgewerbes ausgerichtet (ansonsten lägen oHG oder KG vor), und sie führt keine Firma (s. o. 3.4.5). Die GbR hat keinen eigenen Namen, sondern wird durch die Namen ihrer Gesellschafter bezeichnet; allerdings kann die GbR eine nicht firmenähnliche Geschäftsbezeichnung haben (s. o. 3.4.5.1). *Grundtypus*

Beispiele: „Meyer – Familiengrundstücks-Besitz und Verwaltungsgesellschaft"; „Alpenjodlerduo Bayerl".

Die GbR ist keine juristische Person, sie hat keine eigene Rechtspersönlichkeit, vielmehr stellt sie lediglich eine enge personenrechtliche Verbindung der einzelnen Gesellschafter dar. Daher kann die GbR als solche nicht ins Grundbuch eingetragen werden und nicht Gesellschafter einer Personenhandelsgesellschaft sein. Nach der jüngsten Rspr. ist die GbR jedoch wechsel- und scheckfähig; gemäß § 11 II Nr. 1 InsO ist sie insolvenzfähig. Arbeitsrechtlich sind die Gesellschafter Arbeitgeber. *Keine juristische Person*

Schaubild 141: Merkmale der GbR

16.2.1.2 Erscheinungsformen

Außen-/ Innengesellschaft
- Tritt die GbR nach außen auf, so ist sie sog. Außengesellschaft. Haben sich die Partner zwar zur Erreichung eines gemeinsamen Zweckes verpflichtet, erscheint aber nach außen nur ein Partner im eigenen Namen, so liegt eine sog. Innengesellschaft vor,
  Beispiele: Lottotippgemeinschaft, Reisegesellschaft.

- Solche Innengesellschaften können auch zwischen Eheleuten bestehen, wenn der Bereich dessen, wozu sie nach Ehe- und Familienrecht verpflichtet sind, überschritten wird,
  Beispiel: gemeinsamer Betrieb einer Sprachenschule,

- sowie ebenso bei nichtehelichen Lebensgemeinschaften zustande kommen, wenn die Partner über die Lebensgemeinschaft hinaus die Absicht zur Schaffung eines gemeinschaftlichen Wertes verfolgen.

GbR-Beispiele
- Im Wirtschaftsleben ist die GbR von großer Bedeutung. Man begegnet ihr etwa bei Freiberuflersozietäten, Kartellen, Arbeitsgemeinschaften (vornehmlich im Baugewerbe), Baukonsortien, Bauherrengemeinschaften etc. Eine GbR liegt auch vor beim gemeinschaftlichen Gewerbebetrieb von nicht eingetragenen Kleingewerbetreibenden (vgl. die §§ 1 II, 2 HGB); fällt das kaufmännische Handelsgewerbe einer oHG oder KG fort bzw. wird nur noch ein Kleingewerbe betrieben, so wandeln sich oHG bzw. KG grundsätzlich per se in eine GbR um (beachte dabei aber die §§ 2 S. 1 bzw. 5 HGB; s. o. 3.4.2.4).

Rechtsverhältnisse
- Aus dem Gesellschaftsverhältnis bestehen einerseits Rechte und Pflichten der Gesellschafter untereinander, sog. Individualrechtsbeziehungen (Individualansprüche/Individualverpflichtungen),
  Beispiele: Beitragspflicht, Gewinnanspruch,

  sowie andererseits Sozialrechtsbeziehungen zwischen den Gesellschaftern und der GbR aus dem Gesellschaftsvertrag, sog. Sozialansprüche,
  Beispiele: Anspruch auf Beitragsleistung, auf Geschäftsführung,

bzw. Sozialverpflichtungen,

Beispiele: Anspruch auf Gewinnauszahlung, auf Aufwendungsersatz,

wobei die Individual- und die Sozialrechtsbeziehungen letztlich insoweit deckungsgleich sind, als sie sich nämlich auf die gleichen Rechte und Pflichten beziehen (s. u. 16.2.4, 16.2.5). Darüber hinaus bestehen noch die „Drittrechtsbeziehungen" bzw. Drittgläubigeransprüche, bei denen ein Gesellschafter der Gesellschaft wie ein Dritter gegenübertritt,

Beispiele: Kaufvertrag, Darlehen.

Dessen ungeachtet gibt es im übrigen die Rechtsbeziehungen der GbR zu/mit außenstehenden Dritten („Fremdrechtsbeziehungen").

16.2.2 Gesellschaftsvertrag

Grundlage der GbR ist der Gesellschaftsvertrag. Dieser ist (vgl. § 705 BGB) ein gegenseitiger Vertrag zwischen grundsätzlich zwei Personen. Gesellschafter können natürliche und juristische Personen sein, ebenso eine GbR, oHG oder KG. Der Gesellschaftsvertrag setzt sich deckende Willenserklärungen der Gesellschafter voraus und ist grundsätzlich formfrei (beachte aber bspw. die §§ 311, 313, 518 BGB). Der vertragsgemäß verfolgte Gesellschaftszweck darf nicht verboten oder sittenwidrig sein, sonst ist der Gesellschaftsvertrag nichtig (§§ 134, 138 BGB). Abänderungen des Gesellschaftsvertrages bedürfen regelmäßig der Einstimmigkeit. Da der Gesellschaftsvertrag auf die Vereinigung von Leistungen gerichtet ist, gelten einige Besonderheiten (vgl. 16.1.5.1):

Vertragsgrundsätze

Das Zurückbehaltungsrecht des § 320 BGB besteht, wenn ein Gesellschafter einen geschuldeten Beitrag nicht leistet, für einen anderen Gesellschafter (der deswegen seine Leistung zurückhalten will) nur bei einer „Zweimanngesellschaft" bzw. Säumnis aller Gesellschafter, ansonsten würde die mehrgliedrige GbR praktisch gelähmt. Um nicht durch „Rückaufrollung" Verwirrung zu stiften, ist ab Beginn bzw. Außenauftreten der GbR das Rücktrittsrecht der §§ 325, 326 BGB durch das Recht zur fristlosen Kündigung gemäß § 723 BGB ersetzt. Ist der Gesellschaftsvertrag,

Beispiele: Minderjährigkeit, Anfechtung wegen Irrtums oder arglistiger Täuschung,

nichtig, so besteht, wenn die Gesellschaft bereits in Vollzug gesetzt wurde, eine sog. fehlerhafte Gesellschaft. Im Verhältnis der Gesellschafter untereinander bleibt der Gesellschaftsvertrag grundsätzlich ohne die nichtigen Klauseln (die ggf. durch angemessene ähnliche, aber wirksame ersetzt werden können) maßgeblich (wobei jeder Gesellschafter gemäß

fehlerhafte Gesellschaft

§ 723 BGB kündigen kann); dies gilt aber nicht, wenn der Gesellschaftsvertrag gänzlich nichtig ist oder wenn schutzwürdige Belange bestimmter Personen (bspw. Minderjähriger) dem entgegenstehen. (Zum Minderjährigenschutz s. a. § 723 I 3 Nr. 2, 4 BGB).

Übersicht

Schaubild 142: GbR-Gesellschaftsvertrag

16.2.3 Gesellschaftszweck

Abgrenzung

Die GbR ist durch das Ziel der Erreichung bzw. Förderung eines gemeinsamen Zweckes gekennzeichnet; es geht also nicht nur um den Vorteil einzelner (sonst: Schenkung oder Gewährungsvertrag), auch nicht um die bloße Beteiligung mehrerer an einem Gegenstand ohne die Förderung eines gemeinsamen Zweckes (sonst: Gemeinschaft, §§ 741 ff. BGB), und desweiteren nicht um eigenständige Zweckverfolgung eines jeden Beteiligten gerade nur für sich (sonst: sog. partiarisches Rechtsverhältnis).

Zweck

Zweck der GbR kann jeder gesetzlich zulässige sein, dauerhaft oder vorübergehend, wirtschaftlich oder ideell, eigennützig oder fremdnützig. Er kann gerichtet sein etwa auf folgende

Beispiele: Gemeinsamer Erwerb bzw. Betrieb eines nicht eingetragenen Kleingewerbes, gemeinsame Berufsausübung von Freiberuflern, Errichtung von Bauwerken (Bauherrengemeinschaft), gemeinsames Betreiben eines Theaters durch zwei Städte, Förderung der Freundschaft verschiedener Nationen, Heizölsammelbestellung mehrerer Nachbarn, Erstellung eines Bauvorhabens durch mehrere Bauunternehmen (Arbeitsgemeinschaft, „Arge") u.v.m.

16.2.4 Gesellschafterpflichten

Förderung

Die Gesellschafter müssen den gemeinsamen Zweck gemeinsam verfolgen und fördern (Förderungspflicht). Dazu sind (vgl. § 705 BGB a.E.) insbesondere die vereinbarten Beiträge zu leisten (s. a. § 706 BGB). Gegenstand der Förderungspflicht können alle Arten von Handlungen, auch Unterlassungen,

Beispiel: Übernahme von Wettbewerbsverboten,

sein. Hinzu tritt die Treuepflicht: jeder einzelne Gesellschafter schuldet der Gesellschaft Treue (§ 242 BGB) bzw. Rücksichtnahme. Wesentliche Hauptpflicht ist die Pflicht, Beiträge, also Leistungen, zu bewirken (Beitragspflicht; diese gehört mit zur Förderungspflicht): es kann sich um einmalige oder wiederkehrende, in Geld- oder Sachwerten, aber auch in Dienstleistungserbringung bestehende Beiträge handeln, § 706 BGB.

Treue

Beiträge

Beispiele: Geld, Maschinen, Grundstücke, Forderungen, Patente, Fähig- bzw. Fertigkeiten.

Die Beitragspflicht trifft jeden Gesellschafter grundsätzlich gleich. Pflichtlose Gesellschaften gibt es nicht. Allerdings bestehen regelmäßig keine Nachschußpflichten, § 707 BGB (aber: vgl. die §§ 735, 739 BGB).

Des weiteren haben sich die Gesellschafter gleich zu behandeln (Gleichbehandlungspflicht), sowie an der Geschäftsführung bzw. Vertretung teilzunehmen (Geschäftsführungs-, Vertretungspflicht, vgl. § 709 BGB). Die Gesellschafter müssen sich in der Regel am (Gewinn und) Verlust beteiligen, vgl. § 722 BGB. Verletzt ein Gesellschafter seine Pflichten, so ergeben sich Erfüllungs- bzw. Schadensersatzansprüche aus Gesellschaftsvertrag bzw. positiver Vertragsverletzung (s. o. 9.7) sowie ggf. aus unerlaubter Handlung (§§ 823 ff. BGB, s. o. 12). Der Haftungsmaßstab ist dabei gemildert, §§ 708, 277 BGB (s. o. 9.2).

Gleichbehandlung, Geschäftsführung, Vertretung, Beteiligung an Gewinn/Verlust

Pflichtverletzungen eines Gesellschafters kann jeder der anderen im Namen der GbR geltend machen (sog. actio pro socio, Gesellschafterklage). Für Gesellschaftsschulden haftet Gesellschaftsgläubigern gegenüber einerseits das Gesellschaftsvermögen, § 718 BGB, in das gemäß § 736 ZPO vollstreckt werden kann. Andererseits aber haftet dafür auch jeder Gesellschafter persönlich mit dem eigenen gesamten Vermögen, vgl. die §§ 722 I, 735 S. 1 BGB, und zwar unbeschränkt, unmittelbar und gleichgeordnet. D. h.: Gesellschaftshaftung und Gesellschafterhaftung bestehen nebeneinander; die Gesellschafter können Gesellschaftsgläubiger auch nicht (zuerst) auf das Gesellschaftsvermögen verweisen.

Haftung

Die Gesellschafter der GbR haften gesamtschuldnerisch (§ 421 I 1 BGB, Ausgleichsanspruch: § 426 II BGB), bei Verträgen gemäß den §§ 427, 431 BGB, bei unerlaubten Handlungen nach (§§ 823 ff., 830) § 840 I BGB. Für Verrichtungsgehilfen besteht Einstandspflicht wegen § 831 BGB (s. o. 12.5.1). Ein neu eintretender Gesellschafter haftet für Altschulden der GbR nicht bzw. nur aufgrund besonderer Vereinbarung (s. u. 16.2.8; § 130 HGB gilt nicht). Für Privatschulden haftet nur der jeweils betroffene Gesellschafter, seinen Geschäftsanteil können seine (Privat-)Gläubiger ggf. pfänden.

Schaubild 143: GbR-Gesellschafterpflichten

16.2.5 Gesellschafterrechte

Den Gesellschaftern erwachsen aus dem Gesellschaftsverhältnis vielfältige Rechte. Im wesentlichen lassen sich zwei Rechtsbereiche unterscheiden: Mitwirkungs- und Vermögensrechte.

Schaubild 144: GbR-Gesellschafterrechte

16.2.5.1 Mitwirkungsrechte

Wichtige Mitwirkungsrechte

Mitwirkungsrechte (auch Mitverwaltungsrechte genannt) beziehen sich auf die Betätigung der Gesellschafter im Rahmen der GbR. Sie sind mit dem Gesellschafteranteil verbunden und können von ihm nicht losgelöst bzw. selbständig auf andere übertragen werden. Die wesentlichen Mitwirkungsrechte sind:

Geschäftsführungsbefugnis (§ 709 I BGB), Vertretungsrecht (§ 714 BGB), Informationsrecht (Auskunft und Rechnungslegung, § 716 BGB), Stimmrecht bei Beschlüssen (§ 709 BGB; das an die Höhe der Kapitalbeteiligung gekoppelt werden kann), Kündigungsrecht (§ 723 BGB), Recht auf Mitwirkung bei der Auseinandersetzung (§ 730 BGB), Gesellschafterklage (actio pro socio, s. o. 16.2.4, gerichtet auf die Durchsetzung von Ansprüchen der Gesellschaft gegen einen Mitgesellschafter auf Leistung an die Gesellschaft). Diese Mitwirkungsrechte sind persönlich auszuüben; im Gesellschaftsvertrag kann die Bestellung rechtsgeschäftlicher Vertreter zugelassen werden.

16.2.5.2 Vermögensrechte

Vermögensrechte sind insbesondere:

Anspruch auf den Gewinnanteil, der erst nach Auflösung der GbR (§ 721 BGB), bei längerfristigen Gesellschaftsverhältnissen ggf. aber auch jährlich (§ 721 II BGB) verlangt werden kann, und der sich – falls nicht vertraglich anders vereinbart – nach Kopfteilen (nicht Kapitalanteilen) richtet; Anspruch auf das Auseinandersetzungsguthaben (§ 738 BGB); Anspruch auf Ersatz der von einem Gesellschafter getätigten Aufwendungen (§§ 713, 670 BGB); allerdings steht dem Gesellschafter für Geschäftsführungstätigkeiten als solche bzw. seine Arbeitsleistung grundsätzlich keine gesonderte Vergütung zu.

Wichtige Vermögensansprüche

16.2.6 Geschäftsführung und Vertretung

Geschäftsführung und Vertretung (s. o. 16.1.4) sind auch bei der GbR streng voneinander zu trennen:

Tätigkeiten zur Zweckförderung

Letztere bezieht sich auf das Außenverhältnis der Gesellschaft anderen gegenüber, erstere betrifft dagegen das Innenverhältnis der Gesellschafter untereinander; nämlich die Berechtigung und Verpflichtung eines Gesellschafters zur Tätigkeitserbringung und Förderung der Geschäfte.

Geschäftsführung bedeutet daher jede auf die Verfolgung bzw. Förderung des Gesellschaftszweckes gerichtete tatsächliche oder rechtsgeschäftliche Tätigkeit für die Gesellschaft. Grundsätzlich ist jeder GbR-Gesellschafter geschäftsführungsbefugt (§ 709 I BGB), wobei der Gesellschaftsvertrag abweichende Gestaltungen,

Geschäftsführung

Beispiele: Einzel-/Gesamtgeschäftsführung,

vorsehen kann (§§ 709 II, 710 ff. BGB). Die Rechtsstellung eines Geschäftsführers der GbR entspricht derjenigen eines Beauftragten (§ 713 BGB), den anderen Gesellschaftern ist er auskunfts-, rechenschafts- und herausgabepflichtig (§§ 666, 667 BGB), kann aber auch ggf. Aufwendungsersatz verlangen (§ 670 BGB; s. o. 16.2.5.2).

Bei der auf Außenwirkung zielenden Vertretung geht es um das rechtsgeschäftliche Handeln im Außenverhältnis im Zusammenhang mit der Begründung von Rechten und Pflichten.

Rechtsgeschäftliches Handeln im Außenverhältnis

Beispiel: Abschluß eines Kaufvertrages.

Die Vertretung der GbR richtet sich grundsätzlich nach der Geschäftsführungsbefugnis – ein geschäftsführungsbefugter Gesellschafter der GbR ist im Zweifel auch vertretungsberechtigt (§ 714 BGB), wobei dann regelmäßig Gesamtvertretung aller Gesellschafter vorliegt.

Grundsatz: Gesamtvertretung

367

Beispiel: Bei einer GbR wurde hinsichtlich der Vertretungsverhältnisse keine gesellschaftsvertragliche Sonderregelung getroffen. Nunmehr erwirbt ein Gesellschafter eine Maschine „für die GbR": da er gemäß den §§ 709 i.V.m. 714 BGB nicht einzelvertretungsberechtigt i.S.d. § 164 I 1 BGB ist, verpflichtet er seine Mitgesellschafter nicht (vgl. § 177 BGB).

Der Gesellschaftsvertrag läßt allerdings abweichende Regelungen zu,

Beispiel: Einzelvertretungsbefugnis.

Einzelvertretung möglich

Der einzelvertretungsberechtigte Gesellschafter berechtigt oder verpflichtet die GbR bzw. die übrigen Gesellschafter.

Beispiel: Bei einer Freiberufler-GbR ist ein Gesellschafter gesellschaftsvertraglich einzelvertretungsbefugt; er hat dann gemäß § 714 BGB die i.S.d. § 164 I 1 BGB erforderliche Vertretungsmacht, um bspw. rechtswirksam den Kauf einer Maschine mit Wirkung für und gegen alle Gesellschafter tätigen zu können.

Beim Handeln namens der Gesellschaft wird sowohl eine Haftung der Gesamthand mit dem Gesellschaftsvermögen als auch eine Haftung der Gesellschafter persönlich mit ihrem Privatvermögen begründet.

Haftungsbeschränkungen

Die Haftung vertretener Gesellschafter kann durch Abrede mit dem Gläubiger auf das GbR-Vermögen beschränkt werden (sog. Gesamthandsschuld),

Beispiel: Die sog. „GbR mit beschränkter Gesellschafterhaftung", die die Rspr. mittlerweile zuläßt (etwa die „Telekom Invest Partner GbR mbH").

Vereinbarungen von Haftungsbeschränkungen der Gesellschafter untereinander auf das Gesellschaftsvermögen (Gesamthandsvermögen) wirken grundsätzlich nur intern; Dritten gegenüber werden solche Haftungsbeschränkungen nur wirksam, wenn sie ihnen bekannt bzw. für sie erkennbar waren.

Beispiel: Bei der „GbR mit Haftungsbeschränkung" ist bei allen Vertretungshandlungen und auf den Geschäftsbriefen die Beschränkung der Haftung auf das Gesellschaftsvermögen anzugeben. Die Bezeichnung „GbRmbH" oder „GBRMBH" ist aber – wegen Gefahr der Verwechselung mit einer GmbH – nach der Rspr. im Hinblick auf § 3 UWG unzulässig.

16.2.7 Ende der GbR

Auflösungsgründe

Zur Beendigung der GbR bedarf es zunächst eines Auflösungsgrundes. Auflösungsgründe können sein:

– ein Auflösungsbeschluß der Gesellschafter,
– Ablauf der gesellschaftsvertraglich vereinbarten Zeitdauer,
– Erreichen oder Unmöglichwerden des Gesellschaftszweckes (§ 726 BGB),
– ordentliche oder außerordentliche Kündigung durch einen Gesellschafter (§§ 723 f. BGB),

- Tod eines Gesellschafters (§ 727 BGB),
- Insolvenz eines Gesellschafters (§ 728 BGB),
- Kündigung durch einen Privatgläubiger eines Gesellschafters (§ 725 BGB),
- Vereinigung aller Gesellschaftsanteile in einer Hand (z. B. durch Beerbung; es gibt grundsätzlich keine Einmann-GbR, das ist aber strittig).

Aufgrund der Auflösung ist die Abwicklung (Liquidation) erforderlich (vgl. die §§ 730-735 BGB). D. h., schwebende Geschäfte sind abzuwickeln (§ 730 II BGB), überlassene Gegenstände zurückzugeben (§ 732 BGB), Gesellschaftsschulden zu begleichen (§ 733 I BGB), Einlagen zurückzuerstatten (§ 733 II, III BGB), ein Überschuß zu verteilen, Verluste auszugleichen (§§ 734 f. BGB). Nach Abschluß der Liquidation ist die GbR dann vollständig beendet. Die persönliche Haftung der ehemaligen Gesellschafter gegenüber unbefriedigt gebliebenen Gesellschaftsgläubigern bleibt jedoch bestehen. *Liquidation*

Beendigung

16.2.8 Gesellschafterwechsel

Veränderungen des die Grundlage der GbR bildenden Gesellschafterbestandes – Kündigung, Tod, Insolvenz – führen grundsätzlich zur Auflösung der GbR (§§ 723 ff. BGB). Allerdings sind die vertragliche Vereinbarung des Fortbestands der GbR bzw. der Ein- oder Austritt von Gesellschaftern ohne Auseinandersetzung (§§ 730 ff. BGB) zulässig (vgl. § 736 BGB); in der Praxis finden sich häufig die Auflösung vermeidende vertragliche Fortsetzungsklauseln. Scheidet ein Gesellschafter aus der GbR aus, so wächst sein Gesellschaftsanteil den übrigen Gesellschaftern zu (§ 738 I BGB), er erhält einen Abfindungsanspruch (§ 738 I 2 BGB). Für bereits bestehende Gesellschaftsschulden haftet der austretende Gesellschafter weiter. Tritt ein neuer Gesellschafter durch Vertrag mit den bisherigen Gesellschaftern in die GbR ein, so erhält er alle Rechte und Pflichten als Gesellschafter, das Gesellschaftsvermögen wächst ihm unmittelbar anteilig zu (entsprechend § 738 I BGB). Für vor seinem Eintritt begründete GbR-Schulden haftet der neue Gesellschafter nicht, es sei denn, er habe sich gegenüber den Gesellschaftsgläubigern hierzu verpflichtet (sog. Schuldbeitritt, s. o. 8.9). *Auflösung*

Fortbestandsabreden

Ausscheiden

Neueintritt

16.2.9 Prozessualia

Da zur Geschäftsführung und somit zur Vertretung auch die Prozeßführung gehört, hat ein (einzel-)vertretungsberechtigter Gesellschafter auch grundsätzlich Prozeßvollmacht für namens der GbR bzw. Gesamt- *Vollmacht*

Partei händer zu führende Prozesse. Prozeßpartei in Aktiv- und Passivprozessen sind die namentlich aufzuführenden Gesellschafter. Zur Zwangsvollstreckung des Gesellschaftsgläubigers in das GbR-Vermögen ist ein gegen alle Gesellschafter gerichteter Titel erforderlich (§ 736 ZPO), bei der Klage eines Gesellschafters gegen die übrigen bedarf es eines gegen diese gerichteten Vollstreckungstitels.

Vollstreckung

16.2.10 Steuerrechtliche Aspekte

Steuerpflicht Die GbR als Personengesellschaft unterliegt als solche nicht der Einkommensteuer, vielmehr wird die Steuerpflicht beim jeweiligen Gesellschafter angeknüpft, wobei sich die Einkunftsart nach der Betätigung richtet: Gesellschafter einer gewerblichen GbR erzielen Einkünfte aus Gewerbebetrieb (§ 15 I Nr. 2 EStG), Freiberufler solche aus selbständiger Arbeit (§ 18 I Nr. 1 EStG). Die jeweiligen Einkünfte werden einzeln und gesondert festgestellt (§§ 179 f. AO). Als im Sinne des Steuerrechts „halbrechtsfähige" Personengesellschaft ist die GbR Unternehmer i.S.d. Umsatzsteuerrechts (§ 2 UStG) und unterliegt ggf. der Gewerbe-, Grund- bzw. Grunderwerbssteuer.

16.3. Die offene Handelsgesellschaft

Die Erreichung eines gemeinsamen Zweckes im Bündnis mehrerer Personen anzustreben in der Erkenntnis, wonach Gemeinsamkeit stark, jedenfalls stärker mache als alleiniges Handeln, ist wesentliches Motiv gesellschaftsrechtlicher Zusammenschlüsse. Im kaufmännischen Bereich gilt dies in klassischer Weise gerade für die offene Handelsgesellschaft (oHG).

16.3.1 Begriff der oHG

Für die oHG gelten folgende Spezifika:

16.3.1.1 Grundsätzliches

Das Recht der oHG ist in den §§ 105-160 HGB geregelt. § 105 I HGB definiert die oHG folgendermaßen:

Definition „Eine Gesellschaft, deren Zweck auf den Betrieb eines Handelsgewerbes unter gemeinschaftlicher Firma gerichtet ist, ist eine offene Handelsgesellschaft, wenn bei keinem der Gesellschafter die Haftung gegenüber den Gesellschaftsgläubigern beschränkt ist."

Diese Regelung erfaßt damit die hergebrachte Grundform des Zusammenwirkens von Kaufleuten: gemeinsam tätig, einheitlich auftretend, füreinander einstehend, persönlich haftend, unternehmerisch handelnd. Die oHG ist Arbeits- und Haftungsgemeinschaft, die Gesellschafter sind selbstverantwortliche Träger und Leiter eines selbständigen Unternehmens, das auf die tätige und gesellschaftstreue Mitarbeit der Gesellschafter angewiesen ist.

Die oHG ist damit ein Sonderfall der GbR für Kaufleute (s. o. 3.5). Gemäß § 105 III HGB finden, falls die §§ 105 ff. HGB nichts Spezielles vorschreiben, auf die oHG die für die GbR geltenden §§ 705 ff. BGB Anwendung.

Das HRefG hat zum 1. 7. 1998 die oHG auch für Kleinbetriebe und Vermögensverwaltungsgesellschaften geöffnet, § 105 II HGB (n.F.).

16.3.1.2 Charakteristika

Die oHG erfordert einen Gesellschaftsvertrag, zweckgerichtet auf ein kaufmännisches Gewerbe, unter gemeinsamer Firma, bei unbeschränkter Haftung aller Gesellschafter.

Vertrag

Kennzeichen der oHG
– Gesellschaftsvertrag – Betrieb eines Handelsgewerbes – oder Verwaltung eigenen Vermögens – gemeinschaftliche Firma – uneingeschränkte Gesellschafterhaftung

Schaubild 145: Kennzeichen der oHG

- Während die GbR als Innen- oder Außengesellschaft aufzutreten vermag (s. o. 16.2.1.2), ist die oHG, die ein Handelsgewerbe i.S.d. §§ 1-3 HGB betreibt und damit im Rechtsverkehr nach außen auftritt, gleichermaßen Innen- und Außengesellschaft.

  Innen- und Außengesellschaft

- Die oHG ist Personengesellschaft bzw., da sie ein Handelsgewerbe betreibt, Personenhandelsgesellschaft (und nicht etwa den Vereinen bzw. Kapitalhandelsgesellschaften zuzurechnen, s. o. 16.1.3.4). Gemäß § 6 I HGB finden die für die Kaufleute geltenden Vorschriften des Handelsrechts auch auf die oHG Anwendung (s. o. 3.4.2.6).

  Personen-(handels-)gesellschaft

- Nicht eingetragene Kleingewerbetreibende bzw. nicht eingetragene Land- oder Forstwirte können keine oHG bilden, lediglich eine GbR, §§ 105 II, 1 II, 2, 3 II, III HGB n.F. (s. o. 3.4.2). Die oHG ist damit Kaufmann, § 6 I HGB. Ihre Gesellschafter sind ebenfalls Kaufleute.

  Kaufmann

Übergänge	– Eine GbR kann in eine oHG übergehen und umgekehrt: Die GbR wird ohne weiteres zur oHG, wenn das Unternehmen eines bisher nicht eingetragenen Kleingewerbes i.S.d. § 2 HGB nunmehr nach Art und Umfang einen in kaufmännischer Weise eingerichteten Geschäftsbetrieb erfordert, § 1 II HGB, oder wenn eine nicht unter § 1 II HGB fallende oder nur ihr eigenes Vermögen verwaltende GbR die Firma ihres Unternehmens in das Handelsregister eintragen läßt, §§ 105 II, 2 S. 1, 2 HGB (wobei die Eintragung hierbei konstitutiv wirkt). Umgekehrt: sinkt das bisherige Handelsgewerbe unter die Schwelle des Erfordernisses eines in kaufmännischer Weise eingerichteten Geschäftsbetriebs hinab und wird die Firma des Unternehmens auf Antrag der oHG-Gesellschafter im Handelsregister gelöscht, §§ 105 II, 2 S. 3 HGB, so wird die bisherige oHG zur GbR. Ebenso wird die oHG unmittelbar zur Kommanditgesellschaft (KG; s. u. 16.4), wenn die Haftung für einen oder einige Gesellschafter Dritten gegenüber beschränkt wird, wie umgekehrt die KG sich zur oHG wandelt, wenn die Haftungsbeschränkung aufgehoben wird bzw. der Kommanditist ausscheidet. Diese Umwandlungen treten von Rechts wegen unmittelbar ein und ändern die Identität der jeweiligen Gesellschaft nicht. Und: wird eine GmbH nicht ins Handelsregister eingetragen, so liegt ggf. ebenfalls eine oHG vor. Zu beachten ist aber auch § 5 HGB: solange sie im Handelsregister eingetragen ist, bleibt die Gesellschaft nach außen eine oHG (s. o. 3.4.2.5).
Quasi-Körperschaft	– Die oHG ist kein Verein bzw. keine Kapital(handels)gesellschaft: sie ist als Personengesellschaft bzw. Gesamthandsgemeinschaft keine juristische Person. Allerdings ist sie einer juristischen Person stark angenähert (sog. „Quasi-Körperschaft", s. o. 3.3), da sie weitgehend wie ein eigenständiges Rechtssubjekt behandelt wird, § 124 HGB:

- sie kann unter ihrer Firma (§ 19 HGB, s. o. 3.4.5) Rechte erwerben und Verbindlichkeiten eingehen,
- Eigentum und andere dingliche Rechte an Grundstücken erwerben,
- vor Gericht klagen und verklagt werden, ist also parteifähig (vgl. § 50 ZPO),
- in ihr Gesellschaftsvermögen kann mit einem gegen sie gerichteten vollstreckbaren Schuldtitel die Zwangsvollstreckung betrieben werden,
- sie ist insolvenzfähig, § 11 II InsO,
- sie ist deliktsfähig (entsprechend § 31 BGB) und haftet für unerlaubte Handlungen ihrer Gesellschafter.

– Die oHG kann als Kaufmann (§ 6 I HGB) i.S.d. §§ 1 ff. HGB Prokura erteilen, § 48 I HGB (s. o. 7.8.2), unterliegt der kaufmännischen Buchführungspflicht, §§ 238 ff. HGB (s. o. 3.4.7), und unterfällt den Regeln über die Handelsgeschäfte, §§ 343 ff. HGB (s. o. 6.2.6).

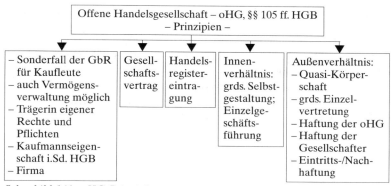

Schaubild 146: oHG-Prinzipien

16.3.2 Gesellschaftsvertrag

Für den Gesellschaftsvertrag gilt folgendes:

16.3.2.1 Vertragsabschluß

Zur Errichtung der oHG ist ein Gesellschaftsvertrag mindestens zweier Partner erforderlich, vgl. § 705 BGB. Dieser ist grundsätzlich formfrei, sollte aber, wenn nicht schon gesetzliche Vorschriften dazu zwingen (etwa § 313 BGB), aus Gründen der Rechtssicherheit und Klarheit schriftlich abgeschlossen werden. Ein Gesellschaftsvertragsabschluß ist auch bei schlüssigem Verhalten möglich, wenn mehrere ein kaufmännisches Handelsgewerbe (§ 1 II HGB) tatsächlich betreiben. Daher sind auch stillschweigend geschlossene oHGen,

Beispiele: von Ehegatten oder nichtehelichen Lebenspartnern,

möglich. Beginnt eine ein nicht eingetragenes Kleingewerbe betreibende GbR ein die Schwelle des § 1 II HGB überschreitendes Handelsgewerbe, so ist kein neuer oHG-Gesellschaftsvertrag erforderlich. Ist der Gesellschaftsvertrag mangelhaft (anfechtbar oder nichtig), so genießt die in Vollzug gesetzte oHG nach den Regeln über die fehlerhafte Gesellschaft grundsätzlich Bestandsschutz und ist nur mit Wirkung für die Zukunft (ex nunc) auflösbar (s. o. 16.1.5.1).

Vertragsprinzipien

16.3.2.2 Vertragspartner

Partner des Gesellschaftsvertrags, also Gesellschafter, kann jede natürliche Person sein. Minderjährige müssen gesetzlich vertreten werden.

Gesellschafter

Bei Eheleuten ist ggf. § 1365 BGB zu beachten. Aber auch juristische Personen (etwa GmbH, AG) können oHG-Gesellschafter sein. Dabei ist ggf. § 19 II HGB hinsichtlich der für die Firma gebotenen Transparenz zu beachten. Ist etwa eine GmbH der alleinvertretende Gesellschafter der oHG, so liegt eine GmbH & Co. oHG vor (vgl. auch § 125 a HGB). Ebenfalls können andere oHGen oder KGen Gesellschafter einer oHG sein. Eine Erbengemeinschaft, ein nicht rechtsfähiger Verein oder eine GbR vermögen dagegen grundsätzlich nicht oHG-Gesellschafter zu werden.

16.3.2.3 Gesellschaftszweck

Die Erreichung bzw. Förderung des gemeinsamen Gesellschaftszweckes (vgl. § 705 BGB) richtet sich bei der oHG gemäß § 105 I, II HGB auf den Betrieb eines Handelsgewerbes oder auf die Verwaltung eigenen Vermögens unter gemeinschaftlicher Firma. Als Handelsgewerbe in diesem Sinne gelten (s. o. 3.4.2):

Handels-
gewerbe

- Gewerbebetriebe, die nach Art oder Umfang einen in kaufmännischer Weise eingerichteten Geschäftsbetrieb erfordern, § 1 II HGB,
- Kleingewerbebetriebe unterhalb der Schwelle des § 1 II HGB, deren Firma in das Handelsregister eingetragen ist, § 2 HGB,
- land- oder forstwirtschaftliche Unternehmen, die einen in kaufmännischer Weise eingerichteten Geschäftsbetrieb erfordern und deren Firma im Handelsregister eingetragen ist, § 3 II HGB,
- mit dem Betrieb der Land- oder Forstwirtschaft verbundene Unternehmen, die nur ein Nebengewerbe des land- oder forstwirtschaftlichen Unternehmens darstellen, einen in kaufmännischer Weise eingerichteten Geschäftsbetrieb erfordern, und im Handelsregister eingetragen sind, § 3 III HGB.

Nicht:
nicht
eingetragene
Kleingewerbe-
treibende;
Freiberufler

Der Betrieb eines nicht eingetragenen Kleingewerbes reicht aber nicht aus, vgl. die §§ 1 II, 2 S. 1 HGB. Die Tätigkeit der freien Berufe,

Beispiele: Anwälte, Notare, Steuerberater, Wirtschaftsprüfer, Ärzte, Architekten, Wissenschaftler, Künstler (vgl. auch § 1 II 1 PartGG),

gilt nicht als (Handels-)Gewerbe (s. o. 3.4.1.3). Freiberufler sind daher grundsätzlich keine Kaufleute und können regelmäßig nur eine GbR bzw. eine Partnerschaft (ggf. auch eine AG oder GmbH), nicht aber eine oHG (oder KG) bilden.

Die Verwaltung eigenen Vermögens reicht grundsätzlich nunmehr aus (vgl. § 105 II HGB n.F.).

Beispiele: Immobilienverwaltungs-, Objekt-, Besitzgesellschaften nach Betriebsaufspaltung, Holdinggesellschaften.

16.3.2.4 Gemeinschaftliche Firma

Das Handelsgewerbe muß unter gemeinschaftlicher Firma betrieben werden. Sie ist der Name, unter dem die oHG im Handel ihre Geschäfte betreibt sowie ihre Unterschrift abgibt (§§ 17 I, 19 HGB n.F.; s. o. 3.4.5) und zugleich der allgemeine Name der oHG. Die Firma der oHG muß die Bezeichnung „offene Handelsgesellschaft" oder eine allgemein verständliche Abkürzung dieser Bezeichnung enthalten, § 19 I Nr. 2 HGB.

Firma

Beispiele: Maier & Schulze oHG; Maier offene Handelsgesellschaft; Schulze oHG; Gebrüder Müssig oHG; Gänseblümchen oHG; Regenbogen-Schuhe oHG (s. o. 3.4.5.3).

Ist kein Gesellschafter eine natürliche Person, so ist dies aufzudecken, § 19 II HGB. Zu Firmenfortführungen vgl. die §§ 21 ff. HGB (s. o. 3.4.5.4).

16.3.2.5 Keine Haftungsbeschränkung

Eine Gesellschaft zum Betrieb eines Handelsgewerbes unter gemeinschaftlicher Firma ist entweder eine oHG, § 105 I, II HGB, oder eine KG, § 161 I HGB. Besteht also keine Beschränkung der Haftung bei einem oder mehreren Gesellschaftern gegenüber den Gesellschaftsgläubigern auf eine bestimmte Vermögenseinlage wie bei der KG, sondern haften alle Gesellschafter unbeschränkt persönlich, so ist die Gesellschaft eine oHG (es sein denn, es läge ein ganz anderer Gesellschaftstypus vor wie etwa eine GmbH).

unbeschränkte Haftung

Die unbeschränkte Haftung der Gesellschafter bezieht sich bei der oHG auf das Verhältnis zu den Gesellschaftsgläubigern, also auf das Außenverhältnis, vgl. § 128 HGB (s. u. 16.3.4). Im Innenverhältnis können die Gesellschafter der oHG durchaus untereinander Haftungsbeschränkungen vereinbaren (die allerdings die Haftungsverpflichtung nach außen unberührt lassen).

16.3.2.6 Handelsregistereintragung und Wirksamkeit

Die oHG ist (wie es auch für andere Kaufleute gilt, § 29 HGB) bei dem Amtsgericht, in dessen Bezirk sie ihren Sitz hat, zur Eintragung in das Handelsregister, §§ 8 ff. HGB (s. o. 3.4.6), anzumelden.

Eintragung

Dabei muß die Anmeldung den Namen, Vornamen, Geburtsdatum und Wohnort jedes Gesellschafters, die Firma der Gesellschaft und den Ort, wo sie ihren Sitz hat, sowie den Zeitpunkt, mit welchem die Gesellschaft begonnen hat, enthalten, § 106 HGB. Es kommt dabei nicht darauf an, ob die oHG vor der Eintragung bereits eine oHG ist (wenn sie nämlich ein Handelsgewerbe i.S.d. § 1 II HGB betreibt, vgl. § 105 I HGB) oder ob sie es erst durch die Eintragung wird (als Kannkaufmann, §§ 2, 3 II, III, 105 II, 6 I HGB).

Wirksamkeit Durch die Eintragung im Handelsregister wird die oHG Dritten gegenüber wirksam, § 123 I HGB. Die ein Handelsgewerbe i.S.d. § 1 II HGB betreibende oHG, die ihre Geschäfte bereits vor der Eintragung beginnt, wird Dritten gegenüber bereits mit dem Zeitpunkt des Geschäftsbeginns wirksam; nicht aber die erst mit Eintragung entstehende oHG i.S.d. §§ 2, 3 II, III, 105 II HGB, die bis zur Eintragung im Außenverhältnis GbR ist, vgl. § 123 II HGB. Wichtig ist das Wirksamwerden der oHG v. a. für die scharfe Haftung der Gesellschafter gemäß § 128 HGB sowie im Hinblick auf § 15 HGB. Die anmeldepflichtigen sämtlichen Gesellschafter, § 108 HGB, müssen auch Änderungen eintragen lassen, § 107 HGB (bspw. die §§ 125 IV, 143, 144, 148, 150, 157, 13-13 c, 25 II, 28 II, 31 I, 32, 53 HGB).

16.3.3 Rechtsverhältnisse der Gesellschafter untereinander (Innenverhältnis)

Die für das Innenverhältnis bei der oHG geltenden Grundsätze lauten:

16.3.3.1 Selbstgestaltung

Dispositives Recht Die Gesellschafter der oHG können im Rahmen der Privatautonomie (s. o. 2.5) die ihre gegenseitigen Rechte und Pflichten bestimmenden Rechtsgrundlagen weitgehend selbst gestalten – im Innenverhältnis gilt grundsätzlich Vertragsfreiheit. Wesentliches Gestaltungsmittel ist demzufolge der Gesellschaftsvertrag (s. o. 16.3.2), vgl. § 109 HGB.

16.3.3.2 Spezifika

Pflichten Besonderes Augenmerk verdienen, ungeachtet möglicher abweichender gesellschaftsvertraglicher Bestimmungen, folgende Aspekte:

- Die Gesellschafter schulden sich – in Ergänzung ihrer Einzelpflichten – Treue.
- Für die Gesellschafter gilt der Grundsatz der Gleichbehandlung. Allerdings müssen sie nicht gleichberechtigt sein (vgl. etwa die §§ 114 I, 115 I, 119 I HGB).
- Die Gesellschafter schulden sich untereinander Sorgfalt lediglich wie diejenige in eigenen Angelegenheiten, §§ 105 III HGB, 708, 277 BGB (s. o. 9.2).

- Die Beitragspflicht der Gesellschafter ergibt sich aus den §§ 105 III HGB, 706 BGB. Ggf. besteht bei verspäteter Zahlung Verzinsungspflicht gemäß § 111 HGB.
- Für die Gesellschafter gilt ein Wettbewerbsverbot. Ein Gesellschafter darf nicht unerlaubt der Gesellschaft Konkurrenz machen noch an einer anderen gleichartigen Handelsgesellschaft teilnehmen; bei Verstößen schuldet er Schadensersatz oder Gewinnherausgabe, §§ 112, 113 HGB.
- Soweit Gesellschafterbeschlüsse zu fassen sind – sei es aufgrund Gesetzes (vgl. etwa die §§ 113 II, 115 II, 116 II, III, 117, 131 Nr. 2, 140, 146 I, 147, 152, 157 II HGB), sei es aufgrund gesellschaftsvertraglicher Abreden –, bedarf es der Zustimmung aller zur Mitwirkung bei der Beschlußfassung berufenen Gesellschafter, § 119 I HGB. Beschlüsse sind also grundsätzlich einstimmig zu fassen. Allerdings kann der Gesellschaftsvertrag auch Mehrheitsbeschlüsse zulassen, wobei es dann grundsätzlich auf die Mehrheit der stimmberechtigten Gesellschafter ankommt, aber auch auf die Mehrheit nach Kapitalanteilen abgestellt werden kann (vgl. § 119 II HGB). *Beschlüsse*
- Zum Geschäftsjahresende haben die geschäftsführenden Gesellschafter die Jahresbilanz aufzustellen, §§ 120, 238 ff. HGB. Vom (etwaigen) Gewinn erhält jeder Gesellschafter vorab 4 %, der Rest wird nach Köpfen verteilt, § 121 I, III HGB. Auch besteht Entnahmerecht in Höhe von 4 % des für das letzte Geschäftsjahr festgestellten Kapitalanteils, § 122 HGB. *Bilanz*
- Für in Gesellschaftsangelegenheiten gemachte Aufwendungen und erlittene Verluste hat der Gesellschafter einen Ersatzanspruch gegen die Gesellschaft, § 110 HGB. Dies stellt eine Sozialrechtsbeziehung bzw. Sozialverpflichtung im Verhältnis Gesellschafter-Gesellschaft dar (vgl. oben 16.2.1.2). Während des Bestehens der oHG kann dieser Aufwendungsersatz von den Mitgesellschaftern nicht verlangt werden, da ansonsten eine grundsätzlich verbotene Nachschußpflicht entstünde, §§ 105 III HGB, 707 BGB. *Aufwendungsersatz*

16.3.3.3 Geschäftsführung

Die sich auf die Verwirklichung der Gesellschaftszwecke durch die Vornahme tatsächlicher und rechtlicher Maßnahmen beziehende Geschäftsführung (s. o. 16.1.4) ist Recht und Pflicht eines jeden Gesellschafters, § 114 I HGB. Dabei gilt das Prinzip der Einzelgeschäftsführung, § 115 I HGB (mit Widerspruchsrecht der anderen geschäftsführenden Gesellschafter). Allerdings kann der Gesellschaftsvertrag Abweichendes re- *Einzelgeschäftsführung* geln, etwa einen oder einige Gesellschafter von der Geschäftsführung ausschließen. Alle Gesellschafter auszuschließen dürfte wegen des Grundsatzes der Selbstorganschaft (keine Drittorganschaft wie etwa bei Kapitalgesellschaften, s. o. 16.1.3.3) unzulässig sein.

Umfang Die Geschäftsführungsbefugnis gestattet gemäß § 116 I HGB alle Handlungen, die der gewöhnliche Betrieb des Handelsgewerbes der oHG mit sich bringt,

Beispiele: Mitarbeit, Organisation, Gespräche, Korrespondenz, Werbung; An- und Verkauf von Waren, übliche Kreditgewährung, Personaleinstellung (diese Fälle sind im Außenverhältnis Vertretungsgeschäfte, stellen aber zugleich Maßnahmen im Innenverhältnis dar).

Für darüber hinausgehende außergewöhnliche Geschäfte ist ein Beschluß aller (auch der nicht geschäftsführenden) Gesellschafter erforderlich, § 116 II HGB,

Beispiele: gefährliche Geschäfte; Baumaßnahmen; Ersteigerung von Grundstücken; Einrichtung von Zweigniederlassungen.

Prokura Die Erteilung (nicht: Widerruf) einer Prokura (§§ 48 ff. HGB; s. o. 7.8.2) bedarf der Zustimmung aller geschäftsführenden Gesellschafter (außer: bei Gefahr im Verzug); die Prokura kann von jedem Gesellschafter widerrufen werden, § 116 III HGB. Der Gesellschaftsvertrag läßt abweichende individuelle Regelungen zu. Nichtgeschäftsführende Gesellschafter haben Kontrollrechte nach § 118 HGB. Bei wichtigem Grund kann auf Antrag der übrigen einem Gesellschafter durch gerichtliche Entscheidung die Befugnis zur Geschäftsführung entzogen werden, § 117 HGB.

16.3.4 Rechtsverhältnisse der Gesellschaft und der Gesellschafter zu Dritten (Außenverhältnis)

Für das Außenverhältnis gelten folgende Grundsätze:

16.3.4.1 oHG als Außengesellschaft

Rechtssubjekt Die oHG ist auf Handeln im Außenverhältnis angelegt. Daher tritt sie Dritten gegenüber unter ihrer Firma auf, als über den Kreis ihrer Mitglieder hinaus anerkannte Einheit. Sie ist zwar keine juristische Person, dieser aber gemäß § 124 HGB stark angenähert. Im Außenverhältnis kommen demnach mit der Wirksamkeit der oHG, § 123 HGB, Rechtsbeziehungen zwischen Dritten und der Gesellschaft zustande.

16.3.4.2 Vertretung

Einzel- Im rechtsgeschäftlichen Verkehr wird die oHG durch ihre Gesellschaf-
vertretung ter vertreten, vgl. § 125 I HGB (Grundsatz der Selbstorganschaft). Zwar

ist die Rechtsnatur dieser organschaftlichen Vertretungsmacht umstritten, dürfte allerdings im Hinblick auf die Annäherung zu juristischen Personen (§124 HGB) mit der Rechtsfigur der gesetzlichen Vertretung geeignet erklärt werden. Grundsätzlich gilt gemäß § 125 I HGB Einzelvertretung, wobei einzelne – nicht alle – Gesellschafter von der Vertretung ausgeschlossen werden können. Auch Gesamtvertretung kann gewählt werden, § 125 II HGB. Die Vertretung kann ebenso an das Zusammenwirken mit einem Prokuristen gekoppelt sein, § 125 III HGB, sog. unechte Gesamtvertretung. Alle Abweichungen vom Grundsatz der Einzelvertretung sind zur Eintragung in das Handelsregister anzumelden, § 125 IV HGB. Die Vertretungsmacht erstreckt sich unbeschränkt auf alle gerichtlichen und außergerichtlichen Geschäfte und Rechtshandlungen einschließlich der Veräußerung und Belastung von Grundstücken sowie der Erteilung und des Widerrufs einer Prokura; Beschränkungen sind Dritten gegenüber regelmäßig unwirksam und grundsätzlich nur auf Filialen möglich, § 126 I-III HGB. Einen etwaigen Mißbrauch der Vertretungsmacht durch einen Gesellschafter erkennende Dritte sind allerdings (trotz § 126 II HGB) grundsätzlich nicht schützenswert. Ggf. kann die Vertretungsmacht aus wichtigem Grund auf Antrag der Mitgesellschafter gerichtlich entzogen werden, § 127 HGB.
Umfang

16.3.4.3 Haftung

Bei der Haftung für Verbindlichkeiten der Gesellschaft (vgl. § 124 I HGB) ist zwischen der Haftung der Gesellschaft und der Haftung der Gesellschafter zu unterscheiden:

– Die oHG selbst haftet mit ihrem Gesellschaftsvermögen, § 124 HGB. Die Verbindlichkeiten können etwa aus zu erfüllenden eingegangenen Verträgen herrühren, aber auch aus Vertragsverletzungen oder unerlaubten Handlungen stammen. Haben geschäftsführungs- oder vertretungsberechtigte Gesellschafter diese begangen, so wird ihr Verhalten gemäß § 31 BGB zugerechnet (d. h. Anspruchsgrundlagen sind insbesondere: pVV i.V.m. § 31 BGB bzw. die §§ 823, 31 BGB). Fehlverhalten von Gehilfen wird der oHG gemäß den §§ 278, 831 BGB zugerechnet (s. o. 7.3.3, 7.3.4, 8.13). *oHG-Haftung*

– Neben der oHG haften gemäß § 128 HGB die Gesellschafter als Gesamtschuldner für die Gesellschaftsverbindlichkeiten persönlich und mit ihrem ganzen Vermögen. Ein Gesellschaftsgläubiger kann sich unmittelbar, ohne zuvor etwa die oHG selbst in Anspruch nehmen zu müssen, sogleich und in voller Höhe an jeden Gesellschafter halten. Entgegenstehende Vereinbarungen der Gesellschafter im Gesellschaftsvertrag sind im Außenverhältnis unwirksam. Einwendungen *Gesellschafterhaftung* des in Anspruch genommenen Gesellschafters gegen diese strenge Haftung sind eng begrenzt, vgl. § 129 HGB.

Beispiel: Der Gesellschafter Bauer erwirbt für die oHG eine Maschine: Kaufpreisschuldnerin ist die oHG, §§ 433 II, 164 I 1 BGB, 124 I, 125 I, 126 I HGB. Der Verkäufer kann daher die oHG, aber auch jeden einzelnen der Gesellschafter, gesamtschuldnerisch (s. o. 8.7) in Anspruch nehmen, §§ 128 HGB, 421 ff. BGB.

Eintrittshaftung
– Nimmt ein bisheriger Einzelkaufmann einen neu eintretenden Gesellschafter unter Bildung einer oHG auf, so haftet für bereits zuvor begründete Verbindlichkeiten die entstandene oHG, § 28 I 1 HGB. Für diese Verbindlichkeit (deren Erfüllung der bisherige Einzelkaufmann weiterhin schuldet) muß der neu eingetretene Gesellschafter dann aufgrund § 128 S. 1 HGB persönlich einstehen (s. o. 3.4.5.6).

– Ein in eine bereits bestehende oHG neu eintretender Gesellschafter haftet für die Altschulden (die schon vor seinem Eintritt begründet waren) ebenfalls, § 130 HGB.

Beispiel: C tritt am 1.9. in die von den Gesellschaftern A und B gegründete „A+B oHG" ein. Für eine bereits am 1.3. begründete Kaufpreisschuld gegenüber dem Lieferanten L haftet gemäß den §§ 433 II BGB, 124 I HGB die oHG; wegen § 128 S. 1 HGB haften sowohl A als auch B, und nach § 130 HGB haftet auch der erst später eingetretene C; L kann sich also an die oHG, A, B, C halten, die gesamtschuldnerisch i.S.d. § 421 BGB haften.

Nachhaftung
– Ansprüche gegen ausscheidende Gesellschafter verjähren in fünf Jahren nach Eintragung des Ausscheidens ins Handelsregister, § 159 HGB.

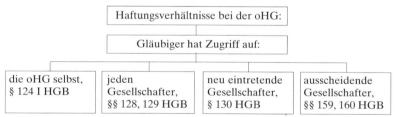

Schaubild 147: *oHG-Haftungsverhältnisse*

16.3.5 Ende der oHG

Auflösung
Die oHG wird gemäß § 131 HGB aufgelöst durch:
– Zeitablauf,
– Gesellschafterbeschluß,
– Eröffnung des Insolvenzverfahrens über das Vermögen der Gesellschaft,
– Kündigung (§§ 132, 135 HGB),
– gerichtliche Entscheidung (§ 133 HGB).

Der Tod eines Gesellschafters, seine Insolvenz, eine Kündigung oder ein Gesellschafterbeschluß führen gemäß § 131 II n.f. HGB mangels anderweitiger gesellschaftsvertraglicher Bestimmungen zum Ausscheiden des Gesellschafters (während die oHG grundsätzlich bestehen bleibt). § 133 HGB läßt auch ggf. eine Auflösungsklage eines Gesellschafters aus wichtigem Grund zu.

Die Auflösung der oHG ist von sämtlichen Gesellschaftern zur Eintragung in das Handelsregister anzumelden, § 143 I HGB, wenn sie nicht infolge Insolvenzverfahrenseröffnung kraft Gesetzes eintritt (vgl. die §§ 144 HGB, 118 InsO). Die Auflösung zieht die Liquidation nach sich, §§ 146 ff. HGB. Eine Liquidationsanfangs- und -schlußbilanz ist aufzustellen, die Geschäfte sind von den zu bestellenden Liquidatoren abzuwickeln, die Firma erhält den Zusatz „in Liquidation" („i.L."), § 153 HGB, etwaiges Restvermögen wird an die Gesellschafter verteilt. Nach Beendigung der Liquidation ist das Erlöschen der Firma zur Eintragung in das Handelsregister anzumelden, § 157 HGB. Die persönliche Haftung der Gesellschafter für etwaig noch nicht regulierte Verbindlichkeiten bleibt bestehen (§§ 128, 159 HGB).

Liquidation

16.3.6 Gesellschafterwechsel

Wechsel von Gesellschaftern – Eintritt/Austritt – sind, falls der Gesellschaftsvertrag es vorsieht, durchaus zulässig. Dies gilt auch für die Fälle von Kündigung, Tod oder Gesellschafterinsolvenz, vgl. § 138 HGB. U. U. kann ein untragbar gewordener Gesellschafter als letztes Mittel auch antragsgemäß gerichtlich ausgeschlossen werden, § 140 HGB.

vertraglich zulässig

16.3.7 Prozessualia

Beim Aktivprozeß ist (nur) die oHG Klägerin (§ 124 HGB), die Klage wird in ihrem Namen – d. h. unter der Firma – erhoben. Ebenso kann die oHG verklagt werden. Bei Passivprozessen werden in der Praxis die oHG und die einzelnen Gesellschafter gemeinsam (als Gesamtschuldner) verklagt als (wohl nicht notwendige, vgl. § 62 ZPO) Streitgenossen. Vertretungsberechtigte Gesellschafter sind nicht als Zeugen, sondern als Partei (§ 445 ZPO) zu hören. Zur Vollstreckung in das Gesellschaftsvermögen ist ein Titel gegen die oHG erforderlich, § 124 II HGB, zur Vollstreckung in das Vermögen eines Gesellschafters bedarf es eines gegen ihn gerichteten Titels (vgl. § 129 IV HGB).

oHG Partei

oHG und Gesellschafter verklagbar

Vollstreckung

16.3.8 Steuerrechtliches

Steuerpflichten — Die oHG ist nicht einkommensteuerpflichtig, vielmehr sind dies die einzelnen Gesellschafter. Der Gewinn wird bei der oHG einheitlich und gesondert festgestellt, §§ 179, 180 AO. Die Gesellschafter beziehen bei einer gewerblichen oHG Einkünfte aus Gewerbebetrieb gemäß § 15 I Nr. 2 EStG. Eine gewerbliche oHG ist gewerbesteuerpflichtig. Auch unterliegt die oHG als Unternehmerin i.S.d. § 2 UStG der Umsatzsteuer.

16.4 Die Kommanditgesellschaft

Die KG ist die zweite im HGB kodifizierte Handelsgesellschaft (§§ 161-177 a HGB).

16.4.1 Begriff der KG

Für die KG gilt:

16.4.1.1 Grundsätzliches

Definition — „Eine Gesellschaft, deren Zweck auf den Betrieb eines Handelsgewerbes unter gemeinschaftlicher Firma gerichtet ist, ist eine Kommanditgesellschaft, wenn bei einem oder bei einigen von den Gesellschaftern die Haftung gegenüber den Gesellschaftsgläubigern auf den Betrag einer bestimmten Vermögenseinlage beschränkt ist (Kommanditisten), während bei dem anderen Teile der Gesellschafter eine Beschränkung der Haftung nicht stattfindet (persönlich haftende Gesellschafter)", § 161 I HGB.

Bei den Gesellschaftern der KG werden also zwei Arten unterschieden – je nachdem, inwieweit sie unbeschränkt oder aber beschränkt haften. Häufige Anwendungsbereiche sind etwa Familien-Kommanditgesellschaften,

Beispiel: Ein Elternteil als persönlich haftender Gesellschafter, weitere Familienmitglieder als Kommanditisten,

oder aber Publikumsgesellschaften (bei denen sich kapitalstarke Anleger nicht zuletzt aus steuerrechtlichen Aspekten beteiligen, s. u.). Die KG ist eine Spielart der oHG; sofern die §§ 161 ff. HGB nicht Spezielles vorsehen, finden auf die KG die für die oHG geltenden Vorschriften Anwendung, § 161 II HGB (und ggf. wegen § 105 III HGB die §§ 705 ff. BGB).

Das HRefG hat zum 1.7.1998 die KG auch für Kleinbetriebe sowie für Vermögensverwaltungsgesellschaften geöffnet, §§ 161 II, 105 II HGB (n.F.).

16.4.1.2 Charakteristika

- Die KG setzt einen Gesellschaftsvertrag, gerichtet auf den Betrieb eines kaufmännischen Handelsgewerbes unter gemeinschaftlicher Firma, voraus; Vertragspartner müssen mindestens ein persönlich unbeschränkt haftender Gesellschafter (Komplementär, phG) sowie mindestens ein beschränkt haftender Gesellschafter (Kommanditist) sein. *Vertrag*

```
                    Kennzeichen der KG
    ─ Gesellschaftsvertrag
    ─ Betrieb eines Handelsgewerbes
    ─ oder Verwaltung eigenen Vermögens
    ─ gemeinschaftliche Firma
    ─ persönlich unbeschränkt sowie auf Vermögenseinlage beschränkt
      haftende Gesellschafter
```

Schaubild 148: Kennzeichen der KG

- Die KG ist eine Personengesellschaft und, da bzw. wenn sie ein Handelsgewerbe i.S.d. §§ 1-3 HGB betreibt, Personenhandelsgesellschaft (s. o. 16.1.3.4). Sie tritt im Rechtsverkehr nach außen auf und ist somit sowohl Innen- als auch Außengesellschaft (vgl. oben 16.2.1.2). Die für die Kaufleute geltenden Vorschriften des Handelsrechtes finden auf die KG gemäß § 6 I HGB ebenfalls Anwendung. Nichteingetragene Kleingewerbetreibende bzw. nicht eingetragene Land- oder Forstwirte können eine KG nicht gründen, §§ 1 II, 2, 3 HGB (s. o. 3.4.2.2). *Personen-(handels)-gesellschaft* *Kaufmann*

- Ein Komplementär kann nicht gleichzeitig Kommanditist sein und umgekehrt. Komplementär kann auch eine juristische Person sein (etwa eine GmbH), vgl. die GmbH & Co. KG (s. u. 16.4.9.1), aber auch eine andere oHG oder eine andere KG. Mit Aufnahme des Geschäftsbetriebes werden die Komplementäre Kaufleute. Demgegenüber ist der Kommanditist als solcher grundsätzlich Nichtkaufmann, denn auf ihn trifft § 1 HGB nicht zu, da er kein Handelsgewerbe betreibt. Während eine GbR nicht Kommanditist sein kann, können eine oHG oder eine andere KG durchaus Kommanditisten sein. *Gesellschafter*

- Die KG wird automatisch zur GbR, wenn sie ihr Handelsgewerbe aufgibt oder nur noch als nicht eingetragenes Kleingewerbe (mit gelöschter Firma, vgl. § 2 S. 3 HGB) betreibt; zur oHG wird die KG, wenn der (etwa einzige) Kommanditist ausscheidet oder seine Haftungsbeschränkung vertraglich aufgehoben wird; und eine oHG wird zur KG, wenn für einen (persönlich haftenden) Gesellschafter eine Haftungsbeschränkung vereinbart und im Handelsregister eingetra- *Übergänge*

383

gen oder aber ein beschränkt haftender neuer Gesellschafter aufgenommen wird. Bleibt nach dem Ausscheiden des/der Kommanditisten nur noch ein Komplementär übrig, so wandelt sich die KG in ein einzelkaufmännisches Unternehmen um (grundsätzlich wird die Gesellschaft bei Tod mit den Erben fortgesetzt, § 177 HGB n.F.). Zur Firma vgl. dann § 22 HGB. Solange sie im Handelsregister eingetragen ist, gilt die KG nach außen als solche, § 5 HGB (s. o. 3.4.2.4).

Quasi-Körperschaft
— Die KG ist weder Verein noch Kapital-(handels)gesellschaft und als Personen-(handels)gesellschaft auch keine juristische Person. Sie wird allerdings (als „Quasi-Körperschaft", wie die oHG) weitgehend als eigenständiges Rechtssubjekt behandelt, §§ 161 II, 124 HGB: Sie kann unter ihrer Firma Rechte erwerben, Verbindlichkeiten eingehen, klagen und verklagt werden (vgl. § 50 ZPO), sie ist insolvenzfähig (§ 11 II Nr. 1 InsO) und (entsprechend § 31 BGB) deliktsfähig.

Handelsrecht
— Als Kaufmann i.S.d. §§ 6 I, 1 ff. HGB kann die KG Prokura erteilen (auch an einen Kommanditisten), § 48 I HGB, sie unterliegt den kaufmännischen Buchführungspflichten, §§ 238 ff. HGB, und auch den Vorschriften über die Handelsgeschäfte, §§ 343 ff. HGB.

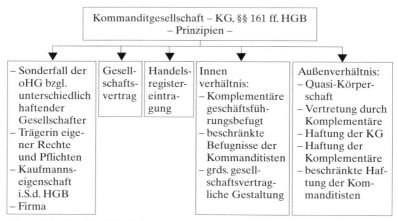

Schaubild 149: KG-Prinzipien

16.4.2 Gesellschaftsvertrag

Den Gesellschaftsvertrag charakterisieren folgende Aspekte:

16.4.2.1 Vertragsschluß

Zur Errichtung der KG bedarf es eines Gesellschaftsvertrages mindestens zweier Parteien (davon der eine persönlich haftender und der andere beschränkt haftender Gesellschafter), §§ 161 II, 105 III HGB, 705 BGB. Schriftform ist grundsätzlich (anders etwa bei Grundstückseinbringung, § 313 BGB) nicht erforderlich, wohl aber zweckmäßig.

Vertrags-
prinzipien

Die §§ 164-169 HGB, die das Gesellschafterverhältnis untereinander grundsätzlich regeln, können im Gesellschaftsvertrag abbedungen werden (§ 163 HGB). Mängel des Gesellschaftsvertrages führen grundsätzlich nicht zur Nichtigkeit, vielmehr gelten auch für die KG die Grundsätze über die fehlerhaften Gesellschaften (auch bezüglich des etwaigen fehlerhaften Beitritts zu einer KG; s. o. 16.1.5.1).

16.4.2.2 Vertragspartner

Kommanditist oder Komplementär kann jede natürliche Person sein; Minderjährige bedürfen gesetzlicher Vertretung. Für Eheleute gilt ggf. § 1365 BGB. Juristische Personen, aber auch eine oHG oder eine andere KG, können Komplementäre oder Kommanditisten sein. Eine GbR, eine eheliche Gütergemeinschaft, eine Erbengemeinschaft oder ein nicht rechtsfähiger Verein können Gesellschafter grundsätzlich nicht sein.

Beteiligte

16.4.2.3 Gesellschaftszweck

Der Zweck der KG muß auf den Betrieb eines Handelsgewerbes (vgl. die §§ 1 II, 2, 3 HGB) unter gemeinschaftlicher Firma gerichtet sein. Ein nichteingetragenes Kleingewerbe i.S.d. § 2 S. 1 HGB reicht nicht. Angehörige freier Berufe, die keine Gewerbeeigenschaft besitzen, können sich in einer KG nicht zusammenschließen (aber etwa eine GbR oder Partnerschaft bilden).

Zweck

Kleinbetriebe i.S.d. § 2 S. 1 HGB können aufgrund der §§ 161 II, 105 II HGB n.F. ebenso wie Vermögensverwaltungsgesellschaften durch Eintragung ihrer Firma im Handelsregister (die konstitutiv wirkt) ebenfalls als KG auftreten. Dies ist gerade für Vermögensverwaltungsgesellschaften (Immobilienverwaltungs-, Besitzgesellschaften nach Betriebsaufspaltung) aus haftungs- und steuerrechtlichen Aspekten sowie im Hinblick auf die mit den §§ 161 II, 124 HGB verbundene Rechts- bzw. Verkehrsfähigkeit interessant.

16.4.2.4 Firma

Firmen-
grundsätze

Die Firma (s. o. 3.4.5) der KG hat die Bezeichnung „Kommanditgesellschaft" oder eine allgemeine verbindliche Abkürzung dieser Bezeichnung zu enthalten, § 19 I Nr. 3 HGB. Firmenzusätze dürfen nicht irreführen (§§ 19 II, 18 II HGB). Möglich wäre also etwa:

Beispiele: „Meier KG"; „Meier, Müller Kommanditgesellschaft"; „Schuster und Partner KG"; „Gänseblümchen KG".

Ggf. ist § 24 II HGB zu beachten. Wenn kein persönlich haftender Gesellschafter eine natürliche Person ist, dann muß die Firma eine die Haftungsbeschränkung aufzeigende Bezeichnung enthalten, vgl. § 19 II HGB (bedeutsam etwa bei der GmbH & Co. KG). Ist eine oHG Komplementärin, so hat die Firma der KG die volle Firma der oHG aufzuweisen.

Beispiele: Schneider GmbH & Co. KG; Meier Metallbau oHG & Co. KG.

16.4.3 Haftungsverhältnisse gegenüber Gesellschaftsgläubigern

Bei der Frage nach der jeweiligen Haftung sind die Besonderheiten der Gesellschafterstruktur der KG zu beachten.

16.4.3.1 KG

KG-Haftung

Für ihre eigenen Verbindlichkeiten haftet die KG selbst mit ihrem Gesellschaftsvermögen, §§ 161 II, 124 HGB – insoweit ergeben sich gegenüber der oHG im Außenverhältnis keine Besonderheiten (vgl. oben 16.3.4.3). Dies gilt sowohl für gesetzliche als auch vertragliche Schuldverhältnisse.

Beispiel: Der Mitarbeiter M der X-KG schädigt aus Unachtsamkeit einen Kunden: dafür muß die X-KG sowohl vertragsrechtlich nach den Grundsätzen der pVV (i.V.m. § 278 BGB; s. o. 7.3.3) als auch ggf. deliktsrechtlich nach § 831 BGB (s. o. 12.5.) einstehen, §§ 161 I, II, 124 I HGB. (Der M haftet ggf. aus § 823 I BGB dem Kunden).

Verschulden der Gesellschafter – auch der Kommanditisten , wenn sie im Gesellschaftsvertrag Vertretungsmacht eingeräumt bekamen (s. u. 16.4.6.2) – wird unter den Voraussetzungen des § 31 BGB zugerechnet. Einstandspflicht für Gehilfen ergibt sich ggf. gemäß den §§ 278, 831 BGB (s. o. 7.3.3, 7.3.4, 8.13, 12.5).

16.4.3.2 Komplementäre

Die Haftung der Komplementäre entspricht derjenigen der persönlich haftenden Gesellschafter bei einer oHG, vgl. die §§ 161 II, 128 HGB. Neben der KG haften die Komplementäre also persönlich unbeschränkt als Gesamtschuldner im Außenverhältnis. Etwaige intern vereinbarte Haftungseinschränkungen ändern hieran nichts.

Komplementärhaftung

Beispiel: Der Komplementär K der A-KG bürgt in deren Namen gegenüber der B-Bank für eine Darlehensschuld des Mitarbeiters M; bei Abschluß des Bürgschaftsvertrages vertritt er die KG rechtsgeschäftlich, vgl. die §§ 765 I, 766 S. 1 BGB, 350 HGB, 164 I 1 BGB, 161 II, 125 I, 126 I HGB. Zahlt der M den Kredit nicht ordnungsgemäß zurück, so kann die B nicht nur sogleich Zahlung von der KG verlangen, §§ 765 I, 607 I, 771 BGB, 6 I, 349 S. 1, 343, 161 I, II, 124 I HGB, sondern auch unmittelbar den K (oder einen anderen Komplementär) als Gesamtschuldner in Anspruch nehmen, § 128 S. 1 HGB (§ 421 BGB). (S. o. 10.7.2).

16.4.3.3 Kommanditisten

– Die eingeschränkte Haftung der Kommanditisten bildet den Kern des Rechts der KG; hier liegt der wesentliche Unterschied etwa im Vergleich zur oHG.

Kommanditistenhaftung

Gemäß § 171 HGB haftet der Kommanditist den Gesellschaftsgläubigern nur bis zur Höhe seiner Einlage unmittelbar; soweit die Einlage geleistet ist, ist seine Haftung ausgeschlossen. Lediglich unter den Voraussetzungen des § 176 HGB haftet der Kommanditist uneingeschränkt, d. h. dann, wenn mit seiner Zustimmung der Geschäftsbeginn bereits vor Eintragung ins Handelsregister aufgenommen wurde oder aber er in eine bestehende Gesellschaft eintritt für die Zeit zwischen seinem Eintritt und der Eintragung im Handelsregister (s. u.).

– Beim Begriff der vom Kommanditisten geschuldeten Einlage ist auf folgendes zu achten:

Soweit der Kommanditist seinen Mitgesellschaftern die Zuwendung eines Vermögensgegenstandes als Einlage verspricht, nennt man dies Pflichteinlage – dieser Begriff bezieht sich auf das Innenverhältnis, d. h. auf das Verhältnis der Gesellschafter untereinander bzw. ihr Verhältnis zur Gesellschaft (Sozial- bzw. Individualrechtsbeziehungen, vgl. 16.2.1.2). Hierbei geht es also um die interne Leistungspflicht, wie sie etwa in § 167 bzw. § 169 HGB gemeint ist. Die Pflichteinlage kann in unterschiedlichen Werten bestehen,

Pflichteinlage

Beispiele: Geld, Forderungen, Sachen oder Dienstleistungen.

Im Unterschied dazu ist demgegenüber abzugrenzen die sog. Hafteinlage bzw. Haftsumme, also derjenige Geldbetrag, den der Kommandi-

Hafteinlage

tist mittels des Handelsregistereintrags als Höchstbetrag seiner Haftung nach außen, Dritten gegenüber, bezeichnet hat. Sie begrenzt den Umfang der Haftung des Kommanditisten im Außenverhältnis (vgl. die §§ 161, 162, 171, 172, 174, 175 HGB).

Die Hafteinlage besteht in einer ganz bestimmten Geldsumme; diese ist beim Handelsregister anzumelden, wird aber nicht bekanntgemacht (vgl. § 162 HGB). Die Hafteinlage kann von der Pflichteinlage abweichen, vgl. § 172 III HGB. Wird die Hafteinlage statt in Geld mittels eines anderen Wertes, etwa eines Sachwertes, erbracht, so ist im Außenverhältnis der objektive Wert bzw. Verkehrswert (bei Sachwerten oder Dienstleistungen) entscheidend.

Haftungs-beschränkung

Solange der Kommanditist seine Hafteinlage noch nicht geleistet hat, haftet er Gesellschaftsgläubigern gegenüber persönlich und unmittelbar bis zur Höhe seiner Hafteinlage (neben der KG und neben den Komplementären). Sobald der Kommanditist dagegen seine Hafteinlage voll ins Gesellschaftsvermögen geleistet hat, haftet einem Gesellschaftsgläubiger gegenüber auch nur das Gesellschaftsvermögen der KG (oder ein Komplementär, § 128 HGB), eine unmittelbare, persönliche Haftung des Kommanditisten ist dagegen dann ausgeschlossen.

Wer in eine bestehende Handelsgesellschaft als Kommanditist eintritt, der haftet für vor seinem Eintritt begründete Gesellschaftsverbindlichkeiten ebenfalls, vgl. § 173 HGB, bis zur Höhe der Hafteinlage.

Eintragung wichtig

Gefährlich ist die Zeit zwischen Geschäftsbeginn bzw. Eintritt und Registereintragung: Im Falle des Beginnens der Geschäfte der Gesellschaft bzw. des Eintritts in eine bereits bestehende Handelsgesellschaft wird die Haftungsbeschränkung auf die Kommanditeinlage (Hafteinlage) für den Kommanditisten erst dann wirksam, wenn die Gesellschaft bzw. sein Eintritt im Handelsregister eingetragen worden ist, § 176 HGB – hierin liegt ein vom Gesetz durchaus gewünschter Druck auf den Kommanditisten, für zügige Eintragung der Gesellschaft bzw. seiner Kommanditistenstellung zu sorgen.

Wie beim Komplementär dauert auch beim Kommanditisten die persönliche Haftung nach Ausscheiden aus der KG fort; es gilt die Verjährungsfrist des § 159 HGB. Wird über das Vermögen der KG das Insolvenzverfahren eröffnet (s. u. 21.2), so kann die unmittelbare Haftung des Kommanditisten nur noch der Insolvenzverwalter geltend machen (§ 93 InsO), d. h. die Pflichteinlage des Kommanditisten zur Insolvenzmasse einziehen, falls sie noch nicht geleistet worden, zur Befriedigung der Gesellschaftsgläubiger aber erforderlich ist (§ 171 II HGB; sog. Hafteinlageschuld).

Die nach dem KG-Recht auf die Hafteinlage beschränkte Haftung des Kommanditisten läßt aber anderweitige Ansprüche gegen ihn unberührt, etwa aus Verschulden bei Vertragsschluß, Rechtsschein, Bürgschaft oder Schuldbeitritt.

anderweitige Haftpflichten

Beispiel: Der Kommanditist verbürgt sich persönlich für eine Verbindlichkeit der KG gegenüber einem Gesellschaftsgläubiger, § 765 BGB (s. o. 10.7; s. a. 16.4.6.2 a.E.).

16.4.4 Eintragung

Die KG ist zum Handelsregister anzumelden. Dazu sind neben den in § 106 II HGB die oHG betreffenden Angaben (s. o. 16.3.2.6) die Bezeichnung der Kommanditisten und der Betrag der Einlage eines jeden von ihnen anzumelden. Spätere Erhöhungen oder Herabsetzungen der Hafteinlage müssen von allen Gesellschaftern zur Eintragung angemeldet werden (vgl. die §§ 162, 175 HGB). Bei der Bekanntmachung der Eintragung wird aber nur die Zahl der Kommanditisten angegeben, ihr Name, ihr Geburtsdatum und Wohnort sowie der Betrag ihrer Einlagen werden nicht bekanntgemacht. Anzumelden ist auch die Umwandlung einer Gesellschafterstellung als Gesellschafter einer oHG bzw. Komplementär einer KG in eine Kommanditbeteiligung und umgekehrt; eine Umwandlung einer KG in eine oHG oder einer oHG in eine KG ist ggf. ebenfalls anzumelden bzw. bekanntzumachen.

Handelsregister

16.4.5 Rechtsstellung der Gesellschafter untereinander (Innenverhältnis)

Bezüglich des Innenverhältnisses ergibt sich:

16.4.5.1 Komplementäre

Die Rechtsstellung der Gesellschafter der KG untereinander wird maßgeblich durch den Gesellschaftsvertrag bestimmt, vgl. § 163 HGB. Subsidiär gelten mangels vorrangiger gesellschaftsvertraglicher Regelungen die §§ 164-169 HGB. Bezüglich der Komplementäre ist dies unproblematisch; sie werden als persönlich haftende Gesellschafter der KG behandelt wie solche der oHG (s. o. 16.3.3). D. h., die Geschäftsführung und Vertretung (dazu 16.1.4) der KG liegt bei den Komplementären. Auch werden sie vom Wettbewerbsverbot der §§ 112, 113 HGB erfaßt (vgl. § 165 HGB). Maßnahmen der Komplementäre dürfen Kommanditisten nur widersprechen, wenn sie über den gewöhnlichen Betrieb des Handelsgewerbes hinausgehen, § 164 HGB. Durch Gesellschaftsvertrag

persönlich haftende Gesellschafter

kann allerdings eine weitreichende Bindung des Komplementärs an etwaige Zustimmungen des Kommanditisten vereinbart werden, was die Rechtsstellung des Komplementärs im Einzelfall sehr schmälern kann.

16.4.5.2 Kommanditisten

beschränkt haftende Gesellschafter

Der Kommanditist ist nicht geschäftsführungsbefugt (§ 164 HGB). Bei gewöhnlichen Geschäften steht ihm ein Widerspruchsrecht nicht zu; ungewöhnlichen Geschäften muß der Kommanditist jedoch zustimmen (entspr. § 116 II HGB). Einem Wettbewerbsverbot unterliegt der Kommanditist nicht (§ 165 HGB). Allerdings gilt auch für ihn der allgemeine Grundsatz der Treuepflicht, die gesellschaftsschädliches Verhalten verbietet.

Gewinnanteil

Dem Kommanditisten stehen Kontrollrechte zu, insbesondere im Hinblick auf Einsicht und Prüfung der jährlichen Bilanz, vgl. § 166 HGB. Vom Gewinn steht dem Kommanditisten, wie auch dem Komplementär, 4 % seines Kapitalanteiles zu. Anstelle des für Komplementäre geltenden § 122 HGB regelt § 169 HGB, daß der Kommanditist kein Entnahmerecht in Höhe von 4 % seines Kapitalanteils hat, vielmehr nur Anspruch auf den Gewinn hat, der seine Pflichteinlage übersteigt (vgl. § 168 HGB). Gesellschaftsvertraglich kann allerdings anderes vereinbart werden; Auszahlungen an den Kommanditisten können ggf. dessen persönliche Haftung begründen, vgl. § 172 IV HGB.

Vertragsgestaltung

Die Rechtsstellung des Kommanditisten kann durch den Gesellschaftsvertrag erheblich verstärkt werden; so vermag ihm etwa Geschäftsführungsbefugnis eingeräumt zu werden (die im Außenverhältnis durch Vertretungsmacht, etwa Prokura oder Handlungsvollmacht, ergänzt werden kann, s. u.). Auch kann seine Zustimmung zur Vornahme von Geschäften als erforderlich vereinbart werden. Das kann sogar dazu führen, daß die Geschäftsleitung mehr oder minder dem Kommanditisten zusteht, bzw. der Komplementär dessen Anordnungen unterworfen wird.

16.4.6 Rechtsverhältnisse der Gesellschafter und der Gesellschaft zu Dritten (Außenverhältnis)

Für das Außenverhältnis ist zu beachten:

16.4.6.1 Außengesellschaft

Rechtssubjekt

Die KG tritt Dritten gegenüber unter ihrer Firma auf; gemäß § 124 HGB ist sie anerkanntes Rechtssubjekt („Quasi-Körperschaft", s. o.

3.3). Sie ist daher als Außengesellschaft in der Lage, rechtswirksame Beziehungen Dritten gegenüber einzugehen.

Beispiele: Die KG kann Käuferin, Mieterin, Arbeitgeberin, Bürgin etc. sein.

16.4.6.2 Vertretung

Vertreten wird die KG nicht durch die Kommanditisten, § 170 HGB, sondern nur durch die Komplementäre, §§ 161 II, 125-127 HGB (vgl. 16.3.4.2). Eine „gemischte Gesamtvertretung", d. h. die Bindung der Komplementäre an die Mitwirkung des/der Kommanditisten, ist grundsätzlich zulässig, dürfte aber dann unzulässig sein, wenn alle persönlich haftenden Gesellschafter bzw. der einzige vertretungsberechtigte Gesellschafter durch die Notwendigkeit der Mitwirkung eines Kommanditisten (oder auch Prokuristen) beschränkt werden (strittig). Ungeachtet dessen, daß die Vertretungsmacht des Kommanditisten gesetzlich ausgeschlossen ist (§ 170 HGB), kann sich aber eine Vertretungsmacht aus einer eigenständigen Bevollmächtigung ergeben, etwa Spezialvollmacht, Handlungsvollmacht, Prokura (s. o. 7.8). Wird einem Kommanditisten durch Gesellschaftsvertrag (nicht aber Dienst- oder sonstigen Vertrag) Prokura (s. o. 7.8.2) erteilt, so darf sie im Außenverhältnis zwar grundsätzlich jederzeit (§ 52 I HGB) widerrufen werden, aber nur aus wichtigem Grund (entsprechend den §§ 117, 127 HGB).

Vertretungsverhältnisse

Vertretungsmacht

Räumt der Gesellschaftsvertrag dem Kommanditisten derartige Vertretungsmacht ein, so gilt er als „verfassungsmäßig berufener Vertreter" i.S.d. § 31 BGB (d. h., die KG haftet für etwaige unerlaubte Handlungen unmittelbar, § 831 BGB mit seiner Exculpationsmöglichkeit gilt nicht, s. o. 16.4.3.1).

Der Kommanditist wird als solcher nicht zum Kaufmann i.S.d. HGB (strittig; wichtig ist dies etwa im Hinblick auf § 350 HGB).

16.4.6.3 Haftung

Wie bereits oben (16.4.3) dargelegt, haftet im Außenverhältnis Gesellschaftsgläubigern gegenüber zunächst einmal die KG mit ihrem Gesellschaftsvermögen, §§ 161 II, 124 HGB; daneben haften die Komplementäre als Gesamtschuldner persönlich, mit ihrem ganzen Vermögen, §§ 161 II, 128 HGB; Kommanditisten haften nur mit ihrer Haftsumme. Im Rahmen dieser Haftungsverpflichtungen steht es Gesellschaftsgläubigern frei, an wen sie sich halten wollen.

Haftungsverhältnisse

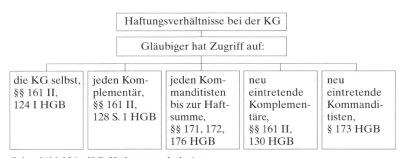

Schaubild 150: KG-Haftungsverhältnisse

16.4.7 Ende der KG

Beendigung

Die Beendigung der KG ist grundsätzlich wie bei der oHG geregelt, vgl. die §§ 161 II, 131 HGB (s. o. 16.3.5). Der Tod des Kommanditisten hat die Auflösung der Gesellschaft i.d.R. nicht zur Folge, § 177 HGB. Der Gesellschaftsanteil des Kommanditisten fällt dann seinen Erben zu. Stirbt der einzige Komplementär oder scheidet er ansonsten aus der KG aus, so führt dies zur Auflösung der KG, da diese ohne einen Komplementär nicht bestehen kann.

16.4.8 Steuerrechtliche Aspekte

Steuerliches

Grundsätzlich wird die KG steuerrechtlich wie die oHG (s. o. 16.3.8) behandelt. Die KG als solche ist nicht einkommensteuerpflichtig, vielmehr wird an die Gesellschafter angeknüpft. Komplementäre beziehen Einkünfte aus Gewerbebetrieb i.S.d. § 15 I Nr. 2 EStG; dies gilt auch für Kommanditisten, die dann als Mitunternehmer behandelt werden, wenn sie gewisse Unternehmerinitiative bzw. Unternehmerrisiko tragen. Die KG ist gewerbesteuerpflichtig und gilt als Unternehmerin i.S.d. § 2 UStG, ist also umsatzsteuerpflichtig.

16.4.9 Sonderformen

Als praxisrelevante Spezialerscheinungen der KG sind im wesentlichen die GmbH & Co. KG, die PublikumsKG sowie die KGaA zu nennen:

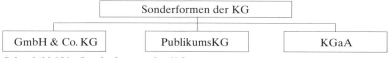

Schaubild 151: Sonderformen der KG

16.4.9.1 GmbH & Co. KG

Bei der GmbH & Co. KG, der wichtigsten Form der Fortentwicklung (Mischform, s. o. 16.1.3.3) der KG, ist persönlich haftende Gesellschafterin eine GmbH; meistens ist die GmbH der einzige Komplementär, in Ausnahmefällen gibt es daneben noch andere persönlich haftende Gesellschafter.

GmbH & Co. KG

Besonders in mittelständischen Unternehmen ist die GmbH & Co. KG recht beliebt. Wesentliche Motive für die Entwicklung dieser Gesellschaftsform waren bzw. sind Aspekte der Haftungsbeschränkung, Steuerersparnis, Nachfolgeregelung bzw. Kapitalbeschaffung. Zwar haben die steuerrechtlichen Anreize durch mittlerweile erfolgte Gesetzesänderungen verloren. Das Ersetzen einer natürlichen Person als Komplementär durch die GmbH als juristische Person bietet aber den großen Vorteil, eine Haftung mit dem Privatvermögen weitgehend zu vermeiden. Insbesondere Familienkommanditgesellschaften können durch die GmbH & Co. KG ungewollte starke Stellungen von Komplementären verhindern und sich der Dienste des GmbH-Geschäftsführers demgegenüber bedienen. Bestehenden GmbH können über Kommanditeinlagen neues Kapital zugeführt werden. Die GmbH & Co. KG ist mittlerweile rechtlich durchaus anerkannt. Ihre Firma muß eine Bezeichnung enthalten, die die Haftungsbeschränkung kennzeichnet, vgl. § 19 II HGB (s. o. 16.4.2.4).

Motive

Der Geschäftsführer der GmbH & Co. KG hat eine doppelte Stellung: Zum einen ist er GmbH-Geschäftsführer i.S.d. §§ 6, 35 ff. GmbHG, zum anderen führt er für die KG als Repräsentant der GmbH die Geschäfte der KG i.S.d. §§ 161 II, 114 ff. HGB. In der Regel ist der Geschäftsführer nur Angestellter der GmbH und steht zur GmbH & Co. KG nicht in einem unmittelbaren Vertragsverhältnis. Vertreten wird die GmbH & Co. KG nach außen ebenso durch die GmbH, d. h. durch ihr Organ, nämlich den/die Geschäftsführer. Gläubigern der GmbH & Co. KG haftet für Gesellschaftsverbindlichkeiten das Gesellschaftsvermögen der KG; daneben haftet die Komplementär-GmbH persönlich unmittelbar und unbeschränkt mit ihrem Vermögen gesamtschuldnerisch; Kommanditisten haften unmittelbar nur bis zur Höhe ihrer Einlage (vgl. auch die §§ 172 VI, 172 a HGB; s. u. 16.7.11).

Geschäftsführer

16.4.9.2 Publikumsgesellschaften

Publikums- oder auch Massen-KGen sind Personengesellschaften, die auf die Mitgliedschaft einer großen Anzahl, zumeist kapitalistisch beteiligter, Gesellschafter angelegt sind. Hintergrund sind oftmals in Aussicht

Publikums-KG

gestellte Steuerersparnisse. Die Publikums-KG dient somit als Kapitalsammelbecken. An einer Tätigkeit für die Massen-KG sind die einzelnen Anleger zumeist nicht interessiert. Geworben werden sie häufig durch Prospekte unter Verwendung vorformulierter Verträge. Nicht zuletzt zum Schutz der Anleger hat die Rspr. daher für Publikumspersonengesellschaften nahezu ein Sonderrecht entwickelt. Die Gesellschaftsverträge werden der Inhaltskontrolle nach § 242 BGB unterworfen; Vertragsänderungen können ggf. durch Mehrheitsbeschluß getroffen werden, wenn dies gesellschaftsvertraglich vorgesehen ist; arglistig getäuschten Kommanditisten steht ein außerordentliches Kündigungsrecht zu; u. U. bestehen Haftungsansprüche der Kommanditisten gegen den Geschäftsführer der Komplementär-GmbH; für falsche Angaben in Werbeunterlagen muß nach den Grundsätzen der sog. Prospekthaftung gehaftet werden; § 708 BGB gilt nicht. Besteht eine KG aus einer großen Zahl von Kommanditisten, so ist es auch möglich, aus ihrer Mitte einen Ausschuß bzw. Beirat zu bilden, der die Rechte gegenüber den Komplementären wahrnehmen soll. Die Bildung vermögensverwaltender Publikums-KGen wird durch die §§ 161 II, 105 II, 2 HGB (n.F.) deutlich erleichtert.

16.4.9.3 KGaA

KGaA Bei der KGaA (§§ 278-290 AktG; s. o. 16.1.3.2) haftet mindestens ein Komplementär den Gesellschaftsgläubigern unbeschränkt; die übrigen Gesellschafter sind an dem in Aktien zerlegten Grundkapital beteiligt, haften aber für Gesellschaftsverbindlichkeiten nicht, sog. Kommanditaktionäre. Es handelt sich hier um eine Mischform zwischen KG und AG, wobei für die Komplementäre die §§ 161 ff. HGB gelten, vgl. § 278 AktG (näher vgl. 16.8.12). In der Praxis ist die KGaA, ungeachtet ihrer nicht zu unterschätzenden Vorteile, nicht sehr verbreitet.

16.5 Die stille Gesellschaft

Im HGB ist als weitere Gesellschaftsform die stille Gesellschaft geregelt, vgl. die §§ 230 ff. HGB.

16.5.1 Begriff der stillen Gesellschaft

Hinsichtlich der stillen Gesellschaft bestehen folgende Prinzipien:

16.5.1.1 Grundsätzliches

Innengesellschaft Die weitaus meisten Gesellschaften, insbesondere die Handelsgesellschaften, treten nach außen hin in Erscheinung – sie sind sog. Außengesellschaften. Demgegenüber besteht oftmals Interesse an der Bildung von Personengesellschaften, bei denen die Gesellschaftsverhältnisse nach außen hin nicht erkennbar sind. Man spricht dann von Innengesellschaften. Derartige Innengesellschaften können vorliegen beispielsweise bei Gesellschaften des bürgerlichen Rechts (s. o. 16.2.1.2),

Beispiele: Tippgemeinschaften oder Ehegattengesellschaften;

oftmals findet man sie aber auch in Form der Beteiligung am Handelsgewerbe eines anderen durch Leistung einer Einlage, ohne eine solche Beteiligung offenzulegen. Dann handelt es sich in der Regel um eine stille Gesellschaft, vgl. die §§ 230 ff. HGB.

Diese stillen Gesellschaften gelten nicht als Handelsgesellschaften, da sie im Außenverhältnis nicht auftreten – konsequenterweise ist auch das zweite Buch des HGB überschrieben mit „Handelsgesellschaften und stille Gesellschaft". Als Grundregel des Rechts der stillen Gesellschaft (§§ 230- 237 HGB) definiert der Gesetzgeber in § 230 HGB: „Wer sich als stiller Gesellschafter an dem Handelsgewerbe, das ein anderer betreibt, mit einer Vermögenseinlage beteiligt, hat die Einlage so zu leisten, daß sie in das Vermögen des Inhabers des Handelsgeschäfts übergeht" (Abs. 1). „Der Inhaber wird aus den in dem Betriebe geschlossenen Geschäften allein berechtigt und verpflichtet." (Abs. 2). In der Praxis ist die stille Gesellschaft gar nicht selten, da sie den Kapitaleinsatz ermöglicht, ohne damit gleich Gesellschafter einer oHG oder KG zu werden; hiermit lassen sich nicht nur Familienmitglieder beteiligen, sondern auch Mitarbeiter, und im Wege der Publikums-Massenanlagegesellschaft vermag man, nicht zuletzt in Form der „GmbH & Still", steuerliche Vorteile zu erzielen. Man unterscheidet zwei Arten stiller Gesellschaften: die typische sowie die atypische.

keine Handelsgesellschaft

Begriff

Unterscheidungen

16.5.1.2 Typische stille Gesellschaft

Bei der typischen stillen Gesellschaft nimmt der Stille regelmäßig gemäß den §§ 231, 232 HGB am Gewinn und grundsätzlich auch am Verlust des Handelsgeschäftes teil. Das Geschäftsvermögen ist Alleinvermögen des Inhabers, und der – typische – stille Gesellschafter ist nicht am Gesellschaftsvermögen beteiligt (hierin liegt vor allem der Unterschied zu oHG und KG). Die Vermögenseinlage des stillen Gesellschafters wird nicht etwa gemeinschaftliches Vermögen, sondern geht in dasjenige seines Vertragspartners, des Betreibers des Handelsgewerbes, über. Eine gemeinsame Vertretung findet nicht statt, nach außen hin werden die Geschäfte nur im Namen des Inhabers des Handelsgeschäftes getätigt. Der stille Gesellschafter ist grundsätzlich auch nicht ge-

Charakteristika der typischen stillen Gesellschaft

schäftsführungsbefugt. Er haftet weder persönlich noch unmittelbar mit seiner Einlage, die Gesellschaftsgläubiger können nur Zugriff auf den Inhaber nehmen. Nach außen hin ist das Gesellschaftsverhältnis nicht ersichtlich, weder aus der Firma noch aus dem Handelsregister. Die stille Gesellschaft ist somit eine Sonderform der GbR.

```
┌─────────────────────────────────┐
│   Typische stille Gesellschaft  │
└─────────────────┬───────────────┘
┌─────────────────┴───────────────────────────────────┐
│  – Stiller nimmt an Gewinn und grds. Verlust teil    │
│  – Geschäftsvermögen ist Alleinvermögen des Inhabers │
│  – Einlage des Stillen geht in Geschäftsvermögen über│
│  – nach außen nicht erkennbar                        │
│  – keine Vertretung oder Geschäftsführung durch Stillen│
│  – keine Haftung des Stillen                         │
└──────────────────────────────────────────────────────┘
```

Schaubild 152: Typische stille Gesellschaft

16.5.1.3 Atypische stille Gesellschaft

Charakteristika der atypischen stillen Gesellschaft

Ausgehend von der soeben dargestellten typischen stillen Gesellschaft hat sich seit längerem eine Sonderform herausgebildet: die sog. atypische stille Gesellschaft. Eine solche liegt dann vor, wenn dem stillen Gesellschafter im Rahmen der Vertragsfreiheit Beteiligungsrechte am Vermögen des Geschäftsinhabers und/oder Beteiligungsrechte an der Geschäftsführung zugebilligt werden.

Gesellschaftsvertraglich kann einerseits vereinbart werden, daß das bei Errichtung der Gesellschaft vorhandene, dem Inhaber bisher alleine zustehende und in der Folge auf seinen Namen dazuerworbene Geschäftsvermögen im Verhältnis zueinander (Innenverhältnis) so behandelt werden soll, als wäre es Gesamthandsvermögen, als wäre also der stille Gesellschafter am ganzen Geschäftsvermögen gesamthänderisch beteiligt, wodurch die Wertänderungen des ganzen Geschäftsvermögens auch ihm zustehen; der Stille hat dann einen schuldrechtlichen Anspruch auf Vermögensbeteiligung, was nach der Auflösung der Gesellschaft zu einer Auseinandersetzung führt. Auch bei dieser Form der atypischen stillen Gesellschaft geht aber die vom stillen Gesellschafter zu leistende Einlage in das Vermögen des Geschäftsinhabers über.

Abreden entscheidend

Zum anderen ist es aber möglich und oftmals mit der soeben beschriebenen Gesamthandsvermögensbeteiligung verbunden, daß dem stillen Gesellschafter auch gesellschaftsvertraglich maßgeblicher Einfluß auf Leitung und Verwaltung des Handelsgeschäftes eingeräumt wird, insbesondere durch Beteiligung an der Geschäftsführung bzw. Vertretung. Es kommt also jeweils vornehmlich auf die individuellen, gesellschaftsvertraglichen Abreden der Beteiligten an.

> **Atypische stille Gesellschaft**
> - modifizierende gesellschaftsvertragliche Abreden
> - Beteiligungsrecht des Stillen am Vermögen des Geschäftsinhabers
> - Teilnahme des Stillen an Geschäftsführung bzw. Vertretung

Schaubild 153: Atypische stille Gesellschaft

16.5.1.4 Abgrenzung zum partiarischen Darlehen

Oftmals ist es in der Praxis schwierig, die stille Gesellschaft von einem Darlehen mit Gewinnbeteiligung (= partiarisches Darlehen) zu unterscheiden. Eine stille Gesellschaft liegt vornehmlich dann vor, wenn die beiden Gesellschafter Kapital, Wissen und Arbeitskraft zusammenführen, um das, wenn auch nur unter dem Namen des Inhabers geführte, Handelsgeschäft zu fördern. Die stille Gesellschaft zielt also auf eine Zweckgemeinschaft ab. Deutlich wird das insbesondere dann, wenn der Stille auch am Verlust des Geschäfts beteiligt ist (was sich aber ausschließen läßt, vgl. § 231 II HGB).

Zweckgemeinschaft

Ist der Kapitalgeber aber vornehmlich auf eine Verzinsung des gewährten Kredits durch Gewinnbeteiligung aus, dann liegt regelmäßig wohl nur ein Darlehen mit Gewinnbeteiligung vor, wobei im Einzelfall die Abgrenzung sehr schwierig sein kann:

wenn die Erzielung eines Gewinnes nicht gemeinschaftlicher Zweck des Vertrages ist, wenn es nur darum geht, Entgelt für die Kreditgewährung ganz oder teilweise in Form einer Quote am laufenden Gewinn des fremden Handelsgeschäfts zu erhalten, wenn es sich also lediglich um Verfolgung eigener Interessen statt um Erreichung eines gemeinsamen gesellschaftsrechtlichen Zieles handelt, dann liegt nur ein solches partiarisches Darlehen (bzw. Beteiligungsgläubigerverhältnis) vor, aber keine stille Gesellschaft. Anhaltspunkte zur Abgrenzung können also sein:

lediglich eigene Interessen

Beispiele: Verlustbeteiligung, Geschäftsführungsbefugnisse, Überwachungs- bzw. Kontrollrechte des Kapitalgebers (dann: stiller Gesellschafter), oder aber fehlende Mitsprache- bzw. Kontrollrechte sowie gar Recht auf jederzeitige Rückforderung bzw. kurzfristige Kündigung des Kapitals (dann: partiarisches Darlehen).

16.5.1.5 Abgrenzung zum Dienstvertrag

Eine stille Gesellschaft kann auch dergestalt begründet werden, daß der stille Gesellschafter anstatt Kapital Dienstleistungen einlegt. Abzustel-

Dienstverhältnis

len ist darauf, ob Arbeitsleistungen im Rahmen eines Dienst- bzw. Arbeitsvertrages erbracht werden (dann: Arbeitsverhältnis bzw. ggf. partiarisches Arbeitsverhältnis), oder ob der Geschäftsinhaber und der stille Gesellschafter partnerschaftlich, also gleichgeordnet, zusammenwirken.

16.5.1.6 Abgrenzung zum Kommanditisten

KG = Außengesellschaft

Wie der stille Gesellschafter erbringt auch der Kommanditist eine Vermögenseinlage. Beide riskieren u. U. diese ihre Einlage, und grundsätzlich auch nichts mehr als diese (keine Haftung mit dem sonstigen Privatvermögen). Allerdings ist der Kommanditist an einer Außengesellschaft beteiligt, die für Dritte als solche erkennbar ist; seine Stellung ist aus dem Handelsregister ablesbar, während der stille Gesellschafter anonym bleibt (vergleichbar insoweit einem Aktionär). Auch trägt der Kommanditist bis zur Handelsregistereintragung das mögliche Anfangsrisiko einer unbeschränkten Haftung, vgl. § 176 HGB (s. o. 16.4.3.3). Demzufolge sind die Mitwirkungsrechte des Kommanditisten gesetzlich stärker ausgebildet als die Überwachungsrechte des stillen Gesellschafters.

16.5.1.7 Abgrenzung zur Unterbeteiligung

Unterbeteiligung = GbR

Bei einer Unterbeteiligungsgesellschaft räumt ein Gesellschafter einer Personen- oder Kapitalgesellschaft (man nennt ihn den Hauptgesellschafter) einem Dritten (er wird Unterbeteiligter genannt) eine Beteiligung an seiner Gesellschafterstellung ein. Es handelt sich bei der Unterbeteiligungsgesellschaft um eine GbR in Form einer Innengesellschaft. Die Unterbeteiligung ermöglicht ebenfalls die Beteiligung an einer Gesellschaft, ohne selbst Gesellschafter zu werden; sie steht der stillen Gesellschaft also nahe, unterscheidet sich aber grundsätzlich von ihr dadurch, daß sich der Unterbeteiligte an einem Gesellschaftsanteil, der stille Gesellschafter dagegen an dem Handelsgewerbe eines anderen beteiligt.

Unterbeteiligungsgesellschaften sind möglich ohne Mitwirkung oder Zustimmung der übrigen Gesellschafter der Hauptgesellschaft. Der Hauptgesellschafter ist gleichzeitig Gesellschafter der Hauptgesellschaft und der Unterbeteiligungsgesellschaft, weswegen es zu Interessenkollisionen kommen kann, bei denen aber die Hauptgesellschaft den Vorrang hat, weil der Hauptgesellschaftsanteil ja die Grundlage des Unterbeteiligungsgesellschaftsverhältnisses bildet. Die Rechte des Unterbeteiligten bestehen nur seinem Partner, also dem Hauptgesellschafter, gegenüber; zur Hauptgesellschaft hat er keine Rechtsbeziehungen.

16.5.1.8 Charaktristika

Wesentliche Gesichtspunkte der stillen Gesellschaft sind also, wie sich aus obigem ergibt, folgende: — Wesensmerkmale

Sie setzt einen Gesellschaftsvertrag voraus, gerichtet auf Beteiligung am Handelsgeschäft eines Kaufmanns, durch Leistung einer Vermögenseinlage, die in das Vermögen des tätigen Gesellschafters übergeht, zum Zwecke der Gewinnbeteiligung, ohne Erkennbarkeit nach außen, ohne Bildung einer Gesamthandsgemeinschaft bzw. eines Gesellschaftsvermögens, ohne Rechtsfähigkeit, Handelsregistereintrag oder Firma, beruhend auf persönlicher Verbundenheit der Gesellschafter, und ist demzufolge Personengesellschaft, Innengesellschaft und keine Handelsgesellschaft.

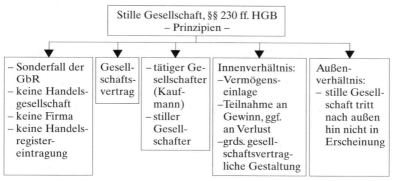

Schaubild 154: Stille Gesellschaft – Prinzipien

16.5.2 Gesellschaftsvertrag

Beim Gesellschaftsvertrag ist auf folgendes zu achten:

16.5.2.1 Vertragsschluß

Der Vertrag zur Errichtung einer stillen Gesellschaft i.S.d. §§ 230 ff. HGB ist ein Gesellschaftsvertrag gem. § 705 BGB. Dieser Vertrag ist grundsätzlich formfrei (beachte aber etwa bei Grundstücken § 313 BGB) und auch konkludent möglich. Die Schriftform ist allerdings aus Gründen der Rechtssicherheit und -klarheit empfehlenswert. Das schenkweise Versprechen einer stillen Beteiligung unterfällt der Form des § 518 BGB. Zur stillen Beteiligung Minderjähriger bedarf es u. U. der vormundschaftlichen Genehmigung, §§ 1643, 1822 Nr. 3 BGB. Der Gesellschaftsvertrag läßt im Rahmen der Vertragsfreiheit vielfache Gestal- — Vertragsfreiheit tungsmöglichkeiten zu. Bei Mängeln des Gesellschaftsvertrages gelten in der Regel die Grundsätze über die fehlerhaften Gesellschaften – gesetzliche Nichtigkeitsgründe berechtigen grundsätzlich nur zur Auflösung ex nunc durch Kündigung.

16.5.2.2 Gesellschafter

Tätiger Gesellschafter
§ 230 I HGB setzt einen Inhaber eines Handelsgeschäfts, der ein Handelsgewerbe betreibt, voraus. Der tätige Gesellschafter muß also Inhaber eines Handelsgeschäftes sein, d. h., er ist Kaufmann i.S.d. §§ 1-6 HGB (s. o. 3.4). Welcher Art die Kaufmannseigenschaft ist, ist unbeachtlich, es kann sich um einen Einzelkaufmann oder eine Handelsgesellschaft – oHG, KG, AG, GmbH – handeln. Ist Inhaber des Handelsgeschäftes eine oHG oder eine KG, dann besteht das Rechtsverhältnis des stillen Gesellschafters nur zu dieser (Handels-)Gesellschaft, vgl. § 124 HGB, nicht aber zu den einzelnen Gesellschaftern; für die Ansprüche des Stillen haften die einzelnen Gesellschafter einer oHG persönlich im Wege des § 128 HGB. Eine stille Gesellschaft i.S.d. §§ 230 ff. HGB an einer stillen Gesellschaft selbst dürfte nicht zulässig sein. Bei der Beteiligung an einem Unternehmen, das nicht als kaufmännisches oder als Gewerbe zu qualifizieren ist,

Beispiele: freier Beruf, Landwirtschaft,

werden die §§ 230 ff. HGB regelmäßig weitgehend entsprechend angewandt.

Stiller Gesellschafter
Stiller Gesellschafter kann jedermann sein, d. h. sowohl natürliche als auch juristische Personen, auch eine oHG, KG oder GbR. Er muß selbst nicht Kaufmann sein (er wird auch nicht etwa alleine durch die stille Beteiligung zum Kaufmann); auch eine Erbengemeinschaft kann stiller Gesellschafter sein. Da die §§ 230 ff. HGB grundsätzlich von einem stillen Gesellschafter sprechen, hat eine stille Gesellschaft regelmäßig auch zwei Vertragspartner, ist also i.d.R. zweigliedrig. Grundsätzlich liegen, wenn sich mehrere Stille an einem Handelsgewerbe beteiligen, jeweils so viele stille Gesellschaften vor, wie Gesellschaftsverträge vorhanden sind. Allerdings können mehrere Stille auch zusammen mit dem Inhaber in einem einzigen, durch einheitlichen Vertrag gebildeten, Gesellschaftsverhältnis stehen, so daß etwa u. U. gegenseitige Gesellschaftspflichten der stillen Gesellschaften untereinander entstehen können. Auch können sich einzelne stille Gesellschafter zu einer GbR zusammenschließen, und zwar entweder nachträglich, aber auch von vorne herein. Auch ist es möglich, daß für mehrere stille Beteiligte einer von ihnen oder

aber ein Dritter als Treuhänder in das Gesellschaftsverhältnis zum Inhaber nach den §§ 230 ff. HGB eintritt.

16.5.2.3 Gesellschaftszweck

Zweck der stillen Gesellschaft ist das gemeinsame Streben, den Erfolg des Handelsgewerbes des Geschäftsinhabers durch eine Vermögensbeteiligung zu fördern und durch die Vermögenseinlage eine Gewinnbeteiligung zu erreichen. Da die stille Gesellschaft eine Innengesellschaft ist, die nach außen hin nicht in Erscheinung tritt, hat sie keine Firma. Die Firma des Inhabers des Handelsgeschäftes darf den Stillen auch nicht enthalten (vgl. die §§ 18 II 1, 19 HGB). Eine Eintragung der stillen Gesellschaft in das Handelsregister kommt nicht in Betracht.

Zweck

Keine Firma

kein HR-Eintrag

16.5.3 Rechtsbeziehungen der Gesellschafter

Für die Rechtsbeziehungen der Gesellschafter gilt:

16.5.3.1 Gesellschaftsvertrag

Die Rechtsbeziehungen zwischen dem Geschäftsinhaber und dem stillen Gesellschafter werden nebst den §§ 230 ff. HGB, die regelmäßig dispositiv sind, weitgehend durch den jeweiligen Gesellschaftsvertrag regiert. Die Parteien sind hinsichtlich dessen Regelungen weitgehend frei und grundsätzlich nur den Grenzen der Gesetzes- bzw. Sittenwidrigkeit (§§ 134, 138 BGB; s. o. 6.8.1.1) unterworfen. Der Anspruch des stillen Gesellschafters auf die Gewinnbeteiligung kann allerdings nicht ganz ausgeschlossen werden. Regelmäßig zu beachten ist die sich gegenseitig geschuldete gesellschaftsrechtliche Treuepflicht.

Abreden

16.5.3.2 Rechte und Pflichten des Geschäftsinhabers

Der Inhaber hat das Handelsgeschäft zum gemeinsamen Nutzen, also auch demjenigen des stillen Gesellschafters, zu führen. Die Verletzung dieser Pflicht gibt dem Stillen ggf. einen Schadensersatzanspruch gegen den Geschäftsinhaber. Nur dieser hat grundsätzlich (Ausnahme: atypische stille Gesellschaft) das Recht und die Pflicht zur Geschäftsführung. Lediglich wesentliche Veränderungen, Veräußerung und Einstellung des Handelsgewerbes bedürfen der Zustimmung des stillen Gesellschafters.

Stellung des Geschäftsinhabers

Der Inhaber darf das Geschäftsvermögen nicht schmälern und den Gesellschaftszweck nicht gefährden. Er schuldet Sorgfalt nach den §§ 708,

Pflichten

277 BGB (s. o. 9.2). Zwar gelten die §§ 112, 113 HGB grundsätzlich nicht, allerdings verbieten sowohl die Verpflichtung zur Führung des Geschäftsbetriebs zu gemeinsamem Nutzen als auch die Treuepflicht dem Inhaber eine konkurrierende, schädigende Betätigung. Auch schuldet der Inhaber dem stillen Gesellschafter Rechenschaft; für Verluste ist er beweispflichtig.

Rechte

Demgegenüber hat der Geschäftsinhaber das Recht auf Aufwendungsersatz gemäß den §§ 713, 670 BGB (ggf., bei einer atypischen stillen Gesellschaft, auch auf Verlustersatz entsprechend § 110 HGB). Über die Mittel des – ihm ja alleine gehörenden – Handelsgeschäftes kann der Inhaber grundsätzlich nach Belieben verfügen, d. h. ggf. auch Entnahmen tätigen. Inwieweit der Geschäftsinhaber Gewinn- und Verlustanteile erhält bzw. zu tragen hat, ist vornehmlich gesellschaftsvertraglich zu regeln/geregelt (vgl. die §§ 231, 232 HGB). Ein eigenständiges Recht des Geschäftsinhabers auf Vergütung für seine Tätigkeit besteht grundsätzlich nicht.

16.5.3.3 Rechte und Pflichten des stillen Gesellschafters

Stellung des stillen Gesellschafters

Der stille Gesellschafter hat vornehmlich seine Vermögenseinlage in das Handelsgeschäft des Inhabers zu erbringen. Diese Einlage kann (vgl. die Parallele zum Kommanditisten) in jedem geldwerten Vorteil bestehen.

Beispiele: Geldzahlung, Erbringung von Dienstleistungen, Umwandlung von Darlehensforderungen in eine stille Beteiligung, Geld- oder Warenkreditierung zu Sonderbedingungen oder Zur-Verfügungstellung von know-how.

Einlage

Die Einlage muß in das Vermögen des Inhabers übergehen, d. h. ggf. müssen sachenrechtliche Übereignungen (vgl. § 929 BGB) oder Abtretungen bei Forderungen (vgl. § 398 BGB) vorgenommen werden; gemeinschaftliches Vermögen entsteht nicht. Desweiteren nimmt der Stille an Gewinn und – falls nichts anderes bestimmt ist, vgl. § 232 II HGB – Verlust teil. Die Bildung dieser Gewinn- oder Verlustanteile wird grundsätzlich im Gesellschaftsvertrag geregelt; sollte eine solche Regelung nicht getroffen sein, dann gilt ein den Umständen nach angemessener Anteil als bedungen (§ 231 I HGB). Ein Entnahmerecht hat der stille Gesellschafter nicht, vielmehr kann er die Auszahlung seines Gewinnanteils fordern, der am Schluß eines jeden Geschäftsjahres berechnet wird, § 232 I HGB.

Verlust

In der Praxis häufig ist der gesellschaftsvertragliche Ausschluß der Beteiligung am Verlust des Unternehmens. Ist die Verlustbeteiligung nicht ausgeschlossen, dann nimmt der stille Gesellschafter am Verlust nur bis zum Betrage seiner eingezahlten oder noch rückständigen Einlage teil. Bezogene Gewinne muß er wegen späterer Verluste nicht zurückzahlen;

solange seine Einlage durch Verlust vermindert ist, wird der jährliche Gewinn zur Deckung des Verlustes verwendet (§ 232 II HGB). Mehr als seine Einlage muß er nicht zahlen bzw. riskiert er nicht. Zu Nachschüssen ist der stille Gesellschafter nicht verpflichtet.

Dem (grundsätzlich nicht geschäftsführungsberechtigten) stillen Gesellschafter stehen gemäß § 233 HGB Kontrollrechte zu: er kann die Abschrift des Jahresabschlusses verlangen, in Bücher und Papiere Einsicht nehmen und, beim Vorliegen wichtiger Gründe, ggf. bei Gericht die jederzeitige Anordnung beantragen, daß ihm vom Inhaber eine Bilanz mitgeteilt, ein Jahresabschluß, Bücher und Papiere vorgelegt bzw. sonstige Aufklärungen gegeben werden. Die Kontrollrechte ähneln denjenigen eines Kommanditisten, vgl. § 166 HGB. Falls der Inhaber gegen seine gesellschaftsvertraglichen Pflichten verstößt, kann der stille Gesellschafter ggf. kündigen bzw. Schadensersatz verlangen (allerdings haftet der Inhaber nur für grobe Fahrlässigkeit, vgl. die §§ 708, 277 BGB).

Kontrollrechte

Für Gesellschaftsverbindlichkeiten haftet der Stille nicht. Zu Vertretung und Geschäftsführung ist er (grundsätzlich) nicht berechtigt. Bei einer typischen stillen Gesellschaft trifft den Stillen wegen seiner lediglich kapitalistischen Beteiligung regelmäßig kein Wettbewerbsverbot; allerdings schuldet auch der stille Gesellschafter dem Inhaber grundsätzlich Treue.

16.5.4 Rechtsverhältnis zu Dritten

Die stille Gesellschaft als Innengesellschaft tritt nach außen hin nicht in Erscheinung (wobei allerdings Geheimhaltung nicht erforderlich ist). Der stille Gesellschafter taucht weder in der Firma noch im Handelsregister auf. Das Geschäftsvermögen ist alleiniges Vermögen des Inhabers. Die im Handelsgewerbe des Inhabers geschlossenen Geschäfte und Rechtsvorgänge berechtigen und verpflichten nur den Inhaber selbst, nicht aber den stillen Gesellschafter, § 230 II HGB. Daher ist nur der Geschäftsinhaber vertretungsberechtigt, nur er schließt Verträge mit Dritten in eigenem Namen ab. Vertretungsbefugnisses des stillen Gesellschafters für den Inhaber können sich nur durch besondere Vollmacht ergeben (etwa Handlungsvollmacht oder Prokura für die Vertretung des Inhabers, nicht aber für die der Gesellschaft). Die Einräumung der Geschäftsführungsbefugnis (die ja das Innenverhältnis betrifft) ist gesellschaftsvertraglich durchaus möglich (atypische stille Gesellschaft).

Außenverhältnis

Da aus den den Geschäftsbetrieb des Inhabers betreffenden Rechtsgeschäften der stille Gesellschafter nicht unmittelbar beteiligt ist, vielmehr nur der Inhaber berechtigt und verpflichtet wird, haftet der stille Gesell-

keine Haftung

schafter Gesellschaftsgläubigern weder unmittelbar noch in Höhe seiner Einlage. Eine unmittelbare Haftung Dritten gegenüber kann nur aus besonderen Verpflichtungstatbeständen hergeleitet werden,

Beispiel: eine Bürgschaft (§§ 765 ff. BGB),

Rechts- bzw. aus Rechtsscheinshaftung,
scheinshaftung
Beispiel: wenn der stille Gesellschafter etwa wie ein Gesellschafter einer oHG auftritt.

Sollte der Stille seine Einlage noch nicht bzw. nicht vollständig geleistet haben, so können die Gläubiger des Inhabers aufgrund eines gegen diesen gerichteten Titels den Anspruch des Geschäftsinhabers gegen den stillen Gesellschafter auf Leistung der Einlage pfänden und sich überweisen lassen; dabei behält der Stille aber gegenüber dem Geschäftsgläubiger alle ihm aus dem Gesellschaftsvertrag zustehenden Einwendungen, etwa das Recht, die Gesellschaft aus wichtigem Grunde (§§ 234 HGB, 723 BGB) zu kündigen mit der Folge, daß die Einlagepflicht entfällt.

Vollstreckung Gläubiger des stillen Gesellschafters können dessen Ansprüche i.S.d. § 717 S. 2 BGB vollstrecken und nach Pfändung und Überweisung der Forderung des stillen Gesellschafters auf dessen zukünftiges Auseinandersetzungsguthaben auch dessen Recht zur Gesellschaftskündigung und Befriedigung aus dem solchermaßen entstehenden Guthaben geltend machen (vgl. § 234 I HGB).

16.5.5 Gesellschafterwechsel

Über- Der Gesellschafterwechsel ist in den §§ 230 ff. HGB nicht speziell getragbarkeit regelt. Eine Übertragung der Rechtsstellung des stillen Gesellschafters auf einen neuen Gesellschafter ist daher entsprechend § 717 BGB nur mit Zustimmung des Geschäftsinhabers möglich. Der Gesellschaftsvertrag kann im übrigen ebenfalls vorsehen, daß die Beteiligung des Stillen übertragbar sein soll. Der Inhaber ist grundsätzlich frei, sein Geschäft zu veräußern, wobei dann dem stillen Gesellschafter ein Recht zur außerordentlichen Kündigung gem. § 723 BGB zukommt. Im Gesellschaftsvertrag kann auch vorgesehen werden, daß dem (zunächst) stillen Gesellschafter ein Anspruch auf Geschäftsübertragung eingeräumt wird.

16.5.6 Auflösung der stillen Gesellschaft

Ende der stillen Die stille Gesellschaft wird grundsätzlich aufgelöst durch:
Gesellschaft
– Zeitablauf;
– Auflösungsvereinbarung (dabei ist allerdings zu beachten, daß die einvernehmliche Rückgewähr der ganzen Einlage noch nicht notwen-

digerweise die stille Gesellschaft auflösen muß, vgl. § 237 HGB, der die Rückgewähr ohne Auflösung als möglich unterstellt);
- Eintritt einer vereinbarten auflösenden Bedingung;
- Erreichung des vereinbarten gemeinsamen Zwecks;
- Unmöglichwerden der Erreichung des vereinbarten Zwecks (vgl. § 726 BGB);
- Tod des Inhabers, vgl. § 727 I BGB; ist Inhaber des Handelsgeschäfts eine Handelsgesellschaft, so steht deren Auflösung grundsätzlich dem Tode nicht gleich, allerdings kann der Stille dann unter Umständen außerordentlich kündigen. Stirbt allerdings der stille Gesellschafter, so wird die Gesellschaft nicht aufgelöst, § 234 II HGB, die Gesellschaft wird im Zweifel mit den Erben fortgeführt;
- Insolvenz des Inhabers; dabei ist der stille Gesellschafter mit seinem Guthaben Insolvenzgläubiger wie andere nicht bevorrechtigte Gläubiger, vgl. § 236 HGB;
- Insolvenz des stillen Gesellschafters (vgl. § 728 BGB);
- ordentliche Kündigung einer nicht auf eine bestimmte Zeit eingegangenen stillen Gesellschaft mit Sechsmonatsfrist auf das Ende des Geschäftsjahres des Unternehmens des Inhabers, vgl. die §§ 132, 134, 234 I HGB; bei wichtigem Grund ist Kündigung ohne Einhaltung einer Kündigungsfrist zulässig, §§ 234 I HGB, 723 BGB. Ein Privatgläubiger des stillen Gesellschafters kann die Gesellschaft mit einer Frist von sechs Monaten zum Geschäftsjahresende kündigen nach zuvoriger fruchtloser Vollstreckung, Pfändung und Überweisung des Auseinandersetzungsguthabens, vgl. die §§ 234 I, 135 HGB.

Nach der Auflösung der stillen Gesellschaft müssen sich der Inhaber des Handelsgeschäfts und der stille Gesellschafter auseinandersetzen; das Guthaben des Stillen ist in Geld zu berichtigen, § 235 HGB. Diese Auseinandersetzung führt aber nicht zu einer Liquidation, denn die Gesellschaft hat gar kein Gesellschaftsvermögen. Mit der Auflösung ist die stille Gesellschaft beendet, es entsteht kraft Gesetzes der Anspruch des Stillen auf Auszahlung seines Auseinandersetzungsguthabens. Im Hinblick auf die Berechnung und Wertansätze ist eine prophylaktische Regelung im Gesellschaftsvertrag hinsichtlich der Vermeidung späterer Streitigkeiten auch hier empfehlenswert. *Auseinandersetzung*

16.5.7 Prozessualia

Da die stille Gesellschaft als Innengesellschaft nach außen hin nicht in Erscheinung tritt, und Rechtsbeziehungen bezüglich der im Betrieb geschlossenen Geschäfte nur zwischen dem Inhaber des Handelsgeschäf- *Partei* tes und Dritten bestehen, § 230 II HGB, sind Zugriffe Dritter unmittelbar auf den Stillen grundsätzlich nicht möglich. Partei in Aktiv- und Passivprozessen ist der Inhaber des Handelsgeschäfts. Obwohl die stille Gesellschaft nicht als solche ein beiderseitiges Handelsgeschäft ist, gehören Streitigkeiten aus dem Gesellschaftsvertrag (also zwischen dem Inhaber und dem stillen Gesellschafter) ebenso wie bei der oHG oder der KG und gerade anders als bei der GbR und sonstigen partiarischen Verträgen vor die Kammer für Handelssachen bei den Landgerichten, § 95 I Nr. 4 a GVG.

16.5.8 Steuerrechtliches

Einkünfte Vom Geschäftsinhaber erzielte Gewinne sind für diesen Einkünfte aus Gewerbebetrieb, § 15 I Nr. 2 EStG. Der typische stille Gesellschafter erzielt mit seinen Gewinnanteilen Einkünfte aus Kapitalvermögen, § 20 I Nr. 4 EStG; die Gewinnanteile des Stillen sind für den Inhaber des Handelsgewerbes abzugsfähige Betriebsausgaben. Eine einheitliche Feststellung mit dem typischen stillen Gesellschafter findet nicht statt. Aufwendungen des Stillen für Verluste sind steuerlich Werbungskosten. Der stille Gesellschafter ist nicht Unternehmer im Sinne des Umsatzsteuerrechts, die (typische und atypische) stille Gesellschaft als reine Innengesellschaft ist ihrerseits nicht Unternehmer i.S.d. § 2 UStG. Bei der atypischen stillen Gesellschaft gilt der stille Gesellschafter steuerlich als Mitunternehmer, ihm zuzurechnende Gewinnanteile sind Einkünfte aus Gewerbebetrieb i.S.d. § 15 I Nr. 2 EStG.

16.6 Die Partnerschaftsgesellschaft

Mit dem Partnerschaftsgesellschaftsgesetz (PartGG) vom 25. 7. 1994 hat der Gesetzgeber zum 1. 7. 1995 eine neue Personengesellschaft eingeführt, um insbesondere den freien Berufen eine Gesellschaftsform zu bieten, die nicht nur ihrer Art der Berufsausübung gerecht wird, sondern auch als Unternehmensträgerin für große Zusammenschlüsse geeignet ist.

16.6.1 Grundsätzliches

Partnerschaft Für die Partnerschaft (so die Bezeichnung in den einzelnen Vorschriften des PartGG; die Bezeichnung Partnerschaftsgesellschaft taucht nur in der Gesetzesüberschrift auf) gilt folgendes:

16.6.1.1 Begriff

Die Partnerschaft ist gemäß § 1 I 1 PartGG „eine Gesellschaft, in der sich Angehörige Freier Berufe zur Ausübung ihrer Berufe zusammenschließen". Sie ist somit eine weitere Form einer Personengesellschaft, wie etwa die GbR oder die oHG. Der rechtlichen Einordnung der freien Berufe gemäß übt die Partnerschaft kein Handelsgewerbe aus – ist also keine Handelsgesellschaft –, und kann auch nur aus natürlichen Personen bestehen (§ 1 I 2, 3 PartGG).

Personengesellschaft

16.6.1.2 Rechtsnatur

Die Partnerschaft ist eine Personengesellschaft. Grundsätzlich findet auf sie gemäß § 1 IV PartGG demnach das Recht der GbR Anwendung, d. h. die §§ 705 ff. BGB (s. o. 16.2; in den entscheidenden Punkten verweisen die einzelnen Vorschriften des PartGG allerdings auf oHG-Normen). Damit ist die Partnerschaft Gesamthandsgemeinschaft zur Ausübung freier Berufe. Sie ist keine juristische Person, einer solchen aber stark angenähert: nach § 7 II PartGG findet § 124 HGB entsprechende Anwendung. Wie die oHG (s. o. 16.3.4.1) ist die Partnerschaft damit eine Quasi-Körperschaft (s. o. 3.3), die unter ihrem Namen Rechte erwerben, Verbindlichkeiten eingehen, Eigentum und andere Rechte an Grundstücken erwerben, vor Gericht klagen und verklagt werden kann. Sie ist auch insolvenzfähig (§ 11 II Nr. 1 InsO). Die Partnerschaft ist daher (anders als die EWIV, s. u. 16.10.2.3) nicht nur eine Kooperationsgemeinschaft,

Quasi-Körperschaft

Beispiele: Bürogemeinschaft von Rechtsanwälten, Praxisgemeinschaft von Ärzten,

bei der jeder Einzelne eigenständig bleibt, sondern eine Berufsausübungsgesellschaft bzw. unternehmenstragende Gesellschaft.

Beispiele: Rechtsanwaltssozietät, Gemeinschaftspraxis von Ärzten.

16.6.1.3 Bedeutung

Der Wunsch nach einer eigenen Gesellschaftsform für die freien Berufe ist schon sehr alt. Denn das strenge Berufsrecht etwa der Anwälte, Ärzte oder steuerberatenden Berufe ließ, ebensowenig wie das Handelsrecht, die Bildung von oHG oder KG bzw. einer GmbH nicht zu, so daß bei Zusammenschlüssen zumeist auf die GbR zurückgegriffen werden mußte. Diese wurde aber der immer weiter greifenden Spezialisierung, dem Konkurrenzdruck und Kapitalbedarf, Haftungsrisiken und überregiona-

GbR-Recht nicht ausreichend

lem Auftreten immer weniger gerecht. Wengleich die Rspr. großzügiger wurde,

Beispiele: Billigung der sog. „GbR mit Haftungsbeschränkung" (wenn dies nach außen hin klargestellt wird, s. o. 16.2.6 a.E.); Steuerberatungs-GmbH, Rechtsanwalts-GmbH;

so verblieb doch eine grundsätzliche Notwendigkeit, die sich auf Freiberufler beziehende gesellschaftliche Lücke zu schließen.

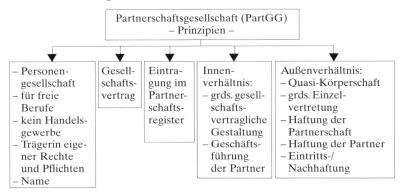

Schaubild 155: Partnerschaftsgesellschaft – Prinzipien

16.6.2 Entstehung

Für die Gründung bzw. Entstehung der Partnerschaft bedarf es eines Partnerschaftsvertrages sowie der Eintragung in das Partnerschaftsregister:

16.6.2.1 Partnerschaftsvertrag

Vertragsinhalt Für den erforderlichen Partnerschaftsvertrag gilt:

– Der Partnerschaftsvertrag mindestens zweier Partner bedarf der Schriftform, §§ 3 I PartGG, 126 f. BGB (s. o. 6.4; bei GbR und oHG bzw. KG ist dies nicht so, s. o. 16.2.2; 16.3.2; 16.4.2).

– Der notwendige Inhalt des Gesellschaftsvertrages ergibt sich aus § 3 II PartGG – der Partnerschaftsvertrag muß enthalten Namen und Sitz der Partnerschaft, Namen und Vornamen sowie Beruf und Wohnort jedes Partners, und Gegenstand der Partnerschaft.

Freie Berufe – Vertragszweck kann nur die gemeinschaftliche Ausübung freier Berufe sein (vgl. § 1 I 1, II 1, 2 PartGG). Es ist dabei durchaus möglich, daß der freie Beruf ein gleichartiger ist,

Beispiele: mehrere Rechtsanwälte gemeinsam; Ärzte untereinander, aber auch die Partnerschaft unterschiedlicher freier Berufe wird erfaßt,

Beispiele: Sozietäten von Anwälten, Steuerberatern, Wirtschaftsprüfern in gemeinsamer Partnerschaft.

– Partner kann nur sein eine natürliche Person (§ 1 I 3 PartGG), die einen freien Beruf i.S.d. § 1 II PartGG ausübt (vgl. die dortige Inhaltsbestimmung und Aufzählung, die sich an § 18 EStG orientiert). Inhalt der Tätigkeit der freien Berufe ist, im allgemeinen auf Grundlage besonderer beruflicher Qualifikation oder schöpferischer Begabung, die persönliche und eigenverantwortliche, fachlich unabhängige Erbringung von Dienstleistungen höherer Art (s. a. § 1 II 1 PartGG).

natürliche Personen

Beispiele: Partnerschaften aus Angehörigen der Beratungsberufe, Ingenieurberufe, Heilberufe, Künstler, Wissenschaftler etc.

Standesrechtliche Beschränkungen können die Beteiligung an einer Partnerschaft untersagen bzw. erschweren, § 1 III PartGG.

Beispiel: Das Apothekergesetz sieht als Kooperationsform nur die GbR oder oHG vor.

Der Verlust der Zulassung zu einem freien Beruf zieht das Ausscheiden aus der Partnerschaft nach sich, § 9 III PartGG; dies ist partnerschaftsvertraglich nicht abdingbar.

(Vertrags-)Partner nicht sein können juristische Personen, vgl. § 1 I 3 PartGG,

Beispiele: Steuerberater-GmbH, Bildberichterstatter-GmbH können nicht Partner werden;

Partnerschaften können sich auch untereinander nicht zu Partnerschaften zusammenschließen, bleiben also mitunternehmerische Berufsausübungsgesellschaften (sie können sich somit nur zu Kooperationsformen wie Bürogemeinschaften oder der EWIV zusammenschließen, s. o. 3.3; s. u. 16.10).

– Da die Partnerschaft gemäß § 1 I 2 PartGG kein Handelsgewerbe betreibt, kann zum einen eine Partnerschaft nicht zur Eintragung in das Handelsregister (s. o. 3.4.6) angehalten werden, und zum anderen ist einem Kaufmann i.S.d. HGB die Partnerschaft verschlossen.

Kein Handelsgewerbe

16.6.2.2 Eintragung

Die Partnerschaft ist zur Eintragung in das Partnerschaftsregister anzumelden, § 4 PartGG.

Anmeldung

Das Partnerschaftsregister wird bei den Amtsgerichten geführt, § 160 b FGG. Die für das Handelsregister (s. o. 3.4.6) geltenden Vorschriften der

Partnerschaftsregister

|Publizitätswirkung| §§ 8-12, 13, 13 c, 13 d, 13 h, 14-16 HGB sind entsprechend anzuwenden, § 5 II PartGG. Damit sind nicht zuletzt auch die Publizitätsregeln des § 15 HGB erfaßt; auf Eintragungen im Partnerschaftsregister darf man sich also verlassen (vgl. 3.4.6 a.E.).

Beispiel: Der Ausschluß eines Partners von der Vertretung wird nicht angemeldet bzw. eingetragen, vgl. die §§ 7 III PartGG, 125 I, IV, 15 I HGB.

Eintragung konstitutiv

Die Eintragung in das Partnerschaftsregister wirkt konstitutiv, denn die Partnerschaft wird gemäß § 7 I PartGG mit ihrer Eintragung wirksam. Vor der Eintragung ist auf den Zusammenschluß das Recht der GbR anzuwenden, vgl. die §§ 705 ff. BGB, 1 IV PartGG. Dadurch bleibt im übrigen gewährleistet, daß der Zusammenschluß zur Partnerschaft nicht zwingend ist und die GbR auch weiterhin mögliche Gesellschaftsform für die Betroffenen bleibt.

16.6.3 Name

Namensangaben

Im Gegensatz zur GbR ist die Partnerschaft namensrechtsfähig – wie die oHG etwa eine Firma (vgl. die §§ 17 ff. HGB, s. o. 3.4.5), so hat die Partnerschaft einen Namen, § 2 PartGG. Der Name der Partnerschaft muß den Namen (Vorname ist nicht erforderlich) mindestens eines Partners, den Zusatz „und Partner" oder „Partnerschaft" sowie die Berufsbezeichnungen aller in der Partnerschaft vertretenen Berufe enthalten, § 2 I PartGG.

Namen eines Dritten bzw. irreführende Zusätze dürfen nicht enthalten sein, vgl. die §§ 2 I 2, 3, II PartGG, 18 II HGB. Die Unterscheidbarkeit ist zu gewährleisten, §§ 2 II PartGG, 30 HGB. Namensfortführungen sind zulässig, §§ 2 II PartGG, 21, 22 I, 24 HGB, jedoch ist die Namensübertragung ohne gleichzeitigen Übergang des „Unternehmens" nicht zulässig, §§ 2 II PartGG, 23 HGB. Bereits bestehende Gesellschaften, die nicht Partnerschaft i.S.d. PartGG sind,

Beispiele: bisherige Anwaltssozietäten oder Steuerberaterbüros in Form der GbR, etwa: „Müller und Partner",

durften diese Bezeichnung nur noch bis zum Ablauf des 30.6.1997 führen; nunmehr müssen sie einen Hinweis auf ihre eigentliche Rechtsform angeben, § 11 PartGG.

Auf Geschäftsbriefen und Bestellscheinen sind die gemäß den §§ 7 IV PartGG i.V.m. 125 a I 1, II HGB erforderlichen Angaben zu machen.

Namensschutz

Der Name der Partnerschaft ist gemäß den §§ 2 II PartGG, 37 HGB, 823 I BGB, 823 II BGB i.V.m. den §§ 2 II PartGG, 37 HGB (diese Vorschriften sind insoweit Schutzgesetze; s. o. 12.3), geschützt.

16.6.4 Innenverhältnis

Die Partner können ihre Rechtsbeziehungen unter- bzw. zueinander im Rahmen der Vertragsfreiheit (s. o. 2.5) weitgehend frei regeln. Bei Erbringung ihrer beruflichen Leistungen haben die Partner das jeweils für sie geltende Berufsrecht zu beachten, § 6 I PartGG, sie bleiben also ihrem jeweiligen Standesrecht unterworfen.

Beispiele: Rechtsanwälte, Ärzte, Steuerberater etc. müssen weiterhin ihr spezielles Berufsrecht wahren.

Von der Führung der Geschäfte für den von ihm selbst ausgeübten Beruf kann ein Partner nicht ausgeschlossen werden, sondern nur von der Geschäftsführung ansonsten, vgl. § 6 II PartGG.

Soweit die Partner keine gesellschaftsvertraglichen Regelungen treffen, greifen im übrigen wegen der Rechte und Pflichten im Innenverhältnis die jeweiligen Regeln der §§ 110-116 II, 117-119 HGB ein, d. h. bezüglich Geschäftsführung, Kontrollrechten und Beschlußfassung wird auf oHG-Recht verwiesen, § 6 III PartGG.

Berufsrecht zu beachten

Geschäftsführung

oHG-Regeln gelten

16.6.5 Personelle Veränderungen

Neue Partner in die Partnerschaft aufzunehmen ist, sofern sie einen freien Beruf i.S.d. § 1 II PartGG ausüben, unproblematisch. Ein vertragsgemäßer Austritt ist ebenfalls unbedenklich. Jedem Partner steht auch das nicht abdingbare Kündigungsrecht aus wichtigem Grund zu, §§ 1 IV PartGG, 723 BGB. Im übrigen gelten für Auflösung bzw. Ausscheiden eines Gesellschafters gemäß § 9 I PartGG die §§ 131-144 HGB.

Der Tod eines Partners, die Eröffnung des Insolvenzverfahrens über sein Vermögen, seine Kündigung oder die Kündigung durch einen seiner Privatgläubiger sowie der Verlust einer erforderlichen Zulassung zum freien Beruf bewirken (nur) sein Ausscheiden aus der Partnerschaft, §§ 9 I PartGG, 131 HGB, so daß die Partnerschaft ansonsten weiterbesteht.

Die Beteiligung an einer Partnerschaft ist nicht vererblich, es sei denn, im Partnerschaftsgesellschaftsvertrag sei die Vererblichkeit an eine Person, die ihrerseits Partner i.S.d. § 1 I, II PartGG sein könnte, vorgesehen, § 9 IV PartGG (sog. qualifizierte Nachfolgeklausel).

Beispiel: Im Partnerschaftsvertrag ist vereinbart, daß der Sohn/die Tochter dem väterlichen Rechtsanwalt nach dessen Tod in die Partnerschaft nachfolgen können, sofern sie selbst zur Anwaltschaft zugelassen sind.

Ist eine solche Regelung nicht getroffen, so wächst die Beteiligung des verstorbenen Partners den verbleibenden, die Gesellschaft fortsetzenden, Partnern an, vgl. die §§ 1 IV PartGG, 738 BGB; in derartigen Fällen

Aufnahme/ Austritt

nicht vererblich

Anwachsung

kann auch vereinbart werden, daß ein Ausgleich unterbleibt (für Ausscheiden zu Lebzeiten gilt entsprechendes).

16.6.6 Außenverhältnis

Für das Außenverhältnis der Partnerschaft gilt mit dem Zeitpunkt ihrer Wirksamkeit durch Eintragung in das Partnerschaftsregister, § 7 I PartGG, folgendes:

Quasi-Körperschaft
- Die Partnerschaft als Gesamthandsgesellschaft wird als Quasi-Körperschaft wie eine juristische Person behandelt (s. o. 3.3). Sie ist gemäß den §§ 7 II PartGG, 124 HGB rechts-, partei-, grundbuch- und insolvenzfähig (s. o. 16.6.1.2).

Einzelvertretung
- Die Partnerschaft wird Dritten gegenüber durch die Partner organschaftlich vertreten; mangels anderweitiger gesellschaftsvertraglicher Regelung gilt das Prinzip der Einzelvertretung, §§ 7 III PartGG, 125 I, II HGB. Ein etwaiger Ausschluß eines Partners von der Vertretung, die Anordnung der Gesamtvertretung sowie jede sonstige Änderung der Vertretungsmacht muß im Partnerschaftsregister eingetragen werden, §§ 7 III PartGG, 125 IV HGB.

keine Prokuristen- oder Handlungsbevollmächtigten
- Da die Partnerschaft kein Handelsgewerbe betreibt, § 1 I 2 PartGG, kann sie auch keine Prokuristen oder Handlungsbevollmächtigten bestellen (daher verweist § 7 III PartGG auch nicht auf den die unechte Gesamtvertretung regelnden § 125 III HGB). Die Bestellung rechtsgeschäftlicher Vertreter richtet sich daher alleine nach den §§ 164 ff. BGB (s. o. 7).

Haftung
- Hinsichtlich der Haftungsverhältnisse ist folgendes zu beachten:

Partnerschaft und Partner haften
  - Für Verbindlichkeiten der Partnerschaft (die sie gemäß den §§ 7 II PartGG, 124 HGB selbst begründen kann) haftet das Vermögen der Partnerschaft; daneben haftet Gesellschaftsgläubigern für Gesellschaftsverbindlichkeiten jeder einzelne Partner gesamtschuldnerisch, § 8 I 1 PartGG (es sei denn, nur einzelne Partner seien mit der Bearbeitung eines Auftrags befaßt gewesen, § 8 II PartGG n.F.).

    Beispiele: Der Partner einer aus Ärzten bestehenden Partnerschaft erwirbt für die Partnerschaft ein Röntgengerät; Kaufpreisschuldnerin ist somit die Partnerschaft, §§ 433 II BGB, 7 II, III PartGG, 124 I, 125 I, 126 I HGB, 164 I 1 BGB. Der Verkäufer kann daher die Partnerschaft, aber auch jeden einzelnen Partner gesamtschuldnerisch, vgl. die §§ 8 I 1 PartGG, 421 ff. BGB (s. o. 8.7), in Anspruch nehmen.

    Oder: der Rechtsanwalts-Partner berät einen Mandanten falsch und dieser erleidet hierdurch einen Schaden: dann haftet dem Mandanten nicht nur die

Partnerschaft als solche mit ihrem Vermögen, §§ 8 I 1, 7 II PartGG, 124 I HGB, sondern ggf. der einzelne Partner als Gesamtschuldner, §§ 8 I 1 PartGG, 421 ff. BGB (Anspruchsgrundlage wäre die pVV, s. o. 9.7).

- Dies gilt nicht nur für vertragliche, sondern auch für deliktische Anspruchsgrundlagen.

- Ein persönlich in Anspruch genommener Partner kann dem Anspruchsteller die der Partnerschaft zustehenden Einwendungen entgegenhalten, §§ 8 I 2 PartGG, 129 HGB.

    Beispiele: Der Partner kann sich darauf berufen, daß die Partnerschaft den geltend gemachten Anspruch bereits durch Erfüllung befriedigt habe, er kann anfechten, aufrechnen, die Verjährungseinrede erheben etc.

- Ein neu in die Partnerschaft eintretender Partner haftet (anders als bei der GbR) auch für die vor seinem Eintritt begründeten Verbindlichkeiten der Partnerschaft, §§ 8 I 2 PartGG, 130 HGB. — Eintrittshaftung

- Ausscheidende Partner haften nur für Verbindlichkeiten, die während ihrer Zugehörigkeit zur Partnerschaft begründet wurden. Dieser Anspruch muß im übrigen binnen fünf Jahren erhoben werden, ansonsten verjährt er, §§ 10 II PartGG, 159, 160 HGB. — Nachhaftung

- Waren nur einzelne Partner mit der Bearbeitung eines Auftrags befaßt, so haften nur sie i.S.d. § 8 I PartGG für Schäden wegen fehlerhafter Berufsausübung, vgl. § 8 II PartGG; die persönliche Haftung kann also auf denjenigen Partner beschränkt sein, der innerhalb der Partnerschaft die berufliche Leistung zu erbringen oder verantwortlich zu leiten und zu überwachen hat. — Haftungsbeschränkung

Die anderen Partner werden dadurch also hinsichtlich ihrer persönlichen Haftung, die sich eigentlich aus § 8 I 1 PartGG ergäbe, privilegiert.

Die Haftung der Partnerschaft als solcher bleibt daneben aber erhalten.

Beispiel: Bei einer Ärztepartnerschaft haftet Patienten gegenüber für Schäden aus unsachgemäßer Behandlung (vertragsrechtlich im Hinblick auf pVV, deliktsrechtlich bezüglich den §§ 823 ff. BGB) neben der Partnerschaft nur der jeweils behandelnde (oder die Behandlung durch Mitarbeiter verantwortlich leitende und überwachende) Partner.

- Für Hilfspersonen muß die Partnerschaft unter den Voraussetzungen der §§ 278 BGB (rechtsgeschäftlich) bzw. 831 BGB (deliktisch) einstehen. — Einstandspflichten für Hilfspersonen

    Beispiel: Die von der Ärzte-Partnerschaft angestellte medizinisch-technische Assistentin verwechselt eine Spritze und der Patient wird dadurch geschädigt.

- Haftungsbeschränkungen durch Gesetz auf bestimmte Höchstbeträge sind gemäß § 8 III PartGG möglich.

  Beispiele: § 51 a BRAO für Rechtsanwälte, § 67 a StBerG für Steuerberater, § 54 a WPO für Wirtschaftsprüfer.

  Sollte ein in Anspruch genommener Partner einen geschädigten Dritten im Außenverhältnis befriedigt haben (§§ 8 I 1 PartGG, 421 BGB), so kann er die Partnerschaft in Regreß nehmen, §§ 6 III PartGG, 110 HGB.

16.6.7 Steuerliches

Die Partnerschaft selbst ist weder körperschaftsteuer- noch gewerbesteuerpflichtig. Sie unterfällt allerdings dem UStG. Einkommensteuerpflichtig ist nicht die Partnerschaft, sondern sind die einzelnen Partner. Die Partner erzielen Einkünfte aus selbständiger Tätigkeit, § 18 I Nr. 1 EStG.

16.7 Die Gesellschaft mit beschränkter Haftung

Bereits in den einleitenden Grundzügen des Gesellschaftsrechts (s. o. 16.1.3.1) wurde darauf hingewiesen, daß sich die Grundtypen der Möglichkeiten, Vereinigungen zu bilden, als „Gesellschaft" bzw. „Verein" beschreiben lassen. Eine solche Sonderform des „handelsrechtlichen Vereins" stellt die GmbH dar. Bei ihr als juristischer Person (s. o. 3.2) sind die sich vertraglich verbundenen Gesellschafter mit einer bestimmten Einlage am Stammkapital beteiligt, nämlich mit einer Stammeinlage als kapitalmäßiger Beteiligung.

handelsrechtlicher Verein

16.7.1 Begriff der GmbH

Für die GmbH gilt grundsätzlich folgendes:

16.7.1.1 Grundsätzliches

juristische Person

Die GmbH ist eine (Kapital-)Gesellschaft mit eigener Rechtspersönlichkeit; sie ist juristische Person und selbständige Trägerin eigener Rechte und Pflichten; sie kann Eigentum und andere dingliche Rechte an Grundstücken erwerben, vor Gericht klagen und verklagt werden: ihren Gläubigern gegenüber haftet sie selbst mit ihrem Gesellschaftsvermögen. Sie gilt als Handelsgesellschaft i.S.d. Handelsgesetzbuches (vgl. die §§ 13 GmbHG, 6 I HGB; s. o. 3.5).

Eine GmbH kann zu jedem gesetzlichen Zweck durch eine oder mehrere Personen errichtet werden (§ 1 GmbHG). Sie entsteht durch Eintragung im Handelsregister, § 11 GmbHG. Vertreten wird sie durch den/die Geschäftsführer als Organ/e (vgl. die §§ 6, 35 GmbHG; s. o. 7.2.2). Sie führt eine Firma, die den Hinweis „mit beschränkter Haftung" enthalten muß, § 4 GmbHG. Das Stammkapital der Gesellschaft muß mindestens 25 000,– Euro, die Stammeinlage eines jeden Gesellschafters muß mindestens 100,– Euro betragen, § 5 GmbHG, Art. 3 EuroEG (bei GmbH, die bis zum 31.12.2001 im Handelsregister eingetragen werden, dürfen Stammkapital und Stammeinlagen auch auf DM lauten, § 86 II 1 GmbHG n.F.; vor dem 1.1.1999 gegründete „Alt-GmbH" dürfen ihr auf DM lautendes Stammkapital bis zur ersten Kapitaländerung beibehalten, § 86 I GmbHG n.F. Bisher betrugen das Mindeststammkapital 50 000,– DM und die Mindeststammeinlage 500,– DM, vgl. § 5 I GmbHG a.F.). Für Gesellschaftsverbindlichkeiten haftet (von einigen Ausnahmefällen zur Mißbrauchsverhinderung abgesehen) nur das Gesellschaftsvermögen.

Prinzipien

16.7.1.2 Bedeutung

Die GmbH hat in den letzten Jahrzehnten einen nicht enden scheinenden Siegeszug in der gesellschaftsrechtlichen Beliebtheit angetreten. Sie eignet sich als „kleine Schwester der Aktiengesellschaft" besonders für kleine und mittlere Unternehmen, die insbesondere aus Haftungsgründen die Rechtsform der Kapitalgesellschaft wählen:

Beliebtheit

Das aufzubringende Kapital ist nicht allzuhoch, die private Haftung der Gesellschafter im Außenverhältnis ist regelmäßig „abgeschottet", die Rechtsverhältnisse der Gesellschafter untereinander sind flexibel gestaltbar. Daher bietet sich die GmbH gerade für Familienunternehmen an. Auch die seit 1981 gesetzlich zugelassene „Einmann-GmbH" ist durchaus beliebt. Die GmbH eignet sich ebenso gut als Dach-, Verwaltungs- bzw. Organgesellschaft in Konzernen (sog. Holding). Auch für

Holding

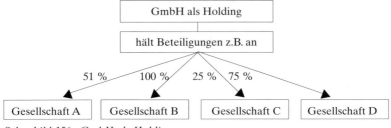

Schaubild 156: GmbH als Holding

gemeinnützige, künstlerische, wissenschaftliche, kulturelle bzw. sportliche Zwecke wird oft auf die Rechtsform der GmbH zurückgegriffen.

16.7.1.3 Abgrenzung zur AG

Kapitalgesellschaft

Wie die AG ist auch die GmbH eine Kapitalgesellschaft (vgl. 16.1.3.3). Oftmals nennt man sie auch „kleine Aktiengesellschaft" bzw. „kleinere Schwester der Aktiengesellschaft". Allerdings ist das GmbH-Recht weniger stringent als das Aktienrecht:

Gestaltungsmöglichkeiten

Gesellschaftsvertraglich sind bei der GmbH vielfältige(re) Gestaltungsmöglichkeiten gegeben, insbesondere läßt sich die GmbH stärker personalisieren; GmbH-Gründungen sind nicht so teuer wie bzw. einfacher als AG-Gründungen; Gesellschafterbeschlüsse sind nicht so häufig beurkundungsbedürftig wie bei der AG; bei der GmbH lassen sich Nachschußpflichten der Gesellschafter vereinbaren (§ 26 GmbHG); eines Aufsichtsrates bedarf es bei der GmbH erst bei mehr als 500 Arbeitnehmern; bei der GmbH „geht es nicht so anonym zu" wie bei der AG – die Übertragung von GmbH-Anteilen ist erheblich schwerer (vgl. § 15 GmbHG) als der Verkauf bzw. Kauf einer Inhaberaktie (vgl. 16.8.1.4).

Schaubild 157: *GmbH – wesentliche Aspekte*

16.7.2 Gründung der GmbH

Die Gründung der GmbH vollzieht sich nach gesetzlich genau definierten Kriterien:

16.7.2.1 Gesellschafter

Die GmbH kann durch einen oder mehrere Gesellschafter gegründet werden (§ 1 GmbHG). Dabei kann jede natürliche sowie juristische Person Gesellschafter sein; auch Personen(handels)gesellschaften –oHGen, KGen – sowie Gesamthandsgemeinschaften (GbR bzw. Erbengemeinschaften) sind taugliche GmbH-Gesellschafter.

16.7.2.2 Errichtung

Um mit der Eintragung im Handelsregister, § 11 GmbHG, als GmbH und damit als juristische, eigenständige Rechtspersönlichkeit zu entstehen mit der Konsequenz, daß ab dann für Verbindlichkeiten nur das Gesellschaftsvermögen haftet, sind folgende Stadien zu durchlaufen: *Stadien der Errichtung*

- Gesellschaftsvertrag: *Gesellschaftsvertrag*
  Der Gesellschaftsvertrag, man nennt ihn auch Satzung bzw. Statut, bedarf der notariellen Form und ist von sämtlichen Gesellschaftern zu unterzeichnen (§ 2 GmbHG). Vollmachten von Vertretern müssen ebenfalls notariell errichtet oder beglaubigt sein (s. o. 7.2.3.1). Der Mindestinhalt des Gesellschaftsvertrages ergibt sich gem. § 3 I GmbHG:
  Der Gesellschaftsvertrag muß zumindest die Firma und den Sitz (vgl. dazu § 4 a GmbHG) der Gesellschaft, den Gegenstand des Unternehmens, den Betrag des Stammkapitals sowie den Betrag der von jedem Gesellschafter auf das Stammkapital zu leistenden Einlage, der Stammeinlage, enthalten.

- Geschäftsführer: *Geschäftsführer*
  Die Gesellschafter müssen im Gesellschaftsvertrag bzw. durch einfachen Mehrheitsbeschluß in der Gesellschafterversammlung zumindest einen Geschäftsführer benennen, dem dann auch die Registeranmeldung obliegt (vgl. die §§ 6 f. GmbHG; s. o. 3.4.6).

- Stammkapital: *Stammkapital*
  Alsdann ist das Stammkapital aufzubringen. Sacheinlagen müssen vor der Handelsregisteranmeldung voll erbracht sein (§ 7 III GmbHG), bei Geldeinlagen reicht die Einzahlung eines Viertels auf jede Stammeinlage (§ 7 II GmbHG). Zumindest aber muß auf das Stammkapital so viel eingezahlt sein, daß der Gesamtbetrag der eingezahlten Geldeinlagen zuzüglich des Gesamtbetrages der Stammeinlagen, für die Sacheinlagen zu leisten sind, 12 500.– Euro erreicht.

  Bei Sachgründungen bzw. Sacheinlagen greifen besondere, vornehmlich gläubigerschützende, Regelungen: Es ist ein Sachgründungsbe- *Sacheinlagen* richt zu erstellen (§ 5 IV 2 GmbHG), durch geeignete Bewertungsunterlagen,

Beispiele: Sachverständigengutachten, Preislisten, Tarife, Kursnotierungen,

ist darzutun, daß die Vermögensgegenstände nicht überbewertet sind, also ihr Wert den Betrag der dafür übernommenen Stammeinlage erreicht (§ 8 Nr. 5 GmbHG), was vom Registergericht geprüft wird (vgl. § 9 c GmbHG). Sollte eine Sacheinlage überbewertet worden sein, so muß der betreffende Gesellschafter in Höhe des Fehlbetrages eine Einlage in Geld leisten (§ 9 I GmbHG).

HR-eintrag — Handelsregisteranmeldung und -eintrag

Danach ist die GmbH zum Handelsregister beim jeweiligen Amtsgericht ihres Sitzes anzumelden (§§ 7, 8, 78 GmbHG). Dabei haben der/die Geschäftsführer u. a. zu versichern, daß die Stammeinlagen in voller oder zumindest Mindesthöhe endgültig zur freien Verfügung der Gesellschaft stehen, sie haben ihre Unterschrift zur Hinterlegung zu zeichnen und Unterlagen vorzulegen, wie etwa den Gesellschaftervertrag bzw. eine Gesellschafterliste sowie das Protokoll über ihre Bestellung zum Geschäftsführer.

HRB Eintragungsantrag und Unterlagen werden vom Registergericht geprüft; ergeben sich keine Beanstandungen, so wird die GmbH in Abteilung B des Handelsregisters eingetragen (HRB; s. o. 3.4.6). Damit ist die GmbH entstanden (§ 11 GmbHG). Die Eintragung ist durch Veröffentlichung bekanntzumachen (vgl. die §§ 10 III GmbHG, 8 ff. HGB). Für etwaige unrichtige Eintragungen gilt ggf. § 15 HGB.

Vorgesellschaft Bis zur Eintragung der GmbH spricht man von „GmbH in Gründung" bzw. „Vorgründungsgesellschaft"; diese ist regelmäßig eine GbR i.S.d. §§ 705 ff. BGB, die durch Zweckerreichung mit dem Abschluß des eigentlichen GmbH-Vertrages endet. Mit Abschluß des notariellen GmbH-Vertrages entsteht die sog. Vorgesellschaft („Vor-GmbH"); diese geht mit der Eintragung der GmbH im Handelsregister in die GmbH über. Auf diese Vorgesellschaft, die selbst noch keine GmbH ist (vgl. § 11 I GmbHG), findet das GmbH-Recht soweit wie möglich entsprechende Anwendung. Die Vor-GmbH ist im Zivilprozeß aktiv (und passiv) parteifähig; sie ist bereits ein eigenständiges, körperschaftlich strukturiertes Rechtsgebilde mit eigenen Rechten und Pflichten.

Wurde bereits vor der Eintragung der GmbH in ihrem Namen gehandelt, so haften die Handelnden persönlich und solidarisch, also gesamtschuldnerisch (vgl. § 11 II GmbHG).

16.7.3 Firma

Die notwendige (vgl. § 3 I Nr. 1 GmbHG) Firma (s. o. 3.4.5) der GmbH kann (muß aber nicht mehr, vgl. § 4 I GmbHG a.F.) entweder dem Gegenstand des Unternehmens entlehnt sein (Sachfirma) oder die Namen der Gesellschafter bzw. den Namen zumindest eines Gesellschafters (Personenfirma) enthalten; auch eine Mischfirma von Personen- und Sachfirma ist zulässig, ebenso nunmehr eine Phantasiefirma, vgl. § 4 GmbHG n.F. Die Rechtsform ist zwingend (§ 4 GmbHG) und auf Geschäftspapieren anzugeben (§ 35 a GmbHG; s. o. 3.4.5.4). Von anderen Unternehmen muß sich die Firma unterscheiden (vgl. § 30 HGB).

16.7.4 Gesellschaftsvermögen

Das Stammkapital als Summe aller Stammeinlagen der Gesellschafter der GmbH muß mindestens 25 000,– Euro betragen (§ 5 I GmbHG). Zumindest diese Summe soll den Gesellschaftsgläubigern als etwaige Haftungsmasse dienen. Um das Stammkapital der GmbH für die Gläubiger zu erhalten, trifft das GmbH-Gesetz einige Vorkehrungen (vgl. die §§ 24, 30 ff., 33, 42; s. a. die §§ 242, 264 HGB). (Hinweis: Bei der GmbH spricht man von Stamm-, bei der AG dagegen vom Grundkapital).

Stammkapital

Die Stammeinlage eines Gesellschafters muß mindestens 100,– Euro betragen, sie stellt seinen Beitrag dar. Die Stammeinlage muß auf einen bestimmten Geldbetrag lauten und in Euro durch fünfzig teilbar sein. Sie kann für die einzelnen Gesellschafter jeweils unterschiedlich hoch sein. Bei Errichtung der Gesellschaft kann kein Gesellschafter mehrere Stammeinlagen übernehmen, allerdings sind spätere Übertragungen zulässig. Das Stammkapital muß nicht identisch sein (und ist dies regelmäßig auch nicht) mit dem Gesellschaftsvermögen, das um ein erhebliches höher sein kann. Die Höhe der Stammeinlage bestimmt nach § 14 GmbHG den Geschäftsanteil des Gesellschafters. Dieser ist grundsätzlich maßgebend für sein Stimmrecht (§ 47 II GmbHG), die Gewinnverteilung, § 29 III GmbHG, sowie einen etwaigen Liquidationserlös, § 72 GmbHG.

Stammeinlage

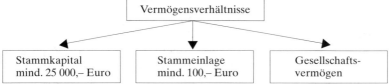

Schaubild 158: GmbH-Vermögensverhältnisse

16.7.5 Rechtsstellung der Gesellschafter

Geschäftsanteil Grundsätzlich kann ein Gesellschafter über seinen Geschäftsanteil frei verfügen; allerdings sind Bindungen („Vinkulierung") möglich (vgl. § 15 GmbHG). Geschäftsanteile sind übertrag-, belast- und inhaltlich änderbar. Auch die Vererblichkeit ist möglich, wobei die Erbfolge allerdings gesellschaftsvertraglich festgelegt werden kann. Die Abtretung von Geschäftsanteilen bedarf der notariellen Form (§ 15 III, IV GmbHG).

Abtretung

Ausschluß Nur ausnahmsweise ist der Geschäftsanteil entziehbar (vgl. die §§ 21 ff., 34 GmbHG). Aus wichtigem Grund läßt die Rspr. den Ausschluß mittels der sog. Ausschlußklage der GmbH gegen einen Gesellschafter zu. Auch ein Austritt aus der GmbH ist bei Vorliegen eines wichtigen Grundes möglich.

Beschlüsse Die Willensbildung der GmbH vollzieht sich grundsätzlich durch die Gesamtheit der Gesellschafter, die ihre Beschlüsse regelmäßig in der Gesellschafterversammlung fassen.

Die Rechte der Gesellschafter ergeben sich vornehmlich aus dem Gesellschaftsvertrag (§ 45 GmbHG, im übrigen nach den §§ 46 ff. GmbHG).

Entscheidungen der Gesellschafter Gemäß § 46 GmbHG entscheiden die Gesellschafter insbesondere über: den Jahresabschluß und die Verwendung des Ergebnisses, die Einforderung von Einzahlungen auf die Stammeinlagen, die Rückzahlung von Nachschüssen, die Teilung bzw. Einziehung von Geschäftsanteilen, die Bestellung, Abberufung und Entlastung von Geschäftsführern, Maßregeln zur Prüfung und Überwachung der Geschäftsführung, Bestellung von Prokuristen und Handlungsbevollmächtigten zum gesamten Geschäftsbetrieb, Ersatzansprüche gegen Geschäftsführer oder Gesellschafter.

Die Gesellschafterversammlung wird durch den/die Geschäftsführer einberufen. Abgestimmt wird durch Beschlußfassung nach Mehrheit der abgegebenen Stimmen, wobei jeweils 50,– Euro eines Geschäftsanteiles eine Stimme gewähren (§ 47 GmbHG); bei Satzungsänderungen ist eine 3/4 Mehrheit der abgegebenen Stimmen erforderlich (§ 53 II 1 GmbHG).

Gesellschafterrechte Die Beteiligung an einer GmbH vermittelt dem Gesellschafter Mitwirkungs- und Vermögensrechte:

– Vermögensrechte: Das wichtigste ist der (anteilige) Anspruch auf den erzielten Reingewinn;
– Mitwirkungsrechte: insbesondere Stimmrechte in der Gesellschafterversammlung, § 47 GmbHG, Minderheitsrechte (§ 50 GmbHG), Auskunfts- und Einsichtsrechte (§ 51 a GmbHG) sowie ggf. Privilegien aus dem Gesellschaftsvertrag.

Vornehmliche Pflicht des Gesellschafters ist die Aufbringung bzw. Erhaltung seiner Stammeinlage (vgl. § 5 GmbHG), wobei Nachschußpflichten nur ausnahmsweise bestehen (§ 26 GmbHG; § 53 III GmbHG). Eine persönliche Haftung für Gesellschaftsverbindlichkeiten trifft den einzelnen Gesellschafter darüber hinaus regelmäßig nicht. Die Rspr. läßt nur in engbegrenzten Ausnahmefällen die sog. Durchgriffshaftung zu Lasten des Gesellschafters für GmbH-Verbindlichkeiten zu, insbesondere dann, wenn ein Gesellschafter die rechtliche Selbständigkeit der GmbH als solche mißbraucht und dies gegen das Gebot von Treu und Glauben (§ 242 BGB; s. o. 8.3.1.2) verstößt.

-pflichten

Durchgriffshaftung

Um das Stammkapital zu erhalten, darf das dafür erforderliche Vermögen der GmbH an die Gesellschafter nicht ausgezahlt werden, sog. Rückgewährverbot (vgl. § 30 GmbHG).

Rückgewährverbot

16.7.6 Stellung der Geschäftsführer

Für die Rechtsstellung der GmbH-Geschäftsführer gilt folgendes:

16.7.6.1 Grundsätzliches

Die GmbH ist als juristische Person (s. o. 3.2) eine Kunstschöpfung der Rechtsordnung. Sie muß rechtlich durch Menschen repräsentiert werden. Wichtigstes Organ neben der Gesellschafterversammlung und einem etwaigen Aufsichtsrat ist daher der Geschäftsführer.

Organ

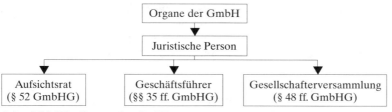

Schaubild 159: Organe der GmbH

Der/die Geschäftsführer vertritt die GmbH nach außen und leitet nach innen die Geschäfte (demgegenüber erbringen die Gesellschafter das erforderliche Kapital). Ein Geschäftsführer kann, muß aber nicht Gesellschafter sein, Grundsatz der sog. Fremdorganschaft (vgl. § 6 III 1 GmbHG; s. a. 16.1.3.3.). Geschäftsführer kann nicht sein, wer wegen bestimmter Konkursdelikte vorbestraft ist oder wem die Berufsausübung gerichtlich untersagt wurde (§ 6 II GmbHG).

Bestellung	Die Bestellung der Geschäftsführer erfolgt durch den Gesellschaftsvertrag (§ 6 III 2 GmbHG) mittels Gesellschafterbeschlusses (§ 46 I Nr. 5 GmbHG). Die Bestellung zum Geschäftsführer ist grundsätzlich jederzeit widerrufbar (vgl. § 38 GmbHG).
Bestellung/ Anstellung	Wichtig ist, zwischen der Bestellung einer Person zum Geschäftsführer als Organ der GmbH und dem mit dieser Person abzuschließenden Dienst- bzw. Anstellungsvertrag (s. o. 10.4) zu trennen; beide Rechtsverhältnisse können ggf. ein eigenständiges rechtliches Schicksal haben. Ersteres ist ein gesellschaftsrechtlicher Organisationsakt, letzteres ein dienstrechtliches Phänomen. Will sich die Gesellschaft beispielsweise von ihrem Geschäftsführer gänzlich trennen, so genügt es nicht, den Geschäftsführer durch die Gesellschafterversammlung mit Mehrheitsentscheidung abzuberufen und ihm dies mitzuteilen; erforderlich ist darüber hinaus dann auch die (ordentliche oder außerordentliche) Kündigung des Dienstverhältnisses (s. a. § 14 KSchG).
Vertretung	Aufgabe der Geschäftsführer ist es, die Geschäfte der Gesellschaft zu führen und sie gerichtlich und außergerichtlich zu vertreten (vgl. § 35 I GmbHG). Sind mehrere Geschäftsführer bestellt (vgl. § 6 I GmbHG), dann geht das Gesetz grundsätzlich von gemeinsamem Handeln der Geschäftsführer aus. Allerdings kann der Gesellschaftsvertrag auch Einzelkompetenzen vorsehen.

16.7.6.2 Geschäftsführung

Innenverhältnis	Im Innenverhältnis zur Gesellschaft haben die Geschäftsführer deren Geschäfte zu besorgen, Geschäftsführung (vgl. 16.1.4). Diese umfaßt grundsätzlich alle Angelegenheiten der Gesellschaft, wobei allerdings Beschränkungen im Gesellschaftsvertrag, durch die Gesellschafterversammlung oder den etwaigen Aufsichtsrat möglich sind. Wichtige Geschäftsführungspflichten sind

zum Beispiel: Die Pflicht zur Vorlage einer aktuellen Gesellschafterliste (§ 40 GmbHG), ordnungsgemäßen Buchführung (§ 41 GmbHG), ordnungsgemäßen Bilanzierung (§ 42 GmbHG), Vorlage des Jahresabschlusses und des Lageberichts (§ 42 a GmbHG), oder aber auch zur Beantragung des Insolvenzverfahrens (§ 64 GmbHG).

16.7.6.3 Vertretung

Außenverhältnis	Die Geschäftsführer vertreten die GmbH gerichtlich und außergerichtlich (§§ 35, 36 GmbHG). Im Grundsatz gilt Gesamtvertretungsbefugnis (vgl. § 35 II 2 GmbHG), wobei es allerdings dann, wenn gegenüber der GmbH eine Willenserklärung abzugeben ist, ausreicht, wenn dies einem

der Geschäftsführer gegenüber erfolgt (§ 35 II 3 GmbHG). In Gesellschaftsverträgen wird häufig Einzelvertretungsbefugnis vorgesehen. Zwar vermag die Vertretungsbefugnis der Geschäftsführer im Innenverhältnis zur Gesellschaft hin eingeschränkt zu werden (§ 37 I GmbHG), Dritten gegenüber, also im Außenverhältnis, ist eine Beschränkung der Befugnis der Geschäftsführer, die Gesellschaft zu vertreten, ohne rechtliche Wirkung (vgl. § 37 II GmbHG; s. a. 16.1.4).

16.7.6.4 Haftung

Die Geschäftsführer müssen in Angelegenheiten der Gesellschaft die Sorgfalt eines ordentlichen Geschäftsmannes walten lassen (§ 43 I GmbHG). Verletzen sie ihre Pflichten, dann machen sie sich gem. § 43 II GmbHG der Gesellschaft gegenüber schadensersatzpflichtig (s. a. § 40 II GmbHG n.F.). Schädigt ein Geschäftsführer einen Dritten rechtsgeschäftlich oder deliktisch, so muß die GmbH dafür unmittelbar gemäß § 31 BGB einstehen; Geschäftsführer sind weder als Erfüllungsgehilfen i.S.d. § 278 BGB (s. o. 7.3.3) noch als Verrichtungsgehilfen i.S.d. § 831 BGB (s. o. 7.3.4; 12.5.1) anzusehen.

Sorgfaltspflichten

Beispiele: Ein Geschäftsführer verletzt einen mit einem Dritten bestehenden Vertrag – die GmbH haftet nach pVV i.V.m. § 31 BGB; oder: er schädigt einen Dritten mittels einer unerlaubten Handlung – die GmbH haftet diesem gemäß den §§ 823 (I, II) oder 826 BGB i.V.m. § 31 BGB.

Deliktisch durch den Geschäftsführer Geschädigte können ggf. Schadensersatzansprüche unmittelbar gegen ihn gemäß den §§ 823, 826 BGB geltend machen (sodaß GmbH und Geschäftsführer wegen den §§ 840, 421 ff. BGB gesamtschuldnerisch haften, s. o. 8.7).

Schaubild 160: GmbH-Geschäftsführer

16.7.7 Aufsichtsrat

Der Gesellschaftsvertrag kann einen Aufsichtsrat vorsehen und dessen Rechtsstellung ausgestalten, wobei ggf. subsidär entsprechende Regeln des Aktiengesetzes gelten (vgl. § 52 GmbHG).

fakultativ

obligatorisch | Ungeachtet dieses fakultativen Aufsichtsrates muß eine GmbH im Rahmen des Mitbestimmungs- und Betriebsverfassungsrechtes notwendigerweise einen Aufsichtsrat bei mehr als 500 Arbeitnehmern bilden (vgl. § 77 BetrVG von 1952). Rechte und Pflichten dieses obligatorischen Aufsichtsrates bestimmen sich nach dem AktG i.V.m. § 76 BetrVG von 1952, wobei die Arbeitnehmer ein Drittel der Mitglieder des Aufsichtsrates stellen. Bei mehr als 2.000 Arbeitnehmern wird der obligatorische Aufsichtsrat paritätisch zusammengesetzt (vgl. § 1 MitbestG).

16.7.8 Satzungsänderungen

Gesellschafterbeschluß | Satzungsänderungen bedürfen eines Gesellschafterbeschlusses, der notariell zu beurkunden ist und einer 3/4 Mehrheit der abgegebenen Stimmen bedarf (§ 53 GmbHG). Derartige Abänderungen des Gesellschaftsvertrages sind im Handelsregister einzutragen (§ 54 GmbHG). Satzungsänderungen sind insbesondere

– Änderungen der Firma bzw. des Gesellschaftssitzes,
– Änderungen des Gesellschaftszwecks,
– Änderungen des Stammkapitals,
– Einführung neuer Gesellschaftsorgane,
– Veränderungen bisheriger Gesellschaftsorgane.

Kapitalerhöhung und Kapitalherabsetzung regeln die §§ 55-59 GmbHG besonders.

16.7.9 Auflösung und Liquidation

Die Auflösung der GmbH erfolgt gemäß § 60 I GmbHG insbesondere bei

Auflösungsgründe
– Zeitablauf,
– Gesellschafterbeschluß mit 3/4 Mehrheit,
– gerichtlichem Urteil bzw. Entscheidung der Verwaltungsbehörde,
– Eröffnung des Insolvenzverfahrens,
– rechtskräftiger Verfügung des Registergerichts.

Die Satzung kann weitere Auflösungsgründe festsetzen (§ 60 II GmbHG).

Die Auflösung der GmbH ist zur Eintragung ins Handelsregister anzumelden und von den Geschäftsführern als Liquidatoren dreimal bekanntzugeben, verbunden mit der Aufforderung an die Gläubiger, sich zu melden (vgl. § 65 GmbHG).

Liquidation | Alsdann findet die Liquidation statt (§§ 66 ff. GmbHG). Die Geschäftsführer als Liquidatoren haben

- die laufenden Geschäfte zu beendigen,
- die Verbindlichkeiten der aufgelösten Gesellschaft zu erfüllen,
- ausstehende Forderungen einzuziehen,
- das Vermögen der Gesellschaft in Geld umzusetzen,
- und die Schlußverteilung vorzunehmen.

Der Liquidationserlös darf erst nach Ablauf eines Sperrjahres verteilt werden (vgl. die §§ 72 ff. GmbHG). Danach ist die Löschung zu beantragen; mit der Eintragung der Löschung im Handelsregister ist die GmbH beendet.

Löschung

16.7.10 Steuern

Die GmbH als juristische Person ist selbständiges Steuersubjekt. Sie unterliegt der Körperschaftssteuer (vgl. § 1 KStG), der Kapitalertragssteuer, der Gewerbesteuer (§ 2 II GewStG) und gilt als Unternehmer i.S.d. Umsatzsteuerrechts.

16.7.11 GmbH & Co. KG

Die GmbH & Co. KG (vgl. bereits 16.1.3.3.; 16.4.9.1) ist eine gesetzlich nicht geregelte, von der wirtschaftsrechtlichen Praxis entwickelte Kommanditgesellschaft, an der eine GmbH als persönlich haftende Gesellschafterin – Komplementärin – beteiligt ist. Neben den grundsätzlichen Regeln für die KG (vgl. 16.4.1; §§ 161 ff. HGB) finden daher insbesondere die Regeln des GmbHG für die Komplementärin Anwendung. Haftungsrechtlich ergibt sich die für eine KG erforderliche unbeschränkte Haftung dadurch, daß die GmbH als juristische Person eigenständige Vollhafterin ist; praktisch allerdings haftet sie nur mit ihrem Gesellschaftsvermögen, so daß letztlich auch insoweit eine Minderung der haftungsrechtlichen Risiken der Gesellschafter der Kompemtär-GmbH folgt.

GmbH = Komplementärin

Haftung

Neben diesem haftungsrechtlichen Vorteil ergeben sich auch mögliche steuerrechtliche Vergünstigungen (etwa aus Sonderabschreibungen für Personengesellschaften, etc.). Allerdings haben sich die steuerlichen Anreize für die Bildung einer GmbH & Co. KG durch Änderungen des Steuerrechts erheblich vermindert. Mit der GmbH & Co. KG lassen sich aber auch Nachfolgeprobleme lösen, da eine GmbH nicht „sterben" kann; auch ist das Innenverhältnis bei einer Personengesellschaft freier gestaltbar als bei einer Kapitalgesellschaft, es lassen sich auch leichter Kommanditisten und damit Kapital werben, und die Gesellschaft kann

weitere Vorteile

durch die GmbH und damit deren Geschäftsführer leichter beherrscht werden, ohne daß die Kapitalmehrheit erforderlich wäre.

Firma Bei der Firma der GmbH & Co. KG (s. o. 3.4.5) ist auf § 19 II HGB zu achten. Im Außenverhältnis wird die GmbH & Co. KG von der GmbH und diese wiederum von ihrem Geschäftsführer vertreten. Verbindlich-
Einstands- keiten der GmbH & Co. KG treffen diese mit ihrem gesamten Ver-
pflichten mögen (§§ 124 I, 161 II HGB). Dies gilt für die Komplementär-GmbH ebenso gem. den §§ 128, 161 II HGB. Einzelne Kommanditisten haften nach den §§ 171 ff. HGB beschränkt.

Wirksam wird die GmbH & Co. KG einerseits durch Eintragung der GmbH (§ 11 I GmbHG) und andererseits durch Eintragung der KG (§§ 123 I, 161 II HGB) im Handelsregister. Eine bereits bestehende Personen(handels)gesellschaft – oHG, KG – kann durch Eintritt einer GmbH als Komplementärin zur GmbH & Co. KG umgewandelt werden. Auflösung und Liquidation der KG sowie der GmbH erfolgen nach den für die jeweilige Gesellschaft maßgeblichen Regeln, d. h. den §§ 145 ff., 161 II HGB bzw. 60 ff. GmbHG.

16.8 Die Aktiengesellschaft

Leitbild der wirtschaftlichen Großunternehmen ist die AG. Das Recht der AG weist folgende wesentlichen Prinzipien auf:

16.8.1 Begriff der AG

Grundsatz Die AG ist gemäß § 1 AktG eine Gesellschaft mit eigener Rechtspersönlichkeit, für deren Verbindlichkeiten den Gläubigern nur das Gesellschaftsvermögen haftet; sie hat ein in Aktien (Nennbetrags- oder Stückaktien) zerlegtes Grundkapital. Die AG ist somit eine Sonderform des „handelsrechtlichen" Vereins (s. o. 16.1.3.1), die sie tragenden „Gesellschafter", die Aktionäre, sind an ihr kapitalmäßig beteiligt.

16.8.1.1 Rechtsperson

Juristische Die AG ist eine (Kapital-)Gesellschaft mit eigener Rechtspersönlichkeit
Person – sie ist also eine juristische Person und als solche Trägerin eigener Rechte und Pflichten (s. o. 3.2). Damit ist sie rechtsfähig, kann Rechte begründen, Verbindlichkeiten eingehen, Eigentum und andere dingliche Grundstücksrechte erwerben, vor Gericht Klägerin oder Beklagte sein. Gläubigern gegenüber haftet (nur) sie selbst, nicht aber ihre Aktionäre. Die AG ist, wie der (BGB-)Verein, keine Vereinigung in Form einer

Gesellschaft, sondern eine Körperschaft (s. o. 16.1.3.2); sie wird daher durch ihre Organe, insbesondere den Vorstand, vertreten, vgl. § 78 I AktG. Für die AG kommt es nicht darauf an, wer an ihr als Aktionär beteiligt ist, vielmehr ist entscheidend das in Aktien zerlegte Grundkapital; insoweit herrscht Anonymität vor.

Organe

Die AG gilt gemäß § 3 I AktG als Handelsgesellschaft, auch wenn der Gegenstand des Unternehmens nicht im Betrieb eines Handelsgewerbes besteht (vgl. 3.4.2.6). Demzufolge ist die AG Kaufmann kraft Rechtsform i.S.d. § 6 HGB, so daß auf sie das Handelsrecht anzuwenden ist. Im Rechtsverkehr tritt die AG unter ihrer Firma auf (Sach-, Personen-, Misch-, Phantasiefirma), die aber die Bezeichnung Aktiengesellschaft bzw. AG enthalten muß, §§ 4 AktG, 17 ff. HGB (vgl. 3.4.5; 16.8.3).

Handelsgesellschaft

Beispiele: BMW AG; Daimler Benz AG; Nürnberger Lebensversicherung AG; Deutsche Telekom AG.

Der Sitz einer AG wird regelmäßig durch ihre Satzung bestimmt und hat sich insbesondere am Ort der Geschäftsleitung bzw. der Verwaltung oder einem Betrieb der Gesellschaft auszurichten, § 5 AktG. Das Grundkapital muß auf einen Nennbetrag von mindestens 50 000,– Euro lauten, §§ 6, 7 AktG, Art. 3 EuroEG. Vor dem 1.1.1999 im Handelsregister eingetragene „Alt-AGen" dürfen die Nennbeträge ihres Grundkapitals und ihrer Aktien in DM fortführen, § 1 II 1 EGAktG n.F. (bisher betrugen das Mindestgrundkapital 100 000,– DM, der Mindestnennbetrag einer Aktie 5,– DM; vgl. die §§ 6-8 AktG a.F.).

Sitz

Grundkapital

Für Gesellschaftsverbindlichkeiten haftet den Gesellschaftsgläubigern regelmäßig nur das Gesellschaftsvermögen, § 1 I 2 AktG. Die Beteiligung am Gesellschaftsvermögen stellt die Aktie als Teil des Grundkapitals der AG dar, deren Mindestnennbetrag bzw. Mindestanteilsbetrag (5,– DM bzw.) 1 Euro aufweisen muß, § 8 II, III AktG.

16.8.1.2 Bedeutung

Die AG ist die typische Gesellschaftsform gerade für Großunternehmen. Insbesondere da, wo erhebliche Geldbeträge aufzubringen sind, hat sie sich als Kapitalsammelstelle bewährt. Dabei ermöglicht sie ihren Mitgliedern, den Aktionären, sich mit einer Geldsumme an (möglichst) gewinnträchtigen Unternehmungen zu beteiligen, ohne selbst in Erscheinung treten oder gar selbst unternehmerisch tätig werden zu müssen. Günstig für den Aktionär ist hierbei, regelmäßig durch Verkauf an der (Wertpapier-)Börse seine Aktien-Beteiligung schnell wieder „zu Geld machen" zu können; günstig für die Gesellschaft demgegenüber

Kapitalsammelstelle

ist, daß die mittels der Aktie geleistete Einlage durch derartige privatrechtliche Veräußerungsvorgänge unberührt, das Eigenkapital also erhalten bleibt. (Erhoffte) Börsenkurssteigerungen lassen im übrigen den Aktienerwerb für Anleger besonders interessant erscheinen.

Ihrer großen wirtschaftlichen Bedeutung wegen findet das für AGen relevante Aktienrecht auch seitens des Gesetzgebers erhebliche Beachtung, wie bspw. die jüngsten gesetzlichen Aktivitäten zeigen (etwa im StückAG v. 25. 3. 1998, im KonTraG v. 27. 4. 1998, bzw. im HRefG v. 22. 6. 1998).

16.8.1.3 Erscheinungsformen

AGen finden sich weltweit; man trifft sie insbesondere im Industrie-, Banken- und Versicherungssektor an.

Beispiele führender deutscher AGen sind:
Allianz-Versicherungs AG; BASF (Badische Anilin & Soda-Fabrik) AG; Bayer AG; Deutsche Bank AG; Deutsche Telekom AG; MAN (Maschinenfabrik Augsburg-Nürnberg) AG; RWE (Rheinisch-Westfälisches Elektrizitätswerk) AG; Siemens AG; Thyssen AG; Volkswagen AG, u.v.m., vgl. etwa die Kursnotizen der deutschen Wertpapierbörsen.

Arten

Im Hinblick auf die Verteilung des Aktienbesitzes, d. h. der Aktienstreuung, finden sich

– Publikumsaktiengesellschaften; bei ihnen sind eine Vielzahl von Aktionären mit breit gestreutem Kapital vorhanden,

  Beispiele: Veba (Vereinigte Elektrizitäts- und Bergwerk) AG; Volkswagen AG; Deutsche Telekom AG;

– majorisierte AGen; ihr Aktienkapital befindet sich mehrheitlich bei einem Großaktionär oder einer Aktionärsgruppe. Man findet sie gerade bei Konzernen;

– Familienaktiengesellschaften, deren Aktien von einer Familie gehalten werden;

– Einmann-AGen, deren Aktien sich alle in der Hand einer Person befinden (vgl. die §§ 2, 42 AktG).

16.8.1.4 Abgrenzung zur GmbH

Vergleich AG/GmbH

Wie die GmbH ist auch die AG eine Kapitalgesellschaft (s. o. 16.1.3.3; 16.7.1.1). Allerdings spielt die AG bei den Gründungen neuer Kapitalgesellschaften eine deutlich geringere Rolle als die GmbH. Das liegt nicht zuletzt daran, daß AG-Gründungen teurer und aufwendiger, beurkundungsbedürftige Vorgänge eher häufiger, Aufsichtsratsbildungen obligatorisch und für kleinere und mittlere Unternehmen AGen unpersönlicher sind als es bei einer GmbH der Fall ist. Auch ist das für AGen aufzubringende Grundkapital von mindestens 50 000,– Euro (§§ 6 f. AktG) doppelt so hoch wie das bei der GmbH erforderliche Stammkapital von zumindest 25 000,– Euro, vgl. § 5 GmbHG (s. o. 16.7.1.3). Hinzu kommt, daß jedenfalls bei (Klein-)Anlegern und Sparern in Deutschland die Aktie traditionell nicht verbreitet bzw. beliebt ist und die Dividendenrendite vielfach hinter der Rentenpapierrendite zurückbleibt.

16.8.1.5 Aktionär, Aktie, Grundkapital

Für das Aktienrecht wesentlich sind die Begriffe Aktionär, Aktie, Grundkapital:

– Der Aktionär ist Mitglied – Gesellschafter – der AG. Er ist durch die von ihm gehaltene Aktie an der AG beteiligt, sei es um der erhofften Dividende bzw. Gewinnbeteiligung willen, sei es wegen der erstrebten Kursgewinne; bei der nicht seltenen Arbeitnehmerbeteiligung in Form von Mitarbeiteraktienzuteilungen wird auch eine engere Bindung an das „eigene Unternehmen" angestrebt. „Großaktionäre" können mittels ihres Aktienbesitzes auch Einfluß auf die Unternehmensführung gewinnen und eigens unternehmerisch tätig werden. *Aktionär*

Für die Verbindlichkeiten der AG haften die Aktionäre nicht persönlich; sie riskieren „allenfalls", daß ihr in den Aktienbesitz investiertes Kapital verlorengeht (s. u. 16.8.5).

– Den Begriff der Aktie verwendet der Gesetzgeber in mehrfachem Sinne. *Aktie*

Er bezeichnet damit

- einen Bruchteil des Grundkapitals, vgl. § 1 II AktG,
- das Mitgliedschaftsrecht des Aktionärs, vgl. § 12 AktG, welches unteilbar ist, § 8 V AktG, sowie
- das Wertpapier, das entweder auf den Inhaber (= Inhaberaktie) oder auf den Namen (= Namensaktie) lautet, §§ 10, 24 AktG (s. u. 16.8.4).

Schaubild 161: Aktie (Begriff)

Grundkapital — Grundkapital ist derjenige Kapitalbetrag, den die Aktionäre bei der Gründung der AG aufbringen bzw. aufzubringen verpflichtet sind. Er muß auf Euro lauten und mindestens 50 000,– Euro betragen, §§ 6, 7 AktG, Art. 3 EuroEG (bis zum 31.12.2001 dürfen AGen neu eingetragen werden, deren Grundkapital und Aktien auf DM lauten, § 1 II 2 EGAktG). Das Grundkapital ist die Haftungsmindestgröße, die den Gesellschaftsgläubigern zur Befriedigung ihrer Forderungen zur Verfügung stehen soll.

Schaubild 162: *AG – wesentliche Aspekte*

16.8.1.6 Börsennotierte/nicht börsennotierte AG

Börsennotierung — Das Aktienrecht differenziert in börsen- und nicht börsennotierte Aktiengesellschaften. Dabei sind AGen, deren Aktien an einem Markt gehandelt werden, der von staatlich anerkannten Stellen geregelt und überwacht wird, regelmäßig stattfindet und für das Publikum mittelbar oder unmittelbar zugänglich ist, gemäß § 3 II AktG börsennotiert. Damit sind nicht nur nationale, sondern auch Auslandsbörsen erfaßt.

Die Unterscheidung in börsen- bzw. nicht börsennotierte AGen hat Auswirkungen insbesondere im Hinblick auf die §§ 58 II 2, 110 III, 125 I 3, 130 I 3, 134 I 2, 171 II 2, 328 III AktG.

16.8.2 Gründung der AG

gesetzlich geregelt — Die Gründung der AG ist in den §§ 23 ff. AktG zwingend geregelt. Vor der eigentlichen AG-Gründung (das ist derzeit recht selten, da einerseits bei Neugründungen die GmbH bevorzugt wird, andererseits durch Veränderung bzw. Zusammenschlüsse bestehender AGen oder Erwerb ganzer Aktienpakete flexibel gehandelt werden kann), findet sich regelmäßig eine Vorgründungsgesellschaft als GbR i.S.d. §§ 705 ff. BGB (s. o.

16.1.5.2; 16.7.2.2). Bei der Gründung einer AG wird die einfache von der qualifizierten unterschieden:

16.8.2.1 Einfache Gründung

Die einfache Gründung der AG ist der Regelfall: *Verlauf der Gründung*

- Zunächst müssen der/die Gründer, §§ 2, 28 AktG, die Satzung durch eine notarielle Urkunde feststellen, § 23 I AktG. In dieser Urkunde müssen   *Feststellung der Satzung*
    - die Gründer,
    - bei Nennbetragsaktien der Nennbetrag, bei Stückaktien die Zahl, der Ausgabebetrag bzw. ggf. zu übernehmende Aktiengattungen,

    angegeben werden, § 23 II AktG.

    Desweiteren muß die Satzung bestimmen, § 23 III, IV AktG: *Inhalt*
    - die Firma (§§ 4 AktG, 17 ff. HGB; s. o. 3.4.5),
    - den Sitz der Gesellschaft, vgl. § 5 AktG,
    - den Unternehmensgegenstand,
    - die Höhe des Grundkapitals (§§ 6, 7 AktG),
    - die Zerlegung des Grundkapitals entweder in Nennbetrags- oder in Stückaktien,
    - Nennbeträge, Zahl und ggf. Gattung der Aktien (dazu vgl. die §§ 8-11 AktG),
    - Inhaber- oder Namensaktien, vgl. § 10 AktG (s. a. § 24 AktG),
    - die Zahl der Vorstandsmitglieder (§§ 76 ff. AktG),
    - die Form der Bekanntmachungen (vgl. § 25 AktG).

- Danach müssen der/die Gründer alle Aktien übernehmen, § 29 AktG. Das bedeutet nicht, daß jetzt schon das gesamte Grundkapital eingezahlt werden muß, sondern, daß die Gründer die feste Verpflichtung eingehen, das Grundkapital aufzubringen. Mit der Übernahme der Aktien, d. h. dieser Zahlungsverpflichtung, ist die AG errichtet (aber noch nicht als solche rechtsfähig).   *Übernahme*

- Nunmehr sind die Organe der AG zu bestellen: *Organe*
    - der erste Aufsichtsrat (zuzüglich Abschlußprüfer) für das erste Voll- oder Rumpfgeschäftsjahr, § 30 I AktG,
    - der erste Vorstand, den der Aufsichtsrat bestellt, § 30 IV AktG.

- Als nächstes sind die Einlagen zu leisten: *Einlagen*
    - Bareinlagen müssen ordnungsgemäß (§ 54 III AktG) in Höhe mindestens eines Viertels des Nennbetrages der Aktien eingezahlt,
    - Sacheinlagen vollständig geleistet werden, §§ 36 II, 36 a AktG.

Gründungs- bericht/- prüfung	• Weiterhin sind der Gründungsbericht, § 32 AktG, zu erstatten, und die Gründungsprüfung, § 33 AktG, vorzunehmen (vgl. § 37 IV Nr. 4 AktG); diese sind beim Handelsregister einzureichen und dort für jedermann einsehbar, § 34 III AktG (s. o. 3.4.6).
HR-Eintrag	• Hiernach ist die Gesellschaft beim Handelsregister anzumelden, §§ 36, 37 AktG. Dort wird die ordnungsgemäße Errichtung und Anmeldung überprüft, § 38 AktG.
Entstehung Vorgesellschaft	• Jetzt erfolgt die Eintragung; damit ist die AG als rechtsfähige juristische Person, §§ 39 ff. AktG, entstanden, vgl. § 41 I AktG. Bis dahin lag nur eine Vorgesellschaft vor: Diese „Vor-AG" ist als werdende juristische Person schon Trägerin von Rechten und Pflichten, wechsel-, scheck-, grundbuch- und parteifähig.
Gründerhaftung	Wer bis dahin im Namen der AG gehandelt hatte, haftet persönlich, mehrere als Gesamtschuldner (s. o. 8.7), allerdings kann die AG diese Verpflichtungen übernehmen, § 41 II AktG (das ist eine Spezialform der Schuldübernahme, die sogar ggf. der Zustimmung des Gläubigers nicht bedarf, s. o. 8.9).
Zwischenscheine	Erst jetzt, nach der mit der Eintragung erfolgten Entstehung der AG, können Anteilsrechte übertragen, Aktien oder Zwischenscheine (also vorläufig verbriefte Mitgliedschaftsrechte vor der eigentlichen Aktienausgabe an die Aktionäre, vgl. die §§ 10 III, IV, 68 V AktG) ausgegeben werden, § 41 IV AktG.

> „Einfache" AG-Gründung
> - Feststellung der Satzung
> - Übernahme der Aktien/Aufbringung des Grundkapitals
> - Bestellung der Organe
> - Leistung der Einlagen/Mindesteinzahlung auf das Aktienkapital
> - Gründungsbericht und Gründungsprüfung
> - Anmeldung zum Handelsregister
> - Eintragung in das Handelsregister

Schaubild 163: „Einfache" AG-Gründung

16.8.2.2 Qualifizierte Gründung

Ausnahmsweise sind besondere Vorschriften bei der Gründung einer AG zu beachten, wenn potentiell gläubigerbenachteiligende Sonderregelungen beabsichtigt werden. Man spricht dann von einer qualifizierten Gründung.

Das ist der Fall, wenn

- einzelnen Aktionären Sondervorteile eingeräumt, § 26 AktG, *Fälle*
- oder Sacheinlagen gestattet werden, § 27 AktG, bzw. Sachübernahmen erfolgen sollen.

Derartige Ausnahmetatbestände erfordern ggf. die Aufnahme in die Satzung, einen besonderen Gründungsbericht bzw. eine zusätzliche Gründungsprüfung, §§ 26, 27, 32 II, 33 II AktG.

16.8.2.3 Nachgründung

Von einer Nachgründung spricht man, wenn Vermögensgegenstände von einer AG innerhalb der ersten zwei Jahre seit ihrer Eintragung ins Handelsregister erworben werden und die Vergütung hierfür den zehnten Teil des Grundkapitals übersteigt. Um die Umgehung der für eine qualifizierte Gründung (s. o. 16.8.2.2) erforderlichen Voraussetzungen zu vermeiden, werden Verträge, die einer solchen Nachgründung dienen, nur mit Zustimmung der Hauptversammlung und Eintragung ins Handelsregister wirksam, §§ 52, 53 AktG.

16.8.2.4 Haftung

Die an der AG-Gründung beteiligten Personen haben mit größtmöglicher Sorgfalt zu handeln. Verstoßen sie gegen ihre Pflichten, so sind sie ggf. schadensersatzpflichtig, §§ 46 ff. AktG, oder werden sogar strafrechtlich belangt, §§ 399 ff. AktG. *Sorgfalt*

16.8.2.5 Gesetzliche Gründung

Ungeachtet der soeben beschriebenen privatrechtlichen Gründung von Aktiengesellschaften können diese ausnahmsweise auch gesetzlich gegründet werden. *Ausnahmen*

Beispiele: Die Nachfolgeunternehmen der Deutschen Bundespost.

So wurde durch Art. 143 b GG (s. a. Art. 87 ff. GG) die Umwandlung des bisherigen öffentlich-rechtlichen Sondervermögens (bis dahin bundeseigene Verwaltung) Deutsche Bundespost in Unternehmen privater Rechtsform vorgenommen und im Postumwandlungsgesetz vom 14.09. 1994 bestimmt, daß die Unternehmen der Deutschen Bundespost in die drei Aktiengesellschaften Deutsche Post AG, Deutsche Postbank AG und Deutsche Telekom AG umgewandelt werden. In diesem Gesetz wurden die Einzelheiten der AG-Gründungen (etwa zu Aktien, Organen, Bewertungen) einschließlich der Feststellung der Satzungen geregelt. *Bundespost-Nachfolgeunternehmen*

Deutsche Bahn AG — Eine ähnliche gesetzliche Neugründung findet sich bei der Deutschen Bahn AG, vgl. die Art. 143 a, 87 e GG, §§ 1 ff. des DeutscheBahnGründungsgesetzes bzw. die §§ 20 ff. Bundeseisenbahnneugliederungsgesetz, bzw. bei der Überführung der DG Bank (bisher Körperschaft des öffentlichen Rechts) in eine AG durch das DG-Bank-Umwandlungsgesetz.

16.8.3 Firma

Zusatz „AG" — Die Firma (s. o. 3.4.5) der AG kann Sach- Personen-, Misch- bzw. Phantasiefirma sein; sie muß, auch bei einer Firmenfortführung, § 22 HGB, den Zusatz „Aktiengesellschaft" bzw. AG enthalten, § 4 AktG. Die Angabe der Rechtsform auf den Geschäftspapieren ist zwingend, § 80 I AktG. Die Unterscheidbarkeit der Firma ist zu gewährleisten, § 30 HGB.

16.8.4 Aktien

Bei den Aktien (s. o. 16.8.1.5) werden folgende Arten unterschieden:

Inhaberaktie
— Regelfall ist die Inhaberaktie (vgl. die §§ 10 I, 24 AktG). Sie lautet auf den Inhaber, und wird wie eine bewegliche Sache nach § 929 BGB übereignet (s. o. 15.3.2.1). Mit dem Erwerb des Eigentums daran wird auch das in ihr als Wertpapier (sog. Inhaberpapier, s. u. 19.3.2.1) verkörperte Mitgliedschaftsrecht an der AG erworben.

Namensaktie
— Ausnahmefall ist die Namensaktie, vgl. § 67 AktG. Sie lautet auf einen bestimmten Namen. Vorgeschrieben ist dies gesetzlich in den Fällen der §§ 10 II, 55, 68 II AktG; man spricht dann, wenn die Übertragung der Namensaktie an die Zustimmung der Gesellschaft gebunden ist, von einer vinkulierten („gefesselten") Namensaktie.

Beispiele: Die Aktien der Axel Springer Verlag AG, der Deutsche Lufthansa AG, der Allianz AG.

Namensaktien sind ebenfalls Wertpapiere; sie werden aber als sog. Orderpapiere (s. u. 19.3.2.3) nicht wie bewegliche Sachen alleine gemäß § 929 BGB, sondern zusätzlich durch sog. Indossament übertragen, d. h., das Papier muß mit einem Vermerk, aus dem hervorgeht, daß die Mitgliedschaft nunmehr dem neuen Aktionär (= Erwerber der Namensaktie) zusteht, versehen sein, vgl. § 68 I AktG.

Vorzugsaktien
— Von Vorzugsaktien spricht man, wenn ihrem Inhaber bestimmte Vorteile bei der Dividende oder der Liquidation eingeräumt werden, vgl. § 12 AktG. Bei ihnen kann das Stimmrecht ausgeschlossen (vgl. § 139 AktG) werden, § 12 I 2 AktG.

- Regelfall sind die Stammaktien, die ein allgemeines Stimmrecht sowie normale Dividenden bzw. Liquidationserlösanteile gewähren. *Stammaktien*
- Nennbetragsaktien verkörpern einen betragsmäßigen Anteil am Grundkapital einer AG. Sie müssen auf mindestens 5,- DM bzw. 1,- Euro lauten, §§ 8 I, II, 9 AktG. (Bisher waren sie die Regel). *Nennbetragsaktien*
- Mit dem StückAG vom 25.3.1998 hat der Gesetzgeber (nicht zuletzt im Hinblick auf die Einführung des Euro und mit dieser verbundenen Umrechnungsproblemen) seit dem 1.4.1998 (nennbetragslose) Stückaktien zugelassen, § 8 I AktG. Sie lauten auf keinen Nennbetrag und sind am Grundkapital der AG in gleichem Umfang beteiligt; ihr Mindestanteil am Grundkapital muß mindestens 5,- DM bzw. 1,- Euro aufweisen, vgl. § 8 III AktG. Der Anteil der Stückaktien am Grundkapital bestimmt sich nach der Zahl der Aktien, § 8 IV AktG.

Die Stückaktie verkörpert also (wie die Nennbetragsaktie) einen Anteil am betragsmäßig definierten Grundkapital der AG. Der Anteil am Grundkapital läßt sich durch Division des Grundkapitals durch die Zahl der Aktien errechnen. Auch die (nennwertlose) Stückaktie kann entweder als Inhaber- oder als Namensaktie ausgestaltet werden (§ 10 I AktG). Eine AG kann aber entweder nur Nennbetrags- oder nur Stückaktien ausgeben. Von der Umstellung von Nennbetrags- auf Stückaktien wird (mittels Hauptversammlungsbeschluß bzw. Satzungsänderung, vgl. die §§ 119 I Nr. 5, 23 III Nr. 4 AktG), nicht zuletzt im Hinblick auf die Umstellung auf den Euro, bei den AGen in großer Zahl Gebrauch gemacht. *Stückaktie*

Beispiele: Deutsche Lufthansa AG; Höchst AG; Commerzbank AG.

Schaubild 164: Aktien (Arten)

- Gehandelt werden die Aktien bei an der Börse (§ 3 II AktG) notierten, d. h. zum Handel an einer Wertpapierbörse zugelassenen, Aktien während der an der jeweiligen Börse bestehenden Handelszeiten. Dabei bildet sich ein Börsenkurs; dies ist der Preis, für den man eine Aktie einer AG erwerben kann. Denn etwa der Nennwert der Aktie drückt ja nur einen ganz bestimmten Teil des Grundkapitals der AG aus; in der Regel aber ist die AG durch ihr (hinzu-)erworbenes Vermögen erheblich mehr wert, so daß die jeweilige Aktie als Beteili- *Börse* gungsrecht an der AG auch einen entsprechenden, teilweise erheblich höheren, Wert, den sog. Börsenwert, aufweist.

Kapitalerhöhung

Benötigt die AG mehr Kapital, so kann sie im Wege der Kapitalerhöhung, §§ 182 ff. AktG, neue Aktien ausgeben; diese nennt man (im Gegensatz zu den bisherigen „alten Aktien") „junge Aktien".

16.8.5 Gesellschaftsvermögen; Haftung

Grundkapital

Haftungsmindestgröße für die Gesellschaftsgläubiger ist das Grundkapital, §§ 6, 7 AktG (bei der GmbH dagegen spricht man vom Stammkapital, s. o. 16.7.4). Dieses Grundkapital ist regelmäßig nicht identisch mit dem Gesellschaftsvermögen, das zumeist erheblich höher ist (dies spiegelt sich letztlich im jeweiligen Börsenkurs der Aktien wider). Den Gläubigern der Gesellschaft haftet grundsätzlich nur das Vermögen der AG als juristische Person, vgl. § 1 I 2 AktG, eine persönliche Haftung etwa der Aktionäre ist regelmäßig ausgeschlossen (s. o. 16.8.1.1).

Haftung der AG

Sollte eine AG also in wirtschaftliche Schwierigkeiten geraten, so können sich ihre Gläubiger nur aus dem Vermögen der AG selbst befriedigen. Das entspricht dem Grundsatz, wonach eine juristische Person (deren ja auch die AG eine ist) Trägerin eigener Rechte und Pflichten und losgelöst von den Menschen (als natürliche Personen) ist, die sie „ins Leben gerufen haben" (s. o. 3.2; 16.1.3.1). Für den Aktionär bedeutet dies: er riskiert im schlechtesten Fall, daß seine Aktie wirtschaftlich wertlos wird, wenn die AG selbst notleidet oder gar in Insolvenz gerät; mit seinem Privatvermögen muß der einzelne Aktionär dagegen nicht einstehen. Die Aktie gibt ein Beteiligungsrecht an der AG; dieses in der Aktie verbriefte Beteiligungsrecht gehört zum Vermögen des Aktionärs, und „nur" dieses Vermögen setzt er aufs Spiel.

16.8.6 Rechtsstellung des Aktionärs

Inhaber von Aktien und damit an einer AG beteiligt zu sein vermittelt dem Aktionär eine vielfältige rechtliche Position:

16.8.6.1 Erwerb/Verlust

Veräußerung/ Erwerb

– Der Aktionär ist der wirtschaftliche (Mit-)Eigentümer der AG. Sein Mitgliedschaftsrecht ist in der Aktie verkörpert. Er kann es grundsätzlich jederzeit frei veräußern bzw. übertragen (s. o. 16.8.4).

Beispiel: Der eine/mehrere Aktien an der Volkswagen AG haltende Anleger erteilt seiner Hausbank einen Verkaufsauftrag, den diese an die jeweilige Bör-

se weiterleitet, wo die Aktie(n) dann entweder „bestens" (zum günstigsten erzielbaren Preis/Kurs) oder zum „Limit" (also einem festgelegten Preis, wenn er denn gezahlt wird) veräußert wird (werden).
Bei einer vinkulierten Namensaktie ist allerdings die Zustimmung der Gesellschaft erforderlich, § 68 II AktG (s. o. 16.8.4).

- Erworben wird die Aktionärsstellung zum einen originär durch Beteiligung bei der Gründung der AG, §§ 2, 28, 29 AktG, oder durch Zeichnung bzw. Ausübung des Bezugsrechtes neuer Aktien, §§ 185, 186 AktG; zum anderen aber abgeleitet (= derivativ) durch Aktienerwerb, etwa an der Börse, oder durch Ererbung, vgl. § 1922 BGB. Der Erwerb eigener Aktien ist der AG selbst erschwert, vgl. die §§ 71 ff. AktG.   *originärer/*   *derivativer Erwerb*

- Die Aktionärsstellung wird verloren durch Veräußerung (Inhaberaktien gemäß § 929 BGB, Namensaktien gemäß § 68 I AktG, Art. 12, 13, 16 WechselG; diese sachenrechtliche Veräußerung ist, entsprechend des Abstraktionsprinzips, s. o. 5, zu trennen von dem zugrundeliegenden Kausalgeschäft, das regelmäßig ein (Aktien-)Kaufvertrag, § 433 BGB, ist), Ausschluß (= Kaduzierung), § 64 AktG, Einziehung bei Kapitalherabsetzung, §§ 237 ff. AktG, Auflösung bzw. Abwicklung, §§ 262 ff. AktG, sowie Tod des Aktionärs.   *Veräußerung*

16.8.6.2 Rechte

Der Aktionär hat, vermittelt durch seine Aktie(n), folgende Rechte:

- Vermögensrechte:
Vornehmliches Vermögensrecht des Aktionärs ist sein Anspruch auf die Dividende (= Gewinnbeteiligung), §§ 58, 60, 174 II Nr. 2 AktG, der durch einen entsprechenden Gewinnverwendungsbeschluß der Hauptversammlung entsteht; desweiteren hat der Aktionär das Bezugsrecht bei einer Kapitalerhöhung, § 186 AktG, sowie den Anspruch auf Beteiligung am Liquidationserlös, § 271 AktG (s. u. 16.8.10).   *Vermögensrechte*

- Zur (jedenfalls rechtlichen) Einflußnahme auf die Geschicke „seiner" AG hat der Aktionär (begrenzte) Mitwirkungsrechte (man nennt sie auch Verwaltungsrechte):   *Mitwirkungsrechte*

Er darf an der Hauptversammlung teilnehmen, § 118 AktG, ist dort stimmberechtigt, §§ 12, 134 AktG (Ausnahme: stimmrechtslose Vorzugsaktien, vgl. § 12 I 2 AktG), hat gegenüber dem Vorstand das Auskunftsrecht, § 131 AktG, das er ggf. gerichtlich durchsetzen kann, § 132 AktG, und kann u.U. Beschlüsse der Hauptversammlung anfechten, § 245 AktG (dieses Recht darf er aber insbesondere nicht rechtsmißbräuchlich dergestalt ausüben, daß er die Gesellschaft mit der Androhung oder Erhebung einer Anfechtungsklage zur Zahlung von Geld erpreßt, s. o. 8.3.1.2).

Gleichbehandlung
– Um die Benachteiligung eines Aktionärs zu vermeiden, hat er gemäß § 53 a AktG grundsätzlich den Anspruch auf Gleichbehandlung. Dieser läßt allerdings aktienrechtlich vorgesehene Privilegien für einzelne Aktionäre (Sonderrechte, vgl. etwa die §§ 11, 12, 26, 101 II, 139 AktG) oder Gruppen von Aktionären (Gruppenrechte) unberührt.

Minderheitenrechte
– Damit die Mehrheit nicht zu Lasten der Minderheit wesentliche Entscheidungen „durchdrückt", bestehen Minderheitenrechte wie die Möglichkeit zur Einberufung einer Hauptversammlung, § 122 AktG, die Geltendmachung von Ersatzansprüchen, §§ 50, 93 IV, 116, 117 IV, 147 AktG, oder die Bestellung von Sonderprüfern, §§ 142 II, 258 II AktG.

Schaubild 165: Rechte des Aktionärs

16.8.6.3 Pflichten

Einlage
Vornehmliche Pflicht des Aktionärs ist die Pflicht zur Leistung seiner übernommenen Einlage, § 54 AktG. Bei Bareinlagen sind zumindest ein Viertel des Nennbetrages, bei Ausgabe der Aktien für einen höheren als den Nennbetrag (sog. Überpari) ist der Mehrbetrag zu leisten, § 36 a AktG. Inhaberaktien dürfen nicht vor der vollen Leistung der Einlage ausgegeben werden, § 10 II AktG. Sacheinlagen sind vollständig zu leisten, §§ 36 a II, 54 II AktG. Einlagen dürfen den Aktionären nicht zurückgewährt, ihnen Zinsen nicht ausgezahlt bzw. zugesagt, § 57 AktG, von ihren Leistungspflichten dürfen sie auch nicht befreit werden, § 66 AktG, und bei Nichtleistung können die Aktionäre auch ausgeschlossen werden, § 64 AktG. Ggf. kann die Satzung auch Nebenverpflichtungen vorsehen, § 55 AktG. Ansonsten treffen den Aktionär grundsätzlich keine weiteren Pflichten, insbesondere keine Nachschuß- oder Haftungspflichten (s. o. 16.8.5). Auch Treuepflichten bestehen regelmäßig nicht (anders kann es bei dominierenden Großaktionären sein).

Schaubild 166: *Pflichten des Aktionärs*

16.8.7 Organe der AG

Die AG als juristische Person muß, um rechtsgeschäftlich und tatsächlich agieren zu können, durch Organe vertreten werden (s. o. 3.2; 7.2.2). — Vertretung

Das AktG sieht dafür vor
- den Vorstand, §§ 76 ff. AktG,
- den Aufsichtsrat, §§ 95 ff. AktG,
- die Hauptversammlung, §§ 118 ff. AktG.

Schaubild 167: *Organe der AG*

16.8.7.1 Vorstand

Das die Geschicke der AG maßgeblich gestaltende Organ ist der Vorstand. Als Leitungsorgan der AG leitet er sie, führt ihre Geschäfte und vertritt sie im Rechtsverkehr (vgl. die §§ 76 I, 77, 78 AktG). — Leitungsorgan

- Bestellung

    Bestellt wird der Vorstand durch den Aufsichtsrat auf höchstens fünf Jahre, wobei eine wiederholte Bestellung bzw. Verlängerung, wiederum beschränkt auf jeweils höchstens fünf Jahre, zulässig ist, § 84 I AktG. Werden mehrere Personen zu Vorstandsmitgliedern ernannt, so kann eine davon vom Aufsichtsrat zum Vorstandsvorsitzenden (Sprecher des Vorstands) bestellt werden, § 84 II AktG. — durch Aufsichtsrat bestellt

Bestellung/ Anstellung	Die Bestellung ist ein aktienrechtlicher, körperschaftlicher Akt, durch die eine (natürliche) Person die Rechtsstellung eines Vorstandes i.S.d. Aktienrechtes erlangt. Davon zu trennen ist das Innenverhältnis zwischen dieser Person und der AG: dies ist ein eigenständiges Dienst- bzw. Anstellungsverhältnis, in dem die gegenseitigen Rechte und Pflichten konkretisiert werden, insbesondere bezüglich der Vergütung, Altersversorgung, Urlaub, Dienstwagen, Kündigung etc., § 87 AktG, (s. o. 10.4.2; vgl. auch die Parallele zur GmbH und deren Geschäftsführer, s. o. 16.7.6.1). Vorstandsmitglieder können Gewinnbeteiligungen, § 86 AktG, und Kredite (nur aufgrund Aufsichtsratsbeschlusses) erhalten, § 89 AktG; sie unterliegen einem Wettbewerbsverbot, § 88 AktG.

Bei Vorliegen eines wichtigen Grundes,

Beispiele: grobe Pflichtverletzung, Unfähigkeit zur ordnungsgemäßen Geschäftsführung, Vertrauensentzug durch die Hauptversammlung,

Widerruf	kann der Aufsichtsrat die Bestellung zum Vorstandsmitglied widerrufen, § 84 III AktG. Für den Arbeitsdirektor gelten insoweit allerdings mitbestimmungsrechtliche Besonderheiten, vgl. die §§ 33 MitbestimmungsG, 13 MontanMitbestimmungsG.
Kündigung	Will man sich von einem Vorstandsmitglied trennen, so ist darauf zu achten (s. o.), daß nicht nur seine Bestellung widerrufen, sondern auch das Anstellungsverhältnis gekündigt wird (etwa gemäß § 626 BGB), vgl. § 84 III 5 AktG.

Beispiel: Ein Vorstandsmitglied begeht Unterschlagungen – der Aufsichtsrat wird die Bestellung widerrufen, § 84 III 1, 2 AktG, und das Dienstverhältnis außerordentlich, regelmäßig fristlos, kündigen, § 626 BGB.

Evtl. fehlende Vorstandsmitglieder können ggf. gerichtlich bestellt werden, § 85 AktG.

Die Namen der Vorstandsmitglieder sind auf den Geschäftspapieren der AG anzugeben, § 80 AktG, und im Handelsregister einzutragen, § 81 AktG.

– Aufgaben

Verantwortung	Dem die eigenverantwortliche Leitung der AG obliegenden Vorstand, § 76 I AktG, ist das Wohl und Wehe der AG anvertraut – er trägt die Hauptverantwortung für die erfolgreiche oder erfolglose Geschäftstätigkeit. Der Aufsichtsrat und die Hauptversammlung können in die laufende Geschäftsführung nur in ganz beschränktem Maße eingreifen; grundsätzlich ist der Vorstand an Weisungen nicht gebunden, vgl. § 82 AktG.
weisungsfrei	

Vornehmliche Aufgaben des Vorstandes sind die Wahrnehmung von Geschäftsführung und Vertretung der AG:

- Die das Innenverhältnis betreffende Geschäftsführung (s. o. 16.1.4) betrifft den gesamten Tätigkeitsbereich der AG. Sie kann in der Satzung näher ausgestaltet werden (§ 77 II 2 AktG). Besteht der Vorstand aus mehreren Personen, vgl. § 76 II AktG, so sind grundsätzlich sämtliche Vorstandsmitglieder gemeinschaftlich geschäftsführungsbefugt (Gesamtgeschäftsführung); die Satzung kann dies allerdings abweichend regeln (nicht aber, daß Meinungsverschiedenheiten im Vorstand gegen die Mehrheit entschieden werden), § 77 I AktG. *Geschäftsführung*

    Beispiel: Ein Geschäftsfeld soll aufgegeben werden – in der Satzung kann nicht bestimmt werden, daß etwa der Vorstandsvorsitzende (§ 84 II AktG) gegen die Mehrheit seiner Vorstandskollegen entscheiden kann.

    Im Rahmen der Geschäftsführung maßgebliche Aufgaben des Vorstandes sind insbesondere: *Aufgaben*
    - Vorbereitung und Ausführung von Hauptversammlungsbeschlüssen, § 83 AktG,
    - Buchführung, § 91 I AktG,
    - Einrichtung eines Überwachungssystems, § 91 II AktG,
    - Einberufung der Hauptversammlung, §§ 92 I, 121 II, 175 I AktG,
    - Erstellung des Jahresabschlusses, §§ 150 ff., 170 I 1 AktG.

    Im Innenverhältnis ist die Geschäftsführung einschränkbar, § 82 II AktG, und kann an die Zustimmung des Aufsichtsrates gekoppelt werden, § 111 IV 2 AktG.

- Die Vertretung der AG (im Außenverhältnis gegenüber Dritten) obliegt ebenfalls dem Vorstand, § 78 I AktG. *Vertretung*

    Im Außenverhältnis ist diese (organschaftliche, s. o. 7.2.2) Vertretungsmacht unbeschränkbar, § 82 I AktG; allerdings kann den Vorstandsmitgliedern im Innenverhältnis aufgegeben werden, sich an bestimmte Restriktionen zu halten, § 82 II AktG. Vorstandsmitgliedern gegenüber wird die AG durch den Aufsichtsrat vertreten, § 112 AktG.

    Bei einem mehrköpfigen Vorstand gilt i.d.R. Gesamtvertretung, wobei die Satzung allerdings anderes bestimmen kann, § 78 II AktG. Es kann auch vorgesehen werden, daß ein Vorstandsmitglied alleine oder zusammen mit einem Prokuristen vertretungsbefugt ist, § 78 III AktG (vgl. auch 7.8.2.3). Bei gegenüber der AG abzugebenden Willenserklärungen reicht die Abgabe gegenüber einem Vorstandsmitglied jedenfalls aus, § 78 II 2 AktG (vgl. die Parallelen in den §§ 125 II 3 HGB, 35 II 3 GmbHG). *Gesamtvertretung*

– Verantwortlichkeit

Pflichten Die Vorstandsmitglieder trifft eine weitreichende Verantwortung:

- Sie müssen sicherstellen, daß sie die Risiken unternehmerischen Handelns stets erkennen, § 91 II AktG.
- Die Geschäftsführung müssen sie mit der Sorgfalt eines ordentlichen und gewissenhaften Geschäftsleiters wahrnehmen, § 93 I 1 AktG.
- Vertrauliche Angaben, Geheimnisse müssen sie verschwiegen behandeln, § 93 I 2 AktG.
- Droht die Hälfte des Grundkapitals verlorenzugehen, so ist die Hauptversammlung einzuberufen und zu informieren, § 92 I AktG.
- Bei Überschuldung bzw. Zahlungsunfähigkeit ist das gerichtliche Insolvenzverfahren zu beantragen, § 92 II AktG (s. u. 21); Zahlungen dürfen dann nicht mehr geleistet werden, § 92 III AktG.

Haftung – Schädigt ein Vorstandsmitglied einen Dritten rechtsgeschäftlich oder durch eine unerlaubte Handlung, so muß die AG dafür unmittelbar gemäß § 31 BGB einstehen, Vorstandsmitglieder sind insoweit weder nach § 278 BGB zuzurechnende Erfüllungs- noch nach § 831 BGB ansehbare Verrichtungsgehilfen (vgl. 3.2, 7.3.3, 7.3.4).

Beispiele: Ein Vorstandsmitglied begeht einem Dritten gegenüber eine Vertragsverletzung – die AG haftet aus pVV i.V.m. § 31 BGB; oder: ein Vorstandsmitglied fügt einem Dritten deliktsrechtlich Schaden zu – die AG haftet selbst gemäß den §§ 823 (I, II) oder 826 BGB i.V.m. § 31 BGB (s. o. 12.5.1).

- Der Gesellschaft gegenüber haften die Mitglieder des Vorstandes für aus Pflichtverletzungen resultierende Schäden gesamtschuldnerisch, §§ 93 II, III, 117 II AktG.
- Dritte können ggf. unmittelbar Schadensersatzansprüche gegenüber einem sie schädigenden Vorstandsmitglied haben, vgl. etwa die §§ 823 I, II, 826 BGB.
- Pflichtverletzungen können auch zu strafrechtlicher Ahndung führen, vgl. die §§ 399 ff. AktG.

16.8.7.2 Aufsichtsrat

Das neben dem Vorstand die Geschicke der AG ebenfalls maßgeblich bestimmende Organ ist der Aufsichtsrat. Er ist insbesondere für die Kontrolle des Vorstandes verantwortlich und dessen wichtigster Ansprechpartner. Mitglied eines Aufsichtsrates kann nur eine natürliche, unbeschränkt geschäftsfähige Person sein, § 100 I 1 AktG.

- Bestellung

  Den ersten Aufsichtsrat bestellen gemäß § 30 I AktG die Gründer der AG. Der Aufsichtsrat besteht aus 3 bis 21 Mitgliedern, § 95 AktG. Mitbestimmungsrechtliche Vorschriften bleiben davon unberührt, vgl. § 95 S. 5 AktG.

  Von den jeweiligen Mitbestimmungsgesetzen hängt auch die Zusammensetzung des Aufsichtsrates ab; vgl. die §§ 96 AktG, 1 ff. MitbestimmungsG, 76, 77 BetrVG 1952, 4 ff. MontanMitbestG, 1 ff. MitbestimmungsErgänzungsG. Die Stellung als Aufsichtsrat ist nicht mit einer Stellung als Vorstandsmitglied, Prokurist oder Generalbevollmächtigter vereinbar, § 105 AktG. Die Amtszeit ist gemäß § 102 I AktG auf längstens vier Jahre beschränkt. Aufsichtsratmitglieder können ggf. von der Hauptversammlung mit Dreiviertelmehrheit abberufen werden, § 103 AktG. Mitbestimmung
Inkompatibilität

- Aufgaben

  Dem Aufsichtsrat als Kontrollorgan für den Vorstand obliegen insbesondere folgende Aufgaben: Pflichten

  - Bestellung, ggf. auch Abberufung des Vorstandes, § 84 AktG;
  - Überwachung der Geschäftsführung des Vorstandes, § 111 AktG;
  - Vertretung der AG gegenüber dem Vorstand, § 112 AktG;
  - Prüfung und Feststellung des Jahresabschlusses, §§ 171, 172 AktG.

- Verantwortlichkeit

  Der Aufsichtsrat ist zu sorgfältigem Handeln verpflichtet und hierfür verantwortlich, vgl. die §§ 116, 93 AktG (ebenso wie der Vorstand, s. o.). Verantwortung

  Die beratende und kontrollierende Funktion des Aufsichtsrates ist im übrigen von nicht zu unterschätzender Bedeutung. Dies wird gerade auch der Öffentlichkeit bewußt, wenn es zu „Schieflagen" bei einer AG kommt. Aufsichtsratsmitglieder sollen daher besonders sachkundig sein und sich auf eine gewisse Anzahl von Aufsichtsratsmandaten beschränken (die Höchstzahl der Aufsichtsratsmandate beträgt zehn; ein Aufsichtsratsvorsitz zählt doppelt, § 100 II AktG).

16.8.7.3 Hauptversammlung

In der Hauptversammlung nehmen die Aktionäre als Eigentümer der AG ihre Rechte wahr. Sie ist (jedenfalls rechtlich) das oberste Organ einer AG. Organ

Aktionärs-stellung	– Stellung des Aktionärs
	An der Hauptversammlung darf jeder Aktionär teilnehmen und seine Rechte dort ausüben, § 118 I AktG. Aufgrund der seiner Aktie innewohnenden Mitwirkungsrechte (s. o. 16.8.6.2) hat er das Auskunftsrecht, § 131 AktG, und Stimmrecht, § 134 AktG. Ggf. hat er gemäß § 245 AktG das Recht, Hauptversammlungsbeschlüsse anzufechten.
	– Aufgaben
Aufgaben	Die Aufgaben der Hauptversammlung sind gesetzlich genau festgelegt; es gibt keine Allzuständigkeit. So beschließt die Hauptversammlung
Beschluß-fassung	– über die Bestellung der Mitglieder des Aufsichtsrates (§§ 103, 101 AktG),
	– die Verwendung des Bilanzgewinnes (§ 174 AktG),
	– die Entlastung von Vorstand und Aufsichtsrat (§ 120 AktG),
	– die Bestellung des Abschlußprüfers,
	– Satzungsänderungen,
	– Maßnahmen von Kapitalbeschaffung und Kapitalherabsetzung,
	– Bestellung von Prüfern für Gründungs- oder Geschäftsführungsprüfung,
	– Auflösung der Gesellschaft,
	(vgl. die Aufzählung des § 119 I AktG).
Zustimmung	Hinzu kommen die erforderliche Zustimmung für
	– Unternehmensverträge, § 293 AktG (vgl. dazu auch die Berichterstattungspflicht des Vorstandes und die Prüfungspflichten der Vertragsprüfer, §§ 293 a ff. AktG),
	– Verschmelzung, §§ 13, 65 UmwG, Spaltung, Vermögensübertragung, Formwechsel (vgl. die Vorschriften des UmwG).
	Die Geschäftsführung ist nicht Sache der Hauptversammlung, sondern des Vorstandes (s. o. 16.8.7.1); allerdings kann der Vorstand der Hauptversammlung ausnahmsweise Fragen der Geschäftsführung zur Entscheidung vorlegen, § 119 II AktG. Bei besonders schwerwiegenden Maßnahmen, die die Rechtsstellung und Interessen der Aktionäre gravierend berühren, muß der Vorstand nach der Rspr. die Hauptversammlung befragen.
	Beispiel: Die Übertragung eines den Schwerpunkt des Unternehmens bildenden Geschäftsbereiches auf eine Tochtergesellschaft der AG.
	– Einberufung
Durchführung	Die Einberufung der Hauptversammlung erfolgt durch den Vorstand; sie ist bekanntzumachen und soll am Sitz der Gesellschaft oder einer

Börse, an der ihre Aktien notiert sind, stattfinden, vgl. § 121 AktG. Die Einberufungsfrist beträgt grundsätzlich einen Monat, § 123 AktG, die Tagesordnung ist bekanntzumachen, § 124 AktG.

Neben der ordentlichen Hauptversammlung in den Fällen der §§ 120, 175 AktG, sind auch außerordentliche Hauptversammlungen möglich, vgl. die §§ 92 I, 121 I, 122 I, II AktG.

außerordentliche Hauptversammlung

– Beschlüsse werden regelmäßig mit einfacher Stimmenmehrheit gefaßt, wobei die Aktiennennbeträge maßgeblich sind, §§ 133, 134 AktG. Satzungsänderungen bedürfen der ¾-Mehrheit, vgl. § 179 AktG. Hauptversammlungsbeschlüsse sind notariell zu beurkunden, § 130 AktG. Der Aktionär kann sich durch ein Kreditinstitut vertreten lassen, § 135 AktG (sog. Depotstimmrecht; s. a. § 128 II AktG).

Beschlüsse

Rechtswidrige Beschlüsse der Hauptversammlung können nichtig, § 241 AktG, oder anfechtbar, § 243 AktG, sein und angefochten werden, vgl. die §§ 241 ff. AktG.

Anfechtung

16.8.8 Rechnungslegung und Gewinnverwendung

Die Rechnungslegung, insbesondere Jahresabschluß und Lagebericht, sind im wesentlichen in den §§ 242, 264 ff., 290 ff. HGB geregelt. Dafür ist grundsätzlich, ebenso wie für die ordnungsgemäße Buchführung, § 91 AktG, der Vorstand verantwortlich. Die §§ 150 ff., 170 ff. AktG regeln desweiteren die gesetzlichen Rücklagen und Kapitalrücklagen, Bilanz, Gewinn und Verlustrechnung sowie den Anhang.

16.8.9 Kapitalveränderungen

Das der AG zur Verfügung stehende Kapital kann sich verändern:

16.8.9.1 Kapitalerhöhungen

Kapitalerhöhungen können zum einen aus Gesellschaftsmitteln stammen; dies nennt man nominelle Kapitalerhöhung, vgl. § 207 AktG. Hierdurch werden Rücklagen in Grundkapital umgewandelt.

nominell

Zum anderen ist eine Kapitalerhöhung auch durch echte Zuführung neuen Kapitals möglich (dies nennt man effektive Kapitalerhöhung).

effektiv

Unterschieden werden hierbei:

– Die ordentliche Kapitalerhöhung, bei der neue Aktien gegen Zahlung eines entsprechenden Preises ausgegeben werden, vgl. die §§ 182 ff. AktG;

ordentlich

bedingt	– die bedingte Kapitalerhöhung, bei der von einem Umtausch- oder Bezugsrecht, das die AG einräumt, in eng begrenzten Fällen Gebrauch gemacht werden kann, vgl. § 192 AktG;
genehmigtes Kapital	– das genehmigte Kapital, bei dem der Vorstand ermächtigt wird, in den nächsten fünf Jahren – zu einem möglichst günstigen Zeitpunkt – das Grundkapital bis zu einem bestimmten Nennbetrag (= genehmigtes Kapital) durch Ausgabe neuer Aktien gegen Einlagen zu erhöhen, vgl. § 202 AktG.

Eine weitere Möglichkeit der Kapitalbeschaffung stellt auch die Ausgabe von Wandel- und Gewinnschuldverschreibungen dar, § 221 AktG.

16.8.9.2 Kapitalherabsetzungen

Das Grundkapital kann ggf. auch herabgesetzt werden:

effektiv	In seltenen Fällen wird überflüssiges Kapital an die Aktionäre zurückgezahlt, sog. effektive Kapitalherabsetzung.
nominell	Eine Kapitalherabsetzung kann auch dadurch erfolgen, daß zum Ausgleich eines Verlustes Grundkapital und Gesellschaftsvermögen einander angepaßt werden, sog. nominelle Kapitalherabsetzung. Die ordentliche Kapitalherabsetzung regeln die §§ 222 ff. AktG, das vereinfachte Verfahren die §§ 229 ff. AktG.

16.8.10 Auflösung und Liquidation

Auflösungsgründe	Gemäß § 262 AktG wird die AG aufgelöst durch – Zeitablauf, – Beschluß der Hauptversammlung, – die Eröffnung des Insolvenzverfahrens, – Rechtskraft des das Insolvenzverfahren mangels Masse ablehnenden Beschlusses, – registergerichtliche Verfügung;

desweiteren können auch in der Satzung Auflösungsgründe fixiert sein.

Die Auflösung ist vom Vorstand zur Eintragung in das Handelsregister anzumelden, § 263 AktG. Danach erfolgt die Liquidation, für die der Vorstand als Abwickler zuständig ist, §§ 264 ff. AktG. Nach dem Schluß der Abwicklung ist die Gesellschaft zu löschen, § 273 AktG.

16.8.11 Steuern

Als Kapitalgesellschaft ist die AG körperschaftssteuerpflichtig, § 1 KStG, Erträge aus Aktien unterliegen der Einkommenssteuer, § 20 I EStG, wobei insoweit ein Einzug von Kapitalertragsteuer bereits bei der Auszahlung der Dividende erfolgt, § 43 I EStG. Die Tätigkeit der AG ist gewerbesteuerpflichtig, vgl. § 2 II GewStG. Die AG unterfällt auch der Umsatzsteuer, § 2 I UStG.

16.8.12 Kommanditgesellschaft auf Aktien – KGaA

Die KGaA stellt eine Mischform aus KG (dazu vgl. 16.1.3.2; 16.4.9.3) und AG dar. Sie ist eine juristische Person, Handelsgesellschaft und Formkaufmann, so daß auf sie das Handelsrecht Anwendung findet. Die Firma muß den Unternehmensgegenstand angeben und die Bezeichnung „Kommanditgesellschaft auf Aktien" – KGaA – enthalten, § 279 AktG. In der Praxis ist die KGaA nicht sehr verbreitet. Ihre Bedeutung wird oftmals unterschätzt (dabei kann sie, insbesondere bei Erbgängen, gerade für Familienunternehmen durchaus vorteilhaft sein). *Mischform*

Beispiele: Henkel KGaA; Steigenberger Hotelgesellschaft KGaA; Merck KGaA. Allerdings beträgt das durchschnittliche Grundkapital der derzeit (1997) ca. 30 registrierten KGaA etwa 80 Mio. DM (verglichen damit: ca. 53 Mio. DM bei der AG bzw. 0,45 Mio. DM bei der GmbH); von 1978–1990 waren unter den größten deutschen Unternehmen immerhin jeweils drei KGaA.

Geregelt ist die KGaA in den §§ 278 ff. AktG:

Wie die AG verfügt die KGaA über Aufsichtsrat und Hauptversammlung; die Funktion des Vorstandes übernimmt der persönlich haftende Gesellschafter, vgl. § 283 AktG. *Organe*

Der persönlich haftende Gesellschafter führt die Geschäfte der KGaA und vertritt sie rechtsgeschäftlich, vgl. die §§ 278, 282 AktG, 161 ff. HGB. Sind mehrere persönlich haftende Gesellschafter vorhanden, so gilt das Prinzip der Einzelvertretung bzw. Einzelgeschäftsführung, vgl. die §§ 278 II AktG, 161 II, 125, 114 HGB.

Persönlich haftender Gesellschafter kann nach jüngster Rspr. auch eine juristische Person sein (vgl. § 279 II AktG n.F.).

Beispiele: GmbH & Co. KGaA; AG & Co. KGaA, Stiftung & Co. KGaA.

Demgegenüber sind die Kommanditaktionäre zwar am in Aktien zerlegten Grundkapital beteiligt, haften aber nicht persönlich für Gesellschaftsverbindlichkeiten. *Kommanditaktionäre*

Aufsichtsrat   Der Aufsichtsrat der KGaA ist, ebenso wie derjenige der AG, Kontrollorgan und überwacht den/die persönlich haftende(n) Gesellschafter. Er vertritt die Kommanditaktionäre und führt die Beschlüsse der Hauptversammlung aus, vgl. § 287 AktG.

Die Befugnisse der Hauptversammlung als Vertretung der Kommanditaktionäre und die diesbezügliche Rechtsstellung des persönlich haftenden Gesellschafters sind in den §§ 285, 286 AktG geregelt.

16.8.13 Verbundene Unternehmen

Verflechtungen   Das Unternehmen ist grundsätzlich als selbständige Einheit konzipiert. In der Wirtschaftspraxis weit verbreitet sind allerdings mittlerweile Verflechtungen. Zum Schutze von Gläubigern und Aktionären sowie zur Gewährleistung von Transparenz sieht das AktG in den §§ 15 ff., 291 ff. entsprechende Regelungen vor:

Prinzipien   Verbundene Unternehmen sind rechtlich selbständig, § 15 AktG, und können zueinander in Mehrheitsbesitz, § 16 AktG, Abhängigkeit, § 17 AktG, Konzernzusammenfassung, § 18 AktG, wechselseitiger Beteiligung, § 19 AktG, oder in Unternehmensvertragsbeziehung, §§ 291, 292 AktG, stehen.

Grundsätzlich gilt insoweit:

Mehrheitsbeteiligung   – Eine Mehrheitsbeteiligung liegt vor, wenn die Mehrheit (= mindestens 51 %) der Anteile eines rechtlich selbständigen Unternehmens einem anderen Unternehmen gehört, § 16 AktG.

abhängige Unternehmen   – Abhängige Unternehmen sind rechtlich selbständige Unternehmen, auf die ein anderes, das herrschende, Unternehmen unmittelbar oder mittelbar beherrschenden Einfluß ausüben kann, § 17 AktG.

Konzern   – Sind ein herrschendes und ein oder mehrere abhängige Unternehmen unter der einheitlichen Leitung des herrschenden Unternehmens zusammengefaßt, so liegt ein Konzern vor, § 18 AktG; man nennt ihn Unterordnungskonzern. Ein Gleichordnungskonzern ist gegeben, wenn rechtlich selbständige Unternehmen ohne Abhängigkeit unter einheitlicher Leitung zusammengefaßt sind, vgl. § 18 I bzw. II AktG.

wechselseitige Beteiligung   – Wechselseitig beteiligte Unternehmen liegen dann vor, wenn inländische Kapitalgesellschaften sich gegenseitig zu mehr als jeweils 25 % gehören, § 19 AktG.

Unternehmensverträge   – Unternehmensverträge i.S.d. §§ 291, 292 AktG sind Beherrschungs-, Gewinnabführungs-, Gewinngemeinschafts-, Teilabführungs-, Betriebspacht- bzw. -überlassungsverträge.

Zum Schutze der Gläubiger, Aktionäre sowie zur Schaffung von Transparenz dienen insbesondere die §§ 20, 293 ff., 300 ff., 304 ff., 337 AktG bzw. die §§ 290 ff. HGB.

16.9 Die eingetragene Genossenschaft

Gesellschaftsform zur Förderung der Wirtschaft ihrer Mitglieder ist die eingetragene Genossenschaft. „Genossenschaften als Kinder der Not" sind historisch mit der „industriellen Revolution" des 19. Jahrhunderts verknüpft; 1849 gründeten Schulze-Delitzsch die erste Rohstoffgenossenschaft, Raiffeisen die erste landwirtschaftliche Darlehenskasse. Bis heute hat die wirtschaftliche Bedeutung der Genossenschaften nicht nachgelassen.

Geschichte

16.9.1 Grundsätzliches

Das Recht der eingetragenen Genossenschaft wird durch folgende Prinzipien geprägt:

16.9.1.1 Begriff

Die Genossenschaft ist eine Gesellschaft von nicht geschlossener Mitgliederzahl, welche die Förderung des Erwerbes oder der Wirtschaft ihrer Mitglieder mittels gemeinschaftlichen Geschäftsbetriebes bezweckt, § 1 I GenG. Die Genossenschaft erwirbt als eingetragene Genossenschaft ihre Rechtsstellung nach Maßgabe des GenG. Wie ein Verein ist sie Körperschaft, Mitglieder sind die Genossen, die in ihrer Wirtschaft gefördert werden sollen.

Definition

16.9.1.2 Rechtsperson

Die Genossenschaft ist eine juristische Person (s. o. 3.2); sie hat als solche selbständig ihre Rechte und Pflichten, kann Eigentum und andere dingliche Rechte an Grundstücken erwerben, klagen und verklagt werden, § 17 I GenG. Ihre Mitgliederzahl ist offen, nicht geschlossen (vgl. 1 I GenG). Gemäß § 17 II GenG gilt die Genossenschaft als Kaufmann i.S.d. HGB, vgl. § 6 I, II HGB (s. o. 3.4.2.6). Echte Handelsgesellschaft ist sie aber nicht, weil es beim Zusammenschluß zu einer Genossenschaft nicht um den gemeinschaftlichen Betrieb eines Handelsgewerbes geht, sondern um die Förderung des Erwerbes und der Wirtschaft der Genossen. Prokuren und Handlungsvollmachten sind zulässig, § 42 GenG (s. o. 7.8.2; 7.8.3).

juristische Person

Kaufmann

449

16.9.1.3 Erscheinungsformen

Arten Die wichtigsten Erscheinungsformen der Genossenschaft ergeben sich aus § 1 I GenG:

- Vorschuß- und Kreditvereine (Kreditgenossenschaften,
  Beispiele: Volks- und Raiffeisenbanken),
- Rohstoffvereine (Einkaufsgenossenschaften,
  Beispiel: Metzger-Einkauf),
- Absatzgenossenschaften, Magazinvereine (Verwertungsgenossenschaften,
  Beispiele: Obstverwertungs-, Molkereigenossenschaften),
- Produktivgenossenschaften (Herstellungs- und Verwertungsgenossenschaften,
  Beispiel: Winzergenossenschaften),
- Konsumvereine (Verbrauchergenossenschaften,
  Beispiele: coop eG, Konsum-Läden),
- Werkgenossenschaften (Beschaffungs- und Nutzungsgenossenschaften,
  Beispiele: Landwirts-Maschinengemeinschaften, Taxifahrer-Funkzentrale),
- Baugenossenschaften (Wohnungsherstellungsgenossenschaften,
  Beispiel: Siedlungsgenossenschaft).

16.9.1.4 Betätigung

Förderung der Genossen Die Genossenschaft bezweckt die Förderung des Erwerbes oder der Wirtschaft ihrer Mitglieder mittels gemeinschaftlichen Geschäftsbetriebes, § 1 I GenG. Sie betätigt sich also zugunsten ihrer Genossen; ihr Gesellschaftszweck ist demnach nicht ein eigennütziger, sondern ein fremdnütziger. Geschäfte, die die unmittelbare Förderung der Genossen erstreben,

Beispiele: Kreditgewährung, Abnahme von Produkten,

nennt man Aktiv- oder Fördergeschäfte;

diejenigen Geschäfte, die die Genossenschaft tätigt, um sich die für die Aktiv- bzw. Fördergeschäfte erforderlichen (Hilfs-)Mittel zu verschaffen,

Beispiele: Einkauf von Betriebsmitteln,

nennt man Passiv- oder Hilfsgeschäfte.

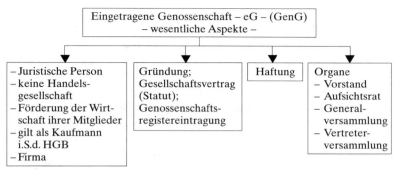

Schaubild 168: *eG – wesentliche Aspekte*

16.9.2 Gründung der eG

Zur Gründung einer Genossenschaft sind mindestens sieben Genossen erforderlich, § 4 GenG (vgl. § 56 BGB zum eingetragenen Verein).

– Sie müssen ein schriftliches Statut fertigen, § 5 GenG. Dieses hat gemäß § 6 GenG zu enthalten: *Statut*
 – Firma und Sitz der Genossenschaft,
 – Gegenstand des Unternehmens,
 – Angaben über etwaige Nachschußpflichten der Genossen im Insolvenzfall,
 – Bestimmungen über die Generalversammlung,
 – Angaben über die Bekanntmachungen;
 sowie aufgrund § 7 GenG:
 – Bestimmungen über die Geschäftsanteile,
 – Regelungen über die Bildung einer gesetzlichen Rücklage.

– Die §§ 7 a und 8 GenG lassen darüber hinaus noch die Aufnahme weiterer Bestimmungen zu, insbesondere bezüglich des Rechtes, sich mit mehr als einem Geschäftsanteil zu beteiligen, der zeitlichen Beschränkung, der Abstimmungsmehrheiten bzw. der Ausdehnung des Geschäftsbetriebes auf Nichtmitglieder.

– Die durch Feststellung ihres Statuts errichtete Genossenschaft bedarf eines Vorstandes und Aufsichtsrates als ihrer Organe; Vorstands- und Aufsichtsratsmitglieder müssen Genossen sein, § 9 GenG; sie werden von der Generalversammlung gewählt, §§ 24 II 1, 36 I 1 GenG (bzw. zunächst von den Gründungsgenossen).   *Organe*

– Alsdann sind das Statut sowie die Mitglieder des Vorstandes in das beim Amtsgericht geführte Genossenschaftsregister zur Eintragung   *Eintragung*

Vorgesellschaft

anzumelden, § 10 GenG; vor ihrer Eintragung besteht die Genossenschaft i.S.d. GenG noch nicht, § 13 GenG (bis dahin besteht sie als sog. Vorgesellschaft, auf die, soweit möglich bzw. die Rechtsfähigkeit nicht voraussetzend, die Regeln des GenG ggf. entsprechend angewendet werden).

- „Die Anmeldung behufs der Eintragung liegt dem Vorstand ob", § 11 I GenG, und muß die gemäß § 11 II GenG erforderlichen Anlagen enthalten.

Genossenschaftsregister

- Danach prüft das Gericht die ordnungsgemäße Errichtung und Anmeldung, § 11 a GenG; ergeben sich keine Beanstandungen, so wird die Genossenschaft im Genossenschaftsregister eingetragen; damit ist sie rechtsfähig i.S.d. § 17 GenG. Das eingetragene Statut ist auszugsweise zu veröffentlichen, § 12 GenG.

16.9.3 Firma

Die Genossenschaft hat eine Firma, die das Statut angeben muß, § 6 I Nr. 1 GenG, und die veröffentlicht wird, § 12 II Nr. 2 GenG.

Beispiel: Winzergenossenschaft Randersacker eG; Raiffeisen-Volksbank Miltenberg eG.

Die Firma muß die Bezeichnung „eingetragene Genossenschaft" bzw. „eG" enthalten, § 3 I 1 GenG, Unterscheidbarkeit ist zu gewährleisten, §§ 3 I 2 GenG, 30 HGB.

Auf eine Haftung bzw. Nachschußpflicht von Genossen hindeutende Zusätze sind unzulässig, § 3 II GenG (früher waren sie vorgeschrieben).

16.9.4 Haftungsverhältnisse

Genossenschaftsvermögen

Für die Verbindlichkeiten der Genossenschaft haftet ihren Gläubigern nur das Genossenschaftsvermögen, § 2 GenG; für ihre Schulden hat sie als rechtsfähige juristische Person selbst einzustehen, vgl. § 17 I GenG. Insoweit verlangt auch § 7 Nr. 2 GenG die Bildung einer gesetzlichen Rücklage.

Ein bestimmtes Mindestkapital schreibt das GenG für die Genossenschaft nicht vor (anders also als bei GmbH, vgl. § 5 GmbHG, bzw. AG, § 7 AktG). Die den Genossenschaftsgläubigern zur etwaigen Verfügung stehende Haftungsmasse bzw. das Genossenschaftsvermögen kann zudem schwanken.

Beispiele: Eintritt/Austritt von Genossen mit entsprechenden Einlagenänderungen.

Die einzelnen Genossen haften grundsätzlich nicht für Genossenschaftsverbindlichkeiten, es sein denn, das Statut habe Nachschußpflichten vorgesehen, vgl. die §§ 23, 105, 119 ff., 6 Nr. 3, 22 a GenG; s. a. § 73 II 3 GenG:

Nachschußpflichten

– Das Statut kann bestimmen, daß die Genossen im Insolvenzfall keine Nachschußpflichten treffen;
– es kann ebenso vorsehen, daß die Genossen im Falle der Insolvenz der Genossenschaft unbeschränkte Nachschußpflichten haben;
– ebenso kann im Statut festgelegt sein, daß die Genossen eine bestimmte Summe (die Haftsumme, § 6 Nr. 3 GenG) im Insolvenzfall nachzuschießen haben (beschränkte Nachschußpflicht).

16.9.5 Rechtsstellung des Genossen

Für die Charakterisierung der Rechtsstellung der Mitglieder der Genossenschaft sind folgende Aspekte maßgebend:

16.9.5.1 Erwerb/Verlust

Die Mitgliedschaft in der Genossenschaft wird erworben durch:

Begründung der Mitgliedschaft

– Teilnahme an der Gründung bzw. Unterzeichnung des Statuts, §§ 4, 11 II Nr. 1 GenG,
– Eintritt in eine bestehende Genossenschaft durch eine schriftliche, unbedingte Beitrittserklärung sowie die Zulassung des Beitritts durch die Genossenschaft (d. h. durch den Vorstand, §§ 15 I, II, 15 a, 15 b GenG) mit Eintragung in die Mitgliederliste (vgl. die §§ 30 ff. GenG),
– Vererbung, § 77 GenG,
– Verschmelzung, §§ 79 ff. UmwG,
– Übertragung des Geschäftsguthabens, § 76 GenG.

Verloren wird die Stellung als Genosse durch:

Ende

– Tod,
– Aufkündigung, §§ 65 ff. GenG,
– Übertragung des Geschäftsguthabens, § 76 GenG,
– Ausschließung, § 68 GenG.

16.9.5.2 Rechte

Der Genosse hat aufgrund seiner Mitgliedschaft in der Genossenschaft folgende Rechte:

Vermögens-
rechte

– Vermögensrechte:
Vornehmliches Recht des Genossen ist es, an den genossenschaftlichen Einrichtungen teilzunehmen und hieraus Vorteil zu ziehen (vgl. § 1 I GenG).
Beispiele: Maschinen nutzen, günstige Kredite erhalten, Wohnungseigentum erwerben können etc.
Darüber hinaus hat der Genosse Anspruch auf Gewinn- (und Verlust-)verteilung, §§ 19, 48 GenG.

– Weiterhin hat das Mitglied Mitwirkungsrechte (auch Verwaltungsrechte genannt):

Mitwirkungs-
rechte

Es hat das Recht, an der Generalversammlung teilzunehmen und dort mitzu(be)stimmen, § 43 GenG; in die Niederschrift über Beschlüsse der Generalversammlung hat es Einsichtsrecht, § 47 IV GenG; es kann, bei Genossenschaften mit mehr als 1.500 Mitgliedern, sich in die Vertreterversammlung wählen lassen bzw. mitwählen, § 43 a GenG; desweiteren besteht die Möglichkeit, Minderheitenrechte wie die Einberufung einer Generalversammlung geltend zu machen, § 45 GenG, bzw. ggf. deren Beschlüsse gerichtlich anzufechten, § 51 GenG. Grundsätzlich besteht auch der Anspruch auf Gleichbehandlung der Genossen untereinander.

Gleich-
behandlung

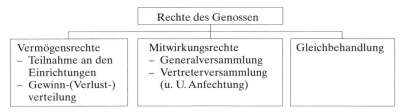

Schaubild 169: Rechte des Genossen

16.9.5.3 Pflichten

Aufgrund seiner Mitgliedschaft in der Genossenschaft treffen den Genossen folgende Pflichten:

Beitragspflicht

Der Genosse hat seine Mindesteinlage, den Beitrag, zu leisten, § 7 Nr. 2 GenG (Geschäftsanteil). Beim Ausscheiden hat er u. U. einen etwaigen Fehlbetrag anteilig zu decken, § 73 II 3 GenG. Ist im Statut die Nachschußpflicht für den Insolvenzfall vorgesehen, so ist der Nachschuß ggf. zu erbringen, vgl. die §§ 6 Nr. 3, 105, 119 ff. GenG. Da im Statut noch weitere Pflichten verankert sein können, hat der Genosse diese ggf. ebenfalls zu erfüllen.

Nachschuß-
pflicht

Beispiele: Statutsbestimmungen bezüglich der Pflicht zur Ablieferung von Produkten an die oder zur Abnahme von der Genossenschaft.

Schaubild 170: Pflichten des Genossen

16.9.6 Organe der Genossenschaft

Die Genossenschaft als juristische Person, §§ 1, 17 GenG, bedarf der Vertretung durch Organe (s. o. 3.2).

Vertretung

Das GenG sieht als Organe vor
- den Vorstand, §§ 24 ff. GenG,
- den Aufsichtsrat, §§ 36 ff. GenG,
- die Generalversammlung, §§ 43 ff. GenG,
- die Vertreterversammlung, § 43 a GenG.

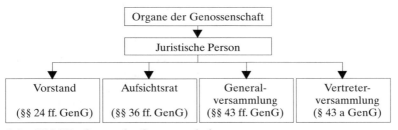

Schaubild 171: Organe der Genossenschaft

16.9.6.1 Vorstand

Der Vorstand ist der gesetzliche Vertreter der Genossenschaft; er vertritt sie gerichtlich und außergerichtlich. Er besteht aus mindestens zwei Mitgliedern und wird von der Generalversammlung gewählt, §§ 24 I, II, 26 GenG. Die jederzeit widerrufliche Bestellung, § 24 III GenG, ist als körperschaftlicher Akt zu trennen vom dienstvertraglichen Beschäftigungsverhältnis (s. o. 10.4), das die gegenseitigen Rechte und Pflichten zwischen Vorstand und Genossenschaft individuell regelt. Beim Abschluß des Anstellungsvertrages mit dem Vorstand wird die Genossenschaft durch den Aufsichtsrat vertreten, § 39 GenG.

gesetzlicher Vertreter

Bestellung/ Anstellung

Dem Vorstand obliegt die Geschäftsführung und Vertretung. Grundsätzlich besteht das Prinzip der Gesamtvertretung, § 25 GenG. Zur Abgabe einer Willenserklärung gegenüber der Genossenschaft reicht die Erklärung gegenüber einem Vorstandsmitglied aber aus, § 25 I 3 GenG. Unechte Gesamtvertretung, also etwa die vertretungsrechtliche Koppelung eines Vorstandsmitgliedes an einen Prokuristen, ist zulässig, §§ 25 III 2, 42 GenG (vgl. 7.8.2).

Auf dem Geschäftspapier der Genossenschaft sind, nebst anderen erforderlichen Angaben, die Vorstandsmitglieder aufzuführen, § 25 a GenG.

Rechtswirkungen | Durch Rechtshandlungen des Vorstandes wird die Genossenschaft unmittelbar berechtigt und verpflichtet, §§ 24 I, 26 I GenG; Beschränkungen der Vertretungsbefugnis sind im Außenverhältnis grundsätzlich unbeachtlich, § 27 GenG. Auf entsprechende Eintragungen im Genossenschaftsregister (s. u. 16.9.7) darf man sich verlassen, § 29 GenG.

Sorgfalt | Die Vorstandsmitglieder sind zu sorgfältigem Handeln verpflichtet; für Pflichtverletzungen müssen sie persönlich haften, § 34 GenG; s. a. die §§ 147 ff. GenG. Vorstandsmitglieder müssen Genossen sein, § 9 II GenG, und dürfen nicht dem Aufsichtsrat angehören, § 37 GenG.

16.9.6.2 Aufsichtsrat

Der Aufsichtsrat besteht aus mindestens drei Mitgliedern. Er wird von der Generalversammlung gewählt und darf keine nach dem Geschäftsergebnis bemessene Vergütung (= Tantieme) beziehen, § 36 GenG. Die Mitglieder des Aufsichtsrates müssen Genossen sein, § 9 II GenG; sie dürfen dem Vorstand nicht angehören, § 37 GenG.

Kontrolle | Der Aufsichtsrat hat den Vorstand zu überwachen und sich über die Angelegenheiten der Genossenschaft zu unterrichten; er kann Auskunft vom Vorstand verlangen und die Geschäftsbücher einsehen, vgl. § 38 I GenG. Falls erforderlich, hat er eine Generalversammlung einzuberufen, § 38 II GenG.

Gegenüber dem Vorstand vertritt er die Genossenschaft, § 39 GenG; u. U. kann er Vorstandsmitglieder von ihren Geschäften einstweilig entheben, § 40 GenG.

Für Pflichtverletzungen haften die Mitglieder des Aufsichtsrates, § 41 GenG, persönlich.

16.9.6.3 Generalversammlung

Die Generalversammlung ist das Organ der Genossenschaft, in dem die Genossen als Träger ihre Rechte wahrnehmen. Grundsätzlich beschließt sie mit einfacher Mehrheit, wobei jeder Genosse regelmäßig eine Stimme hat (das Statut kann allerdings Abweichungen vorsehen), von der er persönlich Gebrauch machen soll, § 43 GenG. *Willensbildung der Genossen*

Die Generalversammlung wird vom Vorstand einberufen, § 44 GenG, in wichtigen Fällen auch vom Aufsichtsrat, § 38 II GenG, bzw. von einer qualifizierten Minderheit der Genossen, § 45 GenG.

Die Generalversammlung stellt den Jahresabschluß fest, beschließt über die Verwendung des Jahresabschlusses bzw. die Deckung eines etwaigen Fehlbetrages, entlastet Vorstand und Aufsichtsrat, und trifft ggf. weitere, nach dem Statut vorgesehene, Entscheidungen, §§ 48 ff., 16 GenG. Über Beschlüsse der Generalversammlung ist eine (nicht notariell beurkundungsbedürftige, vgl. demgegenüber etwa § 130 AktG) Niederschrift zu fertigen, § 47 GenG. Beschlüsse können ggf. angefochten werden, § 51 GenG. *Aufgaben*

16.9.6.4 Vertreterversammlung

Bei großen Genossenschaften mit mehr als 1 500 Mitgliedern, bei denen die Generalversammlung aus allen Mitgliedern untunlich wäre, kann das Statut bestimmen, daß die Generalversammlung aus gewählten Vertretern der Genossen, der Vertreterversammlung, besteht, § 43 a I GenG. *Generalversammlung untunlich*

Beispiel: So ist es etwa bei der Frankfurter Volksbank eG, Frankfurt am Main.

Die Vertreterversammlung nimmt dann die Rechte der Generalversammlung wahr. *Rechte*

In die Vertreterversammlung, die aus mindestens fünfzig Vertretern bestehen muß, kann jeder unbeschränkt geschäftsfähige (s. o. 3.1.2.1) Genosse, der nicht dem Vorstand oder Aufsichtsrat angehört, gewählt werden, vgl. § 43 a II, III, IV GenG.

16.9.7 Genossenschaftsregister

Das Genossenschaftsregister, das bei den Amtsgerichten geführt wird, läßt sich dem Handelsregister vergleichen (dazu oben 3.4.6). Es dient dazu, alle über die Genossenschaft Aufschluß gebenden wichtigen Aspekte aufzuzeichnen, vgl. die §§ 10, 11, 12, 14, 16 V, VI, 32, 82, 84, 102, 156 ff. GenG.

Publizität | Gemäß § 29 GenG (vgl. auch § 86 GenG bezüglich der Liquidatoren) genießt das Genossenschaftsregister öffentlichen Glauben bzw. Publizitätswirkung (s. o. 3.4.6; Parallele zum Handelsregister).

16.9.8 Pflichtprüfung

eigener Prüfungsverband | Zur Feststellung der wirtschaftlichen Verhältnisse und der Ordnungsmäßigkeit der Geschäftsführung sieht das GenG mindestens zweijährige Pflichtprüfungen durch einen mit dem Prüfungsrecht verliehenen Prüfungsverband vor, §§ 53 ff. GenG. Dieser bedient sich der von ihm angestellten Prüfer, um die Einrichtungen, die Vermögenslage sowie die Geschäftsführung der Genossenschaft zu kontrollieren, §§ 55 ff. GenG. Der zu erstellende Prüfungsbericht ist der Generalversammlung vom Aufsichtsrat in seinen wesentlichen Feststellungen bzw. Beanstandungen zur Kenntnis zu geben, vgl. die §§ 58 f. GenG.

16.9.9 Steuern

Die Genossenschaft ist als juristische Person grundsätzlich körperschaftsteuerpflichtig (beachte die §§ 5 I Nr. 14, 22, 23, 25 KStG); Dividenden führen bei den Genossen grundsätzlich zu Einnahmen aus Kapitalvermögen i.S.d. § 20 I Nr. 1 EStG (s. a. § 43 EStG). Die Tätigkeit der Genossenschaft ist gewerbesteuerpflichtig (beachte u. U. § 3 Nr. 8 GewStG) und unterliegt der Umsatzsteuer, § 2 UStG.

16.10 Die Europäische Wirtschaftliche Interessenvereinigung

Mit der EWIV besteht in der EU eine neue gesellschaftsrechtliche Möglichkeit supranationaler Kooperation von Unternehmen und Freiberuflern.

16.10.1 Begriff der EWIV

EG-Gesellschaftsform | Die EWIV wurde für den Bereich der EG mit der EG-VO Nr. 2137/85 vom 25. 7. 1985 (EWIV-VO) geschaffen; sie gilt seit dem 1. 7. 1989 als Teil europäischen Gemeinschaftsrechts in allen Mitgliedsstaaten der EG. Näheres regelt das deutsche EWIVG vom 14. 4. 1988 (BGBl. I S. 514). Die EWIV soll die wirtschaftliche Kooperation über die nationalen Grenzen hinweg innerhalb der EG erleichtern und fördern. Sie soll nicht Gewinne für sich selbst erzielen, sondern diejenigen ihrer Mitglieder

oHG-Recht subsidiär | steigern, Art. 3 I EWIV-VO. Gemäß § 1 EWIVG sind auf die EWIV ergänzend die Regeln über die oHG anwendbar, d.h. die §§ 105 ff. HGB.

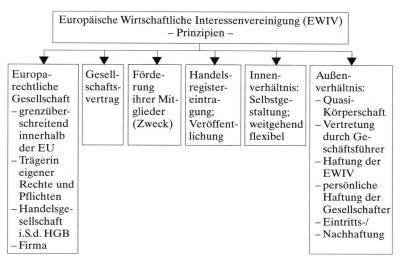

Schaubild 172: EWIV – Prinzipien

16.10.2. Gesellschaftsvertrag

Für den Gesellschaftsvertrag gilt:

16.10.2.1 Vertragsabschluß

Die EWIV wird durch einen Gesellschaftsvertrag mindestens zweier Mitglieder gegründet. Dieser bedarf der Schriftform und muß zumindest enthalten: *Vertragsprinzipien*

– den Namen der Vereinigung mit dem Zusatz „EWIV" (Firma),
– ihren Sitz,
– den Unternehmensgegenstand,
– Angaben über die Mitglieder,
– ggf. Angaben über die Dauer.

Die EWIV ist alsdann im Handelsregister durch ihre Geschäftsführer anzumelden und einzutragen (HR-Abteilung A, vgl. § 3 I HRV), Art. 5, 6 EWIV-VO, die Gründung ist im Bundesanzeiger und im Amtsblatt der EG zu veröffentlichen.

16.10.2.2 Vertragspartner

Mitglieder – erforderlich sind mindestens zwei – einer EWIV können gemäß Art. 4 I EWIV-VO sein: *Gesellschafter*

- natürliche Personen, die eine gewerbliche, kaufmännische, handwerkliche oder freiberufliche Tätigkeit in der EU ausüben bzw. dort andere Dienstleistungen erbringen (nicht also Privatleute),
- juristische Personen bzw. sonstige Gesellschaften mit Sitz und Hauptverwaltung in der EU.

EG-grenzüberschreitend

Mitglieder einer EWIV können also Einzelunternehmer, Personen- bzw. Kapitalhandelsgesellschaften, Genossenschaften, einen Erwerbszweck verfolgende GbR, Freiberufler bzw. Freiberuflersozietäten sein. Allerdings muß der Mitgliederkreis innerhalb der EU grenzüberschreitend sein: mindestens zwei Mitglieder müssen in unterschiedlichen Mitgliedsstaaten der EU ihre Hauptverwaltung oder Haupttätigkeiten haben (Art. 4 II EWIV-VO).

Beispiele: Steuerberater und Wirtschaftsprüfer aus Deutschland und Frankreich bilden eine Beratungsgesellschaft-EWIV; ein Rechtsanwalt aus Frankfurt/Main, eine Rechtsanwaltssozietät aus Berlin schließen sich mit Anwaltssozietäten in Rom und Brüssel zu einer EWIV zusammen; Unternehmen aus München und Lyon betreiben als EWIV ein gemeinsames Rechenzentrum, richten gemeinsame Einkaufs- und Verkaufsorganisationen ein oder führen zusammen Forschungs- und Entwicklungsprojekte aus.

Nicht: EG-Ausländer

Unternehmen aus Drittstaaten außerhalb der EU können dagegen nicht Vertragspartner sein (ihnen bleibt die Möglichkeit der Beteiligung über eine in der EU belegene Tochtergesellschaft offen).

16.10.2.3 Gesellschaftszweck

Zweck der EWIV ist die Erleichterung und Entwicklung der Tätigkeit ihrer Mitglieder sowie die Verbesserung bzw. Steigerung dieser Tätigkeit. Die EWIV betreibt also eine Hilfstätigkeit für ihre Mitglieder, die Gewinnerzielung für sich selbst ist nicht ihr Zweck (vgl. Art. 3 I EWIV-VO).

Hilfstätigkeit

Beispiele: Kooperationen in Forschung, Dienstleistung, Vertrieb; Durchführung von Großprojekten im Ausland; nicht aber etwa die eigene Ausübung eines freien Berufes gegenüber Dritten.

Kooperationsgesellschaft

Die EWIV soll sich also auf kooperative Zwecke beschränken und nicht selbst Unternehmensträgerin sein; sie ist keine Berufsausübungsgesellschaft (also nicht etwa Grundlage einer grenzüberschreitenden Sozietät von Freiberuflern, s. o. 16.6.1.2), sondern Kooperationsgesellschaft.

Die EWIV darf also (vgl. Art. 3 II EWIV-VO):
- keine Leitungs- oder Kontrollmacht über Unternehmen ausüben,
- keine Anteile an Mitgliedsunternehmen halten und Anteile an anderen Unternehmen nur, wenn für ihr Ziel notwendig und nur für Rech-

nung ihrer Mitglieder (Verbot der Holding),
- nicht mehr als 500 Arbeitnehmer haben,
- nicht zur unzulässigen Darlehensgewährung an Leiter einer Gesellschaft mißbraucht werden,
- nicht Mitglied einer anderen EWIV sein.

16.10.2.4 Firma

Die EWIV hat einen Namen. Sie führt ihn, d. h. ihre Firma, mit den (voran- oder nachzustellenden) Worten „Europäische Wirtschaftliche Interessenvereinigung" bzw. mit der Abkürzung „EWIV", vgl. Art. 5 a EWIV-VO, § 2 EWIVG. Im Hinblick auf die Anwendbarkeit des Firmenrechts der §§ 17 ff. HGB, 1 EWIVG, 105 HGB, sind Namens-, Sach- bzw. Phantasiefirmen oder Mischformen möglich (insoweit vergleichbar der oHG, s. o. 16.3.2.4). Name der EWIV

16.10.2.5 Keine Haftungsbeschränkung

Die EWIV ähnelt auch insofern der oHG, als Haftungsbeschränkungen der Gesellschafter im Außenverhältnis nicht bestehen, sie somit unbeschränkt persönlich für Verbindlichkeiten der EWIV haften, Art. 24 EWIV-VO, §§ 1 EWIVG, 128 f. HGB; allerdings haften die Gesellschafter (im Unterschied zur oHG) erst, wenn die Gläubiger die EWIV selbst zur Zahlung aufgefordert und Zahlung binnen angemessener Frist nicht erlangt haben (Art. 24 II EWIV-VO). unbeschränkte Haftung

16.10.3 Rechtsverhältnisse der Gesellschafter untereinander (Innenverhältnis)

Die EWIV ist flexibel; die Gesellschafter können ihre Rechtsbeziehungen zueinander im Rahmen des Prinzips der Selbstgestaltung (innerhalb der Privatautonomie, s. o. 2.5) weitgehend frei gestalten. Gestaltungsfreiheit

Gemäß Art. 16 EWIV-VO sind notwendige Organe (nur) die gemeinschaftlich handelnden Gesellschafter (Mitgliederversammlung) selbst sowie der/die Geschäftsführer: Organe

- Die Rechte und Pflichten der Gesellschafter zueinander bestimmen sich grundsätzlich nach dem Recht der oHG, §§ 1 EWIVG, 109 ff. HGB. Sie schulden sich Treue und Förderung, Auskunft und Einsichtnahme (von den Geschäftsführern zu erlangen), vgl. Art. 18 EWIV-VO (entsprechend § 51 a GmbHG), Wettbewerbsverbot, ggf. Gewinn- und Verlustbeteiligung, Art. 21 EWIV-VO, §§ 120 ff. HGB. Rechte/ Pflichten

In der Mitgliederversammlung hat jedes Mitglied grundsätzlich eine Stimme; die Gesellschafter als die gemeinschaftlich handelnden Mitglieder und damit Organ der EWIV können (auch formlos) über die sie interessierenden Aspekte beschließen, auch über Fragen der Geschäftsführung (insoweit sind sie allzuständig; vgl. die Art. 16, 17 EWIV-VO).

Geschäftsführung — Die Geschäftsführung liegt (anders als bei der oHG) nicht bei den Gesellschaftern, sondern bei dem/den Geschäftsführer(n). Der/die Geschäftsführer wird durch den Gründungsvertrag oder durch einen Mitgliederbeschluß bestellt, Art. 19 I EWIV-VO. Der Geschäftsführer muß aber nicht Mitglied der EWIV sein (das Prinzip der Selbstorganschaft, s. o. 16.1.3.3, gilt insoweit nicht). Der Geschäftsführer führt die Geschäfte der EWIV und vertritt sie nach außen, vgl. Art. 20 EWIV-VO. Bei schuldhaften Pflichtverletzungen ist er der EWIV schadensersatzpflichtig, § 5 EWIVG.

16.10.4 Rechtsverhältnisse gegenüber Dritten (Außenverhältnis)

Hinsichtlich des Auftretens der EWIV nach außen gilt:

16.10.4.1 Außengesellschaft

Die EWIV ist ab ihrer Eintragung Trägerin eigener Rechte und Pflichten, sie kann Verträge abschließen oder andere Rechtshandlungen vornehmen und vor Gericht stehen. Sie ist gemäß Art. 1 II EWIV-VO, § 1 EWIVG, § 124 HGB eine Quasi-Körperschaft (wie die oHG; s. o. 3.3, 16.3.1.2), auch ist sie Handelsgesellschaft i.S.d. § 6 I HGB.

Quasi-Körperschaft

Die EWIV ist also rechts-, partei- und insolvenzfähig (vgl. § 11 II Nr. 1 InsO).

16.10.4.2 Vertretung

Geschäftsführer Vertreten wird die EWIV im Rechtsverkehr bei Rechtshandlungen durch ihre(n) Geschäftsführer; grundsätzlich gilt bei mehreren Geschäftsführern das Prinzip der Einzelvertretung (es sei denn, der EWIV-Vertrag sähe Gesamtvertretung vor), Art. 20 EWIV-VO. Der Umfang der Vertretungsmacht der Geschäftsführer kann nach außen grundsätzlich nicht ausgeschlossen werden.

16.10.4.3 Haftung

Bei der Haftung ist (wie bei der oHG) zwischen der Haftung der Gesellschaft und derjenigen der Gesellschafter zu unterscheiden:

- Die EWIV selbst haftet uneingeschränkt mit ihrem gesamten Vermögen (Art. 1 II EWIV-VO). *EWIV-Haftung*
- Die einzelnen Gesellschafter haften neben der EWIV als Gesamtschuldner für die Gesellschaftsverbindlichkeiten persönlich und unbeschränkt, Art. 24 I EWIV-VO. Allerdings müssen die EWIV-Gesellschafter nur subsidiär einstehen (im Gegensatz zur oHG, vgl. § 128 S. 1 HGB): zunächst muß ein Gesellschaftsgläubiger erst die EWIV zur Zahlung auffordern und eine angemessene Zahlungsfrist abwarten, Art. 24 II EWIV-VO. *Gesellschafterhaftung*
- Neu eintretende EWIV-Gesellschafter haften für vor ihrem Eintritt begründete Altschulden, Art. 26 II EWIV-VO (bei der oHG vgl. § 130 HGB). *Eintritts-/Nachhaftung*
- Ausscheidende Mitglieder haften grundsätzlich fünf Jahre lang weiter, Art. 34, 37 EWIV-VO.

16.10.5 Ende der EWIV

Die EWIV endet durch jederzeit möglichen Auflösungsbeschluß der Gesellschafter bzw. durch gerichtliche Auflösungsentscheidung, vgl. die Art. 31, 32 EWIV-VO. *Auflösung*

Die Auflösung führt zur Abwicklung der EWIV, vgl. Art. 35 EWIV-VO. Nach § 11 II Nr. 1 InsO ist die EWIV ggf. auch insolvenzfähig.

16.10.6 Steuern

Für die Besteuerung, die bei den Mitgliedern der EWIV eintritt, vgl. Art. 40 EWIV-VO, gelten die allgemeinen jeweiligen innerstaatlichen Regeln.

17 Wettbewerbsrecht

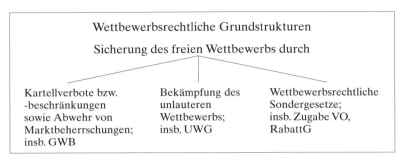

Leitübersicht 17: Wettbewerbsrecht

Leitfragen zu 17:
a) Welche Zwecke verfolgt das GWB?
b) Was versteht man unter einem Kartell?
c) Welche Formen von Kartellen gibt es?
d) Unter welchen Voraussetzungen werden Wettbewerbshandlungen nach der wettbewerbsrechtlichen Generalklausel mißbilligt?
e) Welche weiteren Verbotsbestände kennt das UWG?
f) Sind Zugaben unbeschränkt statthaft?
g) Inwieweit sind Rabattgewährungen zulässig?

Freier Wettbewerb ermöglicht erst einen funktionsfähigen, fairen Wettstreit der Anbieter am Markt. Den freien Wettbewerb zu sichern ist Aufgabe des Wettbewerbsrechts, das erhebliche Schranken beispielsweise für die Geschäftspolitik bzw. das Marketing beinhaltet.

17.1 Übersicht

Struktur   Die wesentlichen gesetzlichen Bestimmungen enthalten insbesondere:

- das Gesetz gegen den unlauteren Wettbewerb (UWG),
- das Gesetz gegen Wettbewerbsbeschränkungen (GWB),
- die Wettbewerbsregeln der EG (Art. 85, 86 EWGV),
- sowie die gewerblichen Schutzgesetze wie Patent-, Gebrauchsmuster-, Geschmacksmuster-, Marken- und Urhebergesetz.

Begrifflich werden das Wettbewerbsrecht im engeren sowie im weiteren Sinne voneinander unterschieden:

- Wettbewerbsrecht im engeren Sinne beinhaltet diejenigen Bestimmungen, die den Leistungswettbewerb einzelner Unternehmen untereinander sichern sollen. Hierzu gehören vornehmlich das UWG, die Verordnung zur Regelung der Preisangaben (PAngVO), das RabattG sowie die ZugabeVO. *im engeren/*
- Wettbewerbsrecht im weiteren Sinne regelt insbesondere das GWB, dessen Ziel darin besteht, die Märkte durch Verhinderung unerwünschter Kartelle oder unzuträglicher Marktbeherrschungen offen zu halten. *im weiteren Sinne*

Die gewerblichen Schutzrechte schützen insbesondere die Nutzung und wirtschaftliche Verwertung von Rechten und Arbeitsergebnissen.

17.2 Gesetz gegen Wettbewerbsbeschränkungen (GWB)

Das GWB wurde (nicht zuletzt aufgrund europarechtlicher Vorgaben) zum 1. 1. 1999 neu gefaßt

Die Bestimmungen des GWB beziehen sich insbesondere auf:
- Kartellvereinbarungen, Kartellbeschlüsse und abgestimmte Verhaltensweisen (horizontale Abreden) zwischen Unternehmen gleicher Wirtschaftsstufen (§§ 1 ff. GWB); *Abreden*
- vertikale Abreden zwischen Unternehmen verschiedener Wirtschaftsstufen (Käufer-Verkäufer), §§ 14 ff. GWB;
- Marktbeherrschung bzw. wettbewerbsbeschränkendes Verhalten (§§ 19 ff. GWB);
- Wettbewerbsregeln, §§ 24 ff. GWB;
- Sonderregeln für bestimmte Wirtschaftsbereiche, §§ 28 ff. GWB;
- Aufsicht der Kartellbehörden über verbotenes Verhalten, §§ 32 ff. GWB;
- Zusammenschlußkontrolle, §§ 35 ff. GWB;
- Regeln über die Vergabe öffentlicher Aufträge, §§ 97 ff. GWB.

17.2.1 Kartellverbote

§ 1 GWB verbietet Vereinbarungen zwischen miteinander im Wettbewerb stehenden Unternehmen, Beschlüsse von Unternehmensvereinigungen und aufeinander abgestimmte Verhaltensweisen, die eine Verhinderung, Einschränkung oder Verfälschung des Wettbewerbs bezwecken oder bewirken. Man nennt derartige vertragliche Verbindungen Kartelle. Ein Kartell ist grundsätzlich unwirksam (vgl. die §§ 1, 14 I, 17 I, 19 I GWB), wenn es geeignet ist, Wettbewerbsbeschränkungen herbeizuführen. Dies zeigt sich darin, daß sich die beteiligten Unternehmen in ihrer Handlungsfreiheit im Wettbewerb beschränken. *Kartell*

Beispiele: Gemeinsamer Preis – Preiskartell; anbietbare Menge – Kontingentierungskartell; regionale Marktaufteilung – Gebietsschutzkartell; Festlegung der Lieferungs- und Zahlungsbedingungen – Konditionenkartell; Vereinbarung von Rabattstaffeln – Rabattkartell; Herstellung bestimmter Waren – Spezialisierungskartell.

17.2.2 Horizontalvereinbarungen

Horizontale Wettbewerbsbeschränkungen sind grundsätzlich als wettbewerbsschädlich verboten, § 1 GWB n.F., wenn sie von Unternehmen vereinbart werden, die miteinander im Wettbewerb stehen.

Kartellformen
Gewisse Kartelle können von der Kartellbehörde (vgl. die §§ 48 ff. GWB) von diesem Verbot freigestellt werden. Hierzu rechnen:
- Normen- und Typenkartelle, Konditionenkartelle (§ 2 I, II GWB),
- Spezialisierungskartelle (§ 3 GWB),
- Mittelstandskartelle (§ 4 I GWB),
- Einkaufskooperationen (§ 4 II GWB),
- Rationalisierungskartelle (§ 5 GWB),
- Strukturkrisenkartelle (§ 6 GWB),
- sonstige, zur Verbesserung von Waren oder Dienstleistungen beitragende Kartelle, § 7 I GWB (dieser in Anlehnung an Art. 85 III EGV geschaffene Auffangtatbestand darf aber nicht zur Umgehung der Freistellungsgrenzen der §§ 2-6 GWB dienen, § 7 II GWB).

Das Verfahren zur Anmeldung bzw. Freistellungsbeantragung regeln die §§ 9 ff. GWB.

Ausnahmsweise kann mittels einer Ministererlaubnis, § 8 GWB, ungeachtet der Voraussetzungen der §§ 2-7 GWB, Freistellung von Kartellen erfolgen.

Zu Sanktionen vgl. die §§ 32 ff. GWB. Ausnahmen für bestimmte Wirtschaftsbereiche regeln die §§ 28 ff. GWB.

17.2.3 Vertikalvereinbarungen

weitere Schranken
Gemäß § 14 GWB sind vertikale Preis- und Konditionenbindungen grundsätzlich verboten (ungeachtet der Statthaftigkeit unverbindlicher Preisempfehlungen für Markenwaren, § 23 GWB). Die Zulässigkeit der Preisbindung für Verlagserzeugnisse bleibt bestehen, § 15 GWB. Verträge zwischen Unternehmen über Waren oder gewerbliche Leistungen, die Verwendungsbeschränkungen, Ausschließlichkeitsbindungen, Vertriebsbindungen oder Kopplungsgeschäfte vorsehen, unterliegen der Mißbrauchsaufsicht durch die Kartellbehörde, § 16 GWB. Lizenzverträge, die

dem Erwerber oder Lizenznehmer Beschränkungen auferlegen, die über den Inhalt des Schutzrechtes hinausgehen, bzw. Verträge über andere Leistungen und über Saatgut, sind u. U. nach den §§ 17, 18 GWB unwirksam.

Das frühere Schriftformerfordernis für Horizontal- und Vertikalverträge (§ 34 a.F. GWB) ist nunmehr gestrichen.

17.2.4 Marktbeherrschung

Marktbeherrschende Unternehmen, die entweder keine oder nicht nennenswerte Wettbewerber haben oder die im Verhältnis zu Wettbewerbern eine überragende Marktstellung aufweisen, dürfen dies nicht mißbräuchlich ausnutzen, § 19 GWB – der Mißbrauch einer marktbeherrschenden Stellung ist verboten (§ 19 I GWB). Marktbeherrschende Unternehmen dürfen andere Unternehmen nicht diskriminieren oder unbillig behindern, § 20 GWB (etwa auch nicht durch unbillige Verkäufe unter Einstandspreis, § 20 IV 2 GWB). Ebenso sind ein unbilliger Boykott sowie sonstiges wettbewerbsbeschränkendes Verhalten i.S.d. § 21 GWB verboten. Dies darf auch durch Empfehlungen nicht umgangen werden, § 22 GWB.

Mißbrauchsaufsicht

Für bestimmte Wirtschaftsbereiche gelten Sonderregeln, §§ 28 ff. GWB (Landwirtschaft, Kredit- und Versicherungswirtschaft, Urheberrechtsverwertungsgesellschaften, Sport). Zu Sanktionen vgl. die §§ 32 ff. GWB.

17.2.5 Fusionkontrolle

Der Zusammenschluß von Unternehmen (mit einem Umsatz-Schwellenwert von weltweit mehr als einer Milliarde DM bzw. einem Inlandsumsatz eines beteiligten Unternehmens von mindestens 50 Millionen DM, § 35 I GWB) unterliegt grundsätzlich (vgl. § 35 III GWB) der Kontrolle des Bundeskartellamtes, §§ 35 ff. GWB. Eine eine Marktbeherrschung begründende Fusion ist regelmäßig zu untersagen, vgl. § 36 GWB.

Beispiel: Die Untersagung des Zusammenschlusses von zwei auf dem Markt für höher- und mittelpreisiges Edelstahlbesteck tätigen Unternehmen gemäß § 36 I GWB, wenn der marktführende Erwerber des kleineren Unternehmens eine deutliche Verstärkung seiner bereits gravierenden Marktmacht erfährt.

Zusammenschlüsse sind vor ihrem Vollzug beim Bundeskartellamt anzumelden, der Vollzug ist unverzüglich anzuzeigen, § 39 GWB. Einen vom Bundeskartellamt untersagten Zusammenschluß kann der Bundesminister für Wirtschaft ausnahmsweise doch erlauben, § 42 GWB.

Das Verfahren vor den und die Befugnisse (vgl. etwa die §§ 58-60 GWB) der Kartellbehörden regeln die §§ 54 ff. GWB.

17.2.6 Europäisches Kartellrecht

EWGV Neben nationalem ist gerade auch das europäische Kartellrecht zu beachten (vgl. bspw. die jüngste – sechste – GWB-Novelle; s. a. § 35 III GWB). Dieses geht dem deutschen grundsätzlich vor. Art. 85 EWGV verbietet wettbewerbshindernde Vereinbarungen oder Beschlüsse, Art. 86 EWGV untersagt den Mißbrauch einer marktbeherrschenden Stellung im Handel zwischen den EG-Staaten. Bestimmte Gruppen von Vereinbarungen können aufgrund von Freistellungsermächtigungen durch EG-Verordnungen freigestellt werden.

Beispiele: Spezifische Gruppen von Franchisevereinbarungen (s. o. 10.5.11); die Gründung des Gemeinschaftsunternehmens Concert zwischen British Telecom und der amerikanischen Gesellschaft MCI Communications Corp. wurde von der EG-Kommission vom Kartellverbot des Art. 85 EWGV gemäß Art. 85 III EWGV i.V.m. der VO Nr. 17/62 mit Entscheidung vom 27.7.1994 freigestellt; die Gründung des Gemeinschaftsunternehmens Viag Intercom zwischen British Telecom und der Viag AG wurde von der EG-Kommission am 22.12.1995 nach der Europäischen FusionskontrollVO Nr. 4064/89 freigegeben.

17.3 Gesetz gegen den unlauteren Wettbewerb (UWG)

Von erheblicher rechtspraktischer Bedeutung (insbesondere für das Marketing) ist das den Kernbereich des Wettbewerbsrechts im engeren Sinne bildende Recht des unlauteren Wettbewerbs, wie es vornehmlich im UWG geregelt ist.

Das UWG zielt insbesondere in zwei Richtungen: In den §§ 1 ff. UWG finden sich Regelungen bezüglich Wettbewerbshandlungen gegenüber einer unbestimmten Mehrheit von Mitbewerbern; die §§ 14 ff. UWG beziehen sich auf Wettbewerbshandlungen gegenüber bestimmten Mitbewerbern.

17.3.1 Wettbewerbsrechtliche Generalklausel

Grundnorm Vorangestellt ist dem UWG in § 1 die Generalklausel; diese greift überall da ein, wo spezielle Regelungen keine Anwendung finden bzw. keinen ausreichenden Schutz gewähren.

Gemäß § 1 UWG kann derjenige, der im geschäftlichen Verkehr zu Zwecken des Wettbewerbs Handlungen vornimmt, die gegen die guten Sitten verstoßen, auf Unterlassung und Schadensersatz in Anspruch genommen werden.

17.3.1.1 Voraussetzungen

§ 1 UWG setzt also   Tatbestand
- eine Handlung im geschäftlichen Verkehr,
- zu Zwecken des Wettbewerbs,
- unter Verstoß gegen die guten Sitten

voraus.

- Handeln „im geschäftlichen Verkehr" ist dann gegeben, wenn eine geschäftliche Betätigung im Hinblick auf Erwerb oder Berufsausübung vorliegt; ein privates oder hoheitlich-amtliches Handeln wird nicht erfaßt.

  Beispiele: Ein Werbeplakat für eine Ware; nicht aber: private Äußerungen im häuslichen Wirkungskreis.

- Handeln „zu Zwecken des Wettbewerbes" liegt dann vor, wenn die Wettbewerbslage beeinflußt werden soll. Das Verhalten muß dabei objektiv geeignet sein, Wettbewerbszwecken zu dienen (es muß also ein Wettbewerbsverhältnis bestehen), und subjektiv ist der Wille notwendig, im Wettbewerb zu handeln.

  Beispiele: Kaffeehändler werben mit dem Hinweis „Statt Blumen Onko-Kaffee".

  Neutral, objektiv und sachkundig durchgeführte Warentests von Ver-   Warentests
  braucherverbänden oder der Stiftung Warentest erfolgen nicht in
  Wettbewerbs(förderungs)absicht. Dies gilt grundsätzlich auch bei
  Pressemitteilungen über bestimmte Produkte (beachte Art. 5 GG).

  Beispiele: Berichte in Funk und Fernsehen über verunreinigte Nudeln oder verseuchtes Rindfleisch; Kritiken in Gaststättenführern; Testberichte der Stiftung Warentest.

- Für einen Verstoß gegen § 1 UWG vornehmlich erforderlich ist, daß   „gute Sitten"
  die Wettbewerbshandlung gegen die guten Sitten (vgl. auch die §§ 138
  bzw. 826 BGB), also gegen das Anstandsgefühl aller billig und gerecht
  Denkenden, verstößt (s. o. 12.4) und nicht im Einklang mit dem Anstandsgefühl verständiger und ordentlicher Durchschnittsgewerbe-
  treibender steht. Das Bewußtsein, gegen die guten Sitten oder das

Schaubild 173: Wettbewerbsrechtliche Generalklausel

UWG zu verstoßen, ist nicht erforderlich. Wichtig ist nur, ob die Trennungslinie zwischen Leistungswettbewerb und Nichtleistungswettbewerb überschritten wird: sittenwidrig handelt nicht, wer durch eigene Leistung überzeugt und darüber wahrheitsgemäß informiert; sittenwidrig handelt aber, wer nicht mit seiner besseren Leistung wirbt, sondern mit anderen unlauteren Mitteln.

17.3.1.2 Sittenwidriges Handeln

Die Rspr. hat hierfür vornehmlich fünf Fallgruppen entwickelt: Kundenfang, Behinderung, Ausbeutung, Rechtsbruch und Marktstörung.

- Kundenfang:

Kundenfang
Das Bemühen um Kunden ist vornehmliches unternehmerisches Interesse. Wettbewerbswidriger Kundenfang liegt allerdings vor, wenn die freie Willensentscheidung des Kunden erschlichen, erkauft oder verfälscht wird. Dies ist bei irreführender Werbung, Nötigung, Belästigung, Verlockung durch besondere Vorteile, Ausnutzung von Spiellust, Gefühlen und Vertrauen der Fall.

Beispiele: Lockvogelangebote; Werbung am Unfallort durch Reparaturunternehmen; unaufgeforderte Vertreterbesuche, BTX-Werbung, Telefaxe oder Anrufe bei Privatleuten; Übersendung von Werbung an Verbraucher per e-mail ohne vorherige Zustimmung; Zusendung unbestellter Ware; unterlassene Belehrung über Widerrufsmöglichkeiten nach dem HausTWG (s. o. 10.8.3); Gewinnspiele mit psychologischem Kaufzwang; Werbung mit Angst; falsche „Blindenware".

unlautere Behinderung
- Unlautere Behinderung von Mitbewerbern liegt vor, wenn die wirtschaftliche Entfaltungsfreiheit unredlich ver- bzw. behindert wird. Dies ist in den Fällen unredlichen Preiskampfes, Boykotts, der Diskriminierung sowie unzutreffend vergleichender Werbung gegeben.

Beispiele: Werbung vor dem Geschäftslokal des Konkurrenten; ständige Dumpingpreise, um Mitbewerber vom Markt zu verdrängen und dann den Preis alleine bestimmen zu können; gemeinsamer Boykott eines Konkurrenten durch die übrigen Wettbewerber (vgl. auch die §§ 20, 21 GWB); unwahre, unsachliche vergleichende Werbung.

vergleichende Werbung
Grundsätzlich ist vergleichende Werbung dann, wenn nachprüfbare und typische Eigenschaften der verschiedenen Waren miteinander verglichen werden, nach der jüngsten Rspr. (nicht zuletzt aufgrund einer EG-Richtlinie vom 6.10.1997) erlaubt, auch soweit Namen bzw. Produkte genannt werden und auch ohne einen unmittelbaren Anlaß: man kann also die Marke, mit der das eigene Produkt beworben wird, benennen und – typische – Eigenschaften vergleichen, etwa Motor-

größe oder Windschlüpfrigkeit bei Autos. (Verunglimpft darf der Wettbewerber aber nicht werden).

- Ausbeutung liegt vor, wenn systematisch fremde Leistungen oder der gute Ruf nachgeahmt werden. *Ausbeutung*

  Beispiele: Imitation fremder Waren (Nachahmung von „Rolex"-Uhren durch Raubkopierer); systematisches Abwerben von Mitarbeitern eines Konkurrenten; Industriespionage.

- Wettbewerbsrechtlich unzulässiger Rechtsbruch liegt vor, wenn sich ein Gewerbetreibender über rechtliche Schranken hinwegsetzt und somit einen Vorteil gegenüber seinen gesetzestreuen Konkurrenten verschafft. *Rechtsbruch*

  Beispiele: Unzulässige Anwalts- oder Notarwerbung; vermiedener Hinweis auf Widerrufsrechte (etwa nach dem HausTWG); wegen Verstoßes gegen den Beförderungsvorbehalt des § 2 PostG ist rechtswidrig das werbliche Angebot eines ausländischen Unternehmens, im Gebiet der Bundesrepublik Deutschland sog. Remailing durchzuführen.

- Eine sittenwidrige Marktstörung wird dann angenommen, wenn der gesamte Markt institutionell behindert, die Marktstruktur also gefährdet wird (beachte auch die §§ 19 IV, 20 I GWB). *Marktstörung*

  Beispiele: Massives Verschenken von Originalware, wodurch der Vertrieb von Konkurrenzprodukten nachhaltig vereitelt wird; kostenloses Verteilen eines Anzeigenblattes, wenn dadurch lokale Tageszeitungen existentiell gefährdet werden.

Liegt ein Verstoß gegen § 1 UWG vor, so können jeder unmittelbar verletzte Mitbewerber bzw. der Personenkreis des § 13 II UWG Schadensersatz- und Unterlassungsansprüche geltend machen. Ggf. kommen auch Ansprüche auf Beseitigung, Widerruf, Herausgabe, Auskunft und Rechnungslegung in Betracht. *Rechtsfolgen*

17.3.2 Irreführende bzw. strafbare Werbung

Wer im geschäftlichen Verkehr zu Wettbewerbszwecken über geschäftliche Verhältnisse, insbesondere über die Beschaffenheit, den Ursprung, die Herstellungsart oder die Preisbemessung einzelner Waren oder gewerblicher Leistungen oder des gesamten Angebots, über Preislisten, über die Art des Bezugs oder die Bezugsquelle von Waren, über den Besitz von Auszeichnungen, über den Anlaß oder den Zweck des Verkaufs oder über die Menge der Vorräte irreführende Angaben macht, kann auf Unterlassung dieser Angaben in Anspruch genommen werden (§ 3 UWG). Werbung muß also wahr und sachlich sein. *Täuschung*

Beispiele: Irreführende Herkunftsangaben; irreführende Preisangaben („Mondpreise"); unwahre Testergebnisse; unterlassene Aufklärung (fehlender Hinweis auf Auslaufmodell); Irreführung durch Selbstverständlichkeiten (besonderes werbemäßiges Betonen der Mehrwertsteuer – „inklusive MWSt"); irreführende Angaben von „Bio"- oder „Öko"-Bezeichnungen ohne besondere Begründung der Umweltfreundlichkeit; eine Werbung mit dem Zeichen „GS = Geprüfte Sicherheit" kann irreführend sein, wenn die Genehmigung zur Führung dieses Zeichens zu Unrecht erteilt worden ist.

Neben Unterlassungsansprüchen ist ggf. auch Schadensersatz möglich, vgl. § 13 VI Nr. 1 UWG. Unter den Voraussetzungen des § 4 UWG ist irreführende Werbung auch strafbar.

17.3.3 Insolvenzverkäufe

Insolvenzwaren § 6 UWG gestattet die Werbung für Insolvenzwarenverkäufe nur dann, wenn diese noch zur Insolvenzmasse gehören. Aus einem Insolvenzverfahren erworbene und dann erst weiter zu verkaufende Waren dürfen mit dem Hinweis auf ihre Herkunft aus einer Insolvenzmasse nicht beworben werden. Ansonsten drohen Sanktionen im Hinblick auf die §§ 6 II, 13 I, II, VI Nr. 2 UWG.

17.3.4 Letztverbrauchergeschäfte

Auch bei Geschäften mit dem Letztverbraucher gibt es Restriktionen:

Hersteller/ Großhändler – Gemäß § 6 a UWG ist der Hinweis auf eine Hersteller- oder Großhändlereigenschaft, bei der der Verbraucher meint, besonders günstig kaufen zu können, grundsätzlich unzulässig. Zulässig ist dieser Hinweis nur im Verhältnis zum Wiederverkäufer, beim Verkauf ausschließlich an Letztverbraucher, beim Verkauf an Letztverbraucher zu Wiederverkäuferpreisen, oder wenn unmißverständlich auf unterschiedliche Preise hingewiesen wird. Im Falle von Zuwiderhandlungen kann Unterlassung oder Schadensersatz begehrt werden, § 13 II, VI Nr. 2 UWG.

Berechtigungsscheine – Auch die Ausgabe von bzw. der Verkauf gegen Berechtigungsscheine(n) ist grundsätzlich gem. § 6 b UWG unzulässig, es sei denn, die Kaufscheine würden nur für einen einmaligen Einkauf oder für jeden Einkauf einzeln ausgegeben (Club-Karten von Buchgemeinschaften fallen hierunter aber nach der Rspr. nicht, weil sie nur von Mitgliedern benutzt werden können und der Abnehmerkreis vertraglich gebunden ist).

17.3.5 Schneeballsystem

Progressive Kundenwerbung Progressive Kundenwerbung, insbesondere Schneeballsysteme, werden gemäß § 6 c UWG untersagt.

17.3.6 Sonderveranstaltungen; Sonderangebote

Außerhalb des regelmäßigen Geschäftsverkehrs stattfindende Verkaufsveranstaltungen im Einzelhandel, die der Beschleunigung des Warenabsatzes dienen und den Eindruck der Gewährung besonderer Kaufvorteile hervorrufen (Sonderveranstaltungen), sind regelmäßig unzulässig, § 7 UWG.

Sonderveranstaltungen

Beispiele: Ferienpreise; Inventurangebote; vorweggenommene Saisonschlußverkäufe; Eröffnungsverkäufe. Unzulässige Sonderveranstaltungen und Räumungsverkäufe finden sich häufig bspw. im Orient-Teppichhandel, wo oftmals die Preise zuvor um mehrere hundert Prozent erhöht werden, um den Verbraucher dann mit Preisnachlässen von etwa bis zu 70 % zu locken.

Dies gilt aber nicht für Sonderveranstaltungen als Winter- und Sommerschlußverkäufe für die Dauer von 12 Werktagen, beginnend am letzten Montag im Januar und am letzten Montag im Juli, betreffend den Verkauf von Textilien, Bekleidungsgegenständen, Schuhwaren, Lederwaren oder Sportartikeln.

Schlußverkäufe

Zulässig sind auch Jubiläumsverkäufe nach Ablauf von jeweils 25 Jahren (§ 7 III UWG).

Jubiläumsverkäufe

Sonderangebote sind dagegen gemäß § 7 II UWG zulässig, wenn sie sich auf einzelne, nach Güte oder Preis gekennzeichnete Waren beziehen und in den regelmäßigen Geschäftsbetrieb des Unternehmens einfügen.

Sonderangebote

Beispiel: Hinweis auf „tolle Eröffnungsangebote".

17.3.7 Weitere Tatbestände

Darüber hinaus finden sich noch folgende Bestimmungen:

- Räumungsverkäufe sind unter den Voraussetzungen des § 8 UWG zulässig.

Räumung

- Die unzulässige Anschwärzung bzw. geschäftliche Verleumdung untersagen die §§ 14 bzw. 15 UWG.

Anschwärzen

- Den Verrat von Geschäfts- oder Betriebsgeheimnissen verbieten die §§ 17 ff. UWG.

Verrat

17.3.8 Rechtsdurchsetzung

Bei Wettbewerbsverstößen kommt es häufig zu gerichtlichen Auseinandersetzungen, wenn vorherige außergerichtliche Abmahnungen nicht zum Ziele führen.

Abmahnung — Bei einer Abmahnung verpflichtet sich der Abgemahnte gegenüber dem Abmahnenden, die konkrete Wettbewerbsverletzung zu unterlassen und ansonsten eine Vertragsstrafe (s. o. 8.11) zu entrichten.

einstweilige Verfügung — Wesentliches gerichtliches Mittel zur Durchsetzung wettbewerbsrechtlicher Ansprüche ist im Hinblick auf die regelmäßig besonders gegebene Eilbedürftigkeit die einstweilige Verfügung, vgl. die §§ 25 UWG, 935 ZPO.

— Auch das Güteverfahren vor einer Einigungsstelle kann in Betracht kommen, § 27 a UWG.

— Wettbewerbsrechtliche Ansprüche verjähren i.d.R. in sechs Monaten, § 21 UWG.

17.4 Wettbewerbsrechtliche Sondergesetze

Wettbewerbsrechtlich relevant sind insbesondere noch:

17.4.1 Zugabeverordnung (ZugabeVO)

Zugaben § 1 I ZugabeVO verbietet es, neben einer Ware oder einer Leistung eine Zugabe in Form einer Ware oder Leistung anzubieten, anzukündigen oder zu gewähren. Dies betrifft nicht nur den Endverbraucher, sondern gilt für jede Wirtschaftsstufe. Als verbotene Zugaben gelten etwa:

Beispiele: Zinslose Kredite beim Warenkauf; die kostenlose Besichtigungsreise beim Kauf eines Auslandsgrundstücks; die leihweise Überlassung einer Kaffeemaschine mit kostenloser Wartung gegen eine bestimmte Mindestabnahme von Kaffee.

Zugaben in diesem Sinne sind aber nicht Werbe- oder Treuegaben oder geringfügige der Erprobung dienende Warenproben, Preisausschreiben oder Werbegeschenke. Verstöße können Unterlassungs- oder Schadensersatzansprüche begründen und als Ordnungswidrigkeiten verfolgt werden, §§ 2, 3 ZugabeVO. Zu Ausnahmen vgl. § 1 II a-g ZugabeVO.

17.4.2 Rabattgesetz

Rabatt Das Rabattgesetz beschränkt Rabatte, die dem Letztverbraucher für Waren und gewerbliche Leistungen des täglichen Bedarfs zu Wettbewerbszwecken eingeräumt werden (§ 1). Rabatt bedeutet das Gewähren eines Nachlasses bzw. Abschlages auf den allgemein verlangten Verkaufspreis bzw. Werklohn. Davon wird auch ein Mengennachlaß erfaßt. Unter Rabatt wird nur der Nachlaß vom Normalpreis eines Unternehmens verstanden; wird der herabgesetzte Preis aber ständig als Normalpreis verlangt, so liegt ein Rabatt nicht vor.

Beispiele: Der Sonnenstudiobetreiber wirbt: „ 1 × Bräunen 8,– DM/Euro; Stammkunden (mindestens 2 × pro Monat) nur 4,– DM/Euro". Nicht aber: Generelle Preisnachlässe des Hoteliers in der „Nachsaison".

Listen- oder Richtpreise dagegen sind nur unverbindliche Preisempfehlungen, die beim Verkaufsgespräch lediglich die Berechnungsgrundlage für den tatsächlichen Preis darstellen.

Beispiel: „10 % unter Listenpreis des Herstellers" – dies ist kein Rabatt, sondern ein zulässiger Preisnachlaß.

Niedrigere Preise für differenzierte Waren sind ebenfalls zulässig, so etwa für Restwaren, Vorführgeräte oder Waren mit Mängeln. Es kommt darauf an, den jeweils niedrigeren Preis allgemein zu verlangen – denn dann entsteht nicht der Eindruck eines Preisnachlasses.

Rabattgewährungen (bei mehreren zusammentreffenden Arten allenfalls zwei, § 10 RabattG) sind unter den Voraussetzungen der §§ 2-9 RabattG zulässig, so als | zulässige Rabatte

– Barzahlungsrabatt bis 3 %,
– Warenrückvergütung durch Konsumvereine,
– Mengenrabatt in üblichem Umfang,
– Sonderrabatt für berufliche oder gewerbliche Zwecke, für Großabnehmer oder Eigenbedarf von Mitarbeitern.

Gemäß § 13 DVRabattG sind auch Treuerabatte bei Markenwaren mit Gutscheinen zur Treuevergütung zulässig.

Verstöße gegen das Rabattgesetz stellen Ordnungswidrigkeiten dar und bewirken Unterlassungsansprüche, §§ 11, 12 RabattG. Sie bedeuten ebenfalls einen Verstoß gegen § 1 UWG. | Verstöße

Bei der Angabe von Preisen für Waren und Dienstleistungen sind auch die Vorschriften der PAngVO zu beachten.

18 Gewerblicher Rechtsschutz

Schutz geistiger Leistungen des Unternehmens durch die Regeln des gewerblichen Rechtsschutzes			
Schutz technischer Erfindungen – Patente – Gebrauchsmuster	Schutz ästhetischer gewerblicher Leistungen; Geschmacksmuster	Markenrecht; Schutz der – Marke – geschäftlichen Bezeichnung – geographischen Herkunftsangabe	Urheberschutz für persönliche geistige Leistungen; Arbeitnehmererfindungen

Leitübersicht 18: Gewerblicher Rechtsschutz

Leitfragen zu 18:
a) Welche wesentlichen gewerblichen Schutzrechte gibt es?
b) Wodurch wird ein Patentinhaber geschützt?
c) Worauf bezieht sich das GebrMG?
d) Wie lassen sich Muster oder Modelle schützen?
e) Welchen Schutz gewährt das MarkenG?
f) Worauf bezieht sich das UrhG?
g) Welche Regeln gibt es für Arbeitnehmererfindungen?

Die Regeln des gewerblichen Rechtsschutzes ermöglichen dem Unternehmen, seine eigenen geistigen Leistungen vor Mißbrauch zu schützen. Der gewerbliche Rechtsschutz hat Vorrang vor den allgemeinen Wettbewerbsgesetzen, denn die Anmeldung und Aufrechterhaltung der Schutzrechte gewährt Ausschließlichkeitsrechte an der Nutzung geistiger Leistungen.

18.1 Übersicht

„geistiges Eigentum"   Gewerbliche Schutzrechte beziehen sich auf geistige Leistungen, sog. Immaterialgüter („geistiges Eigentum"). Man unterscheidet:

– technische Schutzrechte: Patente oder Gebrauchsmuster schützen technische geistige Leistungen;
– Eintragungen von Geschmacksmustern oder Modellen schützen neue geistige Leistungen auf ästhetischem oder künstlerischem Gebiet;

- geschützte Marken, Geschäftsbezeichnungen oder geographische Herkunftsangaben sichern Kennzeichnungen für Waren oder Dienstleistungen eines Unternehmens;
- persönliche geistige Leistungen schützt das Urheberrecht.

18.2 Patente

Das Patentrecht setzt eine neue Erfindung, die auf erfinderischer Tätigkeit beruht und gewerblich anwendbar ist, voraus, § 1 PatG. Unter Erfindung versteht man dabei eine Lehre zu einem technischen Handeln unter Ausnutzung beherrschbarer Naturkräfte.   *Erfindung*

Beispiele: Maschinen; chemische Abläufe; selbstöffnende Skibindung; Scheinwerferreinigungsanlage für Autos; Spezialtorwarthandschuhe; künstlicher Rückenwirbel; Mobilfunkantenne; original Thüringer Bratwurst als Fertiggericht.

Neu ist die Erfindung dann, wenn sie nicht zum bisherigen Stand der Technik gehört, der Öffentlichkeit also nicht zugänglich war (vgl. § 3 PatG). Gewerblich anwendbar ist die Erfindung, wenn sie auf einem gewerblichen Sektor inklusive der Landwirtschaft herstellbar oder benutzbar ist, § 5 PatG. Die zu dem neuen Produkt führende geistige schöpferische Leistung muß über dem normalen Durchschnittskönnen eines Fachmannes liegen, d. h. es ist die sog. Erfindungshöhe erforderlich.

Das Patent steht dem Erfinder zu, der es zuerst beim Deutschen Patentamt in München angemeldet hat. Es entsteht durch Eintragung in die Patentrolle, §§ 30, 58 ff. PatG. Dazu ist das Patentanmeldeverfahren erforderlich, vgl. die §§ 35 ff. PatG. Im Jahre 1997 wurden bspw. 75 576 Patente angemeldet und 16 333 Patente erteilt.

Das Patent erlaubt dem Patentinhaber: *Schutz*
- die patentierte Erfindung ausschließlich zu nutzen, § 9 PatG,
- gegenüber jedermann, der das Patent verletzt, Unterlassungs- und Schadensersatzansprüche geltend zu machen, § 139 PatG,
- strafrechtlichen Schutz in Anspruch zu nehmen, § 142 PatG,
- Dritten durch Erteilung von Lizenzen, ggf. gegen Entgelt, eine beschränkte Nutzung des Patentrechts einzuräumen, § 15 PatG.

Die Schutzdauer des Patentes beträgt zwanzig Jahre, § 16 PatG.

18.3 Gebrauchsmuster

Das GebrMG schützt Arbeitsgeräte, Gebrauchsgegenstände oder Teile davon, die eine neue Gestaltung, Anordnung, Vorrichtung oder Schal-   „kleines Patent" tung aufweisen, auf einem erfinderischen Schritt beruhen und gewerblich anwendbar sind (§ 1 GebrMG). Das Gebrauchsmuster ist somit wie das Patent ein technisches Schutzrecht (man bezeichnet es auch als „kleines Patent"). Hierfür wird ebenfalls eine gewisse „Erfindungshöhe" vorausgesetzt.

Beispiele: Elektrische Schaltungen; Spielzeug; Maschinen.

Schutz   Auch das Gebrauchsmuster wird beim Deutschen Patentamt angemeldet, unterfällt aber einem erleichterten Prüfungs- und Eintragungsverfahren. Es berechtigt den Rechtsinhaber zur gewerbsmäßigen Nutzung. Dritten gegenüber sind Unterlassungs- und Schadensersatzansprüche möglich, auch strafrechtlicher Schutz wird gewährt (vgl. die §§ 11, 24, 25 GebrMG). Das Gebrauchsmuster wird grundsätzlich für drei Jahre geschützt, der Schutz kann aber bis auf zehn Jahre verlängert werden (§ 23 GebrMG).

18.4 Geschmacksmuster

Muster/Modell   Ästhetische gewerbliche Leistungen werden durch das GeschmMG geschützt. Hierfür sind das Vorliegen eines gewerblichen Musters oder Modells, das neu und eigentümlich ist, erforderlich. Muster weisen verkörperte Flächenform, Modelle Raumform auf.

Beispiele: Flaschenformen; Textilschnitte; Tapetenmuster; Farbkombinationen; Kfz-Design; Design eines Telephon- oder Telefax-Gerätes.

Das Geschmacksmuster muß beim Deutschen Patentamt zur Eintragung in das Musterregister angemeldet und hinterlegt werden, § 7 GeschMG. Die Schutzdauer beträgt grundsätzlich fünf, kann aber bis auf zwanzig Jahre verlängert werden (§ 9 GeschmMG). Gegen verbotene Nachbildungen (vgl. § 5 GeschmMG) kann sich der Inhaber des Geschmacksmusters durch Unterlassungs- bzw. Schadensersatzansprüche schützen; auch strafrechtlicher Schutz besteht, vgl. die §§ 14, 14 a GeschmMG.

18.5 Markenrecht

Das Unternehmen kann seinen Geschäftsbetrieb bzw. seine Waren zur Unterscheidung von Waren anderer Geschäftsbetriebe kennzeichnen und schützen lassen. Es verfügt gerade damit über ein hervorragendes Marketinginstrument. Im Jahre 1997 bspw. verzeichnete das zuständige Patentamt nahezu 57 000 Anmeldungen zum Schutze von Marken.

In Umsetzung einer Richtlinie des Rates der EG hat der Gesetzgeber das „Gesetz über den Schutz von Marken und sonstigen Kennzeichen"

(MarkenG) v. 25.10.1994 erlassen, das das bisherige Warenzeichengesetz ersetzt. Danach werden Marken, geschäftliche Bezeichnungen und geographische Herkunftsangaben geschützt, § 1 MarkenG.

Als Marke schutzfähig sind Wort-, Bild-, Farb-, Hör- oder Kombinationszeichen, die sinnlich erfahrbar sind, zwei- oder dreidimensional, vgl. § 3 I MarkenG. Geschützt sind auch Unternehmenskennzeichen und Werktitel, § 5 MarkenG, sowie geographische Herkunftsangaben, §§ 126 ff. MarkenG. (Zur Abgrenzung gegenüber der Firma s. o. 3.4.5.1). *Schutzbereich*

Beispiele: „Persil"; „Coca-Cola"; „4711"; „Deutsche Telekom" bzw. „T" (das Logo der Deutschen Telekom AG); „BMW"; Dresdner Stollen"; das „grüne Band der Sympathie" der „Dresdner Bank"; Kranich der Lufthansa; „Nivea"; „Tesa"; „Hansaplast".

Markenschutz entsteht gemäß § 4 MarkenG durch: *Entstehung*

– Eintragung eines Zeichens als Marke in das vom Patentamt geführte Register (§§ 32 ff. MarkenG),
– Benutzung eines Zeichens im geschäftlichen Verkehr, soweit es Verkehrsgeltung erworben hat (sog. Ausstattungsschutz),

Beispiele: Verpackungen (Odol-Flasche); Farben (rot/gelb für „Shell", magenta/grau für die Deutsche Telekom AG); Slogans („Sicherheit im Zeichen der Burg" für Nürnberger Versicherungen); Hörzeichen (Verkehrsfunk);

– notorische Bekanntheit einer Marke (im Sinne der sog. „Pariser Verbandsübereinkunft" zum Schutze des gewerblichen Eigentums i.d.F. v. Stockholm v. 14.6.1967, BGBl. 1970 II, S. 391; hierdurch werden u. a. die Mitgliedstaaten der EU untereinander zu umfassendem Schutz gegen unlauteren Wettbewerb verpflichtet).

Die Schutzdauer beträgt grundsätzlich zehn Jahre und kann um jeweils zehn Jahre verlängert werden, § 47 MarkenG.

Als Vermögensrecht kann das Markenrecht auf andere übertragen werden, insbesondere können Lizenzen erteilt werden, §§ 27 ff. MarkenG. *Lizenzen*

Beispiele: Erlaubnis zur „Mickey-Mouse"-Nutzung durch den Disney-Konzern; so lebt auch die traditionsreiche Marke „AEG" trotz Verschmelzung der AEG AG auf die Daimler Benz AG weiter – sie wird von ca. 30 Lizenznehmern weiterverwendet.

Verletzungen des Markenrechts gewähren dem Berechtigten ggf. Unterlassungs-, Schadensersatz-, Hinweis-, Vernichtungs- bzw. Auskunftsansprüche, §§ 14 ff. MarkenG; sie stellen auch einen unbefugten Eingriff in den als „sonstiges Recht" geschützten „eingerichteten und ausgeübten Gewerbebetrieb" i.S.d. § 823 I BGB dar (s. o. 3.1.3, 3.4.5, 4.4.2, 12.2.1.1 a.E.). Zuwiderhandlungen sind gemäß den §§ 143 ff. MarkenG strafbar.

Schutz   Markenschutz geben auch das Madrider Markenabkommen (MMA), vgl. die §§ 107 ff. MarkenG, sowie die EG-Gemeinschaftsmarkenverordnung vom 20.12.1993.

Gemäß § 5 MarkenG werden auch geschäftliche Bezeichnungen geschützt, vgl. § 15 MarkenG.

18.6 Urheberrecht

Schutzbereich   Das Urheberrecht bedeutet das absolute Recht eines vom Urheber geschaffenen Werkes auf kulturellem Sektor, §§ 1 ff. UrhG. Es handelt sich also nicht um gewerbliche Schutzrechte, sondern um persönliche geistige Schöpfungen, die geschützt werden.

Beispiele: Bücher; Musikstücke; Kunstwerke; Filme; Computer-Programme.

Der Urheber als Schöpfer des Werkes, § 7 UrhG, hat Veröffentlichungs-, Nutzungs- und Verwertungsrechte, §§ 11 ff. UrhG, die er selbst ausüben oder anderen übertragen kann, §§ 28 ff. UrhG. Die Dauer beträgt grundsätzlich siebzig Jahre, § 64 UrhG. Gemäß den §§ 69 a ff. UrhG werden Computerprogramme besonders geschützt. Urheberrechtsverletzungen führen zu Unterlassungs-, Schadensersatz-, Vernichtungs-, Überlassungs- bzw. Auskunftsansprüchen, §§ 97 ff. UrhG, und sind ggf. strafbar, §§ 106 ff. UrhG.

Zur Wahrnehmung der mannigfach verwendeten Urheberrechte bestehen sog. Verwertungsgesellschaften, die im Wege der Geschäftsbesorgung (s. o. 10.4.9) insbesondere Entgelte zugunsten der Urheber einziehen und verteilen (vgl. die §§ 54 ff. UrhG).

Beispiele: GEMA (Gesellschaft für musikalische Aufführungsrechte); VG Wort; VG Bild-Kunst.

18.7 Arbeitnehmererfindungen

Dienst-
erfindungen   Erfindungen oder Verbesserungsvorschläge seiner Arbeitnehmer (s. o. 10.4.8) stehen als Diensterfindungen grundsätzlich dem Arbeitgeber zu, § 1 ArbNErfG. Der Arbeitnehmer muß eine Erfindung regelmäßig geheimhalten, darf sie nicht unbefugt verwerten, und muß sie der Betriebsleitung melden, §§ 14, 7, 5 ArbNErfG. Nimmt der Arbeitgeber binnen vier Monaten nach der Meldung die Arbeitnehmererfindung in Anspruch, so muß er den Arbeitnehmer als Erfinder angeben und ihm eine angemessene Vergütung zahlen, §§ 6, 9, 10, 27 ArbNErfG.

19 Wertpapierrecht

Leitübersicht 19: Wertpapierrecht

Leitfragen zu 19:

a) Was versteht man unter einem Wertpapier?
b) Welche Arten von Wertpapieren gibt es?
c) Wodurch sind Inhaber-, Rekta- und Orderpapiere gekennzeichnet?
d) Welche Prinzipien prägen das Wechselrecht?
e) Welche Grundsätze gelten für das Scheckrecht?

Unter einem Wertpapier versteht man eine Urkunde, in der ein privates Recht so verbrieft ist, daß zur Geltendmachung des Rechtes die Innehabung der Urkunde erforderlich ist. Ohne diese Urkunde kann das Recht also nicht ausgeübt werden.

Begriff

19.1 Grundsätzliches

Forderungen, die nicht verbrieft sind, geben dem Schuldner nicht in jedem Falle Gewißheit über den Bestand der Forderung bzw. deren Berechtigten.

unverbriefte Forderungen

Beispiel: Die Kaufpreisforderung, § 433 II BGB, kann vom Verkäufer ganz oder teilweise an einen Dritten abgetreten worden sein, ohne daß der Käufer dies weiß, vgl. die §§ 398 ff. BGB (s. o. 8.8).

Auch dem Erwerber einer Forderung, dem Zessionar beispielsweise, kann bei einer lediglich unverbrieften Forderung Gefahr drohen.

Beispiel: Der ungetreue Zedent (vgl. das vorige Beispiel) läßt sich den Kaufpreis vom ahnungslosen Schuldner zahlen, der daraufhin frei wird, § 407 I BGB (s. o. 8.8.3).

Ebenso kann der Nachweis, Forderungsinhaber zu sein, insbesondere bei mehrfachen Abtretungen, schwierig zu führen sein, wenn ein ent-

Nachweis schwierig

sprechender schriftlicher Hinweis fehlt, was sowohl beim Geltendmachen der Forderung gegenüber dem Schuldner als auch bei einer Weiterveräußerung der Forderung gegenüber Dritten nachteilig ist.

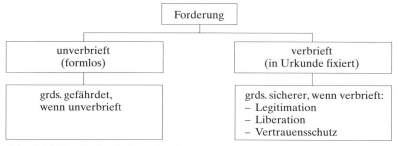

Schaubild 174: Verbriefte/unverbriefte Forderungen

Verbriefung-Vorteile — Wird eine Forderung dagegen in einer Urkunde fixiert (= verbrieft), so lassen sich mehrere Vorteile gewinnen:

Legitimation — die Urkunde weist den Inhaber als Forderungsinhaber aus – Legitimationswirkung;

Beispiele: Der Besitz einer Inhaberschuldverschreibung berechtigt dazu, die Forderung geltend zu machen, die Nichtberechtigung müßte der Schuldner belegen, § 793 I 1 BGB; etwa bei Fund oder Diebstahl eines Hypothekenpfandbriefes oder eines Lotterieloses;

Liberation — der Schuldner kann mit befreiender Wirkung nur an den Inhaber der Urkunde leisten – Liberationswirkung;

Beispiele: Der Theaterbetreiber läßt den Inhaber der Theaterkarte ein, gibt dem Besitzer der Garderobenmarke den Mantel heraus (vgl. § 807 BGB); die Sparkasse muß nur gegen Vorlage des Sparkassenbuches zahlen, § 808 II 1 BGB (bei der Abtretung des Sparguthabens wird der neue Forderungsinhaber auch Eigentümer des Sparbuches, § 952 II BGB; s. u. 19.3.2.2);

Vertrauensschutz — der gutgläubige Erwerber wird geschützt; sein Vertrauen darauf, daß der Urkundeninhaber auch der Forderungsinhaber ist, läßt ihn das verbriefte Recht erwerben und vor Einwendungen des Schuldners gegen den Veräußerer schützen – Vertrauensschutzwirkung.

Beispiele: Der Dieb einer Inhaberaktie (§ 10 I 1. Alt. AktG, s. o. 16.8) oder eines Lotterieloses (§ 793 BGB) veräußert diese an einen ihn für den Eigentümer haltenden Dritten, der Eigentümer der Aktie bzw. des Loses (vgl. die §§ 929 S. 1, 932 I, II, 935 II BGB) wird und damit ggf. Dividenden- bzw. Gewinnansprüche als Gläubiger geltend machen kann. Vor Einwendungen des Schuldners schützt ihn im übrigen § 796 BGB.

19.2 Begriff

Unter Urkunde versteht man grundsätzlich eine in Schriftzeichen verkörperte Gedankenerklärung. Nicht jede Urkunde ist jedoch ein Wertpapier. Beim Wertpapier muß die Urkunde vielmehr gerade ein privates Recht verkörpern, das nur gegen die Vorlage der Urkunde ausgeübt werden kann (vgl. die eingangs gegebene Definition).

Urkunde

Wertpapier

Beispiele: Wechsel, Scheck, Aktie; nicht aber: beamtenrechtliche Ernennungsurkunde i.S.d. § 6 BBG (= öffentlich-rechtliche Urkunde).

Beweisurkunden bzw. Beweispapiere sowie die sog. einfachen Legitimationspapiere sind demnach keine Wertpapiere, da die entsprechenden Rechtspositionen auch ohne die jeweilige Urkunde geltend gemacht werden können.

Beweisurkunden/ Legitimationspapiere

Beispiele: Schuldscheine, § 371 BGB, Quittungen, § 368 BGB – bei der Quittung liegt nur ein Empfangsbekenntnis vor, der Schuldschein erbringt zwar Beweis darüber, daß der Gläubiger gegen den Schuldner eine Forderung hat, zur Geltendmachung der Forderung ist aber die Vorlage des Schuldscheines nicht erforderlich; Gepäckscheine, Garderobenmarken, Reparaturscheine als einfache Legitimationspapiere erlauben dem Schuldner zwar, mit befreiender Wirkung an den Inhaber zu leisten (Liberationswirkung), allerdings ist zur Geltendmachung des Rechts die Urkunde nicht zwingend erforderlich und der Gläubiger kann sein Recht auch anderweitig nachweisen (den Inhalt des Gepäcks, das Aussehen des abgegebenen Mantels oder der zur Reparatur gebrachten Schuhe beschreiben, Erwerbsbelege vorweisen, Zeugen beibringen).

19.3 Arten

Man kann die Wertpapiere nach der Art des jeweils verbrieften Rechtes sowie nach der Art der Bestimmung des daraus Berechtigten einteilen:

19.3.1 Verbriefte Rechte

Schaubild 175: Wertpapiere – verbriefte Rechte

Bei den im Wertpapier verbrieften Rechten lassen sich drei Kategorien feststellen:

Forderungs-
rechte
— Forderungsrechtliche Wertpapiere:
sie verbriefen jeweils eine Forderung. Dabei handelt es sich um die praktisch bedeutsamste Gruppe von Wertpapieren.

Beispiele: Wechsel; Scheck; Sparbuch; Lagerschein (s. o. 10.10.3.2); Inhaberschuldverschreibungen des Bundes, der Länder, der Gemeinden und öffentlich-rechtlichen Körperschaften nebst Zinsscheinen; Inhaberschuldverschreibungen privater (juristischer) Personen, etwa Hypothekenpfandbriefe; Zerobonds; Gewinnanteils- bzw. Dividendenscheine der AG; vgl. § 793 BGB.

Sachenrechte
— Sachenrechtliche Wertpapiere:
sie verbriefen jeweils ein dingliches Recht.

Beispiele: Hypothekenbrief, § 1116 I BGB; Grundschuldbrief, § 1195 BGB; Rentenschuldbrief, §§ 1199, 1195 BGB.

Mitglied-
schaftsrechte
— Mitgliedschaftsrechtliche Wertpapiere:
sie verbriefen die Mitgliedschaft in einem Personenverband.

Beispiele: Aktien, § 10 AktG; Zwischenscheine, § 8 VI AktG (s. o. 16.8).

19.3.2 Bestimmung des Berechtigten

Schaubild 176: Wertpapiere – Bestimmung des Berechtigten

Bei der Frage, wie der aus dem Wertpapier Berechtigte bestimmt wird, lassen sich ebenfalls drei Kategorien bilden:

19.3.2.1 Inhaberpapiere

Geltend-
machung durch
Inhaber

Inhaberpapiere sind diejenigen Wertpapiere, deren jeweiliger Inhaber das verbriefte Recht geltend machen kann. Er muß seine Berechtigung nicht weiter nachweisen, lediglich das Papier vorlegen (Legitimationswirkung); der Schuldner kann mit befreiender Wirkung an ihn leisten und muß ggf. die Nichtberechtigung des Inhabers beweisen (vgl. § 793 I 1 BGB; Liberationswirkung).

Man muß dabei also zwischen dem Inhaber (Besitzer), der das Inhaberpapier dem Schuldner vorlegt, und dem wahrhaft Berechtigten unterscheiden.

Beispiel: Der Dieb einer Inhaberaktie (§ 10 I 1 Alt. AktG) kann sie dem gutgläubigen Erwerber wirksam übereignen (§§ 929 S. 1, 932 I, II, 935 II BGB; s. o. 15.3.2.1), ist aber nicht wahrhaft Berechtigter.

Die im Papier verkörperte Forderung wird bei den Inhaberpapieren durch die Übertragung des Papiers übertragen. Dies geschieht nach den für bewegliche Sachen geltenden Vorschriften, also durch Übereignung der Urkunde gemäß den §§ 929 ff. BGB. Man sagt: „Das Recht aus dem Papier folgt dem Recht am Papier". Damit ist nicht nur der gutgläubige Erwerb des Eigentums an der Urkunde möglich, sondern auch der gutgläubige Erwerb der verbrieften Forderung. (Vorsicht aber: die verbriefte Forderung muß ihrerseits – noch – bestehen; hatte der Schuldner etwa bereits an den früheren Inhaber gezahlt, so kann er dies dem neuen Inhaber durchaus entgegensetzen, vgl. § 796 BGB).

Übertragung

gutgläubiger Erwerb

Selbst das Abhandenkommen des Inhaberpapiers, etwa durch Diebstahl, verhindert den gutgläubigen Erwerb nicht, § 935 II BGB.

Beispiel: Die Veräußerung durch den Dieb (s. obiges Beispiel).

Inhaberpapiere sind:

- Inhaberschuldverschreibungen, §§ 793 ff. BGB, bei denen der Aussteller dem Inhaber eine Leistung verspricht,

  Beispiele: Anleihen von Bund, Ländern, Industrieunternehmen;

Inhaberschuldverschreibungen

- Inhaberzeichen, sog. kleine Legitimationspapiere, § 807 BGB, bei denen der Aussteller dem Inhaber ebenfalls zu einer Leistung verpflichtet sein will und ein Gläubiger nicht bezeichnet ist,

  Beispiele: Theater-, Konzert-, Eintrittskarten; Rabatt-, Bier-, Essensmarken;

  teilweise fällt bei den Inhaberzeichen die Abgrenzung zu den einfachen Legitimationspapieren (s. o. 19.2), die keine Wertpapiere sind, nicht leicht – beim Inhaberzeichen muß der Aussteller dem jeweiligen Inhaber der Urkunde leisten, beim einfachen Legitimationspapier kann der Aussteller zwar befreiend an den Inhaber leisten, muß aber nur gegenüber dem wahren Forderungsinhaber zahlen (s. o. 19.2);

Inhaberzeichen

- Inhaberaktien, § 10 I 1. Alt. AktG (s. o. 16.8);
- Inhaberschecks, Art. 5 II, III ScheckG (s. u. 19.5);
- Inhabergrundschuldbriefe, Inhaberrentenschuldbriefe, §§ 1195, 1199 BGB,
- Investmentanteilscheine, die auf den Inhaber lauten.

Inhaberaktien, -schecks

19.3.2.2 Rektapapiere

Rektapapiere sind Wertpapiere, die den Berechtigten namentlich benennen; sie heißen daher auch Namenspapiere. Bei ihnen soll nicht an den Inhaber in dieser Eigenschaft, sondern direkt (=recta) an den Berechtigten (das ist regelmäßig der in der Urkunde Benannte) geleistet

Berechtigter benannt

werden. Damit stehen die Rektapapiere also im Gegensatz zu den Inhaberpapieren. Der Papierbesitz alleine begründet noch keine Vermutung für die tatsächliche Berechtigung; wer, ohne der im Papier namentlich Bezeichnete zu sein, Rechte aus der Urkunde herleiten will, muß diese beweisen.

Beispiel: Der Inhaber eines Sparbuches ist nicht alleine schon deswegen berechtigt, Zahlung zu verlangen, er muß seinen Anspruch vielmehr nachweisen, § 808 BGB.

Papiervorlage — Allerdings bedarf es zur Geltendmachung einer Forderung durchaus der Vorlage des Papiers; dadurch unterscheidet sich das Rektapapier vom einfachen Legitimationspapier (s. o. 19.2).

Abtretung — Die im Rektapapier verkörperte Forderung wird durch Abtretung übertragen, § 398 BGB (und nicht durch sachenrechtliche Übereignung des Papiers wie etwa bei den Inhaberpapieren, s. o. 19.3.2.1). Hier sagt man: „das Recht am Papier folgt dem Recht aus dem Papier". Die Übereignung des Papieres als solche bewirkt also nicht den Forderungsübergang, vielmehr ist es umgekehrt; das Eigentum am Papier folgt automatisch dem Übergang des verbrieften Rechtes.

Sparbuch — *Beispiel:* Der Sparer kann seine Forderung – Auszahlung des Sparguthabens – gegen die Sparkasse an einen Dritten abtreten, der damit neuer Forderungsinhaber wird, § 398 BGB, ohne daß es dabei auf die Übereignung des Sparbuches ankommt. Allerdings benötigt der Zessionar zur Geltendmachung der Forderung das Sparbuch, § 808 II 1 BGB. Dafür läßt § 952 II BGB das Eigentum am Sparbuch per se auf den Dritten übergehen, der es ggf. gemäß § 985 BGB vom bisherigen Forderungsinhaber herausverlangen kann (dadurch bleiben die Gläubigerstellung und das Eigentum am Papier zusammen; s. o. 19.1 a. E.).

Papierübergabe — In einigen Fällen ist die Papierübergabe gesetzlich vorgeschrieben,

Beispiele: Hypothek, § 1154 I BGB; Anweisung, § 792 I 3 BGB,

ansonsten kann die Herausgabe des Papiers gemäß den §§ 952, 985 BGB (s. obiges Beispiel beim Sparbuch) oder nach § 402 BGB verlangt werden.

Gutgläubiger Erwerb der Rektapapiere ist grundsätzlich ausgeschlossen (allerdings sehen die §§ 892 f., 1138, 1155, 1157 BGB bei Hypothek und Grundschuld den Gutglaubensschutz vor).

Rektapapiere sind:

– Hypotheken-, Grundschuld-, Rentenschuldbriefe, §§ 1116, 1195, 1199 BGB (wenn sie nicht Inhabergrund- bzw. Inhaberrentenschuldbriefe sind);

Anweisung — – die Anweisung, §§ 783 ff. BGB (vgl. 19.4.1), in der der Aussteller (= Anweisender) einen anderen (= Angewiesener) anweist, an einen

Dritten (= Anweisungsempfänger) Geld, Wertpapiere oder andere vertretbare Sachen (s. o. 4.1.1.1) zu leisten. Sie ist als reine bürgerlich-rechtliche Form i.S.d. §§ 783 ff. BGB selten, aber die Grundform für Wechsel, Scheck und die kaufmännische Anweisung des § 363 HGB;

- Sparbuch, § 808 BGB;
- die handelsrechtlichen Wertpapiere i.S.d. § 363 HGB ohne Orderklausel(s. u. 19.3.2.3);
- Wechsel und Scheck ohne Orderklausel (also mit sog. negativer Orderklausel, man spricht dann vom Rektawechsel bzw. Rektascheck, Art. 11 II WG; 14 II ScheckG, s. u. 19.4.4; 19.5.3).

19.3.2.3 Orderpapiere

Orderpapiere nehmen eine Mittelstellung zwischen Inhaber- und Rektapapieren ein. Der bloße Papierbesitz reicht – dies ist anders als bei den Inhaberpapieren – nicht aus; wie bei den Rektapapieren ist ein Berechtigter namentlich im Papier genannt – dieser darf aber (und das ist der Unterschied zu den Rektapapieren) auf dem Papier eine andere Person als Berechtigten angeben; der Schuldner muß also nicht nur an den im Papier namentlich genannten, sondern auch an denjenigen zahlen, der durch Order (Befehl) des Genannten bezeichnet ist („an Order"). „an Order"

Der Befehl des im Papier Genannten, an einen anderen zu zahlen, erfolgt gewöhnlich auf der Rückseite des Wertpapiers (ital. in dosso) – man nennt das „Ordergeben" daher Indossament. Der im Papier bezeichnete Berechtigte (Indossant genannt) indossiert, indem er auf das Papier das Indossament schreibt, das Papier an den Erwerber (= Indossatar). Indossament

Beispiele: Der Aussteller des Wert(Order-)papiers schreibt in der Urkunde: „Ich zahle an den X oder dessen Order" und händigt dem X das Papier aus; X ist jetzt Berechtigter und Forderungsinhaber. indossieren
X schreibt nun auf die Rückseite des Papiers: „Für mich an die Order des Y" oder einfacher „an den Y" und unterschreibt diese Erklärung; dann händigt X das Papier dem Y aus – nunmehr ist Y Berechtigter, also Forderungsinhaber.
Y kann nun seinerseits an einen anderen indossieren – er schreibt unter das Indossament des X: „Für mich an die Order des Z" (oder einfacher „an den Z"), unterschreibt, und gibt dem Z das Papier, der alsdann Berechtigter bzw. Forderungsinhaber ist.

Das Indossament ermöglicht also den Umlauf des Orderpapieres; es hat Legitimations-, Transport- und Garantiefunktion. Man nennt das Indossament daher oftmals auch Giro (griech. gyros, ital. giro = Kreis) bzw. spricht von girieren. Giro

Vorlage des Papiers	Zur Geltendmachung der Forderung (= des Rechts aus dem Papier) bedarf es der Vorlage des Papieres. Zusätzlich muß der Inhaber auf dem Papier als Berechtigter angegeben sein – entweder durch den Aussteller oder durch ein Indossament. Bei mehreren Indossamenten muß der Inhaber der letztgenannte Indossatar sein, der durch eine ununterbrochene Indossamentenkette legitimiert wird. Zahlt der Schuldner dann, so hat dies regelmäßig befreiende Wirkung, denn der Inhaber ist förmlich Berechtigter, weswegen auch die sachliche Berechtigung vermutet wird (ggf. müßte der Schuldner nachweisen, daß der förmlich Berechtigte tatsächlich nicht materiell berechtigter Forderungsinhaber ist).
Indossamentenkette	
materielle Berechtigung	Kann der Inhaber des Orderpapiers dagegen die förmliche Berechtigung als im Papier vom Aussteller Genannter bzw. durch Indossament bezeichneter Indossatar nicht belegen, so muß er seine dennoch gegebene materielle Berechtigung dartun.

Beispiel: Der letzte auf der Rückseite genannte Indossatar stirbt – sein Erbe muß die Rechtsnachfolge beweisen (vgl. die §§ 1922 ff. BGB).

Zur Übertragung der Forderung, die das Orderpapier verkörpert, genügt also die bloße Übereignung des Papieres i.S.d. § 929 BGB nicht; vielmehr muß dazu noch das Indossament erfolgen.

Beispiel: Vgl. beim Wechsel etwa Art. 14 I WG.

Dadurch wird im übrigen auch der gutgläubige Erwerb erschwert.

Beispiel: In einer lückenlosen Indossamentenkette erweist sich die Berechtigung des letztgenannten Indossatars, entweder seinerseits weiter zu indossieren oder die Forderung beim Schuldner geltend zu machen; der Dieb aber ist nicht durch das letzte Indossament ausgewiesen. Fügt der Dieb jedoch dem letzten Indossament ein weiteres an und fälscht er die Unterschrift des letzten Indossatars unter seinem eigenen Indossament, so erwirbt sein Indossatar, wenn er gutgläubig ist, Papier und Forderung.

Die Orderpapiere lassen sich in zweierlei Hinsicht differenzieren:

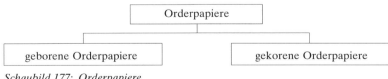

Schaubild 177: Orderpapiere

numerus clausus	Wegen der besonderen Bedeutung und Wirkung des Indossamentes besteht ein gesetzlicher numerus clausus der Orderpapiere. Es werden zwei Gruppen unterschieden:

- Geborene Orderpapiere:
  geborene Orderpapiere sind diejenigen Orderpapiere, die ohne weiteres Zutun des Ausstellers Orderpapiere sind; sie müssen also nicht eigens mit der Orderklausel versehen werden.
  Dies sind:
  - Wechsel, Art. 11 I WG (beachte: das Blankoindossament, Art. 13 II WG, macht den Wechsel insoweit ausnahmsweise wie ein Inhaberpapier durch bloße Übereignung nach § 929 BGB ohne Indossament übertragbar), der Aussteller kann die Indossabilität aber durch den Zusatz „nicht an Order" verhindern, Art. 11 II WG, wodurch der Wechsel wie ein Rektapapier behandelt wird (s. o. 19.3.2.2.);
  - Scheck, Art. 14 I ScheckG (beachte: Scheckformulare enthalten zumeist die Klausel „oder Überbringer", wodurch der Scheck ein Inhaberpapier wird, vgl. Art. 5 II ScheckG);
  - Namensaktie, §§ 10 I 2. Alt., 68 I AktG;
  - Zwischenschein, §§ 10 III, 8 VI, 68 V AktG;
  - Namens-Investmentanteilschein, §§ 18 I KAGG, 68 AktG.

> Geborene Orderpapiere

- Gekorene Orderpapiere:
  gekorene Orderpapiere sind diejenigen Wertpapiere, die einer Orderklausel bedürfen, um Orderpapiere zu sein. Mit Orderklausel sind diese Wertpapiere also Orderpapiere, ohne Orderklausel handelt es sich ggf. um Rektapapiere (s. o. 19.3.2.2).
  Gekorene Orderpapiere sind die in § 363 HGB genannten sechs handelsrechtlichen Orderpapiere:
  - die kaufmännische Anweisung an Order; sie ist ein Wertpapier, durch das ein Kaufmann angewiesen wird, Geld, Wertpapiere oder andere vertretbare Sachen (s. o. 4.1.1.1.) zu leisten, ohne daß die Leistung von einer Gegenleistung abhängig ist, § 363 I 1 HGB (sie ist Anweisung i.S.d. §§ 783 ff. BGB);

  Beispiele: Der Lieferschein in Form der kaufmännischen Anweisung als Anweisung auf Lieferung von Waren, den ein Kaufmann ausstellt, seinem Kunden aushändigt, und worin er einen Dritten, etwa seinen Lieferanten, zur Warenlieferung anweist; diesen echten Lieferschein darf man nicht mit dem landläufig ebenfalls Lieferschein genannten „Lieferschein" (Warenbegleitschein) verwechseln, der Warenlieferungen zu Informationszwecken oder als Quittung begleitet.
  Hierher gehört aber nicht das Akkreditiv, das einen vom Handelsverkehr herausgebildeten Sonderfall darstellt; beim Akkreditiv, das v.a. im Außenhandel den Zahlungsverkehr erleichtern soll, beauftragt der Käufer (zumeist Importeur) eine Bank und diese ihrerseits zumeist eine andere Bank im Lande des Verkäufers (Korrespondenzbank), Zahlung an den Verkäufer

> Gekorene Orderpapiere

> kaufmännische Anweisung

> Lieferschein

> Akkreditiv

(Exporteur) zu leisten, wenn festgelegte Bedingungen, vielfach die Vorlage der Lieferdokumente (sog. Dokumentenakkreditiv), erfüllt sind; die Bank verspricht dem Verkäufer dabei die Zahlung (Leistung erfüllungshalber, s. o. 8.14.1. a.E.);

kfm. Verpflichtungsschein
- der kaufmännische Verpflichtungsschein an Order; hierin verpflichtet sich ein Kaufmann zur Leistung von Geld, Wertpapieren oder anderen vertretbaren Sachen, ohne daß die Leistung von einer Gegenleistung abhängig ist, § 363 I 2 HGB,

  Beispiel: Namensschuldverschreibungen an Order (sie sind aber selten; häufiger sind die Namensschuldverschreibungen ohne Orderklausel);

Ladeschein
- der Ladeschein des Frachtführers an Order; er ist ein Wertpapier, in dem sich der Frachtführer (s. o. 10.10.1) zur Auslieferung des Beförderungsgutes an den Berechtigten bzw. durch den Ladeschein Ausgewiesenen verpflichtet, §§ 363 II, 444, 445 HGB;

Konnossement
- das Konnossement des Verfrachters an Order; darin verpflichtet sich der ausstellende Verfrachter beim Seefrachtgeschäft dem bezeichneten Berechtigten gegenüber, das über See beförderte Gut auszuhändigen, §§ 363 II, 450, 642 ff. HGB;

Lagerschein
- der Lagerschein des Lagerhalters an Order; darin verpflichtet sich der Lagerhalter zur Herausgabe des Lagergutes an den hierin Bezeichneten (s. o. 10.10.3.2); §§ 363 II, 475 c HGB;

Transportversicherungspolice
- die Transportversicherungspolice an Order; sie ist ein Wertpapier, in dem sich der Transportversicherer zu Versicherungsleistungen wegen Beförderungsgefahren gegenüber dem Berechtigten verpflichtet, §§ 363 II, 778 ff. HGB, 129 ff. VVG.

Traditionspapiere

Bei einigen der gekorenen Orderpapiere bestehen noch folgende Besonderheiten:

Orderlagerschein, § 475 g HGB, Ladeschein, § 444 HGB, und Konnossement, § 650 HGB, haben sachenrechtliche Bedeutung – ihre Übergabe hat jeweils dieselbe Wirkung wie die Übergabe des darin verbrieften Gutes. Man nennt diese Orderpapiere daher auch Traditionspapiere. Bei der Übereignung i.S.d. § 929 BGB tritt anstelle der Übergabe der beweglichen Sache die Übergabe des Papieres, vgl. die §§ 448, 475 g HGB.

Aufgrund ihrer besonderen wirtschaft(sprivatrecht)lichen Bedeutung werden im folgenden Wechsel und Scheck näher erläutert.

19.4 Wechsel

Der Wechsel ist ein geborenes Orderpapier (s. o. 19.3.2.3). Er enthält die Anweisung, eine bestimmte Geldsumme zu zahlen. Wechselfähig ist, wer rechtsfähig ist bzw. Träger von Rechten und Pflichten sein kann.

19.4.1 Prinzipien

Der Wechsel ähnelt der bürgerlich-rechtlichen Anweisung, §§ 783 ff. BGB; wie dort geht es darum, einen anderen dazu zu bringen (anzuweisen), i.d.R. einem Dritten eine Zahlung zukommen zu lassen. Zum besseren Verständnis sei daher folgendes vorab erläutert: Anweisung

Meistens liegt ein Dreiecksverhältnis zugrunde –   Dreiecksverhältnis

der Anweisende (Aussteller; Gläubiger) weist seinen Schuldner (den Angewiesenen; sog. Anweisung auf Schuld) an, einen dem Dritten (Anweisungsempfänger) geschuldeten Geldbetrag zu zahlen, vgl. § 783 BGB. Mit der Zahlung an den Dritten durch den Angewiesenen erlischt die Verbindlichkeit des Anweisenden gegenüber dem Anweisungsempfänger, und der Angewiesene wird gegenüber dem Anweisenden frei, § 787 I BGB.

Schuldet der Angewiesene dem Anweisenden nichts und leistet er gleichwohl an den Anweisungsempfänger (sog. Anweisung auf Kredit), so erlangt er einen Anspruch auf Rückzahlung dieses Darlehens gegen den Anweisenden.

Terminologisch bezeichnet man das Verhältnis zwischen dem Anweisenden und dem Angewiesenen als Deckungsverhältnis, und das Verhältnis zwischen dem Anweisenden sowie dem Anweisungsempfänger als Zuwendungs- bzw. Valutaverhältnis (vgl. oben 8.6.3; 19.3.2.2 a. E.).   Terminologie

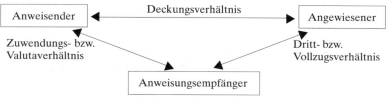

Schaubild 178: Anweisung – Rechtsverhältnisse

Die Anweisung verpflichtet den Angewiesenen grundsätzlich noch nicht zur Leistung; nimmt er allerdings durch einen schriftlichen Vermerk auf der Anweisung die Anweisung an, § 784 I, II BGB, so ist er dem Anweisungsempfänger zur Leistung verpflichtet.   Annahme

Tratte Vergleichbar ist dem die Situation beim gezogenen Wechsel (= Tratte): Man nennt dabei
- den Anweisenden Aussteller (vgl. Art. 1 Nr. 8 WG),
- den Angewiesenen Bezogener (vgl. Art. 1 Nr. 3 WG),
- den Anweisungsempfänger Wechselnehmer bzw. Remittent (vgl. Art. 1 Nr. 6 WG).

Erklärt der Bezogene schriftlich die Annahme des Wechsels (sog. Akzept; man bezeichnet ihn dann als Annehmer, vgl. Art. 28 WG, bzw. Akzeptant) – dies geschieht regelmäßig dadurch, daß er seinen Namen am linken Rand des Wechsels vermerkt (sog. Querschreiben) –, so ist er zur Zahlung an den Wechselnehmer verpflichtet, Art. 28 I WG.

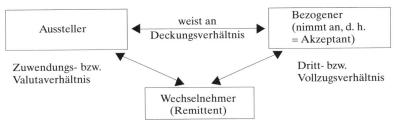

Schaubild 179: Wechsel – Rechtsverhältnisse

Solawechsel Anders ist es allerdings beim Solawechsel (= Alleinwechsel). Dabei verspricht der Aussteller die Zahlung selbst, Art. 75 WG; es gibt also keinen Bezogenen. Gibt sich der Aussteller dagegen selbst als Bezogenen an, so handelt es sich um einen gezogenen Wechsel in Form des trassiert eigenen Wechsels (Art. 3 II WG).

Beispiel: Bei einer AG gibt die Zweigniederlassung ihre Hauptniederlassung als Bezogene an.

19.4.2 Formerfordernisse

Bestandteile Die notwendig schriftliche Wechselurkunde muß bestimmte Bestandteile enthalten; fehlen sie, so ist der Wechsel grundsätzlich nichtig, vgl. Art. 2 WG:
- Bezeichnung als Wechsel in der Urkunde, Art. 1 Nr. 1, 75 Nr. 1 WG;
- unbedingte Anweisung, eine bestimmte Geldsumme zu zahlen (sog. Zahlungsklausel), Art. 1 Nr. 2 WG;
- Name des Bezogenen, Art. 1 Nr. 3 WG;

Verfallzeit/Zahlungstag - Angabe der Verfallzeit, Art. 1 Nr. 4, 75 Nr. 3 WG (Verfallzeit ist der Zeitpunkt, an dem der Wechsel bezahlt werden soll; davon zu trennen

ist der Zahlungstag, an dem tatsächlich gezahlt werden muß, wobei beide Tage regelmäßig zusammenfallen, Art. 72 I 1 WG), vgl. Art. 33 WG;
- Angabe des Zahlungsortes, Art. 1 Nr. 5, 75 Nr. 4 WG (s. a. Art. 2 III WG);
- Name dessen, an den gezahlt werden soll (Wechselnehmer, Remittent), Art. 1 Nr. 6, 75 Nr. 5 WG. Gibt sich der Aussteller selbst als Remittenden an (etwa, wenn er noch nicht weiß, an wen er den Wechsel später indossieren will), so spricht man vom Wechsel an eigene Order, vgl. Art. 3 I WG;   *Remittent*
- Angabe des Tages und des Ortes der Ausstellung, Art. 1 Nr. 7, 75 Nr. 6 WG (vgl. Art. 2 IV WG);
- Unterschrift des Ausstellers, Art. 1 Nr. 8, 75 Nr. 7 WG.

19.4.3 Wechselverpflichtungen

Die im Wechsel verkörperte Forderung ist abstrakt, sie ist losgelöst vom ihr zugrundeliegenden Kausalgeschäft: wenn der Aussteller dem Gläubiger etwa den Kaufpreis schuldet, so hat der Gläubiger weiterhin die Forderung aus § 433 II BGB; die Wechselhingabe bewirkt nicht das Erlöschen dieser Kausalforderung, vielmehr ist die Wechselforderung unabhängig vom zugrundeliegenden kausalen Rechtsgeschäft (Abstraktionsprinzip, vgl. oben 5).   *Abstraktheit*

Der Gläubiger hat also regelmäßig zwei rechtlich getrennt zu sehende Forderungen: diejenige aus dem Grundverhältnis, sowie diejenige aus dem Wechsel. Allerdings ist der Gläubiger gehalten, zunächst die Befriedigung aus dem Wechsel zu suchen; bei Einlösung des Wechsels erlischt die Wechselforderung und damit auch die Forderung aus dem Kausalverhältnis.

Bestehen im Deckungs- oder Zuwendungsverhältnis Mängel, die zu deren Unwirksamkeit führen, so sind etwaige ungerechtfertigte Bereicherungen gemäß § 812 BGB auszugleichen.   *Rechtsmängel im Dreiecksverhältnis*

Beispiele: Ist der Kaufvertrag zwischen dem Aussteller (= Verkäufer) und dem Bezogenen (= Käufer; Kausalgeschäft; Deckungsverhältnis) nichtig und zahlt der Bezogene dem Remittenden die Wechselsumme, so hat der Bezogene gegen den Aussteller einen Bereicherungsanspruch nach § 812 I 1 BGB; wäre der Kaufvertrag zwischen dem Aussteller (hier: als Käufer) und dem Remittenden (hier: als Verkäufer und Gläubiger eines Zahlungsanspruches aus § 433 II BGB; Zuwendungs- bzw. Valutaverhältnis) nichtig, so kann der Remittent gleichwohl Zahlung der Wechselsumme vom Bezogenen verlangen – im Verhältnis zum Aussteller wäre er aber ungerechtfertigt bereichert, und der Aussteller hat gegen ihn einen Anspruch aus § 812 I 1 BGB (da die Zahlung des Bezogenen im Verhältnis zum Remittenten als Zahlung des Ausstellers anzusehen ist).

Begründung der Wechselverpflichtung	Begründet wird die Wechselverpflichtung durch die Herstellung (Kreation) der Wechselurkunde (Skripturakt) sowie einen dazutretenden Begebungsvertrag zwischen Wechselaussteller und Wechselnehmer.
Akzept	Mit der Annahme des Wechsels (= Akzept), also der schriftlichen Übernahme der Zahlungsverpflichtung, wird der Bezogene verpflichtet, den Wechsel bei Verfall zu zahlen, Art. 25, 28 I WG. Lehnt der Bezogene dagegen die Annahme ab, haftet er aus dem Wechsel nicht (s. a. Art. 29 I 1 WG; s. u. 19.4.5).

19.4.4 Übertragung

Der Wechselnehmer muß nicht bis zum Verfalltag (Art. 33 WG, s. o. 19.4.2) warten, um den Wechsel zu Geld zu machen – er kann ihn vorher bspw. an seine Bank verkaufen; dies nennt man diskontieren (hieran knüpft auch der sog. Diskontsatz an, vgl. Art. 48 I Nr. 2 S. 2 WG). Dafür ist die Übertragung der Wechselforderung erforderlich:

Abtretung	– Zum einen ist die Wechselforderung übertragbar durch Abtretung, § 398 BGB, die formlos gültig ist; hinzukommen muß die Übergabe des Wechsels. Praktisches

Beispiel: hierfür ist die (sehr seltene) Übertragung einer Rektawechselforderung, Art. 11 II WG (s. o. 19.3.2.2 a.E.).

Einen gutgläubigen Erwerb gibt es dabei nicht (s. o. 8.8.1);

Indossament	– zum anderen können die Rechte aus dem Wechsel auch durch Indossament übertragen werden (s. o. 19.3.2.3). Indossament bedeutet den schriftlichen Vermerk auf der Rückseite des Wechsels, daß der Indossatar die Rechte aus dem Wechsel innehaben soll.

Beispiele: „Für mich an die Order des X"; „Für mich an X"; „An X".

Das Indossament ist schriftlich vorzunehmen und vom Indossanten zu unterschreiben, Art. 13 I WG (s. a. Art. 67 III WG). Ist der Indossatar nicht angegeben, liegt ein Blankoindossament vor, Art. 13 II WG.

Blankoindossament	

Beispiele: „Für mich an ..."; „An den Inhaber" (Art. 12 III WG).

Das Blankoindossament hat den Vorteil, leicht übertragen zu werden, und vor allem müssen diejenigen, die auf dem Wechsel nicht ausgewiesen sind, nicht nach Art. 15 I WG haften (der jeweilige Inhaber gibt den Wechsel weiter, ohne ein Indossament darauf zu setzen).

Folgen des Indossamentes	Wird die Wechselforderung durch Indossament übertragen, so hat dies zur Folge:

- derjenige, der den Wechsel in Händen hat und sein Recht durch eine ununterbrochene Reihe von Indossamenten nachweist, gilt als rechtmäßiger Inhaber, Art. 16 I WG – Legitimationsfunktion; *(Legitimation)*
- das Indossament überträgt alle Rechte aus dem Wechsel, Art. 14 I WG – Transportfunktion; *(Transport)*
- der Indossant haftet mangels eines entgegenstehenden Vermerkes für die Annahme und die Zahlung, Art. 15 I WG – Garantiefunktion. *(Garantie)*

19.4.5 Zahlungspflichten

Beim Wechsel ergeben sich folgende Zahlungspflichten:

- Durch die Annahme, Art. 25 I WG, wird der Bezogene verpflichtet, den Wechsel bei Verfall zu zahlen, Art. 28 I WG (s. o. 19.4.3. a.E.). Er wird durch sein Akzept also zum Hauptschuldner der Wechselverbindlichkeit. Zahlt er, so wird die Wechselschuld getilgt; ebenso erlischt die dem Wechsel zugrundeliegende Kausalverpflichtung. *(Bezogener)*

  Beispiel: Der Bezogene zahlt am Verfalltag; damit erlischt die Wechselschuld ebenso wie die zugrundeliegende Kaufpreisschuld (vgl. oben 19.4.3).

  Bei der Zahlung kann der Bezogene die Aushändigung des Wechsels verlangen, Art. 39 I WG. Teilzahlungen dürfen nicht zurückgewiesen werden, Art. 39 II WG. Der gutgläubige Bezogene zahlt mit befreiender Wirkung, auch wenn der Vorlegende nicht der materiell Berechtigte ist, Art. 40 III WG. *(guter Glaube)*

- Der Wechselinhaber kann aber auch gegen die anderen am Wechsel Beteiligten Ansprüche haben:
  - Der Aussteller haftet für die Annahme und die Zahlung des Wechsels, Art. 9 I WG. Zwar muß er nicht einstehen, wenn der Bezogene den Wechsel akzeptiert und bei Verfall zahlt; ist der Wechsel aber notleidend geworden, Art. 43 WG, und ist dies formell durch Protesterhebung festgestellt worden, Art. 44, 79 ff. WG, dann kann der Inhaber des Wechsels Rückgriff nehmen: *(Aussteller)*
  - beim Aussteller, wenn der Bezogene die Annahme verweigert und Protest mangels Annahme erhoben wurde, Art. 43 I, II Nr. 1, 44 I WG, gleichfalls beim Aussteller, wenn der den Wechsel akzeptierende Bezogene nicht zahlt, Art. 43 I, 44, 48 WG (der Aussteller kann dann beim Bezogenen Regreß nehmen);
  - bei jedem Indossanten; denn jeder Indossant haftet gegenüber demjenigen, an den er den Wechsel indossiert hat (= Nachmann), dafür, daß der Bezogene den Wechsel annimmt und bei Verfall ein- *(Indossanten)*

löst. Dem Wechselinhaber haften also alle vor ihm auf dem Wechsel Stehenden als Gesamtschuldner, Art. 47 I, II WG (s. a. 8.7), auf die Wechselsumme, die Zinsen und Kosten, Art. 48 WG – Akzeptant, Aussteller und Indossanten. Derjenige, der als sog. Rückgriffsschuldner Zahlung leistet und den Wechsel einlöst, kann seinerseits seine Vormänner in Anspruch nehmen, Art. 47 III, 49 WG. Zur Vermeidung unnötiger Kosten hat jeder Rückgriffsschuldner ein Einlösungsrecht, auch wenn er noch gar nicht in Anspruch genommen worden ist, Art. 50 WG. Vom notleidend-werden des Wechsels muß der Inhaber Kenntnis geben, Art. 45 WG.

Aval — Auch ein Wechselbürge (= Avalist) haftet für denjenigen (= Avalat), für den er sich bei der seltenen Wechselbürgschaft (= Aval) verbürgt hat, als Gesamtschuldner, Art. 30 f., 32 I, 47 I WG.

Einwendungen Einwendungen können dem Wechselschuldner nur begrenzt zugestanden werden, da der Wechsel abstrakt wirkt und umlauffähig ist. § 404 BGB wird daher durch Art. 17 WG ausgeschlossen. Im wesentlichen sind nur einige urkundliche Einwendungen,

Beispiele: Formmangel, vgl. Art. 2 I WG; Indossament „ohne Gewähr" bzw. „ohne Obligo" (sog. Angstklausel), Art. 15 I WG; Verjährung, Art. 70 WG;

nichturkundliche Einwendungen,

Beispiele: Handeln eines Vertreters ohne Vertretungsmacht bei Begebung oder Annahme eines Wechsels (§ 177 BGB); Geschäftsunfähigkeit, §§ 104 ff. BGB;

oder persönliche Einwendungen relevant.

Beispiele: Bereicherungseinrede gegenüber dem Ersterwerber des Wechsels bei Nichtigkeit des zugrundeliegenden Kausalgeschäftes, §§ 812 II, 821 BGB; Einwand der Stundung (Prolongation).

Wechselsteuer Wechsel unterliegen im übrigen der Wechselsteuer (vgl. das Wechselsteuergesetz v. 24.07.1959).

Wechselprozeß Ansprüche aus Wechseln können im Wechselprozeß beschleunigt und erleichtert durchgesetzt werden, §§ 602 ff. ZPO.

19.5 Scheck

Wertpapier Wie der Wechsel ist auch der Scheck ein Wertpapier. Er ist geborenes Orderpapier (s. o. 19.3.2.3); mit dem Vermerk „nicht an Order" (vgl. Art. 5 I ScheckG) ist er Rektapapier (Rektascheck, s. o. 19.3.2.2), mit der Angabe „oder Überbringer" (Art. 5 II ScheckG, Überbringerklausel) ist er Inhaberpapier (s. o. 19.3.2.1). Scheckfähig ist, wer rechtsfähig ist bzw. Träger von Rechten und Pflichten sein kann (so etwa auch eine GbR, s. o. 16.2.1.1).

19.5.1 Rechtsnatur

Der Scheck ist eine schriftliche Zahlungsanweisung, die einer bestimmten Form bedarf, vgl. Art. 1 ScheckG: — Begriff

- Bezeichnung als Scheck in der Urkunde,
- unbedingte Anweisung, eine bestimmte Geldsumme zu zahlen (vgl. Art. 7 ScheckG),
- Name des Bezogenen (der zahlen soll, vgl. Art. 3, 54 ScheckG),
- Angabe des Zahlungsortes (vgl. Art. 8 ScheckG),
- Angabe des Tages und Ortes der Ausstellung,
- Unterschrift des Ausstellers.

Fehlt einer dieser Bestandteile, so ist der Scheck als solcher mit Ausnahme der Fälle des Art. 2 II-IV ScheckG nichtig, Art. 2 I ScheckG.

Auch beim Scheck findet sich, vergleichbar der Anweisung, § 783 BGB (s. o. 19.3.2.2 a. E.), das typische Dreiecksverhältnis: — Dreiecksverhältnis

Der Aussteller weist den Angewiesenen an, dem Anweisungsempfänger (= Schecknehmer) einen bestimmten Betrag zu zahlen.

Während der Wechsel ein Kreditmittel ist, ist der Scheck ein Zahlungsmittel („Wer einen Wechsel gibt, braucht Geld; wer einen Scheck gibt, hat Geld"). Daher soll Bezogener ein Bankier sein, Art. 3, 54 ScheckG. — Zahlungsmittel

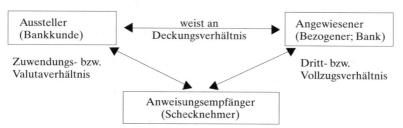

Schaubild 180: Scheck – Rechtsverhältnisse

19.5.2 Scheckverpflichtungen

Die Scheckverpflichtung entsteht grundsätzlich mit der Ausstellung (= Skripturakt) sowie einem hinzutretenden Begebungsvertrag zwischen Scheckgeber und -nehmer. Von den zugrundeliegenden Rechtsverhältnissen (= Kausalverhältnisse) sind der Scheck bzw. die aus dem Scheck resultierende Zahlungsverpflichtung abstrakt zu sehen: — Aussteller und Begebung

Deckungs- und Valutaverhältnis einerseits und Scheckverpflichtung andererseits sind rechtlich grundsätzlich voneinander getrennt (abstrakt — Abstraktheit

Valuta	s. o. 5). Zumeist liegen (bspw.) Scheckbegebungen im Valutaverhältnis seitens des Ausstellers zu erfüllende Kaufpreiszahlungs- oder Werkvergütungspflichten zugrunde, für die er den Scheck erfüllungshalber, § 364
Deckungsverhältnis	II BGB (s. o. 8.14.1 a.E.), begibt; im Deckungsverhältnis besteht regelmäßig ein Scheckvertrag zwischen dem Aussteller und seiner Bank, der ein Geschäftsbesorgungsvertrag (s. o. 10.4.9) ist und die Bank zur Einlösung des Schecks verpflichtet, wenn eines ihrer Scheckformulare benutzt wird und der Aussteller ein entsprechendes Guthaben bei ihr hat (der Scheckvertrag ist aber kein Vertrag zugunsten Dritter, d. h. des Schecknehmers, s. o. 8.6.3, der keinen Anspruch gegen die Bank auf Einlösung des Schecks hat).

Werden Verbindlichkeiten mittels (vom Gläubiger zugelassener) Scheckbegebung beglichen, so kommt es für die Wahrung etwaiger Zahlungstermine regelmäßig auf die Absendung des (Verrechnungs-)Schecks an (s. o. 8.5).

19.5.3 Übertragung

Auch Schecks können übertragen werden:

Rektascheck	– Der praktisch nicht sehr bedeutsame Rektascheck mit dem Vermerk „nicht an Order", Art. 5 I ScheckG, wird durch Abtretung, § 398 BGB, und Übergabe der Scheckurkunde, Art. 14 II ScheckG, übertragen;
Orderscheck	– der Orderscheck, mit oder ohne den ausdrücklichen Vermerk „an Order", Art. 5 I ScheckG, wird wie der Wechsel durch Indossament übertragen, Art. 14 I ScheckG;
Inhaberscheck	– der Inhaberscheck, Art. 5 I, II, III ScheckG, wird übereignet durch Einigung, § 929 BGB, und Übergabe; der gutgläubige Erwerb bestimmt sich dabei aber nicht nach den §§ 932-935 BGB, sondern (wie beim Wechsel, vgl. Art. 16 II WG) nach Art. 21 ScheckG.
Indossament	Die Übertragung des Wechsels durch Indossament hat wie beim Wechsel (s. o. 19.4.4) Legitimations-, Garantie- und Transportfunktion, Art. 19, 17, 12, 18 ScheckG. (Beim Inhaberscheck verwandelt das Indossament die Scheckurkunde zwar nicht in einen Orderscheck, läßt den Indossanten aber als Rückgriffsschuldner haften, Art. 20 ScheckG – hier hat das Indossament also zwar keine Transport-, aber doch Garantiefunktion).

19.5.4 Zahlungspflichten

Zahlung durch Bezogenen	Wenn der Bezogene auf den ihm rechtzeitig vorgelegten (Art. 29 ff. ScheckG) Scheck zahlt, erlöschen die Scheckverbindlichkeiten und der Bezogene wird Eigentümer des Schecks; er kann vom Inhaber die Aus-

händigung des quittierten Schecks verlangen, Art. 34 I ScheckG. Die zahlende Bank hat dann gegen den Aussteller einen Aufwendungsersatzanspruch i.S.d. §§ 675, 670 BGB und kann sein Konto entsprechend belasten (s. o. 10.4.9).

Widerruft der Aussteller den Scheck vor Ablauf der Vorlegungsfrist, Art. 32 I ScheckG, so wird der Scheckinhaber zwar dadurch geschützt, daß die im Scheck enthaltene Zahlungsanweisung an die Bank aufrechterhalten bleibt und die Bank weiterhin leisten kann; die Bank muß dann aber nicht leisten (sie ist dem Schecknehmer ja nicht zahlungspflichtig, s. o. 19.5.2 a.E.) und ist zumeist aufgrund des Scheckvertrages mit dem Aussteller gehalten, dessen Widerruf jederzeit zu beachten.

Widerruf

Beim Verrechnungsscheck darf der Bezogene den Scheck nicht bar zahlen, Art. 39 ScheckG, sondern nur im Wege der Gutschrift einlösen. Hierdurch läßt sich nachvollziehen, wohin die Zahlung geflossen ist, und Mißbräuchen (etwa Diebstahl) vorbeugen.

Verrechnungsscheck

Zahlt die bezogene Bank auf einen gefälschten Scheck, so geht dies grundsätzlich zu ihren Lasten, da sie nach dem Scheckvertrag mit dem Aussteller nur echte Schecks honorieren darf; sie kann daher Aufwendungsersatz i.S.d. §§ 675, 670 BGB (d. h. den gezahlten Betrag; s. o. 10.4.9) nicht verlangen und das Konto des Scheckkunden nicht belasten. Allerdings wird in den AGBen der Banken und Sparkassen regelmäßig anderes vereinbart, so daß der Kunde dann das Fälschungsrisiko trägt. Fällt der Bank aber bei der Zahlung an den Nichtberechtigten bzw. bei Zahlung auf einen gefälschten Scheck ein Verschulden zur Last, hat der Scheckkunde (Kontoinhaber) seinerseits einen Ersatzanspruch aus pVV (s. o. 9.7) gegen die Bank (wobei er sich aber etwaiges Mitverschulden, § 254 BGB, anspruchsmindernd entgegenhalten lassen muß, s. o. 8.12.4 a.E.).

Fälschungsrisiko

Wird ein Verrechnungsscheck bar gezahlt und entsteht daraus ein Schaden (was nicht zwangsläufig der Fall ist,
Beispiel: der Verrechnungsscheck wird bar an den rechtmäßigen Inhaber gezahlt), haftet die Bank dem geschädigten Aussteller oder Inhaber, Art. 39 IV ScheckG.

Bei einem rechtzeitig vorgelegten, aber nicht eingelösten Scheck kann der Inhaber die Indossanten (Art. 18 I ScheckG), den Aussteller (Art. 12 ScheckG) und die Scheckbürgen (Art. 27 ScheckG) in Rückgriff nehmen, Art. 40 ScheckG. Die dafür erforderliche förmliche Feststellung der Zahlungsverweigerung kann durch Protesterhebung, Art. 41, 55 ScheckG, schriftliche, datierte Erklärung des Bezogenen oder einer Abrechnungsstelle erfolgen.

Rückgriff

Rückgriffs- anspruch	Diese Rückgriffsschuldner haften dem Inhaber als Gesamtschuldner, Art. 44 ScheckG (s. o. 8.7). Der Rückgriffsanspruch auf Schecksumme, Zinsen und Kosten, Art. 45 ScheckG, verjährt nach sechs Monaten, Art. 52 f. ScheckG. Der Schuldner kann dem Inhaber nur begrenzt Einwendungen entgegenhalten (wie beim Wechsel, vgl. Art. 17 WG, s. o. 19.4.5).
Ersatzrückgriff	Wer den Scheck eingelöst hat, kann von seinen Vormännern Ersatz verlangen (Ersatzrückgriff), Art. 46 ScheckG.
Vorlegungs- frist versäumt	Hatte der Scheckinhaber die Vorlegungsfrist versäumt, Art. 29 ff. ScheckG, und hat der Aussteller den Scheck nicht widerrufen, Art. 32 ScheckG, kann der Scheckinhaber, wenn die Bank nicht zahlt (was sie nicht muß, vgl. Art. 32 II ScheckG), keinen Rückgriff nehmen, Art. 40 ScheckG; ggf. hat der Inhaber dann einen scheckrechtlichen Bereicherungsanspruch gegen den Aussteller, Art. 58 ScheckG.
Scheckprozeß	Ansprüche aus Schecks können im Scheckprozeß beschleunigt und erleichtert durchgesetzt werden, §§ 605 a, 602 ff. ZPO.

19.5.5 Scheckkarte

Akzeptverbot	Der Scheck soll nicht (wie etwa der Wechsel) als Kreditmittel verwandt werden. Der Gesetzgeber verbietet daher die Annahme des Schecks durch den Bezogenen – sog. Akzeptverbot, Art. 4 ScheckG.

Ausnahme: Der bestätigte Bundesbankscheck, § 23 BBankG; er schafft Sicherheit, insbesondere bei größeren Beträgen.

Beispiel: Bewilligung der Eintragung des Erwerbers im Grundbuch Zug um Zug gegen Zahlung des Grundstückskaufpreises durch Vorlage eines bestätigten Bundesbankschecks.

Aufgrund des Akzeptverbotes sind Indossament und Scheckbürgschaft des Bezogenen nichtig, Art. 15 III, 25 II ScheckG.

anderweitige Einstands- pflicht des Bezogenen	Damit ist eine Haftung des Bezogenen nach Scheckrecht ausgeschlossen. Das verbietet eine Einstandspflicht des Bezogenen aus anderen Gründen aber nicht:

– Der Bezogene, regelmäßig also eine bezogene Bank (Art. 3 ScheckG), kann sich verbürgen, §§ 765 ff. BGB (s. o. 10.7);
– es kann auch im Einzelfall ein Garantievertrag (s. o. 10.7.1) zustande kommen, sog. Einlösungszusage,

Beispiel: Die Bank erklärt eindeutig und ausdrücklich auf Befragen, daß sie einen bestimmten Scheck honorieren wird;

– die Bank übernimmt gegenüber dem Schecknehmer durch die Scheckkarte eine Einlösungsgarantie durch einen Garantievertrag mit ihm.

Die Bankpraxis hat, ungeachtet des Art. 4 ScheckG, eine eigenständige bürgerlich-rechtliche Garantie entwickelt, die dem Scheck und Schecknehmer erhöhte Sicherheit sowie Vertrauen verschafft: die Scheckkarte.

Scheckkarte = Garantie

Der Bankkunde erhält von einer Bank neben Schecks auch eine Scheckkarte; die Bank gibt mit Scheck und Scheckkarte, die der Bankkunde auf der Rückseite zu unterschreiben hat, das Einlösungsversprechen: die Zahlung des Scheckbetrages bis zur Höhe von DM 400,- auf einem eurocheque (ec-) Scheckformular der Bank wird garantiert.

Einlösungsversprechen

Der Garantievertrag kommt dabei zwischen der Bank und dem Schecknehmer zustande; er wird durch den Aussteller bzw. Scheckkarteninhaber (der dabei als rechtsgeschäftlicher Vertreter der Bank handelt i. S. d. § 164 BGB, s. o. 7.4) vermittelt.

Garantievertrag

Die Garantiehaftung der Bank gegenüber dem Schecknehmer entsteht mit der Aushändigung eines formgerechten Euroschecks durch den legitimierten Aussteller, wenn folgende Voraussetzungen erfüllt sind:

Voraussetzungen

– Unterschrift, Kontonummer und Name des Kreditinstituts auf dem Scheck und der ec-Karte müssen übereinstimmen,
– die Nummer der Scheckkarte muß auf der Scheckrückseite vermerkt sein,
– das Ausstellungsdatum des Schecks muß innerhalb der Geltungsdauer der ec-Karte liegen,
– ein im Inland ausgestellter Scheck muß binnen acht, ein im Ausland ausgestellter Scheck binnen zwanzig Tagen ab Ausstellung zur Einlösung vorgelegt werden, vgl. die entsprechenden AGBen der Banken für den eurocheque(ec)-Service.

Die Vorlage der Scheckkarte an den Schecknehmer durch den Aussteller ist grundsätzlich nicht erforderlich.

Aufgrund der Begebung eines ec-Schecks mit Scheckkarte entstehen folgende Rechtsbeziehungen:

Rechtsbeziehungen

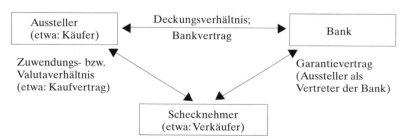

Schaubild 181: Zahlung mit Scheckkarte

Garantievertrag abstrakt   Zwar hat der Scheckinhaber gegen die Bank keinen scheckrechtlichen Anspruch, wohl aber einen Zahlungsanspruch aus dem Garantievertrag. Dieser Anspruch ist unabhängig (abstrakt) davon, ob das Deckungsverhältnis oder das Valutaverhältnis oder auch der Scheckbegebungsvertrag rechtlich mangelhaft sind – durch den Garantievertrag soll der Schecknehmer nämlich so gestellt werden, als hätte er vom Aussteller statt des Schecks Bargeld erhalten.

Beispiele: Der Kaufvertrag zwischen Scheckaussteller und Schecknehmer (Valutaverhältnis) ist wegen Irrtumsanfechtung (s. o. 6.8.2.4) nichtig und ein Kaufpreisanspruch des Schecknehmers gegen den Aussteller aus § 433 II BGB besteht nicht; oder: im Deckungsverhältnis zwischen Bank und Aussteller ist das Konto des Ausstellers nicht gedeckt; oder: der Scheckbegebungsvertrag zwischen Aussteller und (erstem) Schecknehmer ist nichtig wegen Geschäftsunfähigkeit.

Möglicherweise kann dem Schecknehmer der Einwand der unzulässigen Rechtsausübung als Verstoß gegen § 242 BGB (s. o. 4.3.2, 8.3.1.2) von der Bank entgegengehalten werden.

Beispiel: Der Schecknehmer weiß bei der Entgegennahme des garantierten ec-Schecks vom Aussteller genau, daß der Scheck nicht gedeckt und der Aussteller nicht zahlungsfähig ist.

Hat die Bank den garantierten ec-Scheck bezahlt, dann hat sie gegen den Aussteller den Aufwendungsersatzanspruch aus den §§ 675, 670 BGB und kann sein Konto entsprechend belasten (s. o. 10.4.9).

20 Prozessuales

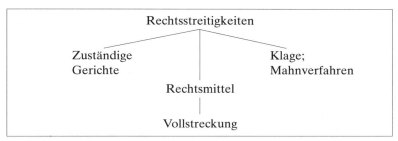

Leitübersicht 20: Prozessuales

Leitfragen zu 20:
a) Für welche bürgerlichen Rechtsstreitigkeiten sind welche Zivilgerichte sachlich zuständig?
b) Welche Rechtsmittel(gerichte) gibt es?
c) Wie läuft das Mahnverfahren ab?
d) Welche Möglichkeiten der Zwangsvollstreckung bestehen?

Begründete Ansprüche (s. o. 2.6.2) zu haben reicht oftmals nicht aus – man muß sie im Streitfall auch durchsetzen können. Die Rechtsdurchsetzung erfolgt mittels gerichtlicher Zuhilfenahme in regelmäßig förmlichen Verfahren.

20.1 Zivilgerichte

Rechtsstreitigkeiten aus den hier vorgestellten Rechtsbereichen gehören grundsätzlich vor die Zivilgerichte; sie sind bürgerliche Rechtsstreitigkeiten i.S.d. § 13 GVG (in arbeitsrechtlichen Streitigkeiten sind die Arbeitsgerichte zuständig, vgl. die §§ 1, 2 ArbGG). Die sachliche Zuständigkeit der durch die Amtsgerichte, Landgerichte, Oberlandesgerichte und den BGH ausgeübten ordentlichen streitigen Gerichtsbarkeit, §§ 12 GVG, 1 ZPO, bestimmt sich dabei grundsätzlich nach den §§ 23, 71 GVG:

Zivilgerichte

In der ersten Instanz sind die Amtsgerichte sachlich zuständig für vermögensrechtliche Streitigkeiten mit einem Streitwert (das ist der Wert, um den gestritten wird) bis zu DM 10.000,–, §§ 23 Nr. 1, 71 I GVG. Einige Streitgegenstände, wie etwa Miet- oder Familiensachen, sind un-

sachliche Zuständigkeit

geachtet des Streitwertes den Amtsgerichten als Eingangsinstanz zugeordnet, § 23 Nr. 2 GVG. Ansonsten sind grundsätzlich die Zivilkammern der Landgerichte zuständig (ggf. die Kammern für Handelssachen, §§ 93 ff. GVG, bei Kaufleuten).

örtliche Zuständigkeit — Die örtliche Zuständigkeit des zur Entscheidungsfindung berufenen jeweiligen Gerichtes richtet sich nach den Gerichtsstandsregeln der §§ 12 ff. ZPO:

Gerichtsstand — Der vornehmlich maßgebende allgemeine Gerichtsstand ist der Wohnsitz bzw. Geschäftssitz des Beklagten, §§ 12, 13, 17 ZPO (s. o. 3.1.4). Nicht der Sitz des Klägers ist also entscheidend, sondern derjenige des Beklagten. Daneben gibt es noch einige besondere Gerichtsstände, vgl. etwa die §§ 20 ff. ZPO, sowie ausschließliche Gerichtsstände, vgl. bspw. die §§ 24, 29 a, 32 a ZPO . Unter mehreren möglichen (nicht aber bei einem ausschließlichen) Gerichtsständen hat der Kläger die Wahl, § 35 ZPO.

Prorogation — Ausnahmsweise können die Parteien eines Rechtsstreites die Vorschriften über die sachliche oder örtliche Zuständigkeit eines anzurufenden Gerichtes mittels einer besonderen Vereinbarung abändern, sog. Prorogation. Dies ist aber lediglich bei vermögensrechtlichen Ansprüchen, für die kein ausschließlicher Gerichtsstand begründet ist, § 40 II ZPO, und nur dann möglich, wenn die Parteien Kaufleute sind (s. o. 3.4.4), § 38 I ZPO, bzw. wenn eine solche Gerichtsstandsvereinbarung nach Streitentstehung schriftlich geschlossen wird, § 38 II, III ZPO. Auch rügeloses Verhandeln des Beklagten zur Hauptsache läßt das eigentlich unzuständige Gericht zuständig werden, § 39 ZPO.

Die Erhebung der Klage erfolgt durch Zustellung der Klageschrift an den Beklagten durch das Gericht, §§ 253 ff. ZPO.

Rechtsmittel — Die unterliegende Partei kann ggf. Rechtsmittel einlegen:

Die Berufung ist eine weitere, zweite Tatsacheninstanz, bei der der Rechtsstreit nochmals in tatsächlicher und rechtlicher Hinsicht überprüft wird. Dabei muß aber der Beschwerdewert 1.500,– DM übersteigen, §§ 511, 511 a ZPO. Revision gegen Berufungsurteile (des OLG, s. u.) bedeutet dagegen die lediglich rechtliche Überprüfung der angegriffenen Entscheidung dahingehend, ob der vom Berufungsgericht festgestellte Sachverhalt rechtlich zutreffend gewürdigt wurde bzw. keine sonstigen Rechtsfehler vorliegen.

Beispiele: Falsche Besetzung des Gerichts; falsche Interpretation eines BGB-Paragraphen.

Bei vermögensrechtlichen Streitigkeiten muß die Beschwer die Revisionssumme von DM 60.000,– übersteigen oder vom Berufungsgericht zugelassen worden sein, §§ 545 ff. ZPO.

Berufung sowie Revision müssen grundsätzlich binnen einen Monats nach Urteilszustellung eingelegt werden, §§ 516, 552 ZPO (s. o. 4.3.4).

Hinsichtlich der im Instanzenzug zuständigen Gerichte gilt folgendes:

Über die Berufung gegen erstinstanzliche amtsgerichtliche Urteile entscheidet – mit Ausnahme der Familien- bzw. Kindschaftssachen, für die dann das OLG zuständig ist – das LG, gegen dessen Berufungsurteil kein weiteres Rechtsmittel mehr besteht. Über die Berufung gegen ein erstinstanzliches Urteil des LG befindet das OLG; danach erfolgt u. U. die Revision zum BGH.

Berufung/ Revision

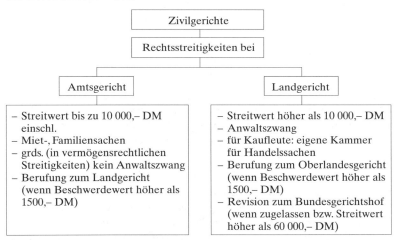

Schaubild 182: Zivilgerichte; Zuständigkeiten

20.2 Mahnverfahren

Anstelle der unmittelbaren Klageerhebung sieht die ZPO auch die Möglichkeit des Mahnverfahrens vor, um zu einem vollstreckbaren Titel zu gelangen, vgl. die §§ 688 ff. Dieses bietet sich bei einer an sich unstreitigen Geldforderung an (ist aber dann weniger ratsam, wenn von vornherein absehbar ist, daß der Schuldner sich dagegen wehren und es auf ein streitiges gerichtliches Urteilsverfahren ankommen lassen will). Zuständig für das Mahnverfahren sind, ungeachtet des Streitwertes, die Amtsgerichte; zur Abwicklung sind spezifische Formulare zu verwenden, die der Antragsteller auszufüllen hat.

Mahnverfahren

Gegen den zugestellten Mahnbescheid kann der Antragsgegner Widerspruch einlegen, wobei er eine zweiwöchige Frist beachten muß. Erhebt

Vollstreckungsbescheid

er rechtzeitig Widerspruch, so wird das reguläre gerichtliche Streitverfahren durchgeführt. Unterbleibt der (rechtzeitige) Widerspruch, so ergeht auf Antrag des Gläubigers ein Vollstreckungsbescheid, § 699 ZPO, aus dem die Zwangsvollstreckung betrieben werden kann. Gegen diesen Vollstreckungsbescheid ist der Einspruch des Schuldners zulässig; erfolgt er, so findet das streitige gerichtliche Verfahren statt.

Anwaltszwang? Ebenso wie amtsgerichtliche vermögensrechtliche Prozesse ist auch das Mahnverfahren nicht an die Mitwirkung eines Rechtsanwaltes gebunden. Vor dem LG, OLG, BGH sowie dem Familiengericht (beim Amtsgericht) besteht dagegen Anwaltszwang, d. h., die Parteien müssen sich durch einen Rechtsanwalt vertreten lassen, § 78 ZPO.

20.3 Zwangsvollstreckung

Zwangsvollstreckung Wenn der Gläubiger ein stattgebendes gerichtliches Urteil oder einen Vollstreckungsbescheid erwirkt hat, kann er aus einem solchen vollstreckbaren Titel die Zwangsvollstreckung in das Vermögen des beklagten Schuldners betreiben. Dazu muß er den Vollstreckungstitel mit der sog. Vollstreckungsklausel versehen, § 724 ZPO, und dann dem Schuldner zustellen lassen, § 750 ZPO.

Zuständig für die Zwangsvollstreckung in das bewegliche Vermögen des Schuldners bzw. die Herausgabe von Sachen ist der Gerichtsvollzieher, § 753 ZPO, für die Vollstreckung in das unbewegliche Vermögen, die Pfändung von Forderungen (s. o. 8.8.5 a.E.) oder Rechten und die eidesstattliche Versicherung über die Vermögensverhältnisse des Schuldners das Amtsgericht als Vollstreckungsgericht. Die Durchführung der Zwangsvollstreckung richtet sich nach den jeweiligen Vorschriften der ZPO, §§ 704 ff., bzw. des ZVG (bezüglich der Zwangsversteigerung oder Zwangsverwaltung eines Grundstücks).

21 Insolvenz

Leitübersicht 21: Insolvenz

Leitfragen zu 21:
a) Welche Grundlagen bestimmen das Insolvenzrecht?
b) Welche Auswirkungen hat die Insolvenz?
c) Wie sind die Verfahrensabläufe?
d) Wie kommt es zur Restschuldbefreiung?

Befriedigt der Schuldner Forderungen eines Gläubigers nicht, so kann dieser, wie soeben dargestellt, die Einzelzwangsvollstreckung betreiben, wenn er hierfür einen vollstreckbaren Titel hat. Ist der Schuldner allerdings generell überschuldet bzw. zahlungsunfähig, dann können er oder einer seiner Gläubiger beim Amtsgericht als Insolvenzgericht die Eröffnung des Insolvenzverfahrens beantragen. Kommt es zur Insolvenz, so dient dieses Gesamtvollstreckungsverfahren der gemeinschaftlichen und gleichmäßigen (Teil-)Befriedigung der Gläubiger des illiquiden Schuldners durch die Verwertung seines gesamten Vermögens.

Überblick

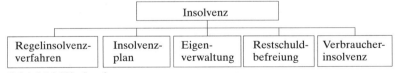

Schaubild 183: Insolvenz

21.1 Rechtliche Grundlagen

In den „alten Bundesländern" war bisher das Konkurs- und Vergleichsverfahren durch die Konkursordnung (KO) bzw. die Vergleichsordnung (VerglO) geregelt. In den „neuen Bundesländern" galten demgegenüber seit 1990 die „Gesamtvollstreckungsordnung (GesO)" und das „Gesetz über die Unterbrechung von Gesamtvollstreckungsverfahren (GUG)". Zum 1.1.1999 wurden KO, VerglO, GesO und GUG von der im Jahre 1994 erlassenen Insolvenzordnung (InsO) abgelöst.

21.2 Insolvenzprinzipien

Die Insolvenzordnung bzw. das Insolvenzverfahren werden von folgenden Prinzipien beherrscht:

Beteiligte Am Insolvenzverfahren beteiligt sind grundsätzlich:
– Insolvenzgericht,
– Insolvenzverwalter,
– Schuldner,
– Gläubiger.

Verfahren Zuständig ist das Amtsgericht, in dessen Bezirk der Schuldner seinen allgemeinen Gerichtsstand bzw. den Mittelpunkt seiner selbständigen wirtschaftlichen Tätigkeit hat, §§ 2, 3 InsO. Das Insolvenzgericht entscheidet über das Insolvenzverfahren und überwacht es (vgl. die §§ 11 ff. InsO). Das Insolvenzverfahren zu beantragen sind sowohl jeder Gläubiger als auch der Schuldner berechtigt, § 13 I InsO. Ist eine die Kosten des Verfahrens deckende Masse nicht vorhanden, so kann der Antrag abgelehnt werden, §§ 26, 34 InsO.

Gründe zur Eröffnung eines Insolvenzverfahrens sind gemäß den §§ 16 ff. InsO:
– die Zahlungsunfähigkeit des Schuldners (§ 17 InsO),
– die drohende Zahlungsunfähigkeit des Schuldners (§ 18 InsO),
– bei juristischen Personen auch die Überschuldung (§ 19 InsO).

Insolvenz- Das Insolvenzgericht ernennt bei Eröffnung des Insolvenzverfahrens
verwalter   den Insolvenzverwalter, §§ 22, 27, 56 InsO; dieser ist das zentrale Organ des Insolvenzverfahrens und trägt die Verantwortung für eine wirtschaftliche Befriedigung der Gläubiger durch die Verwertung des Schuldnervermögens, §§ 56, 60 InsO. Er hat das Verwaltungs- und Verfügungsrecht, §§ 22, 80 InsO, über das zur Insolvenzmasse gehörige Vermögen des Schuldners, nimmt es in Besitz, verwaltet und verwertet es, §§ 80 I, 148 I InsO. Erforderliche Prozesse führt er im eigenen Namen als sog. Partei kraft Amtes.

Ggf. kann die Gläubigerversammlung einen anderen Insolvenzverwalter wählen, den das Insolvenzgericht allerdings u. U. ablehnen kann, § 57 InsO.

Wenn es das Insolvenzgericht anordnet, kann unter den Voraussetzungen der §§ 270 ff. InsO der Schuldner unter der Aufsicht eines Sachwalters die Insolvenzmasse verwalten bzw. über sie verfügen (s. u. 21.4).

Als Schuldner insolvenzfähig sind gemäß § 11 InsO **Schuldner**
- natürliche Personen,
- juristische Personen,
- Quasi-Körperschaften (etwa oHG, KG bzw. Partnerschaft, EWIV, s. o. 3.3),
- eine GbR,
- ein nicht rechtsfähiger Verein,
- der Nachlaß (§§ 315 ff. InsO).

Wird das Insolvenzverfahren eröffnet, so verliert der Schuldner das Recht, sein Vermögen zu verwalten, über es zu verfügen und Prozesse zu führen, §§ 22 I, 80 I InsO. Nach Insolvenzeröffnung über sein Vermögen getroffene Verfügungen sind den Insolvenzgläubigern gegenüber unwirksam, §§ 81, 82 InsO. Beeinträchtigende Rechtsgeschäfte sind ggf. gemäß den §§ 129 ff. InsO bzw. nach den Regeln des AnfG anfechtbar. **Insolvenzfolgen**

Zwangsvollstreckungen für einzelne Insolvenzgläubiger sind während des Insolvenzverfahrens unzulässig; Insolvenzgläubiger können ihre Forderungen grundsätzlich nur im Rahmen des Insolvenzverfahrens verfolgen, §§ 87 ff. InsO.

Wer gegen den Schuldner im Zeitpunkt der Insolvenzverfahrenseröffnung einen begründeten Vermögensanspruch, d. h. eine Insolvenzforderung, hat, § 38 InsO, ist Insolvenzgläubiger. Will ein solcher am Insolvenzverfahren teilnehmen, so muß er seine Forderung zur Eintragung in die Insolvenztabelle beim Insolvenzverwalter anmelden, §§ 174 ff. InsO. Diese angemeldeten Forderungen werden in einem besonderen Prüfungstermin nachgeprüft, §§ 176 ff., 28 I InsO. **Anmeldung von Forderungen**

Oberstes Selbstverwaltungsorgan der Gläubiger im Insolvenzverfahren ist die Gläubigerversammlung, §§ 74 ff. InsO; sie kann insbesondere einen Gläubigerausschuß wählen, § 68 InsO, der namentlich den Insolvenzverwalter unterstützen und überwachen soll, § 69 InsO.

Wegen dem Schuldner nicht gehörender Gegenstände kann Aussonderung aus der Insolvenzmasse verlangt werden, §§ 47, 48 InsO. **Aussonderung**

Beispiel: Der Vermieter kann bei Insolvenz des Mieters die Aussonderung, d. h. die Herausgabe, der vermieteten Maschine verlangen.

Hinsichtlich gewisser, mit Sonderrechten ausgestatteter Gegenstände kann mittels der Absonderung, §§ 49 ff. InsO, vorzugsweise Befriedigung begehrt werden. **Absonderung**

Beispiel: Der Inhaber eines rechtsgeschäftlichen Pfandrechts kann das Pfand verwerten.

Der Insolvenzverwalter hat insoweit ggf. ein Verwertungsrecht, §§ 165 ff. InsO.

Verteilung Befriedigt werden die Insolvenzgläubiger durch Verteilung der Insolvenzmasse, §§ 187 ff. InsO (zu nachrangigen Insolvenzgläubigern vgl. § 39 InsO).

Die sog. Massegläubiger sind vorrangig zu befriedigen, §§ 53 ff. InsO.

Beispiel: Der Insolvenzverwalter verlangt die Erfüllung eines gegenseitigen Vertrages, etwa die Zahlung des geschuldeten Kaufpreises, vgl. die §§ 55 I Nr. 2, 103 I InsO.

Konsequenzen für Verträge Besondere Auswirkungen der Insolvenz ergeben sich bezüglich gegenseitiger Verträge:

– Von beiden Parteien vor der Eröffnung des Insolvenzverfahrens bereits vollständig erfüllte Verträge werden von der Insolvenz grundsätzlich nicht mehr berührt. Anders dagegen ist es mit etwa danach auftretenden Mängelgewährleistungsansprüchen; diese bleiben relevant.

– Hatte der Schuldner seine vertragliche Verpflichtung bereits erfüllt,

Beispiel: er hat die Übereignung der Kaufsache, die er gemäß § 433 I 1 BGB schuldete, bereits vorgenommen (nach § 929 S. 1 BGB),

so muß sein Vertragspartner die ihm obliegende Leistung,

Beispiel: die Kaufpreiszahlung gemäß § 433 II BGB,

weiterhin erbringen; diesen Anspruch verfolgt der Insolvenzverwalter, vgl. die §§ 28 III, 82 InsO;

– hatte demgegenüber der Vertragspartner des Schuldners die ihm obliegende Leistung bereits vollständig erbracht,

Beispiel: er hat den Kaufpreis für eine noch zu liefernde Ware bereits gezahlt,

so ist er wegen seines Anspruchs auf Erbringung der Gegenleistung,

Beispiel: die noch ausstehende Übereignung der Ware,

Insolvenzgläubiger, muß also seine Forderung anmelden; eine vor Insolvenzeröffnung erbrachte Leistung kann grundsätzlich nicht zurückgefordert werden.

Wahlrecht – Hatte bei der Insolvenzeröffnung keine Seite nicht bzw. nicht vollständig erfüllt, so greift § 103 InsO: der Insolvenzverwalter hat jetzt ein Wahlrecht zwischen der Erfüllung oder der Nichterfüllung des Vertrages:

- Wählt der Insolvenzverwalter Erfüllung, so müssen beide Parteien voll leisten; der Anspruch des Vertragspartners (= Gläubigers) ist dann Masseverbindlichkeit, § 55 I Nr. 2 InsO, muß also in voller Höhe erfüllt werden (s. a. § 61 InsO).
- Verweigert allerdings der Insolvenzverwalter die Erfüllung, dann erlöschen die beiderseitigen Verbindlichkeiten; hat der Vertragspartner seine Leistung etwa schon zum Teil erbracht, so kann er sie nicht zurückverlangen, § 105 InsO.
- Bei bestimmten Vertragstypen bestehen Sondervorschriften (etwa für Miet-, Pacht-, Dienstverträge, vgl. die §§ 104, 108 InsO).
- Hatte der Schuldner vor Eröffnung des Insolvenzverfahrens eine bewegliche Sache unter Eigentumsvorbehalt (s. o. 10.2.8) verkauft und übergeben, so kann der Käufer Erfüllung des Kaufvertrages verlangen; erwarb der Schuldner eine bewegliche Sache unter Eigentumsvorbehalt, so hat der Insolvenzverwalter bezüglich der Vertragserfüllung ein Wahlrecht, § 107 InsO.

21.3 Insolvenzplan

Die §§ 217 ff. InsO lassen die Befriedigung der Gläubiger, die Verwertung der Masse und deren Verteilung an die Beteiligten sowie die Haftung des Schuldners nach Beendigung des Insolvenzverfahrens abweichend von den Vorschriften der InsO in einem Insolvenzplan regeln (vgl. § 217 InsO). Damit werden insbesondere flexiblere Möglichkeiten zur Unternehmenssanierung und zum Erhalt von Arbeitsplätzen geschaffen. Einen Insolvenzplan können der Insolvenzverwalter oder der Schuldner dem Insolvenzgericht vorlegen, § 218 InsO. *Flexibilität*

Der Insolvenzplan besteht aus zwei Teilen (§ 219 InsO): *Zwei Teile:*

- dem darstellenden Teil, der die Maßnahmen beschreibt, die für die geplante Gestaltung der Rechte der Betroffenen zu treffen sind, § 220 InsO, *darstellend*
  Beispiele: organisatorische, personelle Änderungen, Sozialpläne,
- sowie dem gestaltenden Teil, der festlegt, wie die Rechtsstellung der Beteiligten im Einzelfall durch den Plan geändert werden soll, § 221 InsO, *gestaltend*
  Beispiele: Art der Kürzung von Forderungen, Stundung von Forderungen, Kapitalherabsetzung mit anschließender Kapitalerhöhung, § 58 a GmbHG.

Die Interessen der Beteiligten werden durch die Bildung von Gläubigergruppen gewahrt, §§ 222 ff. InsO, die gleichzubehandeln sind, § 226 InsO. *Gläubigergruppen*

Der Insolvenzplan, der zu erörtern, anzunehmen und gerichtlich zu bestätigen ist (vgl. die §§ 235 ff. InsO), kann die Sanierung, die Liquidation bzw. die Fortführung/Übertragung eines Unternehmens zum Ziel haben, § 230 InsO. Die Planerfüllung wird ggf. überwacht, § 260 InsO.

Restschuldbefreiung — Wird im Insolvenzplan nichts anderes bestimmt, so wird der Schuldner mit der im gestaltenden Teil vorgesehenen Befriedigung der Insolvenzgläubiger von seinen restlichen Verbindlichkeiten diesen Gläubigern gegenüber befreit, § 227 I InsO.

21.4 Eigenverwaltung

Auf Antrag des Schuldners, mit Zustimmung des Gläubigers, der den Eröffnungsantrag gestellt hat, und wenn es nicht nachteilig erscheint, kann das Insolvenzgericht als Ausnahme vom Regelinsolvenzverfahren anstelle eines Insolvenzverwalters dem Schuldner die Verwaltung und Verfügungsberechtigung über die Insolvenzmasse belassen, § 270 InsO – *Sachwalter* — sog. Eigenverwaltung. Dabei ist der Schuldner von einem Sachwalter zu beaufsichtigen, dessen Rechtsstellung im wesentlichen der eines Insolvenzverwalters entspricht, § 274 InsO. Näheres zum Verfahren regeln die §§ 270 ff. InsO, die die Vorschriften über das Regelinsolvenzverfahren (§ 270 I 2 InsO) modifizieren.

21.5 Restschuldbefreiung

Schuldner soll frei werden können — Die InsO will nicht nur für eine möglichst gerechte Gläubigerbefriedigung sorgen – dem redlichen Schuldner soll auch Gelegenheit gegeben werden, sich von seinen restlichen Verbindlichkeiten zu befreien, vgl. § 1 InsO. Der Schuldner kann daher die Restschuldbefreiung beantragen, §§ 286 ff. InsO, wenn er eine natürliche Person ist. Dieser geht notwendigerweise ein Insolvenzverfahren voraus, das eröffnet und nicht mangels Masse wieder eingestellt worden ist (§ 207 InsO). Seinem Antrag muß der Schuldner die Erklärung beifügen, daß er seine pfändbaren *Bezügeabtretung* — Bezüge aus einem Dienstverhältnis oder an deren Stelle tretende laufende Bezüge für die Zeit von *sieben Jahre „Wohlverhalten"* — sieben Jahren an einen Treuhänder abtritt, vgl. § 287 II InsO. Näheres regeln die §§ 288 ff. InsO.

Die Restschuldbefreiung wirkt gegen alle Insolvenzgläubiger, auch wenn sie ihre Forderungen nicht angemeldet haben, § 301 InsO.

Nach Ablauf der Wohlverhaltensperiode (dazu s. a. Art. 107 EGInsO) wird der Schuldner also frei.

21.6 Verbraucherinsolvenz

Für Verbraucher und sonstige natürliche Personen, die nur geringfügig wirtschaftlich tätig sind (Kleingewerbetreibende, vgl. die §§ 304 II InsO, 1 II HGB, s. o. 3.4.2.1), gelten gemäß den §§ 304 ff. InsO Sonderregeln. Der Ablauf des Insolvenzverfahrens hängt dabei davon ab, ob der Schuldner oder ein Gläubiger das Insolvenzverfahren beantragt hat:

– Hat der Schuldner das Verfahren beantragt, so ruht das Eröffnungsverfahren und es kommt zunächst zu einem gerichtlichen Schuldenbereinigungsverfahren, §§ 305, 306 I InsO.

– Stellt ein Gläubiger den Antrag, so ist das Verhalten des Schuldners maßgeblich:

beantragt auch der Schuldner die Eröffnung des Insolvenzverfahrens, so kommt es wiederum zum gerichtlichen Schuldenbereinigungsverfahren, § 306 III InsO; beantragt er es nicht, so findet ggf. das Vereinfachte Insolvenzverfahren statt, §§ 311 ff. InsO.

Unter den Voraussetzungen der §§ 305, 308 I, 287 InsO tritt dann ebenso nach Annahme des Schuldenbereinigungsplanes, der wie ein gerichtlicher Vergleich wirkt (§ 308 I 2 InsO), die Restschuldbefreiung nach Ablauf der Wohlverhaltensperiode von sieben Jahren ein.

<small>Sonderregeln

Antrag

sieben Jahre „Wohlverhalten"</small>

Literaturhinweise zur Vertiefung

Zur Vertiefung der dargestellten wirtschaftsprivatrechtlichen Bereiche geeignet sind insbesondere (jeweils in neuester Auflage):

Zu Begrifflichkeiten:
Beck'sches Rechtslexikon;
Creifelds, Carl, Rechtswörterbuch;

zum BGB:
Brox, Hans, Allgemeines Schuldrecht;
ders., Besonderes Schuldrecht;
Eisenhardt, Ulrich, Einführung in das bürgerliche Recht;
Gross, Willi/Söhnlein, Walter, Bürgerliches Recht 1;
dies., Bürgerliches Recht 2;
dies., Bürgerliches Recht 3;
Hattenhauer, Hans, Grundbegriffe des Bürgerlichen Rechts;
Kallwass, Wolfgang, Privatrecht;
Klunzinger, Eugen, Einführung in das bürgerliche Recht;
Musielak, Hans-Joachim, Grundkurs BGB;
Palandt, Otto, Bürgerliches Gesetzbuch;

zum Handelsrecht:
Baumbach, Adolf/Duden, Konrad/Hopt, Klaus, Handelsgesetzbuch;
Brox, Hans, Handels- und Wertpapierrecht;
Canaris, Claus-Wilhelm, Handelsrecht;
Gross, Willi, Handelsrecht;
Klunzinger, Eugen, Grundzüge des Handelsrechts;

zum Gesellschaftsrecht:
Baumbach, Adolf/Hueck, Alfred, GmbH-Gesetz;
Emmerich, Volker/Sonnenschein, Jürgen, Konzernrecht;
Hueck, Götz, Gesellschaftsrecht;
Hüfler, Uwe, Aktiengesetz;
Klunzinger, Eugen, Grundzüge des Gesellschaftsrechts;
Kübler, Friedrich, Gesellschaftsrecht;
Maiberg, Hermann, Gesellschaftsrecht;
Schmidt, Karsten, Gesellschaftsrecht;

zum Recht der AGBen:
Palandt, Otto, Bürgerliches Gesetzbuch, mit Kommentierung zum AGBG;
Ulmer, Peter/Brandner, Erich/Hensen, Horst-Diether/Schmidt, Harry, AGB-Gesetz;
Wolf, Manfred/Horn, Norbert/Lindacher, Walter, AGB-Gesetz;

zum Verbraucherkreditrecht:
Borchert, Günter, Verbraucherschutzrecht;

Palandt, Otto, Bürgerliches Gesetzbuch, mit Kommentierung zum VerbrKrG;
Ulmer, Peter/Habersack, Mathias, Verbraucherkreditgesetz;

zum Kreditsicherungsrecht:

Pottschmidt, Günter/Rohr, Ulrich, Kreditsicherungsrecht;

zum Produkthaftungsrecht:

Palandt, Otto, Bürgerliches Gesetzbuch, mit Kommentierung zum ProdHaftG;
Taschner, Hans Claudius/Frietsch, Erwin, Produkthaftungsgesetz und EG-Produkthaftungsrichtlinie;

zum Haustürwiderrufsrecht:

Palandt, Otto, Bürgerliches Gesetzbuch, mit Kommentierung zum HausTWG;

zum Arbeitsrecht:

Brox, Hans, Arbeitsrecht;
Gross, Willi, Arbeitsrecht 1;
ders., Arbeitsrecht 2;
Reinert, Hans Jochen/Schulz, Klaus-Peter, Arbeitsrecht;
Schaub, Günther, Arbeitsrechtshandbuch;
Senne, Petra, Arbeitsrecht;
Senne, Petra/Senne, Holger, Arbeitsrecht;
Söllner, Alfred, Grundriß des Arbeitsrechts;

zum Wertpapierrecht:

Baumbach, Adolf/Hefermehl, Wolfgang, Wechselgesetz und Scheckgesetz;
Brox, Hans, Handels- und Wertpapierrecht;
Bülow, Peter, Wechselgesetz, Scheckgesetz, Allgemeine Geschäftsbedingungen;
Hueck, Alfred/Canaris, Claus-Wilhelm, Recht der Wertpapiere;
Zöllner, Wolfgang, Wertpapierrecht;

zum Wirtschaftsrecht:

Nagel, Bernhard, Wirtschaftsrecht, I und II;
Rittner, Fritz, Wirtschaftsrecht;

zum Wettbewerbsrecht und Kartellrecht:

Baumbach, Adolf/Hefermehl, Wolfgang, Wettbewerbsrecht;
Emmerich, Volker, Das Recht des unlauteren Wettbewerbs;
Nordemann, Wilhelm, Wettbewerbs- und Markenrecht;
Rittner, Fritz, Wettbewerbs- und Kartellrecht;
Schünemann, Wolfgang, Wettbewerbsrecht;
Schwintowski, Hans-Peter, Wettbewerbsrecht (GWB/UWG);
Zäch, Roger, Wettbewerbsrecht der Europäischen Union;

zum gewerblichen Rechtsschutz:

Fischer, Friedrich, Grundzüge des gewerblichen Rechtsschutzes;
Hubmann, Heinrich, Gewerblicher Rechtsschutz.

Stichwortverzeichnis

Abhandenkommen 338, 345, 485
Abhängige Unternehmen 448
Ablösung 146
Abmahnung 474
Abnahme 206, 224
Abschlußfreiheit 87
Abschlußvertreter 271
Abschlußzwang 87
Absonderung 348, 509
Abstraktionsprinzip 61, 98, 108, 111, 333, 335, 437, 493
Abtretung 63, 204
– von Forderungen 150
Abtretungsverbote 151
Abzahlungsgeschäfte 255, 258, 261
– finanziertes 261
Abzahlungskäufe 218
actio pro socio 365, 366
Adäquanzlehre 163, 304, 315
ADSp 95, 289
AG 356, 426
AGB-Gesetz 89
Akkreditiv 489
Aktien 429, 484
– junge 436
Aktionär 429, 444
aktive Stellvertretung 115
Akzept 492, 494, 495
Akzessorietät 263, 347, 348, 349
Alleinauftrag 274
Alleineigentum 333
Allgemeine Geschäftsbedingungen 88
Allgemeiner Gerichtsstand 22
Anbahnung rechtsgeschäftlicher Schuldverhältnisse 133, 239
Aneignung 256
Anfängliche Unmöglichkeit 179
Anfechtung 54
Anfechtungserklärung 104
Anfechtungsfrist 104
Angebot 83
Annahme 83
Annahmeverzug 187, 206
Anscheinsvollmacht 110, 128
Anspruch 10, 52, 130
Anspruchsberechtigter 163

Anspruchsgrundlage 10
Anspruchsgrundlagen 157
Anspruchskonkurrenz 11, 301, 325, 329
Anspruchsverpflichteter 165
Anstifter 301
Anwaltszwang 506
Anwartschaft 218
Anweisung 486, 489, 491
Äquivalenztheorie 162
Arbeitgeber 238
Arbeitnehmer 238
Arbeitnehmererfindungen 480
Arbeitnehmerhaftung 242
Arbeitsdirektor 440
Arbeitsgerichte 503
Arbeitskampf 241
Arbeitsmündigkeit 18
Arbeitsrecht 119, 176, 234, 237, 309
Arbeitsschutzrecht 237
Arbeitsunfall 243
Arbeitsverhältnis 234, 237, 239
Arbeitsvertrag 237
Arglistige Täuschung 105
Arthandlungsvollmacht 125
Artvollmacht 110
Atomanlagenhaftung 328
Atypische stille Gesellschaft 396
Aufforderung zur Abgabe von Angeboten 83
Aufhebungsvertrag 172
Auflassung 81, 82, 114, 122, 332, 340
Aufrechnung 170
Aufsichtsrat 423, 442, 448, 456
Auftrag 132, 232, 263
Aufwendung 246
Aufwendungen 158, 246, 321, 367, 377
Aufwendungsersatz 402, 499, 502
Ausbeutung 471
Ausfallbürgschaft 264, 270
Ausgleichsquittung 171
Auslobung 132
Ausreißer 313, 314
Ausschlußfristen 57
Außendienst 127
Außengesellschaft 362, 378

517

Außenvollmacht 110
Aussonderung 50, 279, 509
Aussonderungsrecht 336
Aval 496

Bankeinlagen 259
Banküberweisung 145, 168, 205, 246
Barkauf 62
Barzahlung 168
Bedingung 82, 218
- auflösende 82
- aufschiebende 82, 335
Befristung 82
Berechtigung 69
Berufung 504
beschränkt deliktsfähig 20
Besitz 113, 343
Besitzdiener 113, 344
Besitzkonstitut 336, 345
Besitzschutz 345
Bestandteile einer Sache 50
Bestimmtheitsgrundsatz 332
Bestimmungsort 143
Beteiligte 301, 309
Beteiligung Dritter 145
Betriebsbuße 157
Bewegliche Sachen 48
Beweislast 178, 192, 224, 313, 316
Beweisurkunde 285, 483
Blankoindossament 489, 494
Blankozession 153
Börse 435
Bote 112, 272
Briefgrundschuld 349
Briefhypothek 347
Bringschuld 144
Buchgeld 138
Buchgrundschuld 349
Buchhypothek 347
Bundesbankscheck 500
Bürgerliche Rechtsstreitigkeiten 6
Bürgerliches Recht 6
Bürgschaft 24, 132
Bürgschaftsversprechen 263
Bürgschaftsvertrag 261
Bürogemeinschaft 355, 407, 409

culpa in contrahendo 133, 192

Darlehen 48
Darlehensvertrag 257

Dauerschuldverhältnis 136, 192, 234, 238, 259, 280
Deckungsverhältnis 147, 491, 498, 502
Deliktsfähigkeit 19, 304
Deliktsrecht 300
deliktsunfähig 20
Delkrederehaftung 270, 276
Delkredereprovision 270, 277
Delkredererisiko 154
Depotstimmrecht 445
Dezentralisierte Entlastung 308
Dienstvertrag 232, 397
Differenzmethode 159
Direktionsrecht 241
Direktlieferung 147
Dispositive Vorschriften 8
Dissens 85, 95
Doppelmakler 273
Drittschaden 163
Drittschadensliquidation 163, 291, 293
Drittwiderspruchsklage 279
Drohung 105
Duldungsvollmacht 110, 125
Durchgriffshaftung 421

eG 356
eheliche Lebensgemeinschaft 21
Eheschließung 81, 82
Eigenbesitz 344
Eigenschaft 209
Eigenschaftsirrtum 103
Eigentum 54, 333, 342
Eigentümer-Besitzer-Verhältnis 342
Eigentumserwerb
- an beweglichen Sachen 334, 338, 339
- an Grundstücken 340
- vom Nichtberechtigten 69, 221, 338
Eigentumserwerb von Nichtberechtigten 221, 338
Eigentumsfreiheit 8
Eigentumsschutz 342
Eigentumsverletzung 302
Eigentumsvorbehalt 50, 82, 98, 217, 262, 335, 351
Eigenverwaltung 512
Einfache Legitimationspapiere 483, 485
Eingerichteter Geschäftsbetrieb 28

Eingetragene Genossenschaften 35
Eingetragener Land- oder Forstwirt 32
Eingetragener Verein 22
Eingriffskondiktion 298
Einigung 334
Einigungsmangel 85
Einrede 54, 155, 264
- aufschiebende 55
- dauernde 55
- der Vorausklage 264
- prozessuale 55
Einstweilige Verfügung 474
Eintragung im Handelsregister 27, 30, 32, 34, 43
Eintrittshaftung 413
Einwendung 98
- rechtshindernde 55
- rechtsvernichtende 55
Einwilligung 17
Einzelprokura 123
Einzelschuldverhältnis 136
Einziehungsermächtigung 153
Empfängerhorizont 72, 80
Empfangsboten 78
Erbfall 68
Erfindung 477
Erfolgsort 143
Erfüllbarkeit 142
Erfüllung 63, 167
Erfüllungsgehilfe 112, 164, 165, 235, 250, 306
Erfüllungsgeschäft 61
Erfüllungsinteresse 104
Erfüllungsort 22, 143, 286
Erfüllungsschaden 160
Erklärungsbewußtsein 74, 100
Erklärungshaftung 133, 158, 324
Erklärungsirrtum 102
Erklärungsrisiko 74
Erklärungswille 72
Erlaßvertrag 171
Ersitzung 340, 344
Erziehungsrecht, elterliches 21
Etablissementname 37
Euro 139
Europäische Wirtschaftliche Interessenvereinigung 23, 409
Europarecht 4
EWIV 23, 409
Exculpation 307, 329

Fabrikationspflicht 312
Fachhändler 282
Factoring 151, 153
Fahrerhaftung 325
Fahrlässigkeit 20, 176
Faktisches Arbeitsverhältnis 104, 136, 240
Fälligkeit 142
Fälligkeitszinsen 184
Fehlerhafte Gesellschaft 136, 360, 363, 373, 385, 400
Fehlerhafte Gesellschaftsverträge 104
Filialprokura 123
finanziertes Abzahlungsgeschäft 261
Finanzierungsleasing 254
Firma 21, 36, 53, 375, 384, 386, 396, 401, 419, 434, 452
Firmenausschließlichkeit 41
Firmenbeständigkeit 41
Firmenbildung 38
Firmeneinheit 40
Firmenfortführung 41, 42, 155
Firmengrundsätze 40
Firmenöffentlichkeit 41
Firmenschutz 42
Firmenwahrheit 40
Fixgeschäft 142, 183, 186
Fixhandelskauf 143
Folgeschaden 159
Forderungen 53
Forderungsabtretung 146
Forderungsrechte 4
Forderungsrechtliche Wertpapiere 484
Forderungsübergang 146, 154
Form der Rechtsgeschäfte 81
Formkaufleute 35, 356
Forstwirtschaft 32
Frachtbrief 285
Frachtführer 119, 284
Frachtklauseln 204
Frachtvertrag 284
Franchising 256
Freiberufler 267, 364, 374, 408
Freie Berufe 408
Freistellungsanspruch 243
Fremdorganschaft 357
Frist 57
Fristberechnung 57
Früchte 51, 255

519

Fruchterwerb 344
Fusionskontrolle 467

Garantie 212, 229, 262, 310
Garantiefunktion 495, 498
Garantievertrag 500, 502
Gattungskauf 202, 208, 210, 211
Gattungsschuld 48, 137, 180, 188
GbR 355, 361
Geborene Orderpapiere 489
Gebrauchsmuster 477
Gebührenordnungen 133
Gefährdungshaftung 10, 158, 301, 314, 324
Gefahrenübergang 206, 225
Gefälligkeitsverhältnis 76
Gegenleistungsgefahr 182
Gegenrechte 54
Gegenseitige Verträge 186
Gegenseitigkeitsverhältnis 87, 132, 135, 178, 180, 181, 186
Gegenstand 47
Gehaltspfändung 154
Gehilfen 301
Geld 138
Geldschuld 138, 144, 188
Geldschulden 138
Geldstückschuld 138
Geldsummenschuld 139
Genehmigtes Kapital 446
Genehmigung 17, 116
Generalhandlungsvollmacht 125
Generalkonsens 18
Generalversammlung 457
Generalvollmacht 110
Genossenschaft 449
Genossenschaftsregister 43, 356, 452, 457
Gerichtsstand 504
Gesamtakt 67
Gesamtgläubigerschaft 149
Gesamthandlungsvollmacht 126
Gesamthandseigentum 333, 355
Gesamthandsgemeinschaft 333, 354
Gesamthandsgläubigerschaft 149
Gesamthandsvermögen 396
Gesamtprokura 123
Gesamtschuldner 155, 301, 309, 316, 379, 387, 391, 496
Gesamtschuldnerschaft 149
Gesamtvertretung 379, 391

Gesamtvollmacht 110
Geschäft für den, den es angeht 115
Geschäftsanteil 419, 454
Geschäftsbesorgung 231, 245, 269, 275, 285, 290
Geschäftsbesorgungsvertrag 73, 233, 245, 263, 290, 498
Geschäftsbezeichnung 37, 361
Geschäftsfähigkeit 15
– beschränkte 15
– volle 15
Geschäftsführer 421
Geschäftsführung 359, 367, 422, 441
– ohne Auftrag 131, 249, 263, 319
Geschäftsgrundlage 194
Geschäftsunfähigkeit 15, 94, 97
Geschäftswille 75
Geschäftswillen 100
Geschmacksmuster 478
Gesellschaft 355
– des bürgerlichen Rechts 23
Gesellschaftsrecht 353
Gesellschaftsvertrag 360, 371
Gesetzesverstoß 98
Gesetzliche Schuldverhältnisse 130
Gesetzliche Vertretung 108
Gesetzlicher Forderungsübergang 154
Gesetzliches Schuldverhältnis 300, 319
Gestaltungsrechte 4, 54
Gesundheitsverletzung 302
Gewährleistung 175, 189
Gewerbe 25
Gewerbebetrieb 27
Gewerblicher Rechtsschutz 476
Gewohnheitsrecht 3
Gewöhnlicher Aufenthalt 22
Gläubiger 53
Gläubigerausschuß 509
Gläubigermehrheit 149
Gläubigerversammlung 508, 509
Gläubigerverzug 175, 186
Gleichbehandlung 8
Globalabtretung 98, 153, 220
Globalzession 98, 153, 220
GmbH 356, 414
GmbH & Co. KG 393, 425
Grenzen der Vertretungsmacht 117
Grundbuch 341
Grundbuchberichtigung 342

Grunddienstbarkeit 331
Grundgeschäft 61
Grundhandelsgewerbe 27
Grundkapital 419, 427, 429, 430, 436
Grundpfandrechte 51, 262, 331, 346
Grundsatz der Priorität 69, 152, 333
Grundsatz der Spezialität 52, 59, 60, 332
Grundschuld 81, 349
Grundschuldbrief 484, 486
Grundstückskauf 202
Grundstückszubehör 51, 348
Gründung von Gesellschaften 359
Grundverhältnis 147
Gute Sitten 305, 469
Guter Glaube 18, 221, 352, 495
Gutglaubensschutz 150, 221
Gutgläubiger Eigentumserwerb 116, 221
Gutgläubiger Erwerb 218, 221, 342, 485, 486, 488, 494, 498

Hafteinlage 386
Haftpflichtversicherung 327
Haftung 130
– des Firmenfortführers 41
Halterhaftung 326
Handelsbrauch 73, 80, 95, 204
Handelsbücher 46, 50
Handelsgeschäft 70, 129, 141, 143, 151, 176, 206, 208, 213, 372, 384
– einseitig 70
– zweiseitiges 70
Handelsgesellschaften 35, 46, 358, 427, 449
Handelsgewerbe 26, 70, 371, 374, 385, 409, 412
Handelskauf 170, 201, 213
Handelsmakler 118, 272
Handelsmaklervertrag 271
Handelsmündigkeit 18
Handelsrechtliche Vereine 356
Handelsrechtliche Wertpapiere 487
Handelsregister 30, 32, 35, 43, 121, 124, 125, 342, 356, 360, 372, 375, 379, 381, 384, 387, 388, 389, 401, 409, 415, 418, 424, 440, 446
Handelsstand 24
Handelsvertreter 118, 269
Handelsvertretervertrag 269
Handlung 303

Handlungsfähigkeit 15
Handlungsgehilfen 119, 245
Handlungsvollmacht 110, 117, 124
Handlungswille 74, 100
Hauptleistungspflichten 135
Hauptversammlung 443
Haustürgeschäfte 202, 265
Herrschaftsrechte 4, 54, 330
Hersteller 315
Herstellergarantien 283
Herstellerhaftung 312
Herstellerpflichten 312
Hilfspersonen des Kaufmanns 118
Hinterlegung 169, 293
Höchstbetragshypothek 348
Holding 415
Holschuld 143
Horizontalvereinbarungen 466
Hypothek 146, 346, 486
Hypothekenbrief 484, 486

Identitätstäuschung 115
Immaterialgüter 47, 476
Immaterialgüterrechte 54
Immobiliarklausel 122
Importeur 315
Incoterms 89, 204
Indexklauseln 140
Individualabrede 89
Individualarbeitsrecht 237
Indossament 434, 487, 494, 498
Inhaberaktie 416, 429, 434, 437, 438, 482, 484, 485
Inhabergrundschuldbriefe 485, 486
Inhaberpapier 434, 484
Inhaberrentenschuldbriefe 485, 486
Inhaberscheck 498
Inhaberschecks 485
Inhaberschuldverschreibungen 484, 485
Inhaberzeichen 485
Inhaltsfreiheit 87
Inhaltsirrtum 75, 85, 102
Inhaltskontrolle 92, 95
Inkassoprovision 270
Inkassozession 153
Innengesellschaft 362, 395, 398
Innenvollmacht 110
Insichgeschäft 118
Insolvenz 507
Insolvenzplan 511

521

Insolvenzverfahren 508
Insolvenzverwalter 508
Instruktionspflicht 313
Inventar 51
Investmentanteilschein 489
Investmentanteilscheine 485
Irreführende Werbung 471
Istkaufmann 27

Juristische Personen 22, 53, 109

Kalkulationsirrtum 102
Kammer für Handelssachen 36, 406, 504
Kannkaufmann 30
Kapitalerhöhungen 445
Kapitalgesellschaften 357
Kapitalhandelsgesellschaften 35
Kapitalherabsetzungen 446
Kartell 465
Kaufleute 24, 92, 156, 176, 184, 267
Kaufmann 24, 70, 73, 400
– kraft Eintragung 34
– kraft Rechtsform 35
– kraft Rechtsscheines 35
Kaufmännische Anweisung an Order 489
Kaufmännische Hilfspersonen 268
Kaufmännische Untersuchungs- und Rügepflicht 213
Kaufmännischer Verpflichtungsschein an Order 490
Kaufmännisches Arbeitsrecht 245
Kaufmännisches Bestätigungsschreiben 72, 73, 95
Kaufmännisches Zurückbehaltungsrecht 155
Kaufmannseigenschaft 35, 36
Kaufvertrag 201
Kausalgeschäft 62
Kausalität 162
– haftungsausfüllende 162
– haftungsbegründende 162, 302, 304
KG 356, 382
KGaA 356, 394, 447
Klauselverbote 92

Kleingewerbetreibender 26, 29, 33, 37
Kollektivarbeitsrecht 237

Kommanditgesellschaft 23
Kommanditist 383
Kommission 111
Kommissionär 25, 118, 275
Kommissionsagent 118, 280
Kommissionsvertrag 275
Komplementär 383
Kondiktion in sonstiger Weise 295
Konfusion 172
Konkretisierung 137, 188
Konkurs 50, 507
Konkursforderung 509
Konkursverkäufe 472
Konkursverwalter 508
Konnexität 155
Konnossement 490
Konsolidation 172, 348
Konstruktionspflicht 312
Kontokorrent 151, 171
Kontokorrenteigentumsvorbehalt 219
Kontrahierungszwang 87
Konzern 448
Körper 47
Körperliche Gegenstände 47
Körperliche Unversehrtheit 21
Körperschaften 355
Körperverletzung 302
Kostenanschlag 224, 229
Kreditauftrag 265
Kreditgefährdung 306
Kreditkarte 135, 151, 169, 233, 246, 247
Kreditsicherungsmittel 261
Kundenfang 470
Kündigung 54, 173, 229, 236, 244, 253, 256, 259

Ladenvollmacht 128
Ladeschein 285, 490
Lagerhalter 119, 292
Lagerschein 293, 484
– an Order 490
Lagervertrag 292
Landwirtschaft 32
Leasing 254
lediglich rechtlicher Vorteil 16
leges speciales 7
Legitimationsfunktion 495, 498
Legitimationspapiere, kleine 485
Legitimationswirkung 482, 484

Leihe 132, 178, 248
Leistung 297
- an Dritte 146
- an Erfüllungs Statt 169
- durch Dritte 145
- erfüllungshalber 169
Leistungsgefahr 180, 181, 188, 207
Leistungsinhalt 133
Leistungsklage 184
Leistungskondiktion 295, 297
Leistungsort 143, 168
Leistungspflichten 133
Leistungsstörungen 174
Leistungsverweigerungsrecht 54
Leistungszeit 142
letter of intent 88
Letztverbrauchergeschäfte 472
Liberationswirkung 482, 484
Lieferschein 489
Lohnpfändung 154
Lotterielos 482
Luftverkehr 327

Mahnbescheid 184, 505
Mahnung 183
Mahnverfahren 505
Mängel des Rechtsgeschäfts 97
Makler 272
Mangelfolgeschaden 191, 211, 228, 252
Mangelschaden 211, 228, 252
Mankohaftung 244
Mantelzession 153
Marke 37, 210, 478
Markenartikel 281
Markenrecht 478
Markenwaren 466
Marktbeherrschung 467
Marktstörung 471
Massegläubiger 510
Masseschuld 511
Mehrheitsbeteiligung 448
Mietminderung 251
Mietvertrag 248
Minderjährige 16, 63, 364, 373, 385, 399
Minderung 210, 226, 310
Mischfirma 38, 419
Mitbesitz 344
Miteigentum 333
Mitgliedschaftsrecht 436

Mitgliedschaftsrechtliche Wertpapiere 484
Mittäter 301
Mittelbare Stellvertretung 111, 276, 290
Mittelbarer Schaden 159
Mitverschulden 161
Mitwirkungsrechte 366, 420, 437, 444, 454
Motiv 75, 194
Motivirrtum 103

Nachbesserung 226
Nachgründung 433
Nachhaftung 413
Nachträgliche Unmöglichkeit 180
Name 21, 53, 410
Namensaktie 429, 434, 489
Namensaktien 437
Namensfunktion 40
Namenspapiere 485
Namensschuldverschreibungen 490
Naturalrestitution 48, 161
Natürliche Personen 14
Nebengewerbe 33
Nebenleistungspflichten 135
Nebenrechte 152
Negative Publizität 45
Negatives Interesse 104
Negatives Schuldanerkenntnis 171
Nicht vertretbare Sachen 48
Nichtleistungskondiktion 295, 298
Nichtrechtsfähige Personenverbände 23
Nichtsrechtsfähiger Verein 23
Nichtvermögensschaden 159
Nießbrauch 54, 331
Nominalismus 140, 195
Normenhierarchie 3
Notarielle Beurkundung 81
Novation 171
Nutzungen 51, 296
Nutzungsrechte 54, 331

Offene Handelsgesellschaft 23
Offenkundigkeitsprinzip 108, 332
Öffentliche Beglaubigung 81
Öffentlicher Glaube 45, 342, 458
Öffentliches Recht 4
oHG 30, 35, 356, 370
Optionsvertrag 88

Orderlagerschein   293, 490
Orderpapiere   434, 487
- geborene   489
- gekorene   489
Orderscheck   498
Organe   22, 307, 360, 415, 421, 427, 431, 439, 451, 455
Organisationspflicht   312
Organschaftliche Vertretung   109

Pacht   248
Pachtvertrag   255
Partiarisches Darlehen   397
Partnerschaft   406
Partnerschaftsgesellschaft   406
Partnerschaftsregister   43, 409, 412
Partnerschaftsvertrag   408
Passive Stellvertretung   116
Patentrecht   477
Personalsicherheiten   261
Personenfirma   38, 419
Personengesellschaften   357
Personenhandelsgesellschaften   35
Persönlichkeitsrecht   21, 53, 159, 303
Pfand   262
Pfandrecht   229, 277, 293, 331, 344, 351
Pfandrechte   54
Pflichteinlage   388
Phantasiefirma   38
Positive Publizität   45
Positive Vertragsverletzung   166, 175, 190
Positives Interesse   104
Preisausschreiben   132
Preisgefahr   164, 181, 207, 224
Prinzipalgeschäfte   122
Priorität   69, 152
Prioritätsprinzip   69, 152, 220
Privatautonomie   8, 65, 87, 97, 200, 376
Private Rechtsdurchsetzung   56
Privatrecht   5
Produkt   315
Produktbeobachtungspflicht   313
Produktfehler   315
Produkthaftung   309, 327
Prokura   117, 120, 372, 378, 384, 391
- Erteilung   45
Prorogation   504
Prospekthaftung   394

Protesterhebung   495
Provision   276, 280
Prozeßvergleich   147
Publikumsgesellschaft   393, 395
Publizitätsprinzip   332
Publizitätswirkung   44, 45, 410, 458

Quasi-Hersteller   315
Quasi-Körperschaft   23, 46, 372, 384, 390, 407, 412, 462, 509
Quittung   146, 168, 483

Rabatt   474
Realakt   75, 102, 340, 345
Reallast   331, 351
Realsicherheiten   261
Recht am eingerichteten und ausgeübten Gewerbebetrieb   60, 303
Recht im objektiven Sinne   3
Rechte   47, 52, 53
- absolute   53, 303, 330, 332
- beschränkte dingliche   54
- dingliche   54, 330
- objektive   52
- relative   53
- subjektive   52
Rechtfertigungsgründe   304
Rechtsbegriffe, unbestimmte   93
Rechtsbruch   471
Rechtsdurchsetzung   55
Rechtsfähigkeit   14
Rechtsfrüchte   51
Rechtsgesamtheiten   59
Rechtsgeschäfte   65
- abstrakte   69
- einseitige   18, 67, 116, 132
- dingliche   68
- höchstpersönliche   114
- kausale   69
- mehrseitige   67
- unwirksame   99
Rechtsgeschäftliche Schuldverhältnisse   131
Rechtsgeschäftliche Vertretung   109
Rechtsgeschäftsähnliche Handlung   75
Rechtsgutsverletzung   302
Rechtskauf   202
Rechtsmangel   207
Rechtsmißbrauch   56
Rechtsnormen   4

Rechtsobjekte 47
Rechtsscheinshaftung 35, 404
Rechtssubjekte 13
Reisevertrag 230
Rektapapiere 485
Rektascheck 487, 496, 498
Rektawechsel 487
Rentenschuld 350
Rentenschuldbrief 484, 486
Repräsentationsprinzip 108
Restkaufgeld-Hypothek 122
Restschuldbefreiung 512
Reugeld 157
Revision 504
Rückgriffskondiktion 298
Rücktritt 54, 85, 172

Sachen 47
Sachenrecht 48, 131, 330
Sachenrechtliche Wertpapiere 484
Sachfirma 38, 419
Sachfrüchte 51
Sachgesamtheiten 52, 332
Sachkauf 104
Sachmangel 208
Sachmängelhaftung 175
Sachwalter 509
Satzung 360, 417, 431
Schaden 158
Schadensersatz 157, 304
– wegen Nichterfüllung 211, 227, 252, 310
Schadenskompensation 161
Schatzfund 333
Scheck 484, 489, 496
Scheckkarte 500
Scheckprozeß 500
Scheingeschäft 101
Schenkung 132, 263
Scherzerklärung 101
Schickschuld 144, 164
Schlußnote 273
Schlußverkäufe 473
Schmerzensgeld 159, 316, 325, 327, 329
Schriftform 81, 97, 202, 239, 269, 408
Schuld 130
Schuldanerkenntnis 24
Schuldbeitritt 155, 260, 262, 369
Schuldenbereinigungsplan 513
Schuldner 53

Schuldnermehrheiten 149
Schuldnerverzug 174, 183, 224
Schuldrecht 129
Schuldschein 483
Schuldübernahme 154, 432
Schuldumwandlung 171
Schuldverhältnis 145
Schuldverhältnisse
– gesetzliche 198
– vertragliche 198
Schuldversprechen 24
Schutzgesetz 304, 410
Schutzzwecklehre 163
Schwarzfahrt 327
Schweigen 72, 91
– auf ein Angebot 85
– des Kaufmanns 73
Selbständige Hilfspersonen 118
Selbständigkeit 233
Selbsteintrittsrecht 278
Selbsthilfeverkauf 170, 293
Selbstorganschaft 357, 378
Sicherungsabtretung 218, 262
Sicherungsgrundschuld 349
Sicherungshypothek 229, 348
Sicherungsrechte 54
Sicherungsübereignung 219, 262, 326, 336, 351
Sicherungszession 152
Sittenwidrigkeit 98
Skonto 145, 171, 205
Solawechsel 492
Sollkaufmann 32
Sonderprivatrechte 7
Sparbuch 259, 482, 484, 486
Spediteur 119, 288
Spedition 111
Speditionsvertrag 283, 288
Spezialhandlungsvollmacht 125
Spezialität 332
Spezialvollmacht 110
Spezifikationskauf 134
Stammaktien 435
Stammeinlage 415, 419
Stammkapital 415, 417, 419, 429, 436
Statut 451
Stellvertretung 164
Stiftung 23
Stille Gesellschaft 356, 394
Strafversprechen, selbständiges 156
Streik 241

525

Streitwert 503
Stückkauf 202
Stückschuld 137
Subjektive Rechte 4
Subsumtion 9
Surrogate 296

Tantieme 456
Taschengeld 17
Tausch 221
Teilbare Sachen 49
Teilbesitz 344
Teilgläubigerschaft 149
Teilschuldnerschaft 149
Telephonmarketing 266
Termin 57
Testament 77, 78, 82
Testierfreiheit 8
Tieraufseher 329
Tiere 47
Tierhalterhaftung 328
Tilgungsbestimmung 168
Tod 15
Traditionspapiere 490
Transport- und Lagerverträge 283
Transportfunktion 495, 498
Tratte 492
Treu und Glauben 134
Typenzwang 332, 354
Typische stille Gesellschaft 395

Übereignungsvertrag 62
Übergabe 335
Überraschungsklauseln 91
Überweisung 145, 168, 205, 246
Umdeutung 81, 99, 121
Umfang der Prokura 122
Umwelthaftung 328
Umzugsvertrag 284, 287
Unabwendbares Ereignis 326
Unbewegliche Sachen 49
Unerlaubte Handlung 76, 131, 300
Ungerechtfertigte Bereicherung 131, 295
Unklarheitenregel 91
Unlautere Behinderung 470
Unmittelbarer Schaden 159
Unmöglichkeit 174, 177
Unregelmäßige Verwahrung 48, 259
Unselbständige Hilfspersonen 119
Unteilbare Sachen 49

Unterbeteiligungsgesellschaft 398
Unterlassen 303
Unternehmen 52, 60, 255
Unternehmenskauf 52
Unternehmerpfandrecht 229
Untervollmacht 110
Unvermögen 178, 179
Unzulässige Rechtsausübung 134, 502
Urheberrecht 480
Urkunde 482
Urproduktionen 20

Valutaverhältnis 147, 491, 498, 502
Veranlassungshaftung 158, 324
Verantwortung eines Aufsichtspflichtigen 20
Verarbeitung 76, 340
Veräußerung 63
- durch Nichtberechtigte 221
Verbandsprozeß 91
Verbindung 76, 333, 340
Verbotene Zugaben 474
Verbrauchbare Sachen 49
Verbraucher 21
Verbraucherinsolvenz 513
Verbraucherkredit 86, 168, 185, 258
Verbraucherkreditrecht 260
Verbundene Unternehmen 448
Verein 355, 356
Vereinigung von Bienenschwärmen 333
Vereinigungsfreiheit 8
Vereinsstrafe 157
Verfallklauseln 156
Verfügungsgeschäft 61, 63, 68, 333
Verfügungsmacht 69
Vergleich 172
Vergütungsgefahr 225
Verjährung 55, 228
Verjährungsfristen 56, 57
Verkehrshypothek 81
Verkehrssicherungspflicht 303, 312
Verlängerter Eigentumsvorbehalt 219, 221
Verletzung nachvertraglicher Pflichten 175, 196
Verletzungshandlung 303
Vermächtnis 132
Vermieterpfandrecht 251, 352
Vermischung 76, 333, 340

Vermögen 59, 159
Vermögensrecht 61, 367, 420, 437, 454
Vermögensschaden 159
Vermögensübernahme 155
Verpflichtungsgeschäft 61, 63, 68, 333
Verrechnungsscheck 499
Verrichtungsgehilfe 112, 166, 306
Versandhandel 261
Verschulden 20, 157, 175, 304, 324, 499
– bei Vertragsanbahnung 175, 192
Verschuldensfähigkeit 20
Verschuldenshaftung 10, 301, 314
Versendungskauf 144, 164, 181, 207, 291
Versicherungsverträge 86, 267
Verspätungsschaden 185
Vertikalvereinbarungen 466
Vertrag 66, 67, 82, 131
– mit Schutzwirkung 250
– mit Schutzwirkung zugunsten Dritter 148, 163
– zugunsten Dritter 146, 247, 498
Vertragsfreiheit 8, 87, 172, 200, 376, 411
Vertragshändler 119, 257, 281, 313
Vertragshändlervertrag 281
Vertragsstrafe 156
Vertrauensschaden 102, 104, 117, 160, 179, 193
Vertrauensschutzwirkung 482
Vertretbare Sachen 48
Vertreter ohne Vertretungsmacht 123
Vertreterversammlung 457
Vertretung 359, 367, 422, 441
– ohne Vertretungsmacht 116
Verwahrung 293
Verwaltungsgerichte 5
Verwendungen 249
Verwendungskondiktion 298
Verwertungsgesellschaften 480
Verwertungsrechte 54, 331
Verwirkung 134
Verzögerungsgefahr 168
Vollkaufleute 421
Vollmacht 109
Vollstreckungsbescheid 505
Vollzugsverhältnis 147

Vorausabtretung 153, 279
Vorfälligkeitsklauseln 156
Vorgesellschaft 418, 452
Vorhand 88
Vorkaufsrecht 54
Vormerkung 229, 341
Vorratsschuld 181
Vorsatz 20, 176
Vorstand 22, 439, 455
Vorstellungskosten 240
Vorteilsausgleichung 161
Vorverhandlungen 88
Vorvertrag 88
Vorzugsaktien 434

Wahlkauf 141
Wahlschuld 117, 141
Währungsumstellung 139
Wandelung 10, 210, 226, 310
Wasserverschmutzung 328
Wechsel 484, 488, 489, 491
– an eigene Order 493
Wechselbürge 496
Wechselprozeß 496
Wegfall
– der Bereicherung 296
– der Geschäftsgrundlage 135, 194
Weiterbeschäftigungsanspruch 245
Weiterverarbeitung 219
Werklieferungsvertrag 48, 229
Werkunternehmerpfandrecht 352
Werkvertrag 222
Wertpapier 483
Wertpapierrecht 64
Wertsicherungsklauseln 140, 196
Wesentliche Bestandteile 50
Wettbewerbsrecht 464
– im engeren Sinne 465
– im weiteren Sinne 465
Wettbewerbsrechtliche General-klausel 468
Wettbewerbsverbot 98, 245, 269, 377, 389, 390, 403, 440
Widerruf der Prokura 45
Widerrufsrecht 86, 266
Widerspruch 342
Willenserklärung 66, 71
– Arten 76
– Auslegung 80
– Wirksamkeit 78

Willensmängel 99
- bewußte 100, 101
- unbewußte 100, 102
Wirkung der Stellvertretung 115
Wirtschaftsprivatrecht 7
Wohnraummiete 252
Wohnsitz 22
Wucher 98

Zahlungsmittel 138
Zinsen 141, 170, 184, 188, 258, 260
Zinseszinsen 141
Zinsschulden 141

Zivilgerichte 55, 503
Zivilmakler 272
Zivilrecht 6
Zubehör 51
Zugang 78, 83
Zurückbehaltungsrecht 155
Zusammenschlußkontrolle 467
Zustellung 79
Zustimmung 17
Zwangsversteigerung 146
Zwangsvollstreckung 60, 154, 348, 350, 370, 506
Zwischenschein 432, 484, 489

Heidelberger Kommentare zum Handelsrecht und GmbH-Recht

Handelsgesetzbuch
Handelsrecht • Bilanzrecht • Steuerrecht

Von Dr. Peter Glanegger, Georg Güroff, Dr. Stefan Kusterer, Dr. Jochen Niedner, Monika Peuker, Werner Ruß, Dr. Johannes Selder, Ulrich Stuhlfelner.

5., neubearbeitete Auflage. 1998. Ca. 1.420 Seiten. Gebunden. Subskriptionspreis bis 28.2.1999: DM 178,–; danach: DM 198,–
ISBN 3-8114-3499-3

Der vorliegende Kommentar erläutert die Vorschriften des HGB nicht nur spezifisch handelsrechtlich, sondern auch unter bilanz- und steuerrechtlichen Aspekten.

Die Kommentierung berücksichtigt u.a. aktuell die Änderungen durch das Handelsrechtsreformgesetz sowie die Neuregelung des Fracht-, Speditions- und Lagergeschäfts durch das am 1.7.98 in Kraft getretene Transportrechtsreformgesetz.

GmbH-Recht

Von Prof. Dr. Harald Bartl, Dr. Helmar Fichtelmann, Ulrich Henkes, Prof. Dr. Eberhard Schlarb, Hans-Jürgen Schulze.

4., neubearbeitete und erweiterte Auflage. 1998. XXIII, 1.119 Seiten. Gebunden. DM 188,–
ISBN 3-8114-1993-5

Neben der Kommentierung des GmbH-Gesetzes enthält der Kommentar eine systematische Darstellung der Besteuerung der GmbH und erstmals auch des Konzernrechts. Die für die GmbH wichtigen Vorschriften des Umwandlungsrechts und des Handelsgesetzbuches sind abgedruckt und erläutert. Abgerundet wird das Werk durch praxisrelevante Muster und Formulare.

Hüthig Fachverlage, Im Weiher 10, D-69121 Heidelberg
Tel. 0 62 21/4 89-0, Fax 0 62 21/4 89-410, Internet http://www.huethig.de

C. F. Müller

FACHBÜCHEREI
Öffentliche Verwaltung

Herausgegeben von Michael Streffer, Ministerialdirigent im Bundesministerium der Verteidigung

Arbeiter bei Bund und Land
Pflichten, Rechte, Ansprüche.
Von Oberregierungsrat Peter
Linde. 3., völlig neubearbeitete
und erweiterte Auflage. 1998.
XXI, 325 S. Kt. DM 39,80.
ISBN 3-7685-2797-2

Angestellte im Öffentlichen Dienst
Von Oberregierungsrat
Peter Linde

I: Grundlagen des Arbeitsverhältnisses. 2., neubearbeitete und
erweiterte Auflage. 1996. XXIII,
261 S. Kt. DM 38,-.
ISBN 3-7685-2396-9

II: Vergütung und Eingruppierung. 2., neubearbeitete und
erweiterte Auflage. 1998. XXV,
309 S. Kt. DM 42,80.
ISBN 3-7685-0798-X

Öffentliche Finanzwirtschaft
Von Prof. Herbert Wiesner.
10., völlig überarbeitete Auflage.
1997. XXIII, 375 S. Kt. DM 42,-
ISBN 3-7685-5096-6

Europäische Union
Eine systematische Darstellung
von Recht, Wirtschaft und
politischer Organisation. Von Dr.
Klaus Erdmann, Prof. Dr. Martin
Sattler, Prof. Dr. Walter Schönfelder und Klaus Staender. 1995.
XX, 283 S. Kt. DM 38,-.
ISBN 3-7685-1095-6

Staats- und Verwaltungsrecht
Fallösungsmethodik, Übersichten,
Schemata. Ein Übungslehrbuch.
Von Dr. Volker Haug. 1998.
XIX, 301 S. Kt. DM 38,-.
ISBN 3-7685-2198-2

Staatsrecht der Bundesrepublik Deutschland
Grundlagen, Hintergründe und
Erläuterungen. Von Prof. Dr.
Siegfried F. Franke. 1998.
XIX, 288 S. DM 34,-.
ISBN 3-7685-1098-0

Einführung in das Recht
Technik und Methoden der
Rechtsfindung. Von Prof. Dr.
Eleonora Kohler-Gehrig. 1997.
XIX, 169 S. Kt. DM 29,80
ISBN 3-7685-2497-3

Allgemeines Verwaltungsrecht
Ein Leitfaden für Studium und
Praxis. Von Prof. Dr. Hans
Ludwig Schmahl. 4., überarbeitete Auflage. 1997. XVI, 164 S.
Kt. DM 26,80.
ISBN 3-7685-4996-8

Der Verwaltungsrechtsfall
Eine Anleitung für Studierende
an Fachhochschulen. Von Prof.
Dr. Wolfgang Schütz. 4., neubearbeitete und erweiterte Auflage.
1997. XIX, 152 S. Kt. DM 26,80.
ISBN 3-7685-1397-1

Die Verwaltungsrechtsklausur
15 Klausuren aus dem allgemeinen und besonderen Verwaltungsrecht mit ausführlichen Lösungsvorschlägen. Von Prof. Dr. Fritjof
Wagner. 3., neubearbeitete
Auflage. 1998. XIV, 128 S. Kt.
DM 28,-. ISBN 3-7685-1598-2

**Kosten-, Leistungsrechnung
und Controlling in der Verwaltung.** Eine systematische Darstellung der Standard-KLR mit
Erfahrungen der praktischen
Umsetzung. Von Dr. Tilman
Seeger, Dr. Matthias Walter,
Rüdiger Liebe und Prof. Dr.
Günter Ebert. 1999. In Vorbereitung. ISBN 3-7685-0799-8

**Lexikon der öffentlichen
Finanzwirtschaft**
Wirtschafts-, Haushalts- und
Kassenwesen. Von Klaus
Staender. 4., überarbeitete und
erweiterte Auflage. 1997. XII,
481 S. Kt. DM 44,-.
ISBN 3-7685-0497-2

**Betriebswirtschaftslehre für die
Verwaltung**
Eine Einführung. Von Prof. Hans-Jürgen Schmidt. 4., völlig neubearbeitete und erweiterte Auflage.
1998. XXIV, 472 S. Kt.
DM 49,80. ISBN 3-7685-1198-7

Beamtenrecht
Von Prof. Dr. Fritjof Wagner.
5., neubearbeitete Auflage.
1997. XV, 161 S. Kt. DM 29,80.
ISBN 3-7685-1497-8

Reisekostenrecht
Von Wolfhart Schulz.
11., neubearbeitete Auflage. 1998.
XXXI, 234 S. Kt. DM 38,-.
ISBN 3-7685-1398-X

**Bekleidungswirtschaft in der
Bundeswehr**
Von Dietrich Walkiewicz.
9., neubearbeitete Auflage. 1998.
XVII, 146 S. Kt. DM 36,80.
ISBN 3-7685-0998-2

Prüfungsschemata Verwaltungsrecht. Von Prof. Dr.
Wolfgang Rohr. 1999.
In Vorbereitung.
ISBN 3-7685-0599-5

R.v. Decker

Hüthig Fachverlage
Im Weiher 10, D-69121 Heidelberg, Tel. 06221/489 555
Fax 06221/489 624, Internet http://www.rechtsforum.de

FACHBÜCHEREI
Wirtschaft – Verwaltung – Organisation

Der Privatrechtsfall
Eine prüfungsbezogene
Einführung in die juristische
Arbeitstechnik. Von Prof. Dr.
Joachim Quittnat. 1998. XIV,
100 Seiten. DM 24,80.
ISBN 3-7685-3197-X

Wirtschaftswissenschaft
Anwendungsorientierte
Forschung an der Schwelle
des 21. Jahrhunderts.
Von Prof. Dr. Gröner, Dres. de
Jongste, Prof. Dr. Kracke und
Prof. Dr. Senne. 1997. VII,
304 Seiten. DM 98,–.
ISBN 3-7685-1197-9

Wirtschaftsprivatrecht
Von Prof. Dr. Peter Müssig.
2., völlig neubearbeitete und
erweiterte Auflage.1999. XLI,
528 Seiten.Kartoniert.
DM 49,80.
ISBN 3-7685-0699-1

**Einführung in das
Bürgerliche Recht**
Von Prof. Dr. Ulrich Eisenhardt. 3., neubearbeitete
Auflage. 1993. XXIII, 448
Seiten. Kartoniert. DM 48,–.
ISBN 3-7685-1892-2

**Entgeltregelungen Deutsche
Post AG**
Erläuterungen mit Aufgaben
und Lösungen. Herausgegeben von Hans-Jürgen Böttner,
Generaldirektion Postdienst,
Briefdienst Inland. Loseblattwerk in einem Ordner.
Ca. 390 Seiten. DM 68,-.
ISBN 3-7685-2011-0

**Angewandte Sozialwissenschaften in der Verwaltung
I. Verwaltungspädagogik
und Führungslehre**
Von Prof. Ulrich Gonschorrek

Band 1: Verwaltungspädagogik 2., völlig neubearbeitete Auflage. 1989. VIII, 143
Seiten. Kartoniert. DM 26,–.
ISBN 3-7685-2788-3

Band 2: Führungslehre
2., völlig neubearbeitete
Auflage. 1989. XII,
187 Seiten. Kartoniert.
DM 32,–.
ISBN 3-7685-2888-X

**Angewandte Betriebswirtschaftslehre I.
Betrieb, Materialwirtschaft,
Produktion und Absatz**
Von Dipl.-Kaufmann Hans
Niegel, Postdirektor. 2., neubearbeitete Auflage. 1988.
XIV, 197 Seiten. Kartoniert.
DM 28,-.
ISBN 3-7685-3187-2

Arbeitssicherheit
Physiologische, psychologische, organisatorische und
rechtlich Grundlagen. Von
Dipl.-Ing. Dieter Schmidt.
1990. XIV, 284 Seiten.
Kartoniert. DM 38,–.
ISBN 3-7685-0289-9

Arbeitsrecht
Eine Einführung in die
Grundlagen.
Von Prof. Hans Pfeiffer.
1996. XIV, 118 Seiten.
Kartoniert. DM 24,–.
ISBN 3-7685-1896-5

Büro im Wandel
Notwendigkeit, Nutzen und
Wirkung von Bürokommunikationssystemen.
Von Dr. Ing. Roland Schwetz.
1990. XVI, 213 Seiten.
Kartoniert. DM 34,–.
ISBN 3-7685-0290-2

Postreform II
Gesetz zur Änderung des
Grundgesetzes. Gesetz zur
Neuordnung des Postwesens
und der Telekommunikation.
Text und Einführung von
Dieter Kühn, Ministerialdirektor. 1994. XVIII, 232 Seiten.
Kartoniert. DM 19,80.
ISBN 3-7685-4694-2

Bestellen Sie beim Buchhandel oder direkt bei:
Hüthig Fachverlage, Im Weiher 10, D-69121 Heidelberg,
Tel. 0 62 21/4 89-5 55, Fax 0 62 21/4 89-4 10, Internet http://www.huethig.de

R.v. Decker